Foodpairing
A arte e a ciência de combinar alimentos

Foodpairing
A arte e a ciência de combinar alimentos

Peter Coucquyt
Bernard Lahousse
Johan Langenbick

Tradução: Joaquim Oliveira

10.000 combinações de sabores que vão transformar sua forma de comer

Editora Senac São Paulo – São Paulo – 2024

ADMINISTRAÇÃO REGIONAL DO SENAC NO ESTADO DE SÃO PAULO
Presidente do Conselho Regional: Abram Szajman
Diretor do Departamento Regional: Luiz Francisco de A. Salgado
Superintendente Universitário e de Desenvolvimento: Luiz Carlos Dourado

EDITORA SENAC SÃO PAULO
Conselho Editorial: Luiz Francisco de A. Salgado
　　　　　　　　　Luiz Carlos Dourado
　　　　　　　　　Darcio Sayad Maia
　　　　　　　　　Lucila Mara Sbrana Sciotti
　　　　　　　　　Luís Américo Tousi Botelho

Gerente/Publisher: Luís Américo Tousi Botelho
Coordenação Editorial: Verônica Pirani de Oliveira
Prospecção: Andreza Fernandes dos Passos de Paula, Dolores Crisci Manzano, Paloma Marques Santos
Administrativo: Marina P. Alves
Comercial: Aldair Novais Pereira
Comunicação e Eventos: Tania Mayumi Doyama Natal

Tradução: Joaquim Oliveira
Edição: Camila Lins, Ana Luiza Candido
Preparação de Texto: Denise Camargo
Coordenação de Revisão de Texto: Marcelo Nardeli
Revisão de Texto: Júlia Campoy, Maitê Zickuhr
Coordenação de Arte: Antonio Carlos De Angelis
Editoração Eletrônica: Sandra Regina Santana
Impresso na China

Título original: *The Art & Science of Foodpairing: 10,000 flavour matches that will transform the way you eat*
Copyright © Octopus Publishing Group Ltd, 2020
Copyright do Texto © Peter Coucquyt, Bernard Lahousse e Johan Langenbick, 2020

Créditos da edição original
Publisher: Stephanie Jackson
Diretor Criativo: Jonathan Christie
Projeto Gráfico: Untitled
Editor: Alex Stetter
Índice: Gillian Northcott Liles
Gerente de Produção: Peter Hunt

Proibida a reprodução sem autorização expressa.
Todos os direitos reservados à
Editora Senac São Paulo
Av. Engenheiro Eusébio Stevaux, 823 – Prédio Editora
Jurubatuba – CEP 04696-000 – São Paulo – SP
Tel. (11) 2187-4450
editora@sp.senac.br
https://www.editorasenacsp.com.br/

Edição brasileira © Editora Senac São Paulo, 2024

Dados Internacionais de Catalogação na Publicação (CIP)
(Simone M. P. Vieira – CRB 8ª/4771)

Coucquyt, Peter
Foodpairing: a arte e a ciência de combinar alimentos: 10.000 combinações de sabores que vão transformar sua forma de comer / Peter Coucquyt, Bernard Lahousse, Johan Langenbick; tradução Joaquim Oliveira. – São Paulo : Editora Senac São Paulo, 2024.

Título original: The Art and Science of Foodpairing: 10,000 Flavour Matches That Will Transform the Way You Eat
ISBN 978-85-396-4524-4 (Impresso/2024)
eISBN 978-85-396-4523-7 (Epub/2024)

1. Culinária – aromas e sabores 2. Foodpairing 3. Paladar I. Oliveira, Joaquim.   II. Título

24-2171r	CDD – 641.5
	BISAC CKB000000

Índice para catálogo sistemático:
1. Culinária 641.5

Sumário

Introdução 7

8	A história do Foodpairing
13	Aromas fundamentais
18	Olfato *versus* paladar
22	A importância do aroma
25	Moléculas aromáticas
28	Construindo sua biblioteca de aromas
30	Como funciona a combinação de alimentos

Ingredientes e combinações 39

40	Do kiwi à ostra: ingredientes principais e sugestões de combinações

Índice de ingredientes 372

387	Notas e agradecimentos
388	Sobre o Foodpairing

Introdução

Algumas combinações de ingredientes podem nos parecer peculiares de início, mas é só por falta de referências prévias. Pense no mole negro de Oaxaca, um molho de sabor intenso servido com frango em que o chocolate é um ingrediente fundamental. No Japão, na China e na Coreia, faz-se uma pasta de feijões azuki vermelhos amassados que depois é adoçada e usada em variados confeitos e sobremesas. Os italianos, por sua vez, regam seu gelato com vinagre balsâmico.

Isso nos mostra que não existe jeito certo ou errado de combinar ingredientes. Independentemente de improvisarmos ou preferirmos seguir as receitas na cozinha, a maioria das combinações é intuitiva. Isso não chega a ser um problema, mas combinações intuitivas geralmente se limitam a combinações familiares, baseadas ou em preferências pessoais ou em combinações clássicas herdadas culturalmente. É por isso que muitos de nós acabam cansando da própria comida. No entanto, se você olhar além dos confins da sua própria cozinha, encontrará uma infinidade de possíveis combinações a serem exploradas.

Desde seu lançamento em 2007, o Foodpairing faz parceria com chefs, bartenders e marcas notórias do mundo todo em alguns dos projetos mais interessantes já experimentados. Neste livro, guiaremos você pela história e a ciência da combinação de alimentos e explicaremos por que combinações atípicas como kiwi e ostra na verdade funcionam. Exploraremos o mundo dos aromas e discutiremos sua importância na criação de receitas e como eles são detectados e percebidos pelo nosso cérebro como sabores. Você aprenderá a usar ferramentas de elaboração de receitas e terá acesso a *insights* compartilhados somente com os melhores chefs do mundo até agora. Este livro foi feito para inspirar combinações de alimentos e bebidas que surpreendam, deliciem e impressionem.

A história do Foodpairing

Bernard Lahousse

Por que alguns ingredientes se combinam especialmente bem e outros não? Essa pergunta, sem dúvida, já tirou o sono de muitos de nós do segmento alimentício.

Foi meu forte interesse na ciência dos alimentos e na gastronomia que me conduziu à bioengenharia. Em 2005, comecei a sondar se algum chef na Bélgica se interessava em fazer parceria com um cientista de alimentos para expandir suas práticas culinárias. Meus primeiros colaboradores foram os chefs com estrelas Michelin Sang Hoon Degeimbre, do restaurante L'Air du Temps, em Liernu; e Kobe Desramaults, do In de Wulf, em Dranouter. Nos encontrávamos com frequência para trocar ideias e discutir possíveis itens de menu em que eles estavam trabalhando. Durante uma de nossas sessões, Sang Hoon perguntou: "Bernard, por que é que quando eu cheiro um kiwi também sinto cheiro de mar? Isso é possível?".

Felizmente, um colega bioengenheiro chamado Jeroen Lammertyn tinha acesso a equipamentos de cromatografia a gás e espectrometria de massa (CG-EM). Juntos, fizemos uma análise de aroma e descobrimos que, além dos ésteres frutados, o kiwi contém concentrações de aldeídos com odores verdes, gramíneos e gordurosos, que têm uma fragrância quase marinha, parecida com a das ostras e de outros mariscos. O vínculo aromático entre esses dois ingredientes aparentemente distintos formou a base de nossa primeira combinação de alimentos, e assim nasceu o kiwître. Depois disso, essa criação singular de Degeimbre se tornou um clássico no menu do L'Air du Temps.

Ao me aprofundar na ciência de combinar alimentos, comecei a me perguntar se mais alguém já tinha se intrigado com a hipótese de ingredientes complementares compartilharem aromas fundamentais. Descobri que François Benzi, químico de alimentos da empresa suíça Firmenich, havia feito uma descoberta similar em 1992. Procurei-o e nos encontramos várias vezes em Genebra para discutir a ideia de que ingredientes que se combinam bem contêm as mesmas moléculas de aroma.

O kiwître
A história do Foodpairing começa com um prato criado pelo chef Sang Hoon Degeimbre: uma ostra crua servida sobre kiwis picados, com croûtons e um creme de coco com infusão de limão. O kiwi e a ostra compartilham uma nota de aroma marinho.

Ingredientes que compartilham aromas fundamentais se combinam bem

François Benzi e Heston Blumenthal compartilham uma descoberta

Em 1992, o químico de alimentos François Benzi participava de um simpósio em Erice, na Itália, quando reconheceu o inebriante cheiro de jasmim durante uma caminhada pelo terreno do centro de convenções. Ao parar para analisar o perfil aromático único da flor, ele lembrou que, além das notas florais óbvias, o jasmim contém a molécula indol, que também está presente no fígado. Isso levou Benzi a se perguntar se jasmim e fígado seriam uma combinação saborosa. Ele realizou uma degustação no simpósio e viu que a combinação foi um sucesso.

Muitos anos depois, o chef britânico Heston Blumenthal, do The Fat Duck, em Bray, vinha testando ingredientes salgados como pato curado, presunto seco e anchova como uma forma de enriquecer o sabor do chocolate. Depois de várias tentativas, acabou encontrando a "estranha, porém maravilhosa" combinação de caviar e chocolate branco: "O caviar transformou o sabor do chocolate branco de maneira bem mais espetacular do que eu poderia imaginar, tornando-o intensamente suave, salgado e amanteigado. Caviar e chocolate branco, pelo visto, foram feitos um para o outro".

Para entender por que a combinação atípica funcionou e em busca de uma explicação científica, Blumenthal contatou François Benzi. Benzi realizou uma análise em seu laboratório para comparar os perfis aromáticos dos dois ingredientes. Os resultados? Chocolate e caviar compartilham algumas moléculas aromáticas. Assim, eles concluíram que ingredientes que compartilham aromas se combinam bem. Encorajado pelas descobertas, Blumenthal continuou a experimentar com outros pares de alimentos aparentemente não convencionais.

Conforme se espalhava entre a comunidade de chefs a história do kiwître e de minha colaboração com Degeimbre, outros profissionais vieram atrás de meus conselhos, incluindo Ferran Adrià, do El Bulli, na Espanha, e Sergio Herman, do Oud Sluis, na Holanda (na época com três estrelas Michelin). Isso foi em 2007, no auge da moda da gastronomia molecular, quando muitos chefs ficaram loucos para testar suas criações com a teoria da combinação de alimentos a fim de determinar se seus ingredientes intuitivamente combinados partilhavam de componentes aromáticos.

Naquele mesmo ano, Sang Hoon e eu fomos convidados para apresentar nossas descobertas sobre a ciência de combinar alimentos no evento Lo Mejor de la Gastronomía, repleto de chefs-celebridades, em San Sebastián, na Espanha. Usando como base a pesquisa sobre a combinação de kiwi com ostra que conduzi para o kiwître de Sang Hoon, recrutei as habilidades de design de meu colega Lieven De Couvreur para ilustrar as conexões aromáticas dos ingredientes para o website do Foodpairing. O evento gerou um interesse considerável em nossa teoria, resultando em mais de 100 mil acessos ao website durante o primeiro mês de operação. Uma coisa foi levando à outra, e muitos meses depois voltei à Espanha para participar de uma mesa-redonda organizada pela Fundação Alícia com os chefs Ferran Adrià, Heston Blumenthal e Joan Roca, do El Celler de Can Roca, e o escritor de gastronomia Harold McGee.

A história do Foodpairing

Apesar da atenção que as teorias do Foodpairing tinham recebido no cenário gastronômico global, me surpreendia a falta de representatividade da vibrante cena culinária da Bélgica nas conferências de gastronomia que eu frequentava. Então, me uni a diversos colegas e chefs locais e organizei o The Flemish Primitives ("Os Flamengos Primitivos", referência a um movimento artístico holandês dos séculos XV e XVI), um grande evento gastronômico realizado em Bruges em 2009 para homenagear François Benzi e Heston Blumenthal por seus primeiros trabalhos na área. Cada chef participante tinha que criar um prato único combinando ingredientes que tivessem vínculos aromáticos. Os notórios chefs belgas Peter Goossens, Gert De Mangeleer e Filip Claeys, junto com chefs de outros lugares do mundo, como o próprio Heston, Albert Adrià e Ben Roche, associaram-se a universidades e empresas alimentícias belgas que os ajudaram a implementar os conceitos da combinação de alimentos em seus próprios processos criativos.

Outros convites para colaborações vieram com o evento, que atraiu mais de mil visitantes de mais de trinta países. Chefs, bartenders e até empresas alimentícias estavam animados para criar projetos. Então eu procurei Johan Langenbick, um antigo colega, e Peter Coucquyt, chef do famoso Kasteel Withof, em Brasschaat, na Bélgica, e juntos, em 2009, lançamos o Foodpairing como uma empresa.

O sucesso da primeira edição do Flemish Primitives deu origem a outros eventos do gênero, que foram encabeçados por grandes nomes da cena gastronômica internacional, incluindo os irmãos Roca, Magnus Nilsson, Michel Bras e René Redzepi, que em um de nossos eventos degustou pela primeira vez as saúvas, formigas-cortadeiras da Amazônia, graças ao chef brasileiro Alex Atala.

Desde então, a comunidade global do Foodpairing se expandiu para mais de 200 mil membros em mais de 140 países. Até hoje, já analisamos mais de 3 mil ingredientes diferentes e acumulamos a maior base de dados de sabores do mundo. Nossas expedições à procura de ingredientes nos levaram a subir grandes altitudes na Colômbia para aprender sobre variedades de café, a mergulhar na costa da Espanha atrás de algas marinhas e a adentrar as florestas tropicais amazônicas brasileiras e peruanas em busca de ingredientes exóticos como as saúvas e o tucupi, um preparo feito com a raiz da mandioca. Uma rápida pesquisa on-line na base de dados do Foodpairing revela bons pares aromáticos para mariscos de captura acessória, huacatay (menta negra peruana), gochujang (pasta de especiarias fermentadas da Coreia), urfa biber (pimenta seca da Turquia), calamansi (fruta cítrica encontrada nas Filipinas) e vários chocolates e cervejas – afinal, somos belgas.

Ao catalogar os perfis aromáticos individuais de cada um desses ingredientes, podemos determinar quais deles compartilham compostos aromáticos. Como discutiremos mais adiante, os perfis aromáticos dos ingredientes são bastante complexos, muitas vezes consistindo em uma gama de moléculas odoríferas. Portanto, ter como identificar as conexões aromáticas entre ingredientes é uma forma efetiva de chefs e bartenders refinarem suas combinações.

Finalmente, chegamos à teoria de que pares sinérgicos apresentam certos vínculos aromáticos resultantes de interações complexas entre as moléculas aromáticas presentes nos ingredientes combinados.

Heston Blumenthal

The Fat Duck, Bray (Inglaterra)

As técnicas inovadoras e as combinações de sabores inesperadas de Heston Blumenthal lhe renderam três estrelas Michelin e a reputação mundial de ser um criativo pensador culinário.

"Hoje combinar alimentos (ou combinar sabores, como costumo dizer) é algo tão familiar no cenário gastronômico que você pode pensar que é uma prática que sempre existiu. No entanto, a verdade é que ela simplesmente não existia até os anos 1990, quando comecei a especular se existiria algo por trás do motivo de certas combinações funcionarem tão bem. Naquele momento, não havia outros chefs investigando isso nem uma rota óbvia a seguir – eu fui guiado por meus instintos e minha curiosidade, fazendo o melhor para juntar as peças.

Um passo fundamental foi conversar com amigos meus [da comunidade científica]. Percebi que, quando eu perguntava a eles sobre combinações particulares de ingredientes, eles muitas vezes consultavam uma base de dados chamada Compostos Voláteis nos Alimentos (Volatile Compounds in Food – VCF) para verificar se havia compostos em comum entre os alimentos em questão.

Comecei a ficar empolgado com isso. Embora essa tecnologia fosse usada por empresas de alimentos e fabricantes químicos, e não por chefs, eu achava que ela funcionaria na cozinha tão bem quanto no laboratório. Eu poderia usá-la para encontrar qualquer tipo de combinação de sabor maravilhosa e inesperada, em parte porque eu já vinha trabalhando com outra fonte que era uma autoridade: o livro *Perfume and flavor materials of natural origin,* de Steffen Arctander. Ao cruzar uma referência com a outra, pensei que eu poderia pegar um ingrediente como a cereja, checar seus compostos constituintes e então encontrar outros ingredientes que compartilhassem desses compostos e que pudessem, assim, complementá-la.

E foi assim que nasceu a técnica de combinar sabores, tanto da minha ingenuidade quanto da minha curiosidade e do meu entusiasmo. Logo eu me dei conta de que o perfil molecular de um único ingrediente é tão complexo que, mesmo que ele compartilhe de muitos compostos com outro ingrediente, isso está longe de garantir que eles funcionarão juntos. A combinação de alimentos, portanto, é uma ferramenta incrível para a criatividade, mas apenas quando usada junto com a intuição, a imaginação e, acima de tudo, a emoção de um chef. É um ótimo ponto de partida, mas você ainda precisa explorar, testar coisas e, é claro, degustar constantemente."

A história do Foodpairing

Combinar alimentos: uma saída para o dilema do onívoro

Várias vezes por dia, tomamos a decisão de comer ou beber algo. Sem pensar muito, decidimos muitas vezes de modo quase automático, mas isso não quer dizer que sejam escolhas fáceis. Humanos são onívoros, o que significa que, em princípio, podem comer qualquer tipo de planta ou animal. Prosperamos por todo o planeta porque encontramos alimento em quase qualquer lugar.

O onívoro em nós está sempre atento a substâncias potencialmente perigosas: algo com o gosto amargo pode ser tóxico, alimentos muito ácidos ou picantes podem causar dor, o cheiro da comida estragada é um alerta para não tocá-la. Há segurança na familiaridade, em só comer coisas às quais obviamente tenhamos sobrevivido comendo antes. Mas, quando se trata de escolher um alimento, a segurança não é nossa única motivação.

Uma característica que partilhamos com muitos outros animais é o desejo de evitar o tédio e de buscar a variedade. Isso também é bom, pois uma dieta monótona pode nos levar à falta de nutrientes fundamentais. Esse impulso por mudanças é um indício de que, uma vez acostumados a algo, nos motivamos a ir em busca de novas experiências. Queremos novos alimentos com novos sabores que nos mantenham estimulados. No entanto, tais alimentos oferecem um risco, já que não sabemos se é seguro comê-los. Essas duas forças opostas – comer apenas alimentos familiares para nos mantermos seguros *versus* experimentar novos sabores empolgantes, arriscando nossa saúde – constituem o que se conhece como o dilema do onívoro.[1]

Como sabemos se um alimento novo será tão saboroso quanto um alimento familiar?
Hoje em dia, raramente encontramos alimentos de fato perigosos. Graças a gerações de cientistas de alimentos e nutricionistas, podemos comprar um produto alimentício quase em qualquer lugar do mundo e comê-lo sem sofrer nenhum dano. Nos países mais ricos do ocidente, consumidores saudáveis e não alérgicos podem escolher entre uma variedade praticamente ilimitada de comidas e bebidas. Isso traz uma nova questão: o que comer?

Vivemos em uma época de excesso de opções de alimentos. É decepcionante quando o que você escolhe ou prepara não propicia aquela tão esperada e empolgante experiência nova de sabor. Se você administra um restaurante ou uma empresa alimentícia, é um desafio continuar desenvolvendo novas receitas e produtos, pois é difícil prever quais sabores vão satisfazer os clientes existentes e atrair novos. A teoria do Foodpairing visa atender exatamente a isso. Sabendo quais componentes de aroma e sabor compõem os alimentos e as bebidas é possível prever quais novas combinações vão funcionar bem.

Aromas fundamentais

Ingredientes se combinam bem quando partilham de aromas fundamentais na concentração certa. Essa teoria forma a base do nosso trabalho no Foodpairing e neste livro. Mas o que são aromas fundamentais? Como sabemos quais compostos orgânicos voláteis estão presentes em um alimento? E como sabemos quais deles são importantes ou qual é a concentração correta? Essas são apenas algumas das questões que vamos abordar nas páginas a seguir.

Compostos orgânicos voláteis

Pense em uma fragrância icônica, como a do Chanel n° 5. Você pode até reconhecer de imediato o perfume, porém só um nariz treinado consegue identificar as notas de topo (que incluem bergamota, limão-siciliano, néroli e ylang-ylang), as notas de corpo ou coração (de jasmim, rosa, íris e lírio-do-vale) e as notas de fundo (de vetiver, sândalo, baunilha, âmbar e patchuli). Cada óleo essencial acrescenta uma camada à complexidade única do perfil aromático do perfume, que é formado por diferentes grupos de compostos orgânicos voláteis (COVs), substâncias químicas que, à temperatura ambiente, se vaporizam com facilidade do estado sólido ou líquido ao estado gasoso. Os COVs estão por toda parte, inclusive nos alimentos que comemos. A tendência das moléculas a se vaporizarem é o que chamamos de volatilidade.

Um aroma fino se percebe em três níveis de volatilidade. As notas de topo ou de saída contêm os compostos mais voláteis e duram apenas de 5 a 30 minutos. As notas de corpo ou coração duram mais e são sentidas cerca de 30 minutos após uma boa borrifada. As notas de fundo, por terem um peso molecular maior, só começam a aparecer cerca de 1 hora após a aplicação, pois demoram mais a evaporar. Dessa forma, o peso molecular mais leve de uma nota de topo faz dela a mais volátil. É por isso que as moléculas aromáticas mais óbvias tendem a ser leves, pois isso as torna mais imediatamente perceptíveis a nós.

Mais de 10 mil COVs diferentes já foram identificados nos alimentos que consumimos. Para conseguirmos detectar esses compostos aromáticos, eles precisam ser voláteis o suficiente para passar pelo ar de forma a alcançar os receptores olfativos do nosso nariz de forma ortonasal (quando cheiramos algo) ou retronasal (quando comemos ou bebemos algo – ver página 19).

As etapas da volatilidade de um perfume
Aromas finos são criados para serem percebidos em três etapas, com moléculas aromáticas se vaporizando no ar em momentos diferentes. As notas de topo trazem uma primeira impressão – aromas tipicamente mais frescos, como bergamota, anis ou lavanda, que normalmente duram apenas de 5 a 30 minutos. As notas de corpo, mais proeminentes, como rosa, pinho ou pimenta-do-reino, adicionam personalidade. Estas aparecem quando as notas de topo começam a se dissipar e podem durar por até 3 horas. As notas de fundo, mais profundas e complexas, como baunilha e cedro, aparecem somente depois de uma hora, mas podem permanecer por dias.

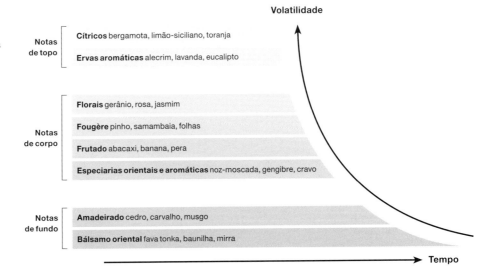

Aromas fundamentais

Podemos separar, identificar e quantificar o número de COVs presentes em qualquer ingrediente ou produto com a ajuda de um cromatógrafo a gás (CG) em conjunto com um espectrômetro de massa (EM), ou um CG-EM.

Uma amostra dissolvida do ingrediente é injetada no cromatógrafo a gás, que vaporiza e separa as substâncias individuais conforme passam da coluna em espiral ao espectrômetro de massa. Dependendo dos pesos moleculares, os compostos se movem a velocidades diferentes pelo detector do espectrômetro, que então registra o tempo de retenção de cada composto como uma série de picos em um gráfico (ver abaixo). Chamamos de tempo de retenção o tempo que as variadas substâncias levam para passar pelo detector. A posição de cada pico no gráfico representa os diferentes tempos de retenção de cada composto; a área de superfície embaixo de cada pico representa a quantidade da molécula presente no ingrediente analisado, para calcular sua concentração.

Os compostos aromáticos dos alimentos são particularmente difíceis de detectar, pois tendem a ter pesos moleculares relativamente baixos (em alguns casos, não passam de 10-15 mg por kg). No entanto, o CG-EM consegue detectar de forma rápida e precisa até mesmo os vestígios de uma substância, o que faz dele um método especialmente efetivo de analisar os compostos voláteis dos alimentos.

Abaixo: O perfil aromático de um morango
Nem todos os picos do cromatograma a gás de um morango mostrados aqui contribuem necessariamente para o sabor da fruta, pois apenas parte das moléculas é perceptível para os humanos. Ao menos cinco grupos de moléculas aromáticas contribuem para a fragrância frutada de um morango: lactonas com cheiro de coco; ésteres frutados; aldeídos, que têm um cheiro folhoso; furanonas carameladas; e ácidos caseosos. As moléculas aromáticas marcadas em negrito são alguns dos principais odorantes do morango.

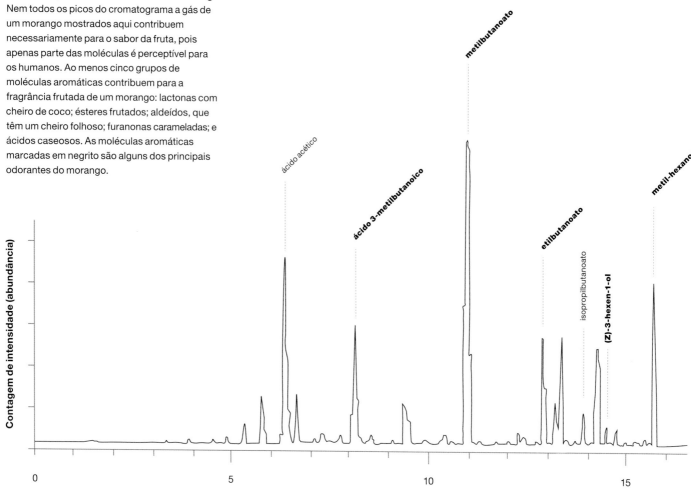

O dia em que Nova York cheirou a xarope de bordo (maple syrup)

Em um dia de outubro de 2005, o doce aroma de xarope de bordo pairou sobre Manhattan, Queens e Nova Jersey. As autoridades municipais levaram alguns anos para rastrear a fonte do cheiro misterioso: uma empresa de sabores e fragrâncias com uma fábrica em North Bergen, em Nova Jersey, que havia derramado alguns litros do composto aromático sotolon no rio Hudson. Em baixas concentrações, o sotolon tem um cheiro carameladoado parecido com o cheiro do xarope de bordo ou de açúcar queimado; em altas concentrações, ele tem cheiro de feno-grego, uma especiaria geralmente usada em curries indianos.

Quando dissolvido na água, o sotolon tem um limiar olfativo baixíssimo (0,6 parte por bilhão), o que explica moradores de ambas as margens do Hudson terem reclamado do estranho aroma adocicado. Depois de analisar amostras do ar e realizar leituras da direção do vento, o Departamento de Proteção Ambiental do município de Nova York finalmente resolveu o "grande mistério do xarope de bordo" em 2009.

O que é um odorante-chave?

Cada molécula aromática tem um limiar de detecção de odores único, que é a concentração mais baixa em que um composto volátil pode ser detectado por humanos. No que diz respeito às diferentes concentrações em que moléculas aromáticas podem ser detectadas, há um grau considerável de variabilidade. Para uma substância como a geosmina, necessita-se de não mais que poucos miligramas a cada mil toneladas – o que seria menos de uma gota em uma piscina olímpica – para podermos detectar seu característico cheiro terroso.

O fato é que somente uma parte dos compostos voláteis é realmente responsável pelo perfil aromático de cada ingrediente. Esses odorantes-chave estão presentes em concentrações que excedem nosso limiar de reconhecimento de odores. O café, por exemplo, contém mais de mil compostos voláteis diferentes facilmente detectáveis pelo equipamento CG-EM, mas apenas trinta ou quarenta deles são responsáveis pelos sabores torrados, caramelados, de nozes, entre outros, que percebemos.

É claro que temos que levar em conta também o limiar olfativo individual de cada pessoa. A habilidade de perceber uma molécula aromática específica pode variar de uma pessoa para outra em até dez vezes, abrangendo desde a hipersensibilidade até a anosmia total, isto é, a incapacidade de sentir um cheiro específico.

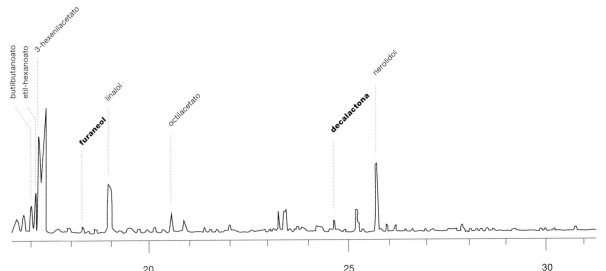

Aromas fundamentais

Os aromas são sintéticos

Quando se analisa um morango, nenhuma das moléculas aromáticas tem cheiro de morango. Em vez disso, "morango" é uma combinação de ésteres frutados, lactonas com cheiro de coco e notas de caramelo, folhas e queijo. Se não há uma molécula aromática de morango, como conseguimos detectar o aroma de morango?

Estudos psicofísicos já demonstraram que a percepção de misturas de odorantes não é a simples soma das características individuais dos componentes aromáticos.

Se uma mistura contém mais de quatro componentes, os odorantes perdem sua individualidade e produzem um novo percepto olfativo que transmite um odor único não provocado pelos componentes individuais. Esse fenômeno, conhecido como processamento sintético, foi confirmado por experimentos neurofisiológicos que demonstraram que neurônios do córtex selecionados respondem a misturas binárias de odorantes, mas não a seus componentes individuais. Isso significa que os descritores aromáticos de odorantes individuais não bastam para identificar e prever os descritores aromáticos do alimento como um todo. No Foodpairing, usamos algoritmos de *machine learning* para traduzir os registros da máquina para a forma como um ser humano vai perceber um aroma.

Mudando de matriz

Se uma molécula aromática foi definida como um aroma fundamental não significa que será sempre assim. Fatores como a matriz (água, ar, álcool ou gordura), temperatura e sinergias potenciais entre moléculas aromáticas também podem afetar a percepção (por exemplo: o cheiro de maracujá na cerveja resulta da interação de diferentes moléculas).

Cada molécula aromática se comporta de forma diferente nos solventes, dependendo de suas propriedades físicas. Moléculas hidrofóbicas têm aversão à água – elas se dissolvem mais facilmente em gorduras. Quando cercadas por moléculas de água, tendem a escapar para o ar, onde são mais facilmente detectadas pelo olfato. Por outro lado, moléculas hidrófilas têm afinidade com as de água e preferem permanecer nos líquidos. O álcool (etanol) tem propriedades hidrofóbicas particulares, o que explica por que as moléculas aromáticas hidrofóbicas presentes nos vinhos ou destilados se mantêm neles apesar da presença do álcool. A proporção dos líquidos (água e álcool) determina quais aromas são mais fáceis de detectar.

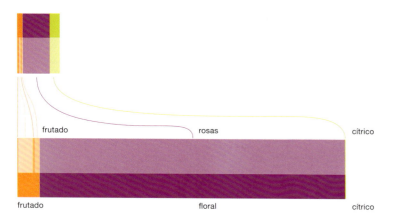

vinho alcoólico / frutado / rosas / cítrico

vinho não alcoólico / frutado / floral / cítrico

À esquerda: O impacto do álcool no sabor
Uma comparação aromática dos vinhos Gewürztraminer com e sem álcool demonstra as diferenças de sabor pontuadas entre os dois: o vinho tem um gosto menos frutado do que a versão não alcoólica.

Quanto mais álcool houver em uma bebida, mais moléculas aromáticas hidrófilas escaparão para o ar. Quanto maior a proporção de água, mais aromas hidrófobos sairão do líquido para o ar. Um exemplo disso é o fato de que adicionar água ao uísque libera novos sabores diferentes e sutis.

Compostos em concentrações baixas demais para serem percebidos sozinhos podem ser percebidos se combinados em misturas que excedam nosso limiar olfativo. Muitas vezes, o cheiro que associamos a um ingrediente ou produto é o resultado de muitos odorantes diferentes interagindo entre si.

1. Sinergia ou aditividade descreve a combinação de odorantes em uma mistura produzindo um novo cheiro que seja ainda mais intenso que a soma dos componentes voláteis individuais.

2. Respostas inibidoras provocadas pelas complexas interações entre moléculas aromáticas fazem com que os neurônios dos receptores olfativos percebam os cheiros de componentes individuais em vez do cheiro da mistura deles. Por exemplo: o éster frutado etil-3-metilbutanoato inibe o aroma de pimentão da 2-isobutil-3-metoxipirazina.

3. A supressão ocorre quando a mistura é menos intensa que sua molécula aromática com a maior intensidade, mas ainda se percebe como mais intensa que as outras moléculas que contém.

4. A predominância ou hipoaditividade ocorre quando a intensidade de uma mistura é a mesma que a de uma de suas moléculas aromáticas, mas a combinação ainda é ofuscada por um dos componentes presentes.

Adicionando outros aromas

Se uma molécula aromática está abaixo do limiar olfativo não significa que ela não possa ser percebida. Aromas que tenham uma estrutura ou uma percepção similar a outros aromas podem gerar sinergia ou aditividade (ver gráfico 1). Por exemplo, o etiloctanoato e o etildecanoato têm uma estrutura química parecida, e a mistura dessas duas moléculas aromáticas tem um limiar olfativo mais baixo que os dois aromas individualmente.

O impacto combinado de odorantes similares também pode produzir um novo cheiro mais intenso que a soma de seus componentes voláteis individuais. Os queijos azuis devem seu odor intenso e característico a uma combinação das moléculas aromáticas amanteigadas da 2- e 3-butanodiona e das notas amanteigadas e de queijo do ácido 3-metilbutanoico. A interação entre aromas não é sempre tão lógica – aldeídos graxos são adicionados ao Chanel nº 5 para enriquecer as notas florais, por exemplo. O resultado depende ainda da concentração: em baixas concentrações, a lactona do uísque aumenta a percepção do acetato isoamílico, mas, em concentrações mais altas, a suprime.

Interações entre moléculas aromáticas

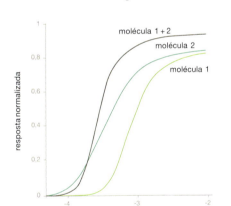

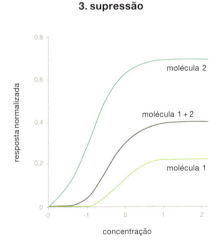

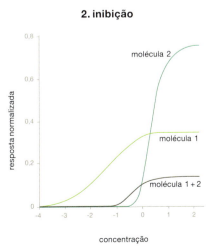

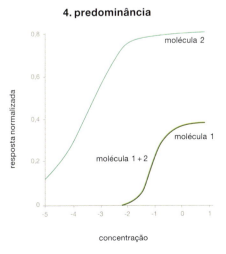

Olfato *versus* paladar

É um equívoco comum pensar que os sabores são percebidos pela boca, quando, na verdade, essa percepção tem mais a ver com os componentes aromáticos de um ingrediente que são voláteis o suficiente para que os receptores olfativos do nariz os detectem. O sistema olfativo é responsável por detectar as moléculas aromáticas suspensas no ar, enquanto os receptores da boca apenas são capazes de registrar as cinco moléculas básicas do paladar – doce, salgado, azedo, amargo e umami – quando diluídas em fluidos. Estudos recentes mostraram que até 90% da experiência do sabor tem a ver com o olfato.

Comer ou beber envolve uma orquestração complexa e multissensorial de olfato, paladar e nossos sentidos trigeminais, além, é claro, da visão e da audição.

A percepção do aroma

O nariz humano tem cerca de 400 receptores olfativos que supomos serem capazes de detectar mais de 1 trilhão de odores diferentes. Esse número diz muito sobre a habilidade do nosso sistema olfativo de processar uma gama diversa de cheiros complexos e sutis, especialmente em contraste com nossos receptores gustativos. Estudos dos anos 1920 indicavam que éramos capazes de sentir cerca de 10 mil odores diferentes, mas um experimento recente conduzido pela neurobióloga Leslie B. Vosshall, da Universidade Rockefeller, em Nova York, determinou que conseguimos detectar muito mais que isso.[2]

O laboratório de Vosshall criou três misturas separadas a partir de um conjunto de 128 moléculas aromáticas individuais; os frascos continham combinações de 10, 20 ou 30 componentes. A cada participante da pesquisa foram entregues três frascos de misturas de cheiros – dois iguais e um diferente –, e foi solicitado que identificassem qual deles era o diferente. Na média, os participantes conseguiam perceber a diferença se as misturas de odores variassem em mais da metade. O laboratório de Vosshall estimou, com seus achados, que os humanos devem ser capazes de distinguir, em média, 1 trilhão de cheiros. Se por um lado os 10 mil odores foram claramente uma subestimação, um trilhão pode ser um exagero – o número de odores que conseguimos detectar provavelmente está em algum lugar entre as duas estimativas.

Como saboreamos uma taça de vinho

Imagine-se provando um bom vinho pela primeira vez. Quando você inclina a taça em sua direção para inalar profundamente, as notas mais voláteis do vinho sobem à borda do copo e evaporam no ar. Uma onda de moléculas aromáticas adentram suas narinas em direção ao epitélio olfativo localizado no teto da passagem nasal, onde pestanas ciliares se prolongam por uma membrana mucosa, capturando as moléculas aromáticas, que se dissolvem e se unem a neurônios especializados chamados de células receptoras olfativas.

Esses receptores transmitem os sinais ao longo das células sensoriais até o bulbo olfativo, localizado abaixo do lobo frontal do cérebro. Dali, os sinais seguem até os neurônios sensoriais no córtex piriforme, onde as moléculas aromáticas interagem em graus variados com diferentes receptores, fazendo com que eles registrem um padrão único de atividade para cada molécula individual. Como uma pintura pontilhista, o sabor geral do vinho começa a tomar forma conforme as células receptoras transmitem a informação aromática para diferentes áreas do cérebro, como a amídala e o tálamo. Essa é a detecção ortonasal, nossa forma primária de processar os cheiros.

Abaixo: As propriedades sensoriais dos alimentos
A percepção do aroma e do gosto são duas das quatro principais propriedades sensoriais que determinam nossa escolha, aceitação e consumo dos alimentos, junto com a aparência e a textura.

Um exercício de experiência do sabor
Sirva-se um copo de suco de laranja, aperte o nariz e beba um gole. Você consegue descrever o que acabou de provar? Talvez um pouco de doçura e de acidez, não muito mais que isso. Agora tome outro gole, mas dessa vez sem apertar o nariz. Você provavelmente sentirá a mesma acidez, mas dessa vez com uma explosão adicional do sabor cítrico da laranja – ou melhor, da fragrância. É isso que chamamos de uma experiência completa de sabor. Veja o que acontece ao testar esse exercício de degustação com o café: em vez de sabores complexos, você não sentirá muita coisa além do amargor.

Perceba que as notas que sobem à borda do copo têm um cheiro diferente das notas mais pesadas, que permanecem mais perto da superfície do vinho. Aerar o vinho girando a taça revela sua fragrância, liberando alguns voláteis de fundo que, do contrário, ficariam retidos debaixo da superfície do líquido. Por sorte, o cérebro humano é equipado com 40 milhões de neurônios receptores olfativos para processar esses diferentes odores. Novos odores imprimem seus padrões característicos em nossa memória de forma que os reconheçamos da próxima vez que os sentirmos.

A detecção retronasal é nossa forma secundária de processar odores, o que explica por que degustadores profissionais utilizam-se de diversas técnicas de agitação oral quando avaliam vinhos. O ato de engolir ou mastigar empurra o ar pela passagem nasofaríngea, junto com ele são levadas as moléculas aromáticas de alimentos ou bebidas. O ato de aspirar quando você toma um gole do vinho força o ar até o fundo de sua garganta, onde as moléculas aromáticas podem entrar em contato com o epitélio olfativo. A partir daí, os vários sinais são transmitidos novamente ao cérebro pelo trato olfatório. Você pode inclusive detectar no vinho notas que não havia percebido antes. O retrogosto ácido ou amargo que permanece depois de você engolir é indicativo dos taninos do vinho.

Abaixo: Processando os cheiros

Na detecção retronasal, o vácuo criado ao engolir faz com que as moléculas aromáticas passem pela garganta e pelo nariz até o bulbo olfativo. Você pode intensificar sua experiência do sabor e dos aromas inalando profundamente pela boca um pouco antes ou depois de engolir – por exemplo, sorvendo ao degustar um vinho.

Detecção retronasal

O bulbo olfativo e os receptores de odor

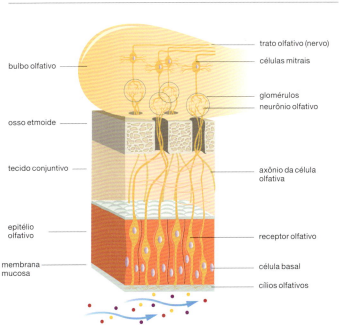

Olfato *versus* paladar

A percepção do gosto começa na boca

Ao contrário do que muitos de nós aprendemos na escola, não existem áreas específicas na língua que sejam responsáveis unicamente por distinguir entre os sabores doce, azedo, salgado, amargo e umami. Todas as partes da língua diferenciam esses cinco sabores, embora certas áreas tenham mais papilas gustativas que outras. A falsa percepção de que sentimos a doçura apenas com a ponta da língua e o amargor com a parte de trás provavelmente vem do fato de que o sabor amargo tende a permanecer por mais tempo na boca.

De 5 mil a 10 mil papilas gustativas estão concentradas em pequenas protuberâncias na língua, no fundo da boca e ao longo do palato. Quando comemos ou bebemos, os estimulantes gustativos (por exemplo: açúcar, sal e ácidos) ativam de 50 a 100 receptores especializados contidos em cada papila, enviando sinais das terminações das fibras nervosas para os nervos cranianos e deles para as regiões gustativas do tronco encefálico. De lá, os impulsos são transmitidos a partir do tálamo até uma área específica do córtex cerebral, que nos alerta para um gosto em particular.

Receptores acoplados a proteínas G detectam os estimulantes do doce, do amargo e do umami. O complexo de receptores T1r2/T1r3, formado por duas proteínas, reconhece estimulantes doces como a sacarose e a frutose, além de adoçantes como a estévia e a sacarina. Glutamatos presentes em alimentos salgados, como o aminoácido L-glutamato, associado ao glutamato monossódico, conectam-se com as proteínas receptoras T1r1/T1r3, que também reconhecem o monofosfato de guanosina, responsável pelos estimulantes de umami presentes no shiitake.

Os humanos têm bem mais receptores sensoriais detectores de substâncias amargas do que de quaisquer outras, provavelmente para nos proteger de ingerirmos substâncias tóxicas – existem ao menos 100 variantes conhecidas do conjunto de receptores gustativos TAS2R, o que indica sua importância evolutiva. Estimulantes salgados e azedos entram nos receptores gustativos diretamente pelos canais de potencial receptivo transitório (PRT), poros minúsculos na superfície da membrana celular. Temos também receptores que reagem a ácidos graxos, provavelmente porque nosso corpo precisa de gorduras para sobreviver. Por fim, alguns cientistas acham que temos receptores para detectar gostos metálicos, mas é algo ainda em investigação.

Abaixo: Papilas gustativas
Há até 10 mil papilas gustativas na superfície da língua humana, e cada uma delas é formada por até 100 células receptoras de sabor.

A superfície da língua

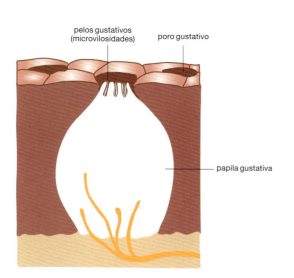

Papila gustativa

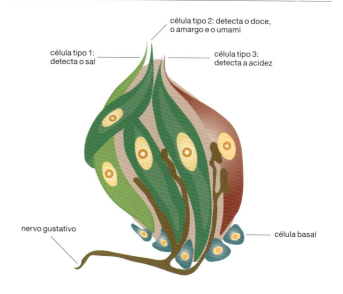

Fato científico
A massa molecular (m) é a massa de uma dada molécula medida em unidades de massa atômica (u) ou daltons (Da). Uma molécula aromática média pesa menos de 20 Da, ou seja, são necessárias 221 moléculas para chegar a um único grama (g).

Que cheiro adocicado é esse?
Com 342 daltons, as moléculas de açúcar (sacarosas) são pesadas demais para que as registremos por detecção ortonasal, então, quando dizemos que algo tem o cheiro adocicado, na verdade nos referimos à associação entre cheiro e gosto de sabores como baunilha e canela, ingredientes familiares em sobremesas com muito açúcar. O termo "adocicado" também é muito aplicado a cheiros frutados e sabores caramelados, mas essas associações são subjetivas, pois são moldadas por nossas experiências culturais ou pessoais. Por exemplo, na França, onde as sobremesas costumam ter sabor de baunilha, incorporar essa especiaria em uma receita pode fazê-la ser percebida como mais doce do que ela é de fato. No Vietnã, contudo, o sumo fresco de limão-siciliano costuma ser adicionado para adoçar bebidas, então quem as consome pode acabar formando sua própria associação entre limão-siciliano e sabores doces.

Sensações trigeminais
Além dos cincos sabores básicos, também experimentamos outras sensações prazerosas – e às vezes dolorosas – ao comer. Temperatura, textura, dor e frescor são apenas algumas das sensações trigeminais que aprimoram nossas experiências olfativas e gustativas. Certos compostos químicos estimulam o nervo trigeminal, que envia sinais ao cérebro. Por exemplo: grãos de pimenta-de-sichuan contêm hidroxialfassansol, que provoca uma sensação de formigamento ou dormência conhecida como parestesia. O espilantol é o responsável pelo efeito analgésico dos botões-de-sichuan – as flores comestíveis da pimenteira – e de diversas outras variedades de plantas. A capsaicina confere à pimenta-malagueta seu forte ardor, e o mentol deixa em seu rastro um efeito refrescante mentolado. A efervescência de bebidas gaseificadas vem do ácido cítrico.

A textura também cumpre um papel crucial quando saboreamos os alimentos: você pode, por reflexo, cuspir uma batata estragada ou um cereal que ficou empapado demais. No entanto, o paladar não se restringe a transmitir o estado físico e a estrutura dos alimentos; ele também informa nosso sistema somatossensorial oral sobre todo tipo de coisa, como o tato, a temperatura, a dor, a pressão, entre outros aspectos.

Receptores especializados localizados na língua e na camada epitelial da boca enviam sinais ao cérebro informando o tamanho, a forma e a textura de tudo o que comemos ou bebemos. Temos mais receptores sensoriais na parte da frente da língua e na boca do que em qualquer outro lugar do corpo; esses receptores nos alertam imediatamente se o gosto é agradável ou de algo estragado, prova de mais um mecanismo evolutivo de autodefesa fundamental para nossa sobrevivência.

O gosto ocorre no cérebro
Diferentemente do olfato, que é sintético, a percepção do gosto é analítica, o que significa que gostos individuais podem ser isolados no cérebro. Charles S. Zuker, professor de bioquímica, biofísica molecular e neurociência na Universidade Columbia, em Nova York, provou recentemente que a percepção do gosto não ocorre na língua, mas no cérebro, onde os neurônios responsáveis pela percepção dos diferentes sabores são acionados. Segundo o Dr. Zuker, "receptores gustativos dedicados presentes na língua detectam o doce e o amargo, e assim por diante, mas é o cérebro que atribui significado a essas substâncias químicas".[3]

Você é um superdegustador?
Cerca de 25% da população pode ser considerada superdegustadora. São pessoas hipersensíveis ao gosto, não ao sabor, então, para elas, alimentos doces, azedos e salgados têm uma intensidade aumentada, ao passo que algumas verduras ou bebidas amargas, como café e cerveja, são praticamente insuportáveis.

A qualidade de superdegustador é determinada pelo número de papilas fungiformes na língua. Uma pessoa comum tem cerca de 15 a 35 papilas em uma área de 6 mm de diâmetro, enquanto um superdegustador pode chegar a ter 60. Não degustadores, que são outros 25% da população, têm menos de 15 papilas nessa mesma área.

A importância do aroma

Os aromas desempenharam um papel crucial na sobrevivência da espécie humana, sendo um fator-chave para a experiência do sabor. Do ponto de vista microbiológico, o olfato nos protege de ingerir alimentos impróprios para o consumo. Basta sentir o odor amoníaco de ovos podres ou o de frutos do mar estragados e você não vai pensar duas vezes em ir atrás de outra opção (mais segura) de refeição. As mulheres têm o paladar e o olfato mais apurados na gravidez, provavelmente para protegerem seus bebês e a si mesmas de ingerirem alimentos prejudiciais. Os bebês também reconhecem o cheiro da mãe assim que nascem.

Os odores são pistas essenciais quando se trata dos vínculos sociais. Em um estudo conduzido pelo departamento de psicologia da Universidade da Columbia Britânica, 96 mulheres foram designadas aleatoriamente: antes de passarem por um exame de estresse, foi solicitado a algumas delas que cheirassem uma camiseta nova e a outras que cheirassem uma que havia sido usada por seus respectivos parceiros ou por desconhecidos.

As mulheres que cheiraram e identificaram corretamente as camisetas usadas pelos seus parceiros apresentaram níveis mais baixos de cortisol, enquanto as que cheiraram as camisetas de desconhecidos mostraram níveis elevados. Isso mostra que os humanos são extremamente sensíveis aos odores corporais, mesmo que apenas de forma subconsciente.[4]

A biologia do olfato

Ao alcançarmos o topo da cadeia alimentar, passamos a depender menos do olfato e mais da visão para sobreviver. O número de neurônios receptores olfativos em funcionamento é apenas uma das formas de medir a capacidade de um organismo de distinguir aromas. Estudos mostraram que os humanos têm cerca de 350 genes de receptores funcionais, enquanto, nos ratos, há 1.100. No entanto, a capacidade de distinguir odores pode ter mais a ver com a região olfativa central em nosso cérebro e sua capacidade de processar as informações recebidas do nariz e da boca.

Abaixo: O papel do olfato na sobrevivência
Estudos recentes sugerem que a evolução desempenhou um papel fundamental em moldar as habilidades de diferentes espécies de farejar odores específicos que são cruciais para a própria sobrevivência.

Os ratos são extremamente habilidosos em detectar seus predadores; já os cães são mais sensíveis aos ácidos carbólicos presentes em suas presas naturais. Os receptores olfativos do camelo-bactriano são tão apurados para detectar a geosmina que eles conseguem sentir o cheiro de terra úmida de um oásis a uma distância de 80 km. Os humanos superam os cães quando se trata de detectar aldeídos, comuns em frutas e flores, e também demonstram um olfato aguçado para sangue e urina.[5] Também já se provaram melhores na detecção de odores do que os equipamentos de cromatografia a gás mais sensíveis.[6]

Comparando olfatos: humanos *versus* ratos

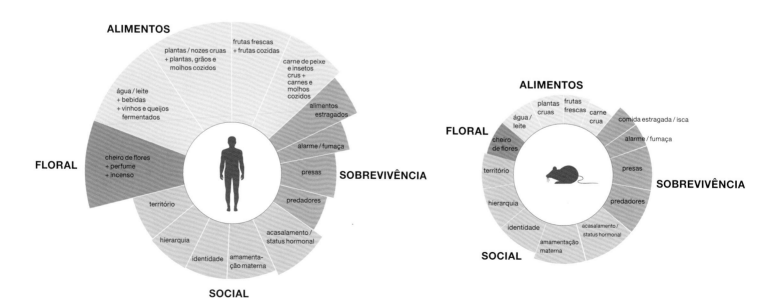

1 em cada 20 genes humanos é um receptor de odor

O corpo humano contém um total de 20 mil genes. É incrível pensar que 1 em cada 20 desses genes é, na verdade, um receptor de aroma. Portanto, se imaginarmos que nosso DNA funciona como uma biblioteca, isso significa que 1 em cada 20 livros contém informações importantes sobre odores que nos permitem detectar e decifrar diferentes cheiros.

A biologia do olfato não deve ser medida apenas pelo número de neurônios receptores funcionais que nós temos, pois outras variáveis também afetam nossa capacidade de perceber odores. Por exemplo, o tamanho da cavidade nasal e do nosso cérebro conferem aos humanos uma maior capacidade cognitiva quando se trata de distinguir aromas.

Para além do processamento inicial dos odores, os humanos têm um pensamento cognitivo superior ao de outras espécies no que diz respeito a comparar aromas e sabores com os que já experimentamos anteriormente. Associado ao nosso sistema de linguagem, isso nos permite identificar e catalogar os odores familiares e desconhecidos que encontramos no cotidiano. Acredita-se que esse elevado poder de associação, que constitui a base de nossa percepção olfativa, compensa o fato de termos menos neurônios receptores de odor do que outros mamíferos. Ao longo do tempo, pode ser que tenhamos evoluído de forma a depender menos do olfato do que outras espécies, mas o nariz treinado de um sommelier, de um perfumista ou de qualquer outro especialista sensorial prova que, com alguma prática, somos capazes de distinguir odores excepcionalmente bem.

Outro fator fundamental que nos diferencia de outras espécies é que processamos a maior parte do que comemos e bebemos antes do consumo. Os elaborados métodos que usamos para cozinhar, fermentar, temperar e combinar ingredientes nos expõem a uma gama muito mais ampla de aromas retronasais do que outras espécies experimentam.

Narizes diferentes, olfatos diferentes

Estudos recentes descobriram que aproximadamente 30% de nossos receptores olfativos diferem de uma pessoa para outra em virtude de variações genéticas. Nossos receptores olfativos trabalham juntos para formar uma rede sofisticada de cerca de quatrocentos sensores especializados e capazes de detectar e analisar diferentes aromas. Por exemplo, quando você cheira canela, ela ativa seus receptores, que codificam as informações do aroma em um sinal padronizado enviado ao seu cérebro: *limão cítrico, canela picante, cravo e cânfora*. Esses padrões codificados são reconhecidos pelo cérebro, que identifica o ingrediente que você está cheirando como canela.

Aproximadamente 140 desses 400 receptores de odor variam levemente de uma pessoa para outra, fazendo com que percebamos os aromas no ambiente de maneira diferente. O Instituto Weizmann de Ciência, em Israel, desenvolveu um teste de olfato que pede aos participantes que identifiquem 34 odores diferentes usando um conjunto de 54 descritores aromáticos. Com base nas respostas dos participantes, uma impressão digital olfativa única pode ser gerada para cada pessoa no planeta.[7]

A importância do aroma

Associações: aprendendo a gostar dos alimentos

O que nos faz gostar ou não de certos alimentos raramente nasce conosco – em geral, nossas preferências são formadas pelas experiências. É mais uma questão de psicologia do que uma questão do tipo "eu nasci assim".

Ao estudar o sistema digestivo dos cães, o fisiólogo russo Ivan Pavlov (1849-1936) observou que, depois de um tempo de treino, seus cães começavam a salivar antes mesmo de receberem o alimento. Ele descobriu que, a certa altura, qualquer estímulo associado à comida (em seu clássico experimento, era o som de uma campainha ou de um metrônomo) provocaria uma resposta salivar por si só. Processos de aprendizado similares a esse também ditam do que os humanos aprendem a gostar ou não. O condicionamento clássico ajuda a explicar como aprendemos a gostar de sabores que antes não nos agradavam. O efeito positivo de um alimento ingerido é a recompensa necessária para estabelecer uma associação. Essa recompensa pode vir na forma de energia (por exemplo, açúcares) ou de efeitos psicológicos, como os do álcool ou da cafeína. Essas duas substâncias têm gosto amargo, mas a sensação prazerosa que causam pode superar nossa aversão natural ao amargor, a ponto de aprendermos a gostar de aromas amargos. Recompensas menos prejudiciais, como a refrescância de um copo de água fria, também podem funcionar. Quando uma recompensa corporal é associada a um sabor, esse sabor começa a ser apreciado após uma exposição recorrente.

Também aprendemos a gostar de um novo sabor (neutro ou até desagradável) associando-o a um sabor que já apreciamos. Essa transferência de predileção é conhecida como condicionamento avaliativo ou, em um contexto alimentar, *aprendizado sabor-sabor*. Combinar repetidamente um novo sabor com outro que conhecemos e do qual gostamos nos permite aprender a apreciar também o novo sabor. O doce é um sabor universalmente apreciado, o que o torna uma boa opção quando se trata de aprender a gostar de sabores. Adicionar açúcar a um café amargo ou a um iogurte azedo torna-os mais palatáveis. Com o tempo, adquirimos o gosto pela versão sem açúcar – a associação com a doçura já fez seu trabalho.

Associar um sabor de que você gosta a um novo de que você não gosta fará você gostar mais do sabor não apreciado. Para a combinação de alimentos, essa é uma descoberta muito interessante. Se um sabor em uma nova combinação é apreciado, outro sabor nessa mesma combinação também se tornará apreciado com o tempo.

Aprendizado sabor-sabor: combinando os ingredientes de que você não gosta com os de que você gosta para aprender a gostar deles

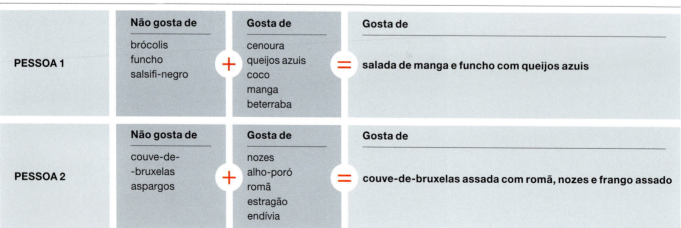

Moléculas aromáticas

Cada aroma começa como um precursor na sua comida – um carboidrato, um aminoácido, um ácido graxo ou uma vitamina. Alguns aromas já estão presentes nos ingredientes crus, enquanto outros só aparecem durante o cozimento ou o processamento.

A maioria das fragrâncias que associamos às frutas frescas se desenvolve conforme elas amadurecem. Os açúcares podem ser metabolizados em amidos ou até mesmo em lipídios (no caso das azeitonas) durante a fase de crescimento da fruta. À medida que a fruta amadurece, esses e outros precursores são convertidos em metabólitos secundários, responsáveis pela maior parte do aroma. É claro que espécie, sol e solo também ajudam a determinar o sabor e a doçura de uma fruta.

As verduras têm pouco ou nenhum odor discernível quando inteiras. Somente após cortar um pepino, por exemplo, é que os ácidos graxos insaturados nas membranas celulares danificadas entram em contato com o oxigênio, desencadeando a oxidação enzimática e produzindo os aldeídos com o cheiro característico do pepino, o nonadienal e o nonenal.

O calor desencadeia uma série de reações não enzimáticas no processo de cozimento, revelando novos sabores. A umidade do ingrediente começa a evaporar e dá início aos processos de oxidação e caramelização na formação do vapor. A 140 °C, ocorre a reação de Maillard, que forma centenas de novas moléculas de aroma, especialmente notas assadas, torradas ou fritas. Os aminoácidos de um ingrediente combinam-se com seus açúcares, resultando na maravilhosa crosta marrom que se forma na superfície dos alimentos cozidos. A 160 °C, ocorre a caramelização: os açúcares já presentes em um ingrediente ficam dourados ou marrons e dão a ele um sabor mais amendoado e caramelizado.

A fermentação é outro processo não enzimático, que ocorre quando leveduras ou bactérias fazem com que as moléculas de açúcar em um ingrediente se decomponham em álcool e dióxido de carbono. As bactérias ou leveduras se alimentam dos açúcares disponíveis, e a taxa de fermentação influencia a produção de certos compostos aromáticos, como no caso da cerveja. Vinho, molho de peixe e kimchi são outros exemplos de produtos fermentados.

Os alicerces do sabor

Os aromas são compostos voláteis com alguma configuração dos cinco átomos básicos: carbono, hidrogênio, oxigênio, nitrogênio e enxofre. Cada composto aromático tem uma estrutura atômica única que informa a intensidade e a durabilidade de seu cheiro. Muitas estruturas voláteis contêm de 4 a 16 átomos de carbono. Moléculas com menos átomos de carbono tendem a apresentar maior volatilidade; estruturas mais longas têm fragrâncias mais complexas e persistentes. Cada átomo adicional de carbono duplica a durabilidade de uma fragrância. Estruturas contendo de 8 a 10 carbonos normalmente são as que apresentam os aromas mais agradáveis.

Os compostos aromáticos mais importantes de um ingrediente são classificados em agrupamentos de estruturas atômicas similares. Esses compostos químicos são, então, classificados em grupos funcionais que determinam as características das moléculas aromáticas.

Os alicerces aromáticos

Cerca de 10 mil compostos voláteis já foram identificados em alimentos. A nomenclatura química que descreve os compostos químicos é a mesma para alimentos, perfumes e outros produtos. Na página 26, estão listadas as moléculas aromáticas mais relevantes no que diz respeito a alimentos e bebidas.

O poder dos átomos de carbono
Quanto maior o número de átomos de carbono contidos em uma molécula, maior será seu poder de permanência – o aroma frutado do propanal desaparece muito antes do cheiro de sabão do dodecanal.

propanal: cheiro frutado

hexanal: cheiro de grama

nonanal: cheiro cítrico, de laranja

dodecanal: cheiro de sabão

Moléculas aromáticas

1. Aldeídos
Os aldeídos têm um limiar de detecção olfativa baixo. Seu cheiro facilmente detectável varia do verde ao cítrico ao gorduroso à medida que a cadeia de carbono cresce.

- **Hexanal (C6)** é um aldeído formado por uma cadeia de seis carbonos, tem um aroma verde e fresco e está presente em ingredientes como maçãs, tomates e abacates.
- **Nonanal (C9)** tem um cheiro parecido com o da casca da laranja.
- **Undecanal (C11)** tem o cheiro gorduroso e ceroso que sentimos no azeite de oliva e na manteiga.

hexanal

A formação de diversos **aldeídos ramificados** é desencadeada pela conversão de aminoácidos durante o cozimento ou a fermentação, produzindo sabores como as notas maltadas do chocolate. Entre outros exemplos comuns de aldeídos ramificados estão a **vanilina** (baunilha), o **cinamaldeído** (canela) e o **benzaldeído** (amêndoa).

benzaldeído

Os **aldeídos insaturados** conferem à maçã, ao morango e ao tomate um caráter gramíneo e refrescante. Eles também são em grande parte responsáveis pelos sabores do coentro fresco e dos pepinos. Batatas fritas e frango frito são igualmente cheios desses compostos cerosos e gordurosos; os aminoácidos (proteínas) nas batatas e na pele do frango se transformam em aldeídos insaturados ao serem cozinhados em gordura ou óleo quente.

2. Álcoois
Estes compostos orgânicos podem ter um aroma frutado, ceroso e até mesmo de sabão, dependendo de sua concentração. O processo de fermentação envolvido na produção de cerveja, conhaque e rum tende a gerar notas frutadas. Frutas cítricas como limões e laranjas também contêm álcool, que é o responsável por sua fragrância cerosa. Tanto a **geosmina** terrosa quanto o **1-octen-3-ol** com cheiro de cogumelo ocorrem naturalmente.

geosmina

1-octen-3-ol

3. Cetonas
Em termos de fragrância, as cetonas variam consideravelmente, com descritores aromáticos do amanteigado ao de avelã (como na **filbertona**, que é típica da avelã) ao floral. As cetonas de cheiro floral mais comuns são:

- **Betadamascenona**, que confere seu aroma floral a maçãs e frutos silvestres, bem como aos tomates e ao uísque.
- **Betaionona**, que é responsável pela fragrância de violeta presente na própria flor (violeta) e nas framboesas.

betadamascenona

betaionona

4. Ésteres
Todas as frutas contêm ésteres. Os ésteres etílicos, como o **etilbutanoato**, são os principais responsáveis pelas fragrâncias frutadas. Carbonos adicionais na corrente molecular dos ésteres etílicos levam esses aromas do frutado ou tropical aos aromas mais parecidos com o de pera, de rum ou mesmo de sabão. Ésteres como o etilbutanoato têm um cheiro frutado genérico, enquanto outros são mais específicos, como o **acetato isopentílico**, que cheira a banana, ou o **etil-hexanoato**, que cheira a abacaxi. A fermentação também produz ésteres como os presentes na cerveja, que contém tanto os ésteres etílicos com aroma de maçã quanto os acetatos com aroma de banana.

Etil-hexanoato

Etilbutanoato

acetato isopentílico

5. Lactonas

As lactonas são ésteres cíclicos constituídos de uma formação anelar de diferentes átomos. Como o nome sugere, são comuns em produtos lácteos. As **gamalactonas** têm cheiro de coco ou pêssego e podem ser identificadas por seu anel de furanos. As **deltalactonas** têm uma estrutura de base anelar (pirano) que lhes confere um aroma cremoso ou de coco.

- As **lactonas do uísque** são produzidas conforme a bebida envelhece em barris de carvalho, conferindo a ela um aroma amadeirado ou de coco.
- As **lactonas do jasmim** têm um sabor frutado de pêssego ou damasco e ocorrem naturalmente nos óleos essenciais de jasmim e de outras flores, frutas de caroço e gengibre.

dodecalactona

lactona do uísque

6. Ácidos

Os ácidos são subprodutos criados durante a fermentação. Ácidos mais curtos, como o **ácido acético**, exalam um odor pungente que lembra a transpiração humana; cadeias mais longas são menos acres e têm um aroma mais cremoso ou de queijo.

ácido acético

7. Terpenos

Os terpenos, os terpenoides e os sesquiterpenos são responsáveis pelas notas amadeiradas e de pinho dos cítricos, das ervas e das especiarias. Esses compostos naturais são os principais componentes aromáticos dos óleos essenciais.

- O **limoneno** tem uma fragrância adocicada de laranja.
- O **pineno** tem uma fragrância de pinho característica do zimbro e do gim.

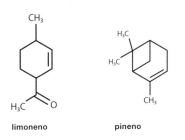

limoneno   pineno

Os terpenos transformam-se em **terpenoides** pela oxigenação, conforme as moléculas de oxigênio vão se acoplando à sua estrutura.

- O **mentol** tem uma fragrância fresca e mentolada.
- O **linalol** é um componente importante do coentro fresco, e muitos têm a percepção de que ele tem aroma de sabão.

mentol   linalol

Os **sesquiterpenos** são **aldeídos terpênicos** geralmente encontrados em frutas cítricas, ervas e especiarias, como o capim-limão, que contém o **geranial** e o **neral**. Os mesmos sesquiterpenos também estão presentes nas saúvas brasileiras, que têm um sabor cítrico como o de limão.

8. Furanos e furanoides

Os furanos formam-se durante a reação de Maillard, quando os lipídios de um ingrediente começam a oxidar como resultado do calor e do cozimento.

- Em concentrações baixas, o **sotolon** tem um aroma de xarope de bordo ou de açúcar queimado, mas em concentrações altas cheira a feno-grego ou a curry.

sotolon

9. Furanonas

Ao torrarmos ingredientes como chocolate e café, os furanos (ver item 8) transformam-se em moléculas de **furaneol** à medida que acontece a reação de Maillard, levando a novas notas carameladas. O furaneol também ocorre naturalmente em ingredientes frescos como morango e abacaxi, que são repletos de **furanonas do morango** e **furanonas do abacaxi**, respectivamente.

furaneol

10. Fenóis

Os **metoxifenóis** têm uma fragrância picante.

- O **eugenol** confere ao cravo seu cheiro quente e picante.

eugenol

Construindo sua biblioteca de aromas

Diferentemente de outras formas de *input* sensorial, como a textura ou o paladar, a nossa percepção do cheiro e a forma como o nosso cérebro interpreta os aromas são parcialmente determinadas pelas nossas experiências prévias. A maioria de nós raramente – ou nunca – percebe cada molécula aromática isolada. Diariamente, estamos expostos a uma ininterrupta avalanche de odorantes em variadas estruturas químicas e concentrações.

Por motivos ainda não totalmente compreendidos pela ciência, os humanos são melhores em diferenciar misturas complexas de compostos voláteis do que em identificar moléculas aromáticas individuais. Mesmo especialistas sensoriais capacitados têm dificuldade de identificar mais de quatro odorantes em misturas que envolvam oito ou mais compostos.[8] Essas misturas complexas são percebidas como se tivessem um aroma totalmente novo, perdendo as características individuais dos compostos. Se a mistura passar de oito compostos, temos o que se conhece como "branco olfativo". Combinações de mais de vinte odorantes diferentes que têm intensidades basicamente iguais e que ocupam igualmente o espaço olfativo tendem a ter um cheiro igualmente genérico, mesmo que esses odorantes não compartilhem nenhum composto aromático.[9]

Para decifrar uma avalanche diária de estímulos odoríferos complexos, nosso sistema olfativo evoluiu de forma a ser capaz de discriminar apenas o que for realmente relevante em cada momento específico. Processar essas misturas de odores significa, para o nosso cérebro, conseguir instantânea e simultaneamente reconhecer, codificar e armazenar a informação olfativa recebida em mapas espaciais e temporais familiares conhecidos como "objetos odoríferos", para que então possamos relembrar conforme seja necessário.

Expandindo suas referências

Se você alguma vez leu as notas de sabor descritas no rótulo de uma garrafa de vinho, mas não conseguiu detectar nenhum dos sabores mencionados, deve ter se perguntado como é que os especialistas chegam naquele caleidoscópio de descrições pomposas que usam ao falar não só de vinhos, mas de cafés, queijos, chocolates e outros produtos alimentícios refinados. Como é que eles sabem que cheiros estão sentindo?

Os sommeliers constroem suas "bibliotecas de aroma" cheirando e experimentando vinhos o tempo inteiro, o que os ajuda a desenvolver muitos pontos de referência para a colorida gama de compostos voláteis que encontrarão. Cada um de nós traz consigo uma diferente base de referências, formada por toda uma vida de experiências culturais e pessoais. As paisagens, os cheiros, os sons, os sabores e os gostos mais familiares normalmente são os que fazem parte dos seus hábitos diários ou preferências alimentares, enquanto outros podem se vincular a memórias específicas ou a certas emoções que remetam ao passado.

Conforme sua coleção de referências aumenta, vai ficando mais fácil discernir as sutis diferenças aromáticas dos ingredientes. Isso se torna especialmente útil quando você precisa descrever ingredientes processados como o chocolate, que é formado por cerca de 1.500 odorantes diferentes, sendo que apenas de 50 a 100 deles estão acima do limiar de reconhecimento olfativo. Como não existe uma única molécula aromática de chocolate, saber diferenciar as nuances de um ingrediente ajuda a apreciar melhor sua complexidade. As conexões aromáticas mais óbvias podem ser as que mais se destacam para nós, mas as menos óbvias também podem inspirar novas e interessantes combinações de ingredientes que você normalmente não cogitaria.

> **Um exercício para reconhecer os aromas**
>
> A chave para expandir sua biblioteca pessoal de aromas é se expor ao máximo de ingredientes e produtos possível. Cheire tudo que puder sempre que puder. Comece com as especiarias na sua despensa. Sem olhar, você consegue sentir a diferença entre cravo e canela? E entre cravo e noz-moscada? Orégano e manjerona? Cúrcuma e gengibre em pó?

Aroma e memória

Você já sentiu o cheiro de algo que ativou uma memória distante, que, de outra forma, não teria sido lembrada? Talvez o cheiro morno e tostado de biscoitos recém-assados já tenha transportado você de volta à infância, ou talvez o perfume ou a colônia de um desconhecido já tenha o feito lembrar de um amor do passado. Não é nenhuma coincidência que certos cheiros nos provoquem respostas emocionais tão intensas. Quando os cheiros entram pelo nariz, a informação odorífera é processada pelo bulbo olfativo, que tem fibras conectadas diretamente com a amídala e o hipocampo. Essas duas áreas do cérebro são responsáveis pela emoção e pela memória. Nenhum outro estímulo sensorial – visual, auditivo ou tátil – passa pela amídala e pelo hipocampo, o que explica por que os cheiros provocam reações tão fortes.

Os odores compõem 80% da experiência do sabor como um todo, e ainda assim a maioria das pessoas usa palavras como *amargo*, *doce*, *azedo* e *salgado* para descrever alimentos e bebidas. Percebemos primeiro os estimulantes gustativos porque demora mais para nosso cérebro criar novas associações olfativas ou encontrá-las em nosso banco de memórias. Ao construir sua biblioteca de aromas, olhe além das fronteiras da sua cozinha. Um sommelier, ao descrever a mineralidade de um vinho, pode mencionar grama recém-cortada ou ondas quebrando – não há limites para o mar de odores ao nosso redor. Naturalmente, fazemos associações baseadas em objetos, eventos ou conceitos que já nos são familiares e acabamos usando descrições como frutado, floral, cítrico, verde, de musgo, amadeirado, de pinho, defumado, almiscarado, terroso e similares.

Compare essas descrições com as sensações trigeminais que você experimenta toda vez que come ou bebe alguma coisa. O mentol presente na menta fresca tem um efeito ligeiramente refrescante; já a molécula de sanshool da pimenta-de-sichuan em grãos (ver página 21) causa um formigamento. A adstringência amarga dos taninos do café, do chá e do vinho tinto pode deixá-lo com a sensação de estar com a boca áspera e seca.

Treinando seus sentidos

A menos que estejamos consumindo algo especial, muitos de nós banalizamos o ato de comer e beber – exceto alguém que por acaso trabalhe com degustação ou olfação de produtos. Aprender a distinguir ingredientes e produtos demanda algum esforço consciente e treinamento, mas mesmo nossas três refeições diárias regulares já nos oferecem boas oportunidades de melhorar o paladar e o olfato.

Diante de uma ampla variedade de novos produtos e ingredientes, certifique-se de identificar e manter registros do nome de cada um deles. Criar um sistema de referências para cada item o ajudará a consolidar o registro deles em sua memória.

Faça pequenas pausas entre as sessões de olfação e gustação para evitar a fadiga do paladar e o desenvolvimento de uma anosmia temporária. Você pode dar um descanso à sua boca comendo uma bolacha ou bebendo um copo de água a temperatura ambiente para neutralizar os sabores. Se notar que tudo está começando a ter o mesmo cheiro, dê uma boa fungada em sua axila (é sério!) ou na palma de sua mão. O cheiro do próprio corpo tem um efeito neutralizante. Logo você começará a ver melhorias em sua habilidade de reconhecer diferentes sabores e aromas. Então, experimente o máximo de coisas novas que puder.

Como funciona a combinação de alimentos

No Foodpairing, desenvolvemos um sistema para classificar os cheiros com base nos tipos e nos descritores de aroma. Com essa "linguagem dos cheiros", conseguimos descrever e criar visualizações para os perfis de aroma de todos os ingredientes e produtos que encontramos.

Moléculas, descritores e tipos de aroma

Para visualizar os vínculos aromáticos entre diferentes odorantes, criamos um espaço tridimensional virtual para construir um modelo das conexões entre todas as 10 mil moléculas aromáticas da base de dados do Foodpairing. Essa densa teia de percepções revela as marcantes similaridades entre certos grupos de moléculas, alguns dos quais separamos em diferentes agrupamentos, como verdes e vegetais. Ao todo, identificamos 14 categorias distintas de tipos de aromas, que usamos para descrever o amplo leque de cheiros encontrados nos perfis aromáticos de diferentes ingredientes. Esses tipos de aroma foram então divididos em subcategorias de descritores de acordo com o odor-base de cada molécula (para ver a rede de odores completa, acesse odournetwork.foodpairing.com).

Cada molécula aromática tem seu próprio odor-base característico. Por exemplo, o abacaxi contém metil-hexanoato, um odorante com um odor-base que tem o cheiro da fruta. Depois de analisar um ingrediente, verificamos quais compostos voláteis se percebem acima do limiar de reconhecimento de odores e então identificamos os odores-base de várias moléculas aromáticas, de forma a designar cada molécula individual ao grupo de descritores apropriado. As denominações dos descritores já nos informam o odor-base de uma molécula aromática: quando usamos o rótulo "abacaxi" como um descritor, significa que todas as moléculas naquele grupo de descritores têm o cheiro característico do abacaxi. No total, identificamos 10 mil moléculas aromáticas, que classificamos em 14 tipos diferentes de aroma e 70 descritores na base de dados do Foodpairing. Essa classificação nos permite criar uma visualização do perfil de sabor de um ingrediente analisado, independentemente do tipo de produto.

A metodologia do Foodpairing

A premissa de que ingredientes que compartilham as mesmas moléculas aromáticas principais se combinam bem é a base científica da nossa metodologia criativa. Quaisquer ingredientes que compartilhem um mesmo subgrupo de moléculas aromáticas terão alguma interseção e, portanto, resultarão em uma boa combinação.

A ciência de combinar alimentos começa com uma análise aromática de um ingrediente ou produto. As opções de combinação geradas a partir desses perfis se baseiam em uma seleção de odorantes principais com concentrações altas o bastante para conseguirmos percebê-los.

Neste livro, você encontrará círculos aromáticos e tabelas de combinações que servirão de referência visual para os principais componentes que caracterizam o perfil aromático de cada ingrediente (ver página 32).

À direita: Os tipos de aroma do Foodpairing
Cada um dos ingredientes apresentados neste livro é classificado e descrito de acordo com nosso sistema de 70 descritores de aroma, que são agrupados nos 14 tipos de aroma, abrangendo do frutado ao químico.

Tipos e descritores de aroma

Frutado
Os ésteres têm um papel fundamental nos perfis aromáticos de muitas frutas, como morango, banana, abacaxi e outras frutas tropicais. A depender da concentração, as lactonas podem ter um cheiro de pêssego ou de coco e estão presentes em frutas, no leite, em queijos e em outros laticínios.
• *maçã, banana, frutas silvestres, coco, frutado, uva, pêssego, abacaxi, tropical*

Floral
A betadamascenona, a betaionona e a (Z)-1,5-octadien-3--ona são responsáveis pelas fragrâncias inebriantes de rosas, violetas e gerânios e ao mesmo tempo conferem suas notas florais a ingredientes como maçã, pera, framboesa e batatas-doces.
• *floral, gerânio, mel, rosa, violeta*

Herbal
O mentol e o timol conferem à menta fresca e ao tomilho notas herbais características.
• *herbal, menta, tomilho*

Caramelado
Compostos como o furaneol, o maltol e o sotolon caracterizam-se pelo cheiro doce e caramelado do xarope de bordo e do açúcar caramelizado.
• *caramelo, bordo (xarope)*

De nozes
O benzaldeído é o composto característico mais impactante do extrato de amêndoa, enquanto a fragrância inebriantemente doce e com cheiro de feno da fava tonka vem da cumarina. As cetonas conferem à avelã seu aroma característico.
• *avelã, nozes, fava tonka*

Picante
Muitas das notas mais quentes nas especiarias vêm de moléculas aromáticas como o cinamaldeído, o cuminaldeído, o eugenol (cravo) e a vanilina. A cânfora e o estragol (anis) apresentam notas mais refrescantes.
• *anis, cânfora, canela, cravo, cominho, pungente, picante, baunilha*

Animal
Odores fortes de animais são associados a caldos de carne e a ingredientes como carne de veado ou peixe. Os fígados contêm a molécula aromática indol, que pode ter um cheiro fecal, terroso, fenólico, perfumado ou mesmo floral. O escatol tem um odor parecido, descrito como um cheiro fecal ou de civeta, um pequeno mamífero noturno.
• *animal, de peixe, de carne*

Cítrico
Limão-siciliano, limão-taiti, toranja e groselha apresentam majoritariamente notas frutadas, que também ocorrem em ingredientes como semente de coentro, capim-limão e erva-cidreira.
• *cítrico, toranja, limão, laranja*

Verde
Cheiros verdes abrangem do aroma de pepino aos mais gordurosos (como azeite de oliva), da grama recém--cortada ao ceroso (como casca de laranja), dependendo da concentração dos aldeídos. Grãos moídos também contêm compostos voláteis verdes que cheiram a flocos de aveia; já os epóxidos dão às algas-marinhas uma nota metálica.
• *pepino, gorduroso, grama, verde, flocos de aveia, ceroso*

Vegetal
As pirazinas, a 1-octen-3-ona e o metianol são em grande parte responsáveis pelos odores vegetais de pimentões, cogumelos e batatas. Os álios (como alho, cebola, alho-poró, cebolinha) e os crucíferos (como couve-flor e brócolis) contêm compostos voláteis sulfurosos. O cozimento gera novas moléculas aromáticas sulfurosas com cheiro de batatas e cogumelos.
• *pimentão, repolho, aipo, alho, cogumelo, cebola, batata*

Torrado
A reação de Maillard leva à formação de novos compostos voláteis que têm cheiro de algo torrado ou de pipoca. Alguns descritores do tipo aromático torrado cheiram a malte ou a café, enquanto as pirazinas e a geosmina têm um cheiro mais terroso.
• *café, terroso, frito, maltado, pipoca, torrado*

Amadeirado
Alguns ingredientes contêm terpenos e pinenos (do pinho) de aroma amadeirado. Usar madeira ao grelhar carne, peixe ou quaisquer outros ingredientes lhes imprime esses mesmos aromas defumados e amadeirados, enquanto o processo de defumação a frio de peixes ou carnes lhes agrega compostos fenólicos.
• *balsâmico, fenólico, pinho, defumado, amadeirado*

De queijo
O creme de leite, a manteiga e os queijos curados contêm notas de queijo. Vinagres e laticínios fermentados como iogurte, leitelho e creme azedo (*sour cream*) contêm outros compostos voláteis com aroma de queijo e ácido.
• *ácido, amanteigado, de queijo, cremoso*

Químico
Queimado, mofado, de petróleo, de sabão e de solvente (como o de tinta ou de cola) são alguns dos descritores usados para designar os indesejados odores de estragado que resultam do armazenamento impróprio ou de embalagens ineficazes.
• *queimado, empoeirado, petróleo, de sabão, solvente*

Círculos aromáticos e tabelas de combinações

Como ler um círculo aromático
O círculo aromático é uma representação visual do perfil aromático exclusivo de um ingrediente. Consiste em dois anéis diferentes: um anel interno, que mostra os 14 tipos diferentes de aroma, e um anel externo fragmentado, que indica as concentrações dos descritores aromáticos disponíveis (ver página 31) naquele ingrediente.

Tipos de aroma que não estão presentes no perfil aromático de determinado ingrediente estarão com a cor esmaecida: no círculo aromático da quinoa, vemos que esse grão não contém aromas nem do tipo animal nem do tipo químico.

Quanto maior a distância entre o anel interno e uma faixa colorida no anel externo, maior a concentração do tipo de aroma que a faixa representa. No exemplo, as faixas para os descritores do tipo de aroma verde – pepino, gorduroso, grama, verde e flocos de aveia – estão mais distantes do anel interno, seguido dos tipos de aroma vegetal, caramelado e picante. Menta, um descritor do tipo de aroma herbal, está mais perto do círculo interno e presente apenas em baixa concentração.

A espessura e o comprimento das faixas no anel externo indicam a concentração de cada descritor de aroma. No tipo de aroma vegetal, o pimentão é o descritor de aroma mais proeminente, seguido do cogumelo e da batata.

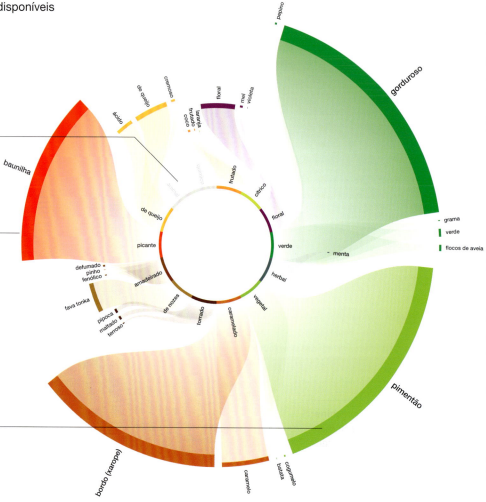

Círculos aromáticos simplificados
Alguns ingredientes estão representados por círculos aromáticos pequenos, que trazem as principais informações aromáticas de forma mais simples.

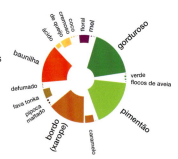

Como ler uma tabela de combinações

O ingrediente principal de uma tabela de combinações, neste caso a quinoa cozida, aparece em negrito; abaixo dele, há dez ingredientes para combinar. As colunas correspondem aos 14 tipos de aroma mostrados no círculo aromático, do frutado ao químico, portanto as linhas horizontais são uma versão esquemática dos perfis de aroma para o ingrediente principal e as dez combinações sugeridas.

	frutado	cítrico	floral	verde	herbal	vegetal	caramelado	torrado	de nozes	amadeirado	picante	de queijo	animal	químico
quinoa cozida	•	•	•	•	•	•	•	•	•	•	•	•	.	.
tomate	•	•	.	•	•	•	.	.	.	.	•	.	.	.
manjericão	•	•	.	•	•	•	.	.	.	.	•	.	.	.
nozes	.	•	•	•	.	•	.	•	•	•	.	.	.	.
bife de lombo	•	•	.	•	•	•	.	•	.	•	•	.	.	.
damasco	•	•	•	•	.	•	.	.	.	.	•	.	.	.
rodovalho assado	•	.	.	•	.	•	.	.	.	.	.	.	.	.
raiz-forte ralada	•	•	.	•	•	•	.	.	.	.	.	.	.	.
pimenta ají amarillo	•	•	•	•	•	•	•	•	•	•	•	.	.	.
carne de caranguejo	•	•	•	•	•	•	•	•	•	•	•	.	•	.
quiabo salteado	•	•	•	•	•	•	•	•	.	•	•	.	.	.

Um ponto colorido indica a presença de certo tipo de aroma em um ingrediente; já a ausência do ponto colorido indica que aquele tipo de aroma não está presente. Olhando para a primeira linha, vemos que o perfil aromático da quinoa não contém os tipos de aroma animal ou químico. Olhando para a primeira coluna, vemos que todos os ingredientes nessa tabela contêm aromas frutados, exceto as nozes.

Um ponto grande indica que o ingrediente principal e o par complementar sugerido compartilham alguma molécula aromática específica para aquele tipo. Olhando para a segunda linha de pontos, vemos que o tomate compartilha importantes moléculas aromáticas cítricas e vegetais com a quinoa, além de apresentar outros cinco tipos de aroma.

Preparar, apontar, combinar!

Cada um dos círculos aromáticos deste livro é acompanhado de uma tabela de combinações listando dez possíveis combinações para o ingrediente principal. Mais de 750 ingredientes adicionais estão representados apenas na forma de tabelas de combinações. O uso das tabelas pode ajudar você a construir pontes aromáticas entre ingredientes ao desenvolver novas receitas.

Para começar a combinar, escolha um ou mais dos itens listados abaixo do ingrediente principal. No caso da quinoa, conforme visto na tabela, uma opção seria ir descendo na lista e combinar os grãos cozidos com tomate, manjericão, caranguejo e damasco para criar uma salada de verão refrescante. Você pode expandir sua pesquisa escolhendo na tabela de combinações uma das combinações sugeridas e depois usando o "Índice de ingredientes" (que começa na página 372). A partir da tabela da quinoa, por exemplo, você poderia começar com a quinoa cozida e o manjericão e em seguida consultar a tabela de combinações do manjericão (na página 71) e escolher um dos dez ingredientes sugeridos ali – o chouriço, por exemplo. Você poderia então procurar a tabela de combinações do chouriço (na página 285) para seguir com as conexões.

Visualizações de receitas

A seção Ingredientes e Combinações deste livro, que começa na página 40 com o kiwi e termina na página 368 com a ostra, apresenta uma seleção de receitas desenvolvidas pelo Foodpairing e por chefs de todo o mundo – como Sang Hoon Degeimbre e seu kiwître. Cada uma dessas receitas é acompanhada por um gráfico que mostra seus ingredientes mais importantes e traça uma visualização dos principais vínculos aromáticos entre eles, com pontos coloridos indicando os diferentes tipos de aroma – como no exemplo do kiwître a seguir.

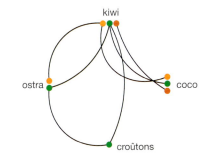

Da combinação de ingredientes à criação de pratos deliciosos

Combinar alimentos facilita a descoberta de novas combinações de ingredientes com base em seus pares aromáticos, mas isso não é tudo quando a intenção é criar pratos irresistíveis que despertem o paladar. O que você pode fazer então para elevar suas receitas a um patamar diferente? Ao fazer suas escolhas, não se esqueça de considerar o paladar e a textura. Harmonizar aspectos como sabor (aroma), paladar e textura traz profundidade e personalidade aos pratos. Alcançar o equilíbrio pode parecer simples em teoria, mas costuma ser a parte mais difícil do trabalho quando você está na cozinha.

Contrastando texturas
Somos sensíveis às texturas de tudo que comemos ou bebemos. Pense bem: os pratos que normalmente nos atraem incluem uma variedade de texturas, enquanto os pratos sem textura podem se tornar entediantes depois de algumas garfadas. Nossa equipe identificou sessenta tipos diferentes de texturas que categorizamos em dois grupos principais: macio e crocante. O truque é incluir pelo menos uma textura contrastante de cada uma dessas categorias para trazer complexidade ao seu prato. Combinações como chips e guacamole, batata frita e ketchup, ou uma sedosa mousse de chocolate servida com um cookie ou crumble são exemplos clássicos da nossa preferência por combinações contrastantes de alimentos macios com alimentos crocantes.

Contrastando gostos
Com cuidado para não exagerar, incorpore pelo menos dois dos cincos gostos contrastantes – doce, salgado, azedo, amargo e umami – em seus pratos e drinques. No diagrama abaixo, as setas indicam quais gostos funcionam para contrabalancear o outro. O sal, por exemplo, é usado para reduzir o amargor. É por isso que algumas receitas de cookies com gotas de chocolate usam uma pitada de sal para equilibrar o chocolate amargo. Ele também equilibra a doçura, como no caso do caramelo com sal marinho. Seguindo esse princípio, você pode reduzir a intensidade de uma receita doce adicionando um elemento contrastante azedo.

Lembre que cada ingrediente usado provoca algum efeito no trigeminal, seja uma sensação tátil, de temperatura, adstringência, oleosidade, pungência, dormência; seja uma sensação refrescante ou a leve queimação do álcool. Ao criar um prato, considere todas essas sensações, pois elas terão algum impacto na experiência gastrofísica.

Equilibrando gostos contrastantes
Adicionar um gosto contrastante lhe permite reduzir ou equilibrar o impacto de um elemento em seu prato.

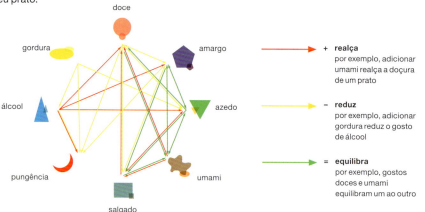

Os elementos de um prato
Equilibrar aromas, gostos e texturas confere profundidade e personalidade aos pratos.

Combinando alimentos: um resumo dos fundamentos

Tipos de aroma e descritores aromáticos

Neste livro, os ingredientes são classificados de acordo com nosso sistema de 70 descritores de aroma, que estão agrupados em 14 tipos de aroma.

Frutado		maçã, banana, frutas silvestres, coco, frutado, uva, pêssego, abacaxi, tropical
Cítrico		cítrico, toranja, limão, laranja
Floral		floral, gerânio, mel, rosa, violeta
Verde		pepino, gorduroso, grama, verde, flocos de aveia, ceroso
Herbal		herbal, menta, tomilho
Vegetal		pimentão, repolho, aipo, alho, cogumelo, cebola, batata
Caramelado		caramelo, bordo (xarope)
Torrado		café, terroso, frito, maltado, pipoca, torrado
De nozes		avelã, nozes, fava tonka
Amadeirado		balsâmico, fenólico, pinho, defumado, amadeirado
Picante		anis, cânfora, canela, cravo, cominho, pungente, picante, baunilha
De queijo		ácido, amanteigado, de queijo, cremoso
Animal		animal, de peixe, de carne
Químico		queimado, empoeirado, petróleo, de sabão, solvente

Como ler um círculo aromático

- O círculo consiste em dois anéis separados: o anel interno mostra os 14 tipos de aroma diferentes, e o círculo externo fragmentado indica as concentrações dos descritores aromáticos disponíveis.
- O comprimento e/ou a altura de cada trecho ondulado das cores indica a concentração daquele tipo de aroma presente.
- Tipos de aroma que não estão presentes aparecem com a cor esmaecida.
- Alguns ingredientes são representados por pequenos círculos aromáticos, informando os principais descritores de aroma de forma simplificada.

Como ler uma tabela de combinações

- O ingrediente primário aparece em negrito, com dez possíveis combinações listadas abaixo.
- As colunas de pontos coloridos correspondem aos 14 tipos de aroma diferentes, então as linhas horizontais de pontos representam os perfis aromáticos do ingrediente principal e das combinações.
- Um ponto colorido indica a presença de certo tipo de aroma em um ingrediente, enquanto a ausência dele indica que aquele tipo de aroma não está presente.
- Um ponto grande indica que o ingrediente principal e sua combinação sugerida compartilham alguma molécula aromática específica para aquele tipo.

Como começar a combinar

- Escolha um ou mais itens listados abaixo do ingrediente principal em uma tabela de combinações.
- Expanda sua pesquisa escolhendo na tabela um dos pares sugeridos (listado no "Índice de ingredientes", que começa na página 372) e comece a construir pontes aromáticas entre ingredientes diferentes (ver também em "Preparar, apontar, combinar!", na página 33).

Como os ingredientes estão organizados neste livro

- Cada seção começa com o círculo aromático de um ingrediente principal (o kiwi, por exemplo) e quaisquer ingredientes relacionados (o minikiwi, por exemplo), seguidos de uma seleção de tabelas de combinações. O ingrediente principal é normalmente uma das combinações em potencial nessas tabelas, mas também podem aparecer ingredientes que são mencionados no texto principal ou na receita daquela seção.

Observações sobre os ingredientes

- Se nenhum método de preparo for mencionado (como cozido, assado ou salteado), o ingrediente analisado não foi cozido: o "robalo europeu" é o peixe cru e fresco, ao contrário do "robalo europeu assado", por exemplo.
- Alguns ingredientes, como a palha, são usados por conta de seu aroma (por infusão, por exemplo) e então são descartados.

Combinando alimentos: um resumo dos fundamentos

Tipos de aroma e descritores aromáticos

Neste livro, os ingredientes são classificados de acordo com nosso sistema de 70 descritores de aroma, que estão agrupados em 14 tipos de aroma.

Frutado maçã, banana, frutas silvestres, coco, frutado, uva, pêssego, abacaxi, tropical

Cítrico cítrico, toranja, limão, laranja

Floral floral, gerânio, mel, rosa, violeta

Verde pepino, gorduroso, grama, verde, flocos de aveia, ceroso

Herbal herbal, menta, tomilho

Vegetal pimentão, repolho, aipo, alho, cogumelo, cebola, batata

Caramelado caramelo, bordo (xarope)

Torrado café, terroso, frito, maltado, pipoca, torrado

De nozes avelã, nozes, fava tonka

Amadeirado balsâmico, fenólico, pinho, defumado, amadeirado

Picante anis, cânfora, canela, cravo, cominho, pungente, picante, baunilha

De queijo ácido, amanteigado, de queijo, cremoso

Animal animal, de peixe, de carne

Químico queimado, empoeirado, petróleo, de sabão, solvente

Como ler um círculo aromático
- O círculo consiste em dois anéis separados: o anel interno mostra os 14 tipos de aroma diferentes, e o círculo externo fragmentado indica as concentrações dos descritores aromáticos disponíveis.
- O comprimento e/ou a altura de cada trecho ondulado das cores indica a concentração daquele tipo de aroma presente.
- Tipos de aroma que não estão presentes aparecem com a cor esmaecida.
- Alguns ingredientes são representados por pequenos círculos aromáticos, informando os principais descritores de aroma de forma simplificada.

Como ler uma tabela de combinações
- O ingrediente primário aparece em negrito, com dez possíveis combinações listadas abaixo.
- As colunas de pontos coloridos correspondem aos 14 tipos de aroma diferentes, então as linhas horizontais de pontos representam os perfis aromáticos do ingrediente principal e das combinações.
- Um ponto colorido indica a presença de certo tipo de aroma em um ingrediente, enquanto a ausência dele indica que aquele tipo de aroma não está presente.
- Um ponto grande indica que o ingrediente principal e sua combinação sugerida compartilham alguma molécula aromática específica para aquele tipo.

Como começar a combinar
- Escolha um ou mais itens listados abaixo do ingrediente principal em uma tabela de combinações.
- Expanda sua pesquisa escolhendo na tabela um dos pares sugeridos (listado no "Índice de ingredientes", que começa na página 372) e comece a construir pontes aromáticas entre ingredientes diferentes (ver também em "Preparar, apontar, combinar!", na página 33).

Como os ingredientes estão organizados neste livro
- Cada seção começa com o círculo aromático de um ingrediente principal (o kiwi, por exemplo) e quaisquer ingredientes relacionados (o minikiwi, por exemplo), seguidos de uma seleção de tabelas de combinações. O ingrediente principal é normalmente uma das combinações em potencial nessas tabelas, mas também podem aparecer ingredientes que são mencionados no texto principal ou na receita daquela seção.

Observações sobre os ingredientes
- Se nenhum método de preparo for mencionado (como cozido, assado ou salteado), o ingrediente analisado não foi cozido: o "robalo europeu" é o peixe cru e fresco, ao contrário do "robalo europeu assado", por exemplo.
- Alguns ingredientes, como a palha, são usados por conta de seu aroma (por infusão, por exemplo) e então são descartados.

A percepção da complexidade

Complexidade aromática

Não se trata apenas do número de ingredientes que você usa – a complexidade aromática se apresenta de várias formas em um prato. Os ingredientes podem ter muitas moléculas aromáticas em comum, como os do Grupo C, ou ser muito diferentes um do outro, como os do Grupo D. Mas, como o Grupo E demonstra, elementos aparentemente sem relação podem formar um todo coerente.

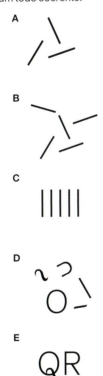

Percebendo a complexidade

O diagrama à esquerda correlaciona a percepção da complexidade de um prato e a afinidade de uma pessoa por aquele prato de acordo com variáveis como aroma, sabor, gosto, textura e aparência. Vemos que a maioria responde positivamente a complexidades maiores, mas só até certo ponto. O interesse tende a diminuir se elementos em excesso complicam demais um prato.

Otimizando a complexidade

Ao começar a trabalhar com aromas, use no máximo cinco ingredientes – assim, fica mais fácil manter o equilíbrio. Além da escolha de ingredientes e de aspectos pessoais e culturais de quem vai comer, otimizar a complexidade envolve os seguintes elementos: o número de moléculas aromáticas diferentes de uma receita; os tipos de descritores e de aromas que cada ingrediente agrega ao prato e se eles têm similaridades ou não; e, por fim, as moléculas de sabor que estão presentes. Quanto maior a quantidade de elementos que se destacam no seu prato, mais complexo ele se torna.

Para ilustrar o que chamamos de complexidade, vamos olhar os gráficos de A a E:

No **Grupo A** temos ingredientes com fortes vínculos aromáticos. Chocolate, caramelo e café contêm notas torradas, carameladas e de nozes. Uma sobremesa com esses ingredientes seria o que chamamos de "sobretom", em que ingredientes com cheiros semelhantes resultam em uma complexidade mais sutil do que, por exemplo, a combinação do chocolate com as notas frutadas, cítricas e florais das framboesas. Os sobretons nos ajudam a incorporar em um prato muitos ingredientes semelhantes entre si sem gerar uma cacofonia de contrastes.

Imagine adicionar amêndoas e manjericão a uma sobremesa de chocolate: de repente, o **Grupo B** se torna mais complexo: agora temos cinco ingredientes para equilibrar em gosto e textura. Uma forma de resolver os itens em excesso é limitar-se a apenas alguns ingredientes que ofereçam uma gama diversa de perfis contrastantes.

O **Grupo C** mostra ingredientes muito parecidos, como variedades de chocolate amargo com as mesmas moléculas aromáticas torradas, carameladas e de nozes. Em contraste, o **Grupo D** apresenta ingredientes com perfis aromáticos bem diferentes uns dos outros, como frango, pimenta, chocolate, anis e amendoim.

Finalmente, o **Grupo E** representa o prato mexicano mole de pollo. Observe que os grupos D e E têm os mesmos componentes, mas em configurações diferentes, o que nos mostra que aspectos pessoais e culturais podem fazer uma pessoa perceber a complexidade de um prato de forma muito diferente da outra.

As combinações de alimentos mais bem-sucedidas equilibram cuidadosamente complexidade e coerência. Como humanos, ansiamos pela variedade, porém também buscamos familiaridade para vermos sentido em novas experiências. Esse princípio estético da "unidade na variedade", designado por Daniel Berlyne, satisfaz nossa curiosidade e nosso desejo de aprender e permite que elementos diferentes sejam processados de forma que julguemos aprazível.[10]

Ingredientes e combinações

Kiwi	40
Maçã	44
Aipo-rábano	50
Baunilha	54
Chocolate	58
Couve-flor	64
Morango	68
Manjericão	72
Melancia	76
Tequila	80
Limão-siciliano e limão	84
Pimentas	90
Coentro	96
Peixe	100
Pimentão vermelho	106
Alho	110
Batata-doce	116
Conhaque	120
Cogumelo shiitake	124
Canela	128
Coco	132
Limão-makrut	136
Cerveja pilsner	138
Gengibre	140
Capim-limão	144
Crustáceos	148
Sauvignon blanc	154
Tomate	158
Queijos azuis	162
Abóbora-cheirosa	166
Azeite de oliva	168
Pão de centeio de fermentação natural	174
Cerveja lambic	178
Carne	180
Trufas	190
Batatas fritas	194
Queijo de cabra	198
Mirtilo	202
Damasco	206
Flor de jasmim	208
Gim	212
Azeitona preta	216
Bergamota	218
Beterraba	220
Romã	226
Cominho	228
Cenoura	230
Laranja	234
Rum	238
Abacaxi	240
Doenjang	244
Mandioca	248
Banana-da-terra	252
Cardamomo	254
Pêssego	258
Iogurte	262
Algas marinhas	264
Pepino	268
Pimenta-do-reino	270
Presunto ibérico	276
Parmigiano reggiano	280
Cabernet sauvignon	284
Chouriço	286
Uísque bourbon	290
Durião	292
Café	294
Molho de soja	298
Kimchi	302
Gergelim	306
Manga	310
Vinagre balsâmico	314
Vagem	318
Massas de grano duro	322
Alcachofra	326
Avelã	330
Queijo brie	334
Framboesa	338
Banana	340
Amêndoa	344
Pera	348
Abacate	352
Toranja	356
Chá	360
Flor de sabugueiro	366
Ostra	368
Índice de ingredientes	372

Kiwi

Com seus ésteres frutados e aldeídos gramíneos, os kiwis proporcionam um toque refrescante quando combinados com outros ingredientes doces e salgados.

Considerando seu local de origem, o kiwi é um fruto cujo nome parece um tanto equivocado: a vinha *Actinidia deliciosa* é nativa da China, e suas sementes só foram apresentadas a cultivadores da Nova Zelândia no início do século XX. Hoje, este país é fornecedor de quase toda a safra do planeta. O kiwi de Hayward, felpudo e de casca marrom, foi desenvolvido na Nova Zelândia nos anos 1920; com seu sabor doce e ácido e polpa verde-clara repleta de minúsculas sementinhas pretas, ele ainda é a variedade mais popular atualmente.

Apesar de seu tamanho pequeno, o kiwi é denso e rico em fibras e potássio e contém mais vitamina C do que uma laranja, além de oxidantes como a vitamina E e o betacaroteno. Ele também contém enzimas actinídeas, que são capazes de digerir proteínas e causar fortes reações alérgicas em algumas pessoas. Qualquer um que conheça a sensação de queimação que pode ocorrer ao comer kiwi em excesso experimentou a bruta pungência das ráfides: esses cristais de oxalato de cálcio causam abrasões microscópicas no interior da boca, que ardem ao entrar em contato com o ácido da fruta.

O kiwi fresco é um eficaz amaciador de carnes, pois os actinídeos e as enzimas presentes na fruta conseguem cortar o tecido conjuntivo da carne. Um pouquinho de suco de kiwi é o suficiente: uma colher de chá para cada 450 g de carne é a medida geral para marinadas para receitas de churrasco coreano – se exagerar no kiwi, você vai acabar fazendo uma gororoba pastosa.

Kiwître

Sang Hoon Degeimbre, do L'Air du Temps, na Bélgica

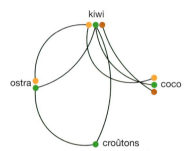

Poucas pessoas notam uma sutil fragrância marinha quando comem kiwi, mas esses aldeídos com cheiro de grama são a gênese do Foodpairing e da clássica combinação de kiwi com ostra do chef Sang Hoon Degeimbre, o kiwître – uma ostra crua servida sobre cubinhos azedos e picantes de kiwi, acompanhada de croûtons crocantes e finalizada com um creme de coco aveludado com infusão de suco fresco de limão.

Perfil aromático relacionado: minikiwi

O minikiwi é o fruto da *Actinidia arguta*, uma vinha nativa do Japão. Ele parece um kiwi em miniatura, com o mesmo padrão radial de sementes pretas, mas contém mais moléculas aromáticas picantes de cravo e carameladas, o que lhe confere um sabor mais doce. A ausência da casca felpuda faz dele um superalimento perfeito para lanches.

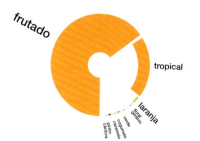

	frutado	cítrico	floral	verde	herbal	vegetal	caramelado	torrado	de nozes	amadeirado	picante	de queijo	animal	químico
minikiwi														
codorna frita na frigideira														
avelã														
sálvia-roxa														
vieira assada														
pimenta ají mirasol														
carne maturada a seco (dry-aged)														
abóbora cozida														
purê de alho negro														
usukuchi (molho de soja light)														
manjericão														

Kiwi

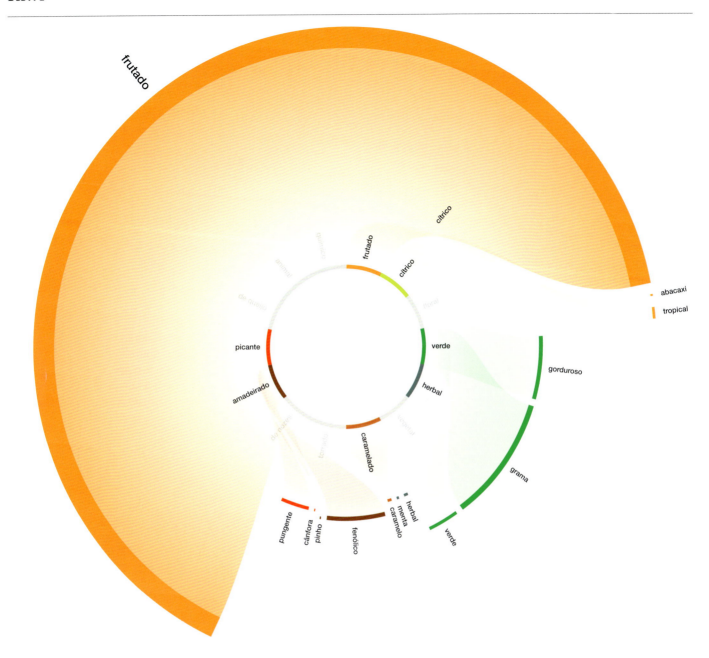

Perfil aromático do kiwi
O kiwi tem um sabor frutado cheio de ésteres com cheiro de maçã e abacaxi que se combinam bem com outros ingredientes em smoothies, saladas de frutas e sobremesas. Alguns dos ésteres frutados encontrados no kiwi também estão presentes nos tipos de cerveja belga tripel e blonde. Notas de menta criam vínculos aromáticos com cranberries, champignons e gorgonzola. O chef Sang Hoon Degeimbre encontrou uma conexão entre as notas verdes presentes tanto no kiwi quanto na ostra que fez do kiwître um sucesso, mas vários outros peixes e moluscos contêm os mesmos aldeídos verdes e gramíneos.

Combinação clássica: kiwi e melão
O kiwi e o melão compartilham uma série de ésteres frutados, a maioria deles com um cheiro tropical. Um deles em particular, o etil-2-metilpropanoato, tem algumas notas de melão e é encontrado em diversas variedades dessa fruta. Kiwi e melão dão certo juntos em uma salada de frutas ou combinados em um smoothie.

Combinação em potencial: kiwi e chuchu
Conhecido como mirliton em seu estado nativo, a Louisiana, nos EUA, o chuchu tem a casca verde e a polpa branca e dura. Ele dá uma boa base para os sabores encorpados dos pratos cajun e crioulos e é muito servido recheado com camarões. O chuchu pode ser consumido cru, assado ou salteado.

Combinações de ingredientes com kiwi e minikiwi

melão
- aspargos verdes grelhados
- granadilha
- fígado de porco assado
- cerefólio-tuberoso
- carne de caranguejo cozida
- pimenta ají panca
- gruyère
- goiaba
- molho de peixe coreano
- kiwi

chuchu cozido
- kiwi
- tomate italiano
- linguado assado
- cardamomo-negro
- peito de pato frito na frigideira
- grãos de selim (pimenta selim)
- mamão papaia
- coelho assado
- laranja-vermelha tarocco
- bife assado no forno

kecap manis (molho de soja doce)
- kiwi
- gruyère
- lombo de porco frito na frigideira
- maçã
- macadâmia torrada
- manteiga derretida
- alcaçuz
- beterrada
- sementes de cardamomo
- tâmara

chartreuse amarelo
- queijo roncal
- kiwi
- mel de alecrim
- aspargos verdes grelhados
- batata yacón
- manga kaew seca
- presunto ibérico (jamón 100% ibérico de bellota)
- pato selvagem frito na frigideira
- rambutã
- tomate em lata

folha de wasabi
- tomate italiano
- amora
- morango
- filé de cavalinha
- folhas de mostarda cozidas no vapor
- filé de peito de frango frito
- couve-de-bruxelas
- abacate
- kiwi
- rabanete

sementes de endro
- mamão papaia
- casca de pomelo
- plumcot
- sálvia-roxa
- couve
- salame milano
- caldo de vitela
- kiwi
- pastinaca cozida
- beterraba frita na frigideira

Ingrediente Kiwi 42

Combinação em potencial: minikiwi e codorna
Embora eles tenham muitas moléculas aromáticas em comum, o minikiwi e a codorna não são uma combinação óbvia. Experimente servir um terrine de codorna e avelã com geleia de minikiwi – e talvez adicionar um pouco de alho negro para arrematar os sabores com notas adicionais frutadas e carameladas.

Combinação em potencial: kiwi e maçã
O kiwi deve suas notas verdes e gramíneas ao aldeído hexanal, que é também uma das moléculas aromáticas principais das maçãs (ver página 44). O hexanal pode ser encontrado também em alguns azeites de oliva, o que explica por que seu aroma pode variar do verde e gramíneo ao mais frutado e de maçã.

	frutado	cítrico	floral	verde	herbal	vegetal	caramelado	torrado	de nozes	amadeirado	picante	de queijo	animal	químico
codorna frita na frigideira														
flor de borragem														
ervilha														
limão														
planta do curry														
melão japonês (melão miyabi)														
physalis														
fumaça de pear wood														
alcachofra cozida														
folha-de-ostra														
chocolate ao leite														

	frutado	cítrico	floral	verde	herbal	vegetal	caramelado	torrado	de nozes	amadeirado	picante	de queijo	animal	químico
azeite de oliva cornicabra														
melão														
tainha-olhalvo pochê														
brie														
carne bovina wagyu														
kiwi														
amendoim torrado														
maçã golden delicious														
couve-rábano assada														
chocolate ao leite														
ostra														

	frutado	cítrico	floral	verde	herbal	vegetal	caramelado	torrado	de nozes	amadeirado	picante	de queijo	animal	químico
pasta de curry vermelho tailandês														
amora marion														
presunto de parma														
açafrão														
anchovas salgadas														
batata-doce roxa cozida														
rosa-mosqueta seca														
minikiwi														
coelho assado														
lichia														
gruyère														

	frutado	cítrico	floral	verde	herbal	vegetal	caramelado	torrado	de nozes	amadeirado	picante	de queijo	animal	químico
croûtons de pão de centeio														
maçã boskoop														
kiwi														
mirin (vinho doce de arroz japonês)														
melão japonês (melão miyabi)														
milho-doce cozido														
beterraba assada														
filé de cordeiro assado														
arroz basmati cozido														
baunilha bourbon														
vinagre de xerez reserva														

	frutado	cítrico	floral	verde	herbal	vegetal	caramelado	torrado	de nozes	amadeirado	picante	de queijo	animal	químico
folha de uva em conserva														
kiwi														
folha de feno-grego														
bulgur siyez cozido														
broto de humulus (broto de lúpulo)														
maracujá														
folhas de coentro														
laranja														
bacon assado no forno														
batata-doce assada														
cenoura														

Ingrediente **Kiwi**

Maçã

Frutado, floral, verde, picante e de queijo são apenas alguns dos descritores aromáticos básicos das maçãs. Seja a boskoop, a honeycrisp, a fuji ou qualquer uma das milhares de outras variedades cultivadas em todo o mundo, tem maçã para todos os gostos.

Todos os tipos de maçã de hoje têm uma única espécie como ancestral comum: a *Malus sieversii*, que ainda é cultivada no Cazaquistão e na província Xinjiang, na China. Essa saborosa maçã selvagem foi domesticada cerca de quatro mil anos atrás nas montanhas Tien Shan. Mais tarde, mercadores semearam a *M. sieversii* ao longo da Rota da Seda, onde houve a polinização cruzada com outras espécies selvagens – mais notadamente a maçã silvestre europeia chamada de *crab apple*, a *Malus sylvestris*, de sabor ácido. Os humanos então fizeram seleções artificiais para chegar a espécies híbridas, buscando sabor, textura, aroma, tamanho e outras qualidades, como a resistência a pragas e doenças.

Variedades com a polpa mais macia são boas opções para fazer purês e caldas. As maçãs são especialmente ricas em pectina, um amido natural que ajuda a engrossar geleias, compotas e outras conservas. Com tantos tipos saborosos, não é nenhuma surpresa que essa fruta versátil seja o ingrediente escolhido para tantas sobremesas, como tortas, crumbles e bolos.

- No Rosh Hashaná, a celebração do Ano-Novo Judaico, mergulham-se fatias de maçã no mel para desejar um ano doce e de bons frutos.

- Na América do Norte, o suco da maçã não filtrado é chamado de *apple cider*, sidra de maçã, que também pode ser fermentada para fazer sua variação alcoólica, a *hard cider* (conhecida simplesmente como *cider* pelos britânicos).

- O brandy de maçã mais conhecido é o Calvados, de destilação dupla, do Pays d'Auge, na Normandia, França, que conquistou a distinção Denominação de Origem Controlada (DOC). Nos últimos anos, os americanos voltaram a abraçar o Applejack, um brandy de maçã de alto teor alcoólico que tradicionalmente era destilado por congelamento e envelhecido em velhos barris de bourbon.

Uma maçã para cada gosto

É impressionante pensar que as milhares de variedades de maçãs domesticadas de hoje têm os mesmos genomas da *M. sieversii* e da *M. sylvestris*. É muito provável que essa seja a principal explicação para todas as diferentes variedades compartilharem dos mesmos tipos básicos de aroma frutado, floral, verde, picante e de queijo. No entanto, cada variedade de maçã tem um perfil aromático único que é influenciado por fatores como as condições de cultivo, o estágio da colheita e os métodos de armazenamento – até mesmo os níveis de oxigênio e de dióxido de carbono presentes na área de armazenamento afetam o sabor de uma maçã.

As maçãs desenvolvem seu sabor bem cedo. Conforme crescem, elas produzem ácidos graxos e aminoácidos, que são decompostos pelas enzimas e pela oxidação em novos compostos aromáticos. Quanto mais tempo o fruto matura na árvore, mais ácidos graxos ele produz, propiciando um sabor mais complexo. Uma maçã que é colhida antes do tempo tem menos sabor porque seu perfil aromático está incompleto.

Esse pode ser um equilíbrio delicado, porque algumas variedades (especialmente as de começo de temporada, como a discovery e a gala) estragam rápido. Maçãs como essas devem ser aproveitadas assim que estiverem maduras, do contrário o sabor é afetado e a textura se torna "fofa". Fazer suco é uma forma de usar a safra com o mínimo de desperdício.

A maioria das variedades culinárias tem um alto nível de acidez no início, mas elas se conservam bem e ficam mais doces com o tempo, tornando a adição de açúcares menos necessária. Muitas das maçãs de final de temporada podem ser armazenadas por até seis meses.

O perfil aromático de uma variedade específica de maçã contém uma mistura de ésteres e aldeídos encontrados em muitas outras variedades da fruta: o hexilacetato é o principal responsável pelo cheiro genérico frutado da maçã; já o hexanal, o trans-2-hexenal e o butanal, que cheiram a maçã verde, conferem a ela uma complexidade frutada. Além desses compostos em comum que impactam seu perfil, cada variedade de maçã é caracterizada por um grupo de odorantes-chave. Essa combinação única de componentes voláteis, quando percebida como um todo, é responsável pela assinatura aromática inconfundível de cada uma delas.

Uma comparação entre quatro variedades populares – cox's orange pippin, boskoop, jonagold e elstar – nos dá uma ideia da diversidade de sabor entre os diferentes tipos – cada um deles é caracterizado por um conjunto único de descritores que o distinguem dos restantes (ver as páginas 45 e 46).

Maçã cox's orange pippin

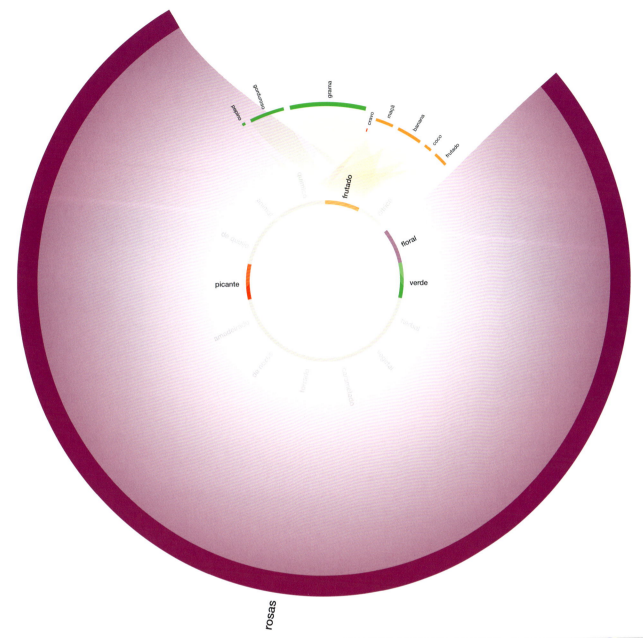

Perfil aromático da maçã cox's orange pippin
O aroma da cox's orange pippin é determinado pela betadamascenona, que tem um aroma característico floral e de rosas. Nas maçãs, esse composto tem o cheiro da própria fruta. Em uma maçã dessa variedade, a betadamascenona é reforçada por alguns aromas adicionais frutados e de maçã e por moléculas de cheiro verde e gramíneo, o que lhe confere um sabor de maçã particularmente intenso comparado ao de outras variedades que analisamos.

	frutado	cítrico	floral	verde	herbal	vegetal	caramelado	torrado	de nozes	amadeirado	picante	de queijo	animal	químico
maçã cox's orange pippin	●	·	●	●	·	·	·	·	·	·	●	·	·	·
mirtilo rabbiteye	●	●	●	●	●	·	·	●	·	●	●	·	·	·
pregado pochê	●	·	●	●	●	·	·	●	·	·	●	·	·	·
salmão do atlântico defumado	●	●	●	●	●	·	●	●	●	●	●	·	·	·
feijão-mungo cozido	●	·	●	●	●	●	●	●	●	●	●	●	·	·
cravo-da-índia	●	·	●	●	●	·	●	●	●	●	●	●	·	·
ostra	·	·	●	●	●	●	●	●	●	●	●	·	·	·
salada de folhas de burnet	●	●	●	●	●	·	·	●	·	●	●	·	·	·
flor de hibisco seca	●	●	●	●	●	·	·	●	·	●	●	·	·	·
salsa-japonesa	·	·	●	●	●	●	●	●	●	●	●	·	·	·
queijo tipo parmesão	●	·	●	●	●	●	●	●	●	●	●	●	·	·

Combinação clássica: maçã e queijo
Além de serem bons pares aromáticos, combinações como maçã jonagold com brie ou maçã braeburn com parmesão são um contraste perfeito de doce e salgado, acidez e oleosidade. Fora isso, a maçã crocante e suculenta contrasta agradavelmente com a textura do queijo.

Combinação em potencial: maçã e feno
O feno (ver tabela de combinações na página 47) tem uma série de aplicações culinárias, desde o queijo defumado com feno até o sorvete feito com infusão de feno. Para agregar sabor, asse mexilhões ou ostras em uma cama de feno, adicione feno fresco quando estiver grelhando carnes ou deixe carnes como as de boi ou pombo envelhecerem em uma camada de gordura e feno.

Variedades de maçã

Perfil aromático da maçã elstar
Se você gosta de maçãs ácidas e cítricas, experimente a elstar, que também contém notas picantes de cravo.

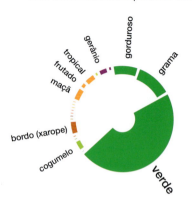

maçã elstar

- banana
- coelho assado
- castanha-de-caju torrada
- hambúrguer assado no forno
- pitaia
- filé de salmão do atlântico pochê
- filé de costela grelhado
- porcini seco
- pinhão
- quinoa cozida

Perfil aromático da maçã jonagold
Notas como aroma de coco e banana dão à maçã jonagold um sabor mais tropical que o de outras variedades.

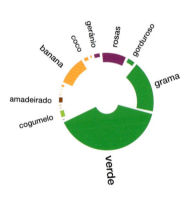

maçã jonagold

- molejas de vitela assadas
- presunto ibérico (jamón 100% ibérico de bellota)
- azedinha vermelha
- manga
- suco de romã
- melão
- brie
- peito de pato frito na frigideira
- avestruz frito na frigideira
- fava tonka

Perfil aromático da maçã boskoop
A maçã boskoop tem mais compostos frutados com cheiro de maçã e gerânio do que as outras duas variedades mostradas até agora, além de algumas notas verdes e gordurosas e traços de anis picante e flocos de aveia.

maçã boskoop

- chá preto
- coelho assado
- bergamota
- banana
- peito de pato frito na frigideira
- salame
- abacaxi
- cerveja lambic
- toranja
- baga de espinheiro-marítimo

Combinação em potencial: maçã elstar e quinoa
A maçã elstar e a quinoa cozida compartilham moléculas aromáticas fundamentais – cítrico, vegetal, caramelado, de nozes, amadeirado, picante e de queijo. As combinações listadas a seguir para a quinoa, por sua vez, tornam possível construir mais pontes aromáticas entre esses dois ingredientes.

Combinação clássica: maçã braeburn e aveia em flocos
Criado no início dos anos 1900 pelo médico suíço Maximilian Bircher-Benner, o muesli Bircher original consistia em maçã fresca, aveia em flocos encharcada, suco de limão, nozes, creme de leite e mel. Não era servido aos pacientes no café da manhã, mas sim como um aperitivo saudável no almoço ou no jantar.

Combinações de ingredientes com maçã e calda de maçã

quinoa cozida
- pastinaca cozida
- folha de louro europeu
- folha de sakura em conserva
- huitlacoche (trufa-mexicana)
- ketchup de tomate
- melão japonês (melão miyabi)
- pimentão vermelho
- cheddar maturado
- chá sencha
- trufa branca

aveia em flocos
- chicharro
- vinagre de xerez reserva
- maçã braeburn
- cação-da-índia braseado
- alcachofra cozida
- gruyère
- cordeiro grelhado
- presunto de bayonne
- purê de avelã torrada
- chá preto

conhaque Rémy Martin VSOP
- robalo europeu assado
- suco de abacaxi
- maçã jonagold
- vieira assada
- bebida de soja
- groselha
- azeite de oliva extravirgem picual
- ciabatta
- pasta tikka masala
- peito de pato frito na frigideira

feno
- leite
- salame italiano
- romã
- folha de limão-makrut
- tomate
- fava tonka
- goji berry seco
- kamut cozido (trigo khorasan)
- wakame
- acelga

baga de espinheiro-marítimo
- maçã boskoop
- ciabatta
- fumaça de videira
- pimentão vermelho assado
- melão
- ganso selvagem assado
- pilsner
- café arábica torrado em grãos
- fumet de mariscos
- folha de louro europeu

uva-do-monte
- manga
- flor de sabugueiro
- damasco cristalizado
- endro
- casca de laranja-amarga
- maçã boskoop
- uísque bourbon
- chá verde
- pregado grelhado
- ganso selvagem assado

Combinação clássica: maçã e caramelo
Maçãs cobertas com uma camada quente e pegajosa de caramelo, toffee ou açúcar cristalizado com nozes tostadas salpicadas são um doce de Halloween popular.

Combinação clássica: calda de maçã e batata
O prato tradicional holandês hete bliksem, ou "relâmpago quente", é feito com purê de batata, cebolas caramelizadas e calda de maçã. Este stamppot (purê de batata) doce e salgado é conhecido como *Himmel und Erde* ("céu e terra") em alemão: a maçã representa o céu, e a batata, a terra.

Combinações de ingredientes com maçã e calda de maçã

caramelo amanteigado	frutado	cítrico	floral	verde	herbal	vegetal	caramelado	torrado	de nozes	amadeirado	picante	de queijo	animal	químico
cheddar maturado														
filé de peito de frango frito														
bife assado no forno														
pimenta isot (flocos de pimenta urfa)														
maruca braseada														
gergelim preto torrado														
lula cozida														
aspargos verdes grelhados														
morango calinda														
pimenta ají amarillo														

batata cozida	frutado	cítrico	floral	verde	herbal	vegetal	caramelado	torrado	de nozes	amadeirado	picante	de queijo	animal	químico
folhas de beterraba														
açaí														
lula cozida														
chá sencha														
folha-de-ostra														
baunilha-do-taiti														
caviar														
favas cozidas														
morango														
mexilhões cozidos														

refrigerante de gengibre	frutado	cítrico	floral	verde	herbal	vegetal	caramelado	torrado	de nozes	amadeirado	picante	de queijo	animal	químico
chirimoia														
noz-moscada														
maçã gala														
flor de bergamota-selvagem														
flor de cerejeira seca														
folhas de lavanda frescas														
tainha-vermelha pochê														
marmelo cozido														
gruyère														
carne maturada a seco (dry-aged)														

pawpaw (*Asimina triloba*)	frutado	cítrico	floral	verde	herbal	vegetal	caramelado	torrado	de nozes	amadeirado	picante	de queijo	animal	químico
carne de caranguejo cozida														
leite de coco industrializado														
azeite de oliva extravirgem picual														
azeitona preta picual														
gorgonzola														
maçã braeburn														
melão honeydew														
pregado grelhado														
damasco														
carambola														

folhas de nabo ao vapor (cime di rapa)	frutado	cítrico	floral	verde	herbal	vegetal	caramelado	torrado	de nozes	amadeirado	picante	de queijo	animal	químico
salchichón														
chuchu cozido														
cogumelo cep														
castanha-de-caju														
maçã														
gruyère														
presunto de parma														
mexilhões cozidos														
abóbora cozida														
linguado-limão braseado														

raki	frutado	cítrico	floral	verde	herbal	vegetal	caramelado	torrado	de nozes	amadeirado	picante	de queijo	animal	químico
gorgonzola														
pera														
maçã gala														
cranberry														
estragão														
pistache														
porcini seco														
melão japonês (melão miyabi)														
cenoura														
grana padano														

Ingrediente Maçã 48

Combinação em potencial: calda de maçã e pera-espinhosa
No México, adiciona-se a pera-espinhosa a uma variedade de saladas, sopas e outros pratos salgados, além de sobremesas, mas ele é mais comumente consumido como um petisco refrescante em dias quentes. Em Malta, a pera-espinhosa cultivada localmente é usado para fazer *bajtra*, um tipo de licor de frutas.

Prato clássico: rémoulade de maçã e aipo-rábano
A maçã é uma adição perfeita para um clássico céleri rémoulade francês, que consiste em aipo-rábano cru (ver página 50) cortado em tiras e misturado com um molho cremoso feito com maionese, mostarda dijon, crème fraîche ou iogurte e suco de limão. Acrescente nozes picadas para adicionar sabor.

pera-espinhosa
- acelga
- couve no vapor
- sementes de girassol torradas
- tangerina
- molho de maçã
- rabanete
- filé de peito de frango frito
- arroz negro cozido
- filé de cavalinha
- pimenta-malagueta verde

pimenta-malagueta verde
- sálvia-roxa
- manjericão
- damasco
- huacatay (menta negra peruana)
- bacon assado no forno
- cereja lapins
- maçã
- abacate
- sardinha
- ostra

semente de levístico
- flor de calêndula
- morango vitória
- hambúrguer assado no forno
- anis-estrelado
- molho de maçã
- bergamota
- chirimoia
- pimenta-de-sichuan
- chocolate ao leite
- cereja morello

maçã pink lady
- champignon
- licor de cereja
- anis
- torrone (nougat italiano)
- molho de peixe japonês
- queijo munster
- cachaça
- aipo-rábano cozido
- cacau em pó sem açúcar
- faisão frito na frigideira

ganso selvagem assado
- groselha-negra
- batata cozida
- páprica doce em pó
- raiz de salsa cozida
- purê de gengibre
- chá darjeeling
- flor de jasmim
- caranguejo-voador assado (*Liocarcinus holsatus*)
- maçã pink lady
- flor de sakura em conserva

chartreuse verde
- missô de peixe
- chips de banana-passa
- tomate
- solha assada
- manga
- bife de lombo
- pombo selvagem frito na frigideira
- berinjela grelhada
- maçã pink lady
- castanha-de-caju torrada

Aipo-rábano

O aipo-rábano raramente recebe o crédito que merece. Essa raiz vegetal retorcida fica uma delícia em sopas ou acompanhando pratos principais, além de apresentar vínculos aromáticos com uma variedade de ingredientes diferentes, de lagostins a morangos e até mesmo chocolates. Então não se deixe intimidar por seu formato protuberante: este ingrediente subestimado merece ser usado em tudo, desde tira-gostos até sobremesas.

O aipo-rábano cru tem uma fragrância cítrica e amadeirada, lembrando o pinho, enquanto o aipo convencional tem um sabor mais para verde e frutado, parecido com o pêssego e o abacaxi. O aipo-rábano também contém, em menor grau, compostos voláteis com cheiro de menta e mel.

A raiz do aipo-rábano, esbranquiçada e em forma de bulbo, vem da mesma planta que os talos verdes e folhosos do salsão, e esse é o motivo de eles terem um sabor parecido. Na verdade, o aipo-rábano e o talo do salsão compartilham 70% dos mesmos compostos voláteis, enquanto os outros 30% do perfil de sabor dessa raiz rica em amido apresenta vínculos aromáticos com outros ingredientes.

Muito da utilidade do aipo-rábano se deve às diferentes características que ele tem quando cru ou cozido. O aipo-rábano cru proporciona um sabor delicado de aipo com uma textura de nozes, bem diferente da crocância (ou fibrosidade) do talo do aipo comum. Quando ralado em pedaços grandes ou cortado em palitinhos, o aipo-rábano combina bem com sabores ácidos como os de maçã ou vinagre Consequentemente, ele é muito usado em saladas. Molhos ácidos também ajudam a impedir que sua polpa perca a cor.

Em contraste, o aipo-rábano cozido tem um sabor levemente doce e uma textura cremosa, o que faz dele um bom par para queijos, cogumelos e carnes assadas.

- O aipo-rábano (*Apium graveolens* var. *rapaceum*) também é conhecido como raiz de salsão. O mesmo nome em espanhol (*cepa de apio*) às vezes é usado por um legume de raiz sul-americana semelhante, a *Arracacia xanthorrhiza*.

- Esqueça o purê de batata e sirva carnes de caça como faisão, lebre ou veado com purê de aipo-rábano e outros acompanhamentos invernais como couves-de-bruxelas assadas, chicória (endívia belga), maçãs e peras.

- Para realçar de verdade o sabor do aipo-rábano, experimente assá-lo no forno a 180 °C sem descascar. Quando tiver esfriado o suficiente para manusear, remova a pele dura dele e abaixe a temperatura para 50 °C. Espalhe as cascas do aipo-rábano na assadeira e devolva para o forno até que estejam completamente secas. Você pode usar as cascas secas para temperar caldos.

Tudo da raiz do salsão

Dan Barber, do Blue Hill at Stone Barns, em Pocantico Hills, Nova York

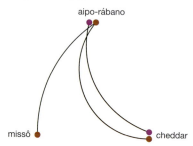

Para o chef, autor e ativista Dan Barber, o conceito de *farm-to-table* (da fazenda à mesa) começa com a semente e o solo. Seu restaurante Blue Hill at Stone Barns é uma parte fundamental do Stone Barns Center for Food and Agriculture, um centro educacional e fazenda funcional. Barber consome de suas próprias plantações e pastos e de outras fazendas locais no vale do Rio Hudson. Reconhecido por uma abordagem mais focada em vegetais, Barber também apresentou o wastED, uma campanha que busca minimizar o desperdício de alimentos utilizando cada pedacinho dos ingredientes em seu restaurante Blue Hill original, em Nova York.

Em sua receita, o chef usa tudo do aipo-rábano, desde o caule até as raízes secundárias. Ele descasca e corta o bulbo da raiz em quatro partes antes de refogá-lo no caldo de legumes com manteiga derretida. Os pedaços de aipo-rábano são empratados ao lado das raízes secundárias assadas e de um molho verde vivo feito com as folhas do salsão. O bulbo do aipo-rábano cozido é então coberto com uma espuma de cheddar temperada com missô branco e servido com uma salada *greenhouse* (mix de folhas, repolho, cenoura, tomates, cebola roxa, croûtons e parmesão) e um molho vinagrete de limão-siciliano. Uma infusão preparada com a casca externa do aipo-rábano acompanha este prato.

Aipo-rábano cozido

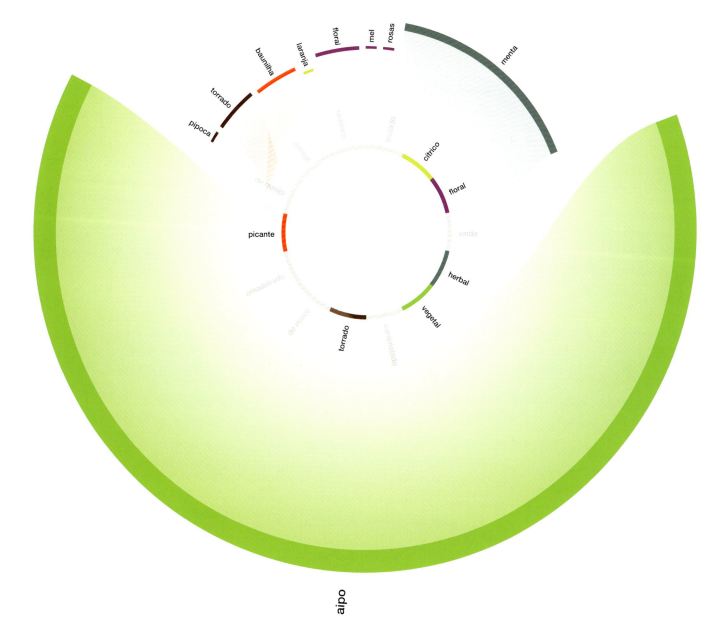

Perfil aromático do aipo-rábano cozido
As notas de mel do aipo-rábano combinam bem com folhas de shissô, manteiga de amendoim e pato. Outros ingredientes que compartilham essas notas são a fava, o tahine, queijos azuis, o parmigiano-reggiano, doenjang coreano ou alho negro. As notas de menta do aipo-rábano cozido cria vínculos aromáticos com amoras, goiaba, toranja, kiwi, beterraba, manjericão, endro, menta, funcho, sálvia e alecrim.

	frutado	cítrico	floral	verde	herbal	vegetal	caramelado	torrado	de nozes	amadeirado	picante	de queijo	animal	químico
aipo-rábano cozido	·	●	●	·	●	●	·	●	·	·	●	·	·	·
laranja	●	●	●	●	●	·	·	·	·	·	·	·	·	·
pimenta ají amarillo	●	●	●	●	·	·	·	●	·	·	●	●	·	·
abacate	●	●	●	●	·	·	·	·	·	·	·	·	·	·
galinha-d'angola frita na frigideira	●	·	●	·	·	·	·	●	·	·	●	·	·	·
queijo de cabra	●	●	●	●	·	·	·	·	·	·	●	●	·	·
amendoim torrado	●	●	●	●	·	·	·	●	●	·	·	·	·	·
solha assada	●	●	●	●	·	·	·	●	·	·	●	●	·	·
manga alphonso	●	●	●	●	·	·	·	●	·	·	●	●	·	·
iogurte de leite de vaca	●	·	·	●	·	·	·	·	·	·	●	·	·	·
batata-doce assada	●	●	●	●	·	·	●	●	·	·	●	·	●	·

Combinação em potencial: aipo-rábano cru e camarão cinza
Para uma variação do clássico céleri rémoulade (ver página 49), faça o molho sem mostarda; no lugar, acrescente algumas ervas, como cebolinha e estragão. Sirva com camarão cinza, camarão graúdo ou caranguejo, ou mesmo com um carpaccio de vieiras.

Combinação do chef: aipo-rábano e cheddar
O chef Dan Barber combinou o aipo-rábano com uma espuma de queijo cheddar temperada com missô branco (ver página 50). O aipo-rábano e o cheddar compartilham aromas torrados e de pipoca, além de aromas florais de rosa e de mel. As moléculas picantes de baunilha encontradas no aipo-rábano cozido também combinam bem com queijo.

Combinações de ingredientes com aipo-rábano

aipo-rábano cru ralado
- pombo selvagem frito na frigideira
- arroz longo cozido
- camarão cinza assado
- folhas de cominho secas
- goiaba
- pimenta-da-jamaica
- cenoura
- folhas de eucalipto secas
- solha europeia assada
- erva-cidreira

cheddar suave
- folhas de coentro
- croûtons de pão de trigo
- tangerina
- páprica doce em pó
- purê de raiz-forte
- flor de hibisco
- folhas de cominho secas
- azeitona preta picual
- asa de arraia pochê
- filé-mignon

ameixa em lata
- barriga de porco assada
- aipo-rábano cozido
- ouriço-do-mar
- vinagre de mirtilo
- beterraba descascada cozida
- pato assado à pequim
- tomatillo
- arroz-silvestre cozido
- porcini seco
- figo seco

folha de pandan
- ganso selvagem assado
- caranguejo-voador assado (*Liocarcinus holsatus*)
- castanha-de-caju torrada
- maruca braseada
- gema de ovo cozida
- aipo-rábano cru ralado
- arroz basmati cozido
- creme de soja
- hambúrguer assado no forno
- avelã torrada

anis
- maçã pink lady
- batata-doce roxa cozida
- kamut cozido (trigo khorasan)
- raspas de limão-siciliano
- javali assado
- camarão graúdo frito na frigideira
- aipo-rábano cru ralado
- açafrão-da-terra
- hortelã
- daikon

repolho verde cozido
- alho-selvagem
- vagem
- araçá-rosa
- mangostão
- azeite de oliva virgem manzanilla
- carne bovina cozida
- aipo-rábano cozido
- ossobuco assado
- linguado assado
- arroz-silvestre cozido

Combinação em potencial: aipo-rábano e lavanda

A lavanda culinária é parente do alecrim, e as folhas frescas podem ser usadas de formas semelhantes: faça infusão de lavanda no leite ou no creme para preparar um sorvete aromático, ou use xarope simples aromatizado com lavanda em drinques, ou açúcar com infusão de lavanda em sobremesas. Você também pode adicionar lavanda a ervas como tomilho, alecrim, folha de louro e sálvia quando for assar verduras.

Combinação em potencial: aipo-rábano e baunilha

A baunilha pode criar vínculos aromáticos com alimentos salgados e doces – o aipo-rábano cozido e o cream cheese contêm o composto vanilina (ver página 54), além de apresentarem notas florais de rosa. O malte de cevada, que, em comum com o aipo-rábano cozido, tem aromas torrados, florais de mel e vegetais de cogumelo, também é uma boa combinação com a baunilha bourbon.

	frutado	cítrico	floral	verde	herbal	vegetal	caramelado	torrado	de nozes	amadeirado	picante	de queijo	animal	químico
folhas de lavanda frescas	·	·	·	·	·	·	·	·	·	·	·	·	·	·
romã	·	·	·	·	·	·	·	·	·	·	·	·	·	·
cajá	·	·	·	·	·	·	·	·	·	·	·	·	·	·
daikon	·	·	·	·	·	·	·	·	·	·	·	·	·	·
aipo-rábano cozido	·	·	·	·	·	·	·	·	·	·	·	·	·	·
capim-limão	·	·	·	·	·	·	·	·	·	·	·	·	·	·
folha de curry	·	·	·	·	·	·	·	·	·	·	·	·	·	·
pimenta verde em grão	·	·	·	·	·	·	·	·	·	·	·	·	·	·
panqueca	·	·	·	·	·	·	·	·	·	·	·	·	·	·
tangerina	·	·	·	·	·	·	·	·	·	·	·	·	·	·
pasta de curry madras	·	·	·	·	·	·	·	·	·	·	·	·	·	·

	frutado	cítrico	floral	verde	herbal	vegetal	caramelado	torrado	de nozes	amadeirado	picante	de queijo	animal	químico
cream cheese fresco	·	·	·	·	·	·	·	·	·	·	·	·	·	·
menta	·	·	·	·	·	·	·	·	·	·	·	·	·	·
melão	·	·	·	·	·	·	·	·	·	·	·	·	·	·
chouriço espanhol	·	·	·	·	·	·	·	·	·	·	·	·	·	·
aipo-rábano cozido	·	·	·	·	·	·	·	·	·	·	·	·	·	·
alga *Codium*	·	·	·	·	·	·	·	·	·	·	·	·	·	·
pato assado à pequim	·	·	·	·	·	·	·	·	·	·	·	·	·	·
missô de soja	·	·	·	·	·	·	·	·	·	·	·	·	·	·
mexilhões cozidos	·	·	·	·	·	·	·	·	·	·	·	·	·	·
baunilha bourbon	·	·	·	·	·	·	·	·	·	·	·	·	·	·
mirtilo	·	·	·	·	·	·	·	·	·	·	·	·	·	·

	frutado	cítrico	floral	verde	herbal	vegetal	caramelado	torrado	de nozes	amadeirado	picante	de queijo	animal	químico
massa soba cozida	·	·	·	·	·	·	·	·	·	·	·	·	·	·
melão	·	·	·	·	·	·	·	·	·	·	·	·	·	·
bebida de aveia	·	·	·	·	·	·	·	·	·	·	·	·	·	·
aipo-rábano cozido	·	·	·	·	·	·	·	·	·	·	·	·	·	·
gema de ovo crua	·	·	·	·	·	·	·	·	·	·	·	·	·	·
salsa-lisa	·	·	·	·	·	·	·	·	·	·	·	·	·	·
pétalas de rosas frescas comestíveis	·	·	·	·	·	·	·	·	·	·	·	·	·	·
salsicha frankfurt cozida	·	·	·	·	·	·	·	·	·	·	·	·	·	·
pistache torrado	·	·	·	·	·	·	·	·	·	·	·	·	·	·
abobrinha grelhada	·	·	·	·	·	·	·	·	·	·	·	·	·	·
asa de arraia pochê	·	·	·	·	·	·	·	·	·	·	·	·	·	·

	frutado	cítrico	floral	verde	herbal	vegetal	caramelado	torrado	de nozes	amadeirado	picante	de queijo	animal	químico
malte de cevada	·	·	·	·	·	·	·	·	·	·	·	·	·	·
aipo-rábano cozido	·	·	·	·	·	·	·	·	·	·	·	·	·	·
hadoque braseado	·	·	·	·	·	·	·	·	·	·	·	·	·	·
alga *Gracilaria carnosa*	·	·	·	·	·	·	·	·	·	·	·	·	·	·
baunilha bourbon	·	·	·	·	·	·	·	·	·	·	·	·	·	·
solha europeia assada	·	·	·	·	·	·	·	·	·	·	·	·	·	·
pato assado à pequim	·	·	·	·	·	·	·	·	·	·	·	·	·	·
amora	·	·	·	·	·	·	·	·	·	·	·	·	·	·
chá de rooibos	·	·	·	·	·	·	·	·	·	·	·	·	·	·
casca de laranja	·	·	·	·	·	·	·	·	·	·	·	·	·	·
maçã braeburn	·	·	·	·	·	·	·	·	·	·	·	·	·	·

Ingrediente Aipo-rábano

Baunilha

A molécula odorífera vanilina é a principal responsável pelo aroma que conhecemos como baunilha. Notas adicionais amadeiradas, frutadas e defumadas ajudam a complementar o perfil aromático doce e complexo de uma das especiarias mais apreciadas do mundo.

A *Vanilla planifolia*, também conhecida como baunilha bourbon de madagascar, é a espécie mais comumente cultivada. Valorizada por suas notas encorpadas, cremosas e amadeiradas-balsâmicas, a baunilha bourbon tem o aroma que mais associamos à baunilha.

A *Vanilla planifolia* é uma espécie de orquídea nativa do México e da América Central, onde foi consumida e cultivada pela primeira vez pelos astecas. Atualmente, 75% da produção comercial mundial de baunilha ocorre nas ilhas de Madagascar e Réunion, antes conhecida como Île Bourbon. Essas orquídeas da baunilha levam três anos para florescer, momento em que devem ser polinizadas à mão. As vagens de baunilha resultantes – ou favas, como também são chamadas – são colhidas à mão conforme amadurecem, passando de verde para amarelo-claro.

As vagens colhidas são escaldadas ou cozidas a vapor e curadas através da transpiração sobre mantas de lã. Esse processo desencadeia reações enzimáticas que perturbam as células e os tecidos vegetais, provocando a oxidação. Com a temperatura e a umidade elevadas, as cascas das vagens escurecem, enquanto as moléculas aromáticas de baunilha se desenvolvem. No entanto, não são as milhares de sementes minúsculas que contêm a fragrância característica da baunilha; é o líquido marrom viscoso dentro da casca que carrega seu doce aroma.

Em seguida, as vagens de baunilha fermentadas são secas para selar o aroma e remover o excesso de umidade, evitando que apodreçam. As vagens secas são então transferidas para caixas forradas com papel vegetal, nas quais são "acondicionadas" por três a seis meses para desenvolverem plenamente o aroma de baunilha. Depois, são classificadas e separadas em diferentes categorias com base no aroma e no teor de umidade. Dado o trabalho intensivo de dezoito meses de cultivo e as práticas de cura necessários para produzir as vagens de baunilha, não é de surpreender que essa especiaria seja tão cara – perdendo apenas para o açafrão.

A produção de baunilha natural, além de custosa e demorada, não consegue suprir a demanda global. O extrato de baunilha sintético, cujos ingredientes incluem óleo de cravo, é, portanto, um substituto comum. Os cravos contêm eugenol, um líquido oleoso feito a partir de óleos essenciais que pode ser convertido em vanilina.

- A baunilha é usada para adoçar e perfumar desde alimentos e bebidas (a Coca-Cola Company é uma das maiores consumidoras de baunilha do mundo) até cosméticos e fragrâncias que usamos. Além de ser utilizada como um sabor próprio, a baunilha é frequentemente empregada para realçar os sabores de outros alimentos e bebidas, como café e chocolate.

- Reduza a quantidade de açúcar em suas receitas e adicione mais baunilha. Para fazer seu próprio açúcar com sabor de baunilha, misture açúcar granulado com favas de baunilha e deixe em infusão por seis a oito semanas em um frasco hermeticamente fechado.

- Para fazer seu próprio extrato de baunilha, misture 100 g de vagens de baunilha (vazias) com 1 litro de vodca. Deixe em infusão por seis a oito semanas e, em seguida, coe.

Perfil aromático relacionado: baunilha-do-taiti

Provinda da *Vanilla tahitensis*, tem um aroma mais perfumado que a baunilha bourbon. A baunilha e o anis compõem, cada um, 45% do seu perfil, misturados com notas florais.

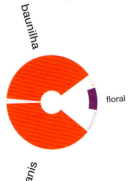

	frutado	cítrico	floral	verde	herbal	vegetal	caramelado	torrado	de nozes	amadeirado	picante	de queijo	animal	químico
baunilha-do-taiti	•	•	•	•		•	•			•	•	•	•	•
chicharro		•	•	•	•	•		•	•	•		•	•	
pimenta rocoto	•	•	•	•	•	•		•	•	•	•	•	•	•
champignon frito na frigideira	•	•	•	•	•	•	•	•	•	•	•	•	•	•
filé de costela grelhado	•	•	•	•		•	•	•	•	•	•	•	•	•
carne de veado frita na frigideira	•	•	•	•	•	•	•	•	•	•	•	•	•	•
chá darjeeling	•	•	•	•	•	•	•	•	•	•	•	•	•	•
linguado assado	•	•	•	•	•	•	•	•	•	•	•	•	•	•
cheddar maturado	•	•	•	•	•	•	•		•	•	•	•	•	•
morango	•	•	•	•	•	•	•	•	•	•	•	•	•	•
abóbora-cheirosa cozida	•	•	•	•	•	•	•	•	•	•	•	•	•	•

Baunilha bourbon

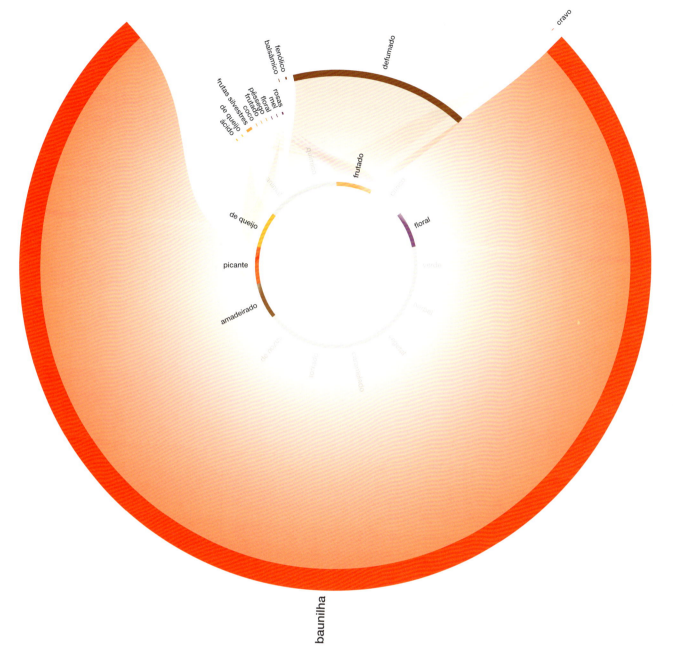

Perfil aromático da baunilha bourbon

Uma análise da baunilha bourbon revela que 82% de seu complexo perfil aromático é formado pela molécula de odor fundamental vanilina. Os fenóis são responsáveis por suas notas amadeiradas e balsâmicas, enquanto a presença de moléculas aromáticas de queijo, coco frutado e pêssego completa a fragrância encorpada e cremosa dessa baunilha específica. O cheiro defumado da baunilha bourbon indica que ela combina bem com arroz integral, tomate e caranguejo, além de casca de cássia (canela chinesa) e azeitonas pretas. As notas balsâmicas vão bem com manjericão, goiaba e gerânio com aroma de limão.

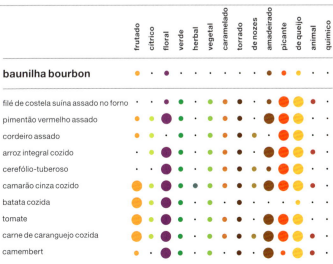

Combinação em potencial: aspargos brancos e baunilha
Os aspargos têm um gosto agridoce. Para evidenciar sua doçura, sirva aspargos brancos aferventados com um molho beurre blanc de baunilha. A acidez do molho (suco de limão ou vinagre branco, por exemplo) vai equilibrar a oleosidade e a doçura dessa combinação.

Combinação em potencial: baunilha e shiro
O shiro shoyu (molho de soja branco) deve sua cor clara à baixa quantidade de grãos de soja de que é feito: apenas 10% – o restante é trigo. Além de ter aromas fundamentais em comum com ingredientes como aspargos, abóbora e quinoa, esse molho de soja japonês também combina bem com a baunilha-do-taiti – experimente usá-lo em bolos e sobremesas que usem caramelo salgado.

Combinações de ingredientes com baunilha

aspargos brancos cozidos
- alga *Codium*
- truta pochê
- missô de soja
- molho de ostra
- anchovas salgadas
- pargo
- baunilha-do-taiti
- molejas de vitela assadas
- avelã torrada
- raiz de chicória assada

shiro (molho de soja branco)
- abóbora cozida
- amora
- baunilha-do-taiti
- aspargos brancos cozidos
- quinoa cozida
- pimentão vermelho assado
- carne bovina wagyu
- coelho assado
- maçã pink lady
- faisão frito na frigideira

filé de costela suína assado no forno
- mirin (vinho doce de arroz japonês)
- beterraba cozida
- flor de hibisco
- cheddar suave
- folha de feno-grego
- vieira
- alcachofra cozida
- lula cozida
- favas cozidas
- pimenta ají panca

pão de centeio
- galinha-d'angola frita na frigideira
- folhas de nori
- filé de salmão do atlântico
- lebre assada
- pepino
- vieira assada
- macadâmia torrada
- queijo ragusano
- baunilha-do-taiti
- presunto cozido

pitaia
- baunilha bourbon
- brie
- mostarda
- vagem
- zimbro seco
- folhas de eucalipto secas
- alecrim
- pato selvagem frito na frigideira
- rodovalho assado
- café recém-coado

quiabo grelhado
- cerefólio-tuberoso
- café recém-moído
- salmão do atlântico defumado
- abóbora-cheirosa cozida
- pistache torrado
- baunilha-do-taiti
- beterraba assada
- chocolate amargo
- flor de jasmim
- morango

Combinação clássica: baunilha e creme de leite
A molécula aromática vanilina é facilmente solúvel em gordura, então, quando adicionada a ingredientes gordurosos, como o creme de leite, resulta em um sabor de baunilha mais intenso. Como as moléculas de gordura derretem mais lentamente na boca, o sabor de baunilha também dura mais.

Combinação clássica: baunilha e chocolate
Os primeiros registros da *Vanilla planifolia* podem ser encontrados no México, onde os astecas a usavam para fazer o xocoatl, um tipo de chocolate líquido (ver página 58). A baunilha mexicana é descrita como doce e intensa, com leves notas picantes de tabaco. Faça seu próprio xocoatl picante e agridoce combinando, em água quente, cacau em pó não adoçado com baunilha e pimenta fatiada. Coe antes de servir.

creme de leite duplo
- baunilha-do-taiti
- lombo de porco frito na frigideira
- banana cavendish
- queijo feta
- salmão do atlântico defumado
- coulis de pimentão vermelho
- couve-rábano assada
- nozes
- carne bovina wagyu
- fumaça de videira

cacau em pó
- iogurte de soja
- cachaça
- pétalas de rosas frescas comestíveis
- wasabi
- purê de pimentão vermelho
- brandy de ameixa
- melaço de romã
- abobrinha grelhada
- kamut cozido (trigo khorasan)
- gruyère

malte
- asa de arraia pochê
- baunilha-do-taiti
- salame italiano
- beterraba assada
- filé de costela grelhado
- vermute doce
- azeitona preta
- casca de cássia (canela-da-china)
- maçã wellant
- matcha

flor de sakura em conserva
- mirin (vinho doce de arroz japonês)
- camarão assado
- baunilha-do-taiti
- lagosta cozida
- pregado pochê
- pera conference
- pombo selvagem frito na frigideira
- kamut cozido (trigo khorasan)
- rambutã
- cacau em pó

butter crisps
(biscoitos amanteigados belgas)
- vermute doce
- abóbora
- baunilha bourbon
- flor de sabugueiro
- queijo sainte-maure envelhecido
- salsa-japonesa
- peru assado
- mexilhões cozidos
- erva-cidreira
- folha de shissô

pasta de chocolate
- baunilha-do-taiti
- cheddar artesanal
- mamão papaia
- alcachofra cozida
- xarope de bordo
- manteiga caramelada
- noz-moscada
- amendoim torrado
- bacon frito na frigideira
- foie gras de pato frito na frigideira

Chocolate

O chocolate é uma mistura doce e satisfatória de sabores torrados, amendoados e caramelizados, com pequenas quantidades de estimulantes naturais como cafeína, teobromina, feniletilamina e anandamida.

Os primeiros vestígios do composto teobromina encontrados em cerâmicas antigas sugerem que os olmecas (por volta de 1.200 a 400 a.C.) foram os primeiros a consumir cacau moído como uma bebida cerimonial, que mais tarde foi adotada pelos astecas e pelos maias e chamada de "xocoatl". Os grãos fermentados, secos e torrados eram moídos até formar uma pasta escura e depois misturados com água, milho, pimenta-malagueta, baunilha, urucum (corante e aromatizante avermelhado feito das sementes da árvore homônima) e outras ervas e especiarias. Mas, ao contrário das versões doces e palatáveis do chocolate quente com especiarias mexicano que encontramos hoje, o xocoatl era uma bebida áspera e amarga.

No século XVI, os conquistadores espanhóis descobriram o cacau durante suas viagens ao Novo Mundo e voltaram para casa com os grãos. Açúcar, mel e outros adoçantes e aromatizantes foram adicionados ao chocolate líquido conforme a popularidade do cacau se espalhava pelo resto do continente europeu. Somente em meados do século XIX é que a primeira barra de chocolate foi desenvolvida pelos fabricantes britânicos de chocolate J. S. Fry & Sons.

Hoje em dia, os amantes de chocolate costumam preferir o amargo, com alguns deles optando por barras que contenham até 90% de cacau. O chocolate ao leite é feito a partir da adição de leite ou leite em pó e leite condensado a uma base de chocolate amargo, o que o deixa mais cremoso e menos complexo. Para fazer o chocolate branco, o licor de cacau é filtrado, separando-se os sólidos da manteiga do cacau. A manteiga é então desodorizada para reduzir seu cheiro característico e combinada com leite ou leite em pó e açúcar. Como o chocolate branco não contém nenhum pó de cacau, falta-lhe a complexidade dos chocolates amargo e ao leite. Alguns chocolateiros adicionam pequenas quantidades de manteiga de cacau não desodorizada ao chocolate branco para torná-lo mais complexo. Isso pode resultar em um chocolate branco com nuances de laranja, cogumelo e florais e notas amendoadas e terrosas, por exemplo.

Do grão de cacau à barra de chocolate

A fabricação de chocolate é um processo difícil, em que cada etapa produz uma gama extremamente complexa de novos sabores e aromas. As três principais variedades de cacau – crioulo, forasteiro e trinitário – possuem características de sabor distintas que aparecem após o processamento dos grãos. No entanto, fatores ambientais como origem, condições do solo, clima e grau de maturação, bem como os processos de colheita e fermentação, também desempenham um papel importante nas variações de sabor. Até mesmo fatores como a proximidade de fazendas ou plantações vizinhas podem influenciar o sabor. Por isso, é comum descrever o chocolate pela sua origem. Por exemplo, um chocolate amargo peruano terá mais notas frutadas e florais do que o chocolate amargo da Costa Rica, que tende a ser mais amendoado.

Os grãos de cacau crus têm um caráter extremamente amargo e adstringente. Para produzir o chocolate, esses grãos, que são cobertos por uma polpa branca e pegajosa, são separados de suas vagens e colocados em pilhas ou caixas para fermentar. Os grãos e a polpa, então, adquirem uma coloração marrom-avermelhada e formam moléculas de aroma frutado, cítrico, floral, de queijo e amendoado. Quanto mais tempo os grãos fermentam, mais as notas frutadas e de queijo se intensificam. No entanto, é preciso ter cuidado com os grãos que fermentam por tempo demais, pois podem desenvolver sabores de mofo e de peixe.

Os grãos fermentados são secos e torrados, o que produz moléculas aromáticas amanteigadas, torradas, carameladas, picantes, florais e até mesmo terrosas, que tornam o chocolate tão viciante. Métodos inadequados de secagem e armazenamento dos grãos podem resultar em odores indesejados, rançosos ou de borracha, semelhantes ao de papelão.

A etapa final da fabricação do chocolate é a conchagem, na qual os grãos torrados são pulverizados junto com manteiga de cacau, licor de cacau, leite ou leite em pó, açúcar e baunilha. Essa mistura é aquecida e batida ao longo de períodos que variam entre algumas horas e cerca de uma semana, dando ao chocolate sua textura suave e cremosa. O chocolate é então resfriado e moldado. A elevação da temperatura durante a fase de conchagem produz outros compostos voláteis caramelados, picantes e de queijo relacionados à reação de Maillard (ver página 25). A conchagem também ajuda a suavizar a acidez do chocolate.

Chocolate amargo

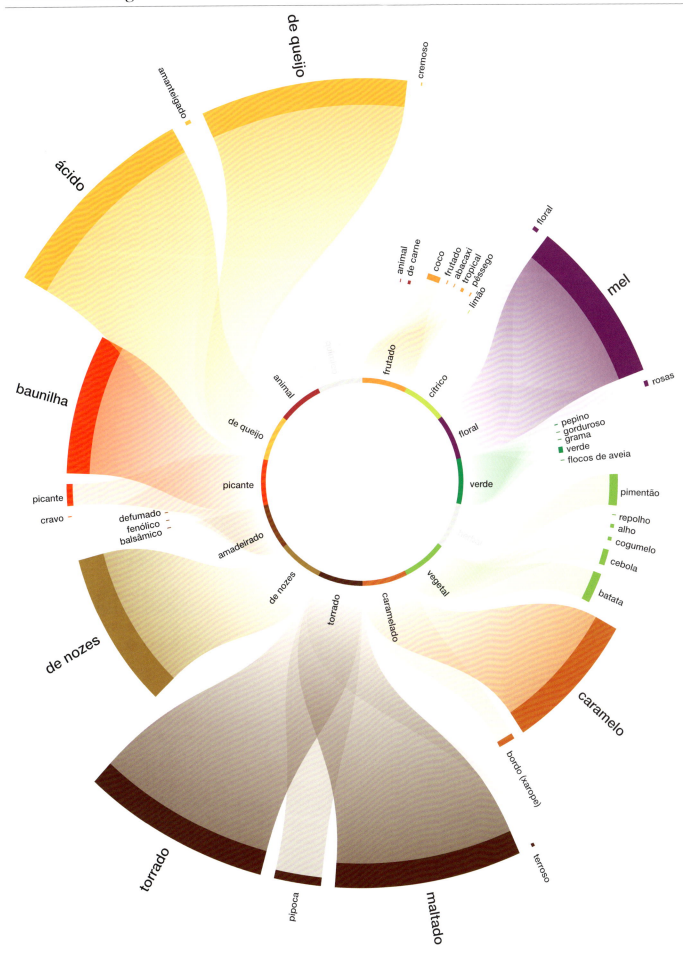

Combinação clássica: chocolate ao leite e morango

Uma molécula fundamental no morango é a 4-hidroxi-2,5-dimetil-3(2H)-furanona, ou a furanona do morango. Esse composto também é criado durante a produção do chocolate, mas mais doce e mais caramelado do que no morango. Nas carnes, ele tem uma fragrância mais salgada e de carne, o que explica por que alguns chefs finalizam molhos para carnes de caça com um pouco de chocolate.

Combinação em potencial: chocolate amargo e brócolis

O chocolate amargo contém um composto vegetal e sulfuroso encontrado também nos brócolis cozidos, entre outras verduras. Adicionar brócolis, beterraba, abóbora-cheirosa ou abobrinha a bolos de chocolate, muffins e brownies é uma forma deliciosa de aumentar o consumo de vegetais.

Tipos de chocolate

Perfil aromático do chocolate amargo

Comparado ao chocolate ao leite, esse tipo de chocolate é complexo e amargo, com um pronunciado perfil de sabor formado por notas frutadas, florais, torradas, carameladas, picantes e amadeiradas. Em alguns casos, você pode até detectar notas aromáticas verdes de flocos de aveia ou um sutil aroma de pimentão. Esses vínculos aromáticos com vegetais possibilitam algumas combinações inesperadas, como chocolate com aspargos, beterraba, pimentão, brócolis, abóbora-cheirosa, pepino, pastinaca, ervilhas, batatas e tomates – imagine uma mousse de chocolate macia e cremosa acompanhada por morangos frescos e adocicados pimentões vermelhos assados (ver círculo aromático na página 59).

Perfil aromático do chocolate ao leite

O chocolate ao leite tem menos voláteis caramelados, frutados e florais que o chocolate amargo, porém mais notas cítricas. Ele também é mais cremoso e menos complexo.

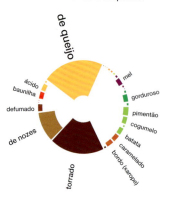

Perfil aromático do chocolate branco

O perfil de sabor básico do chocolate branco é caracterizado por moléculas aromáticas gordurosas, amanteigadas, de queijo e carameladas junto com algumas lactonas com aroma de pêssego e de coco.

Combinação clássica: chocolate branco e hortelã-pimenta
Nos Estados Unidos, o peppermint bark é um doce de Natal popular. Fácil de fazer em casa, ele consiste em uma folha de chocolate amargo aromatizado com óleo de hortelã-pimenta recoberta por uma camada de chocolate branco mentolado que, por sua vez, é coberta com pedaços de bengalinhas doces com sabor de hortelã-pimenta.

Combinação do chef: chocolate branco e grama de trigo
Rica em vitaminas e antioxidantes, a grama de trigo carrega a reputação de ser um superalimento. Ela tem cheiro de grama recém-cortada, e notas verdes semelhantes também podem ser encontradas no chocolate branco, o que ajuda a explicar a combinação desenvolvida pelo chocolateiro Dominique Persoone: ganache de chocolate branco com suco verde vivo de grama de trigo.

Chocolate e caviar

Heston Blumenthal, do The Fat Duck, em Bray, Berkshire (Inglaterra)

Muitas receitas de bolo de chocolate amargo, cookies com gotas de chocolate e outras sobremesas com chocolate pedem no mínimo uma pitada de sal. Isso porque o sal reduz o amargor do chocolate ao mesmo tempo que realça os outros sabores de uma sobremesa. Com esse pedacinho de ciência culinária em mente, o chef Heston Blumenthal começou a experimentar com ingredientes diferentes. Ele foi combinando o chocolate com elementos que iam de pato curado a anchovas, de presunto seco a caviar. A última combinação que ele testou se mostrou extraordinária, e, desde então, Blumenthal vem servindo em seu restaurante porções de caviar salgado sobre discos cremosos de chocolate branco.

O "Shock-o-latier"

Dominique Persoone, do The Chocolate Line, em Bruges (Bélgica)

Alguns dos chocolates de Dominique Persoone são inspirados em ingredientes sazonais, outros são nomeados de acordo com suas viagens: o Marrakech (na imagem acima) é um chocolate doce, mentolado, com infusão de chá verde; o Green Tokyo combina wasabi com marzipã e ganache (ver página 62); um chocolate com sabor de cachaça, pimenta, coentro e limão-taiti relembra o Brasil. Entre outras combinações, há a de ganache de chocolate branco com uma porção de grama de trigo e outra com couve-flor. Seu cardápio inclui até uma ganache com sabor de enguia com ervas verdes.

Um de seus chocolates mais inusitados é feito com lidocaína, que deixa uma dormência na língua, mas talvez sua criação mais conhecida seja o Chocolate Shooter, criado para Mick Jagger, dos Rolling Stones. Esse hit de pó fino de cacau mesclado com ervas perfumadas é uma experiência olfativa que rendeu a Persoone seu apelido – o "Shock-o-latier".

Combinações de ingredientes com chocolate

Combinação do chef: ganache de chocolate, marzipã e wasabi
Wasabi e chocolate têm em comum aromas verdes e de pimentão. No chocolate Green Tokyo, Dominique Persoone (ver página 61) combina esses dois ingredientes de forma eficaz, com o wasabi picante e pungente contrastando de forma marcante com a doçura e a picância encorpada da ganache de chocolate.

Combinação clássica: chocolate e amendoim
O amendoim compartilha algumas moléculas aromáticas com o chocolate, o que explica por que essa é há muito tempo uma combinação popular: a barra de chocolate Snickers, com suas camadas de nougat, caramelo e amendoim envolvidas em chocolate ao leite, data de 1930. Você pode tentar criar sua própria versão com chocolate amargo ou branco – ou só acrescentar manteiga de amendoim à sua receita favorita de pasta de chocolate.

Combinações de ingredientes com chocolate

wasabi
- couve-rábano
- banana
- pak choi
- mirtilo
- abacate
- abobrinha
- azeite de oliva arbequina
- tomate-cereja
- rúcula
- ruibarbo

amendoim
- sálvia-roxa
- carne maturada a seco (dry-aged)
- pêssego
- chocolate branco
- canela
- folha de limão-makrut
- pasta de curry madras
- lombo de porco frito na frigideira
- pargo
- manteiga derretida

rum Mount Gay Eclipse
- camarão graúdo frito na frigideira
- carne bovina wagyu
- folha de shissô
- camembert
- café colombiano
- missô de soja
- canela
- chocolate amargo
- banana
- codorna frita na frigideira

bulgogi
(carne marinada grelhada)
- beterraba assada
- batata cozida
- molho de soja japonês
- castanha-de-caju torrada
- funcho-do-mar
- lagosta cozida
- erva-cidreira
- chocolate ao leite
- matcha
- camarão graúdo frito na frigideira

cranberry
- flor de sabugueiro
- grana padano
- azeite de oliva extravirgem arbequina
- água de coco
- chocolate amargo
- muçarela de búfala
- vinho do porto
- vinagre de vinho tinto
- bacalhau seco salgado
- couve-galega cozida no vapor

saquê
- queijo azul
- azeitona preta pical
- ameixas secas de agen
- chocolate amargo
- gruyère
- cordeiro grelhado
- presunto de bayonne
- folha-de-ostra
- anchovas salgadas
- camarão cinza assado

Combinação clássica: chocolate e cítricos
O chocolate ao leite tem mais notas cítricas que o chocolate amargo, o que explica por que ele combina tão bem com frutas cítricas como limão-siciliano, limão, bergamota, toranja de yuzu – basta pensar nas orangettes ou em quaisquer tipos de cascas de cítricos cristalizadas cobertas com chocolate. O chocolate ao leite também dá certo com ingredientes com aromas cítricos, como gengibre e capim-limão.

Combinação do chef: chocolate e couve-flor
Uma das primeiras criações do chocolateiro belga Dominique Persoone foi uma combinação de ganache de chocolate branco e purê de couve-flor envolta em uma camada de chocolate amargo. Aromas sulfurosos e de cebola similares, além de notas cítricas em comum, podem ser encontrados na couve-flor (ver página 64) e em alguns tipos de chocolate amargo.

raspas de limão-meyer
- Cointreau
- avelã
- suco de baga de sabugueiro
- cereja lapins
- chocolate amargo
- muçarela de búfala
- suco de beterraba
- amora
- lombo de porco frito na frigideira
- alecrim

purê de pimentão vermelho assado
- maracujá
- baga de sabugueiro
- aipo-rábano cozido
- pétalas de rosas frescas comestíveis
- cordeiro assado
- carne de caranguejo cozida
- banana-nanica
- chocolate ao leite
- purê de avelã torrada
- galinha-d'angola frita na frigideira

feijão moyashi cozido
- tainha-vermelha assada
- carne assada
- funcho-do-mar
- flor de hibisco seca
- figo seco
- chocolate branco
- beterraba frita na frigideira
- carne de caranguejo cozida
- tangerina
- uva-do-monte

queijo muenster americano
- ganso selvagem assado
- molejas de vitela assadas
- tomate italiano
- cereja lapins
- camarão assado
- mexilhões cozidos
- folhas de beterraba
- siri-azul cozido
- lichia
- chocolate branco

pimenta chipotle seca
- filé de costela grelhado
- casca de cássia (canela-da-china)
- cerefólio-tuberoso
- ervilhas cozidas
- chá de jasmim
- badejo faneca braseado
- folha de limão-makrut
- shissô
- molho de soja japonês
- chocolate ao leite

gergelim preto torrado
- banana-nanica
- amora
- chocolate branco
- mirin (vinho doce de arroz japonês)
- carne assada
- purê de avelã torrada
- caranguejo-voador assado (*Liocarcinus holsatus*)
- faisão frito na frigideira
- ghee
- bacamarte assado

Couve-flor

Os glucosinolatos sulfurosos da couve-flor crua cheiram a cebola e a repolho cozido. Outros compostos de aromas gramíneos, verdes, cítricos e de laranja conferem certo frescor ao sabor geral desse vegetal crucífero.

Os crucíferos compartilham dos mesmos compostos voláteis que outras espécies geneticamente relacionadas à mesma família de vegetais. Tanto a couve-flor como os brócolis cozidos contêm sulfato dimetílico, trisulfeto, nonanal e erucina. Muito do sabor da couve-flor provém do *iberverin*, um composto característico que também é responsável pelo sabor do repolho, da couve-de-bruxelas e do chucrute.

Os termos "vegetal crucífero" e "brássica" são intercambiáveis. *Cruciferae* era a nomenclatura original dada a todas as plantas floridas – comestíveis ou não – até que os botânicos do início do século XX começaram a identificar os vegetais crucíferos como *Brassicaceae* a fim de distingui-los de outras espécies de plantas não comestíveis da mesma família (*brassica* é a palavra em latim para "repolho"). Hoje em dia, as variedades da couve-flor vêm em diversos tamanhos e tons, que variam da flor branca à roxa, do laranja ao verde marcante da variedade romanesco. Os conjuntos de adensados floretes pertencem à mesma espécie *Brassica oleracea* dos brócolis, do repolho, da couve-de-bruxelas, da couve, da couve-galega e da couve-rábano.

Ao usar a couve-flor em receitas, a imaginação é o limite. Todas as partes desse vegetal podem ser aproveitadas. Experimente-as cruas, em conserva, cozidas, ao vapor, em purês, assadas, grelhadas ou fritas. Apenas atente para não cozinhar demais a couve-flor, especialmente na água ou no vapor, para evitar perder seus nutrientes. Os floretes são cheios de glucosinolatos, polifenóis, minerais, vitaminas e antioxidantes. A variedade roxa contém altos níveis de antocianina; já o betacaroteno confere à variedade alaranjada seu tom característico. As couves-flores de floretes brancos e verdes são igualmente saudáveis e uma excelente fonte de glucosinolatos.

Por que a couve-flor tem menos sabor cozida do que assada?

Alguns alimentos contêm mais moléculas aromáticas hidrófilas que outros – a couve-flor é um deles. Como o nome sugere, as moléculas hidrófilas têm afinidade com as moléculas da água e, portanto, são atraídas por líquidos. Quando você ferve uma couve-flor, as moléculas aromáticas hidrófilas escapam para a água do cozimento, fazendo com que os floretes percam o sabor. E essas preciosas moléculas aromáticas não permanecem na água do cozimento: elas evaporam, então sua cozinha fica com cheiro de couve-flor.

A chave para preservar os sabores dos ingredientes é cozinhá-los em gordura. Saltear a couve-flor na manteiga ou no azeite cria uma eficaz camada de proteção que sela as moléculas aromáticas durante o cozimento. Dessa forma, você preserva mais do que apenas o sabor vegetal da brássica. O mesmo se aplica aos aspargos: sele os talos em gordura antes de cozinhá-los. Mas, se você quiser mesmo realçar o sabor da sua couve-flor ou dos seus aspargos, é melhor assá-los.

A couve-flor e os aspargos são apenas dois exemplos de vegetais que contêm altas concentrações de moléculas aromáticas hidrófilas, o que significa que eles podem ficar insossos e sem gosto quando cozidos. O contrário pode ser dito sobre as moléculas aromáticas hidrófobas, que têm aversão à água. Diferentes métodos de preparo, como fermentar, branquear, cozinhar no vapor, fritar, assar e até mesmo picar seus ingredientes, resultam no desenvolvimento – ou na perda – de novos sabores. Portanto, saber se os ingredientes com os quais você está trabalhando são hidrófilos ou hidrófobos pode ajudar a decidir qual é o melhor método de preparo.

- Cozinhar a couve-flor faz com que seu odor sulfuroso se intensifique. Para evitar que esse cheiro tome conta de sua cozinha, basta adicionar um pouco de azeite ou manteiga ao líquido de cozimento – as moléculas de gordura vão deter as moléculas aromáticas sulfurosas indesejadas.

Couve-flor cozida

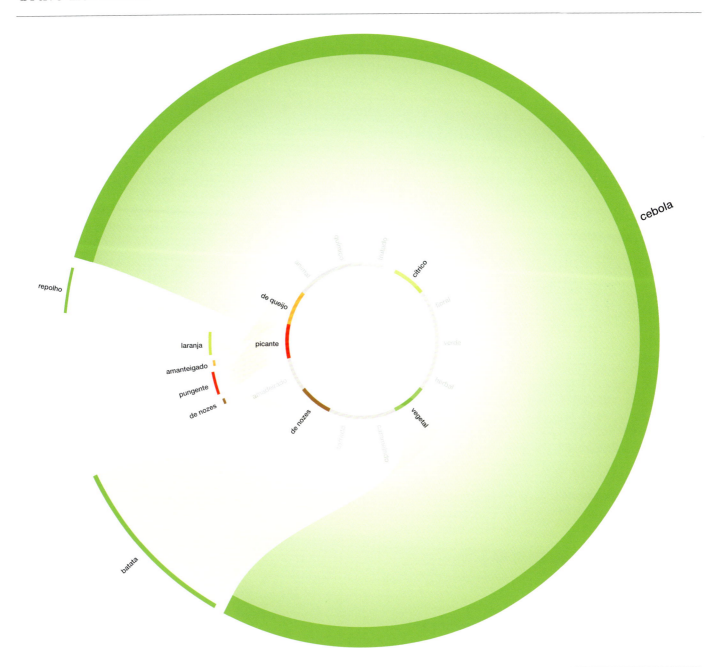

Perfil aromático da couve-flor cozida

O perfil aromático da couve-flor crua é determinado principalmente pelos glucosinolatos sulfurosos, que cheiram a cebola e a repolho cozido, enquanto outros aromas verdes e mais gramíneos fornecem certo frescor ao sabor geral do crucífero. Notas cítricas também estão presentes, lembrando o aroma da laranja. Ferver a couve-flor ou cozinhá-la no vapor introduz uma nova gama de sabores: os odores sulfurosos dos glucosinolatos dão lugar a novos aromas vegetais que se assemelham ao aroma de batatas cozidas e cogumelos. Conforme a temperatura sobe, compostos voláteis terrosos e tostados começam a se formar no crucífero, além de algumas notas pungentes e amanteigadas.

	frutado	cítrico	floral	verde	herbal	vegetal	caramelado	torrado	de nozes	amadeirado	picante	de queijo	animal	químico
couve-flor cozida	·	·	·	·	·	·	·	·	·	·	·	·	·	·
molho de pimenta	·	·	·	·	·	·	·	·	·	·	·	·	·	·
grãos de aveia integral	·	·	·	·	·	·	·	·	·	·	·	·	·	·
chalota costeira (chalotiña de costa)	·	·	·	·	·	·	·	·	·	·	·	·	·	·
molho de soja japonês	·	·	·	·	·	·	·	·	·	·	·	·	·	·
javali assado	·	·	·	·	·	·	·	·	·	·	·	·	·	·
espinafre cozido	·	·	·	·	·	·	·	·	·	·	·	·	·	·
pregado grelhado	·	·	·	·	·	·	·	·	·	·	·	·	·	·
jus de porco	·	·	·	·	·	·	·	·	·	·	·	·	·	·
presunto curado a seco jinhua	·	·	·	·	·	·	·	·	·	·	·	·	·	·
couve-nabo	·	·	·	·	·	·	·	·	·	·	·	·	·	·

Combinação do chef: couve-flor com noz-moscada e uva
O "bechamel" gelado que Andoni Luis Aduriz serve com um prato de couve-flor e uvas no Mugaritz é na verdade um gelato feito sem gemas de ovo: a base é uma infusão gelada de leite com noz-moscada. A noz-moscada confere ao prato um refrescante toque de limão.

Combinação em potencial: couve-flor e pregado grelhado
O calor da grelha desperta algumas notas de batata no pregado, fazendo dele uma boa combinação para a couve-flor cozida (ver a página 65), que também contém esses aromas.

Adocicando um clássico: 'bechamel' gelado com noz-moscada, couve-flor e uvas

Andoni Luis Aduriz, do Mugaritz, na Espanha

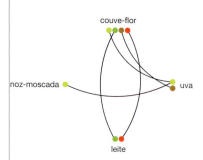

Certamente um dos chefs mais influentes do nosso tempo, Andoni Luis Aduriz equilibra inovação culinária com respeito pelas raízes e tradições. Em seu restaurante Mugaritz, no norte da Espanha, os clientes são convidados a presentear seus sentidos com uma experiência gustativa única, na qual batatas são transformadas em seixos e "ideias amargas de veludo" (*bitter ideas of velvet*) se torna uma metáfora para queijo camembert fermentado em um concentrado de maçã. Um divertido jogo de cartas é recompensado com colheradas de caviar, o cordeiro é servido com sua pele ainda intacta e o fondant de chocolate faz subirem bolhas de sabão.

O Mugaritz abriu suas portas em 1998. Situado na vila idílica de Errenteria, a vinte minutos de San Sebastián, ele se tornou um destino culinário para quem gosta de aventuras. Mais um laboratório de pesquisa e desenvolvimento do que um restaurante, o Mugaritz fica fechado ao público por quatro meses do ano, período no qual Aduriz e sua equipe de colaboradores se dedicam quase exclusivamente à experimentação. Com base nos ricos produtos, ingredientes e tradições dos arredores, a equipe do Mugaritz busca equilibrar elementos da cozinha basca com a vanguarda. Desde 2006, o restaurante mantém duas estrelas Michelin, além de sua posição entre os cinco melhores da lista San Pellegrino dos 50 Melhores Restaurantes do Mundo.

Em terras bascas, é difícil encontrar frutas e verduras servidas juntas em um mesmo prato. E, embora couve-flor com uvas não seja a combinação mais tradicional de todas, esses dois ingredientes têm mais em comum do que apenas sua sazonalidade: a couve-flor apresenta uma conexão aromática amanteigada com a uva, cuja doçura ácida e suculenta realça o sabor do vegetal crucífero. Na Espanha, a couve-flor geralmente é servida com um molho bechamel temperado com noz-moscada ralada, então a equipe do Mugaritz decidiu enaltecer os sabores complementares dessa combinação sazonal de couve-flor e uva com uma pitada perfumada da picante noz-moscada como aceno lúdico ao familiar prato espanhol.

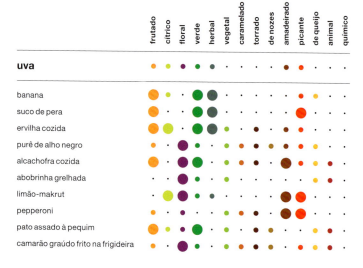

Combinação em potencial: couve-flor e chalotiña de costa
Também conhecida como chalota costeira, a chalotiña de costa é uma pequena planta de bulbo da família do lírio. Ela tem um suave sabor de alho e contém alguns compostos sulfurosos também encontrados na couve-flor cozida (ver página 65). Experimente usá-la na finalização no lugar da cebolinha.

Combinação em potencial: couve-flor e morango
A couve-flor contém alguns compostos aromáticos de laranja, por isso é possível combiná-la com diversas frutas cítricas. Notas cítricas, de limão e de laranja, também são encontradas em muitas outras frutas, como o morango, o que faz da combinação da couve-flor com o morango uma possibilidade (ver página 68).

Combinações de ingredientes com couve-flor

chalota costeira (chalotiña de costa)
- suco de tomate pasteurizado
- ciabatta
- chá preto
- pão branco para torrar
- jus de porco
- borragem
- lagostim
- azedinha vermelha
- groselha-negra
- mexilhões cozidos

laranja-vermelha moro
- pak choi frito
- creme azedo
- arroz negro cozido
- ovo mexido
- óleo de canola
- peru assado
- trigo sarraceno
- flor de hibisco seca
- couve-flor
- filé de cavalinha

pregado grelhado
- flor de sabugueiro
- grão-de-bico cozido
- salsa-crespa
- pomelo
- broto de humulus (broto de lúpulo)
- flor de sakura em conserva
- castanha-de-caju torrada
- azeitona preta picual
- beterraba
- canela

queijo munster
- pimenta ají mirasol
- lagostim cozido
- gochujang (pasta coreana de pimenta vermelha)
- folha de feno-grego
- chá darjeeling
- batatas fritas
- peixe-lobo do atlântico braseado
- bacon assado no forno
- couve-flor cozida
- alho-selvagem

molho de peixe japonês
- abóbora-cheirosa cozida
- linguado-limão pochê
- abobrinha grelhada
- mexilhões cozidos
- baunilha-do-taiti
- lagostim assado
- couve-flor cozida
- arroz integral cozido
- presunto san daniele
- manteiga derretida

Morango

O morango é a fruta silvestre mais amplamente consumida no mundo. Existem centenas de variedades cultivadas comercialmente, cada uma com seu próprio perfil de sabor e aroma característico, mas uma das mais comuns é um híbrido da american woodland, que possui um aroma frutado intenso, e a west coast american pine, que contém notas características de abacaxi.

Essas frutas perfumadas contêm baixas concentrações de furaneol, um composto que está naturalmente presente em muitas outras frutas, incluindo o abacaxi, razão pela qual, além de ser conhecido como furanona de morango, é também chamado de cetona de abacaxi. A concentração de furaneol aumenta à medida que os morangos amadurecem, e assim eles desenvolvem um aroma ainda mais frutado e caramelado.

Encontrado em tudo, desde café e chocolate até carne cozida, cerveja escura e molho de soja, o furaneol é um dos compostos mais apreciados em todo o mundo. Ele está presente inclusive no leite materno, o que explica por que os humanos têm uma afinidade natural por ele. Dependendo da concentração de moléculas de furaneol, o perfil aromático de um ingrediente muda de frutado (semelhante a morango ou abacaxi) para caramelado (com nuances de algodão-doce com um toque salgado).

Muitas das principais moléculas aromáticas são formadas por reações enzimáticas que também podem ser desencadeadas machucando ou aquecendo a fruta. É por isso que cozinhar morangos é outra maneira de aumentar a quantidade de furaneol – basta pensar no que acontece quando você os cozinha em fogo brando para fazer deliciosas conservas. Quando aplicamos calor aos morangos, observamos um aumento acentuado no número de moléculas de furanonas com aroma frutado e de furaneol caramelado, junto com outras notas florais, amanteigadas e de nozes. Essa transformação ocorre ao cozinhar, assar ou grelhar qualquer fruta, não apenas o morango.

Furaneol

Em quantidades vestigiais, o furaneol tem um cheiro doce e frutado, enquanto as furanonas puras têm um aroma mais caramelado, com subtons semelhantes aos caldos.

Gaspacho de morango com caranguejo

Receita do Foodpairing

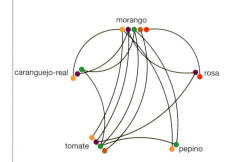

Tomates e morangos compartilham uma fragrância de rosas porque seus perfis aromáticos contêm a molécula betadamascenona. Portanto, nesta interpretação frutada do gaspacho, a clássica sopa andaluza gelada feita com tomates maduros, pimentão vermelho e pepino, usamos morangos frescos em vez de pimentão vermelho e combinamos o prato com a adocicada carne do caranguejo.

Cozinhe rapidamente a carne de caranguejo fresca em uma frigideira quente com azeite de oliva, temperando com sal marinho, pimenta-do-reino e uma pitada de raspas de limão ao final. Disponha o caranguejo em um prato com algumas colheradas do gaspacho de tomate e morango, depois adicione um fio de azeite de oliva. Decore com algumas pétalas frescas de rosas comestíveis e folhas de salada para realçar as notas de pepino e florais do gaspacho.

Morango

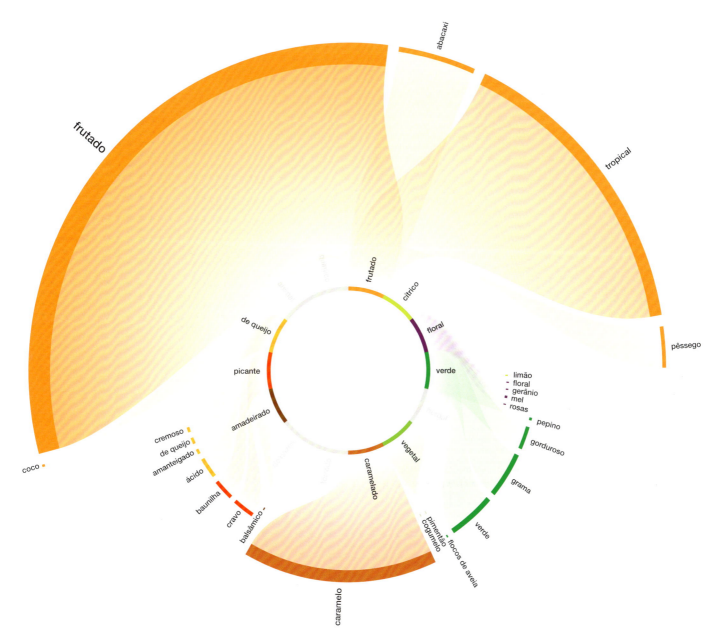

Perfil aromático do morango

O morango deve seu perfil aromático frutado e floral característico a alguns compostos orgânicos voláteis, como os ésteres, e não a um composto de impacto específico. Baixas concentrações do furaneol conferem uma doçura agradável e um sabor frutado de morango com subtons de abacaxi. Os compostos voláteis são formados por reações enzimáticas durante o processo de amadurecimento, e suas quantidades aumentam rapidamente conforme a fruta se aproxima da maturação completa. Os aromas fundamentais de um morango maduro apresentam notas frutadas, florais, carameladas e de queijo. Dependendo da variedade, alguns morangos também apresentam notas cítricas adicionais.

Combinação do chef: morango com tomate e pétalas de rosa
Pétalas de rosa comestíveis acentuam as notas florais e de rosa no gaspacho de morango (ver página 68), e são comumente usadas como uma adição aromática a geleias e compotas de frutas. Um xarope feito com pétalas de rosa pode ser usado em coquetéis, limonadas ou sorbets; as pétalas também podem ser infundidas em leite ou creme de leite para formar a base de uma mousse de sorvete.

Combinação em potencial: morango e tainha-olhavo
Dentre as receitas históricas que estudamos no Foodpairing, havia uma do século XVI de tainha-vermelha pochê feita em água com alecrim, servida com um molho de manteiga com verjus e tâmaras e guarnecida com morangos, groselhas e uvas-passas. Você também pode testar essa combinação que soa esquisita (porém é deliciosa) com a tainha-olhalvo.

Combinações de ingredientes com morango

pétalas de rosas frescas comestíveis
- champignon
- asa de arraia pochê
- azeite de oliva virgem picholine
- purê de pimentão vermelho torrado
- maçã pink lady
- queijo tipo parmesão
- erva-cidreira
- molejas de vitela assadas
- laranja
- açafrão

tainha-olhalvo pochê
- kombu (alga marinha seca)
- azeite de oliva cornicabra
- lichia
- morango
- arroz-silvestre cozido
- amêijoas cozidas
- uva-passa
- macadâmia torrada
- pak choi
- baunilha-do-taiti

morango elsanta
- kentucky straight bourbon
- suco de romã
- raiz de gengibre fresco
- pimenta ají mirasol
- quinoa cozida
- suco de tomate pasteurizado
- manga alphonso
- nectarina
- banana
- fundo escuro de galinha

abobrinha
- purê de banana
- maracujá
- morango silvestre
- ruibarbo
- tainha-olhalvo pochê
- estragão
- filé de peito de frango frito
- rabanete
- violeta
- lichia

tomate
- rabanete
- nabo
- casca de laranja-amarga
- chicória (endívia-belga)
- folhas de cominho secas
- solha assada
- manga alphonso
- gruyère
- morango
- faisão frito na frigideira

melão
- morango
- carne de veado frita na frigideira
- linguado assado
- huacatay (menta negra peruana)
- abacaxi
- rosa-mosqueta seca
- physalis
- radicchio
- azeite de oliva picual
- favas cozidas

Combinação clássica: morango e Cointreau
Morango romanoff é uma sobremesa feita com morangos macerados com licor aromatizado de laranja, como o Cointreau ou o Grand Marnier, e misturados com um sorvete cremoso e chantilly.

Combinação em potencial: morango e manjericão
O morango e o orégano compartilham aromas cítricos de limão, assim como notas picantes de cravo e cânfora. Notas picantes semelhantes são encontradas também no manjericão (ver página 72), que, assim como o orégano, o tomilho e a manjerona, é um membro da família da menta.

Cointreau	frutado	cítrico	floral	verde	herbal	vegetal	caramelado	torrado	de nozes	amadeirado	picante	de queijo	animal	químico
quinoa cozida														
romã														
bebida à base de coco														
queijo de cabra														
framboesa														
lagostim assado														
alga *Codium*														
mel de lavanda														
vieira														
cereja-doce														

morango-silvestre	frutado	cítrico	floral	verde	herbal	vegetal	caramelado	torrado	de nozes	amadeirado	picante	de queijo	animal	químico
orégano														
tucupi														
pimenta ají amarillo														
biscoito speculoos														
camarão graúdo frito na frigideira														
aspargos verdes														
crisps de beterraba														
pasta tikka masala														
carne de veado frita na frigideira														
emmental														

suco de baga de sabugueiro	frutado	cítrico	floral	verde	herbal	vegetal	caramelado	torrado	de nozes	amadeirado	picante	de queijo	animal	químico
morango														
funcho-do-mar														
tangerina														
sementes de cardamomo														
folhas de gerânio com aroma de limão														
noz-moscada														
folhas de eucalipto secas														
açafrão-da-terra														
beterraba														
folhas de aipo														

camomila	frutado	cítrico	floral	verde	herbal	vegetal	caramelado	torrado	de nozes	amadeirado	picante	de queijo	animal	químico
morango														
maçã														
noz-moscada														
chá preto														
banana cavendish														
manteiga														
abóbora														
pera														
framboesa meeker														
pistache														

acelga	frutado	cítrico	floral	verde	herbal	vegetal	caramelado	torrado	de nozes	amadeirado	picante	de queijo	animal	químico
amêndoa														
ervilhas cozidas														
pregado grelhado														
morango														
tomate italiano														
ruibarbo														
melão														
pêssego														
ameixa-japonesa (umê)														
peito de pato frito na frigideira														

Manjericão

O manjericão ocupa um lugar especial no instrumental culinário de muitas culturas. Existem mais de cem espécies diferentes deste membro da família da menta, cada um com seu perfil aromático único e uso específico. A variedade mais conhecida é o manjericão de folha larga e lustrosa (*Ocimum basilicum*), usado no pesto italiano ou na salada caprese. Ele contém uma mescla herbácea de voláteis cítricos, canforados e amadeirados com cheiro de pinho, combinado com notas picantes e apimentadas com aroma de cravo e anis.

O manjericão mexicano contém notas de especiaria como a cumarina, que dá a suas folhas um sabor característico de canela. Chefs do Sudeste Asiático incorporam as folhas pontudas do manjericão-tailandês (*O. thyrsiflora*), com seu sabor de anis, aos curries e às sopas nos momentos finais do cozimento, pois temperaturas altas destroem o sabor delicado do manjericão. O manjericão-santo (*O. tenuiflorum* ou *sanctum*) adiciona um toque de cravo picante e apimentado aos refogados tailandeses, como o *pad kaprow gai*, um prato de frango picado com pimentões. Muitos lares indianos cultivam o manjericão-santo – ou *tulsi*, como também é conhecido – para fazer sucos ou infusões de ervas. Essa erva sagrada é valorizada há muito tempo na medicina tradicional ayurvédica por causa de suas propriedades restauradoras.

Sem manjericão? Sem problemas

A ciência de combinar alimentos torna possível replicar qualquer ingrediente. Examinando cada um dos tipos de aroma que compõe o perfil do manjericão fresco, por exemplo, podemos recriar seu sabor substituindo a própria erva por outras especiarias secas. Então, caso aconteça de você estar sem manjericão fresco ou tenha dificuldade de encontrá-lo, você ainda pode desfrutar do sabor do manjericão… sem o manjericão.

Cada sabor consiste em alguns tipos e descritores aromáticos diferentes. Para replicar o efeito olfativo do manjericão, primeiro identificamos os principais tipos e descritores de aroma da erva: cítrico, canforado, cravo apimentado e picante, anis e pinho amadeirado. O importante ao reconstruir um sabor é que cada substituição de ingrediente contribui com seu próprio conjunto de – não um, mas vários – aromas. Portanto, você deve selecionar aqueles que têm mais concentrações dos mesmos aromas principais e que não adicionem nenhum sabor desnecessário à mistura. Em outras palavras: o restante dos perfis deve conter apenas concentrações muito baixas de outras moléculas aromáticas.

O manjericão fresco contém algumas das mesmas moléculas aromáticas cítricas que encontramos no gengibre, no coentro, no zimbro, no capim-limão e na sálvia. As notas picantes demandam uma equivalência mais sutil, já que o tipo de aroma picante pode ser desmembrado em três descritores diferentes no caso do manjericão: primeiro, um cheiro de cânfora, presente também no cravo, na canela, na noz-moscada e na folha de coentro; depois, notas picantes de cravo, que encontramos no cravo, na sálvia e na folha de louro; e, por último, um cheiro de anis, semelhante ao do cravo, do alcaçuz e do estragão. Por fim, podemos usar gengibre, cardamomo, alecrim, tomilho ou páprica como substituto para o cheiro amadeirado do manjericão.

Experimentamos uma série de combinações de ingredientes antes de chegar aos equivalentes aromáticos exatos dessa mistura de especiarias para um azeite com aroma de manjericão (o azeite de oliva ajuda a evitar que as moléculas aromáticas evaporem). Certifique-se de resfriar os ingredientes e seu liquidificador ou sua tigela antes de começar esse preparo, pois qualquer calor que for gerado resultará na perda de moléculas aromáticas.

Azeite de manjericão sem manjericão

3 g de sementes de coentro
0,5 g de folha de louro seca
0,2 g de tomilho seco
0,1 g de esfregão seco
1 semente de cardamomo
1 cravo
uma pitada de canela em pó
uma pintada de gengibre em pó
50 ml de azeite de oliva

Combine todos os ingredientes exceto o azeite em um liquidificador ou tigela resfriada e misture rapidamente. Adicione o azeite de oliva e misture até uniformizar.

Transfira a emulsão para uma vasilha hermética e deixe descansar da noite para o dia para permitir a infusão completa das moléculas aromáticas.

Manjericão

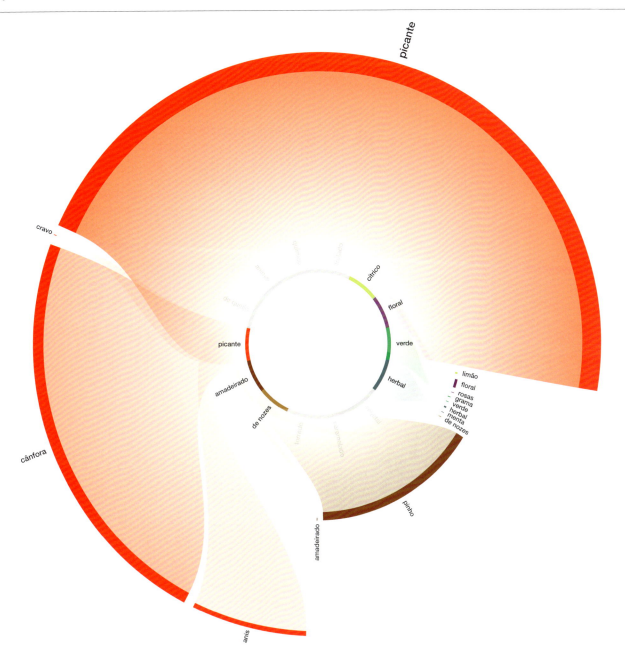

Perfil aromático do manjericão

As folhas de *Ocimum basilicum* contêm seis compostos fundamentais que são os principais responsáveis pelo perfil aromático do manjericão: o linalol cítrico, o eucaliptol canforado e o alfapineno com aroma de pinho, mais três voláteis picantes diferentes – o apimentado betamirceno, o eugenol com aroma de cravo e o estragol com suas notas de anis. Altas temperaturas destroem o sabor delicado do manjericão, então só adicione as folhas frescas ao seu prato no momento de servir.

Combinação clássica: manjericão e grana padano
O grana padano tem um perfil aromático e uma textura similares aos do parmigiano reggiano e vem da mesma parte do norte da itália, mas é feito com menos restrições e em uma área maior. Você pode substituir o parmigiano reggiano pelo grana padano ao fazer pesto.

Combinação em potencial: manjericão e boysenberry
A boysenberry é um cruzamento entre a framboesa europeia, a amora europeia e a loganberry, um híbrido da framboesa com a amora. Cultivada principalmente na Nova Zelândia e na costa oeste dos Estados Unidos, do Oregon à Califórnia, essas bagas grandes e pretas têm a textura macia e um gosto doce e azedo.

Combinações de ingredientes com manjericão

Combinação em potencial: manjericão e gim
O Gin Basil Smash foi concebido em 2008 por Jörg Meyer, o mixologista estrela do Le Lion, em Hamburgo, e o coquetel verde-vivo rapidamente se tornou um fenômeno. Para fazer um, junte uma quantidade generosa de folhas de manjericão com suco de limão em uma coqueteleira, depois adicione o gim e o xarope de açúcar e chacoalhe com gelo. Para servir, coe em um copo de uísque repleto de gelo.

Combinação em potencial: frango pochê, manjericão e melancia
O filé de frango pochê (ver página 185) combina bem tanto com o manjericão quanto com a melancia (ver o verso): os três ingredientes têm aromas cítricos e verdes em comum, além de algumas notas florais.

gim seco The Botanist	frutado	cítrico	floral	verde	herbal	vegetal	caramelado	torrado	de nozes	amadeirado	picante	de queijo	animal	químico
lombo de porco frito na frigideira														
amêndoa torrada														
pasta tikka masala														
kombu (alga marinha seca)														
manga kent														
ameixas secas de agen														
ostra														
manjericão														
alcachofra cozida														
tortilha de milho														

flor de gerânio com aroma de rosas	frutado	cítrico	floral	verde	herbal	vegetal	caramelado	torrado	de nozes	amadeirado	picante	de queijo	animal	químico
mamão papaia														
purê de gengibre														
pasta tikka masala														
muçarela de búfala														
toranja														
manjericão														
sementes de cardamomo														
folhas de coentro														
barriga de porco assada														
amêndoa														

feijão-fradinho	frutado	cítrico	floral	verde	herbal	vegetal	caramelado	torrado	de nozes	amadeirado	picante	de queijo	animal	químico
ketchup de tomate														
anis														
manjericão														
alho-poró														
costela de lombo de porco assada no forno														
linguado assado														
pilsner														
creme de leite														
azeite de oliva virgem picholine														
caldo de carne														

agrião	frutado	cítrico	floral	verde	herbal	vegetal	caramelado	torrado	de nozes	amadeirado	picante	de queijo	animal	químico
manjericão														
mirtilo														
cerefólio-tuberoso														
muçarela de búfala														
canela														
caranguejo-voador assado (*Liocarcinus holsatus*)														
javali assado														
bergamota														
folha-de-ostra														
ganso assado														

Melancia

A melancia tem um perfil aromático semelhante ao do pepino, o que não surpreende, já que ambos são membros da família das cucurbitáceas. No entanto, a polpa dessas cabaças doces e suculentas também contém nuances sutis de laranja e gerânio, além de notas que lembram flocos de aveia.

Hoje em dia, existem mais de mil variedades de melancias. Elas normalmente são consumidas cruas ou em sucos, transformadas em sobremesas geladas ou, às vezes, até grelhadas na churrasqueira como uma opção refrescante para o verão. Sua casca verde também é comestível e pode ser usada em conservas. Na China e no Vietnã, as sementes pretas com sabor de nozes da fruta são apreciadas quando torradas e levemente salgadas. Durante o Ano-Novo Chinês, as sementes vermelhas da variedade de melancia ningxia podem ser encontradas nos lares por toda a parte, simbolizando felicidade e fertilidade.

As melancias originaram-se há cinco mil anos no nordeste da África, onde seu ancestral de polpa amarela e amarga foi cultivado pela primeira vez nos climas áridos do deserto do Sudão e do Egito. Como os egípcios criaram seletivamente a melancia resistente a seca para obter doçura, sua polpa passou de amarelo-claro para vermelho-rosado. No século III d.C., a fruta havia se espalhado do Mediterrâneo para o resto da Europa, onde era apreciada por seus benefícios à saúde e pelo sabor adocicado.

A melancia tem níveis mais altos de licopeno – um antioxidante responsável por sua cor vermelha – do que qualquer outra fruta ou vegetal fresco. Ela também é fonte de potássio e vitaminas B6, A e C. Existem ainda variedades com polpa amarela ou laranja, que não contêm licopeno.

Diferentemente de outros melões, as sementes grandes e pretas são distribuídas por toda a polpa da fruta, o que pode tornar os preparos demorados e resultar em muito desperdício. É compreensível, então, que as variedades mais populares sejam híbridos estéreis "sem sementes", que contêm apenas pequenas sementes vestigiais brancas. A primeira melancia "sem sementes" foi desenvolvida há mais de cinquenta anos.

- Dê um toque especial à sua salada caprese substituindo algumas fatias de tomate por melancia – funciona muito bem.

- Caviar de esturjão e melancia podem parecer um par estranho, mas esses ingredientes compartilham um número significativo de moléculas aromáticas verdes de pepino e vegetais de batata, o que torna essa combinação saborosa.

Melancia e ostra

Kobus van der Merwe, do Wolfgat, em Paternoster, África do Sul

Quando criança, Kobus van der Merwe colhia algas marinhas e pepinos selvagens com sua avó no Strandveld, uma extensão de dunas e planícies costeiras ao longo das margens ocidentais do Cabo, na África do Sul, entre Gansbaai, Cabo das Agulhas e Bredasdorp. Anos depois, suas criações hiperlocais transformaram o Oep ve Koep – um pequeno restaurante familiar – e a vila de pescadores de Paternoster em destinos gastronômicos. Hoje, seu próprio restaurante, o Wolfgat, atrai clientes de perto e de longe.

Os menus degustação do chef Van der Merwe mudam diariamente, inspirados nas estações do ano, na vegetação dos arredores e em outras ricas iguarias locais. Sua comida homenageia a herança culinária de Paternoster e a natureza de Strandveld.

Melancias são sinônimo de verão na África do Sul, quando são consumidas no café da manhã ou servidas como acompanhamento refrescante para um tradicional *braai*, que em africâner significa "carne quente na grelha". No Wolfgat, o chef Kobus van der Merwe combina melancia com ostras frescas da costa oeste e soutslaai, uma espécie comestível de planta do gelo também nativa da região. Pedacinhos de melão tsamma e makataan em conserva, os ancestrais amargos da melancia, combinados com a explosão salina da suculenta, são o contraponto perfeito para a ostra cremosa. Van der Merwe finaliza com uma doce e gelada granita de melancia (sobremesa italiana de preparo similar à nossa raspadinha).

Melancia

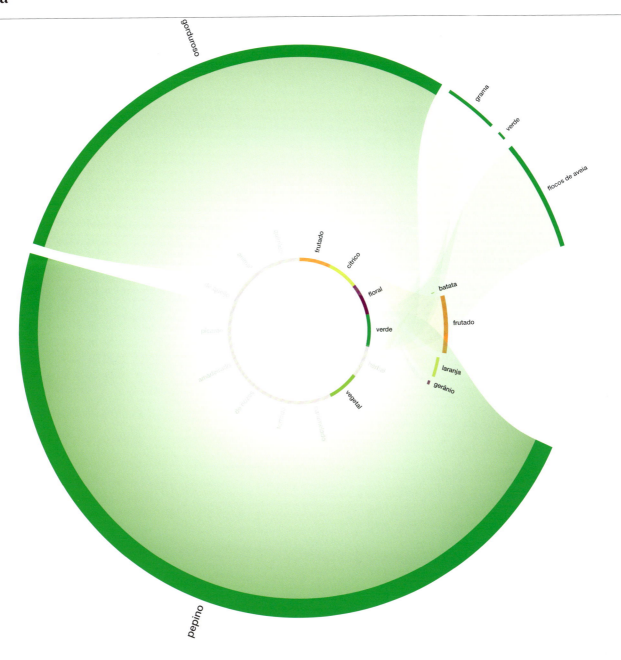

Perfil aromático da melancia
Além dos aromas predominantemente verdes de pepino e verde-
-gordurosos, a melancia contém algumas notas frutadas, florais de
gerânio e de flocos de aveia, que criam vínculos aromáticos com o
freekeh, a castanha-de-caju, o jenever, o chá darjeeling e até com o
wakame. O sabor doce e suculento da melancia é semelhante ao do seu
primo pepino, e, portanto, sua polpa avermelhada combina bem com
ingredientes salgados, enquanto o 3,6-nonadienal provê à sua casca
grossa um aroma frutado parecido com o do pepino.

	frutado	cítrico	floral	verde	herbal	vegetal	caramelado	torrado	de nozes	amadeirado	picante	de queijo	animal	químico
melancia	·	·	·	·	·	·	·	·	·	·	·	·	·	·
tamarindo	·	·	·	·	·	·	·	·	·	·	·	·	·	·
pimenta ají amarillo	·	·	·	·	·	·	·	·	·	·	·	·	·	·
purê de alho negro	·	·	·	·	·	·	·	·	·	·	·	·	·	·
alcachofra cozida	·	·	·	·	·	·	·	·	·	·	·	·	·	·
filé de peito de frango pochê	·	·	·	·	·	·	·	·	·	·	·	·	·	·
azeite de oliva virgem marroquino	·	·	·	·	·	·	·	·	·	·	·	·	·	·
bacamarte assado	·	·	·	·	·	·	·	·	·	·	·	·	·	·
chá darjeeling	·	·	·	·	·	·	·	·	·	·	·	·	·	·
purê de avelã torrada	·	·	·	·	·	·	·	·	·	·	·	·	·	·
anchovas salgadas	·	·	·	·	·	·	·	·	·	·	·	·	·	·

Combinação em potencial: melancia e freekeh
O freekeh é um tipo de ancestral do trigo, colhido quando o grão ainda está verde. Os grãos verdes são então secos e torrados antes de suas cascas serem removidas. Na etapa de torrefação, a falta de maturação do freekeh leva à formação de moléculas que não são encontradas em outros grãos torrados, como as notas verdes, de flocos de aveia e gordurosas, que dão certo com a melancia.

Combinação em potencial: melancia e anchovas
Uma pitada de sal em uma fatia gelada e suculenta de melancia aprimora não apenas seu sabor, mas também sua doçura. A melancia contém aromas doces, azedos e amargos. O sal reduz o amargor, aumentando assim a doçura. Em vez de usar sal, experimente combinar a melancia com anchovas salgadas para obter um efeito semelhante.

Combinações de ingredientes com melancia

freekeh cozido
- abobrinha
- limão-makrut
- chá verde
- bacon defumado
- molho de cogumelos
- sudachi
- verbena (*Verbena officinalis*)
- alcachofra cozida
- brotos de bambu cozidos
- cogumelo morel

anchovas salgadas
- filé de salmão do atlântico defumado
- gochujang (pasta coreana de pimenta vermelha)
- cheddar artesanal
- alga *Codium*
- leite de cabra pasteurizado
- filé-mignon
- freekeh cozido
- saquê
- filé de peito de frango pochê
- ciabatta

caldo de pombo
- coco
- abacate
- malte de cevada
- melancia
- purê de avelã torrada
- batata cozida
- peixe-lobo do atlântico braseado
- carne assada
- mamão papaia
- chalota costeira (chalotiña de costa)

bacon defumado
- repolho verde
- porcini seco
- pão integral
- chocolate branco
- vieira
- broto de humulus (broto de lúpulo)
- tainha-olhalvo pochê
- aspargos brancos
- pimenta-rocoto
- melancia

brotos de alfafa
- manga alphonso
- quinoa cozida
- filé de peito de frango assado
- endro
- melancia
- damasco
- queijo bleu des causses
- baguete
- óleo de avelã
- pimenta verde tailandesa

vieira seca
- grãos de selim (pimenta selim)
- melancia
- carne assada
- salmão pochê
- arroz-silvestre cozido
- presunto de bayonne
- couve
- beterraba
- casca de cássia (canela-da-china)
- cereja-doce

Combinação em potencial: melancia e castanha-de-caju
A castanha-de-caju torrada contém uma concentração alta da molécula aromática responsável pelas notas de flocos de aveia na melancia, que lhe dão um aroma verde e gorduroso.

Combinação clássica: melancia e tequila
As notas verdes e gordurosas da melancia também são encontradas na tequila (ver página 80), que é destilada do coração da planta do agave, um tipo de suculenta nativa do México.

	frutado	cítrico	floral	verde	herbal	vegetal	caramelado	torrado	de nozes	amadeirado	picante	de queijo	animal	químico
castanha-de-caju torrada	•	•	•	•	·	•	•	•	•	·	•	·	•	·
verbena-limão	·	•	·	•	·	•	·	·	·	·	·	·	·	·
flor de sabugueiro	●	●	●	●	·	·	·	●	·	●	·	·	·	·
loganberry seca	·	●	•	●	·	·	·	·	·	●	·	·	●	·
queijo de cabra semiduro	·	•	·	•	·	•	·	·	·	·	·	●	·	·
lagosta cozida	·	•	·	●	·	●	·	●	·	·	·	●	·	·
trufa negra	•	•	●	●	·	●	●	●	·	●	●	●	●	·
flor de hibisco	·	•	·	●	·	●	·	·	·	·	·	·	·	·
folhas de aipo	●	●	·	●	·	·	·	·	·	·	·	·	·	·
carne maturada a seco (dry-aged)	•	•	●	●	·	●	•	●	●	●	●	·	●	·
lagostim	·	·	·	•	·	●	·	●	·	●	·	●	·	·

	frutado	cítrico	floral	verde	herbal	vegetal	caramelado	torrado	de nozes	amadeirado	picante	de queijo	animal	químico
sauternes (vinho)	•	•	·	•	·	•	·	·	·	·	•	·	•	·
melancia	•	•	·	●	·	·	·	·	·	·	·	·	·	·
planta do curry	·	●	·	●	·	·	·	·	·	·	·	·	·	·
uva-do-monte	●	●	●	●	·	·	·	●	·	●	●	·	·	·
carne maturada a seco (dry-aged)	●	●	●	●	·	●	●	●	●	●	·	·	●	·
beterraba	•	•	·	●	·	●	·	·	·	·	·	·	·	·
chocolate branco	●	●	●	●	·	·	●	●	●	●	●	·	·	·
abacaxi	●	●	●	●	·	·	·	·	·	·	●	·	·	·
porcini seco	●	·	·	●	·	●	·	●	·	●	·	·	●	·
cordeiro assado	●	●	·	●	·	●	●	●	·	●	●	·	●	·
baunilha-do-taiti	·	•	·	·	·	·	·	●	·	·	●	·	·	·

	frutado	cítrico	floral	verde	herbal	vegetal	caramelado	torrado	de nozes	amadeirado	picante	de queijo	animal	químico
batata	•	·	·	•	·	•	·	•	·	·	·	·	·	·
pipoca	•	·	·	•	·	●	·	●	·	·	·	·	•	·
filé de peito de frango pochê	●	·	·	●	·	●	·	·	·	·	·	·	·	·
ervilhas cozidas	●	·	·	●	·	●	·	·	·	·	·	·	·	·
tainha-olhalvo pochê	·	·	·	●	·	●	·	·	·	·	·	·	·	·
bacon frito na frigideira	●	·	·	●	•	●	·	●	·	·	·	·	•	·
casca de tangerina	·	•	·	·	·	·	·	●	·	·	·	·	·	·
amêndoa torrada com óleo	●	·	·	·	·	·	·	·	·	·	·	·	•	·
folhas de nori	·	·	·	●	●	●	·	●	·	·	·	·	·	·
pimentão vermelho	·	·	·	●	·	●	·	·	·	·	•	·	·	·
melancia	•	·	·	●	·	·	·	·	·	·	·	·	·	·

	frutado	cítrico	floral	verde	herbal	vegetal	caramelado	torrado	de nozes	amadeirado	picante	de queijo	animal	químico
rum 7 anos Havana Club	•	•	·	•	·	·	·	•	·	·	•	·	•	·
batata-doce assada	●	·	·	●	·	●	·	●	·	·	●	·	•	·
cheddar maturado	●	·	·	·	·	·	·	●	·	·	·	●	·	·
carne de veado frita na frigideira	●	·	·	●	·	●	·	●	·	·	·	·	●	·
caranguejo cozido	·	●	·	●	·	·	·	·	·	·	·	·	·	·
melancia	•	●	·	●	·	·	·	·	·	·	·	·	·	·
bacon frito na frigideira	●	·	·	●	·	●	·	●	·	·	·	·	●	·
toranja	●	●	•	●	·	·	·	·	·	·	·	·	·	·
manga	●	●	·	●	·	·	·	·	·	·	·	·	·	·
doenjang (pasta de soja fermentada coreana)	·	·	·	·	·	·	·	●	·	·	·	●	·	·
amêndoa	●	·	·	●	·	·	·	●	·	·	·	·	·	·

Tequila

Destilada da planta do agave-azul, a tequila é a bebida nacional do México. O agave cultivado em maiores altitudes produz tequilas mais frutadas e florais, enquanto o agave de terras baixas tende a produzir sabores mais terrosos e picantes.

A tequila é um tipo de mescal produzido no México desde o século XVI a partir do agave cultivado pela região dos Valles de Jalisco. A grande piña do agave-azul – o coração da planta, que lembra um abacaxi – é processada tanto por meio dos métodos pré-hispânicos de fermentação do mescal quanto dos processos europeus de destilação. As piñas do agave são lentamente cozidas no vapor em um forno tradicional ou em um autoclave moderno para converter os açúcares complexos em frutose. No processo de cozimento lento, a reação de Maillard resultante faz com que os sucos doces (aguamiel) das piñas cozidas desenvolvam novas moléculas aromáticas com um cheiro torrado. O produto transparente da segunda destilação é engarrafado e vendido como blanco, ou tequila prata. Tequilas mais escuras do tipo reposado e añejo são envelhecidas em tonéis de carvalho para desenvolverem aromas mais suaves e complexos.

A região do Agave abrange as municipalidades de Tequila, El Arenal e Amatitán e foi reconhecida pela Unesco como uma área de patrimônio internacional. Para uma tequila receber a certificação regional NOM (Normas Oficiales Mexicanas), ela precisa ter sido cultivada e processada na região e atender às especificações do Conselho de Regulamentação da Tequila.

Tequilas especiais usam 100% de agave-azul, mas mesmo dentro dessa categoria pode haver grandes variações no perfil de sabor entre as marcas, a depender da maturidade do agave, do método de extração do açúcar, da qualidade da água e do processo de envelhecimento.

- A tequila pode ser usada para fazer um sorvete rápido misturando uma pequena quantidade com fruta amassada, creme de leite e açúcar. O conteúdo alcoólico da tequila age como um "anticongelante" e impede a formação de grandes cristais de gelo, resultando em uma textura cremosa.

- Um drinque popular à base de tequila é o Tequila Sunrise, preparado com tequila, suco de laranja e groselha.

La Miel

Tony Conigliaro, do Drink Factory, em Londres

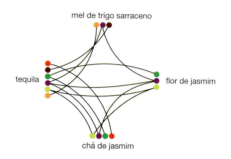

Tony Conigliaro é uma lenda viva no mundo da mixologia. Com um time de técnicos em seu laboratório de pesquisa, o Drink Factory, no leste de Londres, ele cria métodos inovadores de extrair aromas e sabores essenciais de todos os ingredientes imagináveis. Parte do que torna as misturas de Conigliaro tão atraentes é sua habilidade de despertar memórias emocionais específicas: um gole do Snow nos leva de volta a um gélido dia de inverno, que vai se desdobrando em uma série de aromas, gostos e texturas complexos e deixa uma impressão poderosa e duradoura.

Conigliaro diz que a chave para desenvolver coquetéis é pensar em como diferentes sabores podem ser organizados em camadas, de forma a criar uma experiência de sabor intrigante que evolui do início ao fim, como acontece no La Miel: começando com a tequila como destilado base, ele usa o chá preto como combinação, pois as propriedades dos seus taninos fornecem uma estrutura ao drinque sem dominar totalmente o sabor. Um toque de mel de trigo sarraceno é usado para adicionar doçura. O chá de jasmim contém algumas das notas terrosas encontradas no mel de trigo sarraceno, mas sua fragrância leve e floral traz equilíbrio aos sabores mais encorpados do coquetel de Conigliaro.

Tequila blanco

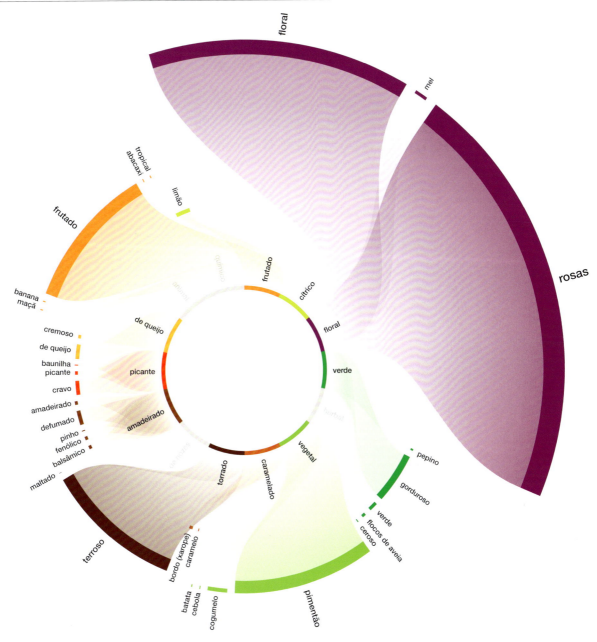

Perfil aromático da tequila blanco

Uma análise do aroma da tequila revela a combinação de moléculas de odor da planta crua do agave-azul com outras criadas tanto no processo de aquecimento quanto no de fermentação da produção da bebida. O sabor defumado da tequila vem de seus aromas picantes e de cravo, que criam vínculos com ingredientes como páprica, manjericão e camarões. A tequila blanco ou prata é engarrafada imediatamente após a destilação ou apenas após ser brevemente envelhecida em barris neutros. A tequila envelhecida (reposado) é mantida em barris de carvalho branco por no mínimo dois meses, enquanto a tequila extraenvelhecida (añejo) é deixada por pelo menos um ano. Para se qualificar como ultraenvelhecida (extra añejo), a tequila tem que ter sido envelhecida no carvalho por no mínimo três anos. Durante o processo de envelhecimento, as lactonas do carvalho – que têm aroma de nozes, de fava tonka e de coco – e as lactonas do uísque dos barris são adicionadas ao perfil aromático. A concentração das notas defumadas, de cravo e de baunilha aumenta, enquanto outros compostos evaporam.

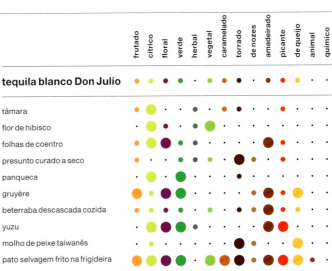

Combinação do chef: tequila, mel de trigo sarraceno e chá de jasmim

Tony Conigliaro adoça seu coquetel La Miel (ver página 80) com mel de trigo sarraceno, pois suas notas terrosas reforçam o defumado da tequila, que forma a base do drinque. O chá de jasmim, com aroma floral, que também contém algumas das notas terrosas encontradas no mel, é acrescentado para equilibrar a bebida.

Pulque

O pulque é uma bebida branca leitosa, viscosa e levemente ácida com um teor alcoólico baixo (entre 4 e 7%), que é o resultado da fermentação espontânea da seiva do agave, conhecida também como aguamiel. Em asteca, este precursor da tequila é conhecido como *metl octli*, que significa vinho (*octli*) de agave (*metl*).

Combinações de ingredientes com tequila

mel de trigo sarraceno
- tomatillo
- beterraba assada
- figo
- bérberis secos
- cogumelo-ostra seco
- espinafre cozido
- presunto de bayonne
- carne maturada a seco (dry-aged)
- missô de soja
- solha assada

chá de jasmim
- manga tailandesa
- sementes de coentro
- bergamota
- zimbro seco
- filé de cordeiro assado
- pepino em conserva
- alcaçuz
- mamão papaia
- tomate italiano
- salmão do atlântico defumado

tâmara
- ostra
- alga *Gracilaria carnosa*
- mexilhões cozidos
- champignon frito na frigideira
- banana
- pimenta habanero verde
- bife assado no forno
- limão
- cereja-doce
- amêndoa torrada com óleo

pulque (bebida fermentada de agave)
- sementes de cardamomo
- maracujá
- queijo sainte-maure envelhecido
- framboesa
- lombo de porco frito na frigideira
- goiaba
- gorgonzola
- cenoura cozida
- lichia
- salmão do atlântico defumado

gruyère
- alho-poró cozido no vapor
- couve-galega cozida no vapor
- cereja morello
- ervilha
- inhame-roxo (ube)
- radicchio
- porcini seco
- cacau em pó
- bife assado no forno
- salmão pochê

flor de hibisco
- folhas de coentro
- caldo de legumes
- bacon assado no forno
- bife assado no forno
- vagem cozida
- cogumelo cep
- filé de cavalinha
- nozes
- molho de maçã
- coulis de pimentão vermelho

Combinação clássica: tequila e rabanete
Como o nome sugere, a Bloody Maria é uma variação do Bloody Mary. Consiste em uma mistura de tequila com suco de tomate, suco de limão, molho worcestershire, molho Tabasco, rabanete, sal de aipo e pimenta.

Combinação clássica: tequila e cítricos
Altas concentrações de linalol, uma molécula aromática fundamental no perfil aromático do limão-siciliano (ver página 84), também são encontradas na tequila. O suco de frutas cítricas aparece em uma série de coquetéis populares à base de tequila, como a margarita, feita de tequila, triple sec e suco de limão; e o paloma, que tem tequila, suco de limão, suco de toranja e água com gás.

purê de raiz-forte
- purê de gengibre
- muçarela de búfala
- pasta de praliné de avelã
- suco de tomate pasteurizado
- flor de jasmim
- cerefólio-tuberoso
- azeitona preta picual
- baunilha-do-taiti
- bérberis secos
- broto de humulus (broto de lúpulo)

triple sec
- chouriço espanhol
- batata yacón
- kombu (alga marinha seca)
- cogumelo cep
- carne bovina cozida
- pregado grelhado
- amendoim torrado
- ameixa-japonesa (umê)
- melão
- tomilho

semente de salsão
- grãos de selim (pimenta selim)
- laranja-vermelha moro
- fruta-do-conde (pinha)
- abóbora
- alcachofra cozida
- camarão cinza
- siri-azul cozido
- grão-de-bico
- kombu (alga marinha seca)
- goiaba

suco de toranja
- lagosta cozida
- truta arco-íris
- rosa-mosqueta seca
- carne de porco
- raiz de cominho seca
- azedinha vermelha
- queijo maroilles
- mel de eucalipto
- melão honeydew
- linguado frito na frigideira

asa de arraia assada
- ginja
- queijo muenster americano
- abóbora-d'água cozida (melão de inverno)
- rosa-mosqueta seca
- sumagre
- calamansi (laranja calamondin)
- ossobuco assado
- tequila
- tofu fermentado
- macadâmia torrada

tequila Jose Cuervo Tradicional Silver
- roquefort
- morango-silvestre
- molejas de vitela assadas
- amêndoas laminadas torradas
- cordeiro grelhado
- ostra
- salmão pochê
- pimenta isot (flocos de pimenta urfa)
- café arábica
- cereja-doce

Limão-siciliano e limão

Limões-sicilianos, limões e cada um dos outros membros da família dos cítricos têm um perfil aromático específico, mas todos são caracterizados por uma composição aromática de terpenos, terpenoides e aldeídos de terpenos. Em contraste, as frutas não cítricas, como morango, maçã e banana, são compostas principalmente de ésteres e aldeídos.

Terpenos são compostos voláteis naturais encontrados nos cítricos. O limoneno é um terpeno com cheiro de laranja mais comumente associado às cascas dos cítricos e à cannabis. Um subgrupo dos terpenos conhecido como terpenoides inclui o linalol, que tem um odor cítrico; o pineno, com aroma de pinho; o eugenol, com cheiro de cravos picantes; e o mentol. Alguns cítricos também contêm o geraniol, um aldeído de terpeno de nuance cítrica e floral.

Todas as frutas cítricas contêm alguma combinação desses compostos voláteis em seu perfil, só que em concentrações variáveis. Na verdade, somente algumas moléculas aromáticas são de fato específicas de determinada variedade de cítrico. Toranjas e pomelos contêm os compostos nootkatona e 1-p-menteno-8-tiol, que normalmente é chamado de mercaptano da toranja.

Tanto a casca quanto a polpa das frutas cítricas têm usos culinários, em pratos doces e salgados. Eles também se conservam bem. Na Índia, o picles de limão, salgado e picante, é um condimento popular, ao passo que na culinária norte-africana trabalha-se muito com conservas salgadas de limão-siciliano.

As cascas das frutas cítricas podem variar bastante em espessura, com algumas variedades apresentando uma alta proporção da parte branca e amarga da casca. Essas frutas são ótimas para sucos e raspas, mas menos propícias para receitas em que toda a casca é necessária, como geleias e compotas de laranja.

As frutas cítricas são frequentemente tratadas com um conservante, então procure frutas sem essa cera quando for preparar receitas que usam a casca.

- O suco fresco de limão, pela acidez, é usado para "cozinhar" peixes e mariscos crus em ceviches peruanos e mexicanos.

- A sopa de lima é uma sopa tradicional de frango e limão da Península Yucatan, no México.

- As cascas das frutas cítricas contêm muito óleo essencial: adicionar um toque de limão ou limão-siciliano a qualquer coquetel realça o sabor com aromas verdes, cerosos e gordurosos com voláteis picantes e herbais.

Coquetel de torta de limão com merengue

Receita do Foodpairing

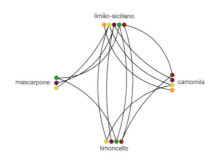

Adoce seu fim de noite com uma torta de limão com merengue em uma taça. Coloque um xarope simples com infusão de camomila e um curd de limão-siciliano em uma coqueteleira – a camomila evidencia as notas florais do limão. Adicione limoncello para acentuar o sabor cítrico do coquetel e um pouco de suco de limão-siciliano para equilibrar a doçura.

Para recriar um pouco da sensação espumosa do merengue no paladar, adicione claras de ovo à coqueteleira. Uma ou duas colheres de mascarpone ajudam a completar os sabores e a textura desse drinque. Use um liquidificador de imersão para emulsificar a mistura, depois adicione gelo e dê uma boa sacudida. Coe o coquetel em uma taça gelada e finalize com uma farofa de lâminas de amêndoa.

Limão-siciliano

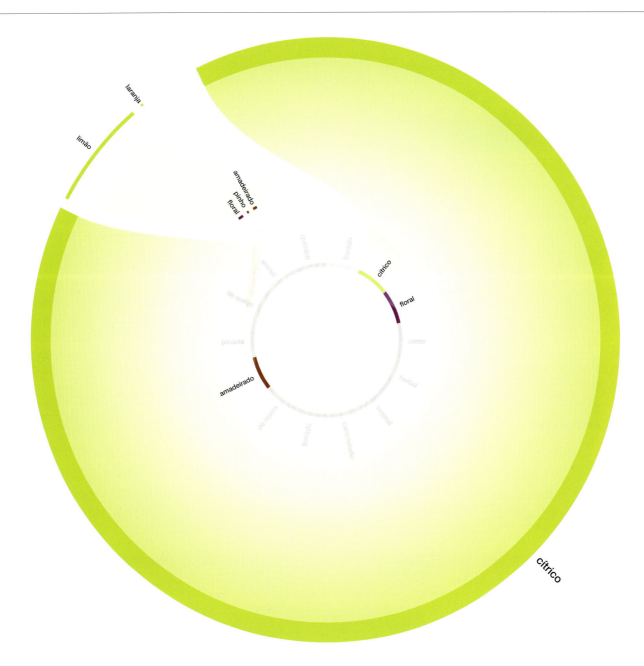

Perfil aromático do limão-siciliano

O aroma do suco de limão-siciliano recém-espremido é primariamente uma mistura de citral e geranial. A fragrância de limão desses compostos é suplementada pelos terpenos de aroma amadeirado, que têm uma nuance cítrica, e pelo pineno, que tem um aroma canforado, amadeirado e de pinho. O limão-siciliano contém ainda outras notas florais, verdes, frutadas e picantes (como indicado na tabela de combinações). O limão-siciliano e o limão têm o mesmo pH, mas percebemos o suco do limão comum (ver tabela de combinações na página 87) como sendo mais refrescante devido a suas notas frescas, verdes e gramíneas, que também estão presentes na casca da fruta, e a seu toque refrescante de cânfora e menta.

Prato clássico: torta de ricota com limão-siciliano
O migliaccio, um bolo simples de ricota aromatizado com raspas de limão-siciliano, é tradicionalmente feito em Nápoles para o Carnevale, marcando o início da quaresma.

Bebida clássica: limoncello
A costa amalfitana, na Itália, é famosa por seus limões-sicilianos intensamente aromáticos e também pelo licor feito com eles. Para fazer limoncello, deixe a casca do limão-siciliano macerando em grappa e vodca por algumas semanas, para que libere seus óleos essenciais, depois coe a infusão e misture-a com xarope de açúcar.

Raspas de cítricos

Perfil aromático das raspas de limão-siciliano
As raspas do limão-siciliano são cheias de óleos essenciais, que contêm mais gamaterpineno e alfapineno que o citral e o geranial encontrados no suco do mesmo limão.

raspas de limão-siciliano	frutado	cítrico	floral	verde	herbal	vegetal	caramelado	torrado	de nozes	amadeirado	picante	de queijo	animal	químico
queijo azul	●	·	●	●	·	·	·	·	·	·	●	·	·	·
rum	·	·	●	●	·	·	·	·	·	·	●	·	·	·
brie	·	·	●	●	·	·	·	·	●	●	●	·	·	·
banana	●	·	·	●	·	·	·	·	·	·	●	·	·	·
leite de cabra	·	·	●	●	·	·	·	·	·	·	●	·	·	·
sementes de endro secas	·	●	●	·	·	●	·	·	·	●	●	·	·	·
sementes de cardamomo	·	●	●	●	·	●	·	●	●	●	●	·	·	·
flor de sabugueiro	●	●	●	●	·	·	·	·	·	·	●	·	·	·
bacon frito na frigideira	●	●	·	●	·	·	·	·	·	·	●	·	·	·
orégano seco	·	●	●	●	·	●	·	·	·	●	●	·	·	·

Perfil aromático das raspas de limão
O perfil aromático de um limão contém principalmente terpineol e citral, o que explica por que ele tem um cheiro menos cítrico do que o limão--siciliano e é mais picante, com um toque de menta. O composto terpineol dá a ele um aroma floral e de pinho.

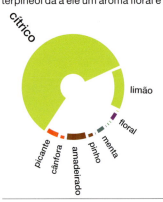

raspas de limão	frutado	cítrico	floral	verde	herbal	vegetal	caramelado	torrado	de nozes	amadeirado	picante	de queijo	animal	químico
iogurte de soja	·	●	·	●	·	·	·	·	·	●	●	·	·	·
purê de pimentão vermelho	·	●	●	●	·	●	·	·	·	·	●	·	·	·
alcachofra cozida	·	●	●	●	·	●	·	·	·	·	●	·	·	·
tamarindo	·	●	●	●	·	·	·	·	·	●	●	·	·	·
pregado	·	●	●	●	·	·	·	·	·	·	●	·	·	·
camembert	·	●	●	●	·	·	·	·	·	·	●	·	·	·
chips de beterraba	·	●	●	●	·	·	·	·	·	·	●	·	·	·
sementes de cañihua	·	●	●	●	·	·	·	·	·	·	●	·	·	·
banana-nanica	·	●	●	●	·	·	·	·	·	·	●	·	·	·
cerefólio-tuberoso	·	●	●	●	·	·	·	·	·	·	●	·	·	·

Combinação clássica: limão e cachaça
Uma série de coquetéis clássicos usa o limão, como o mojito, a margarita e a caipirinha.

Combinação clássica: manga alphonso e suco de limão
Um pouco de suco de limão espremido traz à tona o melhor de uma manga madura e suculenta. Para fazer um sorvete rápido e fácil, bata pedaços de manga congelada com suco e raspas de limão, mel e iogurte em um processador de alimentos até ficar cremoso e sirva imediatamente.

Combinações de ingredientes com limão-siciliano e limão

cachaça
- tainha-olhalvo pochê
- erva-cidreira
- tomilho
- ossobuco assado
- couve-rábano assada
- tomate-cereja
- peru assado
- chuchu cozido
- muçarela de leite de vaca
- filé de bacalhau pochê

suco de limão
- durião mon thong
- cheddar
- cenoura cozida
- cerveja lambic
- manga alphonso
- pastinaca cozida
- creme de cassis
- noz-moscada
- manjericão
- flor de lavanda fresca

orégano seco
- filé de peito de frango assado
- pepperoni
- arroz basmati cozido
- pastinaca cozida
- castanha-de-caju torrada
- raspas de limão-siciliano
- sementes de cominho
- groselha-negra
- berinjela cozida
- pinto beans

manga alphonso
- lúpulo
- chicória (endívia-belga)
- camomila-silvestre (*Matricaria discoidea*)
- violeta
- queijo maroilles
- emmental
- suco de tomate pasteurizado
- abobrinha
- filé de bacalhau
- carne de veado frita na frigideira

flor de limão
- capim-limão
- amora
- abacate
- endro
- manga
- ervilhas cozidas
- raspas de limão-siciliano
- gruyère
- bacon frito na frigideira
- tainha-olhalvo pochê

galangal
- tomilho
- castanha assada
- suco de limão
- absinto
- groselha-negra
- tainha-vermelha pochê
- bulbo de funcho
- folha de louro seca
- flor de sabugueiro
- feijão azuki cozido

Combinação clássica: limão-siciliano e molho de mostarda
Em vez de usar vinagre, misture o suco de limão-siciliano com azeite de oliva e mostarda para fazer um molho vinagrete, adicionando um pouco de mel para reduzir a acidez, se preferir. Molho de mel com mostarda fica particularmente bom com folhas amargas como frisée e chicória (endívia-belga).

Receita clássica: gremolata
Condimento italiano simples feito com salsinha picada, limão-siciliano e alho, a gremolata é usada para guarnecer pratos de carne braseada como o osso bucco alla milanese (ossobuco de vitela e verduras cozidas em vinho branco e caldo), mas também fica boa com frango ou peixe grelhado.

Combinações de ingredientes com limão-siciliano e limão

mostarda
- torta de limão
- ovo mexido
- vinagre de maçã
- salame
- pera conference
- abóbora-cheirosa cozida
- baga de sabugueiro
- lombo de porco frito na frigideira
- amêndoa torrada escura
- muçarela de búfala

salsa-lisa
- tainha-vermelha assada
- folha de cardamomo
- purê de abóbora
- folhas de nori
- cauda de lagosta cozida
- grãos de teff cozidos
- limão
- faisão frito na frigideira
- folha de feno-grego
- favas cozidas

frisée
- carne bovina wagyu
- arroz integral cozido
- queijo de cabra
- páprica doce em pó
- cereja-doce
- groselha
- lombo de porco frito na frigideira
- framboesa
- limão-siciliano
- ostra

arak
- aspargos brancos cozidos
- alcachofra cozida
- figo
- folhas de nori
- filé de salmão do atlântico
- ameixa-japonesa (umê)
- carne maturada a seco (dry-aged)
- folha de shissô
- limão-siciliano
- batata cozida

angélica cristalizada
- gim seco
- torta de limão
- salchichón
- tomate em lata
- filé de bacalhau pochê
- cravo-da-índia
- biscoito fino de gengibre
- physalis
- chocolate ao leite
- pinhão

creme de banana
- queijo sainte-maure
- mel de trigo sarraceno
- chá verde
- limão-siciliano
- hambúrguer assado no forno
- baunilha-do-taiti
- flor de hibisco seca
- vieira assada
- pimenta ají mirasol
- cavalinha

Combinação em potencial: limão-siciliano, limão e hyuganatsu

O hyuganatsu é uma fruta cítrica redonda amarela cultivada no Japão. Provavelmente um híbrido do pomelo com o yuzu, ele é azedo e doce ao mesmo tempo. Os segmentos suculentos podem ser comidos inteiros com o bagaço, que não é amargo – basta descascar e fatiar a fruta como faria com uma maçã e salpicar um pouco de açúcar para servir.

Combinação clássica: cítricos e pimenta

Limão e pimentas frescas (ver página 90) são uma combinação clássica na cozinha tailandesa, e o segredo está em encontrar o equilíbrio perfeita de elementos picantes, azedos, doces e salgados. Em muitos pratos tailandeses, o suco azedo de cítricos é combinado com açúcar para equilibrar a natureza quente e pungente da pimenta.

Pimentas

Há mais de duzentas variedades de pimenta, em inúmeras cores, tamanhos e intensidades. Como o pimentão, as pimentas são membros do gênero *Capsicum* ou da família das solanáceas, o que explica por que encontramos algumas das mesmas moléculas aromáticas em ambos.

As pimentas podem ser categorizadas em cinco espécies principais: *Capsicum annuum* (como a jalapeño), *Capsicum frutescens* (como a tabasco), *Capsicum chinense* (como a habanero), *Capsicum baccatum* (como a ají amarillo) e *Capsicum pubescens* (como a rocoto). Consideradas oficialmente bagas, podem ser usadas frescas ou secas, inteiras ou moídas.

A escala Scoville mensura o "calor" de uma pimenta, que vem da capsaicina contida no miolo branco e na membrana do fruto, não em suas sementes. As moléculas de capsaicina acionam os termorreceptores TRPV1 do nervo trigeminal, que detectam tanto o calor quanto a dor. Normalmente, esses receptores registram 43 °C na boca como uma queimadura, mas a capsaicina os engana, fazendo com que reajam a 34 °C – a temperatura normal de nosso corpo é de 37 °C. O nervo trigeminal envia uma mensagem ao cérebro, que libera endorfinas para bloquear a dor, causando a dormência de quando comemos comidas apimentadas. Beber um copo de leite ameniza a ardência, já que a caseína reveste as moléculas de capsaicina, bloqueando os termorreceptores TRPV1 do nervo trigeminal.

As folhas da pimenteira, levemente amargas, mas muito menos picantes que as pimentas, podem ser cozidas como outros vegetais folhosos. Delas, são feitas diferentes conservas: na Coreia, como um tipo de kimchi; no Japão, aferventadas no molho de soja e no mirin.

- O condimento tailandês nam prik é feito com pimenta-olho-de-pássaro, alho, cebolinha, pasta de camarão, molho de peixe e suco de limão.

As pimentas na cozinha peruana

No Peru, são cultivadas as cinco principais espécies de pimenta fresca. O ají amarillo é emblemático, com origem no Império Inca, no século XVI. A ají panca é a segunda mais consumida; já a ají rocoto é uma das mais antigas pimentas domesticadas ainda existentes, descoberta há sete mil anos.
- Causa rellena con pollo junta purê de batata com ají amarillo e dentes de alho, arrumados em camadas com frango misturado com maionese, abacates e ovos cozidos.
- Papa a la huancaína é um prato andino de batatas cozidas cobertas com um molho cremoso feito com ají amarillo, alho, bolachas, leite evaporado e queijo e servido com ovos cozidos.

Tiradito de camarón

Astrid Gutsche & Gastón Acurio, do Astrid y Gastón, em Lima, Peru

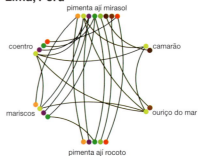

Os chefs Astrid Gutsche e Gastón Acurio foram essenciais para colocar a cozinha peruana contemporânea no mapa. No Astrid y Gastón, seu restaurante em Lima, servem menus-degustação que misturam as várias tradições culinárias do Peru com diferentes técnicas e ingredientes locais. Muito antes de a "cozinha *fusion*" se tornar uma tendência, ondas de imigrantes espanhóis, africanos, japoneses, chineses e italianos contribuíram para as influências culinárias do Peru.

O tiradito é a resposta peruana ao sashimi. Diferentemente do ceviche, no tiradito o leche de tigre, um marinado cítrico e picante, é adicionado no último minuto para que o peixe não cozinhe e seu frescor transpareça. Astrid e Gastón usam camarão em sua interpretação do prato, servido em um molho feito com uma pasta da pimenta ají mirasol para adicionar um toque de calor.

O prato é guarnecido com pedaços de peixe curado em uma mistura de sal, ají limo (uma pimenta peruana muito picante) e coentro, além de ouriços do mar, mariscos, óleo de coentro, milho peruano, chalaca (uma mistura de ají amarillo e ají rocoto com cebola e suco de limão), algumas flores comestíveis e ervas frescas.

Combinação clássica: pimentas frescas e a culinária mexicana
As pimentas são onipresentes na culinária mexicana, em que diferentes pimentas com graus variados de picância são usadas para tudo: saladitos, escabeche em conserva, chiles rellenos, moles, chilli con carne, conchinita pibil e mais.

Combinação clássica: pimentas frescas e aromáticos complexos
A pimenta funciona muito bem com aromáticos complexos, como se vê nas muitas combinações de diferentes especiarias encontradas nos curries tailandeses vermelhos, verdes e amarelos e as misturas de especiarias que dão sabor aos pratos do sul da Ásia, desde o picante e azedo curry de peixe goan até o encorpado e suave tikka masala de frango.

Variedades de pimentas

Perfil aromático da ají amarillo
Usada fresca ou seca ao sol na forma da ají mirasol, esta pimenta singularmente frutada tem tanto notas aromáticas de maçã quanto de abacaxi, com um aroma picante, amadeirado e levemente de queijo. Essas pimentas suaves e doces têm uma gradação Scoville de apenas 40 mil a 50 mil unidades.

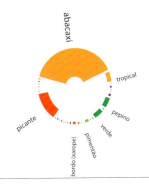

Perfil aromático da ají panca
Mais doce que outras pimentas frescas e com menos picância, a ají panca é apreciada por suas notas aromáticas cítricas e florais e sua complexidade defumada e herbal.

Perfil aromático da ají rocoto
Esta pimenta carnuda varia de 30 mil a 10 mil unidades na escala Scoville. Sua polpa suculenta é caracterizada por um aroma frutado de banana com notas amanteigadas, carameladas e de queijo.

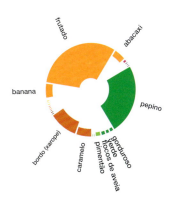

Pimenta habanero verde

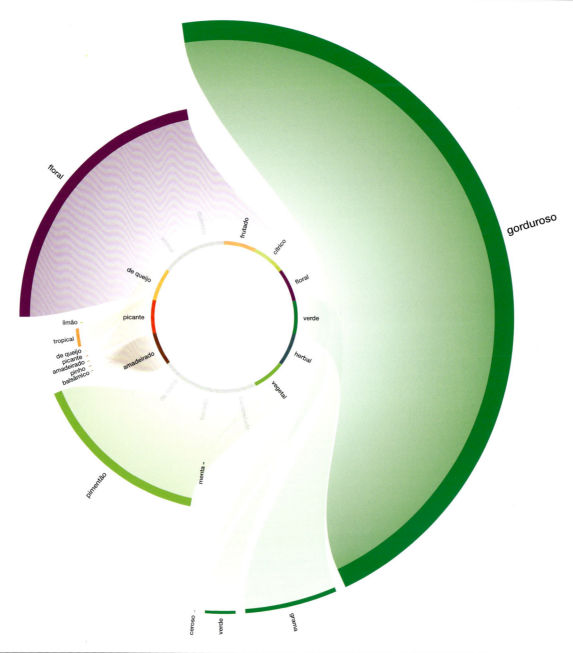

Perfil aromático da pimenta habanero verde
Assim como o pimentão, a pimenta habanero é um membro da família das solanáceas, o que explica por que encontramos algumas notas de pimentão no perfil aromático de uma habanero verde. Notas verdes, gordurosas e gramíneas são fundamentais em todos os tipos de pimenta verde e, dependendo da variedade, elas vêm acompanhadas por uma mistura de aromas florais, frutados ou cítricos.

Pimenta habanero vermelha

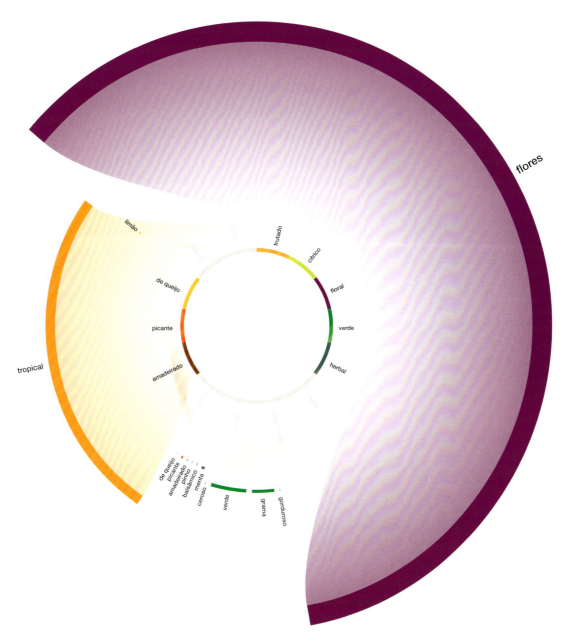

Perfil aromático da pimenta habanero vermelha

Devido a alguma atividade enzimática que ocorre durante o processo de amadurecimento, especialmente a formação dos produtos da degradação dos lipídios, as pimentas habanero perdem suas moléculas aromáticas verdes e gordurosas conforme mudam do verde para o vermelho, e as notas florais se formam e se tornam mais concentradas. Notas vegetais também estão presentes, como indicado na tabela de combinações. A escala Scoville coloca a pungência da habanero em algum lugar entre 150 mil e 325 mil unidades – certamente ela não é para os fracos.

	frutado	cítrico	floral	verde	herbal	vegetal	caramelado	torrado	de nozes	amadeirado	picante	de queijo	animal	químico
pimenta habanero vermelha	●	●	●	●	●	●	·	·	·	●	●	●	·	·
rúcula	·	·	●	●	·	●	·	·	·	·	●	●	·	·
alho-selvagem	·	·	·	●	·	·	●	·	·	●	·	·	·	·
araçá-rosa	●	●	●	●	●	·	·	·	·	●	●	●	·	·
cajá	●	●	●	●	●	·	·	·	·	●	●	·	·	·
verbena-limão	·	●	●	●	●	·	·	·	·	●	●	·	·	·
amendoim torrado	●	·	·	●	·	·	·	●	·	●	·	·	·	·
presunto de bayonne	·	·	·	●	●	·	·	·	·	●	·	●	·	·
cogumelo-ostra seco	·	●	●	●	·	·	·	·	·	●	·	·	·	·
bottarga	●	●	·	●	·	●	·	●	·	●	·	●	·	·
ervilha	●	●	·	●	●	●	·	●	·	●	●	·	·	·

Combinação clássica: pimenta e carne
Carnes e pimentas frescas são a base do prato de inspiração mexicana chilli con carne, que foi popularizado no século XIX pelas "chilli queens" de San Antonio, no Texas.

Combinação do chef: pimenta, ouriço-do-mar e coentro
O ouriço-do-mar, a pimenta e o coentro têm em comum notas cítricas de laranja, usadas com precisão na receita do tiradito do Astrid y Gastón, que usa quatro tipos diferentes de pimenta (ver página 90).

Combinações de ingredientes com pimentas frescas

rosbife
- farinha de rosca panko
- pimenta habanero verde
- purê de tangerina
- linguado-limão braseado
- purê de gengibre
- azeitona preta picual
- capim-limão
- pera conference
- quinoa cozida
- pêssego

ouriço-do-mar
- pasta tikka masala
- pomelo
- amêndoa torrada escura
- raiz de gengibre fresco
- beterraba cozida
- manjericão
- sementes de cardamomo
- folhas de eucalipto secas
- lombo de porco frito na frigideira
- muçarela de leite de vaca

fumaça de pear wood
- favas cozidas
- sementes de cardamomo
- pimenta habanero verde
- folha de shissô
- tainha-vermelha assada
- gruyère
- chocolate branco
- abóbora cozida
- granadilha
- leitelho

queijo ragusano
- crisps de batata-doce
- pão do campo
- pimenta habanero verde
- folhas de nori
- pregado
- brioche
- alcachofra cozida
- avelã torrada
- mexilhões cozidos
- barriga de porco assada

sapoti
- bife de lombo
- ameixa seca em lata
- flor de maçã
- nêspera
- filé de peito de frango frito
- bottarga
- stilton
- salmão do atlântico defumado
- vinagre de mirtilo
- pimenta ají amarillo

salak
- café colombiano
- leite achocolatado
- radicchio
- suco de abacaxi
- tucupi
- avelã
- pimenta ají mirasol
- molejas de vitela assadas
- purê de pimentão vermelho torrado
- morango

Prato clássico: pasta puttanesca
Na Itália, as pimentas são usadas no sugo all'arrabbiata, um molho de tomate picante para massas, ou na pasta puttanesca, feita com tomates, anchovas, alho, azeitonas e alcaparras em conserva.

Combinação clássica: pimenta, manga e coentro
A salsa de manga é feita com manga picada, cebola roxa, jalapeños, suco de limão e folhas de coentro fresco picadas (ver o verso). Seu caráter refrescante, vivaz e cítrico faz dela um par ideal para carne ou frutos do mar na grelha, tacos de peixe ou pratos com temperos cajun ou caribenhos.

	frutado	cítrico	floral	verde	herbal	vegetal	caramelado	torrado	de nozes	amadeirado	picante	de queijo	animal	químico
alcaparras em conserva														
suco de tomate fresco														
pão branco para torrar														
pisco														
mel de canola														
mamão papaia														
pasta tikka masala														
cranberry														
presunto de bayonne														
abóbora cozida														
sementes de cardamomo														

	frutado	cítrico	floral	verde	herbal	vegetal	caramelado	torrado	de nozes	amadeirado	picante	de queijo	animal	químico
manga haden														
radicchio														
mandioca cozida														
pimenta habanero vermelha														
ganso selvagem assado														
caranguejo-voador assado (*Liocarcinus holsatus*)														
barriga de porco assada														
melão														
folhas de coentro														
cheddar maturado														
estragão														

	frutado	cítrico	floral	verde	herbal	vegetal	caramelado	torrado	de nozes	amadeirado	picante	de queijo	animal	químico
flor de borragem														
melão honeydew														
farinha de rosca panko														
pimenta ají mirasol														
physalis														
salicórnia seca (aspargo-do-mar)														
codorna frita na frigideira														
romã														
cereja-doce														
rodovalho assado														
pipoca														

	frutado	cítrico	floral	verde	herbal	vegetal	caramelado	torrado	de nozes	amadeirado	picante	de queijo	animal	químico
umeboshi (ameixa japonesa em conserva)														
chocolate amargo														
pak choi frito														
granadilha														
grana padano														
pimenta-rocoto														
pêssego														
estragão														
erva-cidreira														
suco de tomate pasteurizado														
pasta de curry madras														

	frutado	cítrico	floral	verde	herbal	vegetal	caramelado	torrado	de nozes	amadeirado	picante	de queijo	animal	químico
baga de sabugueiro-selvagem														
pimenta ají panca														
pão multigrãos														
café recém-moído														
melão														
pilsner														
codorna frita na frigideira														
amêndoa torrada escura														
feijão-preto														
filé de peito de frango frito														
tomatillo cozido														

	frutado	cítrico	floral	verde	herbal	vegetal	caramelado	torrado	de nozes	amadeirado	picante	de queijo	animal	químico
orégano														
cenoura cozida														
camarão graúdo frito na frigideira														
avestruz frito na frigideira														
salame														
morango-silvestre														
pimenta ají amarillo														
maracujá														
barriga de porco assada														
tangerina														
pasta tikka masala														

Pimentas 95

Coentro

O coentro fresco, também conhecido como salsa-chinesa, é amplamente utilizado nas cozinhas da Ásia, da América Central e da América do Sul. Das folhas às raízes, a erva é totalmente comestível, embora, na culinária, as folhas frescas e as sementes secas sejam as partes mais utilizadas.

O coentro é uma planta umbelífera, de uma família de plantas com flores aromáticas que inclui o aipo, a pastinaca, a cenoura e outras ervas e especiarias, como salsa, cerefólio, levístico, cominho e anis.

As pessoas tendem a amar ou a odiar o coentro fresco: algumas apreciam o modo como seu sabor cítrico de limão refresca um prato, mas, para outras, tem gosto de sabão. O coentro contém aldeídos, compostos químicos naturais que também estão presentes no processo de fabricação de sabão, ao qual uma porcentagem da população tem forte aversão ou sensibilidade genética. Para minimizar o aroma de sabão da erva, basta triturar as folhas de coentro antes de adicioná-las a um prato, pois isso libera enzimas neutralizadoras de odor que converterão os aldeídos em outras substâncias.

As sementes de coentro, que são essencialmente os frutos dessa erva, são usadas no garam masala, uma mistura inebriante de especiarias indianas. Fora da Ásia, as sementes de coentro são amplamente utilizadas em conservas de legumes. As raízes de coentro são usadas na culinária do Sudeste Asiático para dar profundidade de sabor a marinadas e curries.

Com exceção de alguns pratos portugueses, as folhas frescas de coentro quase nunca são usadas na culinária europeia, mas suas sementes são frequentemente utilizadas na Europa para dar sabor a produtos assados, como bolos e pães.

• Folhas frescas de coentro são utilizadas como guarnição na culinária mexicana em tacos, carnes grelhadas, peixes ou sopas; mas também são um dos principais ingredientes em guacamoles e salsas, como o pico de gallo, feito com tomates em cubos, cebolas, folhas de coentro e suco de limão.

Linalol

O linalol é um composto aromático natural encontrado em muitas flores e especiarias. Dependendo da concentração, seu aroma pode variar de cítrico de laranja ou de limão a floral, ceroso e até mesmo amadeirado. Nas sementes de coentro, o linalol confere um aroma floral doce, enquanto na lavanda ele adquire uma fragrância amadeirada e de lavanda.

Linalol
Um tipo de terpeno, o linalol é um dos principais componentes do aroma do coentro fresco.

Perfil aromático relacionado: sementes de coentro
Devido a uma maior concentração de compostos linalol, a semente do coentro tem um perfil aromático mais cítrico que as folhas, junto com algumas notas amadeiradas e de pinho.

Folhas de coentro

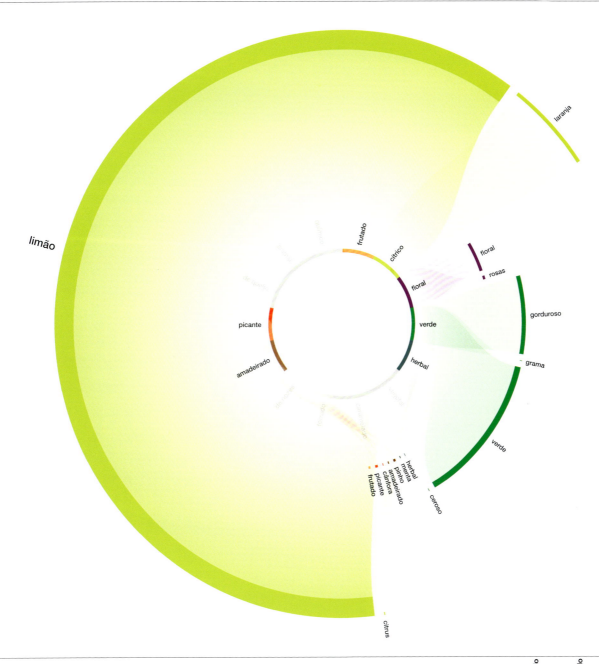

Perfil aromático das folhas de coentro
Os aldeídos determinam o sabor verde gorduroso das folhas de coentro e suas notas sutis cítricas de limão. Outra molécula aromática fundamental é o linalol, que pode dar à erva um aroma amadeirado, dependendo da concentração.

	frutado	cítrico	floral	verde	herbal	vegetal	caramelado	torrado	de nozes	amadeirado	picante	de queijo	animal	químico
folhas de coentro	•	•	•	•	•	·	·	·	·	•	•	·	·	·
edamame	·	•	·	•	•	·	·	•	·	·	·	·	·	·
tomate em lata	•	•	•	•	•	•	·	•	·	·	•	·	·	·
cogumelo morel	•	·	·	•	•	·	·	•	·	•	·	·	•	·
queijo de cabra semiduro	•	·	·	•	•	·	·	·	·	·	·	•	·	·
pera williams	•	·	·	•	•	·	·	·	·	·	·	·	·	·
rabanete	·	•	·	•	·	·	·	·	·	·	·	·	·	·
banana	•	·	·	•	•	·	·	·	·	·	•	·	·	·
camarão cinza cozido	•	•	·	•	•	•	·	•	·	•	•	•	•	·
maracujá	•	•	•	·	•	·	·	·	·	•	·	·	·	·
cenoura	•	•	•	•	·	·	·	·	·	•	•	·	·	·

Combinação em potencial: folhas de coentro e cogumelo morel

As folhas de coentro e os cogumelos morel têm em comum notas amadeiradas; outras ervas com as mesmas notas, como menta, ajowan e tomilho, podem funcionar bem para destacar essas conexões.

Combinação clássica: sementes de coentro e sementes de alcaravia

O borodinsky é um tipo de pão escuro de fermentação natural russo que é adoçado com melaços e aromatizado com sementes de coentro e sementes de alcaravia.

Combinações de ingredientes com folhas e sementes de coentro

Ingrediente	frutado	cítrico	floral	verde	herbal	vegetal	caramelado	torrado	de nozes	amadeirado	picante	de queijo	animal	químico
cogumelo morel														
chocolate amargo														
filé de salmão do atlântico defumado														
bife assado no forno														
gordura de porco ibérico														
gorgonzola														
tomilho														
amendoim torrado														
menta														
pera														
sementes de ajowan														

Ingrediente	frutado	cítrico	floral	verde	herbal	vegetal	caramelado	torrado	de nozes	amadeirado	picante	de queijo	animal	químico
sementes de alcaravia														
cenoura cozida														
pasta tikka masala														
salame italiano														
casca de limão-siciliano cristalizada														
manga keitt														
salchichón														
alcachofra-de-jerusalém cozida														
toranja														
folhas de lavanda frescas														
gordura de coco														

Ingrediente	frutado	cítrico	floral	verde	herbal	vegetal	caramelado	torrado	de nozes	amadeirado	picante	de queijo	animal	químico
nozes														
cheddar														
lebre assada														
ouriço-do-mar														
abóbora														
fígado de porco assado														
missô de soja														
ossobuco assado														
framboesa														
tomatillo cozido														
folhas de coentro														

Ingrediente	frutado	cítrico	floral	verde	herbal	vegetal	caramelado	torrado	de nozes	amadeirado	picante	de queijo	animal	químico
batata-doce vermelha														
shissô														
pimenta isot (flocos de pimenta urfa)														
melão														
ruibarbo														
javali assado														
açaí														
ameixa														
tainha-vermelha assada														
folhas de coentro														
canela														

Ingrediente	frutado	cítrico	floral	verde	herbal	vegetal	caramelado	torrado	de nozes	amadeirado	picante	de queijo	animal	químico
camarão cinza cozido														
cloudberry														
alface-de-cordeiro (mâche)														
kefir														
óleo de canola														
folhas de coentro														
pepino														
creme azedo														
emmental														
morango darselect														
pregado grelhado														

Ingrediente	frutado	cítrico	floral	verde	herbal	vegetal	caramelado	torrado	de nozes	amadeirado	picante	de queijo	animal	químico
creme de menta verde														
gochujang (pasta coreana de pimenta vermelha)														
chá sencha														
fumaça de cerejeira														
pêssego														
folhas de coentro														
lichia														
uva-passa														
molejas de vitela assadas														
chocolate ao leite														
muçarela de búfala														

Combinação clássica: sementes de coentro e noz-moscada
Além das sementes de coentro, a mistura de especiarias clássica da Índia garam masala inclui também noz-moscada, cardamomo, canela, cominho, cravo, folha de louro e pimenta-do-reino em grãos.

Combinação em potencial: sementes de coentro e peixe
O aroma doce e floral das sementes do coentro faz delas um par ideal para peixes (ver o verso). Elas funcionam especialmente bem com o badejo faneca, um peixe marinho da família do bacalhau, que é encontrado nas águas frias da Europa e oferece uma alternativa sustentável ao bacalhau.

noz-moscada
- amêndoa torrada
- maçã
- alecrim
- camomila seca
- berinjela cozida
- cranberry
- raspas de limão-meyer
- lombo de porco frito na frigideira
- manjericão
- manteiga

badejo faneca braseado
- flor de gerânio com aroma de rosas
- salsa-crespa
- maracujá
- sementes de coentro
- pesto
- arroz jasmim cozido
- fumet de mariscos
- purê de gengibre
- camarão graúdo frito na frigideira
- tomate

rum Zacapa 23
- sementes de coentro
- brie
- molho de soja escuro
- melão-andino
- anchovas salgadas
- bergamota
- cajá
- castanha-de-caju torrada
- carne maturada a seco (dry-aged)
- pasta tikka masala

yuzu
- pimenta cubeba seca
- brie
- filé de bacalhau
- caldo de legumes
- folhas de eucalipto secas
- pimenta-da-jamaica
- pesto
- sementes de coentro
- figo
- chicharro

pistache
- mexilhões cozidos
- carne bovina
- xarope de cana
- amêndoa torrada escura
- banana
- sementes de coentro
- folha de curry
- casca de toranja
- nectarina
- folhas de cominho secas

Peixe

Quando se trata de peixe cru, é difícil perceber as diferenças sutis de sabor entre as espécies, mas o cozimento provoca alterações nos perfis de sabor de um peixe. Seja salgando, fazendo caldo, fritando, grelhando, assando ou defumando, qualquer método de preparo altera o perfil consideravelmente, pois novas moléculas de aroma com cheiro de assado e de carne começam a se formar.

Uma vez que um peixe é capturado, seus ácidos graxos poli--insaturados se transformam em compostos voláteis que liberam um distinto odor herbáceo e metálico, descrito como gramíneo com notas de pepino, maçã, cogumelos e até melão. É por isso que peixe cru e pepinos se combinam tão bem no sushi.

O peixe cru sofre um rápido processo de decomposição que produz odores característicos. Esses compostos aromáticos se multiplicam conforme o peixe envelhece, conferindo a ele aquele cheiro de peixe desagradável que indica logo que passou do ponto. No caso das arraias, o cheiro é mais parecido com o da amônia.

Sustentabilidade

No Foodpairing, temos um compromisso com o consumo sustentável de frutos do mar, promovendo combinações com animais de captura acidental. Somente no Mar do Norte, toneladas de espécies sem valor comercial são capturadas acidentalmente por traineiras ou dragadas todos os dias. Embora a maioria desses peixes seja devolvida, a maior parte não resiste para chegar de volta ao mar com vida. Esses efeitos devastadores da indústria da pesca são sentidos nas águas de todo o mundo.

O Chefs do Mar do Norte é um coletivo de chefs belgas e holandeses que promove o consumo de peixes de captura acidental ao utilizá-los de forma consciente nos cardápios de seus restaurantes. O Foodpairing, em parceria com o Fundo de Pescaria Europeu e com o Chefs do Mar do Norte, analisou trinta espécies de captura acidental para determinar seus perfis de sabor e ingredientes para combinações em potencial, de forma que chefs e consumidores possam adicioná-los a seus cardápios.

Linguado

A espécie *Solea solea* designa um peixe achatado conhecido como linguado. A carne firme, porém macia e úmida, faz do linguado uma das espécies de captura acessória mais valorizadas. Embora ele esteja disponível o ano inteiro nas águas mais quentes do Atlântico Norte e em partes do Mar do Norte, além do Mediterrâneo, a melhor época para consumo é após a temporada de desova, de junho a janeiro, quando a carne desse peixe está mais firme e mais saborosa.

Linguado com sabores do Mediterrâneo

Os irmãos Roca, do El Celler de Can Roca, na Espanha

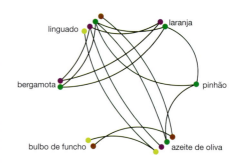

Quando Joan, Josep e Jordi Roca lançaram o El Celler de Can Roca em 1986, perto do restaurante que seus pais tinham aberto cerca de vinte anos antes, não sabiam que sua cidade natal de Girona se tornaria um destino gastronômico. Os irmãos Roca, desde então, transformaram o negócio da família em um império gastronômico, com o irmão mais velho, Joan Roca, no comando como chef principal, Josep como sommelier e o irmão mais novo, Jordi, na criação das sobremesas. Eles utilizam inovações culinárias como expressão artística para contar histórias, inspirados pela paisagem dos arredores e pelas iguarias sazonais da Catalunha.

A receita de linguado de Joan Roca é um exemplo perfeito de aplicação dos princípios do Foodpairing: inclui as combinações clássicas e outras surpreendentes. Primeiro, ele cozinha filés de linguado brevemente em em fogo baixo, selando-os rapidamente na grelha com um fio de azeite na lenha de azinheira. O peixe é servido com pontos de emulsões dispostos na seguinte ordem: oliva, pinhão, laranja, bergamota e funcho. Elementos complementares são servidos sobre o filé, na ordem: uma pérola de azeite de oliva, grãos de pinhão fresco, raspas de laranja em conserva, uma pequenina flor de sálvia e um ramo de funcho.

Linguado assado

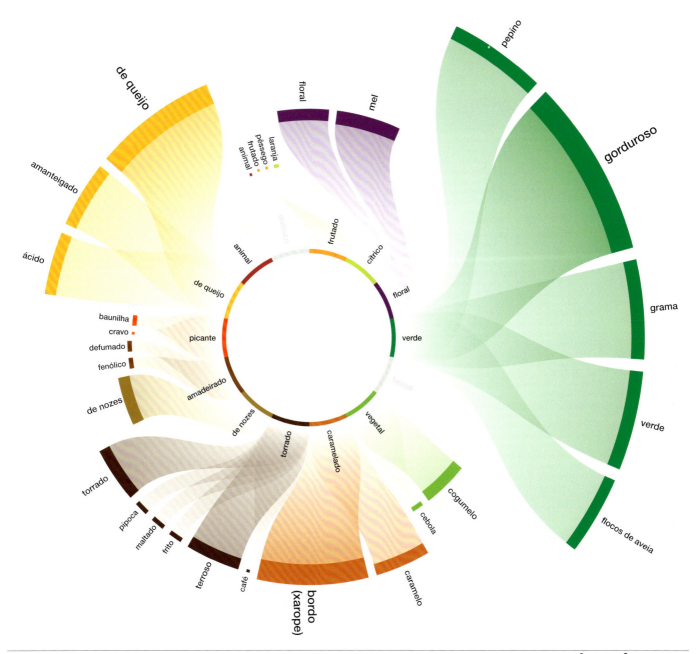

Perfil aromático do linguado assado

Um dos compostos aromáticos primários do linguado assado é o diacetil, que tem um aroma amanteigado e é produzido durante a reação de Maillard. Assar e grelhar esse peixe chato faz também com que moléculas de benzaldeído se formem, o que pode resultar no toque sutil de doçura que algumas pessoas descrevem ao comer linguado. O linguado assado também contém o escatol, que lhe confere o sabor de peixe, além dos habituais voláteis com aromas gramíneos, gordurosos e de pepino que já estão presentes no peixe fresco.

Combinação em potencial: chicharro e flor de sakura em conserva
A flor de sakura seca e em conserva no sal tem um sabor bastante floral e pode ser usada no lugar do sal marinho em flocos para temperar pratos, adicionando um toque floral japonês.

Combinação em potencial: bacamarte e caldo de anchovas
O caldo de anchovas é o equivalente coreano do *dashi* japonês – feito com anchovas secas e alga seca (conhecida como *dashima* na Coreia e *kombu* no Japão). Este caldo leve, porém profundamente salgado, forma a base de muitas sopas e ensopados coreanos.

Chicharro ou carapau
Um peixe branco e oleoso cheio de ácidos graxos ômega-3 saudáveis para o coração, o chicharro do atlântico (*Trachurus trachurus*) atinge seu ápice de sabor no outono. Além das notas verdes e herbáceas típicas do peixe fresco, nossa análise de aroma revelou algumas surpreendentes moléculas aromáticas amadeiradas, defumadas e torradas, com cheiro de pipoca.

A carne suculenta do chicharro é bem propícia para grelhar, assar e fazer conservas e é particularmente popular na Espanha, em Portugal e no Japão. Nas três culinárias, é frequentemente combinado com vinagre – por exemplo, no prato português carapaus de escabeche.

Bacamarte
O bacamarte (*Chelidonichthys lucerna*) é o maior de sua espécie. Até recentemente, este peixe de profundidade do Mar do Norte era descartado pelas traineiras de pesca por sua aparência inusitada, mas aos poucos ele tem aparecido em alguns cardápios de restaurantes. Com sua textura carnuda e seu perfil aromático pungente de cogumelo e gerânio, o bacamarte é tão versátil que vai bem em sopas e ensopados de peixe com pedaços, mas também funciona com batatas fritas. Para um prato fácil e rápido, você pode cozinhá-lo ou assá-lo envolvido em papel-manteiga. Além disso, fica delicioso assado no forno até que sua pele fique crocante ou grelhado inteiro ou em filés na brasa. Nesse caso, considere combiná-lo com azeite de oliva arbequina, tomates-cereja, ovos mexidos ou mesmo kiwi para ressaltar suas notas pungentes de pimentão.

Variedades sustentáveis de peixe

Perfil aromático do chicharro
Este peixe compartilha notas amadeiradas com vieiras cruas e robalo. Seus compostos com aroma de pipoca combinam bem com alcachofras, quinoa e chouriço, enquanto suas notas defumadas vão bem com melancia, beterraba e molho de soja.

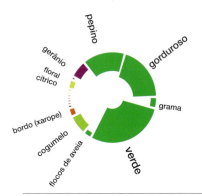

Perfil aromático do bacamarte assado
As notas de cogumelo deste peixe são páreo para sabores intensos como o doenjang coreano, o tahine e o isot; os compostos com aroma de gerânio vão bem com morangos, alcachofras, fava, freekeh e lagosta.

Combinação do chef: chicharro e granadilha
A granadilha, ou *Passiflora ligularis*, é uma fruta aromática doce nativa dos Andes. Suas notas florais ecoam as do chicharro e ela funciona bem como um ingrediente para marinar um ceviche peruano.

Combinação do chef: chicharro e huacatay
O huacatay é uma erva da família da calêndula, conhecida também como menta negra peruana. Ele tem um aroma intensamente fragrante, cítrico e de menta, e aparece em vários molhos peruanos. Suas notas verdes de coentro fresco funcionam bem com o chicharro, entre outros peixes.

Ceviche de chicharro
Receita do Foodpairing

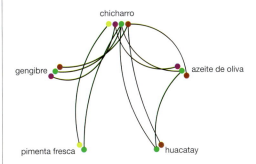

Este prato é uma versão rápida do tradicional ceviche peruano. Tire a pele do chicharro e esfregue sal nos filés. Deixe curar por 20 minutos para retirar a umidade e a carne ficar mais firme.

Nesta receita, em vez do leche de tigre, a marinada tipicamente usada no Peru, o chicharro é "cozido" com a granadilha, uma prima adocicada do maracujá. Combine suco natural de granadilha e limão com azeite de oliva extravirgem, cebola roxa picada, pimenta vermelha fatiada e gengibre fresco. Separadamente, bata folhas frescas de huacatay com azeite de oliva até uniformizar.

Enxágue os filés curados no sal em água fria e mergulhe-os rapidamente na marinada de granadilha. Sirva o peixe e, usando uma colher, regue-o com a marinada. Finalize com o azeite com infusão de huacatay.

	frutado	cítrico	floral	verde	herbal	vegetal	caramelado	torrado	de nozes	amadeirado	picante	de queijo	animal	químico
granadilha	·	·	·	·		·	·	·		·	·	·	·	·
ouriço-do-mar	·	·	·	·		·	·	·			·	·	·	
brócolis cozidos	·	·	·	·		·	·	·				·	·	
alface little gem	·	·	·	·	·	·		·			·	·	·	
sardinha salgada	·	·	·	·		·	·	·				·	·	
raspas de limão-makrut	·	·	·	·		·	·	·			·	·	·	
pinhão	·	·	·	·	·	·	·	·		·		·	·	
pimenta-caiena	·	·	·	·		·	·	·			·	·	·	
bacon assado no forno	·	·	·	·		·	·	·	·	·	·	·	·	·
carne de veado frita na frigideira	·	·	·	·		·	·	·	·	·	·	·	·	·
pêssego	·	·	·	·		·	·	·		·		·	·	

	frutado	cítrico	floral	verde	herbal	vegetal	caramelado	torrado	de nozes	amadeirado	picante	de queijo	animal	químico
huacatay (menta negra peruana)	·	·	·	·	·	·	·	·		·	·	·	·	·
maçã red delicious	·	·	·	·		·		·				·	·	
molho de pimenta	·	·	·	·		·	·	·			·	·	·	
morango gariguette	·	·	·	·		·	·	·			·	·	·	
pepino	·	·	·	·		·		·				·	·	
pasta de soja	·	·	·	·		·	·	·				·	·	
galanga menor	·	·	·	·	·	·		·			·	·	·	
rodovalho assado	·	·	·	·		·	·	·	·		·	·	·	
pão de fermentação natural de São Francisco	·	·	·	·		·	·	·	·	·	·	·	·	·
pomelo	·	·	·	·		·	·	·				·	·	
pombo selvagem frito na frigideira	·	·	·	·	·	·	·	·	·		·	·	·	

Prato clássico: sole meunière

Um dos preparos mais conhecidos do linguado é o clássico francês sole meunière, que consiste em recobrir um filé inteiro, sem tirar a espinha, em farinha de trigo e então grelhá-lo em manteiga derretida. Após retirar o peixe da panela, adicionam-se suco de limão-siciliano fresco e salsinha picada à manteiga, que é então regada sobre o peixe com uma colher.

Combinação clássica: peixe e folhas de nori

Compostos como o (E,Z)-2,6-nonadienal com aroma de pepino e a (Z)-1,5-octadieno-3-ona, que cheira a gerânio, têm um grande impacto no sabor do peixe cru. As folhas de nori usadas para fazer sushi têm um perfil aromático predominantemente verde, com notas de pepino, cerosas e verdes.

Combinações de ingredientes com peixe

Ingrediente	frutado	cítrico	floral	verde	herbal	vegetal	caramelado	torrado	de nozes	amadeirado	picante	de queijo	animal	químico
cordeiro grelhado														
cardamomo preto torrado														
chicharro														
grãos de fônio cozidos														
mel de lavanda														
beterraba frita na frigideira														
goiaba														
batata assada no forno														
purê de framboesa														
arroz-silvestre cozido														
chocolate amargo														
pinhão														
pargo														
pasta de curry vermelho tailandês														
vieira assada														
carne assada														
funcho-do-mar														
azeitona preta picual														
abóbora														
laranja-vermelha tarocco														
feijão-preto														
páprica doce em pó														
flor de lavanda fresca														
aipo-rábano cozido														
capim-limão														
coxão mole														
filé de bacalhau pochê														
casca de quincã														
tomilho														
groselha-negra														
caldo de vitela														
grãos de selim (pimenta selim)														
orégano seco														
folhas de nori														
goiaba														
manteiga														
chá verde														
ostra														
filé de bacalhau pochê														
amendoim torrado														
castanha-de-caju torrada														
tortilha														
ameixa-japonesa (umê)														
pregado grelhado														
gim Monkey 47														
cogumelo morel														
mexilhões bouchot cozidos														
queijo Manchego														
berinjela cozida														
chips de banana-passa														
damasco cristalizado														
manga kaew seca														
folha de videira em conserva														
tainha-olhalvo pochê														
peito de pato frito na frigideira														
makgeolli (vinho de arroz coreano)														
pregado														
tomilho														
capim-limão														
pimenta-de-sichuan														
salchichón														
cogumelo matsutake														
berinjela grelhada														
solha assada														
coelho assado														
ginja														

Prato clássico: bouillabaisse
Esta sopa de marselhesa junta peixe, funcho e tomate e é tradicionalmente servida com rouille, um molho aromático provençal feito com azeite de oliva, alho e pimenta. Os irmãos Roca também usam azeite de oliva para criar um vínculo aromático entre o linguado e o funcho no prato da página 100.

Combinação em potencial: solha assada e pimentão vermelho
As notas verdes e florais do pimentão vermelho (ver página 106), particularmente quando cozido de forma suave em azeite de oliva, ecoam as mesmas notas de sabor encontradas na solha assada.

bulbo de funcho	frutado	cítrico	floral	verde	herbal	vegetal	caramelado	torrado	de nozes	amadeirado	picante	de queijo	animal	químico
amêndoa torrada escura														
javali assado														
manjericão														
estragão														
pimenta-da-jamaica														
noz-moscada														
menta														
manga														
creme de cacau amargo														
laranja-vermelha moro														

solha assada	frutado	cítrico	floral	verde	herbal	vegetal	caramelado	torrado	de nozes	amadeirado	picante	de queijo	animal	químico
cabernet sauvignon														
borragem														
folha-de-ostra														
pimentão vermelho														
caviar														
porcini seco														
pitaia														
abóbora cozida														
purê de avelã torrada														
pasta tikka masala														

cereja griotte	frutado	cítrico	floral	verde	herbal	vegetal	caramelado	torrado	de nozes	amadeirado	picante	de queijo	animal	químico
arroz integral cozido														
linguado assado														
pimenta ají mirasol														
codorna frita na frigideira														
ganso selvagem assado														
melão honeydew														
chocolate ao leite														
flor de sabugueiro														
manjericão														
sálvia-roxa														

iogurte de leite de ovelha	frutado	cítrico	floral	verde	herbal	vegetal	caramelado	torrado	de nozes	amadeirado	picante	de queijo	animal	químico
figo seco														
chouriço espanhol														
laranja														
filé de peito de frango pochê														
cheddar														
lichia														
amêndoa torrada com óleo														
salsifi-negro cozido														
hortelã-pimenta														
maruca braseada														

rodovalho assado	frutado	cítrico	floral	verde	herbal	vegetal	caramelado	torrado	de nozes	amadeirado	picante	de queijo	animal	químico
couve-rábano assada														
mel de limão														
tortilha de milho														
salsifi-negro cozido														
cranberry														
ossobuco assado														
sementes de abóbora assadas														
muçarela de búfala														
bagel														
pimentão vermelho assado														

cerveja de gengibre	frutado	cítrico	floral	verde	herbal	vegetal	caramelado	torrado	de nozes	amadeirado	picante	de queijo	animal	químico
mexilhões cozidos														
robalo europeu														
queijo provolone														
molho de peixe coreano														
aspargos brancos cozidos														
laranja-vermelha tarocco														
daikon														
gochujang (pasta coreana de pimenta vermelha)														
carne maturada a seco (dry-aged)														
manga alphonso														

Pimentão vermelho

A molécula 2-metoxi-3-isobutilpirazina, responsável pelo aroma verde e vegetal característico do pimentão, também é conhecida como pirazina do pimentão. A mesma molécula confere ao cabernet sauvignon sua nuance de pimentão.

O pimentão é nativo da América do Sul. No século XVI, exploradores espanhóis e portugueses retornaram do Novo Mundo com exemplares das primeiras espécies selvagens e, em pouco tempo, os pimentões foram cultivados em toda a Europa. Assim como as pimentas, os pimentões doces são classificados como *Capsicum annuum*. Eles são excelentes fontes de antioxidantes, mas não têm a ardência pungente dos capsaicinoides de seus primos picantes.

Embora você possa comprá-los durante todo o ano, os pimentões doces atingem seu auge na virada do verão para o outono. Eles estão disponíveis em uma variedade de cores diferentes, todas provenientes da mesma planta. Os pimentões vermelhos são os mais doces do grupo porque atingem a maturidade completa antes da colheita. Os pimentões verdes são colhidos ainda imaturos; já os demais são deixados por mais tempo e mudam de cor na videira, do amarelo ao laranja e ao vermelho. Pimentões especiais também podem ser encontrados em tonalidades variadas de chocolate, roxo e até marfim.

Páprica

A páprica é uma especiaria feita de pimentões vermelhos maduros – eles são secos e depois moídos. O sabor varia da doce e levemente picante édesnemes paprika da Hungria (que significa "doce nobre"), muitas vezes rotulada de páprica doce húngara, à versão espanhola pimentón, de cor vermelho-escura e defumada, um ingrediente essencial na paella.

A páprica contém relativamente pouco das pirazinas características do pimentão verde encontradas nos pimentões frescos. O processo de secagem torna a fragrância do vegetal mais caramelada e semelhante à do bordo, ao mesmo tempo que realça notas florais de violeta e mel, com algumas notas ácidas e de queijo.

- Um dos pratos nacionais da Hungria é o goulash, um ensopado feito com carne bovina, vitela, porco ou cordeiro, com pimentões vermelhos, cenouras, cebolas, alho, sementes de alcaravia e salsinha fresca, temperado com páprica e servido com spätzle, um tipo de macarrão de ovo macio, também encontrado na Áustria e no sul da Alemanha.
- O töltött paprika húngaro é um prato de pimentões recheados com uma mistura de carne de porco moída e arroz, temperada com páprica e salsinha fresca, cozida em um molho de tomate.

Pimentão vermelho

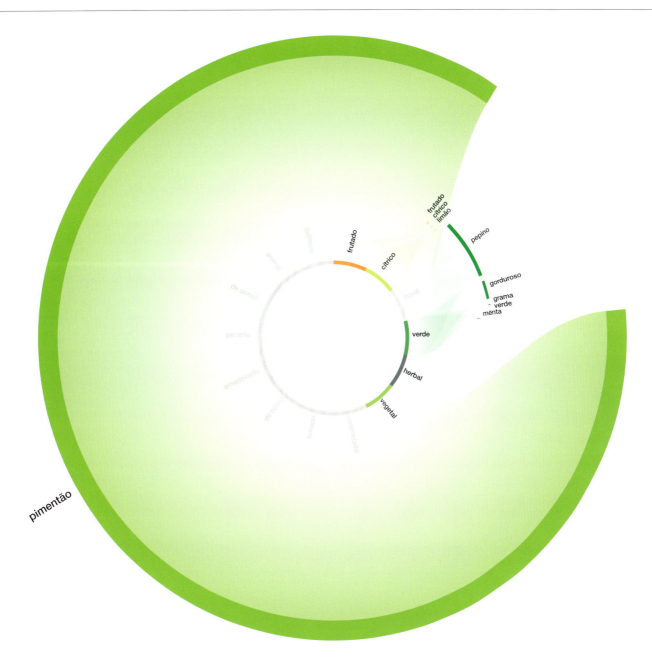

Perfil aromático do pimentão vermelho
Além da molécula de alto impacto 2-metoxi-3-isobutilpirazina, que tem um limiar de reconhecimento de odor muito baixo, outros compostos também contribuem para o aroma gorduroso, verde e de pepino dos pimentões crus. Conforme os pimentões amadurecem e ficam mais doces, seu perfil aromático se torna progressivamente mais complexo. Concentrações do (E)-2-hexanal e do (E)-2-haxanol começam a se formar, levando a um aroma mais frutado e verde, o que explica a diferença de sabor e aroma entre os pimentões de diferentes cores.

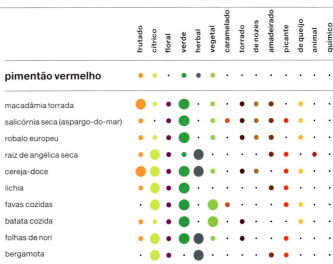

Combinação clássica: vitela e pimentão vermelho

Vitela com pimentão vermelho é uma combinação clássica na Itália e em outros países do sul da Europa. Vitela assada e pimentões vermelhos compartilham notas frutadas e verdes, e as notas adicionais de caramelo que se desenvolvem quando os pimentões são assados complementam a doçura da carne.

Combinação em potencial: pimentão vermelho assado e maçã java

A maçã java ou de cera, conhecida como macopa nas Filipinas, é uma fruta de árvores tropicais. Ela lembra uma maçã somente na cor vermelho-rosada de sua casca, embora isso possa variar do verde muito pálido ao preto-arroxeado. Sua polpa tem a textura solta e é suculenta. A doçura dessa fruta complementa as notas doces e de queijo do pimentão vermelho assado.

Combinações de ingredientes com pimentão vermelho e páprica

vitela assada
- couve-nabo
- minikiwi
- pimentão vermelho assado
- saishikomi (molho de soja de fermentação dupla)
- molho de maçã
- cereja lapins
- azedinha vermelha
- casca de cássia (canela-da-china)
- amêijoas cozidas
- pepino em conserva

maçã java
- usukuchi (molho de soja light)
- purê de gengibre
- vieira
- gochujang (pasta coreana de pimenta vermelha)
- casca de cássia (canela-da-china)
- folhas de aipo
- pimentão vermelho assado
- moelejas de vitelas assadas
- avelã torrada
- menta

kohlrabi
- peru assado
- pimentão vermelho assado
- folhas de mostarda cozidas no vapor
- pepino
- ciabatta
- tomate-cereja
- alho-poró
- rabanete
- rúcula
- brie

brioche
- pimentão vermelho assado
- pepino
- vieira
- sardinha
- cordeiro grelhado
- chá preto
- gruyère
- stilton
- mel de acácia
- creme azedo

arroz integral cozido
- raspas de tangerina
- suco de limão
- natsumikan
- pera
- couve-flor
- suco de tomate pasteurizado
- fumet de mariscos
- pimentão vermelho assado
- carne bovina cozida
- faisão frito na frigideira

salsicha frankfurt cozida
- damasco cristalizado
- calamansi (laranja calamondin)
- manga haden
- chá verde
- wakame
- café colombiano
- emmental
- pimentão vermelho assado
- fumet de mariscos
- pão de fermentação natural de São Francisco

Combinação clássica: peixe e páprica doce

As sopas de peixe do Mediterrâneo, como bouillabaisse, bourride e zarzuela, usam a doçura do pimentão vermelho em pó, às vezes na forma de piment d'Espelette ou mesmo pimenta calabresa, para acentuar a doçura das variedades de peixes locais. Na Espanha, a mesma combinação, usando o pimentão ñora, forma a base da paella de frutos do mar.

Combinação clássica: pimentão vermelho, tomilho e alho

O pimentão vermelho assado é combinado com o alho (ver página 110) em muitos pratos e molhos clássicos do sul da Europa, graças às notas verdes e vegetais que esses dois ingredientes compartilham. O tomilho combina bem com ambos e aparece muito ao lado deles para trazer um caráter amadeirado, herbáceo e picante para o prato.

alho-poró
- arroz-silvestre cozido
- repolho roxo
- filé de peito de frango frito
- batata assada no forno
- pregado
- páprica doce em pó
- lagostim cozido
- linguado-limão braseado
- caldo de anchova
- queijo fourme d'ambert

tomilho
- purê de pimentão vermelho
- salicórnia seca (aspargo-do-mar)
- pregado pochê
- purê de alho
- mexilhões cozidos
- casca de laranja
- canela
- groselha-negra
- pomelo
- bacon assado no forno

cerveja Duvel
- presunto cozido
- camarão graúdo frito na frigideira
- sobrasada
- páprica doce em pó
- brioche
- abobrinha cozida
- plumcot
- estragão
- carne de veado frita na frigideira
- carne de caranguejo cozida

coelho assado
- folha de pandan
- óleo de gergelim
- aipo-rábano cozido
- crisps de beterraba
- pimentão vermelho
- physalis
- flor de hibisco seca
- vinagre de mirtilo
- cogumelo matsutake cozido
- kamut cozido (trigo khorasan)

fumaça de videira
- purê de alho
- estragão
- páprica doce em pó
- batata cozida
- chocolate ao leite
- freekeh cozido
- azeite de oliva extravirgem picual
- carne de veado frita na frigideira
- caranguejo-voador assado (Liocarcinus holsatus)
- leite de cabra pasteurizado

anis-estrelado
- feijoa
- leite de coco industrializado
- verbena-limão
- siri-azul cozido
- camarão cinza
- pimentão vermelho
- sementes de angélica secas
- cogumelo morel
- baunilha-do-taiti
- alcaparras em conserva

Alho

Mais de três quartos das moléculas aromáticas do alho são notas de vegetais sulfurosos com cheiro de alho e cebola; alguns desses compostos são específicos do alho e não se encontram em outros vegetais. Fatiar ou esmagar um dente de alho desencadeia reações químicas que fazem com que novas moléculas aromáticas sulfurosas se formem.

O alho é valorizado por suas propriedades culinárias e medicinais desde a Antiguidade. Seus dentes com cheiro e sabor acentuados estão entre os ingredientes de receitas babilônicas, como a da torta de ave selvagem, entalhada em tábuas de barro em escrita cuneiforme acadiana por volta de 1.750 a.C., fazendo parte do que se acredita ser o livro de receitas mais antigo do mundo; já os egípcios antigos alimentavam seus escravizados com um mingau com alho para aumentar seu vigor e produtividade. Evidências da importância da "rosa fedorenta" na antiga cultura egípcia podem ser encontradas na forma de inscrições hieroglíficas, ilustrações e esculturas descobertas nas tumbas dos faraós – junto com vestígios do próprio alho.

O alho também foi importante na Grécia, na Roma e na China antigas; o poeta romano Horácio o descreveu como sendo tão potente que poderia afastar o amante para o outro lado da cama, e o filósofo grego Teofrasto tomou nota de vários tipos de alho que cresciam na Grécia.

O *Allium sativum* é originário das regiões do Quirguistão, Tajiquistão, Turcomenistão e Uzbequistão, na Ásia central, onde povos nômades colhiam os bulbos selvagens para levá-los em suas viagens e plantá-los em outros locais. Em vez de crescer da semente, o alho se propagou assexuadamente ao longo de boa parte de sua história, pelo simples plantio de seus dentes ou cabeças inteiras; somente nas últimas centenas de anos é que os agricultores empregaram o cruzamento seletivo na domesticação das plantações de alho. Hoje em dia, existem muitas variedades, e ele é usado amplamente em muitas culturas. Também figura com proeminência em molhos mediterrâneos, como o aioli, o alioli, o pesto, o tabbouleh, o persillade e o gremolata.

Por que cortar o alho muda seu aroma

O alho recém-descascado exala um leve odor, mas assim que você o fatia, amassa ou corta, esse odor se torna tão forte que pode ser difícil de removê-lo dos dedos. Danificar as paredes celulares de um dente de alho desencadeia a liberação de um composto de enxofre inodoro chamado alina. Enzimas conhecidas como alinases decompõem a alina, formando novos voláteis chamados de alicina – o principal composto aromático presente no alho picado.

O composto alicina é instável e rapidamente se transforma em outros compostos sulfurosos, como o dissulfureto de dialilo (responsável pelas reações alérgicas ao alho), o mercapatano alilo, o sulfureto alil-metílico e o dissulfeto alil-metílico. O composto sulfureto alil-metílico demora mais para ser metabolizado e expelido pelo corpo, então, da próxima vez que você ficar com hálito de alho, saberá o motivo.

Perfil aromático relacionado: purê de alho assado
A reação de Maillard leva à formação de novos compostos aromáticos torrados, caramelados e de nozes. Além de suavizar no alho seu sabor acentuado, verde e de álio (grupo de plantas ao qual o alho pertence), assá-lo traz à tona suas notas frutadas, florais e picantes.

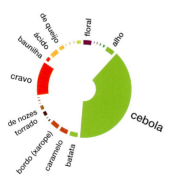

	frutado	cítrico	floral	verde	herbal	vegetal	caramelado	torrado	de nozes	amadeirado	picante	de queijo	animal	químico
purê de alho negro														
folhas de lavanda frescas														
sálvia-roxa														
goiaba														
vagem cozida														
morango gariguette														
presunto ganda														
filé-mignon														
cauda de lagosta cozida														
kamut cozido (trigo khorasan)														
solha assada														

Alho picado

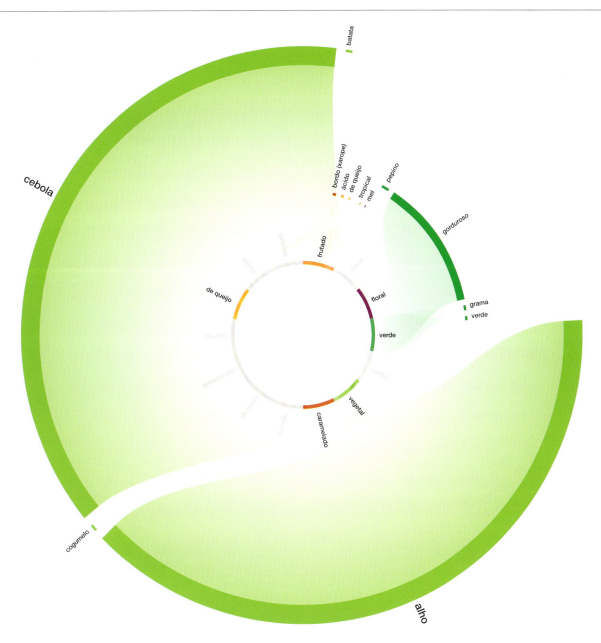

Perfil aromático do alho picado
Além das notas vegetais sulfurosas, o alho fresco contém o etil-2-metilbutanoato, que cria vínculos frutados com abacaxis e mangas.

	frutado	cítrico	floral	verde	herbal	vegetal	caramelado	torrado	de nozes	amadeirado	picante	de queijo	animal	químico
alho picado	●	·	●	●	·	●	●	·	·	·	·	●	·	·
pão branco para torrar	●	●	●	●	·	●	●	●	·	●	●	●	·	·
gruyère	●	●	●	●	·	●	●	●	·	●	●	●	·	·
suco de tomate pasteurizado	●	●	●	●	·	●	●	●	·	●	●	●	·	·
caldo de vitela	●	●	●	●	·	●	●	●	·	●	●	●	·	·
pimentão vermelho assado	●	●	●	●	·	●	●	●	·	●	●	●	·	·
suco de laranja	●	●	●	●	·	●	●	●	·	●	●	●	·	·
geleia de cupuaçu	●	●	●	●	·	●	●	●	·	●	●	●	·	·
bulgur siyez cozido	●	●	●	●	·	●	●	●	·	●	●	●	·	·
bebida de aveia	●	●	●	●	·	●	●	●	·	●	●	●	·	·
vermute de chambéry	●	●	●	●	·	●	●	●	·	●	●	●	·	·

Ingrediente Alho 111

Combinação clássica: alho assado e pão
As notas de nozes e de fava tonka encontradas no alho assado (ver página 110) explicam por que ele fica tão saboroso quando passado em fatias de baguete crocante. Mas essas notas também indicam que você pode combiná-lo com pimenta ají panca (ver página 90), quinoa ou frekeh cozido.

Combinação do chef: alho negro e morango
Alho e morango são frequentemente plantados juntos como companheiros de horta (o cheiro pungente dos álios afasta os insetos), e esta combinação funciona também na cozinha, como mostrado na receita do Foodpairing a seguir. Tanto o alho negro quanto o alho fresco picado contêm notas frutadas que combinam bem com o morango.

O alho negro e a reação de Maillard
Ao contrário do que alguns podem pensar, o alho negro não é fermentado. Os bulbos são envelhecidos por quatro a seis semanas em condições quentes e úmidas, em temperaturas de cerca de 60 °C, o que provoca a reação de Maillard. Conforme as enzimas do alho decompõem os açúcares e os aminoácidos, elas produzem melanoidina, uma substância marrom-escura resultante da reação de Maillard. A melanoidina é que faz o alho ficar preto. O método de torra baixa e lenta captura a essência do alho sem o odor forte e a trava potente. Em vez disso, seus dentes escuros e pegajosos adquirem um gosto doce, picante e cheio de sabor frutado. Eles também contêm quase o dobro de antioxidantes do alho cru.

O alho negro contém ainda os mesmos compostos sulfurosos que o alho cru, mas em concentrações muito mais baixas. O processo de torrefação acentua sua fragrância picante e frutada, o que explica por que certas pessoas lembram do tamarindo quando sentem o gosto do alho negro. Experimente usar o alho negro para adicionar um elemento intrigante a pratos com carne, frango, pato ou linguado.

Embora o alho negro seja normalmente usado em pratos salgados devido ao seu fator umami, esse alho de sabor incisivo também contém o 3-metilbutanal, que acrescenta uma complexidade de chocolate à picância frutada que aparece nas sobremesas, como o gelato de alho negro que nós desenvolvemos (ver à direita).

Gelato de alho negro com morango
Receita do Foodpairing

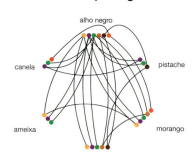

Este gelato de alho negro é servido com uma salada de frutas frescas feita com morangos e ameixas maceradas na véspera com canela, anis-estrelado e uma fava de baunilha. Cubra a salada de frutas com pedacinhos doces e esponjosos de bolo de pistache de micro-ondas. Uma calda de chocolate resfriada ajuda a unificar os diferentes sabores desta sobremesa.

Perfil aromático do purê de alho negro
Com menos notas carameladas que o alho assado, seu sabor mais doce, semelhante ao de bordo, vai bem com doenjang, molho de soja e kimchi, e suas notas florais vão bem com amoras, mirtilos e maracujá.

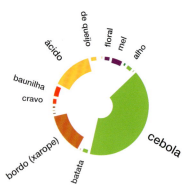

	frutado	cítrico	floral	verde	herbal	vegetal	caramelado	torrado	de nozes	amadeirado	picante	de queijo	animal	químico
purê de alho negro	•	·	•	•	·	•	•	•	•	·	•	•	·	·
ciabatta	•	·	•	•	·	•	•	•	•	·	•	•	·	·
café recém-coado	•	·	•	•	·	•	•	•	•	·	•	•	·	·
emmental	•	·	•	•	·	•	•	•	•	·	•	•	·	·
carne bovina	·	·	•	•	·	•	•	•	•	·	•	•	·	·
suco de tomate pasteurizado	•	·	•	•	·	•	•	•	•	·	•	•	·	·
creme de leite duplo	•	·	•	•	·	•	•	•	•	·	•	•	·	·
cogumelo shiitake	·	·	•	•	·	•	·	•	·	·	·	•	·	·
melão	•	·	•	•	·	•	·	·	·	·	·	•	·	·
iogurte de leite de vaca	•	·	•	•	·	·	·	·	·	·	·	•	·	·
casca de laranja	•	·	•	•	·	•	·	·	•	·	•	·	·	·

Combinação em potencial: alho negro e chocolate
O sabor de chocolate do alho negro, doce porém picante, pode fazer dele uma adição inusitada e surpreendentemente delicada em um brownie de chocolate. Suas notas frutadas e florais também abrem possibilidades para outras combinações com sobremesas, como laranja, melão ou frutas silvestres escuras.

Combinação em potencial: alho negro e Dushi® buttons
Dushi® buttons, também conhecidos como erva-doce-dos-astecas, são flores bem pequenas da planta *Lippia dulcis*, cujas folhas também são comestíveis. Essas flores são intensamente doces, porém têm um forte aroma herbal e canforado que lembra a menta e o tomilho, ótimas opções para uma combinação com o alho negro, que é igualmente complexo.

Combinações de ingredientes com alho

Ingrediente Alho 113

Prato clássico: frango com quarenta dentes de alho
Este prato de frango braseado em uma panela coberta com quarenta dentes de alho descascados fica melhor se for servido com pão, e não apenas para embebê-lo nos caldos do alho: tire os dentes de alho da panela, esprema-os para fora de suas cascas e espalhe o purê de alho em baguetes tostadas.

Combinação clássica: alho e tamarindo
O rasam é uma sopa tradicional do sul da Índia feita com alho e água de tamarindo (um pedaço de polpa de tamarindo seca mergulhada em água quente). A sopa é aromatizada com especiarias, incluindo pimenta-do-reino em grãos, cominho, pimenta seca e cúrcuma, adornada com folhas de coentro e servida com arroz.

Combinações de ingredientes com alho

pão branco para torrar
- molho de peixe vietnamita
- aspargos brancos cozidos
- queijo de cabra semiduro
- brócolis cozidos
- queijo carré de l'est
- melão
- queijo tipo parmesão
- amêijoas cozidas
- chouriço espanhol
- amendoim torrado

tamarindo
- congro (enguia) europeu cozido
- alho picado
- açafrão
- algas verdes
- camarão cinza
- manteiga de amendoim
- filé-mignon
- marmelo cozido
- abóbora cozida
- maçã gala

lagosta cozida
- galinha-d'angola frita na frigideira
- couve-rábano assada
- purê de alho negro
- alga *Codium*
- pera conference
- tainha-olhalvo pochê
- baunilha-do-taiti
- croûtons de pão de centeio
- grana padano
- cordeiro grelhado

cebolinha
- trufa negra
- amendoim torrado
- inhame-roxo (ube)
- beterraba frita na frigideira
- stilton
- goiaba
- salmão pochê
- arroz-silvestre cozido
- alho
- ostra

couve-de-bruxelas
- peru assado
- baechu kimchi
- folhas de mostarda cozidas no vapor
- pato assado à pequim
- tomate em lata
- ciabatta
- pasta tikka masala
- creme azedo
- arroz-silvestre cozido
- purê de alho negro

jabuticaba
- alcachofra-de-jerusalém cozida
- pimenta longa javanesa seca
- óleo de amendoim
- badejo faneca braseado
- pastinaca cozida
- ervilha
- tomilho
- alho-selvagem
- capim-limão
- beterraba descascada cozida

Combinação em potencial: alho e folhas de cacto grelhadas
As nopales, ou folhas de cacto, são um ingrediente comum na culinária mexicana e podem ser comidas cruas ou cozidas. Frequentemente preparadas de forma semelhante a um filé, as folhas de cacto têm um sabor suave e gramíneo que às vezes é comparado ao dos aspargos, e suas notas verdes e vegetais funcionam bem com as do purê de alho assado.

Combinação em potencial: alho e batata-doce
As notas de sabor encorpadas e complexas do purê de alho assado e do alho negro encontram um bom par no aroma floral e nas notas salgadas e torradas da batata-doce (ver página 116). Ambos os ingredientes também combinam bem com o usukuchi (um molho de soja japonês salgado light) e com o suco de maracujá.

folha de cacto grelhada		usukuchi (molho de soja light)	
solha assada		biscoito de gengibre	
chá sencha		batata-doce assada	
carne maturada a seco (dry-aged)		raiz de chicória assada	
Griottines® (cerejas morello em álcool)		ossobuco assado	
chocolate amargo		chocolate ao leite	
feijão-fradinho		mirtilo	
rabanete branco cozido		emmental	
freekeh cozido		purê de alho negro	
purê de alho assado		peito de pato frito na frigideira	
tomate		cereja stella	

salsifi-negro cozido		suco de maracujá	
gochujang (pasta coreana de pimenta vermelha)		manteiga	
purê de alho assado		kiwi	
pomelo		purê de alho negro	
maçã golden delicious		erva-cidreira	
figo		canela	
folha de shissô		barriga de porco assada	
peru assado		muçarela de búfala	
carne de caranguejo cozida		batata-doce assada	
casca de cássia (canela-da-china)		pimenta ají amarillo	
codorna frita na frigideira		vagem cozida	

Batata-doce

Batatas-doces cruas geralmente têm um aroma frutado, mas seus perfis de aroma podem diferir dependendo da cor da polpa. Existem centenas de variedades desses tubérculos ricos em amido, que vão do branco ao bege, amarelo, laranja, rosa e até roxo. As variedades de cor mais clara tendem a ser menos doces e não tão úmidas quanto as de cor mais escura. Variedades de polpa laranja são ricas em betacaroteno, que se transforma em moléculas aromáticas florais e de violeta quando o vegetal é cozido. Batatas-doces roxas, ricas em antocianina, têm um perfil aromático mais complexo do que outras variedades, que consiste em aromas florais de rosas, cítricos e de ervas.

As batatas-doces, ao contrário do que sua denominação sugere, são, na verdade, trepadeiras com raízes e folhas comestíveis repletas de vitaminas A, B e C, betacaroteno, minerais (cálcio, ferro e potássio), fibras e até mesmo proteína. As variedades de *Ipomoea batatas*, ricas em nutrientes, são nativas das regiões tropicais das Américas. A partir daí, os tubérculos se espalharam pelo Pacífico, chegando por fim à Ásia e ao Sudeste Asiático, onde estão concentrados até hoje os maiores produtores e consumidores mundiais de batatas-doces.

Elas têm muitas aplicações culinárias e são frequentemente apreciadas como um lanche saboroso – é difícil encontrar quem reclame ao se deparar com uma porção de batatas-doces fritas. Mas esses tubérculos podem também ser secos, moídos e peneirados para fazer farinha de batata-doce, que pode ser usada como agente espessante para sopas, molhos e ensopados. Para quem procura ingredientes sem glúten, ela também é uma opção perfeita para fazer pães, bolos, panquecas, biscoitos e rosquinhas.

Todas as partes da planta da batata-doce são comestíveis. Nas Filipinas, os brotos e as folhas tenras são salteados com molho de soja e vinagre e servidos com peixe frito. Também se preparam saladas de folhas frescas de batata-doce, temperadas com molho de peixe e pasta de camarão. Os neozelandeses chamam a batata-doce pelo seu nome maori: *kumara*. Elas são muito consumidas assadas ou como chips, com creme azedo e molho de pimenta doce.

- A torta de batata-doce é uma especialidade do sul dos Estados Unidos. Para fazer o recheio, o purê de batata-doce é combinado com manteiga, leite, ovos, açúcar, baunilha, gengibre, noz-moscada, canela e pimenta-da-jamaica – assim como na torta de abóbora.
- No Peru, o ceviche normalmente é servido com camote, uma variedade da batata-doce de cor laranja vibrante.

Crème brûlée caribenho

Jason Howard, chef caribenho moderno, Reino Unido

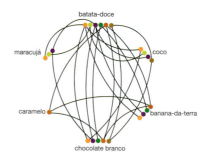

O chef Jason Howard, radicado em Londres, busca inspiração em suas raízes barbadianas e vicentinas para apresentar uma colorida variedade de sabores caribenhos. As ilhas abrigam uma mistura diversificada de culturas que resultam em uma emocionante fusão das culinárias africana, ameríndia, francesa, indiana oriental, espanhola, chinesa e árabe. Com sua estética modernista e suas habilidades em alta gastronomia, o chef Howard provoca o paladar com combinações de sabores ousados e seus toques característicos de especiarias e frutas.

Batata-doce, banana-da-terra e coco são alguns dos ingredientes tropicais encontrados nos menus de Howard. Esta sobremesa apresenta um crème brûlée de batata-doce assada com infusão de baunilha e noz-moscada moída. Após caramelizar a superfície, Howard cobre o crème com um bolo de coco, creme de banana-da-terra, um coulis azedo de frutas vermelhas, pedacinhos picantes de maracujá fresco e raspas de chocolate branco para adicionar doçura.

Batata-doce

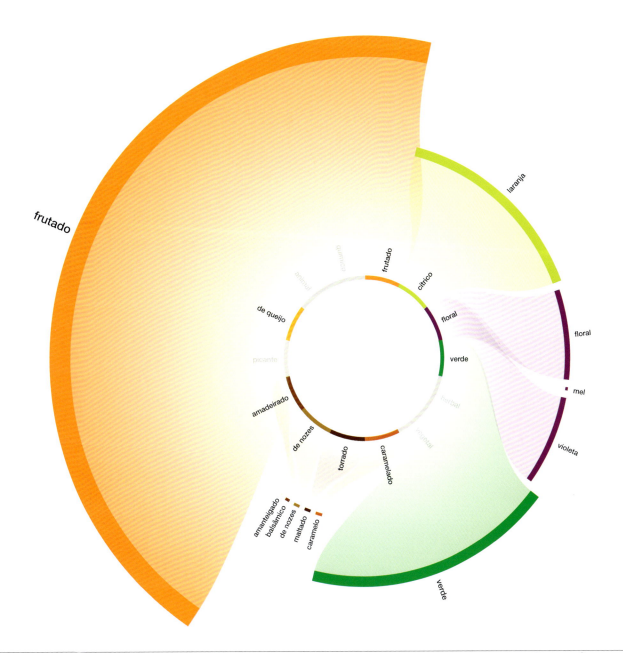

Perfil aromático da batata-doce

Além do aroma frutado, o sabor de nozes é frequentemente mencionado quando se descreve uma batata-doce, e ele se deve à presença das moléculas de benzaldeído. Essas moléculas com aroma de amêndoa criam vínculos com maçãs, pêssegos, cerejas, pastinaca cozida e peru assado – a combinação perfeita para o Dia de Ação de Graças ou para o Natal.

Combinação em potencial: batata-doce cozida e manga
Um curry picante e cremoso de manga e batata-doce feito com leite de coco e pimenta fresca também fica delicioso se servido com camarão graúdo ou salmão.

Combinação em potencial: batata-doce assada e bérberis
A batata-doce assada e o bérberis seco têm notas cítricas em comum. Hoje em dia mais associado à culinária iraniana, por séculos este fruto silvestre vermelho-rubi também foi usado na Europa e em outras partes do mundo para adicionar uma explosão de cor e sabor acentuado e ácido a vários pratos, da mesma forma como usamos atualmente as cascas de cítricos.

Perfis aromáticos relacionados

Batata-doce cozida
Cozinhar a batata-doce diminui suas notas frutadas e aumenta as moléculas aromáticas com aroma floral e de violeta e as notas carameladas. Ela não tem o metional, que confere o cheiro vegetal de batata a muitos ingredientes cozidos.

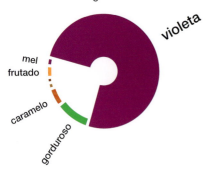

batata-doce cozida	frutado	cítrico	floral	verde	herbal	vegetal	caramelado	torrado	de nozes	amadeirado	picante	de queijo	animal	químico
vinagre balsâmico														
alcachofra cozida														
folha de curry														
morango														
hortelã-japonesa														
pétalas de rosas frescas comestíveis														
manga														
carne maturada a seco (dry-aged)														
salmão do atlântico defumado														
molho de maçã														

Batata-doce assada
Assar a batata-doce intensifica seus aromas de nozes e florais e faz com que hidrocarbonetos e furanos com aroma amadeirado se desenvolvam. Há também grandes quantidades de linalol, a molécula aromática encontrada no coentro.

batata-doce assada	frutado	cítrico	floral	verde	herbal	vegetal	caramelado	torrado	de nozes	amadeirado	picante	de queijo	animal	químico
folha de sakura em conserva														
presunto country cozido														
bérberis seco														
molho de peixe coreano														
canela														
pinhão														
pregado pochê														
amêndoa torrada														
manjericão														
sementes de cardamomo														

Combinação clássica: batata-doce e peru
No sul dos Estados Unidos, o peru assado no Dia de Ação de Graças é frequentemente servido com um acompanhamento de batata-doce ao forno com cobertura de marshmallow, além do tradicional purê de batata, vagem e molho de cranberry.

Combinação em potencial: batata-doce e conhaque
A betadamascenona com aroma de rosas, um composto aromático fundamental no conhaque (ver página 120), pode ser encontrada em algumas variedades da batata-doce. A degradação dos carotenoides, como o betacaroteno presente na batata-doce crua, também leva à formação da betadamascenona.

Combinações de ingredientes com batata-doce

peru assado
- abóbora-d'água
- raiz de angélica seca
- maçã gala
- tomilho
- queijo Roncal
- acelga
- pasta de soja
- cogumelo-ostra seco
- nozes
- cereja-doce

manga kent
- melão japonês (melão miyabi)
- pasta tikka masala
- salmão pochê
- doenjang (pasta de soja fermentada coreana)
- frango assado
- salicórnia seca (aspargo-do-mar)
- salame milano
- pepino
- avelã
- filé de bacalhau pochê

bérberis seco
- creme de chocolate
- canela
- suco de cranberry
- manjericão
- salsa lisa
- folha de shissô
- pimenta ají panca
- pasta de curry madras
- café recém-coado
- granadilha

madeira Malvasia 10 anos
- sálvia-roxa
- macarrão soba cozido
- batata-doce assada
- tainha-vermelha assada
- figo seco
- pak choi frito
- cacau em pó
- mel de eucalipto
- grão-de-bico
- ouriço-do-mar

segurelha-de-verão
- purê de maracujá
- casca de laranja cristalizada
- cardamomo-negro
- açafrão-da-terra
- sementes de nigela
- bergamota
- beterraba descascada cozida
- aipo-rábano
- erva-de-santa-maria
- batata-doce assada

arroz basmati cozido
- hortelã
- loganberry
- uvas vermelhas
- berinjela cozida
- batata-doce cozida
- gruyère
- amendoim torrado
- bacon frito na frigideira
- tainha-olhalvo pochê
- hambúrguer assado no forno

Conhaque

As notas de sabor do conhaque variam de acordo com a idade: os mais jovens podem ter gosto de rosas, baunilha ou nozes e especiarias tostadas, já os envelhecidos por dez anos ou mais desenvolvem um cheiro conhecido como rancio, que é o sinal de uma boa garrafa. Estes conhaques têm maior complexidade e contêm notas de rosas, baunilha, amadeiradas e de nozes e especiarias tostadas. Com o tempo, seu sabor se aprofunda e fica mais parecido com o do chocolate, com notas de frutas cristalizadas. Conhaques muito sofisticados, que foram envelhecidos por muito tempo, têm um caráter amadeirado ou de tabaco, quase como o cedro, com notas picantes de noz-moscada.

O conhaque tem o selo especial de distinção Denominação de Origem Controlada (DOC) e é muito apreciado por fãs de vinhos e destilados. O nome deste brandy de dupla destilação vem da cidade de Cognac, na França, e ele é produzido exclusivamente na Região Delimitada de Cognac, que abrange os departamentos de Charente, Charente-Maritime, além de partes de Dordogne e Deux-Sèvres. Existem seis regiões de produção conhecidas como "crus" na Região Delimitada. Cada cru tem uma composição de solo e clima únicos que produzem um estilo de conhaque específico daquele local de origem – e que recebe seu nome.

Como o conhaque é produzido

Para manter a designação DOC, a produção segue requisitos muito rigorosos quanto à procedência, à denominação e aos métodos, e começa com a prensagem das uvas ugni blanc, folle blanche e colombard para obter um vinho branco de base que contenha no mínimo 90% dessas uvas.

O método conhecido como destilação *charentais* requer um processo de destilação dupla usando alambiques de cobre. O vinho de base é transferido para uma caldeira e aquecido para obter o *brouillis* (primeira destilação) e sua "cabeça". O *brouillis*, com um teor alcoólico de 27 a 30%, passa por uma segunda destilação, que depois é dividida em "cabeça", "coração", "segundos" e "cauda". O "coração", que é o destilado duplo, é uma *eau de vie* (aguardente) incolor, cujo perfil aromático é levemente mais complexo que o do vinho de base.

A maioria dos voláteis frutados, torrados e maltados do conhaque já está presente depois da destilação dupla da *eau de vie*. Embora esses compostos exerçam algum papel no sabor final do conhaque, a maior parte deriva, na verdade, do processo de envelhecimento. Durante a maturação em barris de carvalho, centenas de voláteis diferentes começam a se formar e são influenciados por uma série de fatores.

Para começar, a *eau de vie* é envelhecida em barris de carvalho novos para ajudar a abrandar os taninos antes de ser transferida para barris mais velhos, usados para finalizar o sabor do conhaque. Barris de carvalho feitos de madeira *tronçais* fornecem taninos mais suaves e notas picantes de coco, ao passo que os conhaques envelhecidos em barris de carvalho *limousin* tendem a ter uma característica amarga equilibrada, defumada e com sabor de baunilha, com seus taninos mais fortes. A torra dos barris confere uma dimensão adicional de voláteis amadeirados e tostados à bebida.

A taxa de evaporação é influenciada pela temperatura, pela umidade e pelo tamanho do barril: temperaturas mais altas e maiores áreas de superfície levam a taxas mais rápidas de evaporação. O álcool evapora mais rapidamente que a água, liberando a chamada *angels' share*, termo que designa a parte do álcool que evapora durante sua produção, em uma taxa de cerca de 3% ao ano, deixando espaço no barril para a circulação de ar, o que provoca oxidação. Tudo isso é levado em conta no envelhecimento do conhaque, e ao fim desse processo o conteúdo alcoólico deve ser de cerca de 40%.

Perfil aromático relacionado: base de vinho branco para conhaque
Leveduras naturais são usadas para fermentar o vinho base por várias semanas, o que resulta em um vinho notoriamente floral e de baixa acidez com algumas notas frutadas e cítricas e apenas de 7 a 8% de álcool.

Perfil aromático relacionado: base destilada para conhaque
O perfil aromático da aguardente contém muitos dos mesmos voláteis do vinho base, mas há uma queda nas notas florais e um aumento na concentração de moléculas aromáticas frutadas, torradas e maltadas.

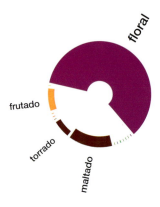

Conhaque Hennessy VS

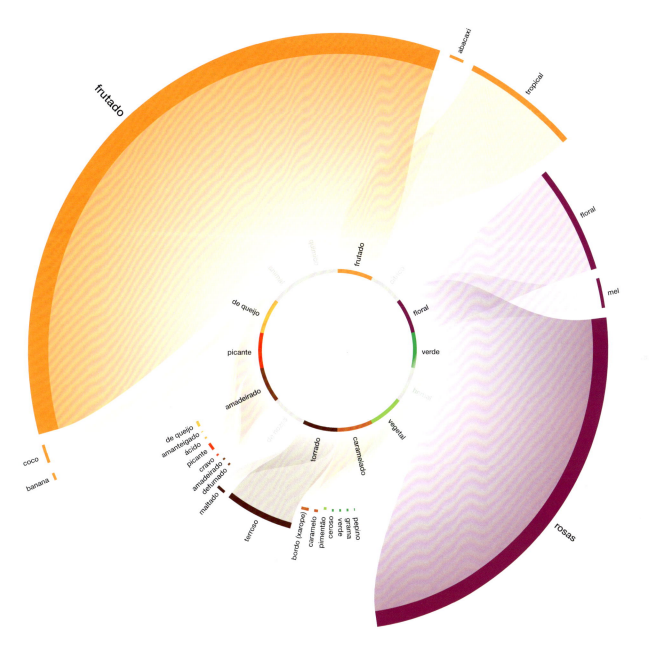

Perfil aromático do conhaque Hennessy VS
Conforme o conhaque matura em barris de carvalho, o aroma inicial floral e de rosas da aguardente gradualmente ganha notas com aroma de maçã ao mesmo tempo que a concentração de betadamascenona diminui. Os rótulos VS e VSOP indicam por quantos anos o conhaque foi envelhecido em barris de carvalho. Os conhaques VS – ou "very special"– são envelhecidos por no mínimo dois anos. Um conhaque com o rótulo VSOP, que significa "very special old pale", é feito com uma mistura de conhaques diferentes, dos quais o mais jovem foi envelhecido em barris por ao menos quatro anos; eles às vezes são chamados de reserva ou velhos.

Conhaque Hennessy XO

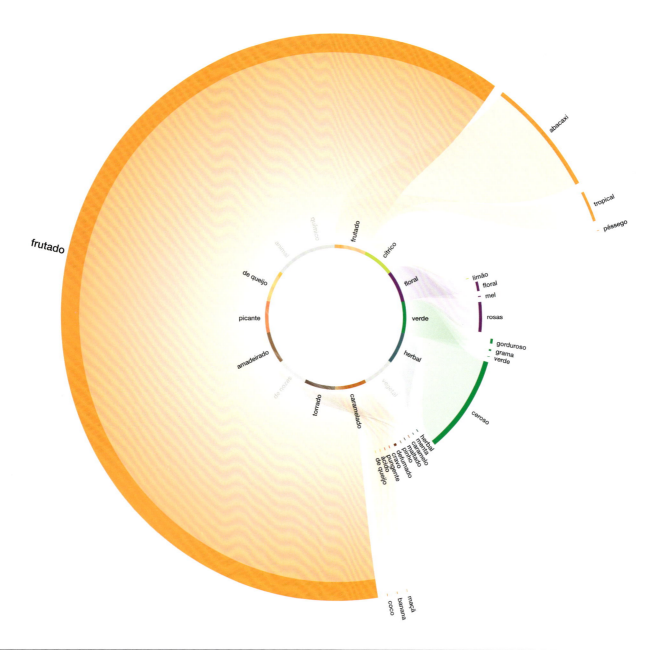

Perfil aromático do conhaque Hennessy XO
A média de idade de um conhaque "extra old", ou "XO", pode variar de, no mínimo, dez anos até vinte anos ou mais; estes conhaques também são chamados de extra, reserva envelhecida, hors d'age ou, em alguns casos, napoléon. Em determinado ponto, notas de frutas cozidas desenvolvem-se em conhaques que foram envelhecidos por mais tempo por conta da formação de ésteres frutados durante o processo de maturação. Estão presentes também algumas notas de coco vindas do processo de envelhecimento em barris.

Combinação em potencial: conhaque XO e tangerina
O Mandarine Napoléon é um licor feito de conhaque e tangerina, com a adição de ervas e especiarias. Seu perfil aromático contém moléculas encontradas tanto no conhaque quanto na tangerina: as notas florais, cítricas e amadeiradas da tangerina combinadas com as notas frutadas e florais do conhaque. Adições como cravo e anis agregam notas herbais e picantes ao perfil aromático.

Combinação em potencial: conhaque e cogumelo shiitake
Dependendo da marca, o conhaque também pode conter 1-octen-3-ol, que tem aroma de cogumelo. Esse odorante é uma das moléculas fundamentais do cogumelo shiitake (ver página 124), conferindo seu cheiro terroso característico.

Combinações de ingredientes com conhaque

tangerina
- alcachofra-de-jerusalém cozida
- molho de pimenta
- cogumelos chanterelle
- sementes de girassol torradas
- camomila-silvestre (*Matricaria discoidea*)
- alho-poró cozido no vapor
- chá de funcho
- sementes de linhaça
- abóbora cozida
- bérberis seco

alho-selvagem
- suco de baga de sabugueiro
- gruyère
- suco de pera
- goiaba
- suco de tomate fresco
- mirtilo
- trufa negra
- conhaque XO
- berinjela cozida
- melão

licor Mandarine Napoléon
- camarão cinza cozido
- sementes de cardamomo
- limão
- broto de humulus (broto de lúpulo)
- muçarela de búfala
- cenoura cozida
- gengibre fresco
- casca de cássia (canela-da-china)
- bacon assado no forno
- pimenta ají panca

semente de cânhamo
- caqui
- folha-de-ostra
- cheddar maturado
- conhaque Rémy Martin XO Fine Champagne
- tomate
- carne de caranguejo cozida
- fond brun (caldo escuro de vitela)
- azeite de oliva extravirgem picual
- leite de cabra pasteurizado
- folhas de beterraba

baga de sabugueiro
- conhaque Hennessy XO
- chá preto
- amêndoa torrada com óleo
- lichia
- pinto beans
- suco de maçã
- abacaxi
- emmental
- pato selvagem frito na frigideira
- butter crisps (biscoitos amanteigados belgas)

Cogumelo shiitake

Ingrediente básico nas culinárias asiáticas tradicionais, o shiitake é apreciado por seu poder de realçar pratos salgados com um toque poderoso de umami. A molécula aromática 1-octen-3-ol, também conhecida como "álcool do cogumelo", confere ao shiitake seu inconfundível e intenso sabor de cogumelo.

A maioria dos fungos saborosos vem da China ou da Coreia, mas os shiitakes cultivados no Japão são os mais procurados. *Take* é a palavra japonesa para cogumelo, enquanto *shii* se refere à espécie de árvore na qual esses cogumelos são tradicionalmente cultivados. No Japão, as hifas jovens de shiitake são inseridas em buracos feitos em troncos que são transferidos para florestas, onde os cogumelos completam seu ciclo de crescimento. Esses shiitakes podem ser identificados por seus chapéus redondos, marrom-escuros, que se curvam uniformemente nas bordas para revelar um padrão radial de brânquias úmidas e apertadas que envolvem os caules por baixo. Os shiitakes de menor qualidade são cultivados em estufas com controle climático, onde se desenvolvem em sacos plásticos preenchidos com uma mistura de serragem e farelo de arroz rica em celulose – um método que consegue períodos de crescimento mais curtos e rendimentos muito maiores. O shiitake cultivado em serragem tem chapéus mais secos e planos e não tem a fragrância intensa e o sabor desejável da variedade cultivada em toras.

Fresco *versus* seco
O shiitake fresco emite um aroma comparativamente sutil quando inteiro.

Cortar o shiitake danifica as células do cogumelo e libera enzimas que desencadeiam uma reação química com os compostos aromáticos presentes, resultando na formação de novas moléculas aromáticas intensamente perfumadas, incluindo o 1-octen-3-ol. Procure cogumelos maduros com brânquias maiores e mais desenvolvidas, pois é aí que se concentra a maior parte dos compostos aromáticos. Chapéus menores e não abertos significam menos sabor.

O shiitake seco tem um sabor ainda mais concentrado que a variedade fresca e é usado com a mesma frequência na culinária asiática. Eles fornecem um sabor umami aos caldos, como o dashi japonês, e também aos molhos. Ao adquirir o shiitake seco, procure chapéus marrom-escuros que sejam mais leves, o que pode indicar um melhor controle de qualidade durante o processo de secagem. O shiitake seco deve ser consumido em até um ano após a colheita para garantir o melhor sabor e evitar o possível crescimento de mofo.

- O shiitake fresco é frequentemente adicionado à sopa de missô japonesa.

- O shiitake é muito usado como ingrediente em pratos chineses cozidos ou braseados, como o vegetariano Delícias de Buda.

Perfil aromático relacionado: cogumelo shiitake seco
O shiitake seco tem uma proporção maior de moléculas com aroma de cogumelo, dando a eles um sabor de cogumelo mais intenso do que o do fresco, além dos compostos com cheiro de cebola e notas adicionais herbais.

	frutado	cítrico	floral	verde	herbal	vegetal	caramelado	torrado	de nozes	amadeirado	picante	de queijo	animal	químico
cogumelo shiitake seco	·	·	·	·	·	·	·	·	·	·	·	·	·	·
baechu kimchi														
bife grelhado														
lagostim														
groselha-negra														
favas cozidas														
queijo azul polonês														
alho														
couve-flor cozida														
salsifi-negro cozido														
aipo-rábano cozido														

Cogumelo shiitake

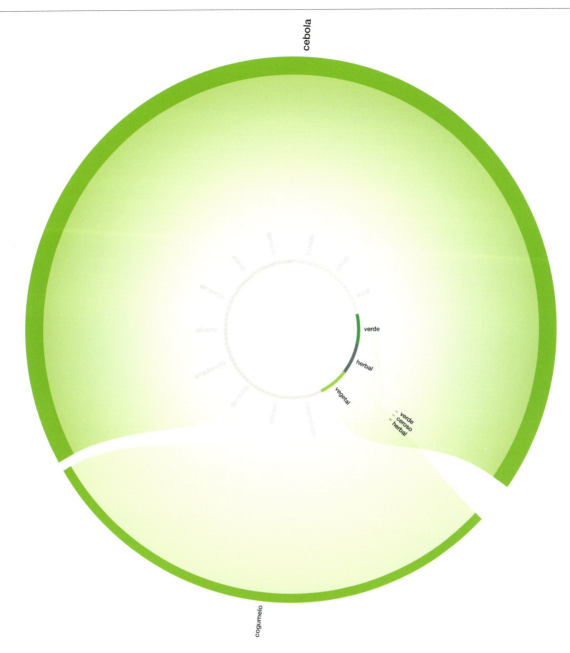

Perfil aromático do cogumelo shiitake

Como todas as espécies de cogumelo, o shiitake deve seu aroma característico de cogumelo ao 1-octen-3-ol, uma molécula aromática de cheiro levemente terroso com uma nuance herbal de feno. Outros compostos sulfurosos também contribuem para o perfil aromático do shiitake fresco.

	frutado	cítrico	floral	verde	herbal	vegetal	caramelado	torrado	de nozes	amadeirado	picante	de queijo	animal	químico
cogumelo shiitake	·	·	·	●	●	●	·	·	·	·	·	·	·	·
pregado	●	·	●	●	·	●	·	●	·	·	●	·	·	·
pato assado à pequim	●	●	·	·	·	●	·	●	●	·	·	●	●	·
purê de avelã torrada	●	●	·	·	·	●	·	●	●	·	·	●	·	·
coco seco	●	●	·	●	·	●	·	●	●	·	·	·	·	·
cacau em pó	●	●	●	·	·	●	·	●	●	·	●	·	●	·
salmão pochê	●	●	·	·	·	●	·	●	●	·	●	●	●	·
goiaba	●	●	●	●	●	●	●	●	●	·	·	·	·	·
brie	●	●	●	●	·	●	·	●	●	·	·	●	·	·
couve-de-bruxelas	·	·	·	●	·	●	·	·	●	·	·	●	·	·
flor de hibisco seca	·	●	●	●	●	●	●	●	●	·	●	·	·	·

Combinação clássica: o shiitake na culinária japonesa
O shiitake é um item popular em tempurás, servido com tarê, um molho feito com dashi, mirin, molho de soja e daikon ralado na hora. Para fazer o dashi japonês vegetariano, cozinhe lentamente shiitake seco com kombu.

Prato clássico: shiitake grelhado com broto de pak choi
Este prato de vegetais de Xangai é tradicionalmente servido durante o Ano-Novo Chinês. Shiitakes secos reidratados são assados em um molho temperado com molho de ostra, molho de soja, açúcar, óleo de gergelim e vinho de arroz e servido com pak choi branqueado.

Combinações de ingredientes com cogumelo shiitake

koikuchi (molho de soja escuro)
- creme azedo
- morango
- sementes de cardamomo
- folhas de eucalipto secas
- sobrasada
- aberdeen angus
- couve-rábano assada
- cordeiro grelhado
- pera conference
- foie gras de pato frito na frigideira

pak choi
- flor de cerejeira seca
- tomate italiano
- folhas de nabo ao vapor (cime di rapa)
- noz-pecã
- carne bovina wagyu
- wasabi
- cogumelo shiitake
- linguado-limão pochê
- banana-da-terra
- pimentão vermelho

kombu (alga marinha seca)
- filé de peito de frango frito
- cordeiro grelhado
- couve
- salmão pochê
- goiaba
- gengibre fresco
- tainha-olhalvo pochê
- almond thins (biscoitos de amêndoa belgas)
- vagem cozida
- manjericão

carne grelhada
- fumaça de macieira
- alho
- cacau em pó
- macadâmia torrada
- porcini seco
- couve-rábano assada
- abacaxi
- freekeh cozido
- berinjela cozida
- coco seco

caldo de anchovas
- pão de fermentação natural de São Francisco
- emmental
- coelho assado
- carne bovina
- trufa branca
- pêssego
- cacau em pó
- arroz negro cozido
- kombu (alga marinha seca)
- cogumelo-ostra seco

kohlrabi assado
- pimenta ají mirasol
- chá de jasmim
- trigo sarraceno
- coxão mole
- amendoim torrado
- chá preto
- chocolate amargo
- caldo de legumes
- foie gras de pato frito na frigideira
- gruyère

Combinação em potencial: shiitake e flor de hibisco
A flor de hibisco seca, que tem compostos aromáticos herbais e vegetais em comum com o shiitake fresco (ver página 125), tem um gosto ácido, então experimente usar o hibisco em pó em vez de casca de limão-siciliano para adicionar uma nota de frescor a pratos com o cogumelo.

Combinação em potencial: shiitake, bulbo de lírio assado e canela
Como o cogumelo shiitake, o bulbo de lírio assado é um ingrediente popular em culinárias asiáticas. Esses dois ingredientes têm em comum notas vegetais e de cogumelo. O bulbo de lírio assado também contém notas picantes de cravo e cânfora, fazendo dele uma boa combinação para a canela (ver página 128).

flor de hibisco seca	bulbo de lírio assado
matcha	chá sencha
iogurte de soja	jus de porco
maracujá	coelho assado
granadilha	suco de laranja
bacon frito na frigideira	canela
amêndoa torrada com óleo	cogumelo shiitake
coelho assado	arroz integral cozido
carne bovina cozida	óleo de semente de abóbora
pargo	agrião
arroz-silvestre cozido	salada de folhas de burnet

pato assado à pequim	noz de baru seca
laranja-vermelha moro	raiz de levístico seco
plumcot	zimbro seco
flor de gerânio com aroma de rosas	cogumelo shiitake
flor de hibisco seca	flor de gerânio com aroma de rosas
goji berry seco	mel de eucalipto
chicória (endívia-belga)	pepino
açafrão	alga *Gracilaria carnosa*
queijo idiazabal	couve no vapor
rabanete	pimenta habanero verde
purê de banana	chicória (endívia-belga)

Canela

As especiarias *Cinnamomum zeylanicum* e *Cinnamomum cassia* são frequentemente chamadas de canela, mas elas não são a mesma coisa. Os pauzinhos marrons adocicados muito usados nas cozinhas ocidental, do Oriente Médio, do norte africano e da América Latina vêm da casca interna seca da *C. zeylanicum* (também conhecida como *C. verum*), uma árvore perene nativa do Sri Lanka. A casca da árvore da cássia, que cresce na China e em algumas partes do Sudeste Asiático, é mais potente e tem um leve amargor. A maioria dos frascos de canela em pó encontrados em supermercados contém uma mistura de canela e cássia – ou apenas cássia.

Supõe-se que a canela tenha sido usada pelos gregos e romanos antigos, provavelmente tendo chegado a eles por mercadores do Oriente Médio. Encontrar uma fonte de canela foi uma das motivações dos exploradores europeus nos séculos XV e XVI, e os portugueses descobriram que ela era nativa do Sri Lanka (à época chamado Ceilão). O Sri Lanka ainda é responsável pela maior parte do fornecimento de canela do mundo. Os franceses mais tarde a levaram para as ilhas Seychelles.

Os óleos essenciais da casca da árvore *C. zeylanicum* contêm concentrações muito altas de cinamaldeído, que confere à especiaria seu característico sabor. Em menor grau, compostos voláteis canforados como o 1,8-cineol, também conhecido como eucaliptol, além do eugenol, com seu cheiro de cravo, contribuem para a fragrância picante da canela.

Assim como a canela, a cássia também contém cinamaldeído, 1,8-cineol e eugenol, mas em concentrações diferentes. A casca da árvore da cássia contém menos cinamaldeído e mais cumarina, uma molécula de odor adocicado semelhante ao feno recém-cortado. A cumarina também é uma importante molécula aromática da fava tonka.

- Folha de canela tem um cheiro de cravo mais forte que a casca. As folhas secas são usadas em chás de ervas ou como um substituto para a folha de louro em ensopados, curries e pilafs jamaicanos.

- Maçã e canela são uma combinação popular em sobremesas, desde a clássica francesa tarte aux pommes até a torta de maçã americana.

- A canela é usada como um tempero doce ou salgado em pratos do norte da África e do Oriente Médio, como o tagine de frango marroquino com damasco e amêndoa.

- O tempero em pó chinês de cinco especiarias é uma mistura robusta de cássia, anis-estrelado, cravos, sementes de funcho e grãos de pimenta-de-sichuan moídos.

- A combinação do chocolate com a canela, normalmente usada na forma líquida, foi popular na Espanha do século XVI, quando a especiaria aportou lá pela primeira vez.

Perfil aromático relacionado: casca de cássia
A cássia tem um sabor mais quente e encorpado que a canela, com mais notas amadeiradas, de nozes e fenólicas defumadas. O aroma de nozes vem não só do benzaldeído, que lembra a amêndoa, mas também da cumarina, que tem um cheiro de feno com notas de nozes.

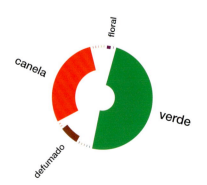

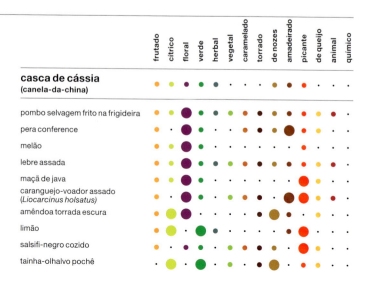

Canela

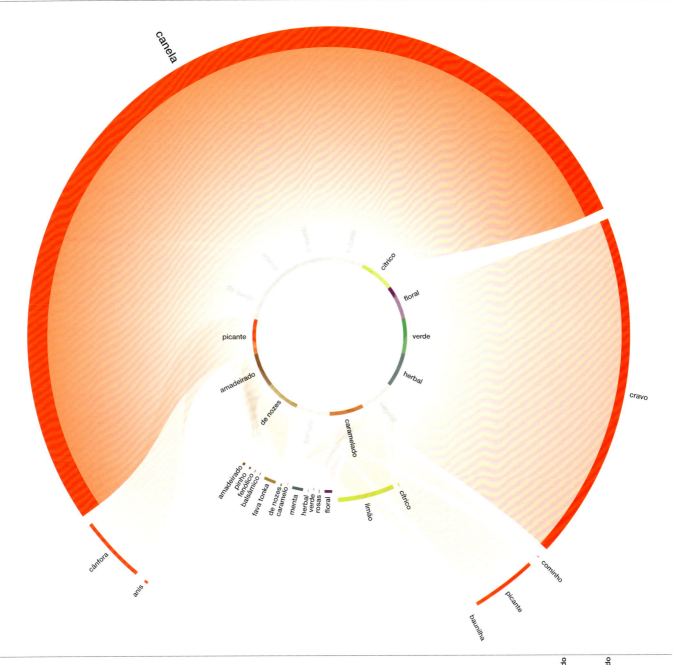

Perfil aromático da canela

Algumas das moléculas aromáticas mais facilmente identificáveis são os compostos de impacto encontrados nos óleos essenciais de especiarias, como o cinamaldeído da canela, que é reconhecível de imediato quando percebido individualmente. A canela é mais cítrica que a cássia, graças ao linalol, com aroma de laranja, além do limoneno e do geranial. Esses compostos com aroma de limão também adicionam uma nota refrescante ao sabor da canela.

Prato clássico: rabanadas de canela
Quando for fazer rabanadas, aromatize a mistura de ovo e leite com baunilha e canela, duas especiarias que têm em comum notas cítricas e amadeiradas, e então sirva com morangos, amoras e framboesas frescas.

Prato clássico: shourabat djaj (sopa de frango libanesa)
Este prato de uma panela só do Oriente Médio consiste em cozinhar o frango no caldo de frango ou em água aromatizada com canela, grãos de pimenta, pimenta-da-jamaica e folha de louro, junto com verduras como cebola e cenoura. O vermicelli pode ser adicionado no último minuto. Polvilhe com salsinha e sirva com rodelas de limão para espremer na sopa.

Combinações de ingredientes com canela e casca de cássia

Ingrediente	frutado	cítrico	floral	verde	herbal	vegetal	caramelado	torrado	de nozes	amadeirado	picante	de queijo	animal	químico
pão branco para torrar														
casca de cássia (canela-da-china)														
alga *Codium*														
cereja lapins														
moleja de vitelas assadas														
menta														
couve														
mirtilo														
flor de sabugueiro														
chá de jasmim														
mel de canola														

Ingrediente	frutado	cítrico	floral	verde	herbal	vegetal	caramelado	torrado	de nozes	amadeirado	picante	de queijo	animal	químico
fundo escuro de galinha														
maracujá														
açaí														
porcini seco														
canela														
folha de limão-makrut														
nozes														
pão de fermentação natural de São Francisco														
abóbora cozida														
caranguejola cozida														
pimenta chipotle seca														

Ingrediente	frutado	cítrico	floral	verde	herbal	vegetal	caramelado	torrado	de nozes	amadeirado	picante	de queijo	animal	químico
flor de madressilva														
avelã														
framboesa														
canela														
chá sencha														
manga alphonso														
hortelã-japonesa														
pimenta ají panca														
abacate														
carne maturada a seco (dry-aged)														
saúva brasileira														

Ingrediente	frutado	cítrico	floral	verde	herbal	vegetal	caramelado	torrado	de nozes	amadeirado	picante	de queijo	animal	químico
filé de bacalhau pochê														
azeite de oliva arbequina														
raspas de satsuma														
shissô														
couve no vapor														
grãos de selim (pimenta selim)														
pasta de pimentão frita														
canela														
molho de peixe coreano														
feijão-mungo cozido														
queijo de cabra														

Ingrediente	frutado	cítrico	floral	verde	herbal	vegetal	caramelado	torrado	de nozes	amadeirado	picante	de queijo	animal	químico
umeshu (licor de ameixa-japonesa)														
caldo de anchova														
tamarindo														
pimenta ají mirasol														
cacau em pó														
bergamota														
peito de pato frito na frigideira														
manga alphonso														
canela														
codorna frita na frigideira														
cranberry														

Ingrediente	frutado	cítrico	floral	verde	herbal	vegetal	caramelado	torrado	de nozes	amadeirado	picante	de queijo	animal	químico
sépia braseada														
cheddar suave														
peru assado														
bacon defumado														
foie gras de pato frito na frigideira														
mexilhões cozidos														
café recém-coado														
trufa branca														
maçã pink lady														
pera conference														
canela														

Combinação clássica: *pumpkin spice*
Tortas de abóbora são tradicionalmente aromatizadas com um mix de especiarias que inclui canela, gengibre, noz-moscada, pimenta-da-jamaica e cravo. Essa mistura de especiarias para abóbora, pumpkin spice, data de ao menos 1890, mas o latte de pumpkin spice só apareceu nas cafeterias americanas a partir de 2003.

Combinação em potencial: canela e coco
A canela e o coco (ver página 132) compartilham uma molécula aromática: o linalol, com aroma de limão, que também é encontrado em frutas cítricas.

abóbora
- banana
- purê de alho negro
- porcini seco
- cordeiro grelhado
- bacon frito na frigideira
- folhas de coentro
- pregado
- laranja-vermelha moro
- ostra
- hortelã

casca de pomelo
- tainha-olhalvo pochê
- arroz basmati cozido
- peru assado
- água de coco
- filé de peito de frango pochê
- avelã torrada
- manjericão
- tomilho
- canela
- hortelã-japonesa

cogumelo enoki
- erva-cidreira
- salsa-lisa
- bacon defumado
- amora
- casca de cássia (canela-da-china)
- anis
- pão de centeio
- alcaçuz
- mel de tília
- pregado grelhado

óleo de amendoim
- casca de cássia (canela-da-china)
- pimenta ají mirasol
- tomatillo cozido
- melão honeydew
- gema de ovo cozido
- kamut cozido (trigo khorasan)
- javali assado
- cerefólio-tuberoso
- pregado grelhado
- pétalas de rosas frescas comestíveis

cerefólio
- maçã
- manjericão-selvagem (*Clinopodium vulgare*)
- lombo de porco frito na frigideira
- casca de cássia (canela-da-china)
- sementes de coentro
- toranja
- pétalas de rosas frescas comestíveis
- quinoa cozida
- suco de pera
- noz-moscada

molho de carne guisada
- canela
- morango gariguette
- abobrinha cozida
- solha assada
- avelã torrada
- lagosta cozida
- baunilha-do-taiti
- chocolate amargo
- figo
- cranberry

Coco

O perfil aromático do coco fresco é definido principalmente pelas lactonas, que conferem à polpa seu cheiro predominante. Encontramos também notas picantes que adicionam um aroma frutado, criando vínculos aromáticos com maçã, aspargos, ervilhas e chá verde.

O fruto do coqueiro é classificado botanicamente como um fruto de caroço, não como uma noz. Ainda verdes, os jovens frutos são colhidos, por conta de sua água rica em eletrólitos e por sua carne macia, rica em fibras e ácidos graxos saudáveis. Conforme o coco amadurece, sua casca externa fica marrom e extremamente dura e fibrosa; a carne branca do interior também endurece e pode então ser seca e ralada para fazer coco seco ou processada para obter óleo e cremes de coco.

O coqueiro, *Cocos nucifera*, está mais presente nas costas tropicais ao sul e sudeste da Ásia, no México e na Papua-Nova Guiné. O coco cresceu muito em popularidade nos últimos anos e, talvez pelo fato de ser um fruto bastante difícil de abrir em seu estado natural, seus produtos hoje estão disponíveis em muitos formatos, para diferentes aplicações. Além do coco seco, do creme e do óleo de coco, ele também se apresenta na forma de leite de coco, água de coco e farinha de coco, ou mesmo comprimido em blocos ou desidratado em chips.

Para abrir um coco, faça buracos em dois dos três "olhos" na parte de cima e então drene toda a água. Coloque-o em uma superfície dura e resistente e bata forte em uma das cristas na parte de cima perto dos "olhos". Ele deve se partir e abrir, e sua carne branca pode ser removida cuidadosamente com uma faca.

- O coco desidratado é usado em muitos doces e sobremesas, como a francesa rochers à la noix de coco, também conhecida como macarons de coco.

- Coco, gengibre e canela são uma combinação clássica em sobremesas da República Dominicana.

- Na Malásia, o leite de coco é usado para fazer kuih dadar ou kuih tayap, um crepe enrolado recheado com coco ralado embebido em açúcar de palma.

O bolo de coco, maracujá, gengibre e menta de Darren Purchese

Burch & Purchese Sweet Studio, em Melbourne, Austrália

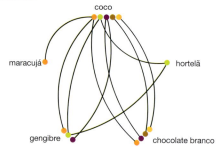

O chef confeiteiro britânico Darren Purchese desenvolveu um amor pelas sobremesas ao ajudar sua mãe a preparar tortas, crumbles e bolos usando frutas frescas do jardim. Em breve ele viria a trabalhar no prestigioso Hotel Savoy, em Londres, onde o encontro com o Pêssego Melba (receita de sobremesa criada no hotel por um chef francês para homenagear a soprano australiana Nellie Melba) definiu a rota de sua carreira culinária. Hoje, Purchese e sua esposa, Cath Claringbold, são a dupla por trás do Burch & Purchese Sweet Studio em Melbourne. Purchese é conhecido por seus primorosos tube cakes, que lhe renderam uma posição de destaque no MasterChef Australia.

Esse tube cake de coco, maracujá, gengibre e menta foi criado para a inauguração do Sweet Studio em 2011. Purchese dispõe um curd ácido de maracujá e um sagu de coco sobre uma fina camada de geleia de maracujá em uma base crocante feita de aveia salgada e de uma farofa de biscoitos de gengibre. As camadas de frutas tropicais são envolvidas por uma mousse aerada de coco. Purchese decora sua criação com pedacinhos de marshmallows sabor gengibre, gotas de uma geleia verde de menta e wafers de chocolate branco de menta. O equilíbrio delicado de sabores, gostos e texturas contrastantes faz deste o bolo mais popular do Burch & Purchese Sweet Studio até hoje.

Coco

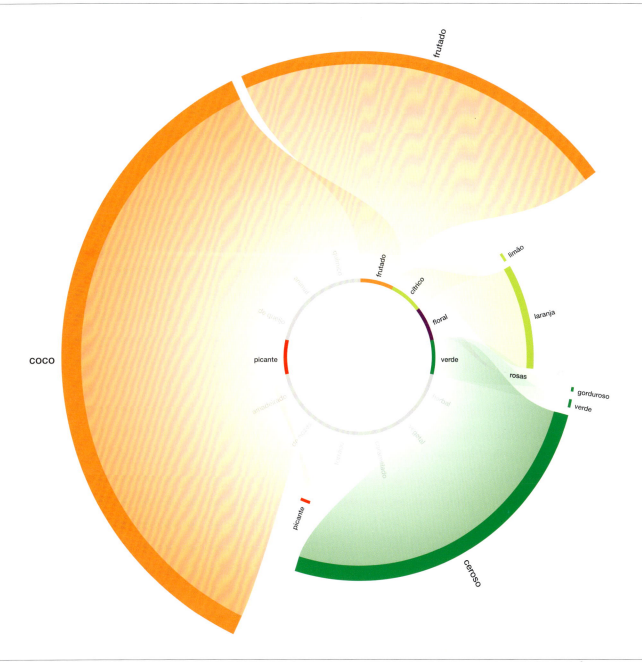

Perfil aromático do coco
O cheiro doce característico do coco é resultado de uma mistura de ésteres frutados, lactonas com aroma de coco e aldeídos verdes, cerosos e gordurosos, arrematados por notas cítricas de laranja.

Combinação em potencial: coco e violeta
Darren Purchese combinou o coco com o maracujá (ver página 132), mas uma ponte aromática de mais alcance poderia ser construída até a flor da violeta, que combina com maracujá. Esses ingredientes têm em comum notas florais e de mel, então você pode tentar fazer um doce gelado combinando coco e iogurte com açúcar de violeta e talvez um toque de mel.

Combinação clássica: leite de coco e arroz
O arroz com coco está presente em muitas culturas ao redor do mundo, e dependendo da culinária local diferentes especiarias são adicionadas, como gengibre, capim-limão e folha de pandan. Na Tailândia, o doce e pegajoso arroz de coco é servido com manga, enquanto o prato caribenho de arroz com ervilhas consiste em um arroz cozido com leite de coco, pimentas scotch bonnet e feijão-vermelho.

Perfil aromático do leite de coco industrializado
Ácidos graxos voláteis levam a uma alta concentração de moléculas aromáticas. A oxidação de alguns desses ácidos graxos forma compostos do octanal, que têm um aroma cítrico, verde e gorduroso.

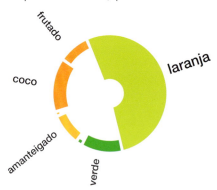

leite de coco industrializado	frutado	cítrico	floral	verde	herbal	vegetal	caramelado	torrado	de nozes	amadeirado	picante	de queijo	animal	químico
arroz negro cozido														
tainha-olhalvo pochê														
pêssego														
ameixa-japonesa (umê)														
manga alphonso														
amêndoa torrada com óleo														
filé de bacalhau														
pregado														
coelho assado														
brie														

Leite de coco
O leite de coco é popular em todo o sudoeste asiático, no Caribe e em algumas partes do norte da América do Sul. A carne branca ralada do coco seco maturado é embebida em água quente para liberar seu creme, que flutua à superfície e é retirado. O líquido remanescente é então coado repetidamente até que o leite de coco atinja a consistência desejada.

O sabor do leite de coco é frequentemente descrito como encorpado. Isso se deve a seu alto teor de gordura: a gordura tende a reter e a prolongar a liberação de moléculas aromáticas na boca, resultando em uma experiência de sabor mais intensa. Além disso, essas gorduras também dão ao leite de coco sua textura cremosa.

A carne do coco maduro é rica em ácidos graxos. Ralar a carne do coco e batê-la com água faz esses ácidos graxos se soltarem mais facilmente da polpa para a água, o que explica por que uma parte significativa do perfil aromático do leite de coco é determinada pelas moléculas aromáticas verdes. Um dos ácidos graxos formados pela oxidação durante a produção do leite de coco é o octanal, que, como já mencionado, tem um aroma cítrico, verde e gorduroso.

Combinações de ingredientes com coco

maracujá	frutado	cítrico	floral	verde	herbal	vegetal	caramelado	torrado	de nozes	amadeirado	picante	de queijo	animal	químico
azedinha vermelha														
violeta														
abobrinha														
cauda de lagosta cozida														
pepperoni														
estragão														
manjericão														
queijo manchego														
cordeiro grelhado														
pimenta ají amarillo														

espumante	frutado	cítrico	floral	verde	herbal	vegetal	caramelado	torrado	de nozes	amadeirado	picante	de queijo	animal	químico
leite de coco industrializado														
maracujá														
groselha-negra														
muçarela de búfala														
menta														
carne maturada a seco (dry-aged)														
barriga de porco assada														
acerola														
filé de bacalhau pochê														
queijo azul														

Combinação em potencial: coco e tomatillo
O tomatillo, também conhecido como tomate-de-casca-mexicana, é um primo do tomate e parte da mesma família das solanáceas. Ele se originou no México, onde é comido cru ou cozido em diversos pratos, particularmente a salsa verde. Você pode usar o tomatillo para dar um toque cítrico a todo tipo de coisa, de ensopados e molhos a curries e Bloody Marys.

Combinação clássica: coco, galanga e folha de limão-makrut
O tom kha gai é uma sopa clássica tailandesa feita usando caldo de frango e leite de coco temperado com galanga, folhas de limão-makrut, capim-limão, pimenta-olho-de-pássaro, molho de peixe, limão e folhas frescas de coentro.

Combinações de ingredientes com coco

	frutado	cítrico	floral	verde	herbal	vegetal	caramelado	torrado	de nozes	amadeirado	picante	de queijo	animal	químico
água de coco	•	•	•	•	•	•	·	•	•	·	•	·	·	·
cordeiro grelhado	●	●	●	●	·	●	·	●	●	·	●	·	·	·
salmão sockeye em lata	●	●	●	●	·	●	·	●	●	·	●	·	·	·
queijo sainte-maure envelhecido	●	●	●	●	·	·	·	·	·	·	·	●	·	·
suco de baga de sabugueiro	●	●	●	●	·	·	●	●	●	·	●	·	·	·
framboesa	●	●	●	●	·	·	·	·	·	·	·	·	·	·
arroz jasmin cozido	●	●	●	●	·	·	·	●	●	·	●	·	·	·
molho de peixe coreano	●	·	●	·	·	·	·	●	●	·	·	·	·	·
grãos de teff cozidos	●	·	·	·	·	·	●	●	●	·	●	·	·	·
folhas de coentro	●	●	●	●	·	●	·	·	·	·	·	·	·	·
cogumelo morel	·	●	●	●	·	●	●	●	●	·	·	·	·	·

	frutado	cítrico	floral	verde	herbal	vegetal	caramelado	torrado	de nozes	amadeirado	picante	de queijo	animal	químico
tomatillo	•	·	•	•	•	·	·	•	·	·	·	·	·	·
batata	•	·	·	●	●	·	·	●	●	·	·	·	●	·
limão	●	●	·	●	·	·	·	·	●	·	·	●	·	·
cogumelo cep	·	·	·	●	·	●	·	·	·	·	·	·	·	·
leite de coco industrializado	•	·	●	●	·	·	·	·	·	·	·	·	·	·
chouriço espanhol	●	·	●	·	·	·	·	●	·	·	●	·	●	·
filé de peito de frango frito	●	·	●	●	·	·	·	●	●	·	●	·	·	·
amêndoa torrada escura	●	·	·	●	·	·	·	●	●	·	·	·	·	·
ameixas secas de agen	●	·	●	●	·	·	·	·	·	·	·	·	·	·
salsifi-negro cozido	·	·	●	●	·	●	·	●	●	·	·	·	·	·
tainha-olhalvo pochê	●	·	·	●	·	·	·	·	●	·	·	·	·	·

	frutado	cítrico	floral	verde	herbal	vegetal	caramelado	torrado	de nozes	amadeirado	picante	de queijo	animal	químico
Mariacron Weinbrand (brandy alemão)	•	·	●	·	·	·	·	●	·	·	·	·	·	·
peru assado	·	·	●	·	·	·	·	●	·	·	·	·	·	·
erva-cidreira	·	·	●	●	·	·	·	·	·	·	·	·	·	·
vitela assada	●	·	●	●	·	·	●	●	·	·	·	·	·	·
coco	●	·	●	·	·	·	·	·	●	·	·	·	·	·
baga de sabugueiro	●	·	●	·	·	·	·	·	·	·	·	·	·	·
emmental	●	·	·	·	·	·	●	●	·	·	·	●	·	·
siri-azul cozido	·	●	●	·	·	·	●	●	·	·	·	·	·	·
abóbora cozida	●	·	●	·	·	●	●	·	●	·	·	·	·	·
cauda de lagosta cozida	·	●	●	·	·	●	●	·	·	·	·	·	·	·
microverdes de shissô	·	●	●	·	·	●	●	●	·	·	·	·	·	·

	frutado	cítrico	floral	verde	herbal	vegetal	caramelado	torrado	de nozes	amadeirado	picante	de queijo	animal	químico
queijo sainte-maure	•	·	●	●	·	·	·	●	·	·	·	●	·	·
manga	●	·	●	●	·	·	·	·	·	·	·	●	·	·
chocolate branco	·	·	●	·	·	·	·	·	·	·	·	●	·	·
filé de peito de frango	●	·	●	●	·	·	·	●	·	·	·	·	·	·
coco seco	●	·	●	●	·	·	·	·	·	·	·	●	·	·
costeleta de lombo de porco	●	·	●	·	·	·	·	●	·	·	·	·	●	·
azeitona preta picual	●	·	●	●	·	·	·	·	·	·	·	●	·	·
brioche	·	·	·	·	·	·	●	●	·	·	·	●	·	·
vinagre balsâmico	●	·	●	·	·	·	●	·	·	●	·	·	·	·
maracujá	●	●	●	●	·	·	·	·	·	●	·	·	·	·
framboesa	●	●	●	●	·	·	·	·	·	·	·	●	·	·

	frutado	cítrico	floral	verde	herbal	vegetal	caramelado	torrado	de nozes	amadeirado	picante	de queijo	animal	químico
suco de pera	•	·	·	●	·	·	·	·	·	·	●	·	·	·
gorgonzola	●	·	●	●	·	●	●	·	·	·	·	●	·	·
orégano	·	●	·	·	·	·	·	·	·	·	●	·	·	·
jaca mole	·	·	·	·	·	·	·	·	·	·	●	·	·	·
anis	·	·	·	·	·	·	·	·	·	·	●	·	·	·
manga	●	·	·	●	·	●	·	·	·	·	·	·	·	·
coco seco	●	·	·	●	·	·	·	·	●	·	·	·	·	·
ameixa-japonesa (umê)	●	●	·	·	·	·	·	·	·	·	·	·	·	·
menta	·	·	·	●	·	·	·	·	·	·	●	·	·	·
alcaçuz	·	·	·	·	·	·	●	·	·	·	●	·	·	·
galanga seca	·	·	·	·	●	·	·	·	·	·	·	·	·	·

	frutado	cítrico	floral	verde	herbal	vegetal	caramelado	torrado	de nozes	amadeirado	picante	de queijo	animal	químico
croissant	•	·	·	·	·	·	·	●	·	·	·	·	·	·
saúva brasileira	●	·	●	●	·	●	·	·	·	·	·	●	·	·
chá darjeeling	·	·	●	·	·	·	●	·	·	·	·	·	·	·
banana	●	·	·	·	·	·	·	·	·	·	·	·	·	·
pimenta ají panca	·	·	●	·	·	·	●	·	·	·	·	·	·	·
salsifi-negro cozido	●	·	·	●	·	·	·	●	·	·	·	·	·	·
flor de sabugueiro	●	●	·	●	·	·	·	·	·	●	·	·	·	·
azeitona preta picual	●	·	●	●	·	●	·	·	·	·	·	●	·	·
uva-passa	●	●	·	●	·	·	●	·	·	●	·	·	·	·
beterraba frita na frigideira	●	●	·	●	·	●	·	●	·	·	·	·	·	·
coco	·	·	●	·	·	·	·	·	·	·	·	·	·	·

Limão-makrut

Os compostos citronelal, citronelol e geraniol conferem ao limão-makrut uma intensa fragrância verde e floral, além das notas cítricas e de pinho que compartilha com os limões convencionais. Suas folhas grossas e lustrosas, que são usadas frescas, têm um perfil aromático ainda mais verde que o da própria fruta.

Esta fruta cítrica tem muitos nomes ao redor do Sudeste Asiático, onde chefs e cozinheiros fazem uma infusão com suas folhas verde-escuras em sopas, ensopados e pratos no vapor. Nos últimos anos, o termo tailandês "limão-makrut" tem sido cada vez mais usado no ocidente em substituição a "limão-kaffir", associado aos discursos de ódio do *apartheid* na África do Sul.

Os óleos essenciais da *Citrus hystrix* contêm citronela e são usados em tônicos capilares e repelentes de insetos no Sri Lanka, de onde se acredita que o limão-makrut se originou.

- Na culinária do Camboja, as kraunch soeuth (como as folhas são chamadas em khmer) são maceradas com o suco amargo do limão, pimentas, capim-limão, galanga, cúrcuma, alho e cebolinha para fazer o krueng, uma pasta picante que serve de base para vários pratos.

- As folhas do trúc ou chanh sác, como a fruta é conhecida no Vietnã, são usadas para temperar sopas como o pho ou em fatias finas em marinadas para carnes grelhadas.

- O limão-makrut em si contém pouquíssimo suco, mas cozinheiros da Tailândia e de Laos maceram sua casca verde e rugosa e a adicionam a pastas picantes de curry. O salgado molho de peixe nam pla é outro sabor importante em muitos curries tailandeses.

Folha de limão-makrut

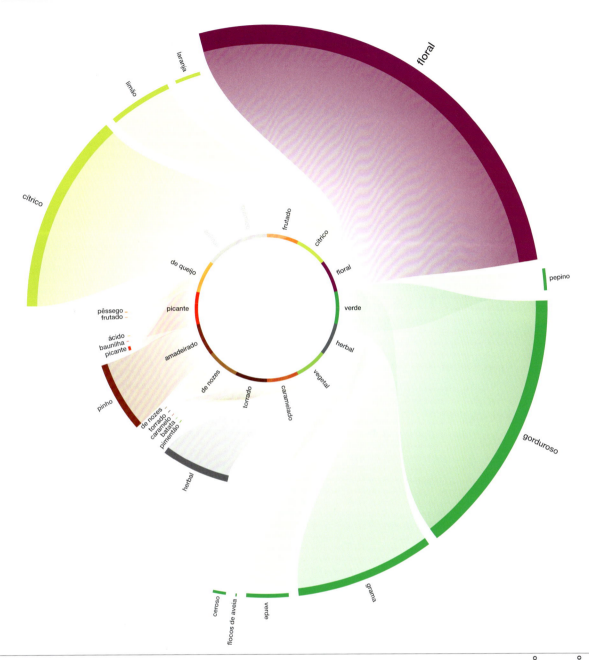

Perfil aromático da folha de limão-makrut
Além da fragrância verde e floral e das notas de pinho, as folhas do limão-makrut contêm algumas notas herbais inesperadas que criam vínculos aromáticos com damascos, mangas, pimentões e aipo-rábano. Ainda mais surpreendente é a presença das "pirazinas do cacau", moléculas com aromas de nozes e de cacau que também são encontradas no chocolate, no café, na castanha-de-caju, nos flocos de pimenta urfa e no camarão. As notas florais e cítricas de limão criam vínculos aromáticos com a cerveja pilsner (ver página 138).

Cerveja pilsner

As pilsners têm um forte sabor de lúpulo que pode ter um gosto mais verde e floral ou frutado e cítrico, dependendo do tipo de lúpulo utilizado. Essas lagers refrescantes são adoradas por seu final fresco e limpo e por sua superfície macia e cremosa.

O nome da cerveja homenageia sua cidade de origem, Plzeň (ou Pilsen), onde hoje é a República Tcheca. Esse tipo de lager teve origem em 1842, quando cervejarias locais contrataram o mestre-cervejeiro Josef Groll para desenvolver uma cerveja similar às cervejas populares de sua terra natal, a Baviera. A cerveja clara e dourada de Groll era diferente de tudo que elas já tinham visto ou provado antes: a combinação da cevada do malte moraviano, do lúpulo saaz e da água doce do rio Radbuza filtrada pelo arenito debaixo da cervejaria resultou em uma cerveja refrescante, suave e simples.

Uma pilsner moderna tem a cor quase transparente, entre os tons amarelo-pálido e dourado, e o sabor um pouco fraco. As grandes marcas fazem pilsners para agradar ao público em geral, com poucas características marcantes. A concentração de álcool fica tipicamente em torno de 4,5 ou 5%. Cervejarias menores tendem a produzir pilsners com um sabor de lúpulo mais pronunciado.

Hoje em dia, a maioria das pilsners encontradas na forma de chope ou em lojas é produzida no método tcheco ou alemão. As lagers tchecas mantêm-se relativamente fiéis à versão original limpa e equilibrada com seus 4,5 a 5% de teor alcoólico, embora algumas cervejarias artesanais contemporâneas produzam pilsners sem filtragem para demonstrar o sabor único do lúpulo saaz. Cervejarias alemãs usam "lúpulos nobres" – quatro variedades de lúpulo cultivadas em regiões específicas por séculos – para deixar suas cervejas claras mais encorpadas, com um amargor mais suave e um aroma floral e herbal.

Como a pilsner adquire seu sabor

A produção da pilsner começa com a germinação e a secagem da cevada em um processo conhecido como maltagem. Novas moléculas aromáticas verdes e carameladas são formadas durante a germinação, enquanto o calor aplicado no processo de secagem leva ao desenvolvimento de notas tostadas e de cravo. As cervejarias usam maltes leves na produção das pilsners, mas é comum que os grãos sejam torrados ou defumados em temperaturas mais altas quando utilizados em outros tipos de cerveja. Temperaturas mais quentes resultam em mais notas torradas escuras, defumadas e fenólicas em um copo de cerveja.

O malte seco é então moído e misturado com água quente até formar uma pasta, enquanto enzimas convertem o amido dos grãos em açúcares. Conforme o mosto ferve, a reação de Maillard produz outros voláteis com aromas caramelados, torrados e de pipoca. Os lúpulos são adicionados para estabilizar a mistura e aprimorar ainda mais o perfil de sabor da cerveja. Além de fornecerem um agradável amargor, essas pequenas flores em formato de cone aumentam a complexidade geral adicionando notas verdes, frutadas de maçã, cítricas de toranja, tropicais de abacaxi ou florais de mel.

Depois que o mosto resfria, a levedura é adicionada para começar o processo de fermentação, transformando os açúcares do malte em álcool e dióxido de carbono. As notas frutadas, florais e de queijo que tipicamente associamos à cerveja se desenvolvem durante a fermentação, com as frutadas abrangendo desde aromas doces e fermentados até aromas de maçã, uva ou mesmo de frutas tropicais, com notas de banana ou coco.

Após a fermentação, as pilsners são acondicionadas em tanques com controle de temperatura para permitir a infusão completa dos sabores. A cerveja é então armazenada em tanques de aço inoxidável para garantir a consistência do sabor e, depois, é engarrafada.

A pilsner na comida

Na cozinha, a pilsner funciona bem em pratos que se beneficiam de seu sabor leve, seco e balanceado, como em massas para fritar peixes ou vegetais, em vinagretes ou em pratos assados feitos com leguminosas, carne de porco, frango ou carnes de caça leves. Ela também funciona bem para equilibrar pratos mais pesados, como sopa de cheddar e batata ou fondues de queijo.

Quando for fritar peixes ou fazer tempurá, use uma pilsner como líquido principal na massa para obter resultados crocantes: o dióxido de carbono causa a formação de bolhas quando a massa é colocada no óleo quente, enquanto os agentes espumantes da cerveja impedem que elas estourem imediatamente. O álcool também evapora mais rapidamente que a água, o que ajuda a manter a massa seca e extracrocante – algumas receitas de massa para tortas incluem vodca pelo mesmo motivo. Alguns padeiros também gostam de usar pilsners quando fazem pães de fermentação natural; neste caso, as notas florais dos lúpulos podem aprimorar os sabores fermentados do levedo natural.

Se a ideia é servir junto com a comida, as notas levemente florais, devido ao lúpulo, e sua finalização amarga fazem da pilsner uma boa escolha para harmonizar com peixes e frutos do mar, além de pratos picantes, como comida mexicana, pratos de massa asiáticos ou curries.

Cerveja pilsner

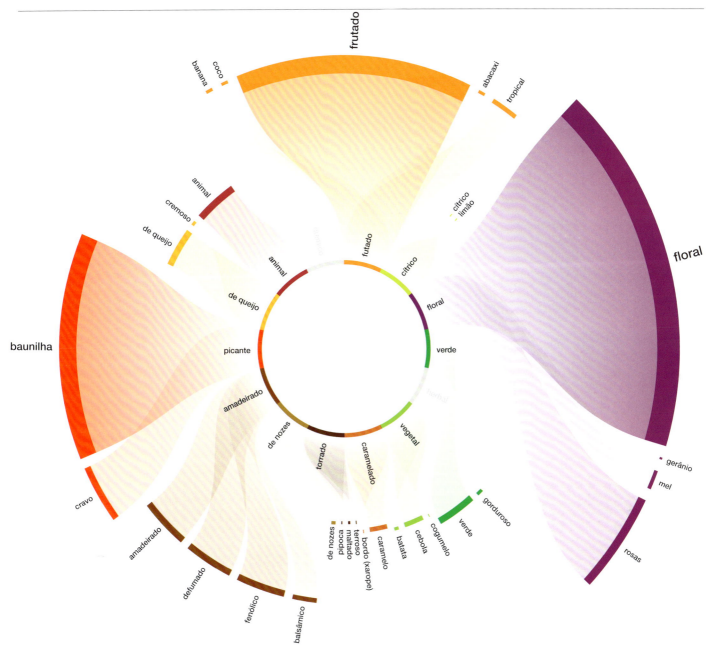

Perfil aromático da pilsner

Como em qualquer cerveja, o perfil de sabor de uma pilsner é a combinação das diversas moléculas aromáticas encontradas no malte de cevada, no lúpulo e na levedura de lager. Há uma afinidade particular entre todos os tipos de cerveja e o queijo: o sabor fresco e as notas florais da pilsner dão certo com queijos frescos de leite de cabra ou de vaca ou queijos duros quebradiços como o wensleydale. As notas florais e cítricas da pilsner criam vínculos com o gengibre fresco (ver página 140).

Gengibre

Membro da família Zingiberaceae, que também inclui a cúrcuma e o cardamomo, o gengibre é um ingrediente versátil que pode ser usado fresco, cristalizado, desidratado, em pó ou em conserva, tanto em aplicações doces quanto salgadas.

Descritores como "cítrico" e "picante" são típicos do gengibre, mas seu sabor é muito mais complexo do que isso. Sendo um dos componentes mais presentes nos óleos essenciais do gengibre, o composto zingibereno lhe confere seu sabor característico, ao passo que o composto gingerol traz uma pungência acentuada. Os voláteis florais e cítricos do rizoma também contribuem para seu sabor geral.

Acredita-se que esse talo tuberoso tenha sido usado inicialmente na Índia e na China como um tônico para a saúde cerca de cinco mil anos atrás, antes de ser comercializado com o mundo ocidental. O gengibre tem vários usos medicinais, como tratar resfriados e febres, auxiliar na digestão, prevenir náuseas e servir de anti-inflamatório para doenças como a artrite. Ele também é um ingrediente importante na culinária da China, da Coreia, da Índia, do Japão, do Vietnã e de outros países do Sudeste Asiático, além do Caribe. Diferentes tipos de gengibre cultivados em diversas partes do mundo têm seus conjuntos únicos de perfis aromáticos. Por exemplo, o gengibre chinês é muito mais picante que o australiano, que tem um leve sabor de limão.

Gengibre fresco, cozido e desidratado

Como qualquer outro ingrediente, o processo de secagem ou cozimento do gengibre faz com que ele sofra transformações no nível molecular que alteram seu sabor. Conhecer como essas mudanças químicas afetam o sabor é útil para saber qual versão dele é mais apropriada para cada receita.

O gingerol é um composto pungente e não volátil presente no gengibre fresco que tem propriedades anti-inflamatórias e antioxidantes. Embora não seja tão potente como a capsaicina e a piperina das pimentas pretas, o gingerol adiciona uma leve picância aos pratos. O gengibre verde é normalmente colhido com cerca de cinco meses e tem uma pele fina e delicada e o sabor suave. Quanto mais tempo se dá ao amadurecimento do gengibre, mais fibroso e pungente ele fica.

Cozinhar o gengibre transforma seus compostos de gingerol em moléculas de zingerona, de sabor mais doce e picante, mas também menos pungente. A zingerona confere à *ginger ale* e à cerveja de gengibre seu ardor característico. Ele também é a razão de o gengibre cristalizado ser menos pungente que a versão fresca.

O gengibre desidratado tem uma picância notoriamente maior que a do gengibre fresco. Isso ocorre porque, conforme a umidade evapora durante o processo de secagem, os compostos gingerol do rizoma se transformam em moléculas de shogaol, que têm o dobro da picância. Use o gengibre desidratado em pó em sobremesas como torta de abóbora ou quando você quiser adicionar uma picância extra a um prato.

- O gengibre fresco é um elemento importante da culinária indiana e, amassado com alho, forma a base de muitos pratos e *dals* de carnes e vegetais. Ele também aparece em drinques como o malasa chai e o sambharam, um drinque de iogurte com especiarias do sul da Índia.

- Na China, o gengibre fresco fatiado, o alho e a cebolinha são a base de muitos pratos cantoneses, de Jiangnan e Sichuan, muitas vezes cozidos rapidamente no início de uma receita para dar sabor ao azeite antes de adicionar o resto dos ingredientes.

- O gengibre em conserva japonês (beni shōga) é um condimento amplamente consumido feito com o gengibre em fatias finas com folhas de shissô e umezu (uma salmoura vermelha picante também conhecida como vinagre de ameixa, embora esse subproduto do processo de produção do umeboshi não seja de fato um vinagre). O gengibre também tem um importante papel em conservas na Coreia, sendo um ingrediente essencial do kimchi.

- O gengibre desidratado é mais usado na panificação, particularmente em produtos tradicionais de confeitaria, como gingerbread, parkin, torta de nozes, biscoitos com especiarias e bolo de rum caribenho.

Gengibre fresco

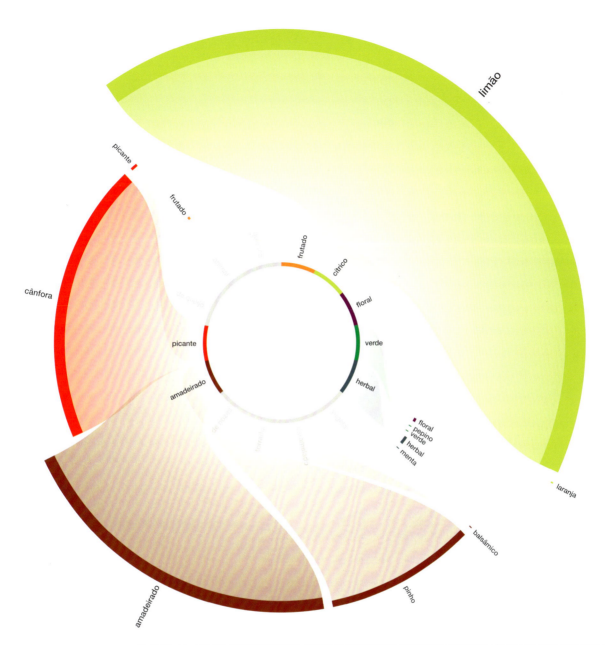

Perfil aromático do gengibre fresco
O perfil aromático do gengibre fresco é dominado pelo geranial e pelo linalol de aroma cítrico de limão, que também têm uma nuance floral. O geranial é encontrado no capim-limão, no huacatay (menta negra peruana), na folha de limão-makrut, na pasta de curry madras, na laranja-amarga e na erva-mate. O linalol é tipicamente associado à semente de coentro, mas esse terpeno também é encontrado na pimenta-de-sichuan, na folha de curry, no pomelo, no yuzu e no suco de laranja.

	frutado	cítrico	floral	verde	herbal	vegetal	caramelado	torrado	de nozes	amadeirado	picante	de queijo	animal	químico
gengibre fresco	·	●	●	●	·	·	·	·	·	●	●	·	·	·
estragão	·	●	●	·	·	·	·	·	·	●	●	·	·	·
suco de limão-siciliano	·	●	●	●	·	·	·	·	·	●	●	·	·	·
lombo de porco frito na frigideira	●	●	●	●	·	·	·	·	·	●	●	·	·	·
caldo de legumes	·	●	●	●	·	·	·	·	·	●	●	·	·	·
alecrim	·	●	●	·	●	·	·	·	·	●	●	·	·	·
pistache	·	●	●	●	·	·	·	·	·	●	·	·	·	·
flor de lavanda fresca	·	●	●	·	·	·	·	·	·	●	●	·	·	·
London dry gin	·	●	●	●	●	·	·	·	·	●	●	·	·	·
melão	●	·	·	·	·	·	·	·	·	·	●	·	·	·
ouriço-do-mar	·	●	●	●	·	·	·	·	●	●	●	·	·	·

Combinação clássica: gengibre e calamansi

Um híbrido cítrico popular nas Filipinas, o calamansi tem em comum com o gengibre notas aromáticas cítricas, amadeiradas e de pinho. O toyomansi é um molho filipino clássico – uma mistura simples de molho de soja e suco de calamansi, à qual você pode adicionar gengibre e pimenta-do-reino.

Combinação em potencial: gengibre e funcho

O funcho deve seu sabor a uma combinação do transanetol, que cheira a anis, com o cheiro mentolado e canforado da fenchona e o aroma de manjericão do estragol. Ele combina com o gengibre graças às moléculas amadeiradas, de pinho, e cítricas de laranja compartilhadas pelos dois ingredientes.

Combinações de ingredientes com gengibre

calamansi (laranja calamondin)
- vieira assada
- molejas de vitela assadas
- gengibre fresco
- pasta de curry vermelho tailandês
- avestruz frito na frigideira
- couve
- Cointreau
- pêssego
- folhas de coentro
- alecrim

funcho
- maçã pink lady
- granadilha
- azeitona verde
- purê de gengibre
- sementes de cominho secas
- folha de curry
- limão-siciliano
- tangerina
- siri-azul cozido
- salsifi-negro cozido

caranguejo-voador assado
- leitelho
- cereja-doce
- borragem
- salsicha frankfurt cozida
- kombu (alga marinha seca)
- filé de cavalinha
- abóbora cozida
- couve
- purê de gengibre
- café colombiano

cheddar maturado
- salchichón
- flor de hibisco seca
- bottarga
- açaí
- aberdeen angus
- pasta tikka masala
- amendoim torrado
- brócolis cozidos
- purê de gengibre
- beterraba

chalota assada
- biscoito de gengibre
- armanhaque
- bagel
- mezcal
- cravo-da-índia
- macadâmia torrada
- baechu kimchi
- fond brun (caldo escuro de vitela)
- Madeira Boal 10 anos
- rum escuro

filé de salmão do atlântico pochê
- suco de laranja
- queijo tipo parmesão
- gema de ovo cozido
- geleia de framboesa
- bergamota
- chá sencha
- pepino
- purê de gengibre
- batatas fritas
- barriga de porco assada

Combinação em potencial: gengibre e rambutã
O rambutã recebe seu nome da palavra malaia *rambut*, que significa "cabelo" – a casca vermelho-alaranjada dessa fruta tropical do tamanho de um ovo é coberta por longos e macios espinhos verde-claros. Ela é parente da lichia, mas sua polpa macia e pálida é um pouco mais azeda. E, assim como a lichia, o rambutã vai bem em coquetéis e saladas de frutas.

Prato clássico: carne de porco adocicada à moda hmong
Os hmong são um grupo étnico que hoje vive principalmente na China e no Sudeste Asiático. Um prato popular hmong consiste em ensopar barriga de porco marinada em molho de soja em um caldo com açúcar mascavo, gengibre e anis-estrelado – você também pode adicionar capim-limão (ver página 144), que, assim como o gengibre, combina bem com carne de porco. Ovos cozidos são acrescentados ao final do tempo de cozimento.

rambutã
- beterraba assada
- arroz basmati cozido
- robalo europeu
- ostra
- molho de pimenta
- brócolis cozidos
- pêssego
- pak choi frito
- chá darjeeling
- cerveja de gengibre

barriga de porco assada
- couve-galega cozida no vapor
- ameixa em lata
- alface little gem
- pastinaca cozida
- alcachofra cozida
- açafrão
- aipo-rábano cozido
- capim-limão
- purê de gengibre
- chá darjeeling

violeta
- favas cozidas
- maracujá
- cenoura cozida
- freekeh cozido
- estragão
- abobrinha
- gengibre fresco
- aipo-rábano cozido
- carne de caranguejo cozida
- creme de cassis

suco de ameixa
- vinagre de xerez reserva
- maracujá
- flor de sabugueiro
- purê de gengibre
- barriga de porco assada
- folha de shissô
- pasta tikka masala
- tomatillo cozido
- mamão papaia
- pimenta-da-jamaica

espumante cava brut
- folhas de coentro
- gengibre fresco
- filé de costela suína assado no forno
- tainha-olhalvo pochê
- beterraba frita na frigideira
- café robusta torrado em grãos
- pomelo
- cheddar maturado
- manga alphonso
- saishikomi (molho de soja de fermentação dupla)

tofu
- crisps de batata-doce
- ganso selvagem assado
- chá darjeeling
- pipoca
- purê de gengibre
- pombo selvagem frito na frigideira
- vinagre de xerez
- fumet de mariscos
- missô de soja
- gruyère

Capim-limão

Como o nome sugere, o capim-limão compartilha de algumas moléculas aromáticas cítricas encontradas nos limões, mas também contém uma quantidade significativa de mentol, que lhe confere um sabor refrescante e mentolado.

À primeira vista, os talos longos e fibrosos do capim-limão lembram a cebolinha, mas essa erva é na verdade um tipo de grama tropical. Ao usá-la na cozinha, amasse ou machuque os talos com as costas da faca para liberar seus óleos essenciais antes de adicioná-los a um caldo. Para guarnecer pratos, como as camadas externas fibrosas dos talos podem ser duras, descasque-as e use fatias finas da parte interna, que é mais macia. Para marinadas de carnes e frutos do mar, rale o capim-limão diretamente na sua mistura de temperos para evitar a perda dos sumos da erva.

O capim-limão é amplamente utilizado em várias culinárias do Sudeste Asiático, combinado com outras ervas aromáticas para equilibrar os fortes sabores sulfurosos e maltados do molho de peixe. Seu aroma cítrico e floral sutil e seu sabor mentolado também fazem dele uma tisana bem popular.

- A pasta de curry verde tailandês mistura vários ingredientes aromáticos – como capim-limão, sementes de coentro, cominho, limão-makrut, sementes de pimentas verdes, galanga, pimenta-olho-de-pássaro, alho, chalotas e pasta de camarão – com molho de peixe e leite de coco.

- Você pode usar os talos externos mais duros do capim-limão para fazer um chá. Mergulhe três talos de capim-limão fresco em água quente por cerca de dez minutos e sirva com mel natural e um pouco do sumo de limão-siciliano, se preferir.

Por que formigas têm gosto de capim-limão?

Alex Atala, do D.O.M., em São Paulo, Brasil

Alex Atala é um gigante no cenário gastronômico brasileiro, conhecido por promover ingredientes nativos e práticas de cultivo sustentáveis. O menu de seu restaurante D.O.M., em São Paulo, traz justaposições simples, porém primorosas, incorporando ingredientes atípicos provenientes de localidades longínquas do país – incluindo as saúvas da floresta tropical amazônica.

Não esperávamos que essas pequenas criaturas pouco atraentes tivessem tanto sabor, mas experimentá-las pela primeira vez derrubou esse preconceito: o que aprendemos foi que as saúvas brasileiras são uma iguaria. Descobrimos em nossa análise aromática que as saúvas contêm quantias significativas de neral e geranial, que também se encontram no capim-limão, além de uma alta concentração de linalol, que dá a elas um sabor floral, cítrico e amadeirado.

Atala usa as saúvas vermelhas capturadas na floresta tropical de São Gabriel da Cachoeira, no norte do estado do Amazonas, como um toque picante em vários de seus pratos mais icônicos. Sua sobremesa mais conhecida consiste em uma única saúva vermelha por cima de um cubo de abacaxi fresco e suculento. A ideia é que ela seja consumida em uma única mordida, gerando uma explosão de sabor da fruta tropical e das notas de capim-limão da saúva.

Perfil aromático relacionado: saúva brasileira
A saúva tem um perfil aromático semelhante ao do capim-limão. O neral e o geranial lhe conferem notas de cítricos e de limão, enquanto o linalol acrescenta notas florais, cítricas e amadeiradas.

	frutado	cítrico	floral	verde	herbal	vegetal	caramelado	torrado	de nozes	amadeirado	picante	de queijo	animal	químico
saúva brasileira	•	•	•	•		•								
pêssego	•	•	•	•										
galinha-d'angola frita na frigideira	•	•	•	•	•	•	•	•	•	•	•	•	•	•
purê de pimentão vermelho torrado	•	•	•	•	•	•	•	•	•	•	•			•
queijo tipo parmesão	•	•	•			•	•			•		•	•	
azeitona preta	•	•	•	•	•					•				
cacau em pó	•	•	•				•	•	•	•	•		•	•
barriga de porco assada	•	•	•	•	•	•	•	•	•	•	•	•	•	•
pimenta ají amarillo	•	•	•	•	•	•	•	•		•	•	•	•	•
limão-siciliano	•	•	•	•						•				
berinjela grelhada	•	•	•	•	•	•	•	•		•				•

Capim-limão

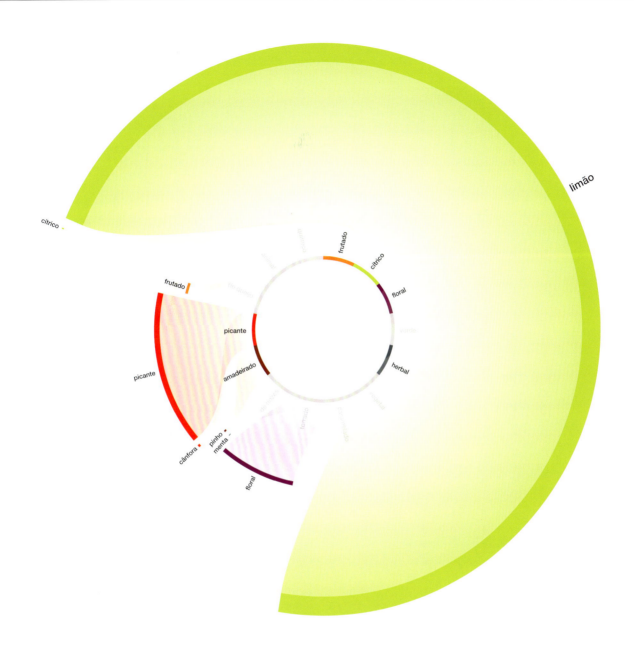

Perfil aromático do capim-limão
Esta erva dura e resistente recebe suas notas de limão do composto limoneno e do geranial, que tem um forte aroma cítrico. O capim-limão também contém o neral, mais doce e menos cítrico, que tem o cheiro similar ao da casca do limão-siciliano. Algumas outras moléculas aromáticas presentes acrescentam uma fragrância floral e cheiros amadeirados e herbais ao perfil aromático. O mentol encontrado no capim-limão explica seu sabor refrescante e mentolado. Um dos compostos fundamentais na hortelã-pimenta, o mentol também pode ser encontrado na camomila, no manjericão, no tomilho, na framboesa e na manga.

Combinação em potencial: capim-limão com chá de jasmim
Para fazer um drinque aromático e refrescante, use um xarope de açúcar com infusão de capim-limão para adoçar um chá de jasmim gelado. Misture um pouco de suco de abacaxi para obter uma nota frutada.

Combinação clássica: capim-limão, shissô, carne de porco e camarão
O bún bò hué é uma sopa de macarrão de arroz vietnamita coberta com pernil e um punhado de ervas frescas, como manjericão-tailandês, rau ram (também conhecido como coentro-vietnamita) e folhas de shissô. O caldo translúcido e saboroso é feito com ossos suínos e bovinos, camarão seco, capim-limão, cebola, alho, aipo e molho de peixe.

Combinações de ingredientes com capim-limão

Combinação em potencial: saúva brasileira e parmesão
A saúva tem um aroma cítrico, semelhante ao do capim-limão. Embora os queijos do tipo parmesão também contenham moléculas cítricas, não são elas que vinculam esses dois ingredientes: as formigas têm lactonas com aroma de coco em seu perfil aromático, que também são tipicamente encontradas nos queijos.

Combinação em potencial: capim-limão e crustáceos
O sabor dos crustáceos (ver página 148) se beneficia da adição de ingredientes cítricos, pois eles equilibram o gosto doce e adicionam algumas notas refrescantes ao prato como um todo.

Combinações de ingredientes com capim-limão

queijo tipo parmesão
- carambola
- abacaxi
- ameixa-brasileira
- amchoor (pó de manga)
- melão honeydew
- bacon frito na frigideira
- manga alphonso
- codorna frita na frigideira
- doenjang (pasta de soja fermentada coreana)
- couve-rábano assada

pepperoni
- framboesa
- saúva brasileira
- chips de banana-passa
- azeitona preta
- queijo tipo parmesão
- capim-limão
- café turco
- carne assada
- espumante cava brut
- fumet de mariscos

leite de arroz
- pasta de curry madras
- aipo-rábano cozido
- saúva brasileira
- tamarindo
- asa de arraia pochê
- galinha-d'angola frita na frigideira
- cacau em pó
- queijo tipo parmesão
- camarão cinza cozido
- tomate

aveia integral
- lagosta cozida
- bebida de coco
- filé de peito de frango assado
- abóbora cozida
- peito de pato frito na frigideira
- salame italiano
- filé-mignon
- morango
- saúva brasileira
- molho de soja japonês

grappa
- baga de naranjilla
- usukuchi (molho de soja light)
- chá preto
- macadâmia torrada
- chá darjeeling
- saúva brasileira
- manga
- vinho de arroz
- baga de sabugueiro
- baga de espinheiro-marítimo

erva-mate
- bergamota
- tomate
- capim-limão
- London dry gin
- menta
- suco de lichia
- folha de curry
- gengibre fresco
- cardamomo-negro torrado
- coentro fresco

Crustáceos

Cozinhar lagosta, caranguejo, camarão e lagostim altera o sabor desses crustáceos, que, do contrário, têm um perfil aromático brando caracterizado principalmente por um cheiro verde, parecido com o de peixe. Diferentemente de outros peixes e ostras, crustáceos cozidos têm um aroma de carne e nozes, lembrando até o cheiro de pipoca.

Além de desenvolverem um perfil aromático diferente, as lagostas, os caranguejos, os camarões e os lagostins ficam avermelhados quando cozidos. Isso acontece porque eles contêm uma proteína chamada crustacianina, que é cheia de astaxantina, um tipo de pigmento vermelho. O processo de cozimento altera a crustacianina, fazendo com que a tintura vermelha seja liberada nas conchas e na carne dos crustáceos.

Lagosta

Se você já se deliciou com uma refeição sofisticada de lagosta, há boas chances de ela ter sido capturada em algum lugar do fundo rochoso do oceano Atlântico. Lagostas americanas e europeias prosperam em águas frias, de temperatura entre 12 °C e 18 °C. Armadas com um poderoso par de garras frontais avantajadas, essas lagostas têm a carne mais doce e mais sedosa que suas primas de águas mornas.

A lagosta americana do Maine (*Homarus americanus*) e a lagosta europeia da Bretanha (*Homarus gammarus*) são as duas espécies de lagosta mais comercialmente pescadas. Na Europa, a lagosta Oosterschelde é considerada uma iguaria. Seu exoesqueleto preto-azulado é marcado por manchas alaranjadas que permitem que os pescadores as encontrem quando elas se escondem entre as pedras escarpadas ao longo do Western Scheldt, na Holanda, onde são capturadas de forma sustentável.

- Para saborear o melhor da carne adocicada e macia da lagosta fresca, é simples: cozinhe-a no vapor até o ponto certo e sirva com um pouco de sumo fresco de limão-siciliano e de manteiga derretida.

- A lagosta bellevue consiste em dispor caudas de lagosta resfriadas sobre uma cama de alface com ovos cozidos com gema mole, tomates e colheradas de maionese com molho coquetel.

- A lagosta newberg é um prato em que a lagosta é cozida em um molho cremoso temperado com conhaque, xerez, brandy ou vinho madeira e um toque de molho Tabasco ou de pimenta-caiena e servida com torradas.

- A lagosta à l'américaine é servida em um molho de tomate cremoso com infusão de conhaque feito com as próprias conchas do crustáceo e finalizado com salsinha e estragão frescos picados.

Caranguejola

A caranguejola (também conhecida como sapateira ou caranguejo-sapateira) vive nas águas rasas do oceano Atlântico, desde o Mar do Norte até o norte da África. Com suas patas de ponta preta, esses necrófagos se adaptam facilmente a seu habitat e representam uma parte considerável das capturas da indústria de frutos do mar do ocidente europeu. A carne branca das patas da frente de uma caranguejola corresponde a aproximadamente um terço de todo o seu peso corporal. O resto da carne do corpo é chamada de carne escura. Os machos tendem a ter a carne das patas com sabor mais adocicado que a das fêmeas.

- O clássico coquetel de caranguejo belga usa os mesmos ingredientes da lagosta bellevue (ver acima), porém é servido em uma taça. Versões mais modernas do prato, com abacate, alface, toranja e molho coquetel, também começaram a aparecer.

Perfil aromático relacionado: carne de caranguejola cozida
A caranguejola cozida compartilha com a lagosta cozida vários compostos aromáticos: com aroma de carne, de nozes, de pipoca e vegetais (de batata). Também tem um aroma notoriamente verde, como o dos lagostins. Cozinhá-la leva à formação de ésteres de aroma frutado.

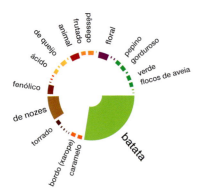

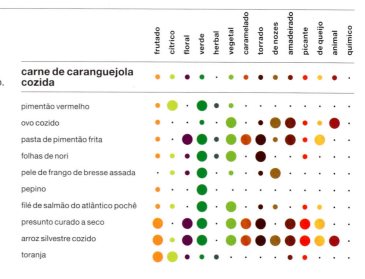

Cauda de lagosta cozida

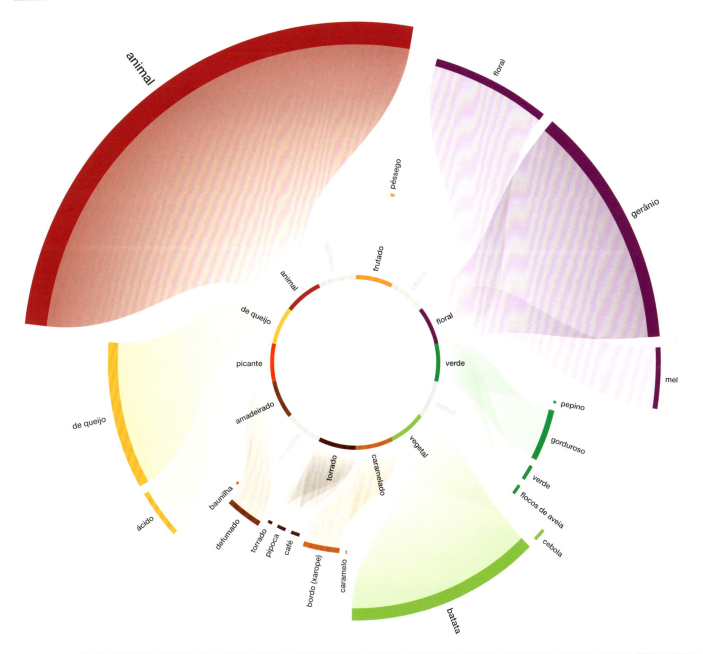

Perfil aromático da cauda de lagosta cozida

A lagosta cozida tem um aroma de carne, de nozes e de pipoca com algumas notas adicionais de batata e gerânio, pois a exposição ao calor no processo de cozimento desencadeia a oxidação das gorduras e de outras reações enzimáticas. Conforme a temperatura sobe, moléculas aromáticas com cheiro de carne começam a se formar em virtude da reação de Maillard e da degradação de Strecker (ver página 183).

Lagostim cozido

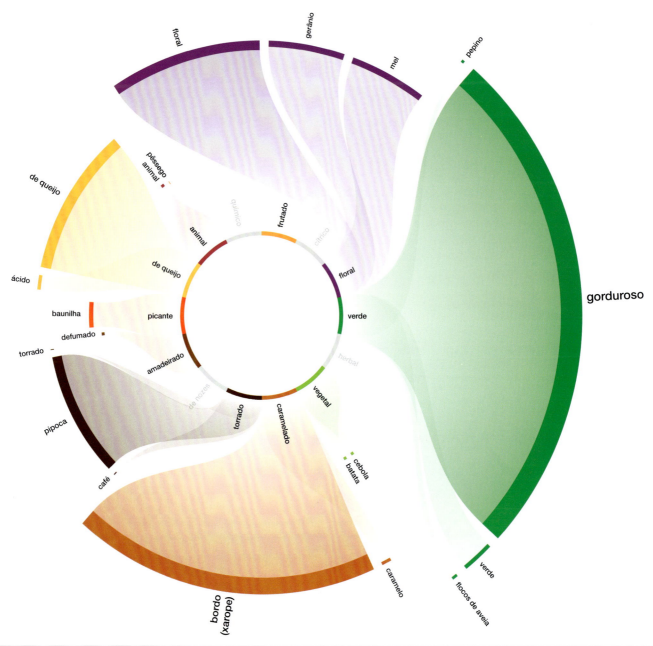

Perfil aromático do lagostim cozido

O sabor do lagostim cozido é semelhante ao da lagosta, mas com uma concentração mais baixa de compostos com cheiro de carne e de batata. Grandes quantidades de compostos voláteis com aroma de bordo dão a estes pequenos crustáceos um gosto mais doce. Eles também têm um perfil aromático mais verde e mais gorduroso, com mais cheiro de pipoca. As notas com este aroma podem ser atribuídas ao composto de impacto 2-acetil-1-pirrolina, que fica ainda mais concentrado durante o cozimento.

Combinação do chef: lagostim e café recém-moído

A ideia de usar café recém-moído para finalizar um prato, como na receita de lagostim descrita a seguir, tende a surpreender as pessoas. Elas se surpreendem ainda mais quando experimentam o prato e percebem que não fica com gosto nenhum de café – você sente o gosto das notas de baunilha e torradas do café em vez do sabor de café.

Ingrediente clássico: fumet de mariscos

Como um clássico fumet de peixe, o fumet de mariscos é usado como base para molhos e sopas, só que esse caldo é feito com cascas de camarão, caranguejo ou lagosta em vez de espinhas de peixe. Na ilha japonesa de Hokkaido, um caldo à base de caranguejo é usado para fazer sorvete. Heston Blumenthal também já serviu sorvete de caranguejo em seu restaurante, o Fat Duck, com um risoto de caranguejo.

Lagostim com maionese de vegetais
Receita do Foodpairing

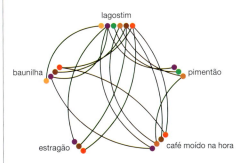

Este prato combina o lagostim com um molho de pimentão amarelo. Bata um purê de pimentão amarelo com goma xantana, claras de ovo, suco de limão-siciliano e sal, e então vá adicionando gradualmente azeite de oliva extravirgem, batendo constantemente até que se forme uma emulsão com textura de maionese. Salteie os lagostins. Regue-os com uma infusão de óleo de amendoim com fava de baunilha, salpique por cima o café recém-moído e sirva com o molho.

Lagostim

O lagostim, ou *Nephrops norvegicus* – também conhecido como camarão da Baía de Dublin, scampi, ou camarão-norueguês –, é uma iguaria dos frutos do mar especialmente apreciada na França. Nem bem uma lagosta nem bem um camarão, o lagostim é nativo do Atlântico nordeste e de partes do Mar Mediterrâneo. Comumente ele tem cerca de 20 cm de comprimento e uma cor laranja-rosada. Pode ser complicado descascar lagostins, mas seu sabor e sua textura adocicada e delicada valem muito o esforço.

• Nos pratos clássicos franceses, os lagostins normalmente são cozidos, salteados ou grelhados. Para o langoustines ninon, são salteados com manteiga, alho-poró e laranja. Eles também aparecem muito em entradas ou saladas com maionese, simplesmente grelhados com manteiga de alho, ou acompanhando massas frescas, como o ravioli.

Combinação em potencial: lagostim e tzatziki
Os dois ingredientes principais do tzatziki são o iogurte grego salgado de leite de ovelha ou de cabra e o pepino picado. Este molho combina bem com lagostim porque algumas das moléculas aromáticas verdes, gordurosas e características do pepino são típicas também dos mariscos.

Combinação em potencial: lagosta e sementes de cañihua
Há muito tempo um ingrediente básico na América do Sul, a cañihua é um parente próximo da quinoa. E, assim como a quinoa, essas minúsculas sementes granulares marrom-avermelhadas são livres de glúten e ricas em proteínas, razão pela qual às vezes são descritas como um superalimento. Você pode usá-las em smoothies, sobremesas e preparos como bolos, pães e biscoitos, ou simplesmente adicionar cañihua cozida a saladas.

Combinações de ingredientes com crustáceos

Prato clássico: lagosta à thermidor
A lagosta, dividida ao meio longitudinalmente, é recheada com a carne de sua própria cauda e uma mistura cremosa de molho de vinho branco com mostarda e suco de limão. Cada metade da lagosta é então coberta com uma camada generosa de gruyère ralado e gratinada para finalizar.

Combinação clássica: crustáceos e vinho branco
A leve doçura dos crustáceos contrasta maravilhosamente com a acidez refrescante do vinho branco (ver página 154), o que explica o fato de esta ser uma combinação tão clássica. A escolha entre um vinho delicado e frutado ou mais marcante depende do molho: um prato encorpado como a lagosta à thermidor também pede um vinho com mais corpo – experimente chardonnay, riesling australiano ou o rhône branco.

salsa-crespa
- folhas de nori
- lagosta cozida
- pato selvagem frito na frigideira
- abóbora cozida
- favas cozidas
- faisão frito na frigideira
- cenoura cozida
- pimenta-da-jamaica
- pêssego
- chá sencha

purê de abóbora
- lagosta cozida
- vieira cozida
- ganjang (molho de soja coreano)
- pato selvagem frito na frigideira
- bife assado no forno
- pimentão vermelho assado
- abacaxi
- toranja
- baunilha bourbon
- morango gariguette

faisão frito na frigideira
- cereja stella
- amora
- melão japonês (melão miyabi)
- batata yacón
- pimenta ají mirasol
- camarão graúdo frito na frigideira
- folha de feno-grego
- coulis de pimentão amarelo
- favas cozidas
- granadilha

noz-pecã torrada
- melão
- maruca braseada
- amora
- vitela assada
- pimenta chipotle seca
- carne de veado frita na frigideira
- siri-azul cozido
- solha assada
- banana-da-terra
- pipoca

licor de melão
- banana
- radicchio
- folhas de gerânio com aroma de limão
- caranguejo-voador assado (Liocarcinus holsatus)
- lebre assada
- amêijoas cozidas
- erva-cidreira
- canela
- pomelo
- pétalas de rosas frescas comestíveis

broto de bambu cozido
- cordeiro grelhado
- siri-azul cozido
- favas cozidas
- berinjela grelhada
- lombo de porco frito na frigideira
- maruca braseada
- lagostim
- banana-nanica
- gorgonzola
- morango

Sauvignon blanc

O sabor do vinho sauvignon blanc é descrito com frequência como gramíneo e frutado, com um toque de doçura e alta acidez, dependendo da maturação das uvas no momento da produção.

Os tióis podem exibir uma ampla gama de aromas frutados. Em um extremo do espectro está o 4-mercapto-4-metilpentan-2-ol, um tiol com odor de amônia. Algumas garrafas de sauvignon blanc contêm mais desse composto do que outras, o que explica o motivo de a urina de gato às vezes aparecer listada entre as notas de sabor desse vinho popular.

Como o nome "sauvignon blanc" sugere, as uvas "brancas selvagens" foram originalmente descobertas na região de Bordeaux, na França. O cultivo e a produção do sauvignon blanc foi mudando gradualmente de Bordeaux a Sancerre, no Vale do Loire, onde o vinho foi renomeado em função da cidade e recebeu a certificação Denominação de Origem Controlada (DOC). Esses vinhos DOC se destacam por seu caráter quase salgado e por sua mineralidade e acidez, em virtude dos solos ricos em pedra calcária da região.

Conforme a popularidade desse vinho branco refrescante foi crescendo, sua produção se espalhou para outras partes da Europa, até chegar, por fim, à África do Sul, ao Chile, à Califórnia e à Nova Zelândia, onde os produtores mais uma vez popularizaram o nome "sauvignon blanc" nos anos 1980.

O sauvignon blanc da Nova Zelândia e da Austrália tende a ser menos seco e ter um sabor aromático pungente e reconhecível que muitos comparam com frutas tropicais ou com a flor de sabugueiro. Esta última nota de sabor também aparece nos vinhos da terra natal do sauvignon blanc no Loire, embora estes tendam a ser muito mais secos e a ter um caráter mais mineral e rochoso; a groselha é outra nota de sabor comum.

Alguns vinhos secos feitos de uvas sauvignon blanc em que vale a pena ficar de olho são os de Sancerre, Pouilly-Fumé e Touraine, na França; os de Marlborough, na Nova Zelândia; os de Valparaíso, no Chile; e os da Califórnia, nos Estados Unidos. Essa variedade de uva também aparece nos vinhos doces de sobremesa franceses sauternes e barsac.

Combinações clássicas de alimentos com o sauvignon blanc francês incluem o queijo de cabra fresco e pratos leves de peixe e frutos do mar. Os de estilo mais doce e frutado da Nova Zelândia, da Austrália, do Chile e dos Estados Unidos costumam funcionar bem com comidas mais picantes e de sabor mais forte, como o curry verde tailandês, camarão ao alho ou pratos de frutos do mar ao estilo asiático, além de pratos com ervas verdes como coentro, manjericão ou menta.

Funcho assado com iogurte de leite de cabra

Receita do Foodpairing

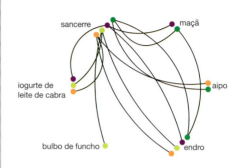

Em colaboração com a sommelier Jane Lopes (ver página 156), combinamos o perfil aromático verde, frutado, floral, picante e balsâmico do sancerre "Flores" de Vincent Pinard, de 2014, com um prato de funcho assado servido com iogurte de leite de cabra e um suco de maçã verde, aipo e hortelã-pimenta. Para começar, o funcho é assado em um caldo de seus próprios sucos com manteiga derretida para intensificar seu sabor de anis. O funcho assado é servido sobre uma cama de iogurte cremoso feito com leite de cabra. Esta clássica combinação com o sancerre foi acompanhada por um suco refrescante feito de aipo (pela picância) e maçã (pela acidez) temperado com toques de hortelã-pimenta fresca e endro, que também foram usados para adornar o funcho assado. Finalizamos nossa combinação com algumas gotas de azeite de oliva extravirgem e decoramos o prato com folhas de salsão fritas, hortelã-pimenta e beldroega.

Sancerre

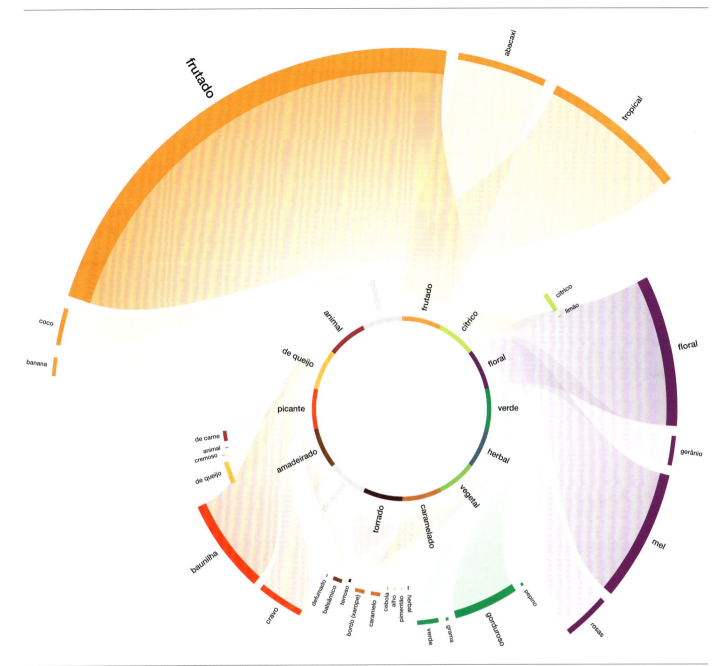

Perfil aromático do sancerre
Delicado e fácil de beber, este vinho branco deve suas notas verdes características ao composto 2-isobutil-3-metoxipirazina, que tem aroma de pimentão. Os tióis encontrados no sauvignon blanc têm um aroma predominantemente frutado, que pode variar de maracujá a toranja, groselha ou mesmo goiaba. Mariscos são uma combinação clássica para o sauvignon blanc, assim como o crottin de chavignol, um queijo de cabra da mesma região do sancerre.

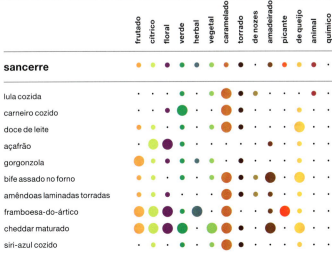

Combinação de receitas: sauvignon blanc, maçã verde e endro
O prato de funcho assado descrito na página 154 funciona porque os perfis aromáticos do sauvignon blanc, da maçã verde e do endro apresentam notas aromáticas verdes com uma nuance de maçã.

Combinação em potencial: sauvignon blanc e doce de leite
O doce de leite é um doce simples da América Latina que se prepara cozinhando lentamente o leite adoçado, para que a maior parte da água evapore e o açúcar caramelize. O creme marrom-dourado resultante apresenta algumas notas carameladas e de queijo que também são encontradas no sauvignon blanc.

Combinando vinho e comida

A premiada sommelier Jane Lopes trabalhou de perto com o chef Daniel Humm durante o tempo que passou no Eleven Madison Park, em Nova York. Atualmente, ela é sommelier no Attica, em Melbourne, Austrália, que em 2018 ficou em 20º lugar na lista dos 50 Melhores Restaurantes do Mundo.

"Para combinar vinhos e comidas, existem algumas diretrizes básicas e consensuais que dizem respeito aos quatro principais componentes do sabor de um vinho: álcool/corpo, acidez, taninos e doçura. No entanto, as regras para combinar vinhos de acordo com seus sabores (aromas) são meio arbitrárias e geralmente empregam uma filosofia de 'semelhante-com-semelhante'. Isso fez com que eu me perguntasse se seria possível aprimorar a experiência geral usando o perfil de sabor de um vinho para complementar – sem espelhar – os sabores de um prato combinado com ele. A maioria das combinações de comidas com vinhos seguem estes princípios fundamentais, baseados nos quatro principais componentes de sabor:

- Álcool/corpo: vinhos de teor alcoólico mais alto exacerbam a picância. Vinhos mais pesados combinam bem com comidas mais pesadas. Vinhos mais leves combinam bem com comidas mais leves.
- Acidez: vinhos de alta acidez devem ser combinados com comidas de alta acidez. Vinhos mais ácidos trazem equilíbrio a comidas gordurosas. Vinhos mais ácidos complementam comidas salgadas.
- Taninos: vinhos taninosos conflituam com comidas salgadas. Vinhos taninosos cortam a gordura de comidas gordurosas.
- Doçura: vinhos doces trazem equilíbrio a comidas picantes. Vinhos doces combinam bem com sobremesas menos doces que eles. Vinhos doces combinam bem com comidas salgadas (por exemplo, sauternes ou porto e queijos azuis). Vinhos doces combinam bem com comidas mais encorpadas, como o foie gras.

Mas e o sabor? A regra geral para combinar os sabores dos vinhos, baseada na filosofia "semelhante-com-semelhante", nos ensina a combinar molhos de manteiga com um tipo de vinho amanteigado, com aroma de carvalho, ou a combinar vinhos de sabor mais salgado e marinho com frutos do mar. Essa abordagem tende a ser meio rudimentar e subjetiva – não exatamente sutil. É aqui que o Foodpairing entra. Para entender melhor como a ciência de combinar alimentos funciona, e como usá-la no restaurante, eu colaborei com a equipe deles em um projeto de combinações de comidas e vinhos (ver página 154)."

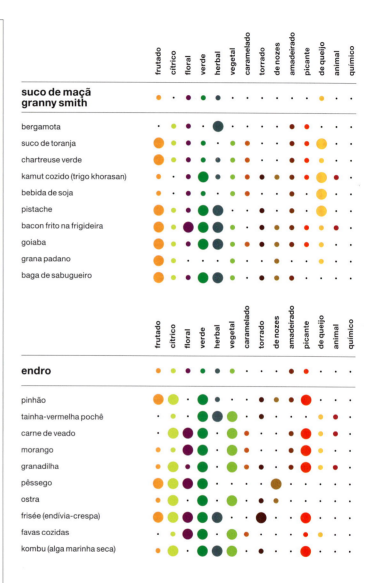

Combinação clássica: sauvignon blanc e lula
Assim como as carnes de caça são frequentemente deixadas para marinar em vinho tinto antes do cozimento, você pode usar o vinho branco para marinar lula, camarões ou peixe. Aromatize sua marinada de vinho branco com folhas de limão-makrut, gengibre e capim-limão, ou use temperos como pimenta-do-reino em grãos e sementes de coentro.

Combinação em potencial: sauvignon blanc, mariscos e tomate
Combinar vinho e tomate (ver página 158) é um desafio, graças à alta acidez desta solanácea. Para fazer dar certo, procure um vinho com um nível parecido de acidez – o sauvignon blanc é uma escolha apropriada.

Combinações de ingredientes com sauvignon blanc

doce de leite
- framboesa
- ganso selvagem assado
- pregado grelhado
- castanha-de-caju torrada
- amora
- maruca braseada
- suco de toranja
- graham cracker (biscoito digestivo)
- creme de soja
- brioche

mariscos
- tomate
- chá sencha
- queijo de cabra
- coelho assado
- geleia de cupuaçu
- cheddar maturado
- pão de trigo
- kamut cozido (trigo khorasan)
- crisps de beterraba
- asa de arraia assada

roquefort
- chocolate ao leite
- tofu
- gengibre fresco
- xerez
- sauvignon blanc
- carne de caranguejo cozida
- physalis
- carne de veado frita na frigideira
- mel de trigo sarraceno
- cidra de maçã

lula cozida
- pregado grelhado
- castanha-de-caju torrada
- flor de jasmim
- alcachofra cozida
- morango calinda
- carne maturada a seco (dry-aged)
- chocolate amargo
- emmental
- porcini seco
- chá sencha

Tomate

Os tomates crus obtêm seu aroma fresco, gramíneo e gorduroso do 2-isobutiltiazol e do cis-3-hexenal. Depois de cozido, seu sabor torna-se mais sulfuroso devido ao surgimento do sulfeto de dimetila, encontrado não apenas no purê de tomate, mas também no repolho cozido como um composto de impacto característico.

Nos tomates, classificados botanicamente como bagas, os compostos voláteis são formados quando os frutos amadurecem no pé ou quando suas células são rompidas – por exemplo, no momento em que ele é fatiado. A quebra das células do tomate faz com que as enzimas ou moléculas de oxigênio transformem seus aminoácidos em novas moléculas aromáticas. Em temperaturas abaixo de 12 °C, as enzimas responsáveis pela produção de certas moléculas aromáticas fundamentais do tomate são inibidas, o que resulta em uma perda de até 65% do sabor do tomate. É por isso que os tomates não devem ser mantidos na geladeira: trazê-los de volta à temperatura ambiente depois de terem sido resfriados não trará de volta os aromas perdidos.

Acredita-se que os tomates tenham começado a se desenvolver na região montanhosa dos Andes. De lá, eles foram para o México, onde eram consumidos pelos astecas, que os chamavam de *tomatl*. As sementes de tomate foram introduzidas pela primeira vez na Europa no século XVI, provavelmente por exploradores espanhóis. Hoje em dia, há uma grande variedade de tomates disponíveis, em diversos formatos e tamanhos, em cores que variam de vermelho e laranja a amarelo, verde, roxo, marrom e até preto.

Se você esfregar as folhas ou os caules de um tomateiro entre os dedos, perceberá que eles têm cheiro de tomate. Isso ocorre porque eles contêm tomatina, uma substância alcaloide tóxica produzida pela planta que atua como repelente natural de pragas. Conforme os tomates amadurecem, a tomatina desaparece, mas deixa presente o sabor de tomate. Ao preparar um molho de tomate, você pode adicionar talos ou folhas à panela para realçar o sabor. Você também pode adicionar um toque extra de umami ao molho incluindo as cascas e as sementes do tomate. Se você descascar cuidadosamente um tomate escaldado, encontrará uma fina camada de polpa branca logo abaixo da superfície – é aí que está o umami.

- Para fazer purê de tomate do zero, simplesmente bata os tomates frescos e maduros e cozinhe-os em fogo baixo até reduzi-los a um molho encorpado e saboroso. Peneire as cascas e as sementes. Armazene o purê de tomate concentrado em potes na geladeira ou congele-o para usá-lo quando quiser em sopas, ensopados e molhos.
- O purê de tomate confere aos fundos um intenso toque de umami – o truque é secar o purê de tomate no forno antes de adicioná-lo ao fundo para reduzir sua acidez. É por isso que a receita francesa clássica de fundo escuro (*fond brun*) pede para assar ou fritar legumes e ossos com purê de tomate no início do preparo. No entanto, se estiver fazendo um caldo, os tomates frescos são a melhor opção.
- Para adicionar um toque extra de umami a um molho escuro, refogue cebolas, alho e tomates frescos picados, complete com suas sementes e cascas, despeje o molho sobre os legumes refogados e reduza.
- Para uma entrada rápida e fácil, misture purê de tomate com ervas frescas picadas – como manjericão, estragão, orégano ou cebolinha – e um pouco de azeite de oliva e espalhe a mistura sobre crostinis.
- O shakshuka é um prato clássico do Oriente Médio e do norte da África composto de ovos cozidos em um robusto molho de tomate temperado com pimenta e cominho.

Perfil aromático relacionado: purê de tomate
Cozinhar tomates causa uma drástica diminuição dos aldeídos de aroma verde e um aumento das notas carameladas e florais com cheiro de rosas da betadamascenona, além de outras notas vegetais de cebola e cravo picante.

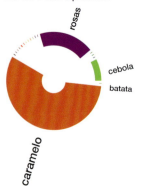

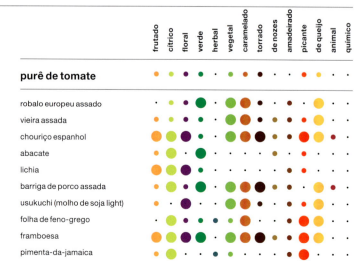

Tomate-cereja

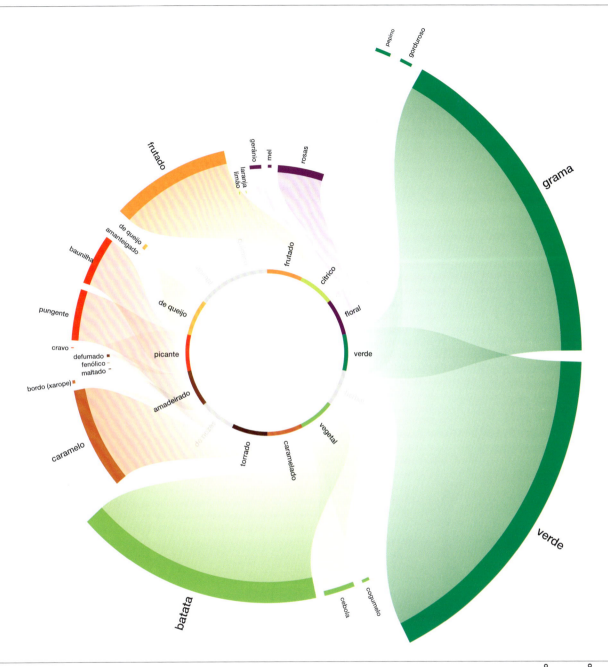

Perfil aromático do tomate-cereja
O tomate maduro fresco contém predominantemente moléculas aromáticas verdes e gramíneas, que, junto com alguns aromas frutados, de rosa, florais e vegetais, e em menor grau algumas notas carameladas e amanteigadas, determinam seu sabor geral.

	frutado	cítrico	floral	verde	herbal	vegetal	caramelado	torrado	de nozes	amadeirado	picante	de queijo	animal	químico
tomate-cereja	·	·	·	·	·	·	·	·	·	·	·	·	·	·
caqui	·	·	·	·	·	·	·	·	·	·	·	·	·	·
borragem	·	·	·	·	·	·	·	·	·	·	·	·	·	·
mexilhões bouchot cozidos	·	·	·	·	·	·	·	·	·	·	·	·	·	·
cordeiro grelhado	·	·	·	·	·	·	·	·	·	·	·	·	·	·
rosa-mosqueta seca	·	·	·	·	·	·	·	·	·	·	·	·	·	·
uva-passa	·	·	·	·	·	·	·	·	·	·	·	·	·	·
pregado	·	·	·	·	·	·	·	·	·	·	·	·	·	·
goiaba	·	·	·	·	·	·	·	·	·	·	·	·	·	·
figo seco	·	·	·	·	·	·	·	·	·	·	·	·	·	·
amêndoa	·	·	·	·	·	·	·	·	·	·	·	·	·	·

Combinação do chef: tomate, ruibarbo e folha de capuchinha
Além das flores comestíveis, a capuchinha produz folhas comestíveis. Colha as de tamanho pequeno a médio, da primavera até o início do outono, e use-as para dar aos pratos um toque apimentado e agridoce, como no prato de tomate e camarão descrito a seguir.

Combinação em potencial: tomate-cereja e caqui
A cor do caqui pode variar do amarelo ao vermelho-alaranjado. Esta fruta pode ser comida fresca, como uma maçã, ou seca, ou pode ser adicionada a sobremesas, saladas e curries. Na Coreia, o caqui maduro é fermentado para fazer o *gam-sikcho* (vinagre de caqui). O pudim de caqui é uma sobremesa americana, mas feito no vapor ou cozido em banho-maria, como um pudim de Natal inglês.

Tomate com camarão e ruibarbo
Receita do Foodpairing

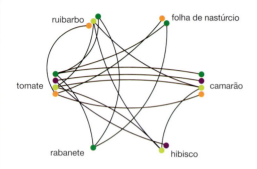

Conhecidos como tomates aux crevettes ou como tomaat-garnaal, os tomates recheados com salada de camarão são um prato belga essencial. Nesta versão desconstruída, o camarão rosa e os tomates-cereja são servidos com apimentadas fatias de rabanetes e ácidas fatias de ruibarbo. Uma infusão de caldo de tomate resfriado com flores de hibisco, com suas notas cítricas, completam esta refrescante salada de verão.

Prato clássico: salada caprese
Uma salada caprese consiste em tomates fatiados, muçarela do tipo branco e manjericão regados com azeite de oliva e temperados com sal.

Combinação em potencial: tomate e queijos azuis
Para variar um clássico, forre uma base de pizza com molho de tomate e cubra com bandas de tomate-cereja e queijo azul (ver página 162) esfarelado à mão em vez de muçarela. Finalize a pizza pronta com algumas folhas verdes de rúcula e um fio de azeite de oliva.

Combinações de ingredientes com purê de tomate

azeite de oliva picual
- chocolate amargo
- carne de caranguejo cozida
- bacon frito na frigideira
- cavalinha
- cordeiro grelhado
- rosa-mosqueta seca
- tomate italiano
- damasco
- castanha-de-caju
- menta

alho frito
- purê de tomate
- malte
- caldo de legumes
- manga
- stilton
- beterraba
- pasta de curry madras
- óleo de canola
- amora
- gochujang (pasta coreana de pimenta vermelha)

muçarela de búfala
- noz-pecã
- pele de frango de Bresse assada
- favas cozidas
- batata-doce cozida
- chocolate ao leite
- bacon frito na frigideira
- toranja
- mamão papaia
- folhas de coentro
- flor de jasmim

murta-limão seca
- flor de jasmim
- pimenta-de-sichuan
- pasta tikka masala
- gengibre fresco
- tomate italiano
- saúva brasileira
- sementes de cardamomo
- triple sec
- huacatay (menta negra peruana)
- rosa-mosqueta seca

molho de pimenta
- tomate-cereja
- arak (destilado de uva)
- bergamota
- grãos de fônio cozidos
- robalo europeu assado
- pimenta-da-jamaica
- castanha-de-caju torrada
- cereja-doce
- mel de canola
- iogurte de leite de vaca

peixe-lobo do atlântico braseado
- folha de capuchinha
- aipo
- camembert
- alcachofra cozida
- microverdes de shissô
- repolho verde
- flor de hibisco seca
- suco de tomate pasteurizado
- carne maturada a seco (dry-aged)
- fundo escuro de galinha

Queijos azuis

Queijos azuis como roquefort, gorgonzola e stilton têm um intenso sabor amanteigado e de queijo com toques frutados. Esses queijos ganham sua aparência marmorizada das diversas cepas do mofo *Penicillium* (do mesmo gênero usado para produzir o antibiótico penicilina), que também são responsáveis pelo seu característico sabor "azul".

Em alguns casos, o leite é inoculado com esporos de *Penicillium* antes da coagulação, o que permite que o mofo floresça de forma aeróbica, mas espécies como a *Penicillium roqueforti* são misturadas à coalhada fermentada antes de ela ser prensada. Conforme o oxigênio do ambiente penetra pelas rachaduras e fendas do queijo, ele alimenta o mofo *P. roqueforti*, criando um padrão complexo de veios azuis em todo o queijo. Quanto mais veios azuis, mais intenso o sabor do queijo. Queijos azuis mais macios e cremosos como stilton, bleu d'auvergne e gorgonzola são inoculados com o mofo *P. glaucum*, que tem um sabor mais doce e suave que o roquefort.

Como na produção da maioria dos queijos, as enzimas do leite, a quimosina, os fermentos lácteos e as floras secundárias têm seu papel no desenvolvimento do sabor dos queijos azuis. Mas as mudanças mais significativas ocorrem quando o queijo amadurece, momento em que os compostos aromáticos específicos de cada variedade se formam. Metilcetonas como a 2-pentanona, a 2-heptanona e a 2-nonanona são produtos metabólicos do mofo *P. roqueforti*. Sendo assim, esses compostos são encontrados apenas no roquefort, que pode apresentar desde aroma frutado até aroma de banana, dependendo da maturação.

O trissulfureto dietílico é um composto aromático fundamental no perfil de sabor geral dos queijos azuis. Esse volátil acebolado também está presente no chocolate, no café, nas baguetes e no alho negro. Para provar isso, certa vez o chef Heston Blumenthal fez um bolo de chocolate com calda derretida com infusão de café, roquefort e bleu d'auvergne.

Os queijos azuis também contêm pequenas quantidades de compostos etil-hexanoato. Esses ésteres normalmente têm um aroma de abacaxi ou de banana, mas cheiram mais a laticínios ou queijo em concentrações mais baixas. O etil-hexanoato está presente ainda na cerveja e no vinho do porto; isso explica a clássica combinação de vinho do porto e stilton, e o porquê de cervejas e queijos funcionarem tão bem juntos.

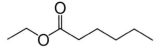

Etil-hexanoato
Além do queijo azul, este éster é encontrado na cerveja e no vinho do porto.

Queijo azul e abacaxi

Sang Hoon Degeimbre, do L'Air du Temps, na Bélgica

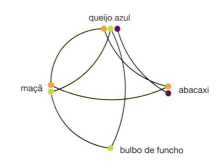

O chef Sang Hoon Degeimbre, do L'Air du Temps, elaborou um prato baseado no composto etil-hexanoato, um tipo de éster com o aroma característico de abacaxi ou banana. Ele combinou queijo azul com uma geleia de abacaxi e serviu com uma salada de maçã, funcho e um molho parecido com uma geleia feito com maçãs e peras.

Queijos azuis

Perfil aromático dos queijos azuis
As notas frutadas e de queijo dos queijos azuis se intensificam conforme ele amadurece, mas são apagadas pelo aroma forte de acetona – que nos é familiar como removedor de esmalte – quando o queijo fica maduro demais.

	frutado	cítrico	floral	verde	herbal	vegetal	caramelado	torrado	de nozes	amadeirado	picante	de queijo	animal	químico
queijos azuis	·	·	·	·	·	·	·	·	·	·	·	·	·	·
chocolate ao leite	·	·	·	·	·	·	·	·	·	·	·	·	·	·
chá sencha	·	·	·	·	·	·	·	·	·	·	·	·	·	·
sobrasada	·	·	·	·	·	·	·	·	·	·	·	·	·	·
baga de sabugueiro	·	·	·	·	·	·	·	·	·	·	·	·	·	·
batata-doce cozida	·	·	·	·	·	·	·	·	·	·	·	·	·	·
linguado pochê	·	·	·	·	·	·	·	·	·	·	·	·	·	·
cebolinha	·	·	·	·	·	·	·	·	·	·	·	·	·	·
aspargos verdes	·	·	·	·	·	·	·	·	·	·	·	·	·	·
cerveja de gengibre	·	·	·	·	·	·	·	·	·	·	·	·	·	·
huacatay (menta negra peruana)	·	·	·	·	·	·	·	·	·	·	·	·	·	·

Combinação clássica: queijo azul e vinho do porto

A doçura do vinho do porto rubi ou vintage serve para equilibrar a cremosidade salgada e pungente do queijo azul. Para combinar esses dois ingredientes, você pode deixar um *truckle* de stilton – ou seja, uma roda cilíndrica inteira de queijo – absorver o conteúdo de uma garrafa de vinho do porto.

Prato clássico: salada cobb

A clássica salada americana cobb consiste em alface picada, abacate e tomate misturados com pedaços de roquefort, bacon, frango e ovos cozidos, servidos com vinagrete de vinho tinto.

Combinações de ingredientes com queijo azul

vinho do porto
- kombu (alga marinha seca)
- gema de ovo
- ganso selvagem assado
- camembert
- fígado de porco assado
- pétalas de rosas frescas comestíveis
- mel de acácia
- maçã
- cereja-doce
- muçarela de búfala

ovo cozido
- repolho verde
- chá preto
- salsa-lisa
- saúva brasileira
- coulis de pimentão amarelo
- aspargos brancos cozidos
- queijo azul
- farinha de rosca panko
- bacamarte assado
- molho de peixe japonês

missô de peixe
- groselha-negra
- cacau em pó
- stilton
- avelã torrada
- cerefólio-tuberoso
- tomate italiano
- fumet de mariscos
- banana-nanica
- vieira cozida
- leite de cabra

mel de castanha
- bacon frito na frigideira
- saquê
- flor de limoeiro (flor de tília)
- água de coco
- sudachi
- salmão pochê
- bleu d'auvergne
- chocolate caramelizado
- folhas de coentro
- óleo de semente de abóbora

geleia de morango
- cenoura cozida
- ganso selvagem assado
- gengibre fresco
- bolinhos de amêndoa
- doenjang (pasta de soja fermentada coreana)
- noz-pecã
- cream cheese
- bleu d'auvergne
- pão branco para torrar
- manga

chirimoia
- groselha-negra
- pregado grelhado
- huacatay (menta negra peruana)
- folhas de lavanda frescas
- saúva brasileira
- toranja
- lichia
- faisão frito na frigideira
- couve-rábano assada
- roquefort

Combinação clássica: queijo azul e bife
Um bife servido com molho roquefort espesso e cremoso é o sonho de qualquer apreciador de queijo azul.

Combinação clássica: queijo azul e abóbora
Experimente espalhar pedaços de queijo fourme d'ambert sobre um velouté de abóbora ou faça um gratinado de abóbora (ver página 166) e fourme d'ambert. Você pode finalizar esses dois pratos com alguns amendoins torrados.

Ingrediente Queijos azuis 165

coxão mole
- chirimoia
- sálvia-roxa
- anis
- shissô
- pimenta-da-jamaica
- maçã red delicious
- uva-do-monte
- vagem cozida
- pimentão vermelho assado
- mel cítrico espanhol

queijo fourme d'ambert
- abóbora cozida
- iogurte de soja
- curaçau
- maçã granny smith
- laranja-vermelha moro
- uísque bourbon
- banana
- bacon frito na frigideira
- amendoim torrado
- massa de grano duro cozida

rum Zacapa XO
- melão
- folha de louro
- galanga-grande
- avestruz frito na frigideira
- morango
- goiaba
- salchichón
- alcaçuz
- kiwi
- roquefort

framboesa meeker
- pão branco para torrar
- caldo de pombo
- leitelho
- beterraba assada
- vieira
- pepino
- bagel
- flor de sakura em conserva
- mel de acácia
- roquefort

ameixa-brasileira
- melão honeydew
- mexilhões cozidos
- camomila seca
- queijo idiazabal
- folhas de cominho secas
- queijo azul
- abóbora cozida
- aipo-rábano cru ralado
- filé de bacalhau pochê
- lebre assada

bottarga
- pepperoni
- berinjela cozida
- folha-de-ostra
- caldo de pombo
- queijo azul polonês
- trufa-de-verão
- pato selvagem frito na frigideira
- suco de baga de sabugueiro
- chocolate ao leite
- amendoim torrado

Abóbora-cheirosa

A abóbora-cheirosa é uma boa fonte do saudável betacaroteno, que se transforma em betaionona quando esta abóbora de inverno é cozida, conferindo a ela uma fragrância característica de violeta.

Pouca gente se dá conta de que existe mais de um tipo de abóbora, mas há de fato uma variedade delas para escolher. Por baixo da casca externa dura, há uma densa polpa alaranjada que se torna agradavelmente doce e macia quando cozida no vapor, salteada, assada ou amassada. A pele também é comestível depois de assada por tempo suficiente, assim como as sementes, que podem ser tostadas no forno e servidas como petisco. A abóbora é rica em fibras digestivas, além de vitaminas, minerais e carotenoides antioxidantes.

Como outras abóboras, a abóbora-cheirosa (*Cucurbita moschata*) provavelmente teve origem na América Central ou na América do Sul e precisa de um clima quente para amadurecer completamente. Suas notas verdes e frutadas encontram no azeite de oliva um bom parceiro (ver página 168), e assá-la no azeite de oliva – um dos métodos de preparo mais comuns – também ajuda a trazer à tona seus sabores caramelados.

- Sul-africanos recheiam essa abóbora com espinafre e queijo feta para servir com braais, ou carnes grelhadas.

- Para uma versão vegana do *turducken* (*turkey* + *duck* + *chicken*, um peru recheado com um pato que foi recheado com um frango), recheie uma abóbora-cheirosa com uma beringela que foi recheada com abobrinha. Outros ingredientes, como cogumelos shiitake, alho, cebolas, croûtons, salsinha, queijo parmesão e xarope de bordo, podem temperar a mistura.

- O purê de abóbora-cheirosa funciona bem em bolos, tortas e até em sorvetes.

Pato à physalis com abóbora-cheirosa

Receita do Foodpairing

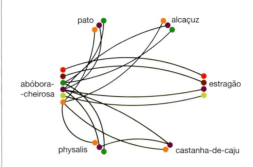

As notas florais e cítricas da abóbora combinam bem com a laranja e a physalis. Estas duas frutas têm perfis aromáticos tão parecidos que, nesta variação do clássico prato francês pato à l'orange, substituímos o cítrico pela physalis. Tenha em mente, contudo, que durante o processo de assar o pato se desenvolvem notas de assado e mais carameladas. A physalis também contém as mesmas notas vegetais (pense em batatas cozidas) presentes na abóbora e em castanhas, além de outras moléculas inesperadas com aroma torrado de pipoca.

Sirva o pato assado na panela sobre um purê de abóbora-cheirosa e regue com um molho escuro e salgado com sabor de anis e cânfora feito com raiz de alcaçuz em pó e fundo escuro de vitela. Uma guarnição crocante de castanhas picadas temperadas com raspas de limão e estragão ilumina o prato com uma nota apimentada. Caramelize a physalis em suco de maçã com infusão de anis-estrelado e então disponha a fruta caramelizada no prato para um toque final picante com aroma de cravo.

	frutado	cítrico	floral	verde	herbal	vegetal	caramelado	torrado	de nozes	amadeirado	picante	de queijo	animal	químico
physalis														
ouriço-do-mar														
funcho														
cardamomo-negro														
mexilhões bouchot cozidos														
cogumelo-palha cozido														
manjericão-selvagem (*Clinopodium vulgare*)														
codorna frita na frigideira														
folha de feno-grego														
ganso assado														
morango														

Abóbora-cheirosa cozida

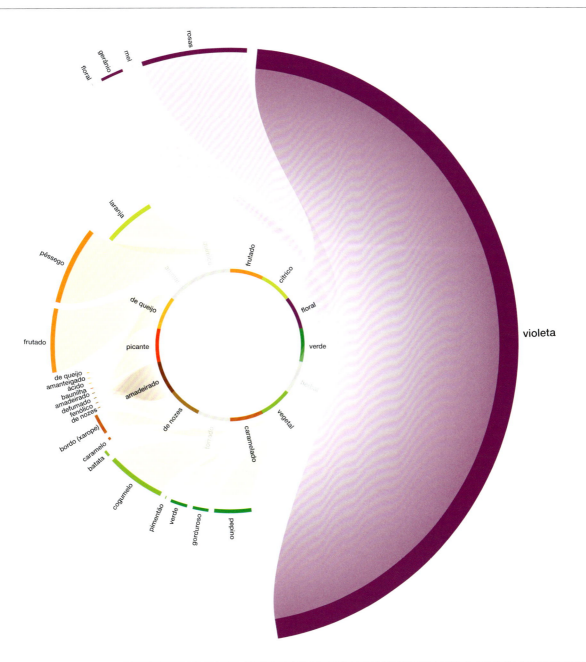

Perfil aromático da abóbora-cheirosa
A betaionona tem um aroma floral e violeta com notas frutadas que podem variar de frutas tropicais a frutas vermelhas. Além da abóbora cozida, esse composto aromático é encontrado em outros ingredientes ricos em betacaroteno, como batata-doce e cenoura. Ele também aparece nos perfis aromáticos do damasco, do ruibarbo, do chá darjeeling, do freekeh cozido e do feijão-fradinho cozido.

Azeite de oliva

O terroir, a variedade e a maturidade da azeitona são apenas alguns dos fatores que influenciam o desenvolvimento dos compostos voláteis encontrados no azeite de oliva. Até mesmo os métodos de armazenamento das azeitonas colhidas afetam a composição de voláteis do azeite – quanto maior o tempo de armazenamento das azeitonas, menor será a concentração de aldeídos e ésteres.

A maioria dos voláteis que encontramos no azeite de oliva, no entanto, forma-se durante o esmagamento e o processamento das azeitonas, que provocam uma liberação substancial das enzimas responsáveis pelo sabor desejável no azeite. Os azeites com maior complexidade aromática têm níveis mais altos de atividade enzimática associada à oxidação de ácidos graxos. Se as enzimas começam a oxidar, os ácidos graxos poli-insaturados do óleo se transformam em aldeídos, que são convertidos em álcoois e ésteres. Essa oxidação química ocorre por meio do contato com o ar, a luz ou outros subprodutos da fermentação, responsáveis pelos odores desagradáveis que podem ser sentidos em um óleo rançoso. É por isso que o azeite de oliva precisa ser mantido em uma garrafa de vidro escuro e bem fechada – longe do calor.

Por milhares de anos, esse ingrediente tem sido fundamental para as culturas e culinárias do Mediterrâneo, espalhando-se da Ásia Menor para as cercanias da região e além. Hoje, o azeite de oliva ocupa um lugar especial nas cozinhas de todo o mundo e é o preferido de muitos chefs profissionais e cozinheiros domésticos. A Espanha é o maior produtor mundial de azeite de oliva, seguida pela Itália e pela Grécia, mas vários outros países também são conhecidos por sua produção.

Extravirgem, virgem ou puro
O International Olive Council (IOC) estabeleceu padrões de qualidade específicos para a classificação dos azeites de oliva virgens produzidos na Comunidade Europeia. Somente meios mecânicos ou outros meios físicos podem ser usados para extrair o azeite de oliva virgem de seus frutos; a adulteração não é permitida de forma alguma. Os azeites de oliva também são classificados com base em sua concentração de ácidos oleicos, produzidos na transformação de gorduras em ácidos graxos.

O azeite de oliva virgem deve conter menos de 2% de ácido oleico; já o extravirgem não pode conter mais de 0,8%, o que faz dele a opção mais saudável para o coração.

Para atender aos padrões do IOC, os extravirgens são produzidos a partir da primeira prensagem a frio das azeitonas e não podem conter mais do que 1% de acido oleico; há inspeções para garantir que não apresentem defeitos de sabor. A presença de fenóis dá aos extravirgens monovarietais um sabor único, com um leve toque amargo. Um fio de azeite de oliva extravirgem de boa qualidade dá um toque final agradável a um prato.

O azeite de oliva virgem é produzido a partir da segunda prensagem, que resulta em um óleo não refinado com um perfil de sabor um pouco menos complexo. Como mencionado, o azeite de oliva virgem não contém mais do que 2% de ácido oleico.

O azeite de oliva comum ou "puro" é, na verdade, uma mistura de qualidade inferior de azeites de oliva virgem e refinado (este último extraído com o uso de calor e/ou produtos químicos). O azeite de oliva puro é leve, de cor quase palha, tem um ponto de fumaça mais baixo e um sabor muito mais neutro do que os virgens e extravirgens; isso o torna mais adequado para cozinhar. Os aldeídos dão a esse óleo misturado um sabor gorduroso e de grama. Dependendo da marca, ou mesmo da colheita de um ano para o outro, esse azeite às vezes tem uma nuance vegetal e frutada. O azeite de oliva puro contém de 3 a 4% de ácido oleico.

Perfil aromático relacionado: azeite de oliva halhali
O azeite de oliva halhali não tem um cheiro tão verde quanto o produzido com azeitonas arbequina: ele tem um perfil aromático mais frutado, que também contém algumas notas de fritura e ervas.

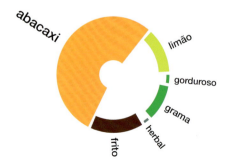

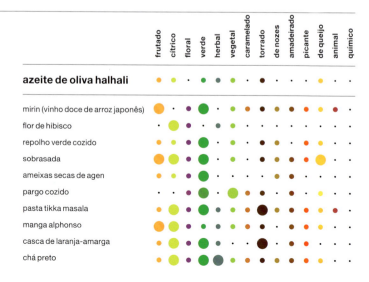

Azeite de oliva

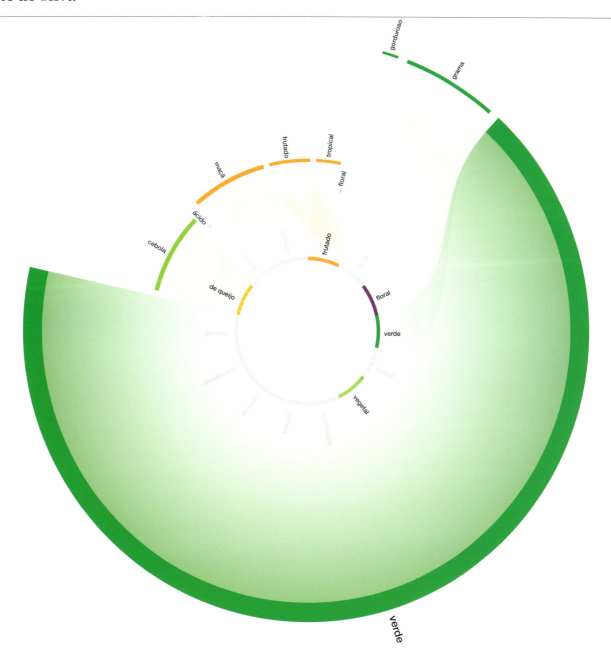

Perfil aromático do azeite de oliva
Os aldeídos do azeite de oliva conferem a ele um sabor gorduroso e de grama que pode variar consideravelmente de azeite para azeite. Este é um perfil genérico; para exemplos mais específicos, veja as páginas a seguir.

	frutado	cítrico	floral	verde	herbal	vegetal	caramelado	torrado	de nozes	amadeirado	picante	de queijo	animal	químico
azeite de oliva	●	·	●	●	·	●	·	·	·	·	·	●	·	·
pasta de soja	●	·	●	●	·	·	●	●	●	·	●	●	·	·
brioche	●	●	●	●	·	·	●	●	●	·	·	●	·	·
pimenta ají panca	●	·	●	●	●	·	●	·	·	·	●	●	·	·
rúcula	·	·	●	●	·	·	·	·	·	·	·	·	·	·
abacate	●	●	·	●	·	·	●	·	·	·	·	·	·	·
filé-mignon	·	·	·	●	·	●	·	●	·	●	·	·	·	·
araçá-rosa	●	·	●	●	·	●	·	·	·	·	●	●	·	·
salsifi-negro cozido	●	·	●	●	·	·	·	·	·	·	·	●	·	·
solha assada	●	●	●	●	·	·	●	●	·	·	●	●	·	·
rabanete	●	·	·	●	·	●	·	·	·	·	·	·	·	·

Combinação em potencial: azeite de oliva e baunilha
Ácidos e fenóis estabelecem um vínculo entre o azeite de oliva e a baunilha. Deixe uma fava de baunilha, com as sementes, em infusão no azeite de oliva e regue o óleo com o aroma de baunilha resultante sobre frutas, sobremesas ou até mesmo vegetais, como um prato de crudités.

Combinação em potencial: azeite de oliva e framboesa
Dependendo da variedade do azeite de oliva, pode haver vínculos aromáticos frutados, florais, verdes ou cítricos com a framboesa. O sabor doce, porém ácido, dessa fruta também equilibra a gordura do azeite de oliva – experimente combinar os dois em um bolo ou salada, ou em um vinagrete feito com suco de framboesa e vinagre de vinho tinto para um toque extra de acidez.

Variedades do azeite de oliva

Perfil aromático do azeite de oliva virgem arbequina
O azeite de oliva virgem arbequina é caracterizado por sua fragrância vegetal sulfurosa e frutada distinta. Introduzida na Espanha no século XVII, a arbequina é hoje uma das variedades de azeitona mais plantadas no mundo.

	frutado	cítrico	floral	verde	herbal	vegetal	caramelado	torrado	de nozes	amadeirado	picante	de queijo	animal	químico
azeite de oliva virgem arbequina	●	●	●	●	·	●	·	●	·	·	·	·	·	·
iogurte de leite de vaca	●	·	·	●	·	●	·	·	·	·	●	●	·	·
cheddar	●	·	●	●	·	·	·	●	·	·	·	●	·	·
mexilhões cozidos	●	·	·	·	·	·	·	·	·	·	·	·	·	·
beterraba cozida	·	·	·	·	·	●	·	●	·	·	·	·	·	·
filé de peito de frango pochê	●	●	·	●	·	●	·	·	·	·	·	·	·	·
doenjang (pasta de soja fermentada coreana)	●	·	●	·	●	●	·	●	·	·	·	●	·	·
cranberry	●	●	●	●	·	●	·	·	·	·	·	●	·	·
baunilha-do-taiti	·	·	·	·	·	·	·	●	·	·	·	·	·	·
uva-passa	●	●	●	●	·	●	·	●	·	·	·	●	·	·
framboesa meeker	●	●	●	●	·	·	·	·	·	·	·	·	·	·

Perfil aromático do azeite de oliva virgem frantoio
Mais verde e mais cítrico do que o azeite de oliva virgem arbequina, o azeite de oliva virgem frantoio também tem um toque defumado. Esta variedade está particularmente associada aos azeites de oliva da Toscana, na Itália.

	frutado	cítrico	floral	verde	herbal	vegetal	caramelado	torrado	de nozes	amadeirado	picante	de queijo	animal	químico
azeite de oliva virgem frantoio	●	●	·	●	·	·	·	·	·	·	·	·	·	·
grana padano	·	●	·	·	·	·	·	·	·	·	·	●	·	·
folha de cardamomo	●	●	●	●	·	●	·	·	·	●	·	·	·	·
saúva brasileira	●	·	·	●	·	●	·	●	·	●	·	●	·	·
couve-flor cozida	·	●	·	·	·	·	·	·	·	·	●	·	·	·
foie gras de pato frito na frigideira	·	·	·	·	·	·	·	·	·	·	·	·	·	·
presunto de bayonne	●	●	·	●	·	●	·	●	·	·	·	●	·	·
caviar	·	●	·	·	·	·	·	·	·	·	·	·	·	·
vagem	·	●	●	●	·	●	·	·	·	·	●	●	·	·
linguado assado	●	●	·	●	·	●	·	●	·	·	·	·	·	·
cogumelo cep	·	●	·	●	·	·	·	●	·	·	·	·	·	·

Perfil aromático do azeite de oliva virgem picholine
O azeite de oliva virgem picholine tem um perfil aromático mais frutado do que os azeites de oliva virgens arbequina ou frantoio, além de menos notas verdes. Esta azeitona é a variedade mais comumente usada para o azeite do Marrocos.

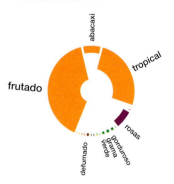

	frutado	cítrico	floral	verde	herbal	vegetal	caramelado	torrado	de nozes	amadeirado	picante	de queijo	animal	químico
azeite de oliva virgem picholine	●	●	●	·	·	·	·	●	·	·	●	·	·	·
maçã gala	●	●	●	●	·	·	·	·	·	·	·	·	·	·
figo-do-mar	·	·	·	·	·	●	·	·	·	●	·	·	·	·
cogumelo-ostra	·	●	·	●	●	●	·	·	·	·	·	·	·	·
asa de arraia pochê	·	●	●	·	·	·	·	●	·	·	●	●	·	·
filé de cordeiro assado	●	●	·	●	·	·	·	·	·	·	·	●	·	·
ouriço-do-mar	●	●	·	●	·	·	·	·	·	·	·	●	·	·
pétalas de rosas frescas comestíveis	·	·	●	·	·	·	·	·	·	·	·	·	·	·
emmental	●	●	·	●	·	·	·	●	·	·	·	●	·	·
melão	●	●	·	●	·	·	·	·	·	·	●	·	·	·
pepino	·	·	·	●	·	·	·	·	·	·	·	·	·	·

Combinação em potencial: azeite de oliva e chocolate
Azeite de oliva, chocolate e sal marinho é uma combinação tradicional na Catalunha: regue fatias de pão com azeite, acrescente raspas de chocolate amargo e finalize com flocos grossos de sal. Também é possível encontrar variações para sobremesa, na forma de mousse de chocolate polvilhado com sal marinho, regado com azeite de oliva e servido com fatias finas de pão torrado.

Por que seu molho vinagrete pode acabar com um gosto amargo
Se você já usou um processador ou liquidificador para fazer um molho vinagrete com azeite de oliva extravirgem, deve ter percebido que ele provavelmente saiu amargo. Os fenóis do azeite de oliva extravirgem são cobertos de ácidos graxos que os impedem de se dispersarem livremente em líquidos. As lâminas metálicas do processador de alimentos partem as moléculas de gordura do azeite em pequenas gotículas, e isso resulta na liberação de polifenóis de sabor amargo. Quanto mais uniforme sua emulsão (ou seja, quanto menores as gotículas), mais amargo seu molho vinagrete ficará.

Para impedir que esses polifenóis amargos arruínem seu preparo, experimente batê-lo à mão. Uma alternativa é começar batendo o vinagre com uma pequena quantidade de óleo de amendoim ou de semente de uva. Então, depois de iniciada a emulsão, adicione o azeite de oliva extravirgem, misturando à mão. Outra opção seria usar o azeite de oliva puro, mas é claro que isso faria com que seu molho vinagrete não tivesse a complexidade que o azeite extravirgem lhe confere. No entanto, não há motivo para se preocupar quando for usar o processador para fazer molhos de sabor mais forte, como o pesto, porque o amargor do azeite será imperceptível.

Combinação em potencial: azeite de oliva e pound cake
Conhecido como *gâteau quatre-quarts* (bolo quatro quartos) em francês, o pound cake (ver tabela de combinação na página 172) é feito com medidas iguais de farinha, ovos, açúcar e manteiga. Para variar, use azeite de oliva em vez de manteiga e experimente outros ingredientes que combinem com o pound cake: adicione um pouco de pêssego ou substitua parte da farinha por avelãs moídas.

Pudim de arroz com azeite de oliva e laranja

María José San Román, do Monastrell, em Alicante, Espanha

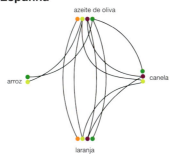

Pergunte à chef María José San Román sobre o açafrão e ela explicará a forma correta de extrair o máximo de cor e sabor dos finos fios de cor carmesim do altamente cobiçado azafrán de la Mancha. Seu entusiasmo pelos ingredientes tradicionais da Espanha não tem limites, e ela se orgulha muito em usá-los. Sua expertise vai muito além do açafrão, estendendo-se até a romã-de-alicante, o azeite de oliva, os pães e os pratos tradicionais de arroz do leste da Espanha.

No Monastrell, em Alicante, a chef San Román dá seu próprio toque espanhol ao pudim de arroz substituindo metade da água de cozimento do arroz por suco de laranja com infusão de canela. Ela adoça o pudim com um confeito de laranja sem adição de açúcar e usa um fio de azeite de oliva extravirgem espanhol arbequina em vez de manteiga, pois as notas cítricas do azeite enaltecem o sabor de laranja dessa sobremesa. Para finalizar o prato, San Román salpica açúcar mascavo sobre o pudim de arroz e faz um brûlée por cima, adicionando pedaços de cítrico para realçar o sabor.

Combinação clássica: azeite de oliva e vinagre
Três partes de azeite de oliva, uma parte de vinagre, sal e pimenta – não tem molho mais simples do que um vinagrete. Você pode adicionar mostarda ou raiz-forte, ervas frescas, como estragão ou cerefólio, um pouco de chalota ou cebolinha finamente picada, mel para uma versão mais doce, mais pimenta ou gengibre para um toque picante. As possibilidades são infinitas.

Combinação clássica: azeite de oliva e cogumelo
Para fazer cogumelos em conserva, frite na frigideira os cogumelos limpos e picados grosseiramente e tempere com sal e pimenta. Transfira os cogumelos para um frasco esterilizado e cubra com azeite de oliva quente e vinagre. Acrescente algumas ervas e temperos de sua preferência e deixe esfriar. Depois, tampe. Fechados, eles se conservarão por dois meses.

Combinações de ingredientes com azeite de oliva

vinagre de xerez reserva
- camarão cinza
- frango pochê
- café recém-moído
- folha de feno-grego
- siri-azul cozido
- favas cozidas
- ovo mexido
- cereja-doce
- nectarina
- pato assado à pequim

cogumelo-ostra
- bacon frito na frigideira
- cordeiro grelhado
- batata assada no forno
- vieira assada
- lagosta cozida
- ovo mexido
- berinjela cozida
- favas cozidas
- folha de shissô
- camembert

pound cake
- cerveja Duvel
- pêssego
- trufa branca
- amendoim torrado
- bacon frito na frigideira
- cogumelo cep
- chocolate amargo
- gruyère
- avelã moída
- azeite de oliva extravirgem arbequina

purê de banana
- melão japonês (melão miyabi)
- sálvia-roxa
- flor de jasmim
- páprica doce em pó
- salame italiano
- chá preto
- azeite de oliva extravirgem arbequina
- ervilhas cozidas
- filé de peito de frango pochê
- pistache

pasta de soja
- azeite de oliva virgem frantoio
- pimenta ají amarillo
- ervilha
- batata-doce cozida
- crisps de beterraba
- foie gras de pato frito na frigideira
- amêndoa
- coco
- couve-rábano assada
- chocolate ao leite

cereja stella
- berinjela cozida
- folhas de lavanda frescas
- chirimoia
- verbena (*Verbena officinalis*)
- pimenta-rosa
- pato assado à pequim
- baga de sabugueiro
- azeite de oliva extravirgem arbequina
- carne bovina wagyu
- filé de peito de frango pochê

Combinação clássica: azeite de oliva e salmão
Você pode usar o azeite de oliva não apenas para marinar, fritar ou grelhar peixes, mas também para fazer salmão confitado: coloque o filé de peixe em uma assadeira com temperos e ervas, cubra com azeite de oliva e leve ao forno a 50 °C. Esse método também pode ser usado para carnes e legumes.

Combinação clássica: azeite de oliva e pão
Muitos tipos de pão italiano são feitos com azeite de oliva misturado à massa ou regado por cima antes de assar (ou ambos, no caso da focaccia), talvez com um pouco de tomilho ou alecrim e sal marinho grosso. E, embora o pão de centeio clássico (ver página 174) não contenha azeite de oliva, as notas de aroma verde conectam esses dois ingredientes.

	frutado	cítrico	floral	verde	herbal	vegetal	caramelado	torrado	de nozes	amadeirado	picante	de queijo	animal	químico
filé de salmão do atlântico	·	·	●	●	·	●	·	·	·	·	·	·	·	·
salsa-lisa	·	·	●	●	·	●	·	·	·	·	·	·	·	·
champignon	·	·	●	●	·	●	·	·	·	·	●	·	·	·
grama de trigo	·	·	●	●	·	●	·	·	·	·	·	·	·	·
brie	·	·	●	●	·	●	·	·	·	·	·	●	·	·
pimenta-rocoto	·	·	●	●	·	●	·	·	·	·	●	·	·	·
azeite de oliva virgem italiano	·	·	●	●	·	●	·	·	·	·	·	·	·	·
salchichón	·	·	●	●	·	●	·	·	·	·	·	·	·	·
bebida de soja	·	·	●	●	·	●	·	·	·	·	·	·	·	·
couve	·	·	●	●	·	●	·	·	·	·	·	·	·	·
damasco	·	·	●	●	·	●	·	·	·	·	·	·	·	·

	frutado	cítrico	floral	verde	herbal	vegetal	caramelado	torrado	de nozes	amadeirado	picante	de queijo	animal	químico
bagel	●	·	·	·	·	·	·	●	·	·	·	●	·	·
straight bourbon	●	·	·	·	·	·	·	●	·	·	·	·	·	·
halvah de gergelim	·	·	●	·	·	·	·	●	·	·	·	●	·	·
abóbora cozida	·	·	·	·	·	·	·	·	●	·	·	·	·	·
aveia em flocos	·	·	·	·	·	·	·	●	·	·	·	·	●	·
wasabi	·	·	·	·	·	·	·	●	●	·	·	·	·	·
azeite de oliva extravirgem arbequina	·	·	·	·	·	·	·	·	·	·	·	·	·	·
molejas de vitela assadas	·	·	·	·	·	·	·	●	·	·	·	·	·	·
melão	●	·	·	·	·	·	·	·	·	·	·	·	·	·
gochujang (pasta coreana de pimenta vermelha)	·	·	·	·	·	·	·	●	·	·	·	●	·	·
vinagre balsâmico	●	·	·	·	·	·	·	●	·	·	·	●	·	·

	frutado	cítrico	floral	verde	herbal	vegetal	caramelado	torrado	de nozes	amadeirado	picante	de queijo	animal	químico
arroz de grão longo cozido	·	·	·	●	·	·	·	●	·	·	·	·	·	·
badejo faneca braseado	·	·	·	●	·	·	·	●	·	·	·	·	·	·
azeite de oliva extravirgem arbequina	·	●	·	●	·	·	·	·	·	·	·	·	·	·
pimenta ají amarillo	·	·	·	●	·	·	·	●	·	·	·	·	·	·
camarão graúdo frito na frigideira	·	·	·	·	·	·	·	●	·	·	·	·	·	·
lagostim cozido	·	·	·	●	·	·	·	●	·	·	·	·	·	·
maruca braseada	·	·	·	●	·	·	·	●	·	·	·	·	·	·
suco de porco	·	●	·	·	·	·	·	·	·	·	·	·	·	·
emmental	·	·	·	●	·	·	·	·	·	·	·	·	·	·
caviar	·	●	·	●	·	●	·	·	·	·	·	·	·	·
bife assado no forno	·	●	·	●	·	·	·	·	·	·	·	·	·	·

	frutado	cítrico	floral	verde	herbal	vegetal	caramelado	torrado	de nozes	amadeirado	picante	de queijo	animal	químico
groselha	·	·	·	●	·	·	·	·	·	·	·	·	·	·
azeite de oliva picual	●	·	·	●	·	·	·	·	·	·	●	·	·	·
tomate em lata	●	·	●	·	·	·	·	·	·	·	·	·	·	·
cravo-da-índia	●	·	●	·	·	·	·	·	·	·	·	·	·	·
damasco	·	·	·	●	·	·	·	·	·	·	·	●	·	·
chá de jasmim	·	·	●	·	·	·	·	·	·	·	·	·	·	·
carambola	●	·	·	·	·	·	·	·	·	·	·	·	·	·
filé de bacalhau	●	·	·	·	·	·	·	·	·	·	·	·	·	·
algas verdes	·	·	·	·	·	·	·	·	·	·	●	·	·	·
queijo livarot	·	·	●	·	·	·	·	·	·	·	·	·	·	·
flor de borragem	·	·	·	●	·	·	·	·	·	·	·	·	·	·

	frutado	cítrico	floral	verde	herbal	vegetal	caramelado	torrado	de nozes	amadeirado	picante	de queijo	animal	químico
rosa-mosqueta seca	●	●	●	●	·	·	·	·	●	·	·	●	·	·
abóbora cozida	·	·	●	●	·	·	·	●	·	·	·	·	·	·
avestruz frito na frigideira	·	·	·	●	·	·	·	·	·	·	·	·	·	·
peito de pato frito na frigideira	·	·	●	●	·	·	·	·	·	·	·	·	·	·
damasco	·	·	●	●	·	·	·	·	·	·	·	·	·	·
goiaba	●	·	●	●	·	●	·	●	·	·	·	·	·	·
ameixa-japonesa (umê)	●	·	●	●	·	·	·	●	·	·	·	·	·	·
azeite de oliva picual	●	·	·	●	·	·	·	·	·	·	·	·	·	·
tomate em lata	●	●	●	·	·	·	·	·	·	·	·	·	·	·
lombo de porco frito na frigideira	·	·	·	·	·	·	●	●	·	·	·	●	·	·
frisée (endívia-crespa)	·	·	·	●	·	·	·	·	·	·	·	·	·	·

Pão de centeio de fermentação natural

A farinha de centeio tem um aroma verde e gorduroso de aveia em flocos maltada. Esse grão de cereal saboroso também pode ser cozido e comido inteiro como bagas, destilado em uísques ou vodcas e até usado na produção de cervejas.

O baixo teor de glúten e arabinoxilanos na farinha de centeio resulta em uma massa de pão grossa e pegajosa com a qual pode ser difícil de trabalhar. Muitos padeiros combinam a farinha de centeio com a farinha de trigo para tornar a massa mais maleável. Os arabinoxilanos do centeio mantêm o pão macio e úmido mesmo depois de frio. Se a opção for assar somente com farinha de centeio, um agente de fermentação pode ser usado para aprimorar a textura e o sabor intenso desses pães densos e escuros.

Fermento natural, ou *starter*
Todas as massas de fermentação natural começam com um fermento natural feito com uma mistura básica de farinha e água que ativa os micróbios já presentes na farinha de centeio e no ambiente que a envolve. Conforme essa mistura fermenta, enzimas da farinha chamadas de amilases decompõem os amidos em glicose e maltose; esses açúcares são então metabolizados pela levedura natural e pelos lactobacilos.

A temperatura e a umidade afetam o resultado de um pão. Ambientes mais secos e frescos inibem o crescimento da levedura e a atividade bacteriana, produzindo mais ácido acético que ácido lático, o que resultará em um pão de sabor mais azedo. Por outro lado, temperaturas mais quentes e níveis mais altos de umidade aumentam a atividade bacteriana enquanto retardam o crescimento do levedo, produzindo mais ácido lático que ácido acético, o que resultará em um pão de centeio mais frutado. Esses voláteis continuam a se formar conforme a massa fermenta, então, quanto mais tempo ela for mantida em fermentação, mais saborosa ela vai ficar.

Perfil aromático relacionado: fermento natural para pão de centeio
Alguns dos voláteis em um pão de fermentação natural já estão presentes na farinha, mas a maior parte do perfil de sabor é formada pelos lactobacilos e pelo processo de fermentação da levedura. As bactérias do ácido lático produzem ácido butanoico e ácido acético com cheiro de queijo, que dão ao pão um odor azedo. Conforme os precursores de aminoácidos dos lactobacilos se degradam em aldeídos e ácidos, observamos o desenvolvimento de moléculas aromáticas gordurosas, amanteigadas e frutadas de banana, além de algumas notas sulfurosas. A fermentação da levedura leva à produção de álcoois, cujos aromas variam entre frutados, rosados, gramíneos e maltados.

Na primeira semana, alimente o levedo todos os dias adicionando um pouco de farinha e de água. Ele e os lactobacilos vão se alimentar desses açúcares e formar uma cultura estável que vai servir de agente de fermentação. Para fazer a massa do pão, use uma quantidade de fermento natural equivalente a aproximadamente 13 a 25% do peso total de farinha que você pretende pôr. Mantenha separada uma porção do fermento para usar nos próximos pães. Repita a etapa de alimentar o fermento para reabastecer seu levedo diariamente.

- Se seu fermento natural não se formar apenas com farinha e água, tente usar água fermentada: mergulhe um pouco de maçã ralada ou uvas-passas naturais na água, cubra e armazene em um local quente, mexendo diariamente para aerar a mistura. O líquido vai começar a formar bolhas e ficar espumoso quando começar a fermentar. Misture medidas iguais de água fermentada e farinha de centeio e deixe a mistura descansar, repetindo esse mesmo passo diariamente. Depois de cerca de uma semana, seu fermento natural deve estar pronto para uso. Os primeiros pães terão uma doçura parecida com a da uva-passa ou da maçã, que deve desaparecer depois de algum tempo. Renove os levedos de uva-passa ou maçã que tiverem sobrado adicionando um pouco de farinha. Guarde a mistura na geladeira e renove a cada dois ou três dias.
- O levedo natural pode ser armazenado em um ambiente relativamente fresco que seja aerado adequadamente para estimular o crescimento saudável do fermento e ao mesmo tempo limitar a atividade bacteriana. Alimente o levedo semanalmente com mais farinha e água.
- Caso vá demorar a produzir novamente, congele o fermento. Para retomar, tire-o do congelador um ou dois dias antes do uso e deixe na geladeira. Depois de descongelado, adicione medidas iguais de farinha e água e deixe que o levedo fermente.

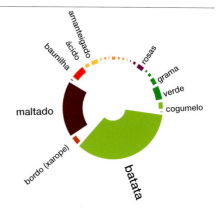

Pão de centeio de fermentação natural

Perfil aromático do pão de centeio de fermentação natural
Embora os produtos da reação de Maillard sejam responsáveis pelo sabor da crosta externa do pão (ver página 176), o sabor do miolo macio vem majoritariamente de aldeídos insaturados como o 2-nonenal e o 2,4-decadienal. À medida que o pão envelhece, esses lipídios se oxidam e sua concentração se multiplica, formando sabores estranhos.

	frutado	cítrico	floral	verde	herbal	vegetal	caramelado	torrado	de nozes	amadeirado	picante	de queijo	animal	químico
pão de centeio de fermentação natural	●	●	●	●	·	●	●	●	·	●	●	●	·	·
xerez Pedro Ximénez	●	●	●	●	·	●	●	●	·	●	●	●	·	·
pera-asiática	●	·	·	●	·	·	·	·	·	·	·	·	·	·
acelga	●	●	●	●	·	·	·	●	·	●	·	·	·	·
repolho roxo	●	●	●	●	·	●	·	·	·	·	●	●	·	·
chá de flores	●	●	●	●	·	·	·	·	·	·	·	·	·	·
pinhão	●	●	●	●	·	·	·	·	·	●	·	●	·	·
pera-espinhosa	·	●	·	●	·	·	·	·	·	·	·	●	·	·
salsa-lisa	●	·	●	●	·	·	·	·	·	●	·	·	·	·
abacate hass	●	·	·	●	·	·	·	·	·	·	·	·	·	·
folhas de nabo ao vapor (cime di rapa)	·	·	·	●	·	●	·	·	·	●	●	●	·	·

Combinação clássica: pão de centeio de fermentação natural e filé-mignon
O cordeiro não é a única carne que fica deliciosa servida com uma crosta de ervas: experimente cobrir um bife de filé-mignon com uma mistura de farinha de rosca grossa de pão de centeio, manteiga e salsa.

Combinação clássica: pão de centeio de fermentação natural e abacate
Um dos principais odorantes do pão de centeio de fermentação natural é o hexanal, que tem um aroma verde e gramíneo. Essa molécula também exerce papel importante no sabor verde do abacate hass.

Como o pão de centeio de fermentação natural adquire seu sabor

A quantidade de fermento usada para fazer um pão define muito do seu sabor, mas outros fatores também afetam seu gosto. Conforme a massa fermenta, as enzimas na farinha desencadeiam a oxidação de lipídios, que contribuem para o sabor do pão. Esses voláteis podem ter um aroma gorduroso, verde, de pepino ou até mesmo de cogumelo. A oxidação dos lipídios diminui durante a fermentação da massa. A adição de gorduras como manteiga e azeite de oliva cria uma série de novos precursores de moléculas aromáticas, pois as enzimas oxidam e se transformam em compostos voláteis durante o processo de panificação.

Os açúcares e aminoácidos na massa do pão também determinam muitos dos compostos voláteis formados durante o processo de panificação. Embora as moléculas aromáticas associadas com a farinha de centeio e com o levedo natural sejam tipicamente encontradas no miolo, o aroma quente e tostado de um pão recém-assado se concentra em sua casca. Pirazinas com aroma tostado e de nozes, furanos com aroma de bordo e pirróis com aroma de pipoca se formam enquanto a casca do pão doura. Esses aromas típicos da reação de Maillard e da caramelização estão mais presentes na casca do que no miolo porque ela tem mais contato com o calor. Quanto mais tempo o pão ficar assando no forno, mais voláteis estarão presentes na casca.

Pão de fermentação natural de São Francisco

O levedo natural é o ingrediente fundamental de todos os fermentos naturais de pão, e uma cepa específica de bactérias que prospera no clima nebuloso de São Francisco confere aos pães de fermentação natural feitos na cidade um sabor mais azedo e uma textura elástica característicos.

Combinação em potencial: pão de centeio de fermentação natural e xerez Pedro Ximénez

Tanto o pão de centeio quanto o xerez Pedro Ximénez passam por processos de fermentação e têm em comum um número significativo de notas frutadas, florais e de cereja. Em receitas que pedem rum, tente usar o Pedro Ximénez: com suas notas de figo seco e passas, mel, café e chocolate, esse vinho de sobremesa é ótimo para pudim de pão.

Combinação clássica: pão de centeio de fermentação natural e cerveja lambic

Ao fazer pão, é possível usar praticamente qualquer tipo de líquido no lugar da água, desde cerveja (ver página 178) até suco de frutas ou vegetais. A única coisa que deve ser levada em conta é a acidez do líquido, pois níveis altos de acidez podem inibir a capacidade de crescimento da massa.

Combinações de ingredientes com pão de centeio de fermentação natural

xerez Pedro Ximénez
- lagosta cozida
- couve-lombarda
- folhas de nabo ao vapor (cime di rapa)
- iogurte de leite de ovelha
- sardinha salgada
- folhas de cominho secas
- vieira cozida
- salchichón
- batata cozida
- abóbora cozida

óleo de semente de abóbora
- queijo tipo parmesão
- mexilhões bouchot cozidos
- lagosta cozida
- pão de centeio de fermentação natural
- freekeh cozido
- carne de veado frita na frigideira
- chouriço espanhol
- berinjela grelhada
- batata assada no forno
- tamarindo

lingonberry
- arak (destilado de uva)
- chocolate amargo
- bleu d'auvergne
- vinagre de xerez reserva
- pão de centeio de fermentação natural
- pimenta chipotle seca
- queijo de cabra
- molho de soja japonês
- ruibarbo
- chá de jasmim

kabosu
- iogurte de soja
- folha de muña
- pão de centeio de fermentação natural
- azeite de oliva virgem marroquino
- avelã
- chá verde
- abóbora
- segurelha-de-verão
- café colombiano
- manjericão

linguado-limão braseado
- chicória (endívia-belga)
- acelga
- frisée (endívia-crespa)
- castanha assada
- camarão cinza
- fundo escuro de galinha
- cheddar suave
- lagosta cozida
- croûtons de pão de centeio
- manteiga

salmão do atlântico defumado
- capim-limão
- purê de avelã torrada
- chá preto defumado
- pasta tikka masala
- pão de fermentação natural de São Francisco
- mirtilo
- beterraba frita na frigideira
- vinagre de xerez reserva
- baunilha-do-taiti
- mel de canola

Cerveja lambic

O uso de lúpulos secos e um processo secundário de fermentação conferem às cervejas lambic suas típicas notas frutadas, ácidas, amadeiradas e florais.

A lambic é um tipo de cerveja belga originada dos séculos de tradição de produção cervejeira. Cervejas gueuze são uma categoria especial de lambics que são mescladas para obter mais equilíbrio. Combinando lambics mais velhas e mais jovens, normalmente na proporção de 2:1, em um processo conhecido como condicionamento de garrafa, essas mesclas de cervejas têm uma efervescência natural parecida com a do champanhe e um sabor ácido e azedo.

O processo de produção da lambic começa com a fervura de grãos de cevada ou malte para fazer o mosto, que é deixado de um dia para o outro em tonéis grandes e descobertos. Conforme o levedo *Brettanomyces* e outras bactérias naturais inoculam o mosto, os micróbios convertem os açúcares em álcool. O mosto é então transferido para barris transpiráveis de carvalho para que o processo de fermentação espontânea continue. De forma similar à produção de vinhos e xerez, uma fina camada de células de levedura, conhecidas como *velo de flor*, se forma na superfície da lambic, protegendo-a da oxidação enquanto consome o oxigênio, o carbono e as glicerinas disponíveis. O resultado é um líquido pálido, cor de palha, parecido com uma cidra, de sensação seca na boca.

As lambics usadas na produção de cervejas gueuze podem ser engarrafadas e envelhecidas por até três anos antes de serem misturadas com lambics mais jovens, que ainda não fermentaram totalmente. Envelhecidas por um ano ou menos, essas lambics ainda mantêm alguns dos seus açúcares, que desencadeiam o processo de fermentação secundária quando são misturadas com cervejas mais envelhecidas. Os açúcares presentes nas cervejas mais novas interagem com as cepas de leveduras e bactérias nativas de Bruxelas e do Vale do Zenne, em seus arredores, desencadeando um processo espontâneo de fermentação secundária. Essa forma de condicionamento de garrafa também produz níveis altos de carbonatação que não se encontram em cervejas lambic tradicionais. Depois da mescla, uma boa garrafa de cerveja gueuze pode ser armazenada por até vinte anos.

Para garantir que apenas as cepas *bruxellenis* e *lambicus* do levedo *Brettanomyces* estejam envolvidas no processo de fermentação natural, a produção das cervejas lambic é limitada à região belga de Pajottenland e ocorre apenas durante os meses mais frios do ano, de outubro até o fim de maio. Toda garrafa de cerveja gueuze tem que atender aos parâmetros definidos pelo Alto Conselho de Cervejas Lambic Tradicionais para receber o rótulo de Especialidade Tradicional Garantida.

- Kriek é uma variedade da cerveja lambic aprimorada pela cereja. Nas versões mais autênticas, as cerejas azedas do tipo schaarbeek (dos arredores de Bruxelas, na Bélgica) ficam embebidas inteiras em cerveja lambic por meses, tempo durante o qual o açúcar das frutas provoca a fermentação. A cerveja resultante tem sabores complexos de amêndoas e de frutas, mas é seca, e não doce.

Por conta da relativa raridade das schaarbeek, algumas cervejas kriek usam tipos diferentes de cereja – ou mesmo apenas suco de cereja. A algumas versões adiciona-se xarope no fim da fermentação para torná-las mais palatáveis.

Combinações de ingredientes com cerveja lambic

	frutado	cítrico	floral	verde	herbal	vegetal	caramelado	torrado	de nozes	amadeirado	picante	de queijo	animal	químico
graham cracker (biscoito digestivo)	·	·	●	·			●	·		●		·		
café recém-coado	·	·	●	·	·		●	●	·	·	·	·	·	·
champignon	·	·	●	·	·	·	●	·	·	·	·		·	
codorna frita na frigideira	·	·	●	·	·	·	●	·	·	·	·	·	·	·
baechu kimchi	·	·	●	·	·	·	·	·	·	·	·	·	·	
peito de pato frito na frigideira	·	·	●	·	·	·	●	·	·	·	·	·	·	·
camarão cinza cozido	·	·	●	·	·	·	·	·	·	·	·		·	
pasta tikka masala	·		●	·	·	·	·	·	·	·	·	·	·	·
cacau em pó	·	·	●	·	·	·	●	●	·	·	·	·	·	·
javali assado	·	·	●	·	·	·	●	·	·	·	·	·	·	·
bergamota	·	·	●	·	·	·	·		·	·	·	·	·	

	frutado	cítrico	floral	verde	herbal	vegetal	caramelado	torrado	de nozes	amadeirado	picante	de queijo	animal	químico
carne bovina cozida	·	·	·	·	·	·	●	·	·	·	·	·	·	·
canela	·	·	·	·	·	·	●	●	·	●	●	·	·	
salicórnia seca (aspargo-do-mar)	·	·	·	●	·	●	·	·	·	·	●	·	·	·
purê de avelã torrada	·	·	·	·	·	·	●	●	●	·	·	·	·	·
gochujang (pasta coreana de pimenta vermelha)	·	·	·	·	·	·	·	·	·	·	●	·	·	·
lagosta cozida	·	·	·	·	·	·	·	·	·	·	·	·	·	·
arroz basmati cozido	·	·	·	●	·	●	·	·	·	·	·	·	·	
banana-nanica	·	·	·	·	·	·	·	·	·	·	●	·	·	·
uva-passa	·	·	·	·	·	·	●	·	·	·	·	·	·	·
granadilha	·	·	·	·	·	·	·	·	·	·	●	·	·	·
folhas de cominho secas	·	·	·	●	·	●	·	·	·	·	·	·	·	·

Cerveja lambic

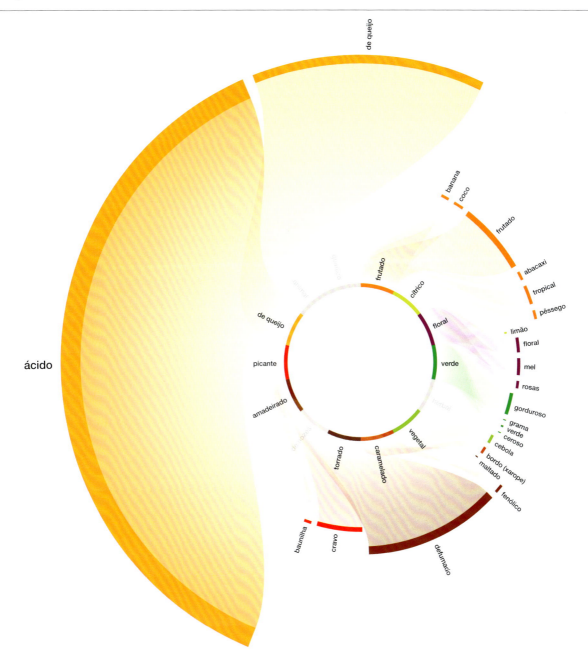

Perfil aromático da cerveja lambic

Ao contrário da maioria das cervejas tradicionais que usam lúpulo fresco para estabilizar a bebida e atribuir a ela amargor e sabor, as cervejas lambic são fabricadas com lúpulo seco. Isso lhes confere um toque de queijo e carvalho, com menos amargor e sabor de lúpulo do que uma IPA. Alguns dos descritores de aroma frutado encontrados na cerveja lambic, como a banana, são produtos do processo de fermentação, assim como algumas notas florais. As notas cítricas e de rosas vêm do lúpulo, enquanto os aromas de bordo e maltados vêm do malte. As lactonas com aroma de pêssego e coco podem vir do malte, do lúpulo ou do processo de fermentação. A cerveja lambic combina bem com pratos feitos com carnes brancas, como frango, peru, vitela ou porco (ver página 180) ou até mesmo pães-doces, mas também com sobremesas e queijos. As lambics feitas com frutas, como a kriek de cereja, combinam muito bem com cheesecake ou sobremesas ricas em frutas.

Carne

Apesar das óbvias diferenças de sabor entre um filé grelhado e um peito de frango assado, os perfis de sabor das carnes cruas – bovina, de frango, de porco e de cordeiro – são mais parecidos do que você pensa. Todas as carnes cruas têm moléculas aromáticas predominantemente verdes e um sabor leve e sutil.

As diversas reações químicas que ocorrem durante a maturação e o cozimento formam novas moléculas aromáticas que conferem os sabores encorpados e salgados que normalmente associamos às carnes. Mas é claro que outros fatores, como a espécie, a raça, a dieta e a marmorização, também afetam o seu sabor. Em relação à textura, quanto mais um animal usar um músculo específico, mais fibras do tecido conjuntivo, como o colágeno, terão, resultando em carnes mais duras, que demandam mais tempo de cozimento para amaciar – é o caso de um ensopado de carne de cozimento lento, por exemplo.

Alimentação com pasto *versus* alimentação com grãos
Muitas carnes cruas contêm moléculas aromáticas como os terpenos, que provêm das plantas que os animais consumiram. A carne de bovinos alimentados com pasto pode ser a opção mais magra e saudável, mas uma dieta que incorpora grãos produz uma carne mais encorpada e de sabor mais intenso.

A maioria das carnes no mercado é de bovinos que primeiro são criados no pasto e depois trocam sua dieta por pequenas porções de feno suplementadas com soja, milho, levedo de cerveja e outros grãos antes do abate. Isso aumenta a formação da gordura intramuscular, que resulta na marmorização da carne. Quando um animal consome uma dieta rica em grãos, os compostos orgânicos voláteis dos grãos são absorvidos pelas moléculas de gordura do animal. Em outras palavras, quanto mais gorda for a carne, mais moléculas aromáticas ela contém, resultando em um perfil de sabor mais complexo. No bife wagyu, por exemplo, quanto mais alta a nota ou o numero designado, mais marmorizada é a carne. Alguns apreciadores pagam uma pequena fortuna pelo bife wagyu A12, que é valorizado por suas manchas nevadas de gordura intramuscular que indicam não apenas a cremosidade da textura, mas também riqueza de sabor.

Alguns produtores acrescentam azeites ou óleos na dieta de seus rebanhos para aprimorar o sabor da carne, caso do porco duroc d'olives. Os criadores combinam o alimento do animal com azeite de oliva para obter uma carne mais escura e intensamente saborosa. O ácido oleico monoinsaturado é absorvido pela gordura do porco duroc, tornando-a mais suculenta e macia do que outras variedades de carne de porco.

Carne clara *versus* carne escura
Essa discussão se resume a uma questão de função e de como diferentes grupos musculares são usados por um animal. Por exemplo, o peito do frango é constituído por fibras musculares brancas que podem se expandir e se contrair rapidamente para realizar descargas repentinas de movimento. Para isso, as fibras convertem o glicogênio armazenado em energia. A carne do peito do frango é mais magra do que a carne das coxas porque os músculos do peito não são exercitados com tanta frequência; ele também contém menos ácidos graxos, os precursores das moléculas aromáticas, o que explica por que a carne da coxa é bem mais saborosa.

A carne escura, que contém mais tecido conjuntivo, vem dos grupos musculares que exercem movimentos repetitivos por longos períodos. Esses músculos precisam de oxigênio para transformar gordura em energia. Certas proteínas, ricas em ferro, auxiliam nesse processo transportando o oxigênio, o que confere à carne escura uma coloração avermelhada; quanto mais oxigênio e proteínas na carne, mais escura ela é.

Idade, raça e dieta também influenciam na quantidade de proteína da carne, mas, de maneira geral, quanto maior a frequência com que um animal exercita determinado grupo muscular, mais intenso será o sabor de sua carne. Basta comparar a diferença de sabor e textura entre um corte de lombo e uma rabada, ou entre o lombo suíno e a bochecha de porco.

A maturação da carne
O sabor da carne é aprimorado à medida que ela matura, pois são desencadeadas certas reações bioquímicas que a tornam mais suculenta e saborosa. Enquanto as enzimas enfraquecem a estrutura dos tecidos musculares, tornando-os mais macios, as proteínas da carne são decompostas em aminoácidos. O glicogênio é convertido em glicose, e a gordura, em ácidos graxos. Alguns destes são precursores de moléculas aromáticas que se formam quando grelhamos ou assamos uma carne, intensificando assim o seu sabor; isso é o que confere a um filé adequadamente envelhecido seu sabor desejável de nozes e que reconhecemos como de carne depois de cozido.

A maturação varia dependendo do tipo de carne. Tipicamente, a carne de porco é envelhecida por cerca de uma semana antes de estar pronta para o consumo; a de aves, basta o tempo de levá-la do abatedouro ao supermercado. A carne bovina fica melhor quando maturada por aproximadamente quatro a seis semanas, tempo em que suas enzimas se decompõem, resultando em uma textura mais macia.

As carnes devem ser envelhecidas em ambientes controlados, pois a temperatura, a umidade e os níveis de oxigênio têm um efeito direto no perfil de sabor resultante. Normalmente não se recomenda maturar a carne bovina por mais de seis semanas, pois ela desenvolve odores metálicos – semelhantes ao dos queijos azuis – que tendem a predominar sobre os outros sabores mais desejáveis na carne.

Costeleta de lombo de porco

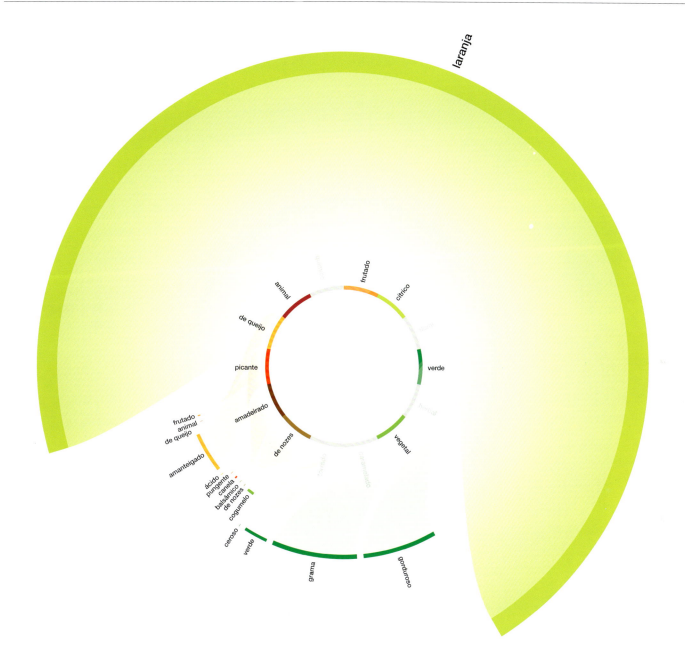

Perfil aromático da costeleta de lombo de porco
O perfil aromático da carne suína crua divide-se entre notas verdes gordurosas e verdes cerosas. Normalmente, os compostos octanal e nonanal têm um aroma básico que é descrito como cítrico. Eles assumem um aroma mais verde ceroso na carne suína em virtude da concentração de moléculas aromáticas. Para dar mais sabor a seus preparos, deixe as costeletas de lombo de porco em uma marinada por pelo menos uma hora antes de cozinhá-las – consulte a tabela de combinações para ver alguns potenciais ingredientes para a marinada.

Prato clássico: bife e batatas fritas
A fritura das batatas ativa a reação de Maillard (ver página 183), o que cria algumas das mesmas moléculas de aroma encontradas no bife frito.

Combinação clássica: bife e azeitona
Ensopado da região de Camargue, no sul da França, o boeuf à la guardiane é tradicionalmente feito com cortes mais duros de carne bovina, cozidos lentamente em vinho tinto encorpado com azeitonas pretas e anchovas.

Bife – cru, maturado e cozido

Perfil aromático da carne bovina crua
Esse perfil de sabor é composto majoritariamente por moléculas de aroma verde, com notas gordurosas e gramíneas. Esse frescor aparece no steak tartar. Notas vegetais e de queijo também estão presentes.

	frutado	cítrico	floral	verde	herbal	vegetal	caramelado	torrado	de nozes	amadeirado	picante	de queijo	animal	químico
bife cru	·	·	·	●	·	●	·	·	·	·	·	·	·	·
kabosu	·	●	●	●	●	·	·	·	·	·	·	·	·	·
laranja	●	●	●	●	●	·	·	·	·	·	·	·	·	·
cranberry	●	·	●	●	·	·	·	●	●	·	·	·	·	·
flor de hibisco	·	·	●	●	·	●	·	·	·	·	·	·	·	·
noz-pecã	·	·	·	●	·	●	·	·	·	●	·	·	·	·
ghee	●	·	·	●	·	·	●	●	·	·	·	●	·	·
fumaça de pear wood	●	·	●	●	·	●	·	●	●	●	●	·	·	·
chá darjeeling	●	·	●	●	·	●	·	●	●	●	●	·	·	·
favas cozidas	·	·	●	●	·	●	·	·	·	·	·	·	·	·
lichia	●	·	●	●	·	·	·	·	·	·	·	·	·	·

Perfil aromático da costela bovina maturada por 42 dias
À medida que a carne bovina envelhece, seu perfil aromático enriquece e seu sabor muda: fica mais parecido com o de um caldo de carne, com notas caramelizadas, como na carne cozida. Quanto mais tempo a carne matura, mais componentes oxidados se formam.

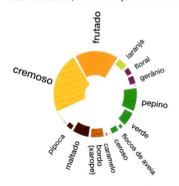

	frutado	cítrico	floral	verde	herbal	vegetal	caramelado	torrado	de nozes	amadeirado	picante	de queijo	animal	químico
costela bovina maturada por 42 dias	●	·	●	●	·	●	·	·	·	·	·	·	·	·
cebolinha	●	·	●	●	·	●	·	·	·	·	·	·	·	·
azeitona preta picual	●	·	●	●	·	●	●	●	●	·	●	·	·	·
camarão graúdo	●	·	●	●	·	●	●	●	·	·	●	·	·	·
queijo cottage	·	·	●	·	·	●	·	·	·	·	·	●	·	·
trigo sarraceno cozido	●	·	●	●	·	●	●	●	·	·	●	·	·	·
cereja morello	●	·	●	·	·	·	·	·	·	·	·	·	·	·
bergamota	·	●	●	●	●	·	·	·	·	·	·	·	·	·
pimenta ají amarillo	●	·	●	●	·	●	●	●	·	·	●	·	·	·
abóbora cozida	●	·	●	●	·	●	·	·	·	●	●	·	·	·
trufa branca	·	·	●	●	·	●	●	●	·	●	●	·	·	·

Perfil aromático do bife assado no forno
Fritar o bife em vez de assá-lo no forno resultará em uma maior proporção de sabores caramelados, torrados e de nozes do que o mostrado aqui.

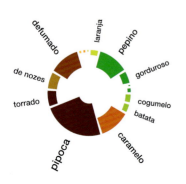

	frutado	cítrico	floral	verde	herbal	vegetal	caramelado	torrado	de nozes	amadeirado	picante	de queijo	animal	químico
bife assado no forno	●	●	·	●	·	●	●	●	●	·	·	·	·	·
pasta de curry madras	·	●	●	●	●	●	·	●	●	●	●	·	·	·
salicórnia seca (aspargo-do-mar)	·	·	●	●	·	●	·	●	·	·	·	·	·	·
abobrinha grelhada	·	·	·	●	·	●	·	·	·	·	·	·	·	·
caviar	·	·	·	●	·	●	·	·	·	·	·	●	·	·
champignon	·	·	●	●	·	●	·	·	·	·	·	·	·	·
gema de ovo cozido	·	·	·	●	·	●	·	·	·	·	·	●	·	·
tortilha	·	·	·	●	·	●	·	·	·	·	·	·	·	·
ghee	●	·	·	●	·	·	●	●	·	·	·	●	·	·
capim-limão	●	●	●	●	●	·	·	·	·	·	·	·	·	·
batatas fritas	●	·	●	●	·	●	●	●	·	·	·	●	·	·

Combinação clássica: carne bovina e cerejas morello
Na Bélgica, bolo de carne ou almôndegas são tradicionalmente servidos com um molho azedo feito de cerejas ácidas enlatadas, aquecidas com seus sucos e engrossadas com farinha de milho. Combinações semelhantes são encontradas na Suécia, onde o köttbullar (almôndegas) é servido com lingonberries.

Prato clássico: carne bovina ao curry madras
Se o curry madras for muito picante para você, é possível reduzir o impacto servindo-o com raita, um condimento indiano refrescante feito com iogurte, cominho, sementes de mostarda-preta, gengibre, alho e, às vezes, pimenta, vegetais crus ou frutas frescas, como pepino, cenoura, abacaxi ou mamão papaia.

O sabor da carne
Muitas das moléculas aromáticas presentes na carne crua são precursoras dos aromas e sabores salgados que se desenvolvem no processo de cozimento. Reações químicas como a de Maillard e a caramelização ocorrem como resultado da aplicação de calor, desencadeando a produção de moléculas aromáticas novas. Basta pensar nas diferentes características de sabor adquiridas quando você cozinha, assa, salteia, sela ou grelha um corte de carne.

A formação de novas moléculas aromáticas é bastante complexa. Ao aumentar o calor no preparo de um filé, centenas de novos compostos voláteis são criados; isso tem um impacto direto no número e na concentração de moléculas aromáticas. Saltear um filé resultará na formação de aldeídos insaturados e outros componentes de sabor. Já a carne assada no forno terá concentrações mais altas de compostos com aroma tostado e de nozes.

Quando você prepara um filé, os componentes presentes na carne reagem e formam componentes intermediários, que continuam a reagir com outros subprodutos da degradação à medida que você cozinha a carne, formando então uma complexa mistura de compostos voláteis responsáveis pelo característico odor que reconhecemos como sendo o de carne cozida. As cinco reações principais envolvidas na formação de novos aromas estão descritas a seguir.

Oxidação dos lipídios
A oxidação dos lipídios ocorre abaixo dos 150 °C e é importante para a formação dos aromas tipicamente associados à carne. A taxa de oxidação é determinada, em parte, pela composição e concentração de ácidos graxos na carne, que, durante o cozimento, sofrem diferentes reações químicas até formarem o que chamamos de intermediários, que, por sua vez, são expostos a outras reações, resultando no desenvolvimento de importantes compostos aromáticos, como os aldeídos e as cetonas. Encontramos ainda gamalactonas, álcoois, hidrocarbonetos e ácidos em carnes cozidas abaixo dos 150 °C. No entanto, a oxidação dos lipídios também é responsável pelo aroma desagradável de carnes que ficaram rançosas.

Degradação da tiamina
A degradação da vitamina B (ou tiamina) ocorre abaixo dos 150 °C, resultando na formação de compostos com cheiro de vegetais e de cebola como os tióis, os sulfetos e os dissulfetos. Mesmo em baixas concentrações, essas moléculas cheiram a carne cozida. Portanto, cumprem um papel significativo no aroma da carne.

Para intensificar o sabor sem ressecar a carne, cozinhe-a abaixo dos 120 °C em forno convencional ou a 52-55 °C a vácuo em banho-maria. Ficando abaixo dos 120 °C, as proteínas manterão sua umidade sem se romperem completamente. O resultado é uma carne muito mais macia e saborosa. O truque é depois finalizar com uma boa selada para dourar a carne; isso dará a ela os sabores e aromas desejáveis que provêm da reação de Maillard.

Reação de Maillard
É a responsável pela maior parte das moléculas aromáticas irresistíveis que se formam quando a carne chega a uma temperatura de cerca de 150 °C. A taxa na qual isso ocorre aumenta dramaticamente por uma série de reações químicas que acontecem durante o cozimento, começando com a decomposição dos açúcares e aminoácidos. Por esse motivo, uma carne cozida em temperaturas mais altas tem o gosto muito mais salgado. No entanto, essa reação também pode ocorrer a temperaturas mais baixas, como em pratos como o risoto.

Ao cozinhar um filé, é importante retirar toda a umidade da sua superfície para garantir que ele doure adequadamente. É por isso que alguns chefs cobrem os filés com sal por 20 a 30 minutos antes de cozinhar para extrair a umidade e secar a superfície da carne, o que possibilita uma melhor reação de Maillard.

As moléculas aromáticas dessa reação, como o acetaldeído, podem interagir com os produtos da degradação da reação de Strecker. Daí provêm compostos voláteis inteiramente novos como as pirazinas, os tiazóis, os tióis e os pirróis.

Reação de Strecker
O cozimento da carne faz com que os aminoácidos presentes nela provoquem a reação de Strecker, outra reação que ocorre a aproximadamente 150 °C como parte da reação de Maillard. São produtos desse processo os aldeídos de Strecker e as alfa-aminocetonas. Por exemplo, a metionina, um tipo de aminoácido, produz um aldeído de Strecker conhecido como metional, que confere à carne um cheiro semelhante ao de batatas cozidas. O metional, por sua vez, se decompõe com a exposição prolongada ao calor e forma outros novos compostos sulfurosos. A reação de Strecker é fundamental também para a decomposição da cisteína, outro aminoácido importante para a formação de compostos ativos que dão à carne seu sabor característico.

Caramelização
Durante o cozimento, as moléculas de água presentes na carne evaporam a 100 °C, deixando para trás as moléculas de açúcar. Conforme a temperatura externa da carne aumenta, os açúcares começam a caramelizar a 165 °C, formando sobre sua superfície uma crosta marrom, junto com os compostos de aroma caramelado como o furfural e as furanonas.
Estão presentes ainda moléculas aromáticas como o escatol, um composto de odor horrível produzido nos tratos digestivos dos mamíferos, além de fenóis e terpenos, que também são encontrados nas plantas. A presença dessas moléculas pode estar ligada à atividade microbiana no solo.

Combinação clássica: bacon e lentilhas verdes
Cozinhar lentilhas verdes com bacon frito na frigideira realça os sabores de carne presentes nessas leguminosas. Acrescentar cebola refogada, alho-poró e tomates frescos em cubos tornará esse prato ainda mais saboroso e suculento.

Combinação em potencial: bacon e chocolate amargo
As notas torradas presentes no bacon criam uma ligação aromática perfeita com o chocolate amargo – especialmente o 3-metilbutanol, que tem até um aroma de chocolate. Experimente esmigalhar bacon crocante assado no forno sobre a mousse de chocolate.

Compostos aromáticos produzidos durante o cozimento
Seja grelhando um filé ou assando um frango, cozinhar qualquer tipo de carne resultará na formação das mesmas moléculas aromáticas – só que a taxas diferentes e em concentrações variadas.

furfurais, furanos doce, queimado, frutado, de nozes, caramelado
furanonas, furaneóis assado, caramelado, queimado
maltol/isomaltol caramelado, doce, frutado, de pão, de pipoca
alfadicarbonilas amanteigado, queimado
tiofenos assado, acebolado ou de carne
tiofenonas de pipoca, de nozes
furantióis queimado, sulfuroso ou de carne
outros compostos sulfurosos de carne, acebolado
aldeídos verde, gorduroso, frutado
pirazinas de nozes, assado, terroso, de batata, de pipoca, verde
oxazolinas, oxazolas amadeirado, de mofo, verde, de nozes, doce, vegetal
tiazolinas, tiazóis verde, vegetal, de carne, de pão, de nozes
pirróis, pirrolinas caramelado, doce, de milho, de pão
pirrolidinas, piridinas verde, doce, de nozes

Compostos aromáticos produzidos durante a cura do bacon
O processo de cura do bacon não só altera a textura da carne de porco, como também seu perfil aromático. O bacon contém nitritos, substâncias químicas usadas para curar carnes com sal. Os íons dos nitritos interagem com outros precursores de sabor durante o processo de cura, provocando a formação de nitrosaminas, que conferem ao bacon e a outras carnes curadas seus sabores característicos. Esses nitritos também são responsáveis pela cor rosada das carnes salgadas. Uma tira de bacon frito na chapa contém, em grande parte, os mesmos voláteis encontrados na costeleta de porco frita na chapa, só que em concentrações diferentes. Os íons de nitrito que suprimem a oxidação dos lipídios no bacon provocam uma queda substancial na concentração de aldeídos (quatro vezes menos do que na costeleta de porco), enquanto aumenta dramaticamente o número de voláteis como pirazinas, furanos, piridinas e pirróis.

Frango defumado com maçã e fava
Receita do Foodpairing

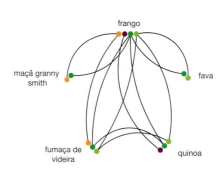

O peito de frango defumado é combinado com purê de fava e fatias de maçã granny smith crocante. O frango é marinado de um dia para o outro em vinho branco e azeite de oliva com alecrim e suco de limão-siciliano e depois defumado na grelha usando lascas de madeira de videira, para a mistura de notas de nozes, amadeiradas, fenólicas e verdes gordurosas que elas fornecem. Sirva o peito de frango com uma pitada de quinoa expandida (puffed quinoa) para adicionar um crocante agradável e um sabor tostado.

Perfil aromático do bacon frito na frigideira
Fritar o bacon desencadeia uma série de reações químicas que ocorrem entre o tecido magro e o gorduroso, resultando na perfumada liberação das moléculas de aroma.

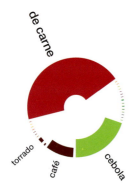

Prato clássico: frango pochê
Ao cozinhar o frango em um caldo, você pode infundi-lo com outros ingredientes, criando dimensões aromáticas adicionais, já que ele absorve os outros sabores na panela.

Combinação em potencial: frango e alcaçuz
Olhando a lista de combinações em potencial para o filé de peito de frango a seguir, vem à mente uma variação do tagine de frango com damasco, mas feito com avelã em vez de amêndoa e com alcaçuz para aprofundar o sabor.

Frango e cordeiro

Perfil aromático do filé de peito de frango cru
O frango cru é repleto de aldeídos e ácidos, que conferem à carne um aroma verde gramíneo, enquanto a molécula 4-vinil guaiacol (que recebe um descritor amadeirado) dá a ele uma nuance um tanto frutada, semelhante à da maçã. Para dar mais sabor, deixe os filés marinando por pelo menos 30 minutos antes de cozinhá-los.

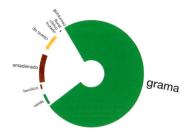

filé de peito de frango cru (ingredientes da marinada)
- avelã
- damasco
- café recém-coado
- cranberry
- pimenta ají amarillo
- vinagre de xerez reserva
- casca de tangerina
- coco
- alcaçuz
- menta

Perfil aromático do filé de peito de frango pochê
As moléculas de aroma verdes de pepino aumentam quando o frango é cozido, e os compostos com aroma de grama diminuem. Também são formados novos sabores vegetais, de cogumelo e cebola.

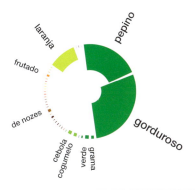

filé de peito de frango pochê
- manjericão
- casca de cássia (canela-da-china)
- chá preto
- goiaba
- figo
- melancia
- folhas de nori
- baunilha-do-taiti
- salsifi-negro cozido
- endro

Perfil aromático da carne de cordeiro crua
A carne de cordeiro contém aldeídos e ácidos gramíneos, bem como octanal e nonanal cítricos, mas seu aroma característico (mais pronunciado na carne de carneiro) é definido pelo sulfeto de dimetila, um composto vegetal sulfuroso encontrado nas trufas negras. Adicione sabor marinando a carne de cordeiro antes do cozimento.

carne de cordeiro crua (ingredientes da marinada)
- kombu (alga marinha seca)
- iogurte de leite de vaca
- pasta tikka masala
- sementes de cardamomo
- yuzu
- casca de laranja
- orégano seco
- pimenta verde tailandesa
- vinagre balsâmico
- suco de beterraba

Prato clássico: sanduíche reuben
Feito com pão de centeio, o clássico sanduíche americano reuben é recheado com corned beef, queijo suíço, chucrute e molho russo, um tipo de molho de coquetel feito com raiz-forte, pimentas e especiarias.

Combinação em potencial: cordeiro grelhado e chucrute
Muito popular na Europa central e oriental, o chucrute é feito pela fermentação de repolho finamente picado em salmoura. Na Polônia, os pierogi recheados com chucrute são servidos na véspera do Ano-Novo. Na Alsácia, o choucroute garnie combina chucrute com batatas, carne de porco assada e salsichas.

Combinações de ingredientes com carne

emmental
- massa folhada
- alga *Codium*
- pargo
- ruibarbo
- mamão papaia
- alface little gem
- casca de quincã
- sementes de abóbora assadas
- figo seco
- carne maturada a seco (dry-aged)

chucrute
- cordeiro grelhado
- filé de cavalinha
- mamão papaia
- molho de pimenta
- casca de tangerina
- muçarela de búfala
- raiz de rábano
- folha de pandan
- loganberry
- pistache torrado

trigo sarraceno
- chá preto defumado
- linguado assado
- carne bovina
- pera conference
- suco de tomate fresco
- halvah de gergelim
- algas verdes
- carne de caranguejo cozida
- galinha-d'angola frita na frigideira
- pimenta habanero verde

batata assada no forno
- azeitona verde
- laranja
- matcha
- folhas de coentro
- milho-doce cozido
- rodovalho assado
- pistache torrado
- ameixas secas de agen
- bife grelhado
- berinjela cozida

couve-nabo
- bottarga
- carne bovina wagyu
- agrião
- tomate italiano
- barriga de porco assada
- salsifi-negro cozido
- purê de avelã torrada
- caviar
- camarão cinza assado
- banana-nanica

sementes de linhaça
- framboesa
- uvas
- berinjela
- pimenta habanero vermelha
- couve-galega cozida no vapor
- sardinha
- manteiga de amendoim
- bacon frito na frigideira
- cogumelo cep
- chocolate amargo

Combinação clássica: cordeiro, tortilhas de milho e cerveja
Como todas as carnes grelhadas, a carne de cordeiro tem notas torradas e de nozes em comum com as tortilhas de milho. Por sua vez, a cerveja compartilha aromas torrados, de nozes, frutados e florais com as tortilhas, o que a torna um acompanhamento perfeito para tacos de cordeiro apimentados.

Combinação em potencial: peru e creme de cacau
Aves e chocolate são uma combinação familiar na culinária mexicana, em pratos como o frango al mole. Você pode tentar fazer uma versão com peru e realçar o sabor do molho à base de chocolate com uma pitada de creme de cacau.

tortilha de milho
- cordeiro grelhado
- framboesa
- chá preto
- lichia
- amendoim torrado
- estragão
- cardamomo-negro
- avestruz frito na frigideira
- salame italiano
- kentucky straight bourbon

creme de cacau
- salada mesclun
- pão de centeio
- peru pochê
- ervilha
- camarão cinza assado
- casca de quincã
- aberdeen angus
- emmental
- amora
- banana

Chimay Blue (Belgian strong ale)
- tortilha de milho
- uísque bourbon
- nectarina
- bacamarte assado
- filé de cordeiro assado
- suco de laranja
- avestruz frito na frigideira
- umeshu (licor de ameixa-japonesa)
- azeite de oliva virgem frantoio
- pimenta ají panca

chimichurri
- frango assado
- baechu kimchi
- café colombiano
- pasta de praliné de avelã
- mel de trigo sarraceno
- pistache torrado
- batata cozida
- gruyère
- caldo de legumes
- couve-rábano assada

batata-doce roxa cozida
- ostra
- folha de shissô
- sálvia-roxa
- uva-do-monte
- lichia
- salsifi-negro cozido
- lagostim
- plumcot
- pimenta-de-sichuan
- cordeiro grelhado

alface-de-cordeiro (mâche)
- banana-da-terra
- goiaba
- manteiga
- filé de peito de frango pochê
- endro
- molejas de vitela assadas
- amêndoa torrada com óleo
- menta
- cavalinha
- aspargos verdes grelhados

Combinação em potencial: bacon e macadâmia
O bacon frito contém algumas moléculas de nozes que o ligam a diferentes variedades de oleaginosas – de macadâmias, nozes e avelãs a castanhas e amendoins (que, a rigor, são um tipo de leguminosa).

Combinação clássica: carne e fumaça de macieira
A fumaça de madeira geralmente é usada para dar sabor às carnes bovina ou de peixe, seja em uma churrasqueira a lenha ou em um defumador de alimentos, mas é possível usá-la com todos os tipos de alimentos, de leite (perfeito para fazer sorvete defumado) a chocolate. Para um coquetel defumado, coloque um pouco de fumaça no copo e, em seguida, tampe-o para que os sabores se infiltrem.

Combinações de ingredientes com carne

macadâmia
- daikon
- cacau em pó
- beterraba frita na frigideira
- saishikomi (molho de soja de fermentação dupla)
- tangerina
- bacon frito na frigideira
- salmão pochê
- presunto de bayonne
- baunilha-do-taiti
- doenjang (pasta de soja fermentada coreana)

fumaça de macieira
- cogumelo cep
- queijo sainte-maure
- mexilhões cozidos
- camarão cinza
- morango gariguette
- carne assada
- ervilha
- banana-da-terra
- manga alphonso
- peito de pato frito na frigideira

mel de lavanda
- romã
- folhas de mostarda cozidas no vapor
- linguado-limão pochê
- bergamota
- mexilhões cozidos
- cogumelo cep
- repolho roxo
- lombo de porco frito na frigideira
- lichia
- macadâmia

brandy de cereja
- queijo idiazabal
- beterraba frita na frigideira
- suco de maçã granny smith
- cacau em pó
- carne de caranguejo cozida
- barriga de porco assada
- pombo selvagem frito na frigideira
- camarão graúdo frito na frigideira
- damasco
- linguado assado

flor da *Fernaldia pandurata* (loroco)
- pimentão vermelho
- maruca braseada
- azeitona preta
- foie gras de pato frito na frigideira
- mel
- cordeiro grelhado
- macadâmia torrada
- fumet de mariscos
- aspargos brancos
- brioche

fava tonka
- cheddar
- maracujá
- morango
- purê de alho negro
- pasta de curry madras
- mirtilo
- carne bovina cozida
- carne de caranguejo cozida
- chocolate ao leite
- canela

Combinação clássica: carne de veado e cogumelos fritos na frigideira

O perfil aromático dos cogumelos consiste em notas verdes e características de cogumelo, e a fritura da carne de veado leva à criação da mesma molécula distinta de cogumelo. Por sua vez, a fritura de cogumelos cria notas torradas, de nozes e caramelizadas, aprimorando o vínculo entre esses dois ingredientes.

Combinação clássica: carne bovina e trufa negra

Servido em uma torrada de brioche, o tournedos rossini combina filé-mignon e foie gras temperados com um rico demi-glace e trufas negras laminadas (ver página 190).

champignon na frigideira

- edamame
- cereja stella
- tâmara
- nectarina
- carne de caranguejo cozida
- coulis de pimentão vermelho
- maruca braseada
- carne de veado frita na frigideira
- pasta de curry madras
- pasta de soja

trufa de verão

- beterraba
- chocolate ao leite
- morango gariguette
- carne bovina cozida
- arroz cozido
- presunto de bayonne
- cheddar maturado
- caranguejo-voador assado (*Liocarcinus holsatus*)
- aspargos brancos
- filé de bacalhau pochê

vermute de chambéry

- cogumelo cep
- erva-cidreira
- camomila seca
- vieira seca
- bacon defumado
- raiz de salsa cozida
- berinjela grelhada
- cereja griotte
- morango
- manga

vinho de laranja
(vinho de frutas)

- mexilhões cozidos
- azeite de oliva virgem arbequina
- filé de peito de frango frito
- aioli
- camarão graúdo cozido
- brócolis cozido
- sementes de funcho
- purê de gengibre
- barriga de porco assada
- cerefólio-tuberoso

ameixa-japonesa
(umê)

- presunto de bayonne
- couve-flor
- anis-hissopo
- missô de soja
- vieira cozida
- kombu (alga marinha seca)
- anchovas salgadas
- alecrim
- cordeiro grelhado
- eucalipto

Trufas

As trufas absorvem do solo sulfatos produzidos por microrganismos que são convertidos em sulfeto de dimetila e outras moléculas de odor ativo por meio de uma série de reações enzimáticas. O odor almiscarado do sulfeto de dimetila é um volátil importante que atrai porcos e cães caçadores de trufas para os esconderijos desses fungos no subsolo.

Poucos ingredientes são tão reverenciados quanto as trufas. Apesar de sua aparência pouco atrativa, elas reúnem um público devotado de chefs e gourmands, ansiosos para celebrar o aparecimento desses fungos squem desembolsazonais. Novembro anuncia a chegada antecipada das trufas brancas, entre elas o famoso tartufo bianco d'alba, valorizado por seu aroma pungente e sulfuroso e vendido a preços exorbitantes em leilões. Em seguida, vêm as variedades mais comuns de trufas negras, como a périgord, bem a tempo de comemorar o Ano-Novo.

Cada espécie tem um perfil aromático específico, constituído de muitos compostos voláteis diferentes, mas há alguns compostos típicos das trufas. As tartufi d'alba são apreciadas por sua fragrância potente, mas momentânea. Aromaticamente mais complexas do que as variedades pretas, é melhor laminá-las cruas antes de servir para evitar que seus delicados compostos voláteis se dissipem. O composto sulfuroso 2,4-ditiapentano é uma das principais moléculas aromáticas presentes nas trufas alba. Em temperatura ambiente, ele se transforma em dissulfeto de dimetila, que tem um característico odor de alho.

Os óleos e produtos com aroma de trufas encontrados em lojas de alimentos gourmet são feitos com produtos sintéticos que geralmente combinam apenas os compostos 2,4-ditiapentano (por seu cheiro de alho), sulfeto de dimetila (por seu cheiro de cebola) e 2-metil-butanal (pense em cheiro de cachorro molhado). A mistura única e terrosa de uma centena de sulfetos, álcoois, ésteres, cetonas e aldeídos que compõem o perfil aromático sutil das trufas negras périgord é tão volátil que a fragrância não dura em um frasco.

Androstenona

A percepção dos aromas das trufas tem tudo a ver com nossas variações genéticas. Quem não entende o motivo do alvoroço a respeito da temporada de trufas, talvez seja incapaz de detectar a androstenona – um feromônio presente em pequenas quantidades nas trufas – ou ter uma predisposição genética a não gostar dela.

Em um estudo de 2007, pesquisadores americanos analisaram como as variações genéticas no receptor de odor humano OR7D4 afetam nossa percepção da androstenona, derivada do hormônio sexual masculino testosterona. Em suínos, o odor almiscarado da androstenona de um javali, por exemplo, é conhecido por despertar as fêmeas. Os seres humanos também produzem essa substância na forma de odor corporal e urina. Os pesquisadores primeiro testaram a substância química do suor em relação aos cerca de 400 receptores de odor responsáveis pelo olfato humano. Em seguida, eles pesquisaram 400 participantes após o sequenciamento de seu DNA para determinar se havia, de fato, alguma correlação entre as variações genéticas no receptor de odor OR7D4 e as reações dos participantes à androstenona. Descobriu-se que algumas pessoas percebem essa substância como repulsiva (suor, urina); outras, como agradável (doce, floral); e outras, como inodora.

Apenas 35% das pessoas se sentem fortemente atraídas pelo aroma das trufas, 40% o consideram desagradável, e os 25% restantes não conseguem detectá-lo. Os hipersensíveis que se sentem repelidos pelo odor terroso e almiscarado das trufas ficam intrigados com quem desembolsa centenas ou até milhares de reais pelas trufas périgord e alba, de odor mais forte.

Perfil aromático relacionado: trufa branca
No sulfuroso 2,4-ditiapentano, que se transforma no dimetil dissulfeto com cheiro de alho, encontramos notas torradas e de queijo, bem como notas picantes e de nozes com traços de um composto floral com aroma de gerânio presente em peixes.

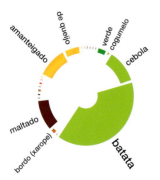

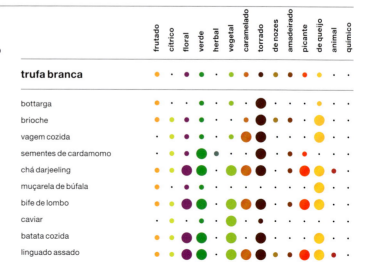

Trufa negra

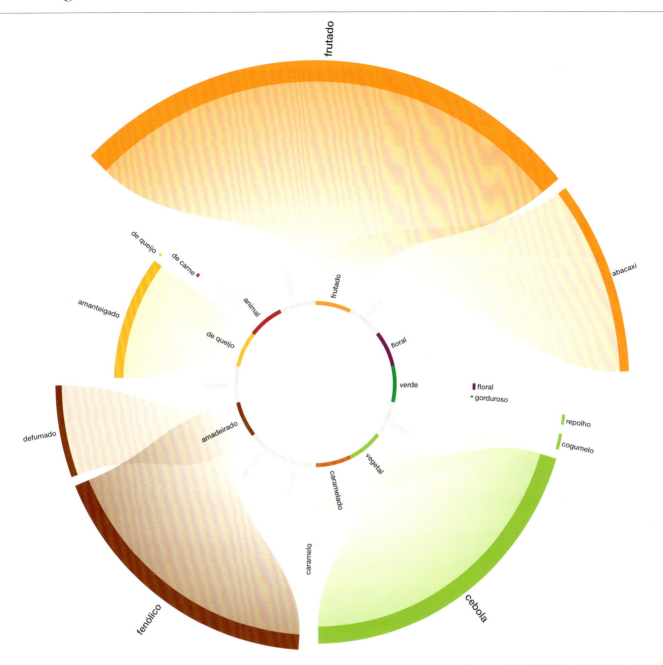

Perfil aromático da trufa negra

A *Tuber melanosporum* contém os compostos sulfurosos sulfeto de dimetila, dissulfeto de dimetila e trissulfeto de dimetila, que conferem ao fungo perfumado um aroma de alho e repolho cozido. As trufas negras também contêm aldeídos pungentes como o 2 e o 3-metilbutanal, junto com o 2 e o 3-metilbutanol. Outros compostos conferem às trufas uma nuance frutada, semelhante à do chocolate.

Combinação em potencial: trufa branca e jaca

Parente do figo e da fruta-pão, a jaca tornou-se popular na culinária vegana e vegetariana. Embora seja pobre em proteínas, a jaca é um bom substituto da carne graças à sua textura e funciona bem combinada com temperos ou molho barbecue defumado. A jaca e a trufa branca compartilham notas torradas, maltadas e picantes, além de aromas frutados tropicais.

Combinação clássica: trufa negra e queijo

Camembert assado ou brie recheado com trufas negras são os favoritos em um jantar, mas a trufa negra também combina com a muçarela. Esses dois ingredientes têm em comum notas vegetais de cogumelo, bem como aromas de abacaxi e mel floral.

Combinações de ingredientes com trufas

jaca mole: banana, muçarela de leite de vaca, vermute doce, suco de pêssego, azeite de oliva virgem arbequina, amora, vinagre de xerez reserva, trufa branca, costeleta de lombo de porco, cerveja lambic

muçarela de leite de vaca: baga de naranjilla, chá verde, linguado assado, presunto de bayonne, abacaxi, radicchio, trufa negra, foie gras de pato frito na frigideira, goiaba, pétalas de rosas frescas comestíveis

cloudberry: cidra de maçã, madeira Boal 10 anos, trufa negra, suco de baga de sabugueiro, cacau em pó, queijo bleu d'auvergne, filé de cordeiro assado, queijo sainte-maure, mostarda, gengibre fresco

brandy St-Rémy VSOP: carne bovina wagyu, farinha de rosca panko, solha europeia assada, purê de raiz-forte, salchichón, pimenta habanero vermelha, coco seco, queijo de cabra, abóbora cozida, trufa de verão

camarão graúdo na frigideira: trufa negra, presunto serrano, pesto, beterraba, bagel, stilton, picanha, castanha assada, molho de peixe taiwanês, vermute seco

presunto serrano: licor maraschino, tahine, fundo escuro de galinha, cacau em pó, trufa branca, pasta de curry madras, camarão graúdo frito na frigideira, cordeiro grelhado, gruyère, salmão pochê

Combinação em potencial: trufa negra e mel
A trufa negra e o mel estão ligados por aromas florais. Para combinar os dois, aqueça suavemente um pouco de mel, adicione um pouco de trufa e deixe em infusão por dez minutos. Deixe esfriar e, em seguida, coe. Você pode regar o mel com aroma de trufas sobre sorvete de baunilha ou queijo.

Combinação clássica: trufa negra e batatas fritas
Fish and chips é um clássico britânico: fritar o peixe empanado cria notas vegetais, caramelizadas e torradas que combinam perfeitamente com batatas fritas (ver página 194). A trufa negra não apenas compartilha notas frutadas com o bacalhau, mas também pode elevar as batatas fritas a outro nível: se você gosta de batatas fritas com maionese, como é servido na Bélgica e na Holanda, experimente mergulhá-las na maionese de trufa negra.

feijão azuki cozido
- cacau em pó
- trufa negra
- pimenta chipotle seca
- fumet de mariscos
- costela bovina maturada por 42 dias
- galanga
- tomate laranja
- tempeh frito
- ciabatta
- solha assada

filé de bacalhau
- uísque bourbon
- geleia de mirtilo-selvagem
- maçã boskoop
- granadilha
- trufa negra
- água de coco
- amendoim torrado
- cereja-doce
- doenjang (pasta de soja fermentada coreana)
- chocolate ao leite

chá de flores
- banana-da-terra
- presunto curado a seco
- folha de shissô
- aberdeen angus
- trufa branca
- cereja-doce
- pimenta habanero verde
- parmigiano reggiano
- maçã java
- mexilhões cozidos

geleia de cupuaçu
- filé-mignon
- trufa negra
- erva-cidreira
- salsifi-negro cozido
- açaí
- café turco
- gruyère
- hambúrguer assado no forno
- coelho assado
- solha assada

ossobuco assado
- trufa negra
- macarrão soba cozido
- aspargos verdes
- lagostim assado
- asa de arraia assada
- framboesa
- abóbora cozida
- pasta tikka masala
- raiz de chicória assada
- ameixas secas de agen

molejas de vitela assadas
- molho de ostra
- cogumelo-ostra
- tainha-vermelha assada
- amêndoas laminadas torradas
- chips de banana-passa
- trufa negra
- castanha assada
- plumcot
- truta pochê
- erva-cidreira

Batatas fritas

Fritar batatas em óleo quente intensifica o aroma de batata assada do metional e dá origem a novas e saborosas notas torradas e carameladas.

Como membros da família das solanáceas, as batatas não são um ingrediente que comemos cru. Seu perfil aromático muda drasticamente dependendo de como você a cozinha. As batatas cruas contêm 2-isopropil-3-metoxipirazina, o que lhes confere um sabor terroso, e o cheiro característico das batatas assadas e cozidas se deve ao composto metional. O cozimento também desencadeia a reação de Maillard, resultando na formação das 2-etil-3-metilpirazinas (terroso, amendoado) e nas notas de manteiga e com cheiro semelhante ao de batata assada das 2-etil-6-metilpirazinas. Fritar batatas em óleo ou gordura quente transforma o metional em oxazóis alquilos com cheiro de lactona e 2,4-decadienal, responsáveis pelo delicioso sabor gorduroso das batatas fritas.

Variedades como maris piper, cará, agria e king edward estão entre as melhores para fazer batatas fritas. O tamanho e o formato das batatas fritas afetam muito a textura geral e a proporção entre o exterior crocante e o interior macio. As batatas fritas tradicionais têm uma espessura de 5 mm; já as batatas fritas palito são ainda mais finas – cerca de 3 mm – e, portanto, mais crocantes quando frescas (embora sejam propensas a ficar murchas conforme esfriam). No Reino Unido, as batatas fritas clássicas geralmente são cortadas com cerca de 15 mm de espessura, enquanto as batatas fritas steak-cut são uma variedade ainda mais grossa, com cerca de 20 mm. Nos Estados Unidos, esse tipo de batata geralmente é frito com casca. Há também as batatas fritas crinkle-cut, que são cortadas com uma lâmina ondulada. Esse formato ondulado aumenta a área de superfície disponível para fritar, aumentando assim a crocância.

Não há jeito errado de comer batata frita, seja ela feita em óleo vegetal ou sebo bovino. Os belgas gostam dela com maionese ou ketchup ao curry; os americanos a mergulham em tudo, desde ketchup até molhos de manteiga ou aioli. Batatas fritas com queijo são outra opção tipicamente americana, cobertas com chili de carne bovina em pedaços, bastante queijo cheddar ralado e cebolas picadas.

- No Peru, as batatas fritas são um componente essencial dos saltados, prato cuja versão mais popular é o lomo saltado – um refogado de influência chinesa que consiste em tiras marinadas de filé-mignon, cebola, pimentão, tomate e batatas fritas, servido com arroz branco.
- O poutine tornou-se um sucesso recente nos cardápios de gastrobares para além do Quebec. Perfeito para o clima frio, este prato é composto de batatas fritas cobertas com pedacinhos de queijo coalhado (cheese curds) e um molho marrom-claro feito de frango, peru ou vitela.

A ciência da fritura

Entender a ciência por trás do ato de fritar a batatinha perfeita nos permite desfrutar sempre que quisermos de batatas fritas crocantes e douradas. Escolha batatas com mais amido e baixo teor de umidade. Quanto mais amido, melhor, para que as batatas fritas fiquem bem crocantes por fora e leves e macias por dentro. É melhor manter as batatas fora da geladeira, pois as temperaturas frias transformam os amidos em açúcar, fazendo com que as batatas fritas dourem rápido demais no óleo quente.

Descasque as batatas, corte-as em palitos e enxágue-as em água fria corrente para remover o excesso de amido. Pré-cozinhe as batatas branqueando-as em água a 70 °C por cerca de 30 minutos. Isso garante que os amidos sejam cozidos completamente antes da fritura. As enzimas produtoras de pectina, que fortalecem a superfície externa das batatas fritas, também são ativadas nessa temperatura.

Retire as batatas da água, seque-as e coloque-as na geladeira para esfriar. Os grânulos de amido formarão uma crosta sobre a superfície das batatas à medida que a umidade residual evaporar.

Para fritar as batatas, aqueça o óleo de cozinha a 150 °C. Frite-as no óleo quente até formar uma crosta. Os amidos irão cozinhar por dentro e as batatas ficarão crocantes por fora. Quando estiverem no ponto, retire-as da frigideira e chacoalhe-as para remover o excesso de óleo. Aumente a temperatura do óleo para 180-190 °C. Frite novamente as batatas até que a crosta fique dourada.

O tipo de óleo usado interfere no sabor das batatas fritas. Os óleos vegetais e de amendoim são os mais utilizados em razão de seu sabor neutro. O aumento da temperatura faz com que o óleo oxide e altere a concentração de compostos voláteis presentes, mas, com o tempo, as desejáveis características do sabor gorduroso do (E,E)-2,4-decadienal dão lugar aos sabores gordurosos do hexanal. Para evitar a formação desses sabores desagradáveis, é importante substituir regularmente o óleo de cozinha.

Batatas fritas

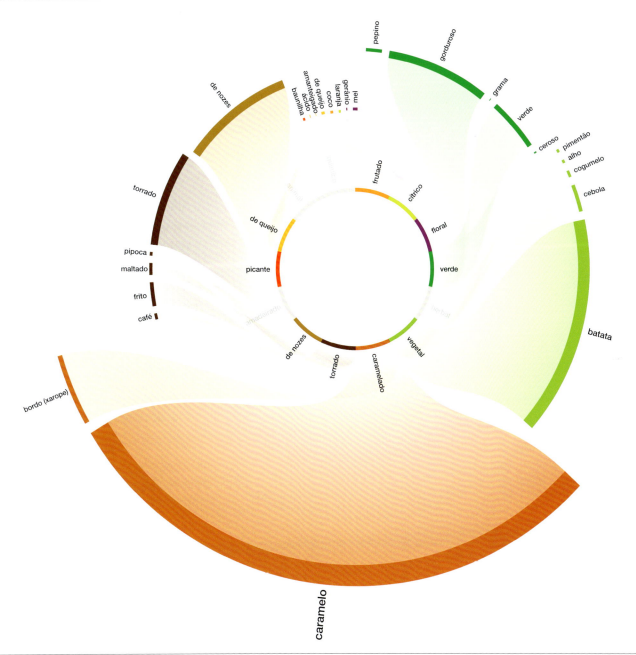

Perfil aromático das batatas fritas

As batatas contêm metionina, que tem um sabor de batata cozida e cuja concentração aumenta durante a fritura. Como ocorre com muitos outros ingredientes que passam por processamento térmico, a maioria dos compostos voláteis das batatas fritas vem da degradação de açúcares e lipídios e da reação de Maillard. Os açúcares das batatas caramelizam durante a reação de Maillard, dando às batatas fritas notas torradas e caramelizadas.

	frutado	cítrico	floral	verde	herbal	vegetal	caramelado	torrado	de nozes	amadeirado	picante	de queijo	animal	químico
batatas fritas	·	·	·	·	·	·	·	·	·	·	·	·	·	·
creme de leite duplo	·	·	·	·	·	·	·	·	·	·	·	·	·	·
morango calinda	·	·	·	·	·	·	·	·	·	·	·	·	·	·
casca de laranja	·	·	·	·	·	·	·	·	·	·	·	·	·	·
cogumelo shiitake	·	·	·	·	·	·	·	·	·	·	·	·	·	·
melão japonês (melão miyabi)	·	·	·	·	·	·	·	·	·	·	·	·	·	·
hadoque braseado	·	·	·	·	·	·	·	·	·	·	·	·	·	·
cacau em pó	·	·	·	·	·	·	·	·	·	·	·	·	·	·
favas cozidas	·	·	·	·	·	·	·	·	·	·	·	·	·	·
faisão frito na frigideira	·	·	·	·	·	·	·	·	·	·	·	·	·	·
missô de soja	·	·	·	·	·	·	·	·	·	·	·	·	·	·

Prato clássico: moules frites
Este prato é um clássico dos bistrôs franceses: os mexilhões são cozidos em vinho branco com cebola, aipo e pimenta-do-reino moída grosseiramente, e servidos com batatas fritas.

Combinação em potencial: batatas fritas e porcini seco
Tradicionalmente, as batatas fritas são temperadas com sal, mas por que não adicionar outros temperos, como pimenta isot moída (flocos de pimenta urfa) e porcini seco? O óleo das batatas fritas ajuda o tempero a aderir. Sirva-as com um bom corte de carne bovina frita na frigideira – todos esses ingredientes compartilham de algumas notas vegetais, caramélicas, torradas e de nozes.

Combinações de ingredientes com batatas fritas

mexilhões bouchot cozidos
- chouriço espanhol
- brie
- granadilha
- melão japonês (melão miyabi)
- cordeiro grelhado
- batatas fritas
- avelã torrada
- pimenta isot (flocos de pimenta urfa)
- abóbora cozida
- lichia

borragem
- molho de pimenta
- porcini seco
- pimenta ají panca
- siri-azul cozido
- pepino em conserva
- cereja morello
- chantarela
- batatas fritas
- carne maturada a seco (dry-aged)
- damasco

cerveja Westmalle dubbel
- avelã
- batatas fritas
- queijo tipo parmesão
- halvah de gergelim
- quinoa cozida
- morango
- suco de tomate pasteurizado
- chá darjeeling
- sementes de cardamomo
- sépia braseada

chalota
- ciabatta
- café recém-coado
- licor Bénédictine D.O.M.
- trufa de verão
- frango assado
- caranguejo-voador assado (*Liocarcinus holsatus*)
- cheddar suave
- mel de canola
- batatas fritas
- molho de peixe coreano

aipo cozido
- salame
- chá longjing (dragon well)
- batatas fritas
- ameixas secas de agen
- flor de sabugueiro
- maracujá
- goiaba
- mamão papaia
- pato selvagem frito na frigideira
- carne de caranguejo cozida

licor D.O.M Bénédictine
- castanha-do-pará
- chouriço espanhol
- abacate hass
- presunto de bayonne
- folhas de gerânio com aroma de limão
- nêspera
- lagostim cozido
- carne maturada a seco (dry-aged)
- gruyère
- chá preto

Combinação clássica: batatas fritas e ketchup
O ketchup de tomate e as batatas fritas têm em comum notas caramelizadas e de queijo, mas é o contraste entre as batatas fritas salgadas e gordurosas e o ketchup agridoce que ajuda a tornar essa combinação irresistível.

Combinação em potencial: batatas fritas e queijo de cabra
Para uma variação do poutine, adicione um pouco de vinagre às batatas fritas para aumentar a acidez, no estilo do fish and chips britânico, e cubra-as com queijo de cabra (ver página 198) e molho de carne.

ketchup de tomate
- camarão graúdo frito na frigideira
- gengibre fresco
- caldo de anchova
- shortbread (biscoito amanteigado)
- linguado-limão braseado
- champignon frito na frigideira
- melão
- bacamarte assado
- manjericão
- canela

queijo de cabra semiduro
- salchichón
- presunto ibérico (jamón 100% ibérico de bellota)
- baunilha-do-taiti
- batatas fritas
- goiaba
- cereja-doce
- mel de acácia
- tomate
- alcachofra cozida
- manga alphonso

hambúrguer assado no forno
- morango mara des bois
- pimenta isot (flocos de pimenta urfa)
- ervilhas cozidas
- salame italiano
- maionese
- absinto
- bergamota
- carne de caranguejo cozida
- chá preto defumado
- batatas fritas

folha de levístico
- chocolate amargo
- batatas fritas
- quinoa cozida
- champignon frito na frigideira
- gim Plymouth
- estragão
- pesto
- aipo-rábano
- bergamota
- salsifi-negro cozido

lagostim
- goiaba
- erva-cidreira
- maçã boskoop
- bergamota
- batatas fritas
- arroz integral cozido
- faisão frito na frigideira
- banana-da-terra
- vagem cozida
- moleja de vitela assadas

Queijo de cabra

O queijo de cabra tem um sabor mais acentuado e marcante do que os queijos de leite de vaca. Aproximadamente metade dos compostos voláteis que compõem o perfil aromático do leite de cabra fresco provém da dieta do ruminante. As cabras, por natureza, são animais que se alimentam de forragem, e as raças domésticas têm uma dieta mais variada do que as vacas leiteiras. Sua alimentação inclui uma combinação de feno, alfafa, gramíneas e grãos.

O queijo de cabra fresco tem um sabor mais delicado do que os queijos maturados. Compostos solúveis em água, como ácidos graxos, são responsáveis por boa parte do sabor de queijo fresco – os ácidos graxos de cadeia curta e média podem ser detectados em concentrações muito baixas. O envelhecimento enzimático ocorre conforme o queijo de cabra amadurece, afetando o sabor e a textura.

O queijo de cabra obtém seu aroma verde e gramíneo do hexanal. Outros aldeídos, como (E)-2-nonenal, (E,E)-2,4-nonadienal e (E,E)-2,4-decadienal, que têm uma fragrância semelhante à do pepino fresco, são formados pela oxidação de lipídios. As lactonas com aroma de pêssego e coco dão ao queijo de cabra o cheiro adocicado. Ácidos como o ácido acético, o ácido butanoico e o ácido hexanoico são responsáveis pelo sabor do queijo, enquanto o ácido hexanoico não apenas contribui para o aroma do queijo de cabra fresco, como também para seu sabor azedo e acentuado.

Perfil aromático relacionado: leite de cabra
A presença de compostos como o escatol e o indol confere ao leite de cabra cru um perfil mais distinto, ceroso e animal do que o sabor simples e neutro do leite de vaca.

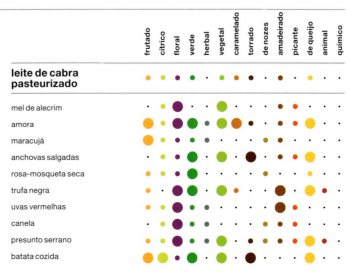

Perfil aromático relacionado: leite de cabra pasteurizado
As moléculas de odor forte e animal presentes no leite de cabra cru desaparecem quase completamente durante a pasteurização e são substituídas por lactonas e aldeídos.

Queijo de cabra

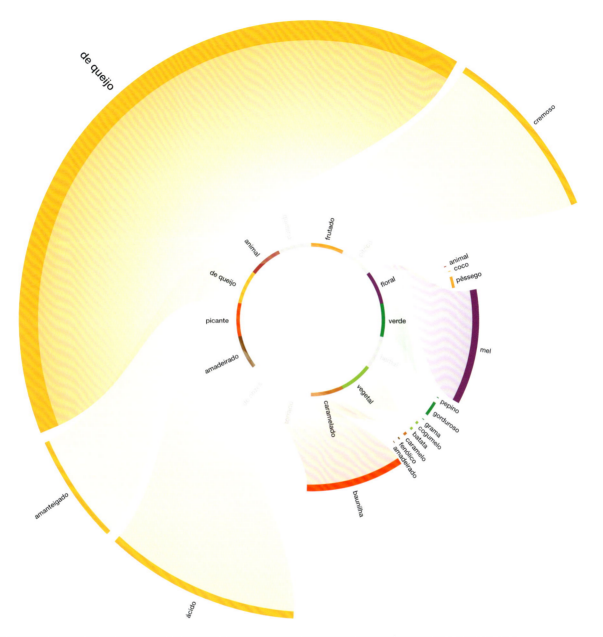

Perfil aromático do queijo de cabra
O queijo de cabra tem um aroma doce e verde gramíneo, com notas de pepino. Ele também apresenta um pequeno número de notas carámelicas que se formam à medida que os açúcares do leite se degradam durante a pasteurização. Entre outras moléculas de aroma encontradas no queijo de cabra estão a vanilina e o metional, que tem cheiro de batata cozida.

	frutado	cítrico	floral	verde	herbal	vegetal	caramelado	torrado	de nozes	amadeirado	picante	de queijo	animal	químico
queijo de cabra	•	·	•	•	·	•	•	·	·	•	•	•	•	·
presunto curado a seco jinhua	•	·	•	●	·	•	•	·	•	•	·	●	·	·
maçã golden delicious	•	•	•	●	·	•	·	·	·	·	•	·	·	·
edamame	·	·	•	●	·	•	·	·	·	·	·	·	·	·
alface little gem	·	·	•	●	·	•	·	·	·	·	•	●	·	·
ruibarbo	·	·	·	●	·	·	·	·	·	·	·	●	·	·
pão de centeio	·	•	·	●	·	·	·	•	·	•	·	●	·	·
carne maturada a seco (dry-aged)	•	•	•	●	·	•	•	·	·	•	•	●	·	·
peixe-lobo do atlântico braseado	·	·	•	●	·	•	•	·	·	•	·	●	·	·
lula cozida	·	·	·	•	·	•	·	·	·	·	·	·	·	·
purê de alho negro	•	·	•	●	·	•	•	·	·	•	•	●	·	·

Combinação clássica: queijo de cabra, mel e pão torrado
Queijo de cabra quente com um fio de mel e tomilho fresco sobre um crostini funciona como aperitivo ou acompanhamento de uma salada verde.

Combinação em potencial: queijo de cabra e salsicha alemã
O chèvre e outros queijos de cabra têm um sabor muito mais ceroso e animal do que aqueles feitos com leite de vaca. Thüringer Rostbratwurst é um tipo de salsicha de carne bovina e suína feita na Alemanha há séculos. Aromatizada com manjerona e cominho, essa salsicha combina bem com queijo de cabra fresco, que contém lactonas cremosas e notas florais e de mel, além de aromas de vegetais e cogumelos.

Combinações de ingredientes com queijo e leite de cabra

ciabatta
- loganberry
- queijo manchego
- alcaparras em conserva
- baga de espinheiro-marítimo
- chucrute
- mamão papaia
- suco de tomate pasteurizado
- leite de cabra pasteurizado
- carne de caranguejo cozida
- berinjela grelhada

salsicha alemã assada no forno
- usukuchi (molho de soja light)
- folha de shissô
- bouton de culotte (queijo de cabra mâconnais)
- lula cozida
- truta pochê
- vinho de arroz
- trufa negra
- aveia integral
- ciabatta
- cogumelo morel

xarope de cana
- faisão frito na frigideira
- pregado grelhado
- saúva brasileira
- wakame
- microverdes de shissô
- flor de sakura em conserva
- queijo de cabra
- melão japonês (melão miyabi)
- linguado assado
- filé de cordeiro assado

purê de avelã torrada
- folha de louro seca
- salmão do atlântico defumado
- suco de groselha-negra
- koshian (pasta de feijão-vermelho)
- cerveja Duvel
- laranja-vermelha tarocco
- mamão papaia
- tomatillo cozido
- leite de cabra pasteurizado
- caroço de manga torrado

katsoubushi (flocos de bonito seco)
- chouriço espanhol
- anchovas salgadas
- porcini seco
- feijão azuki cozido
- caldo de legumes
- leite de cabra pasteurizado
- espumante cava brut
- queijo bleu d'auvergne
- pistache
- chucrute

vinho de amora
- castanha-de-caju
- damasco
- carne de veado frita na frigideira
- maracujá
- queijo sainte-maure envelhecido
- mirin (vinho doce de arroz japonês)
- melão
- cordeiro grelhado
- abóbora cozida
- pregado grelhado

Column headers (repeated for each section): frutado, cítrico, floral, verde, herbal, vegetal, caramelado, torrado, de nozes, amadeirado, picante, de queijo, animal, químico

Combinação clássica: queijo de cabra e espinafre
A spanakopita combina espinafre e queijo feta grego com ervas frescas, como endro, manjerona, orégano e tomilho, embrulhados em pacotes de massa filo.

Combinação clássica: queijo de cabra e mirtilo
Um prato de queijo, nozes e frutas frescas da estação é uma maneira clássica de terminar uma refeição. As notas florais e de mel do queijo de cabra também são encontradas em mirtilos (ver página 202) e amoras, enquanto seus aromas verdes e gramíneos combinam bem com maçã e pera. As lactonas presentes no queijo combinam bem com morango, abacaxi e manga.

espinafre cozido	frutado	cítrico	floral	verde	herbal	vegetal	caramelado	torrado	de nozes	amadeirado	picante	de queijo	animal	químico
banana-nanica														
pregado														
ervilha														
batata cozida														
hambúrguer assado no forno														
solha assada														
avelã torrada														
asa de arraia pochê														
creme de soja														
alho-selvagem														

mamão	frutado	cítrico	floral	verde	herbal	vegetal	caramelado	torrado	de nozes	amadeirado	picante	de queijo	animal	químico
chantarela														
gengibre fresco														
açafrão-da-terra														
folha de cardamomo														
ameixa														
pato selvagem frito na frigideira														
queijo de cabra														
endro														
goiaba														
uvas														

crisps de batata-doce	frutado	cítrico	floral	verde	herbal	vegetal	caramelado	torrado	de nozes	amadeirado	picante	de queijo	animal	químico
camembert														
framboesa														
folha de shissô														
ovo mexido														
cidra de maçã														
manjericão														
queijo de cabra														
suco de romã														
café recém-moído														
carne bovina														

caldo de legumes	frutado	cítrico	floral	verde	herbal	vegetal	caramelado	torrado	de nozes	amadeirado	picante	de queijo	animal	químico
beterraba cozida														
doenjang (pasta de soja fermentada coreana)														
queijo de cabra														
bacon frito na frigideira														
sementes de cardamomo														
natsumikan														
feijão-preto														
cenoura cozida														
folhas de coentro														
couve														

gema de ovo cozida	frutado	cítrico	floral	verde	herbal	vegetal	caramelado	torrado	de nozes	amadeirado	picante	de queijo	animal	químico
bouton de culotte (queijo de cabra mâconnais)														
vinagre de maçã														
azeitona preta picual														
trufa negra														
ostra														
romã														
emmental														
croûtons de pão de centeio														
batata cozida														
presunto cozido														

Mirtilo

Os mirtilos são conhecidos por seu sabor delicadamente doce e frutado, e as antocianinas azul-arroxeadas lhe conferem um saudável reforço de antioxidantes. A maturidade na colheita é o fator mais importante quando se trata da qualidade e do sabor dos mirtilos, uma vez que nenhum dos dois pode ser melhorado depois que a fruta é colhida.

Consumidores preocupados com a saúde impulsionam as vendas globais dos chamados superalimentos, como os mirtilos, adicionando-os a cereais matinais, iogurtes, smoothies, muffins e outros. É possível encontrar mirtilos frescos, congelados, secos ou processados em sucos, purês e conservas. Para atender à demanda dos consumidores, os produtores desenvolveram uma rotação constante de variedades de *Vaccinium myrtillus* para que os supermercados permaneçam abastecidos desses frutinhos azuis ricos em antioxidantes durante todo o ano.

As propriedades antioxidantes dessas frutas podem ser atribuídas aos pigmentos azuis de antocianina, que ajudam a neutralizar os resíduos metabólicos nas células humanas. Os pigmentos de antocianina variam de vermelho-alaranjado a azul-arroxeado; no entanto, vegetais e frutas de cores mais escuras, como os mirtilos, são fontes muito mais ricas de compostos flavonoides benéficos. Outros estudos citam possíveis relações entre os mirtilos e a saúde cardiovascular, além de seus benefícios anti-inflamatórios e para a saúde cognitiva.

Ajo blanco com mirtilo e lagostim

Receita do Foodpairing

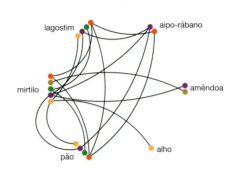

Nesta receita, damos ao clássico ajo blanco espanhol um toque refrescante, adicionando os mirtilos como destaque. O sabor suavemente doce do ajo blanco, que é feito de amêndoas, pão, alho, azeite de oliva e vinagre, combina bem com a doçura sutil dos lagostins cozidos no vapor. Com seu sabor de nozes, uma guarnição de aipo-rábano refogado completa nosso prato.

mirtilo rabbiteye	frutado	cítrico	floral	verde	herbal	vegetal	caramelado	torrado	de nozes	amadeirado	picante	de queijo	animal	químico
nectarina														
erva-cidreira														
manjericão														
pétalas de rosa de damasco secas														
pimenta habanero vermelha														
orégano														
homus														
pregado pochê														
purê de abóbora														
salchichón														

vinagre de mirtilo	frutado	cítrico	floral	verde	herbal	vegetal	caramelado	torrado	de nozes	amadeirado	picante	de queijo	animal	químico
molho de soja japonês														
maçã fuji														
pistache torrado														
abacate														
porcini seco														
beterraba frita na frigideira														
castanha assada														
pimenta ají amarillo														
carne de caranguejo cozida														
carne bovina														

Mirtilo

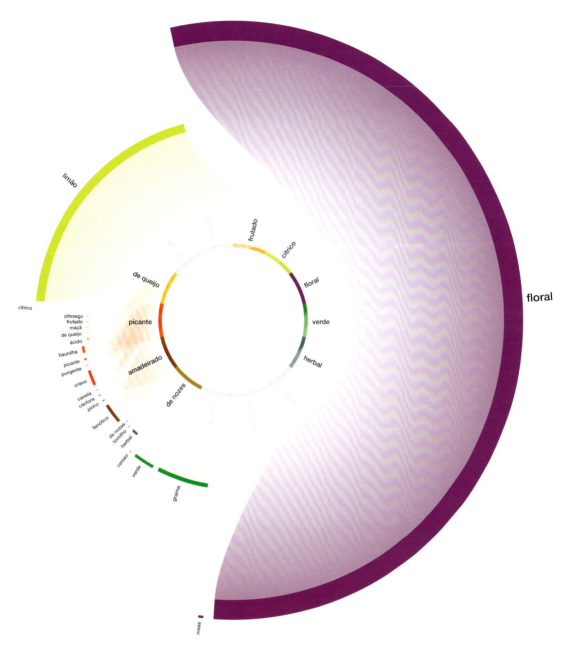

Perfil aromático do mirtilo

O sabor floral e cítrico dos mirtilos vem das moléculas de geraniol e citronelol. Nessa concentração, as moléculas de geraniol com aroma floral assumem uma nuance frutada, enquanto o citronelol acrescenta um toque cítrico. Os aromas florais e rosados dos mirtilos combinam lindamente com lichia, maçã, framboesa, tomate e beterraba. Seu distinto aroma cítrico proporciona uma ligação natural com laranjas, capim-limão, coentro fresco, folhas de louro, huacatay (menta negra peruana) e certos gins.

Combinação em potencial: mirtilo e broto de humulus
Humulus ou brotos de lúpulo são um ingrediente tipicamente belga. Na estação de janeiro até o final de março, eles são fritos na frigideira e servidos com ovo pochê e camarões locais. Os brotos se beneficiam da adição de um pouco de acidez, portanto experimente usar mirtilos em vez de suco de limão.

Combinação em potencial: mirtilo e frango assado
Para acompanhar um frango assado, faça um molho de vinho tinto aromatizado com ervas, como tomilho e alecrim. Pouco antes de servir, adicione alguns mirtilos frescos ao molho para dar um toque nórdico.

Combinações de ingredientes com mirtilo

broto de humulus
- queijo azul polonês
- chocolate amargo
- frango pochê
- abobrinha grelhada
- carne bovina wagyu
- mexilhões cozidos
- pregado grelhado
- mirtilo
- pasta tikka masala
- pombo selvagem frito na frigideira

filé de peito de frango assado
- berinjela grelhada
- loganberry
- champignon
- caranguejo-peludo-chinês cozido
- huacatay (menta negra peruana)
- cereja-doce
- figo seco
- mirtilo bluecrop
- folhas de cominho secas
- pastinaca cozida

feijão-fradinho cozido
- salsifi-negro cozido
- presunto san daniele
- carne de caranguejo cozida
- mirtilo
- chá preto
- brioche
- avelã torrada
- cerefólio-tuberoso
- salmão do atlântico defumado
- edamame

crowberry
- pera conference
- umeshu (licor de ameixa-japonesa)
- vinagre de mirtilo
- licor de damasco
- pregado grelhado
- kiwi
- triple sec
- folhas de coentro
- noz-moscada
- ketchup de tomate

folha de sakura em conserva
- batata assada no forno
- cheddar artesanal
- presunto de bayonne
- salmão pochê
- mirtilo
- chocolate amargo
- tomate-cereja
- cereja-doce
- menta
- foie gras de pato frito na frigideira

folhas de eucalipto secas
- pato assado à pequim
- codorna frita na frigideira
- casca de tangerina
- caldo de legumes
- cenoura cozida
- pimenta ají amarillo
- mirtilo
- laranja-vermelha moro
- pimenta-de-sichuan
- tomate em lata

Combinação em potencial: gim Mare, mirtilo e endro
Os mirtilos e o endro têm muitas moléculas de aroma em comum com o gim Mare herbal de inspiração mediterrânea. Para um coquetel simples, coloque os mirtilos e o endro em um copo com açúcar e suco de limão-siciliano e, em seguida, esmague-os. Acrescente o gim e complete com água com gás ou tônica.

Combinação em potencial: mirtilo, chicória e damasco
Em sua melhor forma nos meses de inverno, a chicória caramelizada geralmente é servida com carne de caça selvagem, que também funciona bem com mirtilos e outras frutas. Assim como os mirtilos, os damascos (ver página 206) contêm notas florais, que garantem um vínculo aromático com a chicória.

gim Mare
- maruca braseada
- camarão cinza cozido
- baga de sabugueiro
- mirtilo
- bife grelhado
- presunto de parma
- camembert
- laranja
- endro
- erva-cidreira

chicória
- pétalas de rosas frescas comestíveis
- manga alphonso
- folha de limão-makrut
- mirtilo rabbiteye
- damasco
- tomatillo cozido
- brócolis cozidos
- bacon frito na frigideira
- bife assado no forno
- laranja-vermelha tarocco

chips de banana
- manga kent
- molejas de vitela assadas
- presunto de parma
- pimentão vermelho
- pepino
- salmão pochê
- melão honeydew
- chocolate branco
- madeira Malvasia 10 anos
- mirtilo

kefir
- ameixa-japonesa (umê)
- mirtilo
- maracujá
- emmental
- cordeiro grelhado
- goiaba
- abóbora cozida
- toranja
- cereja-doce
- manteiga derretida

cereja burlat
- lagostim assado
- pimenta chipotle seca
- carneiro cozido
- bacon defumado
- mirtilo bluecrop
- borragem
- pera conference
- flor de calêndula
- alcachofra cozida
- abacate

Damasco

O damasco e o pêssego têm sabores parecidos, embora o damasco, de caroço menor, contenha concentrações muito mais altas de linalol e benzaldeído.

O damasco é mais um membro da família das rosas, pertencente ao gênero *Prunus*. Assim como o pêssego, foi cultivado inicialmente na China há cerca de 4 mil anos. Eles foram levados à Pérsia e ao resto do mundo árabe pelos mercadores chineses pela Rota da Seda. Os persas e os árabes usavam frutas azedas em todo tipo de sobremesa e para realçar pratos salgados de carne. A partir daí, o damasco ganhou popularidade entre os mouros na Espanha e no resto da Europa.

Hoje, essa fruta agridoce é cultivada em muitas partes do mundo, mas, além de ter uma breve temporada de colheita, é frágil: tem validade curta e sua casca delicada se machuca com facilidade, o que a torna difícil de transportar. Como resultado, é muito mais fácil encontrar o damasco desidratado (perfeito para petiscar) ou na forma de confeitos, geleias e cristalizado do que para ser consumido fresco.

O damasco é repleto de pectina, que confere à fruta fresca uma textura cremosa. Essa polpa rica em pectina também dá ao damasco desidratado uma textura borrachuda. Alguns damascos desidratados são tratados com dióxido de enxofre para preservar viva sua cor laranja, mas a versão sem enxofre também pode ser encontrada: ele fica amarronzado e com certo gosto de cozido.

O caroço do damasco é uma excelente fonte de benzaldeído: as sementes, amargas, são esmagadas para liberar um composto com aroma de nozes e amêndoas durante a produção do amaretto. O caroço da fruta, que se parece muito com uma amêndoa, também é usado para fazer parzipã (persipan), uma variação do marzipã. Mas, atenção, não tente fazer parzipã em casa: tanto o caroço do damasco quanto o do pêssego contêm cianeto de hidrogênio, um composto altamente tóxico que precisa ser neutralizado antes que essas sementes possam ser consumidas.

- Iogurte com damasco é um ótimo exemplo da afinidade que a fruta tem com os laticínios.

- Um brandy de damasco pode ser uma eau-de-vie feita do suco fermentado da fruta ou um licor destilado a partir da fruta e do caroço.

- Os tagines marroquinos costumam combinar frango ou cordeiro com damascos secos, amêndoas e grão-de-bico.

Combinações de ingredientes com damasco

Damasco

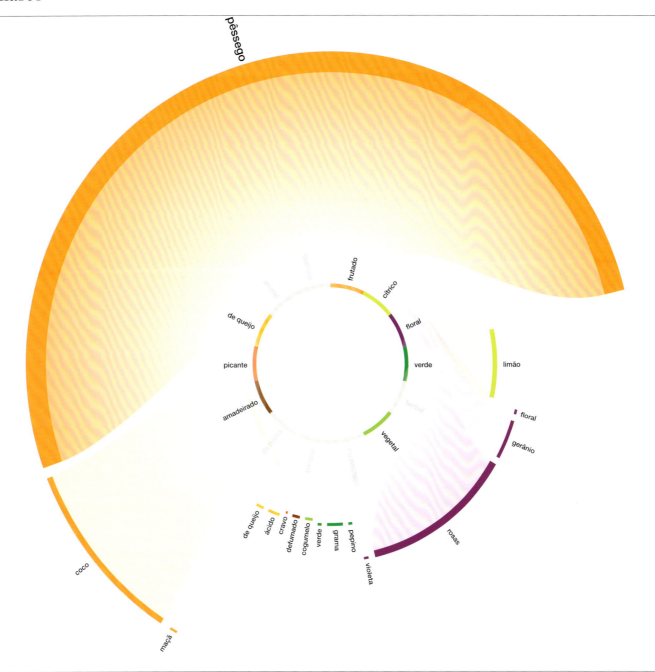

Perfil aromático do damasco

Em comparação com o pêssego, o perfil aromático do damasco tem uma proporção muito maior de lactonas com cheiro de pêssego ou coco – elas representam mais da metade do perfil. O damasco também tem mais compostos com aroma de rosas e gerânio do que o pêssego. As notas de limão e florais do damasco criam ligações aromáticas com ingredientes como a flor de jasmim (ver página 208).

Flor de jasmim

Conhecido como jasmim árabe, supõe-se que o *Jasminum sambac* seja nativo do sul do Himalaia, de onde se espalhou pela Índia e pelo Sudeste Asiático e outras regiões tropicais e subtropicais. O jasmim é cultivado pela fragrância inebriante e doce de suas pequenas flores brancas. O indol, uma molécula aromática fundamental no perfil da flor de jasmim, está presente também no fígado.

O indol tem um odor fecal e animal desagradável. Em temperatura ambiente, ele é um sólido naturalmente presente nas fezes humanas, produzido por bactérias como um produto da degradação do triptofano. No entanto, em concentrações muito baixas, ele exala um aroma de flores e faz parte de muitas outras fragrâncias e perfumes florais. A indústria de fragrâncias usa óleos naturais do jasmim destilados em perfumes e colônias que costumam conter uma solução de 2,5% de indol.

Encontramos concentrações de indol mais altas no jasmim do que em qualquer outro ingrediente, embora seja extremamente difícil extrair a fragrância da flor em si. Isso porque o jasmim só floresce por 24 horas, e é somente aí que o indol é detectável. Além disso, os botões da flor interrompem a liberação de indol quando entram em contato com solventes.

Na China, infusões de chá com o aroma da flor de jasmim vêm sendo feitas desde a dinastia Song do Sul (1127-1279 d.C.). De junho a agosto, as flores são colhidas e armazenadas em locais frescos até que se abram à noite. As flores são espalhadas em bandejas, alternando com camadas de folhas de chá verde, oolong, branco e mesmo preto, deixadas para absorver o aroma doce e floral do jasmim durante a noite. As flores são reabastecidas diariamente, já que o processo é repetido algumas vezes para chás de maior qualidade. Para fazer as tradicionais pérolas de chá de jasmim, folhas de chá verde ou branco são expostas ao vapor até ficarem maleáveis e, então, são enroladas à mão com pétalas murchas de jasmim e secas em calor baixo.

- A combinação de jasmim com fígado deu início à metodologia do Foodpairing (ver página 9). Em seu restaurante, o chef Sang Hoon Degeimbre combina mousse de fígado de ganso com um gel com infusão de jasmim.

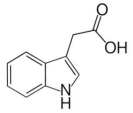

Indol
O indol é uma base com odor animal.

Cubo de gelo de jasmim e lichia

Keiko Nagae, do Arôme, em Paris

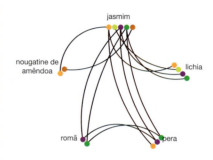

Keiko Nagae ainda se lembra dos oeufs à la neige que provou quando criança durante uma viagem da família a Paris – eles eram bem diferentes de tudo que lhe era familiar em sua cidade natal, Tóquio. Depois de ganhar o *diplôme de pâtisserie* no Le Cordon Bleu, Nagae passou a liderar os programas de confeitaria de alguns dos nomes e marcas de maior prestígio no ramo, do Ladurée ao Sketch de Pierre Gagnaire, em Londres. Hoje, ela trabalha com uma lista internacional de clientes em sua consultoria de confeitaria, o Arôme.

O domínio de Nagae de ingredientes e técnicas culinárias tanto asiáticas quanto ocidentais permite que ela combine sabores e texturas de ambos. Nesta receita, ela buscou inspiração em ingredientes chineses, equilibrando os sabores do chá de jasmim e da lichia dentro de um delicado merengue em formato de cubo. O "cubo de gelo" de merengue é recheado com uma aerada mousse aromatizada com jasmim que captura a fragrância doce e cativante da flor. Ao partir o delicado cubo com uma colher, revela-se uma mescla de texturas delicada: um sorbet de pera gelado e refrescante cravejado com sementes de romã, cubos de uma geleia frutada de lichia e flocos crocantes de nougatine de amêndoa envoltos por uma nuvem de mousse com infusão de jasmim. Nagae serve seu "cubo de gelo" sobre uma cama branco-neve de pó de azeite de oliva com um creme inglês de jasmim.

Flor de jasmim

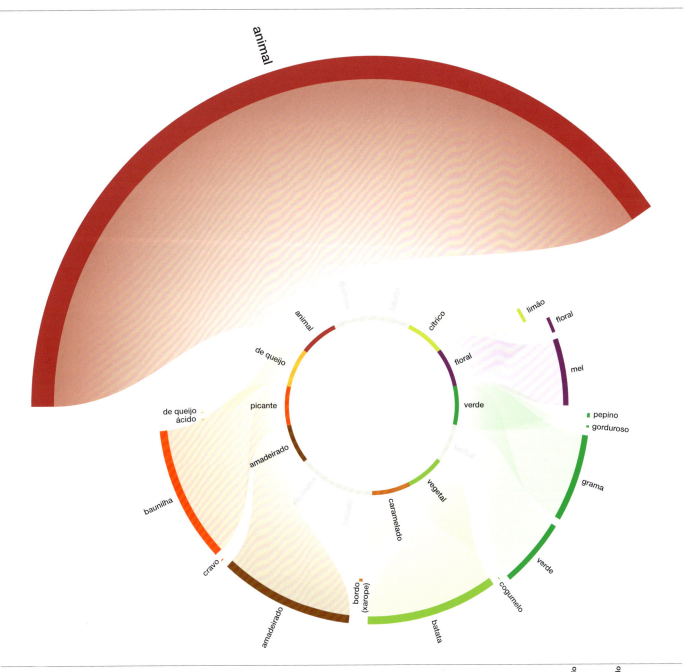

Perfil aromático da flor de jasmim

O indol é responsável por cerca de 70% do perfil aromático característico do jasmim. Em altas concentrações, tem odor semelhante ao de fezes, mas em baixas concentrações exala um aroma floral. Muitos dos compostos voláteis responsáveis pela fragrância exclusiva do jasmim contêm notas florais pronunciadas: o acetato de benzila tem um aroma floral-jasmim; o floral (Z)-jasmone tem notas sutis de jasmim; o ácido fenilacético tem um aroma floral doce, semelhante ao mel, com traços de notas animais; e o linalol tem um aroma floral e nuance amadeirada e cítrica.

Combinação de receitas: flor de jasmim, lichia e pera
Três dos ingredientes da sobremesa de Keiko Nagae (ver página 208) têm notas florais, mas de fontes diferentes: o jasmim deve seu aroma ao indol, enquanto a lichia tem geraniol e nerol (uma fragrância floral com notas cítricas) e a pera tem betadamascenona, que tem um aroma mais parecido com o da fruta.

Combinação em potencial: flor de jasmim e Fernet-Branca
Fernet-Branca é um tipo de amaro, ou licor de ervas amargas, feito com 27 ingredientes, entre eles ruibarbo, camomila e açafrão. Atualmente, é servido sozinho como digestivo ou em coquetéis, mas foi originalmente desenvolvido em meados do século XIX como um tônico para a saúde. Embora não tenha proporcionado a cura prometida para a cólera, parecia fazer as pessoas se sentirem melhor.

Combinações de ingredientes com flor de jasmim

lichia
- chá preto
- pão branco para torrar
- flor de sabugueiro
- lombo de porco frito na frigideira
- goiaba
- suco de tomate pasteurizado
- bergamota
- pera williams
- pastinaca cozida
- flor de hibisco seca

queijo livarot
- morango-silvestre
- mirin (vinho doce de arroz japonês)
- manga
- flor de jasmim
- baunilha bourbon
- carne de caranguejo cozida
- abóbora cozida
- alcaçuz
- cordeiro grelhado
- cerefólio-tuberoso

mel de tomilho
- melão honeydew
- bagel
- morango
- filé de peito de frango
- aspargos brancos
- pombo selvagem frito na frigideira
- doenjang (pasta de soja fermentada coreana)
- azeitona preta picual
- flor de jasmim
- gouda

Fernet-Branca
- cranberry
- alface-americana
- batata cozida
- pepino em conserva
- erva-cidreira
- pecorino romano
- ostra
- flor de jasmim
- coco
- folha de feno-grego

presunto de bayonne
- coulis de pimentão amarelo
- pimenta ají panca
- cauda de lagosta cozida
- chá darjeeling
- tucupi
- chicharro
- flor de jasmim
- azeitona verde
- leite de coco industrializado
- maracujá

cogumelo-ostra seco
- asa de arraia assada
- pimenta-rocoto
- granadilha
- couve-rábano assada
- bergamota
- flor de jasmim
- folhas de nori
- lombo de porco frito na frigideira
- amêndoa torrada
- cereja-doce

Combinação em potencial: flor de jasmim e cerefólio-tuberoso
Conhecido também como cerefólio de pastinaga, o cerefólio-tuberoso era popular no século XIX e agora passou a ser cultivado novamente por seus tubérculos comestíveis. Embora seja colhido principalmente entre julho e setembro, é considerado um vegetal de inverno: quando armazenado por meses em condições frias, seus amidos se transformam em açúcares, tornando-o mais doce.

Combinação em potencial: flor de jasmim e gim
Para adicionar notas florais ao gim (ver página 212), coloque algumas flores de jasmim frescas na garrafa e deixe em infusão. Para uma camada floral adicional, experimente adicionar também alguns ramos de sabugueiro.

cerefólio-tuberoso	frutado	cítrico	floral	verde	herbal	vegetal	caramelado	torrado	de nozes	amadeirado	picante	de queijo	animal	químico
queijo de cabra semiduro														
cogumelo-ostra seco														
presunto de parma														
mirtilo bluecrop														
castanha assada														
couve-rábano assada														
café turco														
flor de jasmim														
caranguejo-voador assado (*Liocarcinus holsatus*)														
javali assado														

gim Bombay Sapphire East	frutado	cítrico	floral	verde	herbal	vegetal	caramelado	torrado	de nozes	amadeirado	picante	de queijo	animal	químico
perca-gigante														
chocolate ao leite														
bacalhau seco salgado														
batata assada no forno														
mirtilo bluecrop														
wakame														
damasco-vermelho														
flor de jasmim														
physalis														
mostarda														

banana-nanica	frutado	cítrico	floral	verde	herbal	vegetal	caramelado	torrado	de nozes	amadeirado	picante	de queijo	animal	químico
queijo cottage														
folha de louro seca														
beterraba														
alcaçuz														
chá de jasmim														
galanga-grande														
carne maturada a seco (dry-aged)														
pimenta-rocoto														
coelho assado														
linguado-limão braseado														

couve-flor	frutado	cítrico	floral	verde	herbal	vegetal	caramelado	torrado	de nozes	amadeirado	picante	de queijo	animal	químico
amora														
ameixa-japonesa (umê)														
lichia														
mexilhões cozidos														
bulgur siyez cozido														
linguado-limão poché														
pasta tikka masala														
codorna frita na frigideira														
flor de jasmim														
arroz integral cozido														

Gim

A destilação de ingredientes botânicos como baga de zimbro, sementes de coentro, angélica, raiz de lírio e cascas de cítricos secas do london dry gin obtém um buquê de aromas com notas de pinho, florais, cítricas, terrosas, amadeiradas e picantes de cânfora.

Os britânicos começaram a destilar bagas de zimbro e outros vegetais locais no século XVII para produzir a primeira versão do gim. No entanto, os resultados ainda eram meio desagradáveis, então, para suavizar o sabor, adicionou-se açúcar, dando origem ao que um dia seria conhecido como gim Old Tom.

O gim é uma redestilação de um álcool neutro de grãos de teor alcoólico de 96% combinado com bagas de zimbro e outros vegetais, além de especiarias aromáticas. A fragrância das bagas de zimbro é o que define o gim, embora cada marca possa ter sua própria mistura, com alguma proporção de outros ingredientes como uma expressão de seu local de origem.

Os que recebem uma denominação de indicação geográfica são reconhecidos pela especificidade de seus ingredientes regionais, pela localização e por aderirem aos métodos tradicionais de produção. Hoje, somente o gim de mahón, da Espanha, e o vilnius gin, da Lituânia, carregam essa distinção. Para manter esse *status*, a União Europeia exige uma determinada proporção de ingredientes botânicos durante o processo de destilação. Qualquer aprimoramento posterior é proibido.

O termo "london dry gin" refere-se ao estilo de produção de gim, e não a seu local de origem. Esse gim não pode conter corantes e aromatizantes artificiais ou qualquer ingrediente adicionado, exceto água e uma pequena quantidade de adoçantes (não mais que 0,1 g de açúcar por litro do produto final). Os sabores devem resultar da redestilação de uma base de aguardente neutra de origem agrícola na presença de "materiais de plantas naturais". O termo "london gin" pode ser complementado pelo termo "dry".

Coquetel de tomate, chá verde, azeite de oliva e gim

Receita do Foodpairing

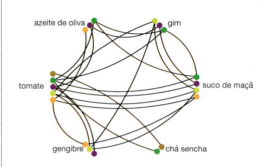

Como o azeite de oliva não se mistura bem com outros líquidos, o truque aqui é emulsificá-lo em outro ingrediente – nós usamos clara de ovo. Comece com uma infusão de gengibre em um xarope sabor chá verde. Coloque o xarope em uma coqueteleira com o suco de tomate, o gim, as claras, o azeite e um pouco de suco de maçã para adoçar. Use um liquidificador de imersão para criar sua emulsão, depois adicione gelo. Coe a mistura em uma taça e espere até que a espuma se forme.

Perfil aromático relacionado: gim Plymouth
Por usar mais ingredientes com raízes do que o london gin, o Plymouth tem um sabor mais terroso e é menos seco. Seu perfil aromático tem menos cheio de pinho, com notas mais sutis de zimbro e uma concentração maior de compostos voláteis cítricos e florais.

London dry gin

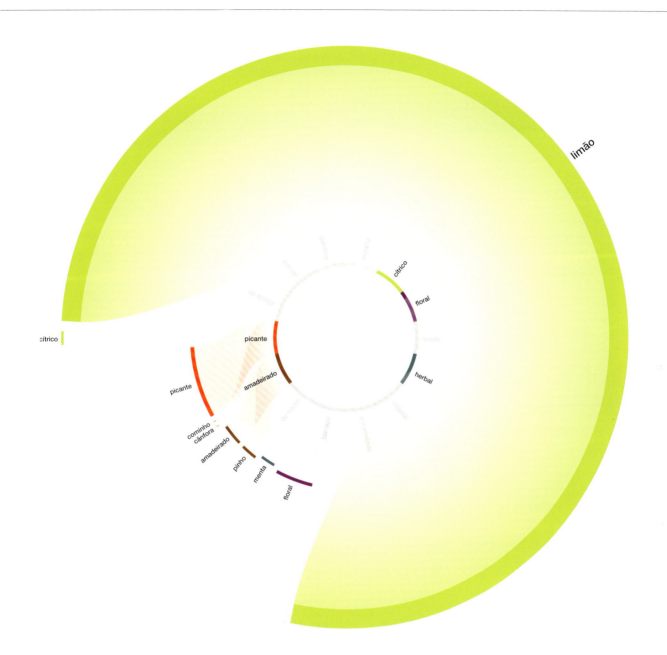

Perfil aromático do london dry gin

A redestilação do etanol junto com os ingredientes botânicos naturais e as especiarias quentes confere ao london gin um sabor equilibrado. O que falta em doçura a esse gim seco (nenhum açúcar ou aditivo que exceda 0,1 g por litro pode ser adicionado à destilação final) é compensado pela complexidade aromática. As notas de pinho, florais, cítricas e de cânfora das bagas de zimbro são as mais proeminentes, mas o london dry gin também contém notas verdes, frutadas e torradas (conforme indicado na tabela de combinações). Outros ingredientes típicos são as sementes de coentro, que conferem à mistura suas próprias notas cítricas, florais e picantes. A angélica e a raiz de orris acrescentam tons terrosos, amadeirados e florais, e as cascas de frutas cítricas secas dão ao gim um toque cítrico, verde e gorduroso.

	frutado	cítrico	floral	verde	herbal	vegetal	caramelado	torrado	de nozes	amadeirado	picante	de queijo	animal	químico
london dry gin	·	·	·	·	·	·	·	·	·	·	·	·	·	·
macadâmia torrada	·	·	·	·	·	·	·	·	·	·	·	·	·	·
salsicha frankfurt cozida	·	·	·	·	·	·	·	·	·	·	·	·	·	·
carne maturada a seco (dry-aged)	·	·	·	·	·	·	·	·	·	·	·	·	·	·
crisps de batata-doce	·	·	·	·	·	·	·	·	·	·	·	·	·	·
bulgur siyez cozido	·	·	·	·	·	·	·	·	·	·	·	·	·	·
pimenta-do-reino em grãos	·	·	·	·	·	·	·	·	·	·	·	·	·	·
flor de lavanda fresca	·	·	·	·	·	·	·	·	·	·	·	·	·	·
casca de quincã	·	·	·	·	·	·	·	·	·	·	·	·	·	·
folhas de coentro	·	·	·	·	·	·	·	·	·	·	·	·	·	·
folha de curry	·	·	·	·	·	·	·	·	·	·	·	·	·	·

Combinação em potencial: gim e folha de groselha-negra

Com alto teor de vitamina C e antioxidantes, as folhas de groselha-negra podem ser transformadas em um chá de ervas: deixe as folhas picadas em infusão em água recém-fervida por 15 a 20 minutos, depois beba quente ou deixe esfriar. O chá de folhas de groselha-negra adoçado e frio pode ser usado em coquetéis, como um xarope aromatizado.

Coquetel de gim comestível

Surpreenda seus convidados com um coquetel de gim sólido – geleia de gim aromatizada com quincã e sementes de coentro. Dilua o gim em água, misture a gelatina e deixe-a endurecer em uma bandeja. Corte a geleia de gim em cubos, cubra com uma geleia simples de quincã e polvilhe com sementes de coentro esmagadas – essa combinação agridoce equilibra o sabor alcoólico da geleia de gim.

Jenever: o destilado com sabor de zimbro dos Países Baixos

Antes de existir o gim, existiu o jenever. No século XVI, os belgas e os holandeses já haviam começado a produzir seu próprio vinho de malte, um destilado bruto feito de centeio, milho e trigo com um sabor torrado, maltado e verde semelhante ao da aveia. Dado o monopólio holandês da Companhia das Índias Orientais no comércio de especiarias, não demorou até que espécies exóticas começassem a ser usadas em destilarias para aprimorar o sabor do jenever.

As bagas de zimbro, conhecidas em holandês como *jeneverbes*, ainda são o ingrediente primário da delicada mistura de ingredientes botânicos usada para fazer o jenever. Durante a Guerra dos Oitenta Anos (1568-1648) e a Guerra dos Trinta Anos (1619-1648), os soldados britânicos que lutaram ao lado dos holandeses voltaram para casa trazendo sua recém-descoberta "coragem holandesa", mas só após o rei Guilherme de Orange assumir a coroa em 1689 é que o jenever ganhou popularidade na Inglaterra, onde o nome foi modificado de "jenever" para "genever" e, com o tempo, simplesmente abreviado para "gim".

Combinação clássica: gim e nozes torradas
Nozes torradas são o petisco perfeito para servir com um coquetel. Experimente temperá-las com especiarias que combinem bem com seu gim favorito: cubra as nozes com clara de ovo primeiro, depois misture bem com a especiaria de sua escolha e seque no forno em temperatura baixa.

Combinação do chef: gim e azeitona
Certa vez, um colega nos desafiou a criar um coquetel usando suco de tomate, chá verde, gengibre, azeite de oliva e gim – você pode ver o resultado na página 212. É possível ainda adicionar algumas gotas de azeite de oliva aromatizado a seu gim-tônica ou simplesmente colocar uma ou duas azeitonas (ver página 216) em seu martini.

Combinações de ingredientes com gim

macadâmia torrada
- mirin (vinho doce de arroz japonês)
- cogumelo cep
- creme azedo
- açafrão
- groselha-negra
- manga
- coco seco
- mexilhões cozidos
- aspargos verdes grelhados
- couve-rábano assada

azeite de oliva virgem tanche
- salame milano
- araçá-rosa
- cabra
- gim Plymouth
- pinhão
- stilton
- cominho seco
- cerefólio
- filé de bacalhau
- ouriço-do-mar

quincã
- pimenta-do-reino em grãos
- gim Plymouth
- folha de limão-makrut seca
- gengibre fresco
- lentilhas verdes
- sementes de cardamomo
- sumagre
- angélica cristalizada
- toranja
- amora

licor de lichia
- alga *Codium*
- shortbread (biscoito amanteigado)
- macadâmia torrada
- pimenta isot (flocos de pimenta urfa)
- funcho-do-mar
- carne bovina wagyu
- sobrasada
- physalis
- maracujá
- gim de mahón

gim de mahón
- folha de curry
- bergamota
- estragão
- tomilho
- pimenta-rosa
- tangerina
- maracujá
- pimenta-de-sichuan
- noz-moscada
- folhas de eucalipto secas

araçá-rosa
- tangerina
- pasta de curry madras
- ruibarbo
- pimenta-branca em pó
- berinjela cozida
- daikon
- frisée (endívia-crespa)
- brócolis cozidos
- ostra
- bacon frito na frigideira

Azeitona preta

Como as azeitonas nunca são consumidas cruas, os sabores que percebemos quando as comemos em conserva são uma combinação da fruta em si com as moléculas aromáticas produzidas durante a fermentação, processo que envolve tanto bactérias quanto leveduras.

As azeitonas verdes são, na verdade, a fruta verde, sem ter amadurecido totalmente. Conforme amadurecem, elas mudam de verde para marrom e depois para roxo-avermelhado, até finalmente ficarem pretas; nesse processo, elas perdem seu aroma herbal e de nozes.

Azeitonas frescas têm um gosto extremamente amargo devido ao alto número de moléculas de oleuropeína e, portanto, precisam ser curadas para se tornarem mais palatáveis. Durante o processo de fermentação, os açúcares naturais da fruta se convertem em ácido lático, soltando as oleuropeínas e os fenóis amargos, aprimorando assim o gosto, a textura e o sabor da azeitona.

Uma das frutas mais antigas que conhecemos, as azeitonas datam de milhares de anos atrás, cultivadas na Ásia Menor e no Mediterrâneo muito antes de se tornarem sinônimos das culturas grega e romana antigas. Existem centenas de variedades de azeitonas, em razão da forma como diferentes culturas domesticavam as oliveiras e as usavam para obter o fruto e o azeite. Entre algumas das variedades mais populares estão as azeitonas arbequina, kalamata, manzanilla, picual, castelvetrano, ligurian, niçoise e picholine.

As azeitonas de mesa que comemos não são as mesmas cultivadas para produzir azeite. Por exemplo, uma das variedades mais popularmente usadas na produção do azeite de oliva é a arbequina, apreciada por seu aroma frutado e paladar suave e amanteigado, o que faz do seu azeite a escolha perfeita para o uso cotidiano.

Azeitonas verdes são mais azedas e amargas do que as azeitonas pretas maduras e têm uma textura mais firme. Assim como as azeitonas pretas, o perfil aromático é fortemente impactado pela variedade e pelo processo de cura.

Existem cinco tipos de cura, cuja duração costuma se refletir no preço da azeitona. A cura por lixiviação é o processo industrial mais rápido e mais usado, mas ele pode deixar as azeitonas bastante insossas. As curas em salmoura e em água levam mais tempo, às vezes até um ano, mas permitem a retenção de um sabor mais frutado, como o encontrado nas azeitonas nyons. As curas a seco consistem em empacotar azeitonas maduras demais (normalmente da variedade megaritiki) no sal. As azeitonas curadas usando esse processo ficam enrugadas e têm um sabor salgado muito intenso, que costuma ser aprimorado por ervas. Por fim, algumas azeitonas são simplesmente deixadas para fermentar na árvore, como as thrubolea de creta.

As azeitonas pretas firmes normalmente encontradas em latas ou frascos têm muito menos sabor, fora o da salmoura em que são armazenadas. Isso ocorre porque costumam ser azeitonas semimaduras que foram oxidadas e às vezes receberam algum tratamento para aprimorar sua cor.

- A salada grega clássica combina azeitonas pretas com tomates, pepinos, cebola roxa, queijo feta, azeite de oliva e orégano.

- As azeitonas pretas são combinadas com azeite de oliva e limão-siciliano em uma série de pratos mediterrâneos, mas por que não experimentar substituir o limão-siciliano por outra fruta cítrica? A bergamota (ver página 218), por exemplo, tem notas aromáticas picantes e canforadas em comum com as azeitonas pretas.

Combinações de ingredientes com azeitona preta

azeitona verde	conhaque Rémy Martin XO Fine Champagne
maracujá	pão de centeio
noz-moscada	suco de goiaba
cardamomo seco	marmelo pochê
pimenta ají amarillo	ouriço-do-mar
capim-limão	pistache torrado
sementes de cominho	queijo ragusano
amora	bananas secas ao sol
bacon assado no forno	camomila seca
estragão	damasco
manga	azeitona preta picual

Azeitona preta picual

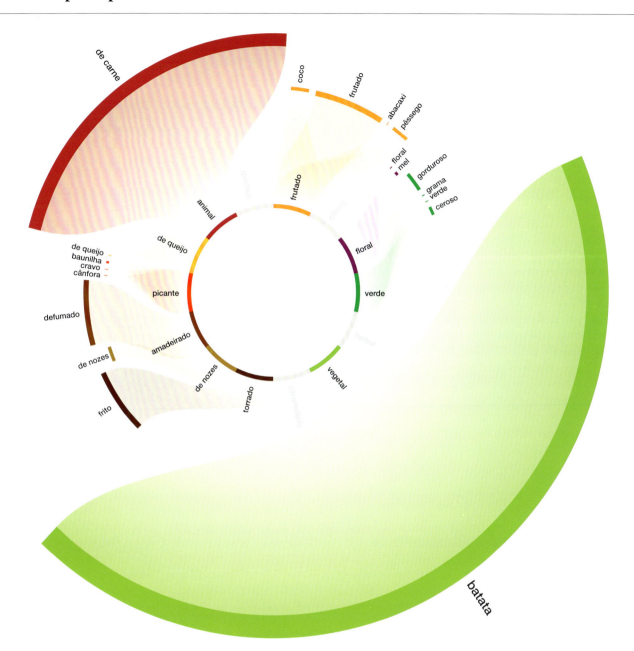

Perfil aromático da azeitona preta picual

A picual é uma azeitona preta marroquina que normalmente é fermentada usando o método tradicional grego de salmoura, com sal e água, o que produz apenas uma pequena quantidade de ácidos. À medida que as azeitonas verdes amadurecem e se tornam pretas, elas perdem grande parte do aroma verde, com exceção de suas notas verdes gordurosas e de fritura, enquanto o perfil aromático se torna mais complexo. Novas moléculas de aroma se desenvolvem nas azeitonas, o que explica o aroma vegetal de batata e frutado de pêssego da picual. Algumas moléculas de aldeído contêm notas verdes e de fritura, que também são responsáveis pelo aroma gorduroso da azeitona picual, enquanto as moléculas de aroma sulfuroso dão a ela suas notas salgadas e curadas. As moléculas de aroma frutado de pêssego da picual contêm traços sutis de seu aroma de azeitona.

	frutado	cítrico	floral	verde	herbal	vegetal	caramelado	torrado	de nozes	amadeirado	picante	de queijo	animal	químico
azeitona preta picual	·	·	·	·	·	·	·	·	·	·	·	·	·	·
casca de laranja	·	·	·	·	·	·	·	·	·	·	·	·	·	·
muçarela de leite de vaca	·	·	·	·	·	·	·	·	·	·	·	·	·	·
melão	·	·	·	·	·	·	·	·	·	·	·	·	·	·
cordeiro grelhado	·	·	·	·	·	·	·	·	·	·	·	·	·	·
avelã torrada	·	·	·	·	·	·	·	·	·	·	·	·	·	·
codorna frita na frigideira	·	·	·	·	·	·	·	·	·	·	·	·	·	·
caranguejola cozida	·	·	·	·	·	·	·	·	·	·	·	·	·	·
molho de soja escuro	·	·	·	·	·	·	·	·	·	·	·	·	·	·
menta	·	·	·	·	·	·	·	·	·	·	·	·	·	·
batata cozida	·	·	·	·	·	·	·	·	·	·	·	·	·	·

Bergamota

A bergamota tem um inconfundível aroma de limão e laranja, mas suas notas florais de rosa subjacentes lhe conferem uma fragrância maravilhosamente complexa. Inale uma dessas frutas profundamente e você começará a perceber também algumas notas herbais e de pinho. A bergamota fresca tem um gosto amargo e ácido impalatável, então ela é cultivada primariamente pelos seus óleos essenciais – sua casca externa verde luminosa é prensada a frio para extrair sua essência amarelo-esverdeada e translúcida. O óleo de bergamota também é usado em licores, perfumes e outros cosméticos.

Este cruzamento de laranja azeda geralmente não é considerado comestível em seu estado natural, embora o suco de bergamota seja servido como uma bebida refrescante nas Ilhas Maurício. A bergamota adiciona um intrigante toque cítrico e azedo a coquetéis, pratos salgados e molhos de salada, além de ser usada em bolos, doces e outros confeitos.

Os óleos de bergamota mais procurados vêm da região costeira da Calábria, no sul da Itália, e são reconhecidos com a distinção de Denominação de Origem Protegida (DOP) pela União Europeia. Em Régio da Calábria, a fruta cítrica também é usada para produzir o digestivo Il Bergamini, além de uma versão refrescante do limoncello com infusão de bergamota chamada bergamoncello.

O óleo de bergamota tem um sabor similar ao de alguns chás chineses de excelência, especialmente o chá oolong Fo Shou. Conforme o chá foi se tornando popular na Europa durante os séculos XVIII e XIX, acrescentava-se um pouquinho de óleo de bergamota em alguns para que parecessem mais exclusivos. É possível que o chá earl grey tenha se originado dessa prática, embora exista uma série de outras suposições, como a de que ele foi uma mistura levada de presente para o segundo Earl Grey (que foi o primeiro-ministro britânico entre 1830 e 1834) por um mandarim chinês. Esse chá provou-se extremamente popular, e uma versão da receita permanece até hoje nas misturas earl grey e lady grey, que podem incluir em sua base chás chineses ou indianos.

• Esfregue cubos de açúcar pela casca da bergamota para que absorvam seu sabor. O açúcar pode ser mantido em um vidro hermético e adicionado a pratos doces para conferir uma nota cítrica sutil.

• Bergamota é também o nome dado ao gênero *Monarda* de plantas norte-americanas. Essas plantas têm uma folhagem aromática, com um cheiro levemente similar ao da laranja-bergamota. Com as folhas, tribos indígenas americanas faziam um chá conhecido como oswego, usado para tratar resfriados e queixas digestivas. A *Monarda didyma* é a variedade mais comum. As folhas jovens podem ser usadas frescas ou secas para adicionar um delicado sabor de bergamota a drinques, peixes, frango ou saladas.

• Para um molho vinagrete com aroma de ervas, combine azeite de oliva, suco de bergamota e suco de beterraba. A acidez da laranja-bergamota adiciona frescor às notas terrosas da beterraba (ver página 220).

Combinações de ingredientes com bergamota

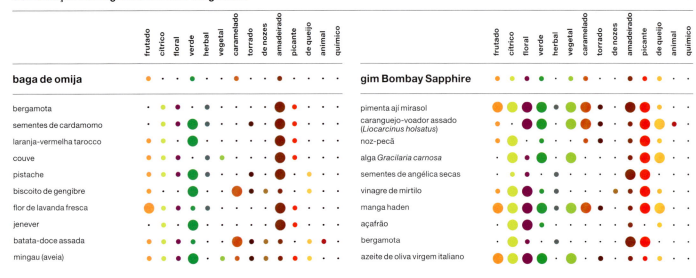

Bergamota

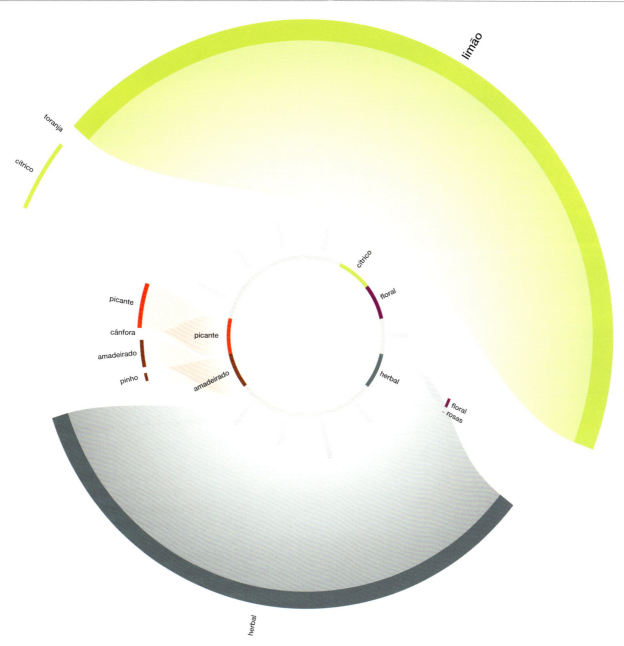

Perfil aromático da bergamota

O perfil aromático de uma laranja-bergamota é semelhante ao de um limão, porque eles compartilham muitos dos mesmos compostos cítricos com aroma de pinho e notas florais, apenas em concentrações diferentes. As bergamotas também contêm nootkatone, uma das principais moléculas de aroma das toranjas e que também está presente nas cascas de quincã e no licor à base de flor de sabugueiro St-Germain. A cerveja branca belga também contém as mesmas notas cítricas e de coentro encontradas nas bergamotas. O aroma floral e violeta dessas frutas é, ainda, uma excelente combinação aromática para o uísque bourbon e o damasco. As bergamotas frescas podem ser usadas para realçar os sabores mais suaves de limões e laranjas, além de acrescentar uma complexidade maravilhosa quando combinadas com quincãs ou yuzu. Elas também funcionam bem com ervas frescas, como manjericão, alecrim, sálvia e até tomilho. Esse cítrico perfumado tem uma afinidade natural com especiarias fortes e inebriantes, como canela, noz-moscada, cominho, cardamomo (pense em ras-el-hanout) e anis-estrelado. Entre outras combinações aromáticas estão gengibre e capim-limão.

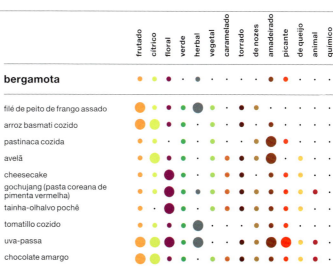

Beterraba

A beterraba deve seu caráter terroso a uma molécula aromática chamada geosmina. Dependendo do solo em que a beterraba é cultivada, esse odor pode ser mais ou menos pronunciado, pois a geosmina é liberada pelas bactérias do solo. A palavra "geosmina" deriva do grego γεω (de pronúncia "geo"), terra, e ὀσμή (de pronúncia "osmí"), cheiro. Pense no forte cheiro terroso que vem depois de uma chuva de verão, ou no cheiro de solo recém-cavado.

Bagre, carpa e outros peixes de água doce contêm geosmina, o que explica o fato de terem um sabor que pode lembrar lama. Moléculas aromáticas de alto impacto como a geosmina, na beterraba, são instantaneamente perceptíveis em razão de seu limiar de reconhecimento odorífero extremamente baixo. O nariz humano pode detectar vestígios dessa molécula em concentrações tão baixas quanto cinco partes por trilhão. Em outras palavras, seríamos capazes de sentir o cheiro de uma colher de chá de geosmina diluída em uma quantidade de água equivalente a duzentas piscinas olímpicas.

Geosmina
Álcool com um cheiro terroso característico que é facilmente reconhecível depois de uma chuva de verão.

Comendo da raiz aos talos: a planta da beterraba

O fato de chefs como Massimo Bottura e Dan Barber advogarem pela redução do desperdício de alimentos tem feito preparos que envolvem das raízes aos talos aparecerem cada vez mais em menus de restaurantes – desde as folhas de cenoura fritas para adicionar crocância até o pó feito com as folhas do alho-poró desidratadas usado para aprimorar sabores. A parte verde e folhosa da planta da beterraba tem uma concentração de moléculas aromáticas verdes maior do que os bulbos terrosos, além de algumas notas sulfurosas semelhantes às da cebola e do alho. Folhas frescas de uma beterraba mais jovem têm um gosto um pouco melhor e são um complemento colorido para saladas frescas. Folhas mais maduras têm a textura e o sabor mais fortes e ficam melhores se braseadas, cozidas, feitas no vapor ou salteadas, como o espinafre. As folhas de beterraba podem ainda ser torradas ou fritas em óleo.

Como preparar e servir beterraba

Manchar os dedos e as roupas parece praticamente inevitável quando preparamos a beterraba vermelha, mas outras variedades são menos suscetíveis a tingir tudo de rosa-vivo. As beterrabas chioggia são uma variedade de herança italiana que, quando fatiada, revela uma impressionante textura de anéis rosa concêntricos percorrendo o bulbo. Essas beterrabas *candy cane*, como também são chamadas (apelidadas assim em função do doce norte-americano em formato de bengala branca com listras cor-de-rosa), contêm a maior concentração de açúcar entre as diferentes variedades, fazendo delas a escolha mais doce sem sacrificar nada em termos de sabor.

Um dos pratos de beterraba mais conhecidos é a borscht, uma sopa icônica da culinária russa e do Leste Europeu. Em muitas culturas, a beterraba é tradicionalmente consumida em conserva, como um condimento, mas esses vegetais terrosos também podem ser afervenados ou cozidos no vapor e então descascados e servidos apenas com – ou sem – manteiga. Cozinhar a beterraba acentua sua doçura sutil, o que faz dela um ingrediente versátil em pratos salgados e em sobremesas – algumas das moléculas aromáticas mais escuras e maltadas da beterraba cozida têm uma nuance de sabor torrada, de amêndoa, chocolate ou até frutada que combina bem com framboesas, chocolate amargo e vinagre balsâmico. As notas cítricas cheiram mais a casca de laranja e criam vínculos aromáticos com cenouras, coentro fresco e robalo, ao passo que as notas picantes com cheiro de cravo combinam bem com manjericão e folha de louro.

Enquanto isso, lanchonetes e mercados de alimentos naturais promovem os benefícios de dietas à base do suco de beterraba prensada a frio e vendem saquinhos de chips de beterraba em vez de chips de batata. Esse vegetal de raiz é uma delícia até como sabor de sorvete.

Beterraba crua

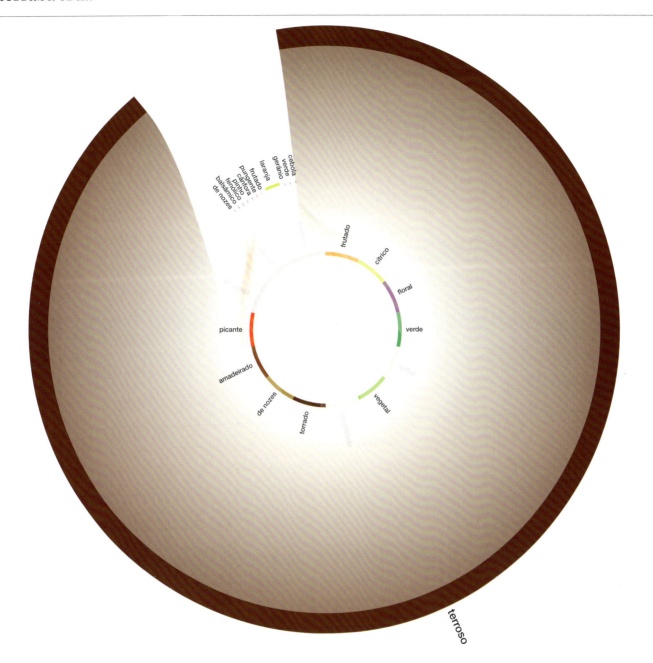

Perfil aromático da beterraba crua

O perfil aromático da beterraba é composto por mais do que apenas geosmina. A beterraba crua contém lactonas com aroma de pêssego e abacaxi, o que explica por que o queijo de cabra e o brie ou bleu d'auvergne combinam tão bem com saladas de beterraba; experimente também a beterraba com damascos e figos para realçar essas notas frutadas. A beterraba também tem um aroma floral de rosa semelhante ao das maçãs, além de pirazinas, que lhe conferem um sabor terroso e de mofo que combina bem com cenouras, pastinacas, quinoa e raiz-forte.

Cozinhar ou assar beterraba
Para preservar sua ousada cor fúcsia, cozinhe a beterraba sem descascá-la antes. Do contrário, o pigmento colorido se dissolverá na água. Para manter sabor, asse a beterraba inteira com a casca ou experimente assá-la em uma crosta de sal. Isso permitirá que o vegetal cozinhe em seus próprio suco.

Crisps de beterraba assados
Em vez de fritar, você pode assar fatias finas de beterraba no forno. Os crisps de beterraba assados têm um perfil de sabor menos caramelizado do que os fritos (veja o perfil aromático a seguir).

Perfil aromático da beterraba cozida
A fervura intensifica a doçura da beterraba, mas reduz seus sabores frutados. Os níveis dos compostos com aroma de caramelo e baunilha aumentam. Há moléculas aromáticas mais escuras e maltadas, bem como notas cítricas e de especiarias.

beterraba cozida	frutado	cítrico	floral	verde	herbal	vegetal	caramelado	torrado	de nozes	amadeirado	picante	de queijo	animal	químico
chá verde														
amora														
chocolate ao leite														
peito de pato frito na frigideira														
massa soba cozida														
aspargos brancos														
rodovalho assado														
camarão graúdo														
mirin (vinho doce de arroz japonês)														
filé de costela grelhado														

Perfil aromático da beterraba assada
A beterraba assada tem algumas das mesmas notas maltadas e torradas típicas da crosta do pão. À medida que o sabor terroso da beterraba crua diminui, novas moléculas de aroma verde se formam e as notas frutadas, cítricas e alaranjadas aumentam.

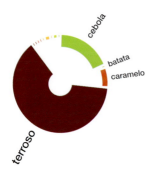

beterraba assada	frutado	cítrico	floral	verde	herbal	vegetal	caramelado	torrado	de nozes	amadeirado	picante	de queijo	animal	químico
cogumelo matsutake														
siri-azul cozido														
morango calinda														
chocolate amargo														
ovo cozido														
anchovas salgadas														
salame														
foie gras de pato frito na frigideira														
aspargos verdes														
pimenta-caiena														

Perfil aromático dos crisps de beterraba
A fritura faz com que a beterraba absorva algumas das moléculas de aroma verde do óleo de cozimento quente, além de aumentar a concentração de notas torradas.

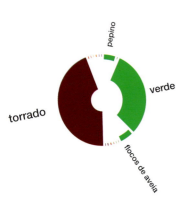

crisps de beterraba	frutado	cítrico	floral	verde	herbal	vegetal	caramelado	torrado	de nozes	amadeirado	picante	de queijo	animal	químico
ameixa														
bérberis seco														
mexilhões cozidos														
costeleta de lombo de porco														
morango-silvestre														
avelã														
flor de sakura em conserva														
tequila														
vinagre de vinho tinto														
queijo macio														

Combinação em potencial: suco de beterraba e vodca
É possível incorporar extratos de beterraba crua em sucos e smoothies, mas o suco de beterraba fresco também funciona como um complemento vibrante para coquetéis – experimente combiná-lo com vodca.

Harmonização de receitas: beterraba e vieiras
Se você é fã de sorvete de frutas, experimente o sorvete de beterraba: você pode servi-lo com um tartare de vieiras (ver receita a seguir). De forma semelhante, o chef confeiteiro do lendário restaurante wd-50, em Nova York, fez uma vez um sorvete de beterraba ao qual adicionou mel, queijo de cabra e pistache torrado.

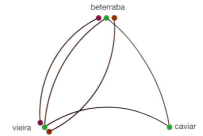

Sorbet de beterraba com vieira e caviar
Receita do Foodpairing

Nosso sorbet de beterraba serve como um contraponto refrescante a um tartare de vieiras simples temperado com azeite de oliva, suco de limão-siciliano e pimenta-do-reino moída. Um pequeno toque de vinagre de vinho tinto ajuda a cortar a terrosidade do sorbet, ao mesmo tempo que realça o sabor da beterraba com sua acidez. Finalize este prato com uma colherada de caviar ou qualquer outro tipo de ovas de peixe.

Combinação clássica: beterraba e raiz-forte
Na Polônia e na Ucrânia, a beterraba ralada é servida com raiz-forte fresca como um condimento chamado wikła, que pode ser incrementado com outros ingredientes, como maçãs, salsa, cravo, sementes de cominho ou até mesmo vinho tinto.

Prato clássico: borscht
Borscht é uma sopa tradicional do Leste Europeu feita de beterraba vermelha e caldo de carne, cozida com cebola, cenoura e repolho e coberta com creme azedo e um pouco de caldo de limão-siciliano.

Combinações de ingredientes com beterraba

queijo cottage
- banana-nanica
- molho de soja escuro
- mel de trigo sarraceno
- framboesa
- tomate
- carne bovina
- salmão do atlântico defumado
- beterraba frita na frigideira
- groselha-negra
- coco

semente de papoula
- salchichón
- folhas de coentro
- ossobuco assado
- linguado assado
- ovo mexido
- barriga de porco assada
- aspargos verdes grelhados
- maçã
- banana
- beterraba frita na frigideira

folha de curry
- alga *Gracilaria carnosa*
- asa de arraia pochê
- damasco cristalizado
- macadâmia torrada
- maracujá
- cogumelo matsutake frito na frigideira
- uvas
- beterraba descascada cozida
- pastinaca
- bacon frito na frigideira

figo
- cordeiro assado
- tomatillo cozido
- cravo-da-índia
- queijo majorero semicurado
- filé de peito de frango frito
- amendoim torrado
- salmão pochê
- amêijoas cozidas
- beterraba frita na frigideira
- couve-flor

arroz-silvestre cozido
- cordeiro grelhado
- amendoim torrado
- beterraba frita na frigideira
- uva-passa
- couve
- tainha-olhalvo pochê
- filé de peito de frango pochê
- alho-poró
- folha de shissô
- mirin (vinho doce de arroz japonês)

shortbread (biscoito amanteigado)
- amora marion
- azeitona preta picual
- aipo cozido
- açaí
- salsa-lisa
- noz-pecã
- damasco cristalizado
- beterraba cozida
- menta
- chá de rooibos

Ingrediente: Beterraba 224

Prato moderno: salada de beterraba
A beterraba ganhou popularidade com pratos como a salada de beterraba assada com nozes caramelizadas e queijo de cabra ou feta aparecendo nos cardápios dos restaurantes. Os agentes acidificantes têm a capacidade de quebrar quimicamente a molécula de geosmina, portanto, adicionar suco de limão ou vinagre à salada de beterraba neutralizará o sabor terroso e acrescentará frescor.

Combinação em potencial: beterraba e romã
Experimente temperar uma salada de beterraba assada e romã (ver página 226) com um vinagrete feito com azeite de oliva aromatizado. Alguns óleos essenciais podem ser usados como agente aromatizante: por exemplo, o lemon tea tree tem um cheiro característico dessa fruta, com algumas notas herbáceas e canforadas.

Romã

Desde os tempos antigos, a romã é cultivada onde hoje é o Irã, antes de se espalhar pelo Mediterrâneo e pelo norte da Índia. Moléculas aromáticas vegetais com cheiro de pimentão dão às sementes cor de joia desta fruta um sutil aroma terroso.

Muito antes de os tomates serem adotados na culinária iraniana, os persas usavam o suco e o melaço de romã em sua culinária, e várias receitas persas tradicionais ainda usam romãs de alguma forma.

Hoje, as romãs devem muito da sua popularidade não apenas à sua cor atraente, que pode variar de rosa-claro a vermelho-rubi, ou à textura suculenta e explosiva das sementes, que deixam os pratos mais interessantes, mas também ao seu sabor agridoce. A adstringência da fruta se deve aos taninos, como a granatina B.

O melaço de romã é basicamente o suco reduzido a uma calda espessa e intensamente aromatizada, que é fácil de fazer em casa. Algumas versões compradas em lojas podem incluir açúcar como conservante e neutralizador da acidez natural do suco de romã. Experimente esse melaço como substituto do vinagre, do mel ou até mesmo do suco de limão em vinagretes e molhos.

- O gülac é uma sobremesa turca geralmente preparada durante o mês do Ramadã. Folhas finas de massa de gülac são embebidas em leite adoçado, aromatizadas com água de rosas e cobertas com farelos de nozes. Para finalizar, essa sobremesa doce e cremosa é coberta com uma pitada de sementes de romã e pistache picado – um precursor do baklava.

- O muhammara é um molho sírio que foi adaptado a várias cozinhas do Oriente Médio. É feito de pimentões vermelhos assados, nozes moídas, farinha de rosca, alho, cominho e azeite de oliva, com melaço de romã para dar acidez.

- O fesenjān é um ensopado iraniano de frango ou pato e nozes moídas, adoçado com melaço de romã.

- O pó de anardana é um tempero feito de melaço de romã seco. Esse pó marrom-claro é tradicional das culinárias indiana e persa, sendo adicionado a curries e carnes para dar sabor. Um produto mais moderno é o suco de romã em pó, que tem um atraente tom de rosa. Ele tem um perfil de sabor semelhante ao do suco e pode ser usado como aromatizante ou reidratado e consumido.

- Grenadine é um xarope não alcoólico muito utilizado em coquetéis, como o tequila sunrise. Originalmente, era feito com suco de romã, embora hoje apenas algumas marcas ainda o incluam como ingrediente – muitas outras optaram por sucos mais baratos ou mesmo por aromatizantes. Ele acrescenta uma mistura interessante de doce e azedo, além de uma cor vermelha intensa.

- Experimente finalizar seu homus com algumas sementes de romã e cominho moído – esses dois ingredientes têm em comum notas picantes e cítricas.

Perfil aromático relacionado: melaço de romã
Reduzir o suco de romã causa a perda de moléculas aromáticas com notas de caramelo e maçã, além de algumas notas florais e ácidas de queijo que dão a esse xarope seu sabor ácido.

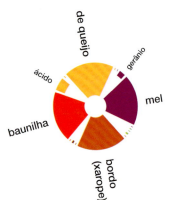

	frutado	cítrico	floral	verde	herbal	vegetal	caramelado	torrado	de nozes	amadeirado	picante	de queijo	animal	químico
melaço de romã														
queijo pont l'évêque														
carne de veado frita na frigideira														
calvados														
favas cozidas														
amêndoas laminadas torradas														
doce de leite														
chicharro														
goiaba														
koikuchi (molho de soja escuro)														
pétalas de rosa de damasco														

Suco de romã

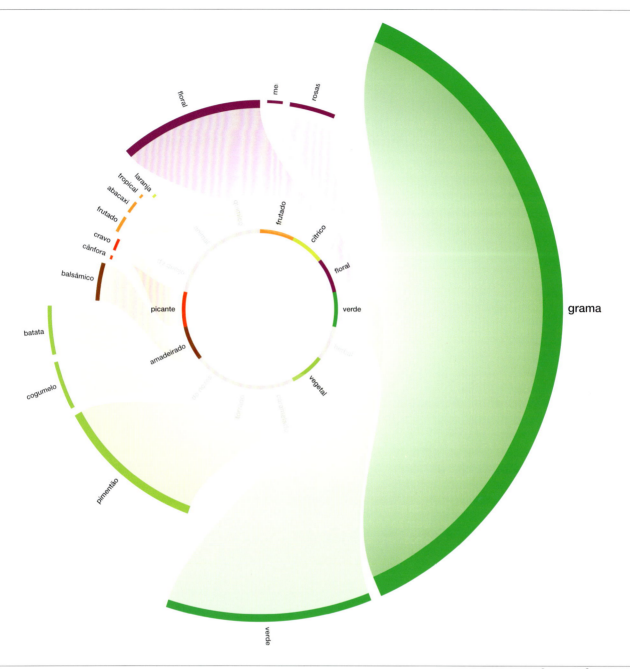

Perfil aromático do suco de romã
As romãs não têm um odor muito evidente – sua baixa concentração de compostos orgânicos voláteis as torna menos aromáticas do que outras frutas mais perfumadas. Além do aroma terroso, as romãs podem ser caracterizadas por um aroma amadeirado e de pinho, com algumas notas florais, verdes e vegetais de batata.

Cominho

O cominho pode ser encontrado em várias misturas de especiarias diferentes ao redor do mundo. As sementes do cominho têm um sabor mais quente e encorpado do que as sementes de alcaravia, com as quais elas são muito confundidas. As sementes de alcaravia são menores e mais escuras do que as do cominho e têm um sabor meio amargo, mentolado, parecido com o do anis.

Poucas especiarias têm um passado célebre como o do cominho. Vários pratos da *De re coquinaria*, a coleção de receitas dos séculos IV e V d.C. atribuída ao gastrônomo romano Apício, usam uma potente mistura de cominho e pimenta-do-reino. Mas a especiaria terrosa data de um período ainda mais remoto, na Mesopotâmia, onde os sumérios comercializavam o cominho com o resto do mundo antigo no século III a.C.

Embora o local de proveniência exato dessa inebriante especiaria seja desconhecido, muitas culturas foram fundamentais para dispersar as sementes de sua popularidade. Mercadores de especiarias árabes apresentaram o cominho à Índia, e dali ele prosseguiu para o sul da Ásia. Ao passar pela Rota da Seda, ele espalhou sua influência culinária e medicinal pela China, onde é um ingrediente essencial na culinária uigur até hoje. Os fenícios estenderam a jornada do cominho pelo norte da África até a Península Ibérica. De lá, as sementes se espalharam pela Europa e finalmente chegaram ao Mundo Novo, transportadas como uma carga de prestígio nos barcos dos colonizadores espanhóis.

- A mistura de temperos garam masala, uma base da culinária indiana, é feita com sementes de cominho, cardamomo, canela, sementes de coentro, cravo, noz-moscada, folha de louro, pimenta-do-reino e pimenta-branca.

- O baharat é um tempero de uso geral utilizado por todo o Oriente Médio em pratos de carnes grelhadas, frutos do mar e vegetais. A mistura exata varia de casa para casa, mas tipicamente inclui alguma combinação de cominho, cardamomo, semente de coentro, canela, cravo, noz-moscada, páprica e pimenta-do-reino. O baharat turco usa menta desidratada; já algumas misturas do norte da África adicionam pétalas de rosa secas. Em alguns estados do Golfo Pérsico, usam-se também açafrão e loomi (limão fermentado seco).

- Uma mistura crocante de nozes e sementes, o dukkah egípcio é mais do que uma mistura de especiarias. Toda receita é diferente, com um pouco de tudo moído na mistura: desde cominho e coentro a gergelim e sementes de funcho, grãos de pimenta-do-reino e avelã.

- O chilli com carne é um ensopado mexicano picante feito com cebola, alho, tomate, pimenta, feijão e carne temperada com cominho. É muito servido com guacamole, sour cream (creme azedo), queijo cheddar e chips de tortilha.

- O cominho e a cenoura (ver página 230) compartilham notas cítricas, então salpique algumas sementes de cominho nas cenouras antes de assá-las no forno. Se quiser adicionar um toque frutado, sirva as cenouras com uma salsa de manga – esses dois ingredientes se conectam pelas notas de pinho.

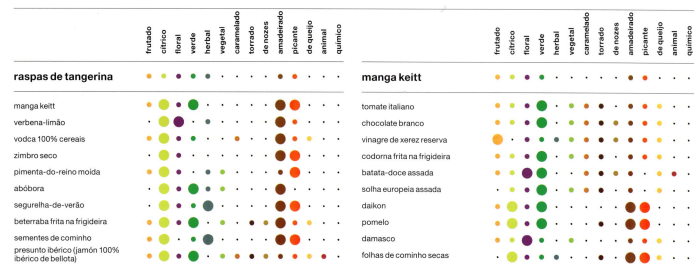

Combinações de ingredientes com cominho

Sementes de cominho

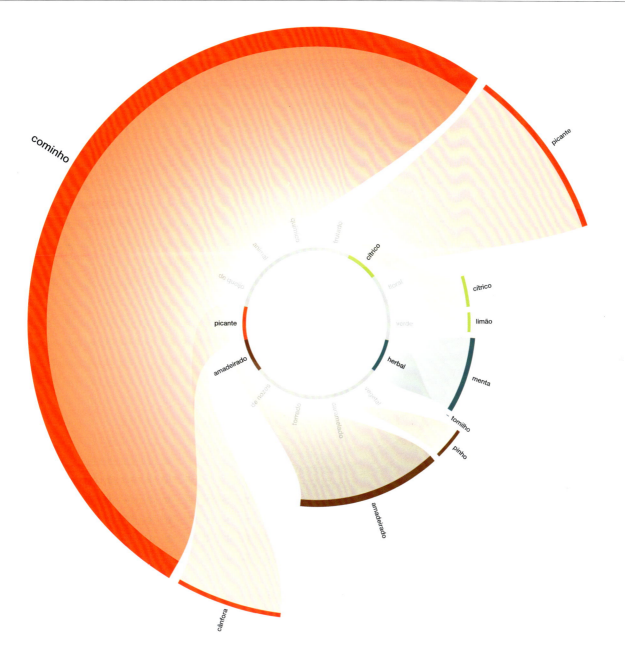

Perfil aromático das sementes de cominho

As sementes de cominho obtêm seu aroma quente e terroso de um composto picante chamado cuminaldeído. Os terpenos conferem notas amadeiradas e de pinho, enquanto o limoneno tem uma qualidade cítrica e a carvona dá às sementes uma fragrância de menta. O cominho também contém notas verdes e frutadas (conforme indicado na tabela de combinações). Toste levemente as sementes em uma frigideira seca até que fiquem perfumadas para extrair todo o sabor antes de adicioná-las a um prato.

	frutado	cítrico	floral	verde	herbal	vegetal	caramelado	torrado	de nozes	amadeirado	picante	de queijo	animal	químico
sementes de cominho	·	·	·	·	·	·	·	·	·	·	·	·	·	·
pepperoni	·	·	·	·	·	·	·	·	·	·	·	·	·	·
damasco	·	·	·	·	·	·	·	·	·	·	·	·	·	·
morango calinda	·	·	·	·	·	·	·	·	·	·	·	·	·	·
hambúrguer assado no forno	·	·	·	·	·	·	·	·	·	·	·	·	·	·
avelã	·	·	·	·	·	·	·	·	·	·	·	·	·	·
yuzu	·	·	·	·	·	·	·	·	·	·	·	·	·	·
aipo-rábano	·	·	·	·	·	·	·	·	·	·	·	·	·	·
manga	·	·	·	·	·	·	·	·	·	·	·	·	·	·
berinjela cozida	·	·	·	·	·	·	·	·	·	·	·	·	·	·
tomilho	·	·	·	·	·	·	·	·	·	·	·	·	·	·

Cenoura

Cenouras cruas contêm uma alta concentração de terpenos, que são moléculas cujo aroma varia de verde e pinho com um toque de cenoura a um aroma mais frutado e cítrico. Conforme as cenouras amadurecem no solo, a concentração de terpenos diminui e outras moléculas, como o caroteno e a betaionona, começam a se formar.

A cenoura contém a 2-sec-butil-3-metoxipirazina, uma pirazina cujo limiar de reconhecimento de odor é extremamente baixo, razão pela qual conseguimos sentir o cheiro de cenouras cruas, diferentemente do que ocorre com outros vegetais crus. Cozinhar a cenoura aumenta drasticamente o número de moléculas de betaionona, trazendo à tona as notas frutadas e florais de violeta desse legume.

Especula-se que a cenoura laranja tenha sido cultivada inicialmente na Holanda durante o século XVI ou XVII, embora saibamos que espécies silvestres brancas e roxas já houvessem existido na Pérsia e na Ásia Menor muito antes disso. Com o tempo, os agricultores aprenderam a domesticar a cenoura de forma a reduzir seu amargor e aprimorar sua doçura e seu sabor. Hoje, variedades brancas, amarelas, vermelhas, roxas e pretas estão disponíveis.

O sabor e a textura de uma cenoura são influenciados pela variedade e pela estação da colheita. Algumas variedades têm aromas perceptíveis de salsinha (uma planta da qual a cenoura é um parente próximo), outras são mais amadeiradas. O sabor se desenvolve conforme elas amadurecem; já a crocância é maior nas cenouras colhidas no início da temporada. Evite cenouras muito grandes, pois elas costumam ter um núcleo muito duro e um sabor mais amargo. Se necessário, o núcleo pode ser removido.

Uma mistura conhecida como mirepoix na França e soffritto na Itália, feita com cenoura, cebola e salsão finamente picados, é usada como base em muitas receitas europeias.

A doçura natural das cenouras é realçada no cozimento, especialmente ao assá-las, e algumas pessoas ressaltam ainda mais esse traço cobrindo-as com mel, xarope de bordo ou suco de laranja. A cenoura combina bem com uma ampla variedade de especiarias, incluindo coentro, cravo, gengibre, endro, menta e tomilho – por exemplo, a halwa de cenoura é um prato tradicional indiano de cenouras adoçadas raladas e temperadas com cardamomo.

- O Aargauer Rüeblitorte é um bolo de cenoura aerado suíço feito com amêndoas moídas. O bolo é finalizado com um glacê simples e decorado com cenouras de marzipã. Muitas receitas britânicas e americanas de bolo de cenoura que usam farinha de trigo incluem uva-passa e nozes e optam por uma cobertura de cream cheese doce.

- As folhas da cenoura podem ser consumidas como vegetais folhosos – experimente fritá-las em óleo. Uma alternativa é desidratar as folhas e transformá-las em um pó verde para usar na decoração de pratos.

Perfil aromático relacionado: cenoura crua
O aroma da cenoura crua é dominado por terpenos, cujo perfume varia de verde e pinho a frutado e cítrico, enquanto a betaionona contribui com notas frutadas, florais e de violeta.

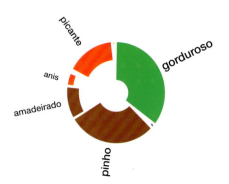

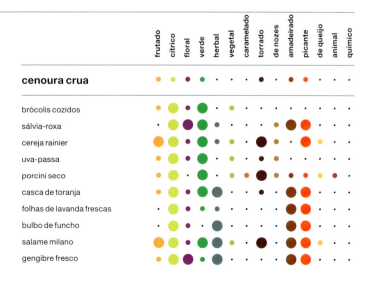

Cenoura cozida

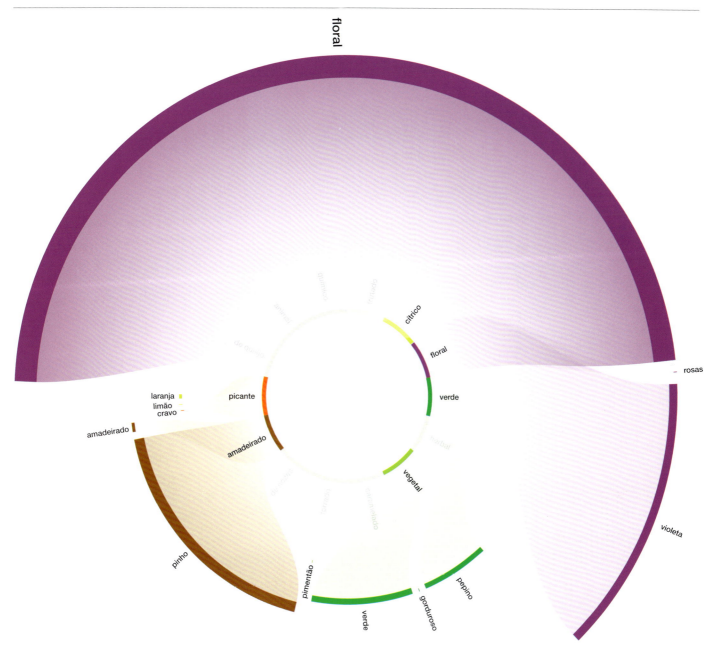

Perfil aromático da cenoura cozida

O cozimento das cenouras muda completamente seu perfil aromático, pois quase todos os terpenos desaparecem no processo. Eles são substituídos por um número maior de moléculas de betaionona, o que explica por que as cenouras cozidas têm um aroma floral mais pronunciado do que as cruas. O aldeído insaturado 2-nonenal é responsável pelo aroma verde e gorduroso das cenouras cozidas.

	frutado	cítrico	floral	verde	herbal	vegetal	caramelado	torrado	de nozes	amadeirado	picante	de queijo	animal	químico
cenoura cozida	·	●	●	●	·	●	·	·	·	●	●	·	·	·
ameixa	●	●	●	●	·	·	·	●	·	●	●	·	·	·
leite de coco industrializado	●	●	·	·	·	·	·	·	·	·	●	·	·	·
ostra	●	●	·	●	·	·	·	·	·	●	●	·	·	·
ruibarbo	●	●	●	●	·	·	·	●	·	●	●	·	·	·
galinha-d'angola frita na frigideira	●	·	●	●	·	·	·	●	·	●	●	·	·	·
tomilho	·	●	●	●	·	·	·	●	·	●	●	·	·	·
lombo de porco frito na frigideira	●	●	●	●	·	·	·	●	·	●	●	·	·	·
baga de sabugueiro	●	●	●	●	·	·	·	·	·	●	·	·	·	·
pimenta ají panca	●	●	●	●	·	·	·	●	·	●	●	·	·	·
maracujá	●	●	●	●	·	·	·	●	·	●	●	·	·	·

Combinação clássica: cenoura e uva-passa

Gajar ka halwa é uma sobremesa tradicional indiana feita de cenouras raladas cozidas em fogo brando com leite, ghee, açúcar, água de passas, pistache moído, amêndoas e cardamomo.

Combinação em potencial: cenoura e cidra-mão-de-buda

A cidra-mão-de-buda é uma variedade muito perfumada de cidra com apêndices semelhantes a dedos – daí seu nome. Essa fruta não contém suco ou polpa, mas suas raspas são usadas para dar sabores amadeirados, de pinho, florais e cítricos a pratos e bebidas. A casca grossa também pode ser cristalizada ou seca.

Combinações de ingredientes com cenoura

Combinação em potencial: cenoura e gergelim
A ligação cítrica entre a cenoura ralada e gergelim explica por que esses ingredientes funcionam tão bem juntos em saladas. Quando o gergelim é tostado, essa nota cítrica desaparece, e as notas gordurosas ligam esses dois ingredientes. O gergelim e o wakame são uma combinação clássica, e a cenoura ralada também pode ser um bom complemento para a salada de algas marinhas.

Combinação em potencial: cenoura e laranja
Realce as notas cítricas da cenoura adicionando um pouco de suco de laranja à sopa de cenoura ou finalizando-a com raspas de laranja feitas na hora (ver página 234). A mesma ligação cítrica é encontrada nas folhas de coentro, que combinam bem com peixe pochê.

gergelim	frutado	cítrico	floral	verde	herbal	vegetal	caramelado	torrado	de nozes	amadeirado	picante	de queijo	animal	químico
pimenta isot (flocos de pimenta urfa)	•	•	•	•	•	•	•	•	•	•	•	•	•	•
muçarela de búfala														
cordeiro grelhado														
amora														
tomilho														
cereja-doce														
cenoura cozida														
alcaçuz														
pimenta ají amarillo														
maracujá														

casca de laranja-amarga	frutado	cítrico	floral	verde	herbal	vegetal	caramelado	torrado	de nozes	amadeirado	picante	de queijo	animal	químico
azeitona preta picual														
pimenta cubeba seca														
aspargos verdes grelhados														
maçã granny smith														
banana														
leite de cabra														
sementes de cardamomo														
flor de sabugueiro														
cenoura														
folhas de coentro														

maracujá	frutado	cítrico	floral	verde	herbal	vegetal	caramelado	torrado	de nozes	amadeirado	picante	de queijo	animal	químico
ameixas em lata														
morango														
siri-azul cozido														
ghee														
aspargos brancos														
aspargos verdes grelhados														
chá sencha														
berinjela grelhada														
cordeiro assado														
pimenta ají panca														

fruta-de-bael	frutado	cítrico	floral	verde	herbal	vegetal	caramelado	torrado	de nozes	amadeirado	picante	de queijo	animal	químico
gochujang (pasta coreana de pimenta vermelha)														
molho de soja japonês														
cravo-da-índia														
canela														
hortelã-pimenta														
amora														
cenoura														
noz-moscada														
carne de caranguejo cozida														
bacon assado no forno														

Laranja

Diferentemente dos perfis aromáticos do limão-siciliano, do limão e da toranja, o perfil de uma laranja não é definido por um composto único e específico. Em vez disso, ele é formado por uma complexa combinação de compostos, como o limoneno e o octanal, que conferem à laranja seu aroma cítrico de limão, e por outras moléculas aromáticas frutadas e com cheiro de pinho.

O composto limoneno recebe seu nome dos limões ou, mais especificamente, da casca deles, que contém altas concentrações dessa molécula aromática. O limoneno pode ser encontrado no isômero-d, que cheira muito a laranja, e no isômero-l, que tem um aroma mais de pinho. O d-limoneno é encontrado nos óleos essenciais de frutas cítricas e em várias plantas.

Acredita-se que a laranja tenha se originado na China e na Índia muito antes de se espalhar para outros cantos do mundo. Hoje, ela é a segunda fruta mais consumida, atrás da banana e à frente da maçã. A maior parte das laranjas cultivadas comercialmente é usada na produção de suco de laranja, mas existem centenas de variedades diferentes que foram cultivadas a fim de se obterem alguns aspectos desejáveis, como facilidade de descascar, ausência de sementes ou maior dulçor ou sabor.

As laranjas se dividem em duas categorias principais: as doces e as amargas. O gênero doce *Citrus sinensis* inclui a laranja-vermelha e a laranja navelina, que são ótimas para comer, junto com variedades equilibradas como a valencia, mais usada para fazer suco. Apesar da onipresença, as laranjas-doces não se encontram na natureza, pois são cruzamentos entre a laranja-pomelo e a laranja-mandarim, que é bem menor.

Como o nome sugere, as laranjas-amargas (*Citrus aurantium*) têm um sabor muito mais acentuado do que as variações doces. As laranjas sevilha têm muita pectina, o que as torna propícias para fazer geleias e pratos como o pato à l'orange. A raspa e o suco das laranjas-amargas são usados para dar sabor a licores aromáticos de laranja, como o curaçau, o Cointreau e o Grand Marnier. Seus óleos essenciais são muito usados para produzir perfumes finos.

Nem todas as laranjas são laranja. Em áreas mais temperadas, a clorofila na casca – e, portanto, a cor verde – desaparece à medida que o clima esfria (em um processo similar à mudança de cor que ocorre nas folhas caducas no outono), mas, em climas muito quentes, a clorofila permanece ao longo de toda a temporada de cultivo, então as laranjas maduras ficam verdes por fora, como as do Vietnã e as da Tailândia.

- Oranges à la turque são fatias ou tiras de laranja (e às vezes a casca cristalizada) em xarope simples com infusão de cravo.

- Pato à l'orange é um prato francês clássico de pato assado servido com um molho azedo de laranja.

- O clássico drinque screwdriver combina duas partes de suco de laranja com uma parte de vodca, servido com gelo.

- Como o nome sugere, o drinque tequila sunrise é feito com tequila, suco de laranja e granadina, servidos sem misturar para provocar um efeito visual parecido com um nascer do sol.

Perfil aromático relacionado: casca de laranja
A casca da laranja tem um aroma cítrico de limão e de pinho mais pronunciado do que a própria fruta, pois contém concentrações mais altas de limoneno. Ao contrário da polpa das laranjas frescas, a casca também tem um aroma verde gorduroso e ceroso e contém algumas notas de especiarias e ervas.

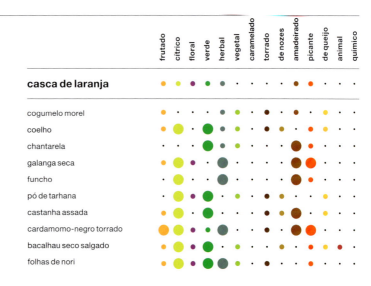

Laranja

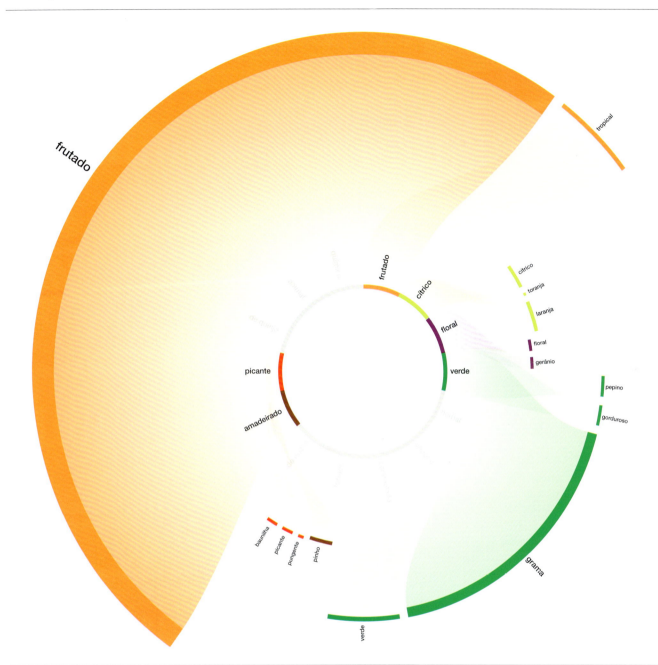

Perfil aromático da laranja
Em vez de ser definido por um componente volátil específico, o perfil aromático da laranja é determinado principalmente por uma mistura de ésteres frutados e aldeídos com um cheiro verde, de grama e de laranja. Algumas outras notas cítricas, florais e de pinho completam o aroma. Os óleos essenciais das tangerinas são caracterizados pelos compostos antranilato de dimetila e timol.

	frutado	cítrico	floral	verde	herbal	vegetal	caramelado	torrado	de nozes	amadeirado	picante	de queijo	animal	químico
laranja	●	●	●	●	·	·	·	·	·	●	●	·	·	·
anchovas salgadas	·	●	●	●	·	●	·	●	·	●	●	●	·	·
sementes de endro	·	●	●	●	·	·	·	·	·	●	●	·	·	·
ameixa	●	●	●	●	·	·	·	·	·	●	●	·	·	·
pele de frango de bresse assada	·	●	●	●	·	·	·	·	·	●	●	·	·	·
aipo-rábano cozido	·	●	●	●	·	●	·	·	·	●	●	·	·	·
batata assada no forno	●	●	●	●	·	·	·	●	·	●	●	·	·	·
sementes de nigela	·	●	●	●	·	·	·	·	·	●	●	·	·	·
flor de agastache	●	●	●	●	·	●	·	·	·	●	●	·	·	·
mascarpone	●	●	●	●	·	·	·	·	·	●	·	●	·	·
araçá-rosa	●	●	●	●	·	●	·	·	·	●	●	●	·	·

Combinação em potencial: laranja e queijo azul

Experimente dar um toque mexicano ao queijo azul usando-o em taquitos. Enrole um pouco de queijo azul polonês cremoso em uma tortilha de farinha e frite em óleo até dourar e ficar crocante. Polvilhe com um pouco de chocolate amargo ralado e sirva com um molho de laranja ou marmelada de laranja.

Combinação em potencial: laranja-vermelha e inhame-roxo

O inhame-roxo (*Dioscorea alata*) é um vegetal de raiz tuberosa com polpa cor de lavanda, razão pela qual recebe essa denominação – não deve ser confundido com a batata-doce roxa (*Ipomoea batatas*). A sobremesa filipina halo-halo combina gelo raspado com leite evaporado, feijão-vermelho doce, coco e frutas, tudo coberto com uma bola de sorvete de inhame-roxo.

Combinações de ingredientes com laranja

queijo azul polonês
- chocolate amargo
- pistache torrado
- gochujang (pasta coreana de pimenta vermelha)
- pato selvagem frito na frigideira
- abacaxi
- melão
- licor de café
- laranja
- cereja-doce
- filé de salmão do atlântico defumado

inhame-roxo (ube)
- romã
- murta
- folhas de nabo ao vapor (cime di rapa)
- framboesa
- presunto ibérico (jamón 100% ibérico de bellota)
- goiaba
- alecrim
- sálvia
- lombo de porco frito na frigideira
- laranja-vermelha tarocco

castanha-do-pará torrada
- ervilha
- gruyère
- laranja
- figo seco
- damasco
- acerola
- pregado
- maçã golden delicious
- kiwi
- anchovas salgadas

sementes de cominho-preto
- hambúrguer assado no forno
- orégano seco
- bergamota
- anis-estrelado
- folha de curry
- erva-cidreira
- tangerina
- pepperoni
- casca de laranja
- salsa-lisa

verbena-limão
- granadilha
- azeitona verde
- framboesa meeker
- inhame-roxo (ube)
- estragão
- açafrão-da-terra
- daikon
- laranja
- grão-de-bico
- galanga seca

flor de agastache
- alga wakame seca
- manga keitt
- tortilha de milho
- manjericão-selvagem (*Clinopodium vulgare*)
- funcho
- quinoa cozida
- banana
- tomatillo cozido
- solha assada
- filé de costela de lombo de porco assada no forno

Combinação em potencial: laranja e absinto (erva)
O absinto é conhecido por ser a erva-base para a produção do destilado, sendo usado também para aromatizar bitters e outras bebidas. Ele contém toxinas que, em grandes doses, podem causar convulsões ou até mesmo ser fatais. Na Idade Média, o absinto era usado para dar sabor ao hidromel e, no Marrocos, onde essa erva é conhecida como sheba, ela é servida no chá verde.

Combinação clássica: laranja e rum
O coquetel mai-tai, que consiste em rum (ver página 238), curaçau, xarope de orgeat, com seu sabor de amêndoa, e suco de limão, é icônico dos bares e restaurantes com temática tiki que floresceram nas décadas de 1950 e 1960.

absinto (erva)	frutado	cítrico	floral	verde	herbal	vegetal	caramelado	torrado	de nozes	amadeirado	picante	de queijo	animal	químico
mamão papaia														
salchichón														
grãos de selim (pimenta selim)														
cajá														
pimenta-rosa														
laranja-vermelha tarocco														
chantarela														
manga kent														
galanga-pequena														
romã														

curaçau branco	frutado	cítrico	floral	verde	herbal	vegetal	caramelado	torrado	de nozes	amadeirado	picante	de queijo	animal	químico
amora														
carne bovina														
toranja														
melão														
salsicha frankfurt cozida														
goiaba														
queijo idiazabal														
fumet de mariscos														
morango calinda														
laranja														

cenoura roxa	frutado	cítrico	floral	verde	herbal	vegetal	caramelado	torrado	de nozes	amadeirado	picante	de queijo	animal	químico
amora														
folhas de cominho secas														
cidra-mão-de-buda														
casca de laranja														
pistache														
folha de curry														
limão-siciliano														
estragão														
brócolis cozidos														
tainha-olhalvo pochê														

porcini seco	frutado	cítrico	floral	verde	herbal	vegetal	caramelado	torrado	de nozes	amadeirado	picante	de queijo	animal	químico
alcachofra cozida														
casca de quincã														
laranja														
aipo cozido														
filé de cavalinha														
avelã torrada														
barriga de porco assada														
uva-do-monte														
tainha-olhalvo pochê														
pimenta ají amarillo														

óleo de gergelim	frutado	cítrico	floral	verde	herbal	vegetal	caramelado	torrado	de nozes	amadeirado	picante	de queijo	animal	químico
coelho assado														
beterraba assada														
cogumelo-ostra seco														
casca de laranja														
bulgur siyez cozido														
pipoca														
mirin (vinho doce de arroz japonês)														
pimenta isot (flocos de pimenta urfa)														
faisão frito na frigideira														
vieira assada														

Rum

A alta concentração de ésteres frutados no rum faz dele a escolha preferida para uma ampla gama de coquetéis, desde o cuba libre, que combina o rum original com limão e Coca-Cola, até daiquiris, com uma base de rum claro misturado com suco de limão e xarope simples; sem falar do refrescante mojito, que combina rum claro com suco de limão, água com gás, açúcar e hortelã fresca.

A complexa história do rum remonta à metade do século XVII, quando a cana-de-açúcar foi cultivada pela primeira vez em plantações no Caribe. Os colonos descobriram que o processo de refinar açúcar para exportar de volta para a Europa deixava para trás um subproduto escuro e pegajoso conhecido como melaço. Esse melaço é fermentado e destilado para fazer rum.

Antes da fermentação, o melaço é diluído para obter uma consistência de xarope, contendo no máximo 10-12% de açúcar; isso evita que o etanol elimine as cepas da *Schizosaccharomyces* adicionada ou outras cepas de leveduras silvestres antes que todo o açúcar tenha sido convertido. A mistura é fermentada por até uma semana ou até que os níveis de etanol atinjam 6% a 9%. A maioria dos compostos voláteis que caracterizam o sabor do rum é formada durante o processo de fermentação, conforme os álcoois se oxidam e formam aldeídos e, em seguida, se transformam em ácidos. Uma fermentação mais lenta produz uma base de rum mais suave, que contém níveis mais altos de álcool e ácido e muitos ésteres frutados. Os aminoácidos são responsáveis pelos compostos sulfurosos.

Uma vez atingidos os níveis desejados de etanol na base fermentada, a mistura líquida é transferida para alambiques para destilação, processo que afeta a concentração geral de voláteis no rum finalizado, em vez de formar moléculas de aroma. Após a destilação, o teor alcoólico da maioria dos runs fica entre 32% e 45% de álcool. Embora hoje a maioria dos produtores de rum em larga escala empregue um processo de destilação contínua, alguns produtores artesanais ainda preferem o método tradicional de destilação em alambique, que lhes permite capturar mais dos compostos voláteis. Os alambiques são melhores para destilar runs escuros e de sabor mais forte.

Para aprimorar o sabor, o destilado é envelhecido por pelo menos um ano em tanques de aço inoxidável ou em barris de madeira. Muitos produtores preferem barris de bourbon já usados devido aos sabores que eles fornecem. À medida que o rum envelhece, os compostos voláteis e a cor da madeira se impregnam no destilado, provocando reações oxidativas e tornando o perfil aromático da bebida cada vez mais complexo.

O rum envelhecido é misturado antes de ser engarrafado para garantir um sabor consistente em todo o lote. Em alguns casos, adiciona-se caramelo ao rum mais escuro para ajustar sua cor; já o rum claro pode ser filtrado para remover quaisquer traços indesejados de cor.

- A banana foster é um clássico de New Orleans: banana flambada ao rum e sorvete de baunilha com calda de caramelo (com canela e especiarias) feito de açúcar mascavo, manteiga e rum escuro.

- Alguns afirmam que o mama juana, um elixir de ervas da República Dominicana, cura tudo com sua mistura medicinal de rum escuro, vinho tinto, casca de árvore com infusão de mel, manjericão, cravo e anis-estrelado.

- Está a fim de tomar um drinque no estilo tiki? Não se esqueça do falernum, um xarope doce feito de rum escuro do Caribe, orgeat, gengibre, limão e especiarias aromáticas como baunilha, cravo e pimenta-da-jamaica.

- A piña colada, de inspiração tropical, é feita de rum claro com leite de coco e suco de abacaxi (ver página 240).

Perfil aromático relacionado: rum envelhecido
Envelhecer o rum em barris de bourbon produz alguns compostos de lactona de carvalho, vanilina e guaiacol encontrados no uísque, além de aumentar as betadamascenonas florais e com aroma de maçã e as lactonas de carvalho amadeiradas e com aroma de coco que caracterizam o rum escuro.

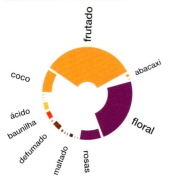

	frutado	cítrico	floral	verde	herbal	vegetal	caramelado	torrado	de nozes	amadeirado	picante	de queijo	animal	químico
rum envelhecido	·	·	·	·	·	·	·	·	·	·	·	·	·	·
abóbora cozida	·	·	·	·	·	·	·	·	·	·	·	·	·	·
pimenta chipotle seca	·	·	·	·	·	·	·	·	·	·	·	·	·	·
mexilhões cozidos	·	·	·	·	·	·	·	·	·	·	·	·	·	·
aspargos verdes grelhados	·	·	·	·	·	·	·	·	·	·	·	·	·	·
menta	·	·	·	·	·	·	·	·	·	·	·	·	·	·
gouda	·	·	·	·	·	·	·	·	·	·	·	·	·	·
usukuchi (molho de soja light)	·	·	·	·	·	·	·	·	·	·	·	·	·	·
melão japonês (melão miyabi)	·	·	·	·	·	·	·	·	·	·	·	·	·	·
hambúrguer assado no forno	·	·	·	·	·	·	·	·	·	·	·	·	·	·
cranberry	·	·	·	·	·	·	·	·	·	·	·	·	·	·

Rum branco

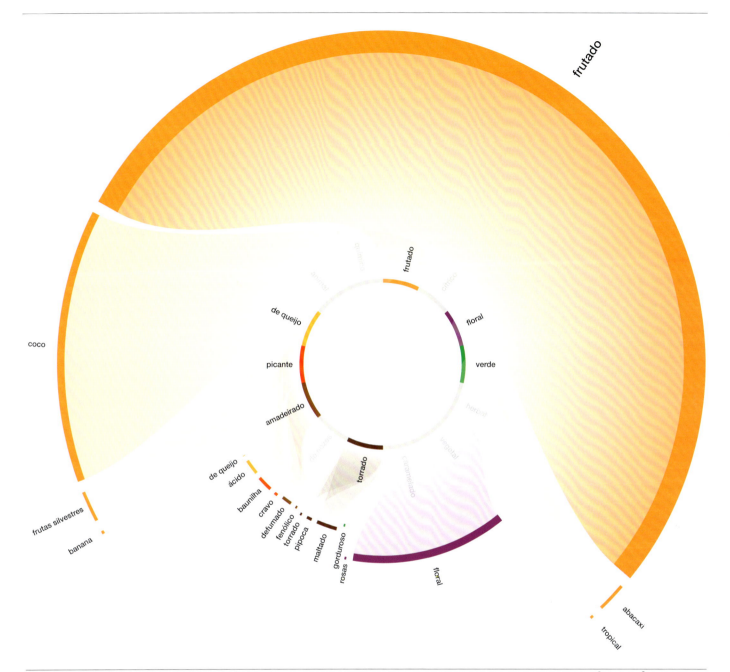

Perfil aromático do rum branco

Os ésteres frutados compõem metade do perfil aromático do rum branco, que também contém álcoois, ácidos, aldeídos, cetonas e fenóis. Durante a fermentação, a *Schizosaccharomyces*, uma cepa de levedura, provoca a formação de ácidos graxos, que se transformam em ésteres. De fato, essa cepa específica produz um volume excepcionalmente alto de ésteres, o que diferencia o rum branco do uísque, da tequila e de outros destilados.

Abacaxi

O abacaxi fresco recebe seu característico aroma frutado de dois compostos aromáticos diferentes: os ésteres, nesse caso o 3-metilbutanoato, e os hidrocarbonetos, na forma de (E,Z)-1,3,5-undecatrieno e (E,E,Z)-1,3,5,8--undecatetraeno. A furanona do abacaxi é outro importante composto aromático que, com suas notas carameladas e características da fruta, aprimora o cheiro doce desta fruta tropical.

Apesar de, no imaginário coletivo, os abacaxis serem ligados ao Havaí, eles se originaram no Brasil, de onde se espalharam pela América do Sul e pelo Caribe. Essas bromeliáceas espinhosas foram levadas ao Havaí pelos espanhóis no século XIX. Hoje, a Costa Rica, o Brasil e as Filipinas são os principais exportadores do mundo.

Cristóvão Colombo apresentou o abacaxi à corte espanhola depois de uma de suas viagens ao Novo Mundo. Os diferentes nomes para essa fruta exótica vêm de seu fruto grande e em formato de pinhão (*pinas* – daí o *pineapple* do inglês) e de suas folhas duras e espinhosas, típicas dos membros da família das bromeliáceas (do gênero *Ananas*, daí o "ananás" do espanhol e mesmo do português). Para o povo do Caribe, o abacaxi é um símbolo de boas-vindas; os espanhóis incorporaram esse costume e logo ele se difundiu pela Europa como um sinal de hospitalidade.

O abacaxi contém uma enzima que digere proteínas chamada bromelina, presente também no kiwi e no mamão. Essa enzima é responsável pela irritação sentida na boca depois de comer muito abacaxi cru – ela rompe os tecidos sensíveis da mucosa. Pelo mesmo motivo, a bromelina também pode interferir no preparo de sobremesas à base de gelatina. Para desativar essa enzima, é preciso cozinhar o suco do abacaxi fresco a uma temperatura de 80 °C por 8 minutos. No entanto, adicionar um "inibidor" como a pimenta fresca também torna a gelatinização possível. Você também pode se aproveitar desse efeito do suco da fruta crua para amaciar e marinar carnes. Ou, depois de uma refeição pesada, experimentar comer algumas fatias de abacaxi ou kiwi in natura para ajudar na digestão.

O abacaxi não continua a amadurecer durante seu armazenamento e começa a se decompor dentro de alguns dias em temperatura ambiente (ou em cerca de uma semana na geladeira). Assim, faz todo sentido escolher o melhor abacaxi possível no momento da compra, embora este não seja um processo muito simples. A cor da casca não é um bom indicador da madurez – seu tom pode variar do dourado ao verde, dependendo de onde a fruta foi cultivada e da variedade. É mais confiável olhar para as folhas: elas devem estar verdes, e nunca amarronzadas ou caídas. Você também pode dar uma leve apertada na fruta – ela deve ceder levemente. Cheirar a base do abacaxi é mais um truque. Quando maduro, ele deve ter o cheiro fresco e frutado, sem nenhum vestígio de aromas alcoólicos ou mofados.

- Pavê de abacaxi é uma sobremesa brasileira feita com biscoitos (normalmente biscoito champanhe), leite condensado, ovos e abacaxis frescos.

- Tepache é um drinque mexicano gelado e fermentado feito com casca de abacaxi adoçada com açúcar mascavo ou comum e uma pitada de canela.

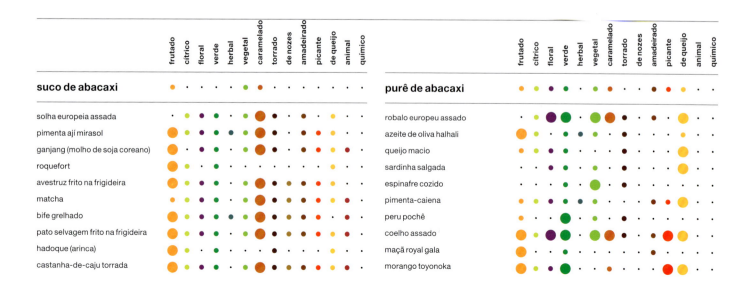

Abacaxi

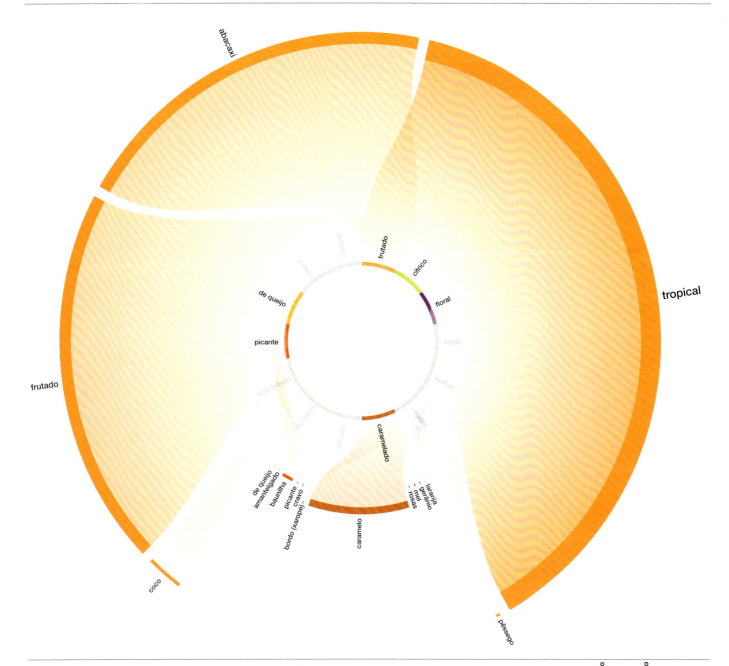

Perfil aromático do abacaxi

Um componente importante do perfil aromático do abacaxi é o hexanoato de alila, que também é usado para criar aromatizantes artificiais de abacaxi. Outros odorantes que contribuem para o aroma são a cetona do abacaxi, com aroma caramelado, além dos ésteres frutados 2-metilbutanoato de etila e 3-metiltio-propionato de etila, que acrescentam uma sutil nuance de maçã à fragrância de fruta tropical do abacaxi. Além de seus ésteres frutados e furanonas, os abacaxis frescos também contêm fortes notas de rum e coco, que fazem da piña colada – suco de abacaxi, creme de coco e rum – o coquetel tropical com uma combinação perfeita.

Combinação em potencial: abacaxi e salmão
Experimente combinar um pedaço de salmão frito com um chutney de abacaxi e tomate. Finalize o prato com um pouco de manjericão fresco para dar ao condimento agridoce e frutado um toque apimentado.

Combinação em potencial: abacaxi e javali
Quando você frita ou assa javali, os açúcares da carne caramelizam e formam novas moléculas de aroma, entre elas a furanona do abacaxi. Ésteres com aroma de abacaxi criam outra ligação aromática entre o javali e a fruta.

Combinações de ingredientes com abacaxi

tainha-vermelha assada
- laranja-vermelha moro
- abacaxi
- roquefort
- chouriço espanhol
- café colombiano
- coulis de pimentão amarelo
- cerefólio-tuberoso
- purê de alho negro
- porcini seco
- sépia braseada

javali assado
- trufa branca
- morango gariguette
- purê de abóbora
- casca de laranja
- pimenta-da-jamaica
- cacau em pó
- mostarda
- lichia
- baechu kimchi
- cerefólio-tuberoso

vinho de goiaba
- tucupi
- cenoura cozida
- aspargos verdes
- pimenta ají panca
- castanha-de-caju
- coco
- trufa negra
- ameixas secas de agen
- abacaxi
- grana padano

champignon
- flor de cerejeira seca
- baga de sabugueiro
- fava tonka
- usukuchi (molho de soja light)
- pétalas de rosas frescas comestíveis
- abacaxi
- avestruz frito na frigideira
- amêndoa
- alecrim
- frango pochê

radicchio
- mirtilo
- amora
- manga haden
- chocolate ao leite
- muçarela de leite de vaca
- presunto de bayonne
- abacaxi
- melão
- missô de soja
- folha de muña

mel de urze
- madeira Boal 10 anos
- carne moída
- morango
- folha de pandan
- pecorino romano
- brócolis cozidos
- canela
- estragão
- camarão graúdo
- abacaxi

Combinação clássica: abacaxi e queijo
O croque hawaii é uma versão tropical do clássico croque monsieur: duas fatias de torrada com queijo ralado e fatias de presunto, molho bechamel e mostarda dijon, cobertas com uma fatia de abacaxi.

Combinação em potencial: abacaxi e doenjang
Doenjang (ver página 244) é um tipo de pasta de feijão fermentado coreana. Durante o processo de fermentação, os ácidos graxos são transformados em ésteres, alguns dos quais têm cheiro de abacaxi e que são também fundamentais para o sabor da fruta.

queijo idiazabal
- mostarda
- koikuchi (molho de soja escuro)
- chocolate ao leite
- physalis
- abacaxi
- bacon frito na frigideira
- groselha-negra
- hadoque
- cravo-da-índia
- filé de bacalhau pochê

marmelo pochê
- manga
- abacaxi
- uvas
- pétalas de rosas frescas comestíveis
- framboesa
- mel
- licor de espinheiro-marítimo
- gim Monkey 47
- doenjang (pasta de soja fermentada coreana)
- licor Mandarine Napoléon

mexilhão cozido
- nectarina
- huacatay (menta negra peruana)
- vitela assada
- maçã pink lady
- abacaxi
- vagem cozida
- bacon frito na frigideira
- salsifi-negro cozido
- groselha-negra
- filé de bacalhau pochê

folha de louro europeu
- folhas de nori
- abacaxi
- folhas de aipo
- romã
- ganjang (molho de soja coreano)
- pimenta ají mirasol
- gouda
- carne maturada a seco (dry-aged)
- solha assada
- coelho assado

castanha-de-caju
- melão japonês (melão miyabi)
- pombo selvagem frito na frigideira
- lagosta cozida
- granadilla
- cranberry
- cereja-doce
- mel de trigo sarraceno
- abacaxi
- sementes de cardamomo
- gorgonzola

fumaça de cerejeira
- iogurte de leite de ovelha
- chips de banana-passa
- pregado
- abóbora cozida
- carne maturada a seco (dry-aged)
- abacaxi
- manteiga derretida
- ganso selvagem assado
- vieira
- alga *Gracilaria carnosa*

Doenjang

Ingrediente essencial da cozinha tradicional coreana, o doenjang, um tipo de pasta fermentada de grãos de soja, contém compostos com aroma de queijo, caramelado, floral e fenólico.

Essa pasta de sabor intenso é usada em diversos condimentos e molhos espessos, conhecidos como jangs, ou como base para sopas e ensopados, como o doenjang jjigae. Ela tem uma textura pedaçuda e um sabor mais aprofundado e complexo do que o missô japonês.

O processo de fazer o doenjang começa pelo cozimento dos grãos de soja para formar um purê, que é moldado em blocos individuais chamados meju, deixados para secar até ficarem densos e amarronzados. Antes de serem pendurados para secar por um período de 2 semanas a 90 dias, os meju são inoculados com *Bacillus subtilis, Aspergillus oryzae* ou outras espécies de bactérias. Conforme o meju fermenta, um mofo branco se forma sobre a superfície dos blocos.

Segundo a tradição, os meju são então transferidos para recipientes transpiráveis de cerâmica conhecidos como jangdok. Esses grandes contêineres são preenchidos com uma salmoura, selados e envelhecidos ao ar livre para permitir que os meju desenvolvam seu próprio terroir. Quando o meju finalmente fica pronto, ele é separado em duas partes: um líquido escuro e salobre que é filtrado e passa por outro processo de envelhecimento para fazer ganjang (o molho de soja coreano); e os sólidos restantes, que são deixados nas jangdok para completar um processo secundário de envelhecimento que pode levar até três anos para produzir doenjang.

Ainda é possível encontrar pela Coreia pequenos lotes artesanais de doenjang preparados seguindo essa tradição antiga, mas a maioria do doenjang de hoje é produzido industrialmente. Há muitas variedades de doenjang disponíveis, em uma gama de cores, sabores e texturas. As pastas envelhecidas por mais tempo têm a cor mais escura e o sabor muito mais intenso do que as versões mais claras. O doenjang produzido comercialmente também usa grãos de trigo e de cevada e é uma mistura do meju com o koji (ver molho de soja, na página 298).

Gochujang

O gochujang coreano é feito com seu próprio meju, uma pasta fermentada de pimentas vermelhas, grãos de soja cozidos e arroz glutinoso ou outros grãos. Essa pasta vermelha apimentada é usada para temperar pratos ao cozinhar ou é servida à mesa como um condimento para pratos como o bibimbap. Enquanto o doenjang tem um sabor mais intenso e particular, semelhante ao do missô, o gochujang obtém sua pungência e seu sabor vegetal das pimentas vermelhas, que também lhe conferem a cor e a picância. O perfil aromático do gochujang varia de acordo com o tipo da pimenta e dos grãos usados, além das condições de fermentação e envelhecimento.

Perfil aromático relacionado: gochujang (pasta de pimenta vermelha coreana)

As pimentas vermelhas conferem ao gochujang um perfil aromático vegetal, semelhante ao da pimenta de sino, com notas mais sulfurosas do que o doenjang. As reações de Maillard e Strecker levam à formação de novos compostos maltados e com aroma de batata.

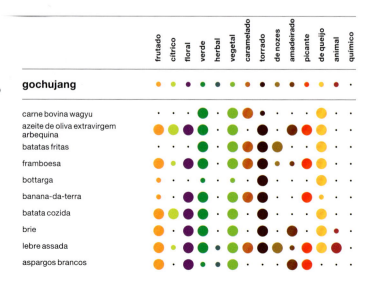

Doenjang

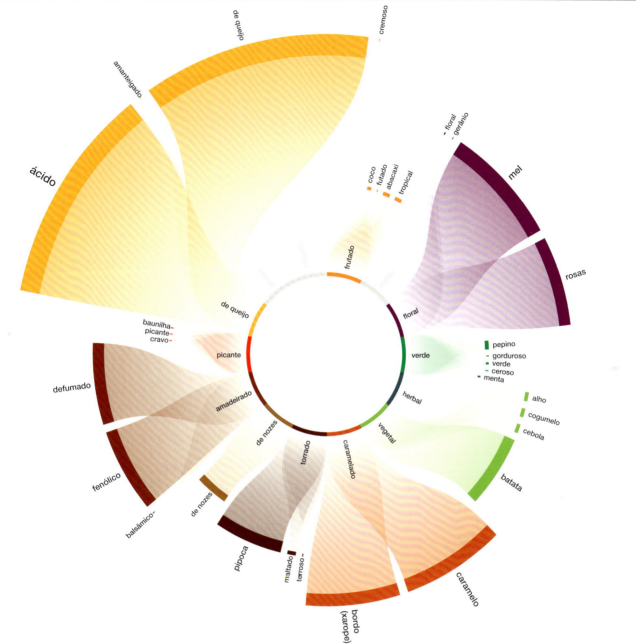

Perfil aromático do doenjang (pasta de soja fermentada coreana)
Os grãos de soja são repletos de enzimas que decompõem certas proteínas em açúcares; esses açúcares caramelizam quando as leguminosas são fervidas, formando moléculas de aroma caramelado. Notas torradas e de nozes também se desenvolvem durante a reação de Maillard ou por meio da atividade bacteriana. Tanto as enzimas quanto o processamento térmico são responsáveis por transformar as ligninas dos grãos em novos voláteis com odor fenólico e de fumaça. Durante a fermentação, as enzimas dos grãos são transformadas em aminoácidos, ácidos orgânicos e ácidos graxos – todos precursores de compostos aromáticos. Semelhante ao de outros produtos fermentados à base de soja, o perfil aromático do doenjang é composto, em grande parte, por voláteis ácidos e de queijo que se formam à medida que os aminoácidos se transformam em novas moléculas de aroma ou em seus precursores enquanto o meju fermenta. Outras notas frutadas e florais também contribuem para o complexo perfil aromático do doenjang, que se desenvolve durante a fermentação conforme os ácidos graxos se transformam em novos voláteis.

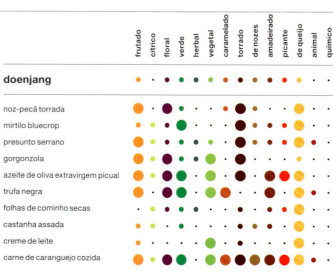

Combinação em potencial: doenjang e folhas de cominho
O cominho é cultivado principalmente por suas sementes, mas as folhas dessa planta também são comestíveis. Levemente adocicadas, com um leve sabor de anis, as folhas de cominho podem ser usadas para temperar sopas, ensopados ou saladas.

Combinação em potencial: gochujang e fônio
O fônio é um tipo de grão pequeno e de crescimento rápido cultivado na África Ocidental que é servido como um arroz ou cuscuz. Mais antigo grão africano conhecido, ele tem um leve sabor de nozes, é rico em aminoácidos e proteínas e não contém glúten. Pode ser adicionado a saladas e ensopados e também é usado para fazer mingau e farinha.

Combinações de ingredientes com doenjang e gochujang

folhas de alcaravia secas
- cheddar
- açafrão
- solha assada
- barriga de porco assada
- maracujá
- baguete
- chocolate amargo
- pregado pochê
- alface little gem
- yuzu

grãos de fônio cozidos
- amora black diamond
- capim-limão
- raiz de salsa cozida
- anchovas salgadas
- gruyère
- cordeiro grelhado
- pêssego
- gochujang (pasta coreana de pimenta vermelha)
- manteiga
- amêndoa torrada escura

mascarpone
- aspargos verdes grelhados
- chá de rooibos
- lombo de porco frito na frigideira
- amendoim torrado
- cordeiro grelhado
- chicória (endívia-belga)
- uva-passa
- doenjang (pasta de soja fermentada coreana)
- damasco
- tomatillo cozido

leite
- abobrinha cozida
- brotos de bambu cozidos
- melão japonês (melão miyabi)
- cogumelo língua-de-vaca cozido
- purê de alho
- cheddar maturado
- doenjang (pasta de soja fermentada coreana)
- menta
- carne de caranguejo cozida
- pombo selvagem frito na frigideira

mirtilo bluecrop
- suco de cranberry
- cereja-doce
- chocolate ao leite
- filé de peito de frango frito
- doenjang (pasta de soja fermentada coreana)
- aspargos verdes
- usukuchi (molho de soja light)
- cerveja Westmalle dubbel
- sauternes (vinho)
- repolho verde

ameixas em lata
- bacon assado no forno
- pregado
- chá preto
- salsifi-negro cozido
- filé de peito de frango frito
- tomatillo cozido
- doenjang (pasta de soja fermentada coreana)
- mascarpone
- pak choi
- pastinaca cozida

Combinação em potencial: doenjang e champedaque
O champedaque é uma fruta do Sudeste Asiático semelhante à jaca, cuja cor varia do amarelado ao laranja e cujo sabor é adocicado. O champedaque jovem é usado como um vegetal: o sabor é semelhante ao da jaca, mas com um toque do aroma característico do durião, graças a um composto sulfuroso. Pode ser consumido cru ou cozido, e suas sementes também são comestíveis.

Combinação em potencial: doenjang, pastinaca e mandioca
Casabe é um pão achatado frito e sem fermento do Caribe, feito de mandioca ralada (ver página 248) e sal. Algumas versões incluem ainda queijo ralado, mas você pode experimentar adicionar pastinaca ralada à mistura e aromatizá-la com doenjang. Com seu sabor levemente adocicado e de nozes, a pastinaca é perfeita para sobremesas e funcionaria bem em um bolo feito com mandioca ralada, ovos, leite condensado e leite de coco.

champedaque	frutado	cítrico	floral	verde	herbal	vegetal	caramelado	torrado	de nozes	amadeirado	picante	de queijo	animal	químico
doenjang (pasta de soja fermentada coreana)														
moleja de vitela assadas														
galinha-d'angola frita na frigideira														
bergamota														
purê de avelã torrada														
trufa branca														
asa de arraia pochê														
rodovalho assado														
creme de soja														
pimenta chipotle seca														

pastinaca cozida	frutado	cítrico	floral	verde	herbal	vegetal	caramelado	torrado	de nozes	amadeirado	picante	de queijo	animal	químico
folha de curry														
manga kaew seca														
folha de limão-makrut seca														
ameixas secas de agen														
filé de peito de frango frito														
tomatillo cozido														
morango														
doenjang (pasta de soja fermentada coreana)														
tainha-olhalvo pochê														
macadâmia														

aspargos verdes grelhados	frutado	cítrico	floral	verde	herbal	vegetal	caramelado	torrado	de nozes	amadeirado	picante	de queijo	animal	químico
casca de cássia (canela-da-china)														
doenjang (pasta de soja fermentada coreana)														
pimenta-rosa														
cogumelo-ostra seco														
damasco														
verbena-limão														
amora														
café arábica recém-preparado														
folha de curry														
filé de peito de frango pochê														

tomatillo cozido	frutado	cítrico	floral	verde	herbal	vegetal	caramelado	torrado	de nozes	amadeirado	picante	de queijo	animal	químico
gochujang (pasta coreana de pimenta vermelha)														
camarão graúdo frito na frigideira														
páprica doce em pó														
crisps de beterraba														
presunto ibérico (jamón 100% ibérico de bellota)														
maracujá														
alcaçuz														
bacon frito na frigideira														
cavalinha														
mascarpone														

stilton	frutado	cítrico	floral	verde	herbal	vegetal	caramelado	torrado	de nozes	amadeirado	picante	de queijo	animal	químico
sauternes (vinho)														
doenjang (pasta de soja fermentada coreana)														
melão														
cerveja Westmalle dubbel														
bolinho de arroz														
amêndoa														
brioche														
bottarga														
banana-da-terra														
framboesa														

damasco cristalizado	frutado	cítrico	floral	verde	herbal	vegetal	caramelado	torrado	de nozes	amadeirado	picante	de queijo	animal	químico
gochujang (pasta coreana de pimenta vermelha)														
pregado grelhado														
folhas de aipo														
purê de avelã torrada														
maçã fuji														
cordeiro grelhado														
lombo de porco frito na frigideira														
beterraba frita na frigideira														
sementes de cardamomo														
muçarela de búfala														

Mandioca

A mandioca é o tubérculo comestível base de dietas africanas e sul-americanas, além de ser consumido em algumas partes do Sudeste Asiático. A cassava doce ou yuca, como também é conhecida, pode ser colhida o ano todo e ocupa o terceiro lugar no ranking das fontes alimentares de calorias mais importantes, depois do arroz e do milho. Para muitos, a mandioca é um cultivo de subsistência que fornece uma boa fonte de proteínas e é rica em carboidratos complexos e outros nutrientes.

Seja cozida inteira na água ou no vapor, ralada ou frita em chips, cada cultura tem seus próprios métodos de preparar este ingrediente versátil. Seu núcleo rico em amido também é seco e processado para fazer tapioca, que algumas culturas usam como substituto para a farinha de trigo. O amido da tapioca é usado para engrossar molhos e incorporado aos mais diversos preparos, de pães a bolachas, pudins e outras sobremesas.

Ao manusear a mandioca, deve-se ter cuidado redobrado, pois sua raiz fibrosa crua contém compostos de cianeto, substância tóxica. A mandioca sempre deve ser cozida pelo tempo apropriado para neutralizar suas toxinas e poder ser consumida com segurança.

Em alguns países, as folhas da planta da mandioca são consumidas na forma de caldos verdes ou cozidas em sopas. Assim como a raiz da mandioca, suas folhas pungentes devem ser cozidas para neutralizar a toxicidade e têm um perfil aromático verde e gramíneo com uma leve nuance cítrica de laranja. Os congoleses fazem um ensopado de frango que usa folhas de mandioca, cebola, tomate e nozes de palma.

- O pudim de tapioca é uma mistura de flocos de tapioca cozidos lentamente no leite, creme de leite ou leite de coco adoçado. Ele costuma ser aromatizado com baunilha e pode ser servido quente ou frio.

- O bojo é um bolo denso e sem farinha de trigo do Suriname que consiste em uma mistura de mandioca crua ralada e leite de coco, com adição de rum e canela para dar sabor. Ele costuma ser consumido com chantilly em datas comemorativas.

Naiboa – reinventando a mandioca

Karlos Ponte, do Taller, em Copenhague, Dinamarca

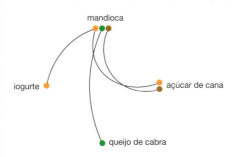

No restaurante Taller, em Copenhague, o chef venezuelano Karlos Ponte explora e reinterpreta os sabores regionais e as práticas culinárias tradicionais de sua terra natal por meio de uma ótica modernista. Com isso, ele rapidamente se destacou como um dos mais provocativos chefs da nova cena gastronômica nórdica.

De coquetéis e aperitivos a pratos principais e sobremesas, todos os itens no menu de Ponte contam uma história sobre sua rica herança cultural. E, como uma árvore que continua a desenvolver raízes cada vez mais profundas, ele dá vida nova às tradições das diferentes culturas regionais da Venezuela, difundindo-as ainda mais à medida que reinterpreta cada tradição nos vibrantes sabores, gostos e texturas compartilhados com os clientes do Taller.

Nenhum ingrediente é mais símbolo da culinária venezuelana do que a mandioca. Trabalhando com as espécies amarga e doce da mandioca, a equipe do Taller cozinha no vapor, assa, faz ensopado, frita e às vezes até fermenta esse tubérculo versátil e rico em amido.

A naiboa é um doce venezuelano tradicional feito com casabe, o já mencionado pão achatado feito com a raiz da mandioca, que é coberto com *panela* (açúcar de cana derretido) e depois com espuma de queijo de cabra e lascas de iogurte, servido com grãos de milho fritos para dar uma textura crocante.

Mandioca cozida

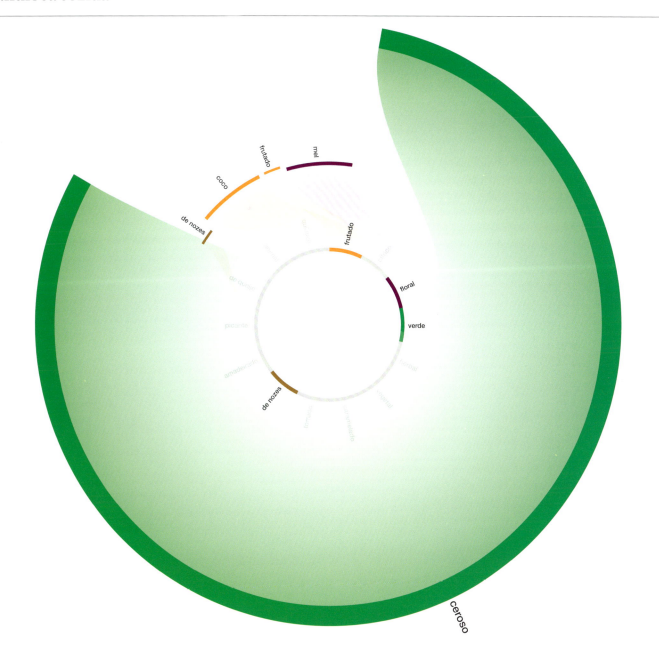

Perfil aromático da mandioca cozida
Uma análise do aroma da raiz da mandioca doce em sua forma bruta revela compostos verdes, gramíneos, frutados e cítricos com cheiro de laranja. O longo processo de cozimento não apenas neutraliza as moléculas venenosas de cianeto da raiz amilácea, mas também transforma o perfil aromático, abrindo espaço para notas mais verdes cerosas, com uma nuance frutada e aroma de coco.

	frutado	cítrico	floral	verde	herbal	vegetal	caramelado	torrado	de nozes	amadeirado	picante	de queijo	animal	químico
mandioca cozida	●	·	●	●	·	·	·	·	●	·	·	·	·	·
daikon	●	●	●	●	·	·	·	·	●	·	●	·	·	·
erva-cidreira	●	●	●	●	·	·	·	·	●	·	●	·	·	·
cordeiro grelhado	●	●	●	●	●	·	·	●	●	●	●	·	●	·
peru assado	●	●	●	●	●	·	·	●	●	·	●	·	·	·
pregado	●	·	●	●	●	·	·	·	●	·	·	·	·	·
pasta de soja	●	·	●	·	·	·	●	●	●	●	●	·	·	·
uva-passa	●	●	●	●	·	·	·	·	●	·	·	·	·	·
damasco	●	●	●	·	·	·	·	·	●	·	·	·	·	·
casca de cássia (canela-da-china)	●	●	●	●	●	·	·	·	●	●	●	·	·	·
figo	●	●	●	●	●	·	·	●	●	·	●	·	·	·

Combinação em potencial: tucupi e pimentão
No Taller, o chef Karlos Ponte transforma o tucupi em um gel para cobrir um prato de lagostins, que também contém purê de pimentão, favas, quinoa expandida (*puffed quinoa*) e um creme feito com a cabeça dos lagostins. O prato é finalizado com um pó de ervas verdes com limão.

Tucupi
Na Venezuela, grupos indígenas usam um tecido chamado *sebucán* para espremer e drenar os líquidos da raiz de mandioca ralada. O líquido leitoso e amarelado é fervido por horas para neutralizar os compostos letais de cianeto, transformando-se em um molho marrom-escuro chamado yare. Ele é consumido nesse estado ou usado para fazer o kumache, com a adição de um toque picante de pimentas fortes e formigas da Amazônia. O molho kumache é servido com frango assado na cidade venezuelana de Kumarakapay.

De forma semelhante, no Brasil, torna-se comestível o subproduto líquido tóxico da mandioca durante o processamento da farinha de tapioca e serve-se o molho resultante, o chamado tucupi.

Combinação em potencial: tucupi e café colombiano
A torrefação do café gera uma variedade de produtos resultantes da reação de Maillard: aromas fenólicos amadeirados e notas vegetais de batata, ou até mesmo notas picantes de cravo e baunilha, pipoca torrada e compostos com aroma de caramelo e bordo. A fervura prolongada envolvida na produção do tucupi leva a aromas semelhantes.

• O tucupi é um ingrediente essencial do pato no tucupi, um prato brasileiro de pato cozido lentamente no caldo temperado com alho, chicória, azedinha, folha de louro e suco de limão, servido com jambu e arroz.

Perfil aromático relacionado: tucupi
A fervura reduz as moléculas de aroma frutado da mandioca e aumenta a concentração das moléculas de cheiro verde. Há notas de aroma de batata cozida e cogumelo, bem como notas carameladas e florais.

Combinação em potencial: mandioca e erva-cidreira
O khanom man sampalang é um tipo de confeito tailandês feito com uma mistura de mandioca ralada, leite de coco e xarope de açúcar. É macio e perfumado, não muito diferente do manjar turco – experimente aromatizá-lo com erva-cidreira em vez de folha de pandan tailandesa.

Combinação clássica: mandioca e banana-da-terra
A mandioca e a banana-da-terra (ver página 252) têm em comum notas verdes e gramíneas. O foutou (também conhecido como foufou) é um prato popular na Costa do Marfim que consiste em uma mistura de banana-da-terra e mandioca amassadas e salgadas, modelada em bolas e acompanhada de um molho picante feito de peixe, berinjela, pimentão e quiabo. Você pode fazer uma versão doce adicionando casca de cássia e servindo o foutou com um molho de damasco.

Combinações de ingredientes com mandioca

erva-cidreira
- fruta-do-conde (pinha)
- carne de veado frita na frigideira
- aspargos verdes grelhados
- aspargos brancos
- robalo europeu assado
- raspas de limão-siciliano
- manga alphonso
- cereja-doce
- peito de pato frito na frigideira
- cranberry

chips de mandioca
- mel
- chá preto
- batata cozida
- batata-doce roxa cozida
- pera alexandre lucas
- bagel
- tomate
- berinjela grelhada
- coelho assado
- sementes de mostarda-branca torradas

vieira cozida
- menta
- pimenta ají mirasol
- mandioca cozida
- trufa negra
- cenoura
- batata gourmandine cozida
- filé de peito de frango pochê
- pepino
- manga haden
- chocolate ao leite

carne maturada a seco (dry-aged)
- mandioca cozida
- tainha-vermelha pochê
- mirtilo rabbiteye
- tomatillo
- pimenta-caiena
- pomelo
- tortilha
- carne de caranguejo cozida
- morango
- folha de feno-grego

Banana-da-terra

A banana-da-terra compartilha de muitas características da sua parente próxima, a doce banana cavendish (ver página 340), mas tem um sabor mais suave do que a banana comum, com um toque agridoce que funciona bem em sobremesas.

As bananas-da-terra contêm muito mais amido do que açúcar e são sempre cozidas antes de serem consumidas – normalmente são fritas, assadas, grelhadas ou amassadas. O alto teor de amido, que atinge o pico enquanto a fruta ainda está verde, torna a banana-da-terra um alimento básico em muitos países. Conforme a fruta amadurece, a cor de sua casca muda de verde para amarela, e, depois, fica quase preta, enquanto os amidos internos se convertem em açúcares. As bananas-da-terra geralmente são vendidas verdes, mas podem ser usadas em qualquer estágio de maturação. Para obter o máximo de sabor, escolha as que tiverem a casca enegrecida. Elas têm um aroma mais frutado do que a banana comum, com menos da doçura enjoativa.

- Na América Latina, a banana-da-terra é usada em muitas sopas diferentes. A sopa de plátano porto-riquenha começa com um soffritto à base de alho, cebola, tomate e pimentão ao qual se adiciona banana-da-terra ralada e caldo de legumes, temperados com páprica, cominho, semente de coentro, pimenta-do-reino e óleo de anato. A sopa é decorada com abacate fresco, salsa picada, pique criollo (pimentão em conserva) e parmesão e geralmente é servida com pão.

- O caldo de bolas de verde é uma sopa de carne equatoriana que vem com pedaços de milho, mandioca e bolinhas de banana-da-terra verde amassada recheadas com carne moída, pimentões e ervilhas, temperada com cominho moído. Para realçar o sabor, acrescenta-se um toque cítrico de limão, molho de pimenta, cebolas roxas em conserva e coentro fresco.

- O chapo peruano é uma bebida quente feita de banana-da-terra cozida misturada com canela, cravo e açúcar.

- Bananas-da-terra verdes, e não maduras, são usadas para fazer tostones, petiscos duplamente fritos típicos das cozinhas latino-americanas e caribenhas. Descasque as bananas-da-terra e corte-as em fatias grossas. Frite em óleo quente até dourar, depois retire da frigideira. Achate cada fatia e retorne à frigideira, cozinhando até dourar mais. Escorra os tostones em papel-toalha. Tempere com alho ou pimenta calabresa e sal, ou adicione açúcar e sal para fazer uma versão doce.

- Ao fazer tostones doces, misture algumas sementes de cardamomo (ver página 254) no açúcar para adicionar uma nota refrescante, canforada e cítrica.

Combinações de ingredientes com banana-da-terra

folha de tanchagem	frutado	cítrico	floral	verde	herbal	vegetal	caramelado	torrado	de nozes	amadeirado	picante	de queijo	animal	químico
avelã														
chouriço espanhol														
ervilhas cozidas														
chicharro														
pimenta ají panca														
pombo selvagem frito na frigideira														
gorgonzola														
berinjela cozida														
cogumelo-ostra														
camarão cinza assado														

açúcar de palma	frutado	cítrico	floral	verde	herbal	vegetal	caramelado	torrado	de nozes	amadeirado	picante	de queijo	animal	químico
banana-da-terra														
maracujá														
amendoim torrado														
tainha-olhalvo pochê														
lombo de porco frito na frigideira														
porcini seco														
beterraba														
flor de hibisco seca														
mascarpone														
doenjang (pasta de soja fermentada coreana)														

Banana-da-terra

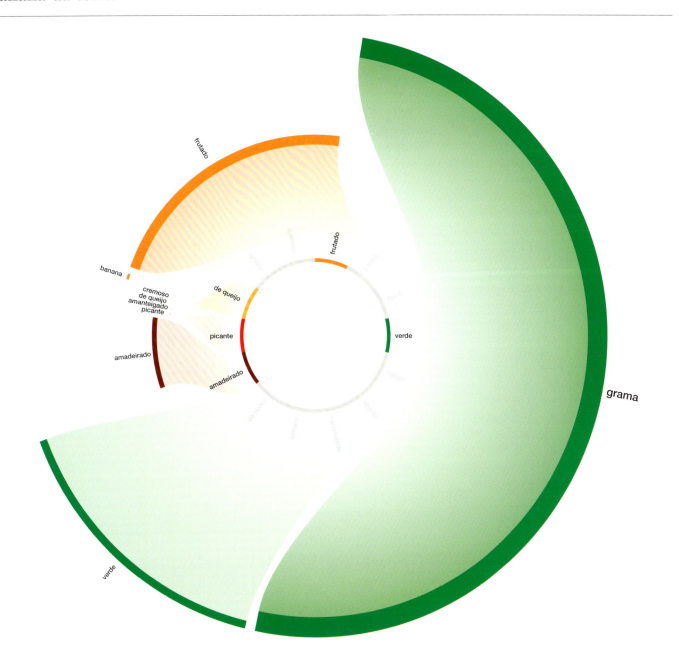

Perfil aromático da banana-da-terra
Quando você compara os perfis aromáticos da banana-da-terra e da banana (ver página 341), fica claro por que elas têm sabores semelhantes, porém diferentes. A banana-da-terra não apresenta os ésteres que dão às bananas sua fragrância frutada; em vez disso, ela contém mais notas verdes, com alguns compostos picantes com aroma de cravo.

Cardamomo

A terceira especiaria mais cara do mundo, depois do açafrão e da baunilha, a vagem verde do cardamomo é repleta de óleos essenciais que contêm vestígios de moléculas aromáticas do limão-siciliano e da menta. O cardamomo-negro tem um aroma mais cítrico e amadeirado de pinho, com menos notas canforadas.

O cardamomo está presente nas cozinhas da Índia, do Sri Lanka e do Oriente Médio. Ele é nativo da Índia e da Indonésia, e a espécie mais comumente usada é a *Elettaria cardamomum*. Essa variedade verde é da família do gengibre e é usada inteira (em vagens) ou moída em diversos tipos de receita – de bolos e doces a misturas de especiarias, biryanis e curries. As vagens do cardamomo-negro (*Amomum subulatum*) são maiores e têm um sabor defumado, pois são secas sobre uma chama aberta, e isso faz dele uma boa pedida em pratos de legumes e carnes. O cardamomo moído encontrado nas lojas normalmente é processado do cardamomo-negro.

Os usos culinários dessa especiaria aromática vão além de pratos condimentados e salgados. As sementes também são adicionadas a sobremesas e bebidas para aprimorar sua doçura. Uma versão branca do cardamomo também está disponível; seu sabor sutil a torna propícia para o uso em bolos e doces.

Muitas receitas usam as vagens do cardamomo inteiras, mas estas normalmente são retiradas antes de o prato ser servido, pois morder uma vagem inteira pode ser uma experiência desagradável e ter certo gosto de sabão. Quando uma receita pede cardamomo moído, o melhor é moê-lo na hora, já que os óleos pungentes que fazem dessa especiaria uma adição tão diferenciada são muito voláteis.

Para fazer suas próprias sementes moídas, primeiro toste levemente as vagens em uma frigideira para ajudar a intensificar o sabor e depois amasse-as em um pilão para soltar as sementes. Descarte as cascas. Por serem muito duras, as sementes podem ser difíceis de moer no pilão – é mais eficaz usar um moedor de especiarias elétrico. Também é possível simplesmente moer a vagem inteira com um moedor elétrico e depois peneirar os pedaços mais graúdos, mas isso resulta em um pó de sabor menos intenso.

- A pulla finlandesa ou o bulle sueco é um pão doce trançado temperado com cardamomo e salpicado com uvas-passas e amêndoas laminadas.

- No Oriente Médio, o cardamomo é usado para temperar o arroz e para dar sabor ao chá e ao café.

- Na infusão do chai indiano, mergulha-se cardamomo com canela, anis-estrelado, noz-moscada, cravo, sementes de funcho e grãos de pimenta-do-reino.

- O cardamomo é um dos temperos usados na receita do garam masala e de outros blends de especiarias.

- Os nan-e nokhodchi são biscoitos persas de farinha de grão-de-bico com água de rosas, cardamomo e uma pitada de pistaches moídos.

Sementes de cardamomo

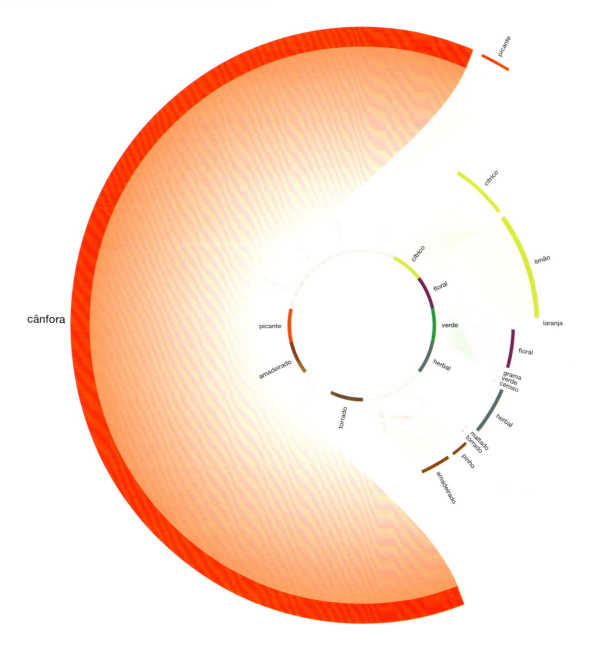

Perfil aromático das sementes de cardamomo
As notas canforadas do cardamomo lhe conferem um aroma levemente mentolado, proporcionando vínculos aromáticos com capim-limão, mirtilos, kiwi, erva-doce e azeitonas pretas. As moléculas cítricas, com aroma de limão e laranja, também estabelecem possíveis ligações com ingredientes como laranja-amarga, casca de grapefruit, pimenta-sichuan, capim-limão, huacatay (menta negra peruana), goji berry e tomate.

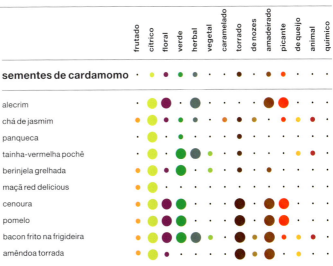

Combinação em potencial: cardamomo e pétalas de calêndula
As flores da calêndula comum (*Calendula officinalis*) e da calêndula-francesa (*Tagetes patula*) podem ser usadas como guarnição para dar um toque interessante a saladas e outros pratos. No passado, essas pétalas de laranja eram usadas como corante para queijo, manteiga e outros alimentos como substitutas do açafrão.

Combinação em potencial: cardamomo, vinho do porto branco e água tônica
No Vale do Douro, em Portugal, o vinho do porto branco com água tônica é o equivalente local de um gim-tônica. O vinho do porto branco e a água tônica têm em comum notas florais, e ambos vão bem com o aroma cítrico do cardamomo.

Combinações de ingredientes com cardamomo

Ingrediente: Cardamomo 256

Tabelas de combinações de sabores (frutado, cítrico, floral, verde, herbal, vegetal, caramelado, torrado, de nozes, amadeirado, picante, de queijo, animal, químico) para os seguintes ingredientes:

pétalas de tagetes: chá sencha, folha de groselha, framboesa meeker, cardamomo-negro, caldo de legumes, damasco cristalizado, pimenta-malagueta verde, amêijoas cozidas, queijo maroilles, cordeiro grelhado

vinho do porto branco extrasseco: cogumelo cep, molho de peixe chinês, queijo flor de guía, berinjela cozida, tomatillo cozido, cardamomo-negro, pétalas de rosa de damasco secas, estragão, pimenta-do-reino moída, longana

suco de cranberry: usukuchi (molho de soja light), lombo de porco frito na frigideira, sementes de cardamomo, filé de peito de frango frito, chá preto, chocolate ao leite, salmão pochê, manjericão, alecrim, folhas de coentro

água tônica: noz-pecã torrada, chirimoia, aipo-rábano cozido, pregado pochê, noz-moscada, salmão do atlântico defumado, melão japonês (melão miyabi), maçã pink lady, carne de veado frita na frigideira, sementes de cardamomo

caldo de vitela: batata yacón, pimenta ají amarillo, purê de yuzu, pasta tikka masala, aspargos verdes grelhados, siri-azul cozido, noz-moscada, pimenta verde em grãos, estragão, sementes de cardamomo

alcachofra-de-jerusalém cozida: tangerina, cajá, pasta tikka masala, folhas de aipo, alecrim, sementes de cardamomo, chouriço espanhol, berinjela cozida, sumagre, daikon

Combinação em potencial: cardamomo e picanha
O hawaij é um tipo de mistura de especiarias do lêmen que contém cardamomo, sementes de cominho, pimenta-do-reino e açafrão-da-terra – e, às vezes, também outras especiarias, como cravo e canela. No lêmen, essa mistura é adicionada principalmente a sopas e ensopados, mas também funciona bem como tempero para carne bovina.

Combinação em potencial: cardamomo, galinha-d'angola e nectarina
As notas verdes gramíneas e as lactonas de pêssego encontradas na galinha-d'angola frita criam vínculos aromáticos com a nectarina. Experimente servi-la com nectarinas ou pêssegos (ver página 258) levemente escaldados em xarope de açúcar aromatizado com cardamomo, canela e outras especiarias.

picanha
- bulgur siyez cozido
- brioche
- crisps de batata-doce
- sementes de linhaça
- amêndoa
- bottarga
- muçarela de búfala
- cogumelo cep
- pasta de curry madras
- sementes de cardamomo

galinha-d'angola na frigideira
- mel de lavanda
- canela
- gruyère
- pepino
- pasta de curry madras
- caviar
- muçarela de búfala
- sementes de cardamomo
- mirtilo bluecrop
- nectarina

licor de capim-limão
- camarão graúdo
- champignon
- repolho verde
- ganso assado
- morango darselect
- lombo de porco frito na frigideira
- sementes de cardamomo
- lichia
- noz-pecã
- sardinha

chá de erva-doce
- lichia
- cardamomo-negro torrado
- manga alphonso
- folhas de mostarda cozidas no vapor
- tangerina
- kiwi
- chocolate ao leite
- manjericão
- groselha-negra
- canela

flor de laranjeira
- cardamomo-negro torrado
- limão-makrut
- huacatay (menta negra peruana)
- chocolate ao leite
- beterraba frita na frigideira
- menta
- cenoura
- manteiga
- bulbo de funcho
- amêijoas cozidas

sementes de abóbora torradas
- lagosta cozida
- filé de peito de frango frito na frigideira
- peito de pato frito na frigideira
- abacate
- couve-rábano assada
- cranberry
- bottarga
- sementes de cardamomo
- pimenta-malagueta verde
- pepino

Pêssego

Ao contrário de outras frutas, o pêssego contém relativamente poucos ésteres. Em vez disso, ele tem um número comparativamente alto de lactonas que lhe conferem seu aroma característico e de creme.

Não é nenhuma surpresa que frutas como o pêssego tenham uma concentração muito mais alta de moléculas aromáticas quando estão maduras e na estação que lhe é própria. Em climas mais temperados do hemisfério norte, o pêssego, a nectarina, o plumcot, a ameixa e outras frutas de caroço doces e aromáticas podem ser apreciadas de junho até os primeiros dias de outubro. Frutas de caroço que são fáceis de separar da semente são mais comuns, pois foram cultivadas seletivamente em busca dessa conveniência. No entanto, as que são mais difíceis de separar são igualmente saborosas.

Alguns preferem a pele lisa e sedosa da nectarina à capa felpuda do pêssego, e de maneira geral a diferença entre as duas frutas se resume à casca. Ambas ficam coradas de um vermelho vivo quando maduras e são facilmente encontradas em variações de polpa amarela ou branca, podendo ser firmes ou suculentas quando você morde um pedaço. Existem centenas de variedades da espécie *Prunus persica*, mas o pêssego branco é na verdade mais comum do que as variedades amarelas, talvez porque a fruta branca sedosa e doce, com sua baixa acidez, é a preferida há muito tempo na Ásia – os pêssegos foram domesticados inicialmente pela cultura kuahuqiao, na China, há cerca de 7.500 anos.

Para tirar a casca do pêssego, faça talhos na pele com uma faca afiada, marcando um X na parte mais pontuda da fruta e depois mergulhe-a em água fervente por cerca de 30 segundos. Use uma colher para tirar o pêssego da água e então puxe cuidadosamente a pele. É mais fácil fazer isso sem partir a fruta antes.

Pode parecer que as variações de polpa branca e amarela são mais ou menos intercambiáveis, mas não é bem verdade. O pêssego branco tende a ser mais suculento, mais doce e mais aromático do que a outra versão. Por seu sabor sutil e sua tendência a se desmanchar quando cozido, é melhor para ser usado cru.

O pêssego de polpa amarela é mais ácido e normalmente mantém sua forma quando cortado ou fatiado. Se não estiver totalmente maduro, pode ser um pouco azedo. Este tipo, portanto, costuma ser uma boa opção para pratos que usam a fruta assada ou grelhada.

- Pêssego melba é uma sobremesa clássica de pêssego cozido servido sobre sorvete de baunilha com um fio de coulis de framboesa. Ela foi inventada pelo lendário Auguste Escoffier para homenagear a soprano australiana Nellie Melba.

- Giuseppe Cipriani inventou o drinque Bellini no Harry's Bar, em Veneza, em 1948, combinando uma parte de purê de pêssego branco fresco com duas partes de prosecco.

Pêssego

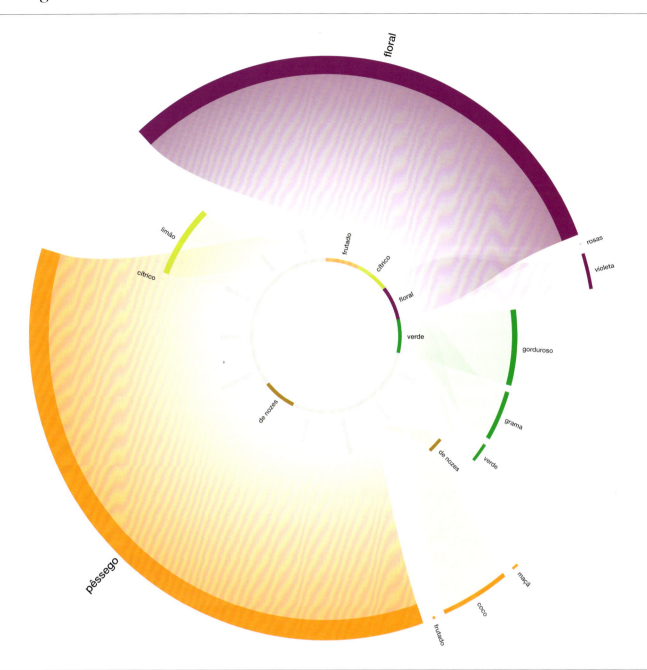

Perfil aromático do pêssego

Os pêssegos têm uma concentração excepcionalmente alta de voláteis com cheiro de creme em seu perfil aromático, o que explica por que essas frutas combinam tão bem com produtos lácteos, cheios de lactonas, como iogurte e sorvete de baunilha. Dependendo de sua concentração, as lactonas podem ter um aroma cremoso e de pêssego ou mais parecido com o de coco. As notas florais dos pêssegos têm um aroma mais frutado.

Combinação em potencial: pêssego e azeite de oliva
Assim como o azeite de oliva arbequina, os pêssegos contêm benzaldeído (ver página 26), uma molécula fundamental para o aroma das amêndoas. Para fazer uma torta de pêssego sem glúten, use amêndoas moídas em vez de farinha e, para aumentar a umidade, azeite de oliva em vez de manteiga.

Combinação em potencial: pêssego e abóbora-d'água
Também conhecida como cabaça de cera ou melão de inverno, a abóbora-d'água pode ser armazenada por meses, pronta para ser adicionada a sopas, ensopados, refogados e curries quando os vegetais sazonais são escassos na Ásia tropical nativa. Na China, a abóbora-d'água cristalizada é tradicionalmente servida durante o Ano-Novo e também usada como recheio de produtos assados, como o bolo sweetheart.

Combinações de ingredientes com pêssego e nectarina

azeite de oliva arbequina
- filé de bacalhau
- algas verdes
- mamão papaia
- porcini seco
- cereja-doce
- pêssego
- filé de peito de frango frito na frigideira
- folhas de coentro
- gorgonzola
- tomatillo cozido

abóbora-d'água (melão de inverno)
- bacon assado no forno
- pimenta isot (flocos de pimenta urfa)
- folha de shissô
- avestruz frito na frigideira
- wakame
- gruyère
- melão
- pêssego
- couve no vapor
- chicharro

licor de caramelo
- bergamota
- chocolate amargo
- bacamarte assado
- pêssego
- amêndoas laminadas torradas
- cajá
- tomatillo cozido
- filé de peito de frango frito na frigideira
- brioche
- salsifi-negro cozido

nêspera
- amaretto
- tomate-cereja
- ameixas secas de agen
- tomatillo cozido
- flor de sabugueiro
- absinto
- licor de damasco
- flor de cerejeira seca
- abacate
- pêssego

avestruz grelhado
- pêssego
- ameixas secas de agen
- brócolis cozidos
- pinhão
- amora
- arroz basmati cozido
- lichia
- porcini seco
- folha de feno-grego
- pimenta-rocoto

pastinaca
- anis-estrelado
- camomila seca
- nectarina
- cordeiro grelhado
- cereja-doce
- noz-moscada
- pistache
- estragão
- tangerina
- pimenta-de-sichuan

Combinação em potencial: pêssego e endro
As notas de anis do endro combinam bem com o pêssego. Sirva um sorbet de pêssego com infusão de endro com algumas fatias de maçã escaldadas em xarope de açúcar com ervas para completar os sabores. Você também pode fazer uma base de sorbet infundindo xarope de açúcar com endro e maçã (isso aprofunda o sabor e melhora a estrutura, graças à pectina). Coe e misture o xarope de pêssego e o endro picado.

Combinação clássica: pêssego e laticínios
Como muitas frutas, os pêssegos contêm lactonas com aroma de pêssego e coco, que também são encontradas em nozes e produtos lácteos, como leite, queijos e iogurte (ver página 262). Para dar um toque especial em uma combinação clássica, decore uma tigela de pêssegos e iogurte com presunto san daniele seco esfarelado, que tem notas frutadas e verdes em comum com os dois ingredientes.

agulha-de-pinheiro	frutado	cítrico	floral	verde	herbal	vegetal	caramelado	torrado	de nozes	amadeirado	picante	de queijo	animal	químico
endro														
sementes de cominho-preto secas														
framboesa														
pêssego														
aipo-rábano cru ralado														
azeitona verde														
salame milano														
bacon frito na frigideira														
amêndoa														
siri-azul cozido														

presunto san daniele	frutado	cítrico	floral	verde	herbal	vegetal	caramelado	torrado	de nozes	amadeirado	picante	de queijo	animal	químico
pão branco para torrar														
pêssego														
bagel														
massa cozida														
caldo de carne														
arroz basmati cozido														
baunilha-do-taiti														
espelta cozida														
couve-rábano assada														
kefir														

aipo	frutado	cítrico	floral	verde	herbal	vegetal	caramelado	torrado	de nozes	amadeirado	picante	de queijo	animal	químico
bergamota														
framboesa														
endro														
chicória (endívia-belga)														
melão														
pêssego														
carne de caranguejo cozida														
hadoque braseado														
vagem cozida														
abóbora cozida														

pregado pochê	frutado	cítrico	floral	verde	herbal	vegetal	caramelado	torrado	de nozes	amadeirado	picante	de queijo	animal	químico
queijo manchego														
favas cozidas														
cebolinha														
folhas de cominho secas														
repolho roxo														
pêssego														
cogumelo-ostra seco														
uva-passa														
vinagre de xerez reserva														
doenjang (pasta de soja fermentada coreana)														

suco de caju	frutado	cítrico	floral	verde	herbal	vegetal	caramelado	torrado	de nozes	amadeirado	picante	de queijo	animal	químico
ovo mexido														
romã														
peru assado														
peito de pato frito na frigideira														
cereja-doce														
pêssego														
muçarela de leite de vaca														
radicchio														
presunto de bayonne														
melão honeydew														

Iogurte

Produzido por meio da fermentação bacteriana do leite, o iogurte contém uma mistura complexa de compostos orgânicos voláteis. Alguns deles já estão presentes no leite, enquanto outros se desenvolvem durante o processo de fermentação, quando as gorduras do leite, a lactose e o citrato são transformados em novas moléculas de aroma cremosas, de queijo, amanteigadas, frutadas e com aroma de maçã.

A fermentação da lactose pelas bactérias *Lactobacillus bulgaricus* e *Streptococcus thermophilus* produz ácidos láticos, que desnaturam as proteínas do leite, dando ao iogurte uma textura cremosa. Os humanos nascem com a enzima lactase no intestino delgado, o que permite que os bebês decomponham a lactose (o açúcar do leite) em açúcares simples. No entanto, cerca de 65% das pessoas (ou mais, em certas culturas) desenvolvem intolerância à lactose na idade adulta. No iogurte, o processo de desnaturação que transforma a lactose em ácido lático nos permite digeri-la mais facilmente.

"Iogurte" deriva da raiz turca *yog*, que significa condensar ou intensificar. Acredita-se que antigas civilizações neolíticas no Oriente Médio e na Ásia Central descobriram acidentalmente como fermentar o iogurte do leite de cabras ou ovelhas. Hoje, a maioria dos iogurtes produzidos comercialmente é feita do leite de vaca, mas também é possível encontrar os de leite de cabra, ovelha, búfala e até de iaques ou camelos.

Iogurtes firmes, populares na França e nos Bálcãs, são produzidos sem mexer, resultando em uma textura consistente, com o soro de leite separado. No iogurte grego, grande parte do soro (que dá ao iogurte seu sabor azedo) é drenada, o que o deixa mais cremoso, menos ácido e com níveis mais altos de gordura e proteína do que o iogurte comum.

- Considerado semelhante ao iogurte grego, o skyr utiliza coalho junto com culturas bacterianas e é classificado como um tipo de queijo. O kefir também não é tecnicamente um iogurte – é um produto de leite fermentado com leveduras e *Lactobacillus*. O leitelho cultivado utiliza *Lactobacillus* junto com a bactéria *Leuconostoc citrovorum*, produzindo mais diacetil e, portanto, um sabor mais parecido com o da manteiga.

- O labneh é uma espécie de iogurte coado do Oriente Médio. É também o nome de um condimento feito de labneh misturado com azeite de oliva, za'atar, gergelim e sumagre seco.

- Molhos e patês feitos com iogurte, pepino e ervas frescas são encontrados em todo o mundo, desde o raita, na Índia, até o tzatziki, na Grécia, e o cacik, na Turquia. Nos Bálcãs, há uma variação chamada tarator, que inclui nozes picadas; já no Líbano e na Síria, adiciona-se tahine. Para fazer um tzatziki com um toque salgado, adicione um pouco de wakame – vai muito bem com peixe pochê ou grelhado.

Iogurte, pimenta vermelha e brotos de daikon

Receita do Foodpairing

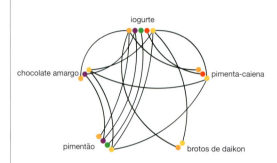

Impressione seus convidados com um leve refresco para o paladar antes da sobremesa. Prepare os cilindros de chocolate amargo com antecedência e deixe-os firmar de um dia para o outro. Para fazer o recheio de mousse, misture o iogurte com uma pitada de pimenta-caiena para dar um toque picante e bata até obter uma textura leve e arejada. Corte pimentões vermelhos assados em brunoise (ou seja, corte-os em cubos muito pequenos) e incorpore suavemente na mousse. Preencha os cilindros de chocolate amargo com a mousse de pimentão vermelho assado e decore com brotos frescos de daikon (ou Sakura cress ®). O sabor azedo do iogurte equilibra as notas agridoces do chocolate amargo, realçado pela picância dos brotos de daikon.

Iogurte de leite de vaca

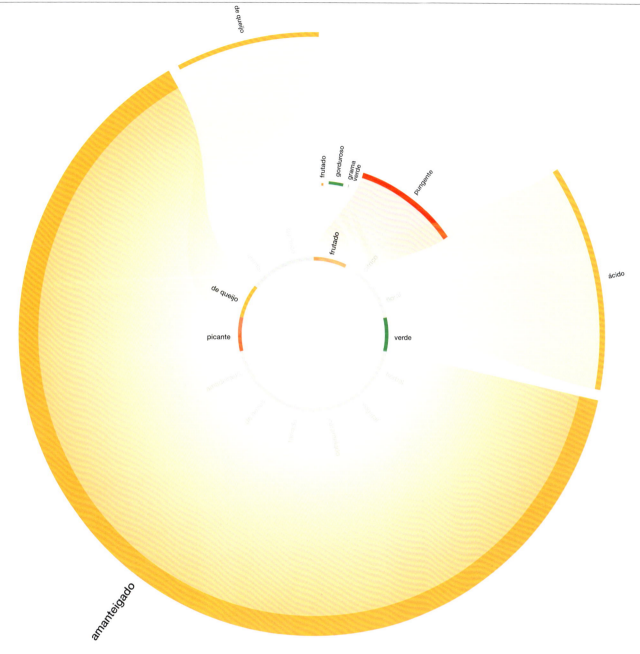

Perfil aromático do iogurte de leite de vaca
Três compostos voláteis são responsáveis pelo sabor característico do iogurte. O diacetil tem um cheiro amanteigado, cremoso e semelhante ao do leite, enquanto a acetona lhe confere um aroma amanteigado com uma nuance cremosa. Essas duas moléculas de aroma também são responsáveis por dar à manteiga seu sabor característico. O acetaldeído acrescenta um aroma frutado de maçã verde, enquanto as notas verdes e gramíneas criam vínculos com ingredientes como algas marinhas (ver página 264).

	frutado	cítrico	floral	verde	herbal	vegetal	caramelado	torrado	de nozes	amadeirado	picante	de queijo	animal	químico
iogurte de leite de vaca	·	·	·	·	·	·	·	·	·	·	·	·	·	·
camarão assado	·	·	·	·	·	·	·	·	·	·	·	·	·	·
bottarga	·	·	·	·	·	·	·	·	·	·	·	·	·	·
mexilhões bouchot cozidos	·	·	·	·	·	·	·	·	·	·	·	·	·	·
massa pochê	·	·	·	·	·	·	·	·	·	·	·	·	·	·
broto de humulus (broto de lúpulo)	·	·	·	·	·	·	·	·	·	·	·	·	·	·
queijo de cabra	·	·	·	·	·	·	·	·	·	·	·	·	·	·
chocolate ao leite	·	·	·	·	·	·	·	·	·	·	·	·	·	·
morango	·	·	·	·	·	·	·	·	·	·	·	·	·	·
cogumelo cep	·	·	·	·	·	·	·	·	·	·	·	·	·	·
pistache torrado	·	·	·	·	·	·	·	·	·	·	·	·	·	·

Algas marinhas

As algas marinhas são consideradas uma fonte de alimento sustentável para o futuro. Embora sejam um ingrediente comum em muitas culinárias asiáticas, para muitos ocidentais a ideia de comer algas em qualquer outro prato que não seja sushi ainda é estranha. No entanto, produtos com alga marinha já fazem parte da dieta de muitos consumidores, mesmo que eles não percebam.

Estabilizadores de alimentos como a carragena são usados em sorvetes e outros laticínios, em fórmulas infantis, em algumas cervejas e em rações animais; o agar-agar, proveniente de algas vermelhas, é, por sua vez, um substituto vegano da gelatina.

Nos últimos anos, a empresa espanhola Porto-Muiños tem tido um papel fundamental na apresentação dessas "verduras do mar" ao mundo da gastronomia. Como fundador da empresa, Antonio Muiños explica: "O principal motivo de as pessoas não comerem algas marinhas é porque elas não pensam sobre isso e não sabem como usá-las". O Foodpairing fez uma parceria com a empresa para analisar diferentes espécies, incluindo algas verdes, pepper dulse (chamada pelos portugueses de *erva malagueta* ou argacinho-das-lapas) e a *Gracilaria carnosa* (um tipo de alga vermelha) na costa da Galícia, na Espanha. Buscando nos familiarizar com seus perfis aromáticos, podemos aprender quais ingredientes combinar com elas e como incorporá-las em nossa cozinha.

Wakame
A *Undaria pinnatifida*, também conhecida como wakame, é muito usada na sopa de missô japonesa. Disponível seco ou salgado, o wakame é uma fonte extremamente rica de ácidos graxos poli-insaturados e tem um odor herbáceo e metálico. Seu sabor salgado adiciona instantaneamente umami e um toque leve de sal a qualquer prato.

Perfil aromático relacionado: wakame
Os ácidos graxos do wakame lhe conferem um perfil aromático muito mais verde do que o das outras espécies de algas marinhas que analisamos. Seu sabor doce e sutil e sua textura delicada funcionam bem em sopas, mas não só: as algas também podem ser servidas frescas ou ligeiramente em conserva.

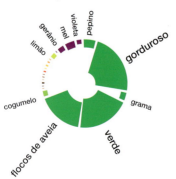

Wakame, fava e salmão
Receita do Foodpairing

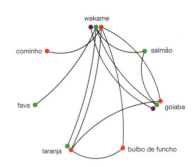

Reidrate o wakame seco em água fria, depois corte-o em pedaços pequenos. Salteie a fava na manteiga e tempere com sal e pimenta. Braseie os bulbos de funcho em um caldo de legumes até ficarem macios. Disponha a fava e o wakame sobre os bulbos de funcho e adorne com as folhas do funcho para dar um toque de aroma de anis. Sirva com salmão na frigideira. Adorne o prato com uma redução de goiaba temperada com cominho para enfatizar sua conexão aromática picante e cítrica com a fava.

Algas verdes

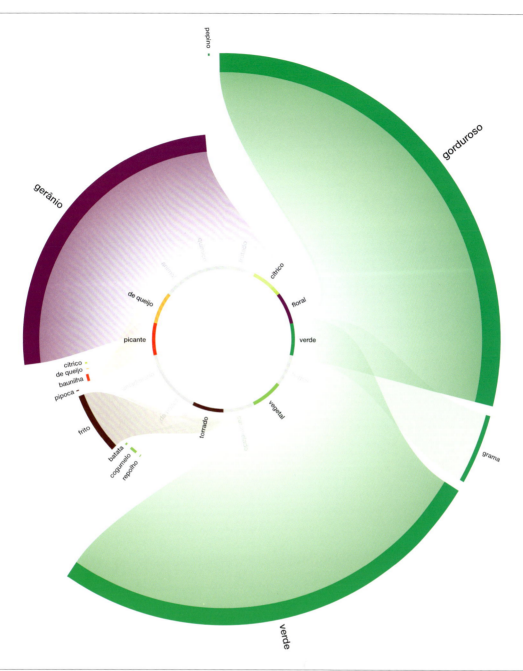

Perfil aromático das algas verdes
Aldeídos e epóxidos dão às algas um sabor marinho que se assemelha às notas herbáceas e metálicas presentes nos peixes. As algas também contêm outras notas florais com aroma de violeta e gerânio que também são encontradas nos peixes, mas em menor grau.

	frutado	cítrico	floral	verde	herbal	vegetal	caramelado	torrado	de nozes	amadeirado	picante	de queijo	animal	químico
algas verdes	·	·	·	·	·	·	·	·	·	·	·	·	·	·
broto de humulus (broto de lúpulo)	·	·	·	·	·	·	·	·	·	·	·	·	·	·
solha assada	·	·	·	·	·	·	·	·	·	·	·	·	·	·
linguado assado	·	·	·	·	·	·	·	·	·	·	·	·	·	·
pão de trigo	·	·	·	·	·	·	·	·	·	·	·	·	·	·
leite de cabra pasteurizado	·	·	·	·	·	·	·	·	·	·	·	·	·	·
cheddar artesanal	·	·	·	·	·	·	·	·	·	·	·	·	·	·
purê de framboesa	·	·	·	·	·	·	·	·	·	·	·	·	·	·
carne bovina limousin	·	·	·	·	·	·	·	·	·	·	·	·	·	·
crisps de beterraba	·	·	·	·	·	·	·	·	·	·	·	·	·	·
sumagre	·	·	·	·	·	·	·	·	·	·	·	·	·	·

Combinação em potencial: algas marinhas e batatas fritas
Aproveite a salinidade natural dos flocos de algas marinhas secas e use-os para temperar batatas fritas ou assadas. Outra opção é adicionar algas secas à sua receita de maionese favorita.

Combinação clássica: algas marinhas e arroz
O furikake é uma mistura seca de temperos japoneses que normalmente contém algas marinhas torradas, flocos de bonito e gergelim torrado, mas há muitas variedades disponíveis, que incluem de folhas de shissô a ovos secos. Tradicionalmente polvilhado sobre arroz cozido simples, esse tempero pode ser adicionado a quase todos os alimentos salgados: vegetais, peixes e até pipoca.

Variedades de algas marinhas

Perfil aromático da pepper dulse
A pepper dulse tem um sabor salgado semelhante ao de uma trufa. Como outras algas, ela tem um odor marinho bem distinto e um sabor picante e apimentado que combina muito bem com toranja, tomate-cereja, favas e azeite de oliva picual.

	frutado	cítrico	floral	verde	herbal	vegetal	caramelado	torrado	de nozes	amadeirado	picante	de queijo	animal	químico
alga pepper dulse	•	•	●	●	•	●	•	•	•	•	●	•	•	•
café recém-coado	●	●	●	●	•	●	●	●	●	•	●	●	•	•
fond brun (caldo escuro de vitela)	•	•	●	●	•	●	•	●	●	•	●	●	•	•
caldo de carne	•	•	●	●	•	●	•	●	●	•	●	●	•	•
caldo de pombo	•	•	●	●	•	●	•	●	●	•	●	●	•	•
pão de fermentação natural de São Francisco	•	•	●	●	•	●	•	●	●	•	●	●	•	•
arroz integral cozido	•	•	●	●	•	●	•	●	●	•	●	●	•	•
alface-de-cordeiro (mâche)	•	•	●	●	•	●	•	•	•	•	●	•	•	•
aspargos verdes grelhados	•	•	●	●	•	●	•	•	•	•	●	•	•	•
gema de ovo crua	•	•	●	●	•	●	•	•	•	•	●	•	•	•
edamame	•	•	●	●	•	●	•	•	•	•	●	•	•	•

Perfil aromático da alga *Codium*
Além do sabor verde gorduroso e frito com toques de gerânio, as algas *Codium* contêm moléculas de aroma torrado que combinam bem com tomates-cereja, azeitonas pretas, pimenta isot (flocos de pimenta urfa), tahine e frango pochê.

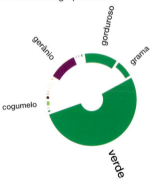

	frutado	cítrico	floral	verde	herbal	vegetal	caramelado	torrado	de nozes	amadeirado	picante	de queijo	animal	químico
alga marinha *Codium*	●	•	●	●	•	●	•	•	•	•	•	•	•	•
codorna frita na frigideira	●	•	●	●	•	●	●	●	•	●	●	●	•	•
pão de fermentação natural de São Francisco	●	•	●	●	•	●	●	●	•	●	●	●	•	•
batatas fritas	●	•	●	●	•	●	•	●	•	●	●	●	•	•
pepino	•	•	●	●	•	●	•	•	•	•	•	•	•	•
batata cozida	●	•	●	●	•	●	•	●	•	●	●	●	•	•
peito de pato frito na frigideira	●	•	●	●	•	●	●	●	•	●	●	●	•	•
fumet de mariscos	•	•	●	●	•	●	•	●	•	•	●	●	•	•
abacaxi	●	•	●	●	•	●	•	•	•	•	●	•	•	•
leite	•	•	●	●	•	●	•	●	•	•	●	●	•	•
camembert	•	•	●	●	•	●	•	•	•	•	●	●	•	•

Perfil aromático das algas *Gracilaria carnosa*
Esta alga tem um forte aroma de gerânio, presente também em amoras, no brie, na pimenta ají panca, na carne de veado, em lagostas e em bebidas de soja. Suas notas florais e cítricas de laranja combinam com maçã, mirtilos, pomelo, anis e avelãs.

	frutado	cítrico	floral	verde	herbal	vegetal	caramelado	torrado	de nozes	amadeirado	picante	de queijo	animal	químico
algas *Gracilaria carnosa*	•	●	●	●	•	●	•	•	•	•	•	•	•	•
peito de pato frito na frigideira	●	•	●	●	•	●	●	●	•	●	●	●	•	•
pasta tikka masala	•	●	●	●	•	●	•	●	•	•	●	●	•	•
molejas de vitela assadas	•	●	●	●	•	●	●	●	•	●	●	●	•	•
capim-limão	•	●	●	●	•	●	•	•	•	•	•	•	•	•
cereja-doce	●	●	●	●	•	●	•	•	•	•	●	•	•	•
baga de sabugueiro	•	●	●	●	•	●	•	•	•	•	•	•	•	•
champignon frito na frigideira	•	●	●	●	•	●	•	●	•	●	●	●	•	•
trufa branca	•	●	●	●	•	●	•	●	•	●	●	●	•	•
gorgonzola	•	●	●	●	•	●	•	•	•	•	●	●	•	•
chocolate branco	•	●	●	●	•	●	●	•	•	•	•	•	•	•

Combinação em potencial: kombu e aspargos
Dashi é o caldo-base da culinária japonesa. Para prepará-lo, deixe o kombu (alga seca) de molho em água de um dia para o outro e, em seguida, leve à fervura. Acrescente flocos de bonito seco (ou shiitake seco), deixe em infusão e coe com uma peneira fina. O dashi é a base perfeita para uma sopa simples com tofu e wakame – para um toque ocidental, use aspargos cozidos.

Combinação clássica: algas marinhas e pepino
O sunomono é uma salada japonesa de pepino clássica: wakame e fatias finas de pepino (ver página 268) são temperados com uma mistura simples de vinagre de vinho de arroz, molho de soja, açúcar e sal, polvilhados com gergelim torrado.

Combinações de ingredientes com algas marinhas

Pepper dulse
Considerada pelos chefs a "trufa do mar", a pepper dulse vermelho-escura, em forma de samambaia, é valorizada por seu sabor salgado e apimentado. Em outra época um alimento básico da dieta escocesa, extraído da costa oeste das Ilhas Britânicas, a pepper dulse conquistou um lugar no Ark of Taste da Fundação Slow Food. Essa delicada alga vermelha também floresce ao longo da costa rochosa dos oceanos Atlântico Norte e Pacífico.

A pepper dulse deve ser lavada com água salgada em vez de água doce para evitar que seu sabor de trufa desapareça. Seu perfil aromático varia de acordo com o local de origem, o clima e a sazonalidade. Na maioria das vezes, é vendida desidratada em flocos ou em pó, para ser usada como tempero, mas a suas folhas inteiras e frescas tambem são deliciosas se consumidas cruas em saladas ou fritas em óleo.

Alga marinha *Codium*
Codium fragile subsp. *tomentosoides* é uma alga verde também conhecida como "erva-esponja", em virtude de sua textura, ou "chifre-de-veludo", em virtude dos pelos microscópicos prateados que cobrem seus inúmeros ramos finos.

Algas *Gracilaria carnosa*
Essas algas marrom-avermelhadas são firmes e borrachudas, com uma textura levemente pegajosa. De sabor fresco e intenso, são amplamente utilizadas tanto cruas quanto levemente cozidas.

aspargos verdes
- chantarela
- folha de shissô
- mel de lavanda
- kombu (alga marinha seca)
- leite de cabra pasteurizado
- carne maturada a seco (dry-aged)
- maçã McIntosh
- nozes
- pele de frango de bresse assado
- uva-passa

casca de laranja cristalizada
- pêssego
- alga *Gracilaria carnosa*
- vodca de limão
- cereja morello
- sumagre
- ouriço-do-mar
- abóbora
- água de flor de laranjeira
- creme azedo
- vinagre de xerez

camarão graúdo
- ciabatta
- chá darjeeling
- café recém-coado
- quinoa cozida
- bergamota
- pasta tikka masala
- manga alphonso
- alga *Codium*
- baunilha-do-taiti
- quiabo frito na frigideira

lebre assada
- wakame
- alga *Gracilaria carnosa*
- huacatay (menta negra peruana)
- vieira assada
- amora
- carne de caranguejo cozida
- abacaxi
- purê de pimentão vermelho
- gochujang (pasta coreana de pimenta vermelha)
- pimenta ají amarillo

Pepino

A maioria dos compostos aromáticos que associamos ao pepino é formada por reações enzimáticas que só ocorrem quando o cortamos – o pepino inteiro contém relativamente poucas moléculas aromáticas. Quando você fatia um pepino, os ácidos graxos insaturados nas membranas danificadas das células são expostos ao oxigênio, o que desencadeia a oxidação das enzimas e produz os aldeídos com o cheiro característico do pepino.

Como o tomate e o milho, o pepino é botanicamente classificado como uma fruta, embora seja consumido como uma verdura. Hoje em dia, existem centenas de variedades de pepino, que podem ser divididas em duas categorias principais: as que usamos para fazer picles e as que fatiamos e comemos cruas.

O pepino foi cultivado inicialmente na Índia quase três mil anos atrás. Diferentemente do *Cucumis sativus* que conhecemos hoje, esse pepino antigo continha grandes quantidades de curcubitacina, que lhe conferia um gosto muito amargo. À medida que o pepino foi sendo cultivado, sua popularidade se espalhou pelo Mediterrâneo, por partes da Ásia e da Europa e, por fim, pela América do Norte. Dizem que foram os espanhóis que introduziram o cultivo do pepino nas Américas – Cristóvão Colombo o levou para o Havaí em 1494.

A maioria dos pepinos frescos cultivados comercialmente tem a casca lisa. Algumas variedades, no entanto, podem ter a casca dura, amarga e espinhosa, então descascá-los antes do uso é uma boa ideia. Se houver sementes, elas podem ser raspadas. Salgar e drenar os pedaços do pepino antes de usá-lo pode ajudar a intensificar seu sabor delicado. Isso também previne o excesso de líquido em molhos e patês.

- Embora o pepino normalmente seja usado em pratos frios, como saladas e sopas geladas, ele fica surpreendentemente saboroso quando cozido. Pedaços de pepino afervantados ou rapidamente fritos na chapa com manteiga vão muito bem com frango e peixe; ele também pode ser recheado ou assado.

- Uma salada nórdica simples de pepino é feita com fatias finas de pepino e cebola roxa misturadas com azeite de oliva, vinagre, endro fresco e salsinha.

- Minipepinos em conserva são chamados de gherkins em alguns países, incluindo Reino Unido, Austrália e Nova Zelândia. Os cornichons são uma versão em miniatura desses picles, normalmente servidos ao lado de carnes frias ou finamente picados e adicionados ao molho tártaro.

- Às vezes adiciona-se picles de pepino ao sanduíche de presunto e queijo belga conhecido como smos: uma baguete cortada ao meio e coberta com manteiga e maionese e depois com camadas de presunto, queijo, fatias de tomate, ovos cozidos, alface-americana e pepino.

- Sementes de endro são um ingrediente fundamental da salmoura do picles, junto com folha de louro, sementes de coentro e pimenta-do-reino em grãos. O endro fresco compartilha algumas notas verdes com o pepino e algumas notas amadeiradas com a pimenta-do-reino (ver página 270), que, por sua vez, promove vínculos com a folha de louro e as sementes de coentro.

Combinações de ingredientes com pepino

picles de pepino
pimenta-rocoto
porcini seco
chocolate branco
bacon assado no forno
manga
cereja-doce
carne maturada a seco (dry-aged)
cheddar maturado
laranja
filé de bacalhau pochê

homus
manga haden
queijo de cabra semiduro
pepino
caqui
folhas de mostarda cozidas no vapor
hambúrguer assado no forno
moelejas de vitela assadas
castanha-de-caju torrada
salmão pochê
cranberry

Pepino

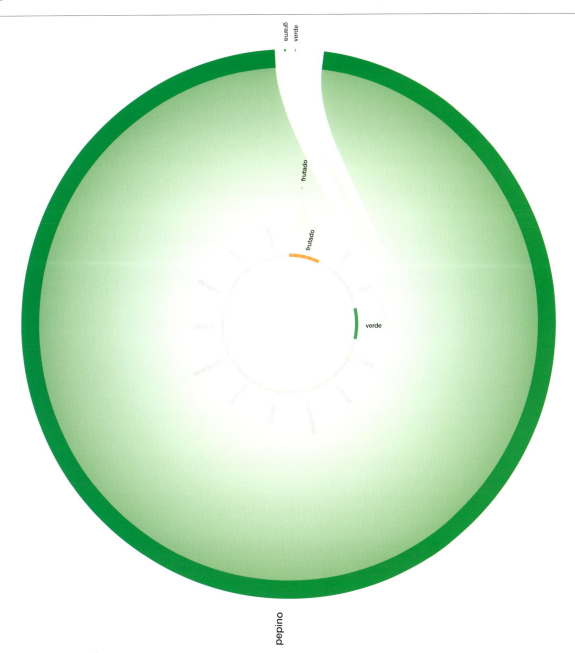

Perfil aromático do pepino
O perfil aromático dos pepinos é quase inteiramente composto de dois aldeídos principais: (E,Z)-2,6-nonadienal e (E)-2-nonenal. O primeiro tem um odor característico de pepino, razão pela qual também é conhecido como "aldeído do pepino"; já o segundo tem um aroma mais verde e gorduroso.

	frutado	cítrico	floral	verde	herbal	vegetal	caramelado	torrado	de nozes	amadeirado	picante	de queijo	animal	químico
pepino	·	·	·	●	·	·								·
framboesa meeker	·	·	·	●	·	·	·	·	·	·	·	·		·
brie	·	·	·	●	·	·	·	·	·	·	·	·		·
chocolate amargo	·	·	·	●	·	·	·	·	·	·	·	·		·
salmão pochê	●	·	·	●	·	·	·	·	·	·	·	·		·
cereja-doce	·	·	·	●	·	·	·	·	·	·	·	·		·
filé de bacalhau pochê	·	·	·	●	·	·	·	·	·	·	·	·		·
lombo de porco frito na frigideira	·	·	·	●	·	·	·	·	·	·	·	·		·
pasta tikka masala	·	·	·	●	·	·	·	·	·	·	·	·		·
melão	·	·	·	●	·	·	·	·	·	·	·	·		·
peito de pato frito na frigideira	·	·	·	●	·	·	·	·	·	·	·	·		·

Pimenta-do-reino

Os grãos de pimenta-preta, branca, verde e vermelha vêm da mesma planta: *Piper nigrum,* uma trepadeira florida nativa da Índia. A única diferença é que os frutos são colhidos e processados de forma diferente para obter o sabor exclusivo de cada variedade. Todas elas obtêm seu sabor picante de um composto pungente chamado piperina.

Os grãos de pimenta-do-reino são colhidos enquanto os frutos ainda estão verdes, pouco antes de atingirem a maturidade completa. Em seguida, são escaldados em água quente, o que provoca a ruptura das paredes celulares e acelera o processo de escurecimento. Os frutos encolhem ao serem secos ao sol (ou no forno), pois, à medida que oxidam, enrugam, além de obterem a cor marrom ou preta. Os grãos secos ainda têm suas cascas intactas, o que contribui para sua fragrância cítrica, floral e amadeirada. Para produzir grãos de pimenta-branca, os frutos vermelhos e maduros da planta *Piper nigrum* são colocados em sacos embebidos em água, o que faz com que a atividade microbiana quebre as cascas. Os grãos de pimenta-vermelha, por sua vez, são simplesmente frutos maduros por completo que foram secos.

O termo "pimenta-rosa" é uma espécie de equívoco, já que esses pequenos frutos de cor rosa-avermelhada crescem na árvore da pimenta-peruana (*Schinus molle*) e na árvore da pimenta-brasileira (*Schinus terebinthifolius*), primos da família do caju. De sabor semelhante ao da pimenta-do-reino, mas muito mais delicado, a pimenta-rosa contém compostos altamente voláteis que se dissipam rapidamente.

Toda pimenta perde sua potência quando exposta à luz: seu sabor e aroma começam a evaporar conforme a piperina se transforma em um composto insípido conhecido como isochavicina. Portanto, é melhor armazenar os grãos inteiros em um recipiente hermético, longe da luz e do calor. Moa a pimenta imediatamente antes de usá-la, pois os aromas começam a se dissipar assim que os grãos são moídos.

- O clássico francês steak au poivre é feito com filé-mignon selado na frigideira e incrustado com pimenta-do-reino, servido com um molho cremoso de conhaque e batatas fritas.

- Para fazer cacio e pepe, tudo de que você precisa é um espaguete cozido misturado com um bom azeite de oliva, manteiga, pimenta-do-reino e um punhado de queijo pecorino romano finamente ralado.

- Bò lúc lắc, que significa "carne bovina agitada", em vietnamita, é um prato de carne bovina cortada em cubos, marinados em uma combinação de molho de ostra, molho de soja doce, molho de peixe e açúcar, fritos rapidamente em óleo de gergelim com cebola e a pimenta-do-reino cambojana kampot moída grosseiramente. Este prato é servido com tomates frescos.

Perfil aromático relacionado: pimenta verde
A pimenta verde contém mais notas verdes e herbais do que a variedade preta. Populares na culinária da Tailândia e de outros países asiáticos, essas bagas são facilmente perecíveis e geralmente conservadas em vinagre ou salmoura, ou vendidas liofilizadas.

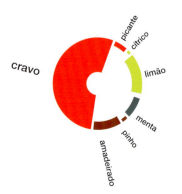

Pimenta-do-reino

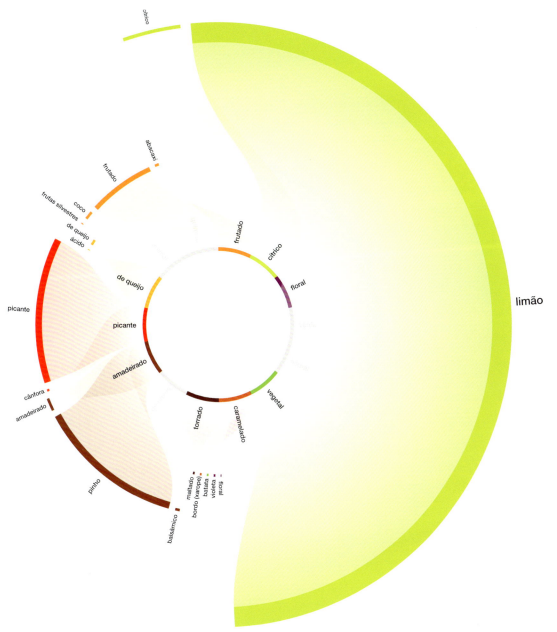

Perfil aromático da pimenta-do-reino
Ao contrário da pimenta-malagueta, cujo calor vem da capsaicina, a pimenta-do-reino contém um composto picante conhecido como piperina, que acrescenta uma forte pungência a qualquer prato ou até mesmo sobremesa. Atualmente, a pimenta-do-reino é cultivada em regiões tropicais da Índia, da Indonésia, de Madagascar e do Brasil, mas, entre as diversas variedades disponíveis, a pimenta-do-reino tellicherry, nativa da costa de Malabar, no sudoeste da Índia, é procurada há muito tempo por seu sabor mais vivo, picante e complexo. As notas florais da pimenta-do-reino diminuem quando os grãos são moídos.

Pimenta-branca

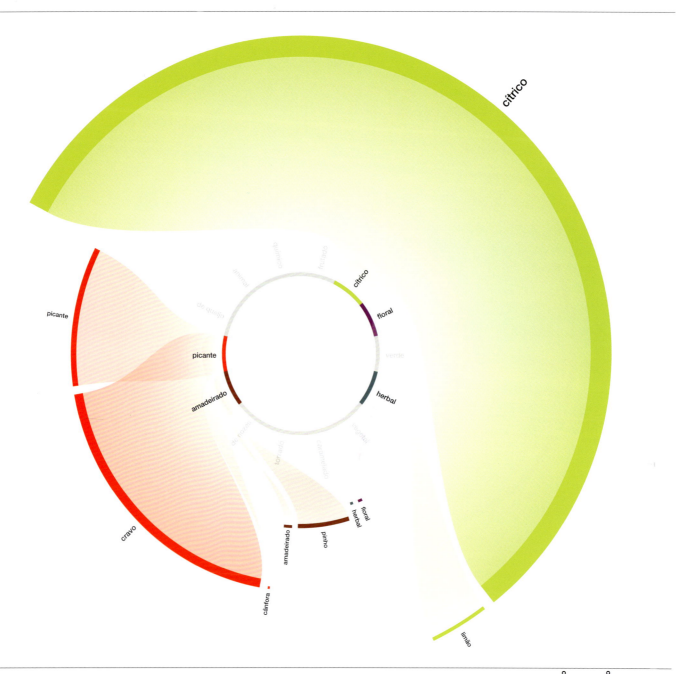

Perfil aromático da pimenta-branca

Mais picante, porém menos perfumada do que a pimenta-do-reino, a pimenta-branca têm uma concentração de notas aromáticas picantes e com cheiro de pinho. Às vezes, sabores podres, de queijo e fecais podem se desenvolver a partir de moléculas como o indol, que se forma durante o processo de produção se os grãos tiverem sido mergulhados em água parada em vez de corrente. A moagem dos grãos da pimenta-branca intensifica sua fragrância picante com aroma de cravo e faz com que algumas de suas notas cítricas com aroma de pinho sejam substituídas por novas moléculas com aroma de ervas. A concentração de notas florais também aumenta quando essa pimenta é moída.

Combinação em potencial: pimenta-branca, tangerina e gruyère
Sirva geleia ou compota de tangerina como acompanhamento do gruyère, polvilhados com um pouco de pimenta-branca recém-moída, que tem notas cítricas, amadeiradas e picantes em comum com a fruta.

Combinação clássica: morangos e pimenta-preta
As notas cítricas e de limão encontradas nos morangos e na pimenta-do-reino fazem com que essa combinação clássica funcione. Além de adicionar um toque picante, a pimenta intensifica o sabor e a doçura do morango.

Combinações de ingredientes com pimentas

tangerina
- pak choi frito
- creme azedo
- arroz negro cozido
- ovo mexido
- óleo de canola
- frango assado
- caviar
- gruyère
- azeitona preta picual
- cordeiro

morango mara des bois
- pastinaca cozida
- pimenta ají mirasol
- pimenta-do-reino em grãos
- chocolate amargo
- gim Bombay Sapphire East
- huacatay (menta negra peruana)
- molho de soja japonês
- pão de centeio de fermentação natural
- favas cozidas
- canela

menta
- filé de peito de frango assado
- abacate
- pimenta-rosa
- peru assado
- sumagre
- açafrão-da-terra
- batata assada no forno
- bulbo de funcho
- groselha-negra
- favas cozidas

camu-camu
- folha de shissô
- amora
- pomelo
- pimenta verde em grãos
- sumagre
- salchichón
- presunto ibérico (jamón 100% ibérico de bellota)
- beterraba
- alcachofra cozida
- siri-azul cozido

ervilhas cozidas
- lombo de porco frito na frigideira
- raspas de limão-siciliano
- nozes
- salsa-lisa
- nectarina
- pimenta-do-reino em grãos
- cenoura
- ostra
- mascarpone
- hadoque

molho de ostra
- foie gras de pato frito na frigideira
- amora
- pão branco torrado
- purê de tomate
- pimenta-do-reino em grãos
- kamut cozido (trigo khorasan)
- iogurte de leite de vaca
- pimenta chipotle seca
- crisps de batata
- coulis de pimentão vermelho

Ingrediente Pimenta-do-reino 273

Combinação em potencial: pimenta-preta e priprioca seca
No passado, a priprioca, uma raiz aromática encontrada na floresta amazônica, era usada apenas na indústria de cosméticos, mas o chef Alex Atala foi pioneiro em seu uso culinário no restaurante D.O.M., em São Paulo: ele a combinou com banana, limão e chocolate branco e a usou para apimentar uma caipirinha.

Combinação em potencial: pimenta-preta e bacuri
O fruto do bacuri é colhido quando cai da árvore, totalmente maduro – na antiga língua tupi do Brasil, *ba* significa "cair" e *curi* significa "cedo". Nativo da floresta amazônica, esse fruto redondo e amarelo tem casca grossa e polpa branca perfumada, com sabor agridoce. Comum em bebidas, geleias e sorvetes, o bacuri também pode ser consumido fresco.

Combinações de ingredientes com pimentas

priprioca seca
- pimenta verde em grãos
- aipo-rábano
- toranja
- cenoura
- folhas de coentro
- folhas de cominho secas
- beterraba cozida
- azeitona verde
- physalis
- freekeh cozido

bacuri
- pimenta-do-reino em grãos
- purê de gengibre
- chá de jasmim
- coxão mole
- pimenta ají panca
- folha de limão-makrut
- barriga de porco assada
- sementes de cardamomo
- yuzu
- batata-doce roxa cozida

raiz de angélica seca
- pimenta-do-reino em grãos
- cenoura
- natsumikan
- gim de mahón
- grãos de selim (pimenta selim)
- sementes de cominho
- lichia
- segurelha-de-verão
- nozes
- robalo europeu assado

plumcot
- leitelho
- café arábica torrado em grãos
- huacatay (menta negra peruana)
- caldo de carne
- maracujá
- tangerina
- bacon assado no forno
- grana padano
- pimenta verde em grãos
- camarão cinza cozido

folha de louro-indiano
- cardamomo-negro torrado
- laranja-vermelha moro
- noz-moscada
- bulbo de funcho
- pastinaca
- feijão-preto
- massa cozida
- pimenta ají panca
- bacon assado no forno
- pimenta-do-reino em grãos

pimenta-da-jamaica
- arroz basmati cozido
- tahine
- ervilhas cozidas
- javali assado
- funcho
- chocolate amargo
- pimenta verde em grãos
- segurelha-de-verão
- manjericão
- salmão do atlântico defumado

Combinação em potencial: pimenta-preta e jambu
As flores amarelas do jambu são conhecidas também como botões-de-sichuan. Elas provocam uma forte sensação de formigamento e resfriamento na boca e têm um sabor frutado, cítrico e herbal. Antes usadas como remédio fitoterápico, em especial para dor de dente, hoje são empregadas no setor alimentício como agentes aromatizantes de gomas de mascar. As folhas podem ser consumidas cruas ou adicionadas a ensopados junto com alho e pimenta.

Combinação clássica: pimenta-preta e salchichón
Equivalente espanhol do salame italiano, o salchichón é temperado somente com sal e pimenta-do-reino para permitir que o sabor da carne de porco curada (ver página 276) seja o protagonista.

jambu	frutado	cítrico	floral	verde	herbal	vegetal	caramelado	torrado	de nozes	amadeirado	picante	de queijo	animal	químico
maracujá														
limão de sorrento														
manga alphonso														
yuzu														
sementes de cominho-preto														
toranja														
pimenta-branca em grãos														
salchichón														
mamão papaia														
chuchu cozido														

bacon assado no forno	frutado	cítrico	floral	verde	herbal	vegetal	caramelado	torrado	de nozes	amadeirado	picante	de queijo	animal	químico
couve-galega cozida no vapor														
vinagrete de vinho tinto														
pimenta habanero verde														
folhas de nabo ao vapor (cime di rapa)														
pastinaca cozida														
ameixa seca em lata														
folha de levístico														
raiz de cominho seca														
morango-silvestre														
chuchu cozido														

groselha	frutado	cítrico	floral	verde	herbal	vegetal	caramelado	torrado	de nozes	amadeirado	picante	de queijo	animal	químico
cerveja Westmalle tripel														
toranja														
tomilho														
carne de caranguejo cozida														
queijo tipo parmesão														
mirtilo														
banana-nanica														
pasta de praliné de amêndoas e avelãs														
pimenta-do-reino em grãos														
pitaia														

folha de salsão	frutado	cítrico	floral	verde	herbal	vegetal	caramelado	torrado	de nozes	amadeirado	picante	de queijo	animal	químico
maçã java														
berinjela														
matcha														
minikiwi														
bacamarte assado														
sementes de cardamomo														
toranja														
folhas de coentro														
pimenta verde em grãos														
bacon frito na frigideira														

Presunto ibérico

Os aldeídos do presunto ibérico fornecem uma complexa gama de sabores frutados, de nozes, de carne e cítricos, que se completam com os furanos caramelados e com aroma de bordo.

Diz-se que o sal, o ar e o tempo é tudo que é necessário para transformar os porcos ibéricos no jamón ibérico de bellota de rótulo preto, mas é claro que não é só isso que está envolvido na arte de curá-lo. Este presunto curado especial espanhol, que não deve ser confundido com o presunto serrano ou mesmo com o amplamente disponível jamon ibérico de cebo, proveniente de animais alimentados com grãos, deve seu sabor único às características exclusivas da raça do porco, à sua dieta forrageira rica em sementes e à tradição de cura centenária passada de geração em geração.

No caso dos presuntos de rótulo de qualidade preto, a fermentação prolongada e o processo de cura podem levar de três a seis anos. Isso dá bastante tempo para que ocorra a degradação das proteínas e dos ácidos graxos, levando à formação de novas moléculas aromáticas. Graças a uma dieta natural de grama, ervas e bellota (a semente de carvalho, que chamamos de bolota), que é rica em ácido oleico, os porcos ibéricos apresentamuma concentração muito maior de antioxidantes e ácidos graxos insaturados, o que resulta em uma textura luxuosamente aveludada e em um sabor mais intenso do que o do presunto serrano ou de outros presuntos ibéricos de menor qualidade.

Durante o outono e o inverno, estações conhecidas como a *montanera*, os porcos ibéricos de raça pura pastam entre os sobreiros e carvalhos da *dehesa*, os prados de proteção ambiental ao sudeste da Espanha e ao sul de Portugal. Os animais desfrutam, então, de uma dieta dessas sementes por dois ciclos de *montanera* antes do abate para garantir um sabor da mais alta qualidade. Ao fim do inverno, esses porcos de pedigree terão dobrado de peso, comendo até 10 kg de sementes por dia.

O sabor do jamón ibérico de bellota de rótulo preto é a pura expressão da linhagem ancestral ibérica do porco, da dieta e de muito exercício feito ao circularem livremente por toda a *dehesa*. Os porcos de outras raças, usados para o jamón ibérico de bellota de rótulo vermelho, seguem a mesma rotina de alimentação forrageira das varas de rótulo preto e também são curados por três anos. O jamón ibérico cebo de campo distingue-se por seu rótulo verde; estes porcos são alimentados com uma mistura de grãos e bolotas.

Famílias espanholas tradicionalmente abatem elas mesmas seus porcos, separando os cortes mais nobres e guardando o restante para fazer as linguiças chouriço, salchichón e morcilla, que duram o ano inteiro. As pernas mais gordas são curadas em sal marinho por cerca de uma semana, dependendo do peso, para extrair a umidade, o que faz com que os presuntos percam metade de seu conteúdo de água ao longo da primavera e do verão.

Os presuntos são então enxaguados e pendurados para secar em câmaras frias com controle de temperatura por um ou dois meses para permitir que a carne absorva o sal enquanto cura. Depois as pernas são transferidas para uma área de secagem e levadas para transpirarem em ventilação natural por seis meses a um ano. O presunto de bellota é muito mais gordo do que o presunto serrano e é marcado por espessas listras brancas de gordura atravessando seus músculos; tempos mais longos de cura e secagem são necessários para permitir que a gordura seja totalmente absorvida pelas fibras musculares. À medida que a carne seca, ocorre a degradação de proteínas e gorduras, dando lugar a novas moléculas aromáticas que são responsáveis pelo complexo perfil de sabor desse premiado presunto. O presunto é envelhecido por no mínimo três anos em porões ventilados, nos quais as brisas temperadas do Mediterrâneo e a flora microbiana única transmitem seu sabor característico. Para avaliar se estão prontos, um especialista treinado insere um osso em cada presunto para verificar cor e aroma.

O ideal é que o presunto ibérico seja servido em temperatura ambiente (entre 21 e 23 °C) para que a gordura fique macia e suculenta. Tradicionalmente, ele é cortado em finas fatias à mão. Algumas pessoas preferem comê-lo sem acompanhamentos para saborear os aromas de nozes, grama e ervas, embora ele seja bem complementado por uma série de outros alimentos, entre eles, amendoins, endívias e figos – frutas muito ácidas devem ser evitadas, para não mascararem seu sabor único. Vinhos brancos secos espumantes, como cava ou champanhe, combinam bem com ele, assim como xerez e saquê.

- O presunto ibérico corresponde à perna traseira do porco curada. Também é possível comprar a perna dianteira curada da mesma forma. Ela é menor e vendida como joelho ibérico (paleta ibérica). O mesmo sistema de rotulação se aplica, com o rótulo preto indicando uma qualidade superior. Existem algumas diferenças de sabor entre o presunto e o joelho, em parte por conta da proporção mais alta de gordura no joelho, mas também porque seu período de maturação tende a ser mais curto.

- Para fazer pan con tomate, esfregue um dente de alho numa fatia de baguete tostada, cubra com a polpa de tomates recém-ralados e algumas fatias finas de jamón ibérico, e, então, pingue um fio de azeite de oliva extravirgem para finalizar.

Presunto ibérico

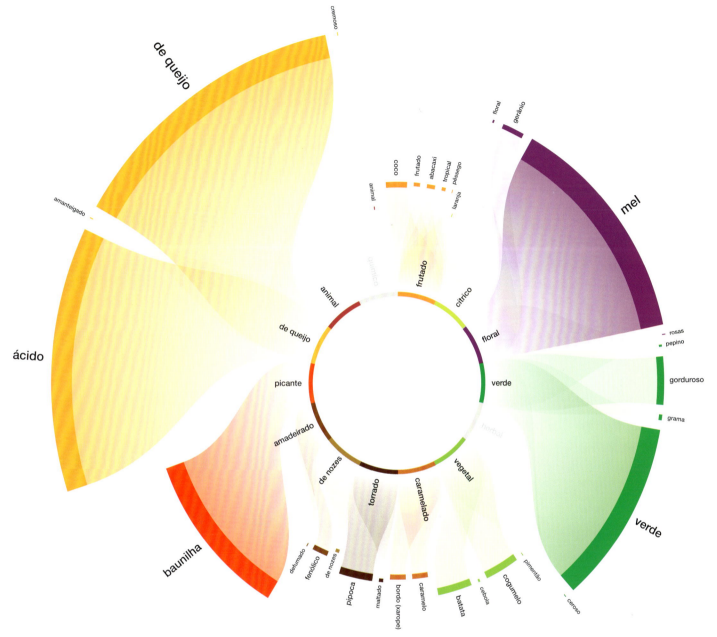

Perfil aromático do presunto ibérico

A reação de Maillard geralmente está associada à aplicação de calor, mas também pode ser desencadeada em temperaturas mais baixas. No caso dos presuntos ibéricos, a evaporação das moléculas de água faz com que as moléculas de açúcar na carne interajam com os aminoácidos, resultando no desenvolvimento de moléculas aromáticas de benzaldeído de nozes e de furanos, que conferem um aroma caramelado semelhante ao do bordo. Moléculas como o 2-metilbutanal e o 3-metilbutanal também se formam durante o processo de envelhecimento, dando ao jamón ibérico uma ampla gama de sabores frutados, de nozes e de carne que combinam bem com muitos tipos de ingredientes. Moléculas de aldeído dão às notas mais carnudas do presunto uma agradável nuance frutada e cítrica.

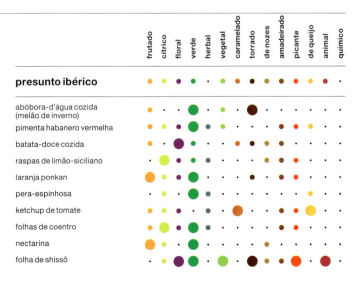

Combinação clássica: presunto ibérico e xerez

A baixa acidez e, às vezes, certo amargor do xerez fino criam um contraste atraente com a leve doçura da gordura presente no presunto ibérico. Uma combinação clássica na Espanha, esses dois ingredientes compartilham notas torradas, frutadas e de queijo.

Combinação clássica: presunto ibérico e amendoim torrado

Os sabores das diferentes nozes devem-se principalmente às pirazinas derivadas da reação de Maillard que se formam durante o processo de torrefação. O amendoim contém a 2,5-dimetilpirazina e a 2-metoxi-5-metilpirazina com sabor de nozes, que tem um caráter torrado e de nozes e proporciona uma ligação aromática com o presunto ibérico. Esses ingredientes também compartilham notas verdes, cítricas e frutadas.

Combinações de ingredientes com presunto ibérico

Ingrediente: Presunto ibérico

xerez fino — frutado, cítrico, floral, verde, herbal, vegetal, caramelado, torrado, de nozes, amadeirado, picante, de queijo, animal, químico

- damasco
- emmental
- peito de frango frito
- fumaça de pear wood
- pimenta ají amarillo
- mel de trigo sarraceno
- castanha-de-caju
- cranberry
- lebre assada
- chocolate ao leite

amendoim torrado

- cebolinha
- cauda de lagosta cozida
- purê de abóbora
- gouda
- peixe-lobo do atlântico braseado
- cordeiro grelhado
- chocolate amargo
- presunto ibérico (jamón 100% ibérico de bellota)
- coco
- purê de alho negro

chá de rooibos

- mascarpone
- cenoura cozida
- carne de veado frita na frigideira
- casca de cássia (canela-da-china)
- salicórnia seca (aspargo-do-mar)
- manga
- cheddar maturado
- café recém-coado
- caranguejo-voador assado (Liocarcinus holsatus)
- presunto ibérico (jamón 100% ibérico de bellota)

óleo de menta

- pastinaca cozida
- cogumelo cep
- aipo-rábano cozido
- arroz basmati cozido
- alecrim
- pimenta-da-jamaica
- goiaba
- folha de curry
- siri-azul cozido
- presunto ibérico (jamón 100% ibérico de bellota)

shōchū (komejōchū)

- queijo tipo parmesão
- presunto ibérico (jamón 100% ibérico de bellota)
- trufa negra
- banana
- goiaba
- lichia
- bacon frito na frigideira
- chá preto
- pimenta ají amarillo
- cheddar suave

sálvia

- carne de veado frita na frigideira
- presunto ibérico (jamón 100% ibérico de bellota)
- broto de humulus (broto de lúpulo)
- ovo mexido
- toranja
- erva-cidreira
- lichia
- mirtilo
- abacate
- alcachofra cozida

Combinação em potencial: presunto ibérico e cupuaçu
Cupuaçu é o fruto de uma árvore da floresta amazônica. É um parente do cacau, e suas sementes podem ser processadas como os grãos de cacau para produzir um confeito semelhante ao chocolate. A polpa branca do cupuaçu tem gosto de uma mistura de chocolate e frutas tropicais, com notas de manga, abacaxi e maracujá, e é usada em doces e sucos.

Combinação clássica: presunto, massa e parmigiano reggiano
Massa, presunto ibérico e parmigiano reggiano (ver página 280) têm em comum notas frutadas, cítricas e verdes. Combine os três para obter uma versão sofisticada do mac and cheese – deixe de lado o molho de queijo e rale o parmigiano reggiano por cima.

cupuaçu	frutado	cítrico	floral	verde	herbal	vegetal	caramelado	torrado	de nozes	amadeirado	picante	de queijo	animal	químico
pomelo														
pasta de curry madras														
pimenta ají panca														
azeite de oliva extravirgem arbequina														
leite de cabra														
laranja														
presunto ibérico (jamón 100% ibérico de bellota)														
pregado grelhado														
bife de lombo														
abóbora cozida														

massa cozida	frutado	cítrico	floral	verde	herbal	vegetal	caramelado	torrado	de nozes	amadeirado	picante	de queijo	animal	químico
cravo-da-índia														
pimentão verde tailandês frito na frigideira														
chicharro														
salsa-japonesa														
baga de espinheiro-marítimo														
amêndoa torrada														
presunto ibérico (jamón 100% ibérico de bellota)														
folha de shissô														
manjericão														
abóbora														

alface-lisa cozida	frutado	cítrico	floral	verde	herbal	vegetal	caramelado	torrado	de nozes	amadeirado	picante	de queijo	animal	químico
couve-galega cozida no vapor														
macadâmia torrada														
tomate em lata														
salmão pochê														
couve-rábano assada														
presunto ibérico (jamón 100% ibérico de bellota)														
stilton														
beterraba														
manga														
groselha-negra														

melão japonês	frutado	cítrico	floral	verde	herbal	vegetal	caramelado	torrado	de nozes	amadeirado	picante	de queijo	animal	químico
ovo mexido														
endro														
presunto ibérico (jamón 100% ibérico de bellota)														
arroz negro cozido														
amêndoa torrada escura														
filé de bacalhau														
maracujá														
manga														
uvas														
lombo de porco frito na frigideira														

robalo europeu assado	frutado	cítrico	floral	verde	herbal	vegetal	caramelado	torrado	de nozes	amadeirado	picante	de queijo	animal	químico
banana-da-terra														
sementes de abóbora assadas														
foie gras de pato frito na frigideira														
cebola														
baga de omija														
alface-lisa														
presunto serrano														
manteiga de amendoim														
menta														
erva-cidreira														

poejo	frutado	cítrico	floral	verde	herbal	vegetal	caramelado	torrado	de nozes	amadeirado	picante	de queijo	animal	químico
casca de limão-siciliano semicristalizada														
pasta tikka masala														
casca de laranja														
pasta de praliné de pistache														
aipo-rábano														
presunto ibérico (jamón 100% ibérico de bellota)														
lombo de porco frito na frigideira														
abóbora														
couve														
ostra														

Parmigiano reggiano

Produzido exclusivamente em Parma e na Reggio Emilia e em uma série de fábricas artesanais de laticínios nas províncias vizinhas de Modena, Mantua e Bologna, o parmigiano reggiano é apreciado por seu sabor acentuado de nozes, caráter frutado e textura quebradiça e granulosa, que lhe conferiram sua Denominação de Origem Controlada (DOC). Por lei, o verdadeiro parmigiano reggiano deve conter somente leite fresco de vaca, coalheira de vitelo, soro de leite fermentado e sal, sem qualquer aditivo ou conservante. Regulamentações rígidas ditam tudo, desde os ingredientes a métodos de produção aprovados e o tradicional processo de envelhecimento deste queijo italiano quintessencial.

Tudo começa com o leite: para garantir os mais altos padrões de qualidade, o gado pasta em prados protegidos espalhados por quatro mil fazendas leiteiras situadas entre as margens dos rios Po e Reno, onde se alimenta exclusivamente de grama e feno, suplementados com ração natural. O leite fresco é ordenhado e entregue duas vezes por dia às casas de queijo locais certificadas, em um período de até duas horas após a ordenha. O leite é despejado em grandes tonéis e deixado para descansar de um dia para o outro, para que os sólidos se separem e subam à superfície para serem retirados na manhã seguinte. O soro fermentado e a coalheira são acrescentados ao leite desnatado, que é aquecido a 55 °C, fazendo o leite coagular.

Uma vez que os coágulos tenham assentado no fundo, a massa do queijo é separada em duas porções e transferida para formas de aço. Uma roda de parmigiano reggiano contém 550 litros de leite. Cada roda recebe um número de identificação único e é marcada com a inconfundível inscrição "parmigiano reggiano", o mês e ano de fabricação, e o número de registro do produtor.

Depois de alguns dias descansando, o queijo é embebido em uma salmoura por 20 a 25 dias, adquirindo um toque salgado. As rodas de queijo são então transferidas para locais destinados ao envelhecimento, onde são deixadas para amadurecer por um mínimo de 12 meses. Elas ficam sob a constante supervisão de queijeiros especialistas que viram e manuseiam cuidadosamente o queijo conforme ele amadurece. À medida que os queijos secam, eles endurecem e é formada uma crosta natural em seu exterior.

Depois de 12 meses, inspetores certificados testam e experimentam cada roda cor de palha, procurando defeitos na cristalização. Apenas aqueles que atendem aos padrões exatos do Consorzio del Formaggio Parmigiano Reggiano são marcados com o reconhecido selo DOC; os que são reprovados na inspeção são descartados ou têm suas inscrições removidas, para que não sejam confundidos com o produto genuíno.

A maioria das fatias *fresco* geralmente encontradas em lojas foi envelhecida por 12 meses. Use-as para ralar sobre massas e saladas, ou para adicionar um sabor de queijo e de nozes a sopas.

O parmigiano reggiano envelhecido por 18 meses tem um gosto mais pronunciado de leite e é marcado com um selo vermelho e a palavra *vecchio*, que significa "velho". Aromaticamente falando, no entanto, as coisas começam a ficar interessantes mesmo aos 22 meses. Cada mordida é cravejada com a crocância salgada dos cristais de lactato de cálcio, fornecendo um sabor de queijo, maltado e muito encorpado que varia do tostado e de nozes ao frutado e complexo. Basta procurar pelos rótulos prateados. O padrão mais alto do "rei dos queijos" é o *stravecchio* (extraenvelhecido), envelhecido por 30 meses ou mais. O período prolongado de maturação do *stravecchio* resulta em uma concentração mais alta de glutamatos, que preenche mesmo a menor das mordiscadas com um prazeroso, salgado e intenso sabor umami. Se você tiver a sorte de colocar as mãos em uma fatia, certifique-se de fazer jus a ela: esqueça o ralador e aprecie-a pura com um aperitivo.

- Os italianos ralam o parmigiano reggiano sobre massas e risotos, além de o misturarem a sopas como a pasta e fagioli. O parmigiano é um dos muitos queijos duros usados primariamente para ralar, conhecidos como queijos *grana*. Existem duas variedades principais: parmigiano reggiano e grana padano. O grana padano é feito de forma semelhante ao parmigiano, mas em seu processo é permitido incluir silagem na dieta das vacas e o queijo é maturado por um mínimo de 9 meses. Ele tem um sabor mais cremoso e menos salgado do que o parmigiano.

- Muitas receitas usam o pecorino romano como alternativa ao parmigiano, mas os dois queijos são bem diferentes. O pecorino é feito com leite de ovelha e tem um sabor mais forte e pungente. Como um todo, o perfil aromático é mais herbal e de nozes do que o parmigiano, o que o torna mais propício para ser comido puro ou combinado com sabores como limão e mel.

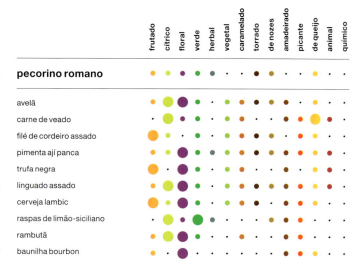

Parmigiano reggiano

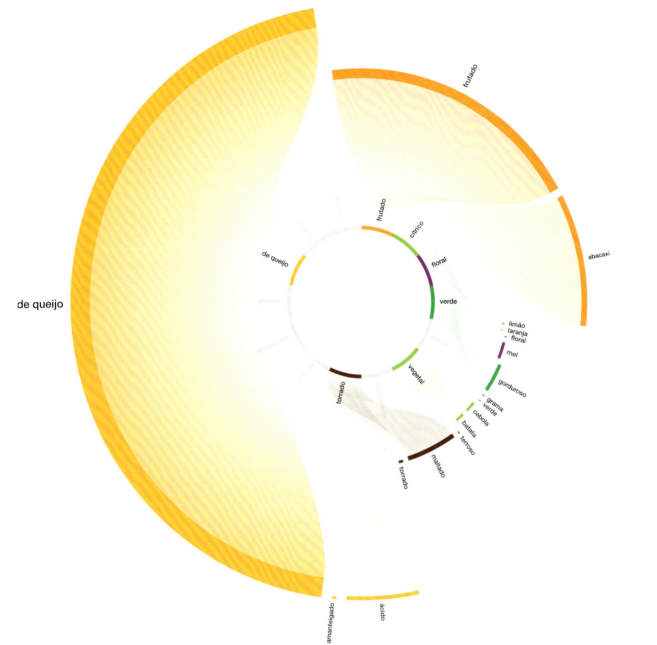

Perfil aromático do parmigiano reggiano

O parmigiano reggiano tem um aroma de queijo e malte, com uma complexidade frutada e de nozes torradas. A coalhada de queijo fresco geralmente tem um perfil de sabor suave semelhante; é somente durante o processo de maturação que ela desenvolve os compostos aromáticos típicos que distinguem o sabor característico de cada queijo. À medida que o queijo amadurece, as enzimas do leite, o coalho, as culturas iniciadoras e a flora do ambiente começam a degradar as proteínas, as gorduras e os carboidratos do leite em uma série de reações químicas que são afetadas em parte pelo tempo e pela temperatura. Os ácidos acético, butanoico e hexanoico que se formam durante o processo de envelhecimento são responsáveis pelo rico sabor de queijo do parmigiano reggiano, enquanto as pirazinas lhe conferem uma qualidade de noz assada. Os ésteres também desempenham um papel fundamental no perfil aromático desse queijo, o que explica por que os conhecedores costumam elogiar seu frutado brilhante. A variedade colorida de notas aromáticas é complementada pelo aroma maltado do 3-metilbutanal.

Combinação em potencial: parmigiano reggiano e vinagre de maçã

Uma maneira clássica de servir o parmigiano reggiano é regá-lo com vinagre balsâmico – o salgado do queijo funciona bem em contraste com o sabor adocicado do balsâmico. Para realçar notas frutadas adicionais, experimente servir o queijo com geleia de maçã e vinagre de maçã.

Combinação clássica: parmigiano reggiano e pão

A salada caesar americana combina alface-romana fresca com croûtons crocantes misturados a um molho feito com suco de limão, azeite de oliva, gema de ovo, anchovas, mostarda dijon, molho worcestershire e alho, finalizado com grandes quantidades de parmigiano reggiano ralado.

Combinações de ingredientes com parmigiano reggiano

vinagre de maçã
- chirimoia
- parmigiano reggiano
- mexilhões cozidos
- lombo de porco frito na frigideira
- bottarga
- beterraba cozida
- groselha-negra
- champignon
- amêndoa
- coelho assado

pão de trigo
- molho de peixe japonês
- aspargos brancos cozidos
- macadâmia torrada
- queijo de cabra semiduro
- chocolate caramelizado
- brócolis cozidos
- sementes de linhaça
- queijo tipo parmesão
- chouriço espanhol
- melão

licor Passoã
- carne de caranguejo cozida
- maruca braseada
- robalo europeu assado
- vagem cozida
- pasta de curry madras
- maçã
- uvas
- groselha-negra
- mamão papaia
- queijo tipo parmesão

aspargos brancos
- pastinaca cozida
- amora marion
- lombo de porco frito na frigideira
- arroz integral cozido
- amêndoa
- beterraba descascada cozida
- chá verde sencha chinês
- mel de trigo sarraceno
- cordeiro grelhado
- parmigiano reggiano

vodca Belvedere não filtrada
- ervilhas cozidas
- limão-siciliano
- grão-de-bico
- nozes
- mexilhões cozidos
- sumagre
- daikon
- banana
- grana padano
- presunto ibérico (jamón 100% ibérico de bellota)

folha de louro seca
- fígado de porco assado
- queijo tipo parmesão
- missô de soja
- trufa negra
- camarão graúdo frito na frigideira
- capim-limão
- couve-rábano assada
- porcini seco
- melão
- saúva brasileira

Combinação em potencial: parmigiano reggiano e ceriman
Ceriman é o fruto da *Monstera deliciosa*, uma planta nativa de florestas tropicais úmidas que também é comumente cultivada como planta doméstica. Também conhecido como fruta-pão mexicana e abacaxi-do-reino, o ceriman tem um forte aroma adocicado e gosto de uma mistura de abacaxi, banana e jaca.

Combinação clássica: parmigiano reggiano e cabernet sauvignon
Queijo e vinho funcionam muito bem juntos devido ao contraste de texturas e sabores. Se estiver servindo parmigiano com cabernet sauvignon (ver página 284), procure um vinho frutado, de corpo médio e com taninos suaves, mas uma mistura de cabernet e merlot seria ainda melhor.

ceriman
- gochujang (pasta coreana de pimenta vermelha)
- azeite de oliva virgem picholine
- mirtilo
- melão
- carne de caranguejo cozida
- queijo tipo parmesão
- abóbora cozida
- bife grelhado
- presunto de bayonne
- muçarela de leite de vaca

groselha
- espumante cava brut
- parmigiano reggiano
- laranja
- sementes de cardamomo
- menta
- sálvia
- sardinha
- fígado de porco assado
- camomila
- badejo faneca braseado

castanha-do-pará
- salame italiano
- aspargos verdes
- carne bovina cozida
- ovo mexido
- melão
- pimenta isot (flocos de pimenta urfa)
- ameixa
- beterraba descascada cozida
- queijo tipo parmesão
- abacate

alface-lisa
- mirin (vinho doce de arroz japonês)
- pão de fermentação natural de São Francisco
- huacatay (menta negra peruana)
- robalo europeu assado
- linguado-limão pochê
- pimenta-rocoto
- parmigiano reggiano
- cordeiro grelhado
- filé-mignon
- iogurte de leite de vaca

vieira assada
- manga kaew seca
- planta do curry
- aipo-rábano cozido
- tahine
- alga *Gracilaria carnosa*
- melão japonês (melão miyabi)
- queijo tipo parmesão
- carne maturada a seco (dry-aged)
- azeitona preta
- pera conference

brócolis-ramosos (broccolini)
- alcachofra cozida
- chá lapsang souchong
- salmão do atlântico defumado
- baga de sabugueiro
- baunilha-do-taiti
- rabanete branco cozido
- plumcot
- molho de carne de porco cozida
- endro
- parmigiano reggiano

Cabernet sauvignon

As metoxipirazinas da cabernet sauvignon dão a ela um cheiro frutado silvestre com algumas notas herbais que lembram pimentão.

A cabernet sauvignon é a variedade de uvas viníferas mais plantada do mundo, cultivada principalmente na região de Bordeaux, na França, e no Chile, sem mencionar uma série de outros países ao redor do mundo. Com sua casca escura e grossa, essa uva encorpada se dá bem com muita luz do sol e em solos com cascalho, mas também se adapta a uma gama de terroirs e climas diversos.

Este vinho tinto intenso e encorpado é conhecido por seu sabor concentrado e aroma complexo. Conforme as uvas amadurecem e são finalmente colhidas e espremidas, novas moléculas aromáticas começam a se desenvolver, transformando-se durante o processo de fermentação. Todos esses fatores afetam a complexidade do vinho servido em sua taça.

Existem diferenças significativas de sabor entre os vinhos cabernet sauvignon de regiões mais quentes e os de regiões mais frias, e isso influencia o sucesso de qualquer combinação com alimentos.

Vinhos de regiões mais frias geralmente têm os níveis de metoxipirazinas mais altos, por conta da maturação incompleta de suas uvas, portanto o sabor de pimentão verde é mais pronunciado. Os vinhos dessas áreas complementam bem legumes como abobrinha, berinjela e ervilhas. Pode haver também um caráter mentolado detectável em alguns vinhos – isso pode ser uma vantagem ao combiná-los com cordeiro ou batatas, por exemplo.

Nos locais onde as uvas amadurecem completamente antes do processo de vinificação (como na Califórnia ou no Chile), os sabores são mais frutados e encorpados e podem ter um leve sobretom de eucalipto. Esses vinhos combinam bem com sabores intensos, como cebola caramelizada, chocolate amargo ou pimenta-do-reino. Enquanto isso, os poderosos vinhos envelhecidos em barris com altos níveis de taninos são uma ótima combinação para alimentos com sabores terrosos, como beterraba, nozes ou chouriço. Envelhecer o vinho em barris de carvalho tostados ou levemente carbonizados confere à bebida um aroma de café torrado ou carne cozida que pode ser atribuído às moléculas aromáticas 2-furfuriltiol e 2-metoxi-5-metilpirazina, respectivamente.

- Os fortes taninos e a acidez do cabernet sauvignon ajudam a cortar os sabores encorpados de carnes vermelhas grelhadas e assadas como cordeiro, bifes maturados a seco (dry-aged) ou hambúrgueres. Esses vinhos tintos também oferecem um maravilhoso contraste a ensopados salgados, pratos feitos com redução de vinho tinto ou cogumelos ricos em umami.

- Use cabernet sauvignon para fazer um molho de chalotas com vinho tinto para acompanhar um filé de fraldinha com batatas fritas e sirva o mesmo vinho com a comida. O clássico molho francês sauce vin rouge, feito com tomilho e folha de louro, é preparado cozinhando lentamente no vinho tinto chalotas salteadas, depois adicionando caldo de vitela e deixando a mistura reduzir novamente.

- Chouriço no vinho tinto é um clássico petisco, ou *tapa*, espanhol. Ambos os ingredientes são fermentados, mas nem todas as moléculas aromáticas que eles têm em comum são resultantes da fermentação. A nota de pimentão no chouriço espanhol (ver nas páginas a seguir) vem do pimentón (a páprica defumada espanhola); já no cabernet sauvignon, ela vem da uva.

Cabernet sauvignon

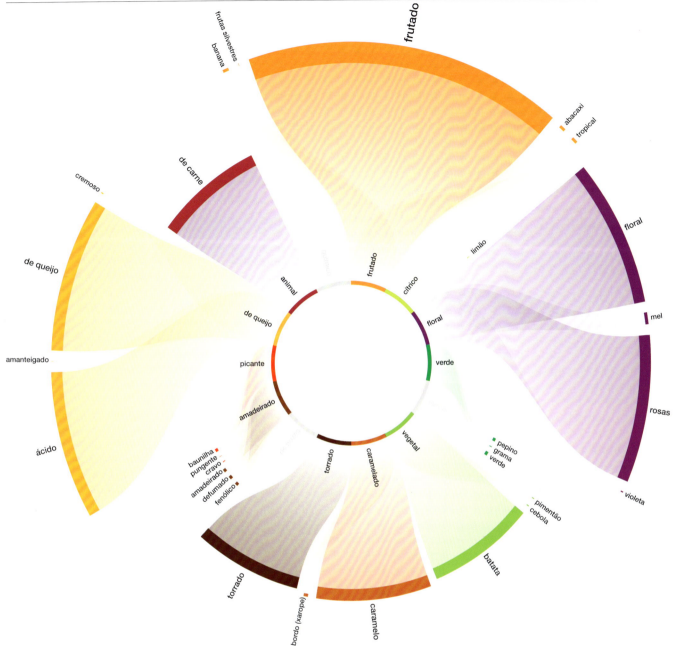

Perfil aromático da cabernet sauvignon

A cabernet sauvignon contém compostos orgânicos conhecidos como metoxipirazinas, que dão ao vinho uma nuance saborosa. No entanto, uma quantidade excessiva do composto 2-isobutil-3-metoxipirazina tornará seu sabor vegetal e semelhante ao do pimentão, enquanto o 2-metoxi-4-vinilfenol lhe conferirá notas semelhantes às da pimenta-branca. As uvas jovens e não maduras contêm concentrações mais altas de pirazinas. Em sua melhor forma, a cabernet sauvignon produz vinhos com cores escuras e profundas que oferecem aromas complexos e sabores concentrados, variando de amoras, creme de cassis, cerejas pretas, boysenberry, mirtilo e chocolate, quando jovem, a fragrâncias de tabaco, trufa, madeira de cedro, terra, lápis grafite e couro, quando madura.

O processo de envelhecimento do vinho cabernet sauvignon em barris de carvalho lhe confere notas de baunilha e coco e aroma de madeira. O cabernet sauvignon é comumente misturado com o merlot, que tem um perfil muito semelhante, exceto pelas notas de pimentão.

Chouriço

Na Espanha, as famílias tradicionalmente faziam chouriço usando os restos de carne e gordura que sobravam após abaterem seus porcos. A carne e a gordura de porco picadas grosseiramente são temperadas com sal e páprica defumada (pimentón), que traz um toque fenólico e um gosto de pimentão e confere à linguiça sua cor vermelho-escura e seu sabor defumado.

Muitas variedades regionais ao redor da Espanha usam outros ingredientes, como alho, ervas, às vezes pimentas e vinho branco. A carne temperada é inserida em seu invólucro, fermentada e defumada antes de ser curada a seco por várias semanas. O chouriço espanhol curado é delicioso em fatias finas como o salame; já o chouriço cru pode ser grelhado, frito ou até cozido.

Embora o pimentón seja um ingrediente definidor do chouriço espanhol, ele pode ser doce (*dulce*) ou apimentado (*picante*), dependendo da região de origem do chouriço.

Algumas variedades de chouriço são melhores para comer puras; já as que contêm mais gordura se prestam melhor ao uso em outros preparos. Os intensos aromas picantes, defumados e de carne do chouriço fazem com que ele seja muito usado para reforçar sabores mais brandos, incluindo ovos, fava, camarão, frango e batatas. Experimente usá-lo como um contraponto salgado para sabores doces, como maçã, pera ou mel. Só lembre de remover seu invólucro antes de usar. Sirva com vinhos tintos encorpados, como cabernet sauvignon ou rioja.

- A sobrasada é uma linguiça curada das ilhas Baleares com um perfil de sabor similar ao do chouriço, mas com a textura totalmente diferente. Às vezes conhecida como "chouriço em patê", ela é famosa por sua consistência grossa e pastosa. A sobrasada é usada ou como patê mesmo ou como aromatizante em outros pratos. As melhores versões são feitas com a carne do porc negre, a raça de porcos pretos nativa da ilha de Maiorca.

- Com uma aparência semelhante à do salame italiano, o salchichón não tem a páprica defumada (pimentón) usada no chouriço; em vez disso é temperado com pimenta-do-reino e especiarias como a noz-moscada. Uma das mais populares linguiças curadas a seco da Espanha, o salchichón é tradicionalmente feito de porcos ibéricos que pastaram e se alimentaram de sementes de carvalho (bolotas), o que lhe confere um sabor ligeiramente amendoado. Normalmente, ele é servido fatiado ou picado.

O chouriço mexicano

O chouriço mexicano é uma versão mais picante e mais temperada do seu primo espanhol. A carne de porco gordurosa moída é temperada com pimentas, ervas, especiarias e vinagre, em vez de vinho branco, e curada pelo período de uma noite a uma semana para permitir que os sabores se estabeleçam. O chouriço mexicano é vendido encapado cru ou no peso, como uma mistura solta.

Delicioso em tacos, sopas, empanadas ou quesadillas, o chouriço mexicano é também um clássico no café da manhã, servido com ovos mexidos ou batatas fritas e tortilhas quentes. A mistura de carne de porco picante deve primeiro ser removida da capa antes de ser frita na chapa quente e depois esmigalhada em pedacinhos com um garfo.

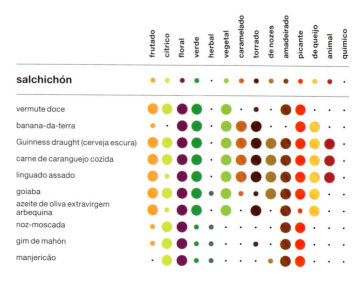

Chouriço espanhol

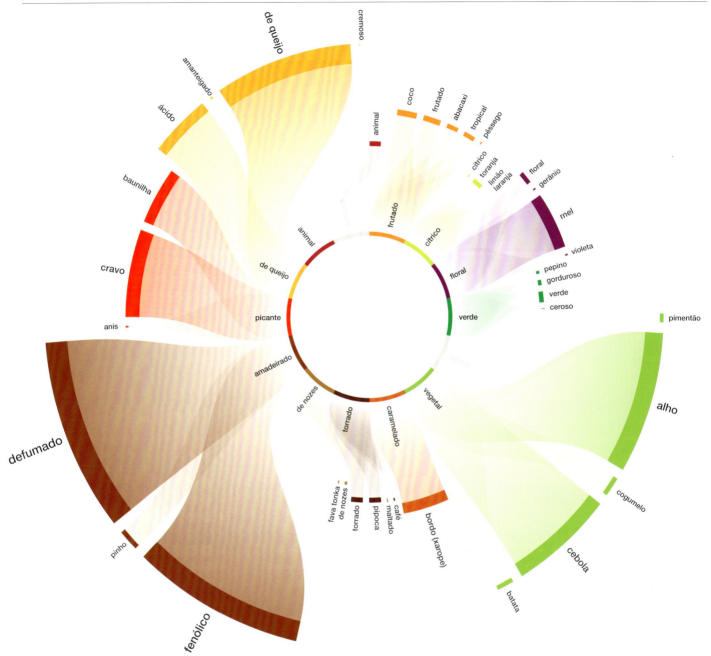

Perfil aromático do chouriço espanhol

Não é de surpreender que os temperos saborosos do chouriço componham grande parte de seu perfil aromático. No caso do chouriço espanhol, a páprica defumada confere à carne um caráter fenólico e intensamente defumado, além de notas verdes e vegetais semelhantes às do pimentão. Enquanto isso, suas notas torradas têm uma nuance de carne, e ingredientes como alho e cebola acrescentam suas próprias moléculas de aroma sulfuroso à mistura.

Também encontramos ácidos e outros descritores de aroma frutado e notas florais no chouriço espanhol, derivados do processo de fermentação e da degradação de lipídios. As lactonas frutadas de pêssego e coco podem ser resultado do processo de defumação ou da oxidação de lipídios.

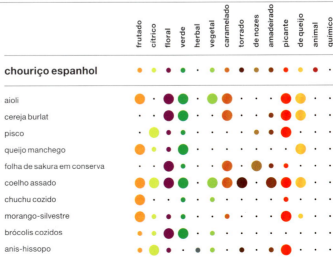

Pratos clássicos: fabada e cocido montañés

Fabada é um ensopado asturiano feito com favas, morcilla (linguiça de sangue), chouriço espanhol, joelho de porco, bacon, cebola, alho, açafrão e pimentão. O cocido montañés é uma versão cantábrica, feita com couve e arroz.

Combinação em potencial: chouriço e anis-hissopo

O anis-hissopo é uma erva de flores roxas da família da menta. As folhas macias e com aroma de anis podem ser adicionadas a saladas ou bebidas, como sucos e chás.

Combinações de ingredientes com chouriço

Ingrediente — Chouriço 288

	frutado	cítrico	floral	verde	herbal	vegetal	caramelado	torrado	de nozes	amadeirado	picante	de queijo	animal	químico
couve-galega cozida no vapor														
abacaxi														
cogumelo cep														
alface-lisa cozida														
pera-asiática														
alho frito														
leitelho														
vinagre de xerez														
melaço de romã														
creme de leite														
sardinha salgada														

	frutado	cítrico	floral	verde	herbal	vegetal	caramelado	torrado	de nozes	amadeirado	picante	de queijo	animal	químico
anis-hissopo														
caldo de vitela														
alcaçuz														
limão														
repolho verde														
pasta de curry vermelho tailandês														
pimentão vermelho														
bacon frito na frigideira														
cajá														
couve-rábano assada														
chocolate ao leite														

	frutado	cítrico	floral	verde	herbal	vegetal	caramelado	torrado	de nozes	amadeirado	picante	de queijo	animal	químico
alface little gem														
folhas de cominho secas														
lagosta cozida														
favas cozidas														
pasta de soja														
solha europeia assada														
chouriço espanhol														
abóbora cozida														
carne maturada a seco (dry-aged)														
nozes														
croissant														

	frutado	cítrico	floral	verde	herbal	vegetal	caramelado	torrado	de nozes	amadeirado	picante	de queijo	animal	químico
chá oriental beauty														
queijo maroilles														
endro														
sobrasada														
pasta de soja														
barriga de porco assada														
carne de caranguejo cozida														
berinjela grelhada														
framboesa														
folha de feno-grego														
camarão cinza														

	frutado	cítrico	floral	verde	herbal	vegetal	caramelado	torrado	de nozes	amadeirado	picante	de queijo	animal	químico
vinagre de vinho de arroz														
goiaba														
muçarela de búfala														
javali assado														
banana														
lichia														
vieira cozida														
chouriço espanhol														
aspargos brancos														
tainha-vermelha pochê														
cogumelo matsutake cozido														

	frutado	cítrico	floral	verde	herbal	vegetal	caramelado	torrado	de nozes	amadeirado	picante	de queijo	animal	químico
sementes de girassol torradas														
frango assado														
linguado assado														
manga alphonso														
chouriço espanhol														
aspargos brancos														
coco														
porcini seco														
pão de fermentação natural														
couve														
casca de quincã														

Combinação clássica: chouriço e queijo manchego
O chouriço e o manchego têm em comum notas de aroma frutado, notas gordurosas verdes e de queijo. Esse queijo doce, salgado e com sabor de nozes tem um toque de acidez, o que o torna a combinação perfeita para um chouriço gorduroso, picante e defumado.

Possível combinação: bourbon com infusão de chouriço
Você pode aprofundar os sabores dos coquetéis que levam bourbon com uma infusão de chouriço – experimente em um manhattan. Cozinhe o chouriço fresco e não curado no forno e, em seguida, deglaceie a assadeira com bourbon (ver página 290). Deixe esfriar e infundir, depois despeje a mistura de bourbon em uma tigela e leve à geladeira para que a gordura se separe e possa ser facilmente retirada da superfície.

queijo manchego
- chouriço espanhol
- morango elsanta
- nozes
- damasco
- bulgur siyez cozido
- cravo-da-índia
- maçã granny smith
- alcaçuz
- coco
- manga

xerez amontillado
- bacon assado no forno
- baechu kimchi
- chouriço espanhol
- hortelã-pimenta
- saúva brasileira
- chá verde
- mostarda
- café recém-coado
- banana
- grana padano

brandy Metaxa 5 Stars
- abóbora cozida
- purê de pimentão vermelho
- chouriço espanhol
- manga haden
- maçã golden delicious
- queijo maroilles
- vitela assada
- tomilho
- peru assado
- melão

hortelã-japonesa
- pepperoni
- pimenta-rosa
- purê de alho negro
- pastinaca cozida
- bergamota
- sementes de cominho
- murta
- mamão papaia
- muçarela de búfala
- pimenta-da-jamaica

pistache torrado
- filé de salmão do atlântico
- chouriço espanhol
- pepino em conserva
- mel de trigo sarraceno
- alface-lisa
- pimenta-malagueta verde
- cheddar suave
- bacon assado no forno
- ghee
- berinjela grelhada

kamut cozido
(trigo khorasan)
- eucalipto
- baunilha bourbon
- tomilho
- sobrasada
- feta
- yuzu
- gergelim preto torrado
- pesto
- casca de tangerina
- pimenta-de-sichuan

Uísque bourbon

Os barris de carvalho carbonizados nos quais se envelhece o bourbon têm um papel determinante no perfil aromático da bebida. Por lei, os verdadeiros uísques bourbon são compostos de um mínimo de 51% de milho e alguma combinação de centeio e cevada ou trigo e cevada, mas a maioria dos produtores prefere usar de 60% a 86% de milho. Suplementar com trigo e cevada dá ao uísque um sabor mais doce e mais sutil. Os uísques de centeio, mais picantes, são feitos de milho, centeio e cevada.

Desde a metade do século XVIII, o estado do Kentucky tem sido a sede da produção do bourbon nos Estados Unidos. Os antigos fazendeiros americanos destilavam uísque usando o milho e os grãos que produziam, pois isso era mais lucrativo do que vender as safras diretamente. Hoje, 95% do bourbon do país ainda é feito no estado, graças às suas condições climáticas, suas safras abundantes e sua água livre de ferro.

Para fazer o "sour mash", os grãos moídos são misturados com água e com a papa da destilação anterior, depois as leveduras novas são adicionadas para fermentar a mistura. A maioria dos uísques americanos do mercado é de destilação dupla e varia entre 65% e 80% de teor alcoólico.

Os sabores associados ao bourbon vêm de seu envelhecimento. Pelas leis americanas, esse processo deve durar no mínimo dois anos em novos barris de carvalho carbonizados, tempo que a madeira leva para transmitir a cor e o sabor caramelados ao uísque. Um straight bourbon envelhecido por menos de quatro anos precisa ter sua idade informada no rótulo – caso não esteja, significa que o uísque foi envelhecido por mais de quatro anos.

A composição do carvalho é de aproximadamente 45% de celulose, 30% de lignina e 15% de hemicelulose; os outros 10% correspondem a voláteis extraíveis, como óleos e açúcares. A destilação, que começa transparente, expande para as aduelas de carvalho durante os meses mais quentes, tomando o sabor e a cor da madeira e desenvolvendo mais taninos; o destilado, agora de cor âmbar, é então liberado conforme os barris contraem com a queda das temperaturas. A oxidação também ocorre enquanto essa troca acontece, permitindo que o ar do ambiente penetre a madeira, fazendo com que novos sabores se formem. Dependendo do clima e da qualidade da madeira, dizem que as destilarias sofrem uma perda líquida de ao menos 2% do seu uísque por conta da evaporação – isso é o que se chama a "parte dos anjos" (*angels' share*, algo como "a cota do santo").

• Nos Estados Unidos, o bourbon é usado em diversos preparos, de tortas de nozes a molhos barbecue, além de pratos principais, como o presunto glaceado com bourbon.

Uísque escocês *versus* uísque bourbon

É comum que o sabor do uísque escocês seja descrito como defumado, turvo e muito frutado. Tendendo a mais variações de sabor do que o bourbon, esse uísque é envelhecido em barris de carvalho já usados previamente, ou mesmo em barris antigos de xerez ou de vinho. O clima frio e úmido da Escócia permite um envelhecimento mais prolongado, que, por lei, deve ser de no mínimo três anos, embora muitos produtores tradicionalmente deixem seus uísques envelhecerem por mais tempo – não é incomum encontrar garrafas de vinte anos. Já o bourbon é envelhecido por menos tempo por uma série de motivos. Os barris de carvalho carbonizados usados pelas destilarias americanas são novos e portanto têm mais sabor para transmitir do que os barris usados pelos produtores de uísque escocês, diminuindo assim o tempo necessário para o envelhecimento. Além disso, o clima mais seco do Kentucky leva a uma evaporação mais rápida, resultando numa taxa de concentração mais veloz.

Kentucky straight bourbon

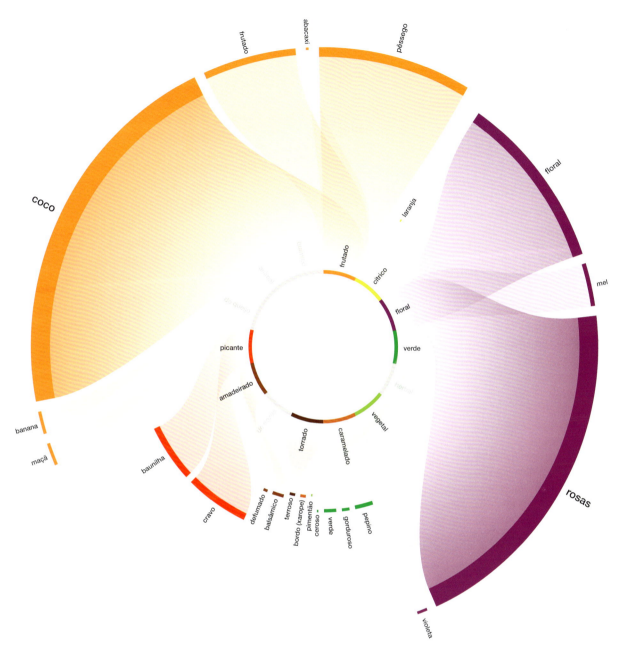

Perfil aromático do kentucky straight bourbon

O perfil aromático do bourbon contém odorantes como betadamascenona, com seu aroma frutado de maçã, eugenol com aroma de cravo e lactonas de coco. À medida que o uísque envelhece em barris de carvalho, a reação de Maillard faz com que os lipídios se transformem em lactonas, aldeídos e ácidos. As lactonas do uísque (também chamadas de lactonas de carvalho) e outros extrativos são formados em grandes volumes; em pequenas quantidades, essas lactonas têm um cheiro adocicado e de carvalho, mas ficam mais doces e com cheiro de coco à medida que sua concentração aumenta. A celulose, a hemicelulose e a lignina presentes nos barris produzem vários outros compostos fenólicos que conferem ao bourbon seu sabor nitidamente doce, defumado e de baunilha. Com um aroma doce, frutado e picante, a bebida combina bem com diversos ingredientes com perfis de aroma complexos, desde molho de soja até durião (ver página 292).

Durião

Notória por seu sabor extremamente doce, esta enorme fruta do Sudeste Asiático tem um perfil aromático inusitadamente complexo, que compreende tanto compostos de cheiro frutado quanto outros organossulfurados. Dependendo da espécie e do grau de maturação, o aroma do durião pode variar de brando a dominante – pode ser tão ofensivamente pútrido que é capaz de esvaziar uma sala inteira.

O durião é visto por alguns como uma verdadeira iguaria: quem gosta dele enaltece sua fragrância frutada com toques amendoados e de nozes. Outros, no entanto, sentem repulsa pelo seu odor, que comparam ao cheiro de cebola podre ou de gases e terebentina.

Como o maracujá e outras frutas tropicais, o durião exala fortes odores sulfurosos. Quanto mais maduro, mais enjoativo e malcheiroso — isso porque alguns dos compostos organossulfurosos da fruta, conhecidos como tióis, são capazes de oxidar sem precisar de oxigênio. Conforme essa fruta espinhosa e do tamanho de uma bola de basquete amadurece e sua polpa amolece até chegar a uma consistência espumosa e cremosa, o cheiro de cebola podre fica ainda mais intenso.

A cor da polpa do durião varia de quase branca a um amarelo pálido ou vermelho, dependendo da espécie. Além de ter um alto teor de fibras, o durião contém vitaminas B e C, minerais como manganês, potássio, cobre e ferro, e o aminoácido essencial triptofano, mais comumente encontrado em carnes e ovos.

O nome "durião" vem de *duri,* palavra em malasiano que significa "espinho", e, embora a casca externa espinhosa não seja comestível, dizem que esfregar a camada interna dela nas mãos é uma forma de reduzir os cheiros persistentes que podem resultar do manuseio de sua polpa. Se você não tiver nenhuma casca de durião, então pepino, limão-siciliano ou bicarbonato de sódio também funcionam.

O durião fresco não dura muito tempo, mas a polpa pode ser congelada, desidratada e transformada em pasta. Consumido fresco, cozido, em conserva e até mesmo fermentado, o durião é um ingrediente popular no Sudeste Asiático, onde é usado em sobremesas e também em pratos salgados.

Os aromas inebriantes e sulfurosos do durião podem dar a impressão de que é difícil combiná-lo com outros ingredientes, mas na verdade ele funciona bem com sabores tropicais fortes, como lichia, banana e gengibre, ou com texturas cremosas, como a do abacate. Ele também pode ser surpreendentemente versátil em pratos salgados, como pizza e hambúrguer de durião, que fazem parte do cardápio de alguns restaurantes chineses.

- Similar à manga tailandesa com arroz-doce, o *serawa durian* é uma sobremesa doce e líquida feita com a polpa do durião e leite de coco, temperada com folhas de pandan e servida sobre um arroz-doce de jasmim.

- Experimente fazer panquecas de coco e pandan recheadas com um creme doce de durião.

Combinações de ingredientes com durião

laranja-vermelha tarocco

- durião mon thong
- aspargos verdes
- creme de cassis
- cheesecake
- barriga de porco assada
- ketchup de tomate
- manga
- pistache
- absinto
- água de coco

calvados

- durião mon thong
- folha de shissô
- refrigerante de gengibre
- azeite de oliva virgem arbequina
- tomatillo cozido
- salsicha frankfurt cozida
- flor de hibisco seca
- casca de laranja
- Chartreuse verde
- minikiwi

Durião mon thong

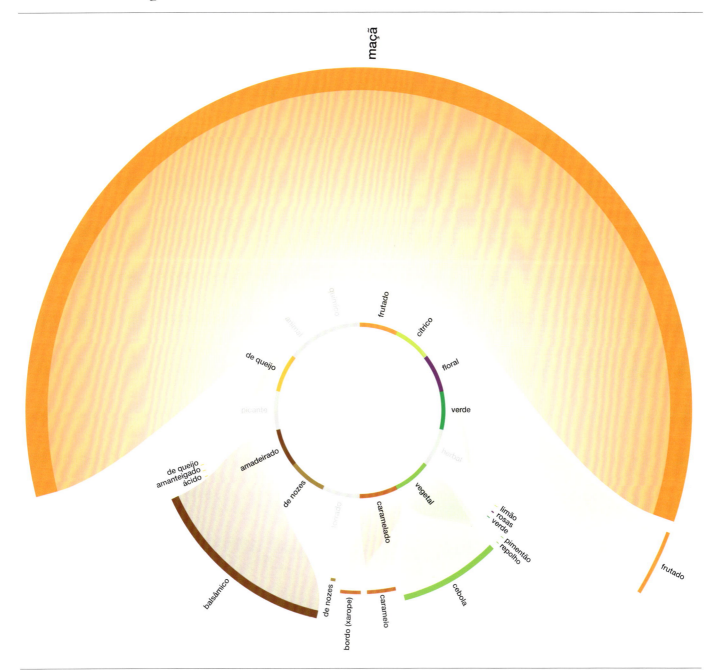

Perfil aromático do durião mon thong
Esta fruta tropical única tem um perfil aromático especialmente complexo, que consiste em 44 compostos aromáticos diferentes: uma mistura potente de moléculas de aroma frutado, de sulfeto de hidrogênio (ovo podre) e de etanotiol (cebola podre). A maioria dos duriões disponíveis comercialmente é da variedade mon thong, preferida em razão de sua textura rica e cremosa e de seu sabor suave. Experimente servir uma sobremesa à base de durião com café frio: em comparação com o café quente (ver página 294), o café frio tem menos notas torradas e mais notas frutadas e florais, o que combina melhor com o sabor frutado e caramelado do durião.

Café

Análises recentes identificaram mais de mil moléculas aromáticas diferentes que são responsáveis pelo perfil aromático do café recém-preparado. Isso pode parecer muito, mas apenas de 30 a 40 desses compostos voláteis têm atividade olfativa com valores altos o suficiente para serem percebidos pelos seres humanos. Os diferentes sabores que apreciamos em uma xícara de café na verdade têm a ver com a concentração e o limiar de algumas moléculas aromáticas fundamentais.

O sabor do café é frequentemente descrito em termos de origem e variedade, mas é o processamento dos grãos que realmente responde pelos compostos voláteis que associamos a uma xícara de café recém-preparada. As etapas mais importantes do processamento são: a fermentação das cerejas cruas de café, a torrefação dos grãos verdes e a extração com água quente – este último passo depende de você ou do barista.

Antes da torrefação, os grãos de café devem ter um cheiro verde e terroso; grãos imaturos podem causar defeitos de aroma. Para evitar que sabores indesejados se desenvolvam durante o armazenamento, o teor de umidade do café verde deve ser inferior a 12%. A umidade e o armazenamento prolongado podem levar a maus resultados em termos de sabor.

A genética, o solo, o clima e as práticas de cultivo também contribuem em algum grau para o perfil aromático do café torrado, uma vez que influenciam os compostos não voláteis nas cerejas de café. Estes, por sua vez, podem afetar os diferentes tipos de compostos voláteis e suas concentrações conforme os grãos de café são secos e torrados.

Os aumentos e as alterações mais drásticas na composição volátil dos grãos de café ocorrem durante o processo de torrefação. Moléculas com aroma de nozes começam a se formar quando as temperaturas dentro do tambor de torra atingem 170 °C. À medida que o calor interno sobe até os 190 °C, vemos os estágios iniciais dos aromas do café começarem a se desenvolver, mas é só depois de 220-230 °C que os grãos realmente adquirem o sabor característico de café torrado.

Torras leves produzem compostos aromáticos doces, com aroma de cacau e nozes, que se tornam cada vez mais complexos conforme nos aproximamos das torras médias. Especialmente para cafés de origem única, é melhor optar por torras médias, pois elas permitem que mais dos sabores regionais dos grãos se destaquem. Tudo isso se perde com as torras escuras, em que os cafés têm um aspecto queimado e pungente, com notas ácidas, quase azedas.

A moagem dos grãos de café é um fator frequentemente negligenciado na experiência geral do sabor. Ela aumenta tanto a superfície exposta durante a extração como a concentração de voláteis disponíveis. Moedores de rebarba são recomendados para obter um tamanho de partícula mais consistente, o que permite uma extração mais uniforme sem expor os grãos de café ao calor, como fazem os moedores com lâminas convencionais. Lembre-se: qualquer coisa que gere calor durante o processo afetará o sabor do seu café.

Perfil aromático relacionado: café robusta torrado em grãos
Com menos nuances do que o arábica, o perfil aromático do robusta é dominado por notas torradas que cheiram principalmente a café escuro; o restante são diferentes moléculas de aroma caramelado, amadeirado, de queijo, frutado e floral.

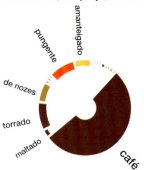

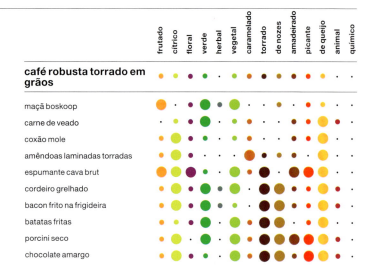

Café arábica torrado em grãos

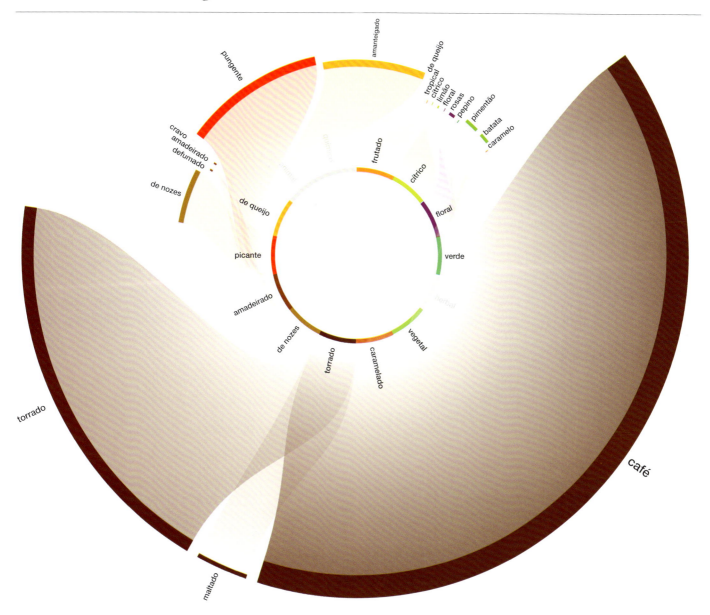

Perfil aromático do café arábica torrado em grãos

O café arábica é frequentemente descrito como mais doce, mais suave e mais equilibrado do que o robusta. Os dois compartilham os mesmos aromas principais, porém em concentrações diferentes. Sessenta e cinco por cento do perfil aromático do arábica compõe-se de notas torradas. Dessa porção torrada, 30% das moléculas aromáticas têm um aroma torrado genérico, 65% têm cheiro de café e 5% são maltados. Do restante do perfil aromático do arábica, 10% têm cheiro de manteiga, enquanto o que sobra se divide entre notas de aroma picante, frutado, cítrico e verde. O sabor do café recém-preparado deve sua fragrância ao composto de impacto de caráter 2-furfurylthiol. Odorantes importantes, como o dissulfeto de furfuril etila, com seu aroma adocicado semelhante ao da mocha, e o furfuril mercaptano, com cheiro de carne, comumente conhecido como "mercaptano do café", também contribuem para a complexidade do café arábica torrado.

	frutado	cítrico	floral	verde	herbal	vegetal	caramelado	torrado	de nozes	amadeirado	picante	de queijo	animal	químico
café arábica torrado em grãos	·	·	·	·	·	·	·	·	·	·	·	·	·	·
chocolate branco	·	·	·	·	·	·	·	·	·	·	·	·	·	·
páprica doce em pó	·	·	·	·	·	·	·	·	·	·	·	·	·	·
xarope de bordo	·	·	·	·	·	·	·	·	·	·	·	·	·	·
massa soba cozida	·	·	·	·	·	·	·	·	·	·	·	·	·	·
maçã jonagold	·	·	·	·	·	·	·	·	·	·	·	·	·	·
cauda de lagosta cozida	·	·	·	·	·	·	·	·	·	·	·	·	·	·
mel de acácia	·	·	·	·	·	·	·	·	·	·	·	·	·	·
batata yacón	·	·	·	·	·	·	·	·	·	·	·	·	·	·
chalotiña de costa	·	·	·	·	·	·	·	·	·	·	·	·	·	·
peixe-lobo do atlântico braseado	·	·	·	·	·	·	·	·	·	·	·	·	·	·

Combinação em potencial: café e lagosta
Experimente polvilhar um pouco de café recém-moído sobre uma cauda de lagosta ou sobre uma bisque de lagosta – isso confere ao prato um sabor torrado, semelhante ao da baunilha. Você também pode misturar um pouco de café fresco na bisque.

Combinação clássica: café e chocolate
A produção do café e do chocolate inclui várias etapas semelhantes, como a fermentação e a torrefação. Como resultado, esses dois ingredientes têm em comum muitas notas de sabor, o que torna a combinação aromática entre eles muito boa.

Demi-glace vegano, feito com café
Receita do Foodpairing

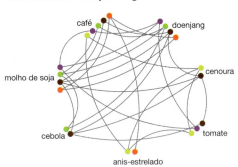

Análises de café e de caldo escuro de vitela revelaram que os pedaços de carne que grudam no fundo da panela apresentam muitas das moléculas de aroma caramelado, amanteigado e até mesmo frutado encontradas em uma xícara de café fresco. Naturalmente, isso nos fez questionar se o café poderia servir como um substituto vegano para caldos de carne bovina e de vitela. Alguns passos rápidos transformarão sua bebida matinal em um demi-glace encorpado. A chave para alcançar o mesmo sabor delicioso sem usar caldo de carne bovina ou de vitela é lançar mão de outros ingredientes ricos em umami, como molho de soja ou doenjang coreano (pasta fermentada de soja).

Para fazer o demi-glace vegano, comece refogando cenouras, cebolas e alho. Em seguida, adicione uma folha de louro e um ramo de tomilho. Doure os legumes e acrescente os tomates em cubos. Deglaceie a panela com vinho tinto e adicione anis-estrelado, doenjang coreano, molho de soja e café. As notas aromáticas do café, que também são encontradas na carne bovina, são muito voláteis e evaporam após os primeiros 15 minutos. Portanto, certifique-se de usar café recém-coado para minimizar a perda de moléculas aromáticas importantes. Abaixe o fogo para médio-baixo e cozinhe em fogo brando até que o demi-glace atinja a consistência desejada. Depois coe e volte ao fogo. Adicione um pouco de manteiga, se desejar.

Se você simplesmente não consegue não colocar carne no seu demi-glace, pode começar temperando a panela com bacon.

Perfil aromático relacionado: café recém-coado
Enquanto o café moído é caracterizado por notas torradas, de nozes e florais, o café recém-coado tem um aroma mais caramelado e de bordo, com notas fenólicas com um aroma mais amadeirado e de cravo e uma nuance amanteigada.

	frutado	cítrico	floral	verde	herbal	vegetal	caramelado	torrado	de nozes	amadeirado	picante	de queijo	animal	químico
café recém-coado	·	·	·	·		·	·	·	·	·	·		·	·
stilton	·	·		·			·	·	·			·		
bife grelhado	·	·		·		·	·	·	·					
trufa negra	·	·					·	·	·			·	·	
framboesa-do-ártico	·	·	·	·			·	·						
tomate-cereja	·	·		·		·	·	·						
huitlacoche (trufa-mexicana)	·	·	·	·		·	·	·	·			·		
torrone (nougat italiano)	·		·				·	·	·	·				
óleo de avelã	·	·	·	·			·	·	·	·				
aspargos verdes grelhados	·	·		·		·	·	·	·					
fava tonka	·		·				·	·	·	·				

Combinação em potencial: café arábica e mel de acácia
Em vez de adoçar o café com açúcar, experimente adicionar mel. Além de conter minerais, vitaminas e antioxidantes, o mel tem menos impacto sobre os níveis de glicose no sangue e é naturalmente mais doce do que o açúcar refinado, portanto, você usará uma quantidade menor.

Combinação em potencial: café e molho de soja
Usamos café para acrescentar deliciosas notas umami ao nosso demi-glace vegano (ver página 296), mas você também pode usar molho de soja (ver página 298). Assim como o café e o chocolate, o molho de soja contém moléculas de aroma resultantes do processo de fermentação e da reação de Maillard.

Combinações de ingredientes com café

mel de acácia
- iogurte de leite de ovelha
- tomate
- azeite de oliva arbequina
- queijo macio
- presunto ibérico (jamón 100% ibérico de bellota)
- chocolate amargo
- cereja-doce
- amêndoa
- molejas de vitela assadas
- molho de peixe coreano

douchi
(grãos de soja preta fermentados)
- galinha-d'angola frita na frigideira
- páprica doce em pó
- queijo tipo parmesão
- peito de pato frito na frigideira
- pimenta isot (flocos de pimenta urfa)
- morango
- café arábica recém-preparado
- salmão do atlântico defumado
- baunilha-do-taiti
- beterraba frita na frigideira

pasta de pimentão frita
- suco de romã
- freekeh cozido
- tainha-olhalvo pochê
- pimenta isot (flocos de pimenta urfa)
- café robusta torrado em grãos
- codorna frita na frigideira
- couve-flor cozida
- castanha-de-caju torrada
- chocolate branco
- mirin (vinho doce de arroz japonês)

carambola
- cerefólio-tuberoso
- salsa-lisa
- cenoura cozida
- café recém-moído
- kiwi
- gorgonzola
- pétalas de rosas frescas comestíveis
- tomatillo cozido
- pregado grelhado
- chouriço espanhol

pão de trigo sarraceno
- abóbora cozida
- café arábica torrado em grãos
- muçarela de búfala
- pasta de curry madras
- presunto de bayonne
- camembert
- bebida de amêndoa
- geleia de morango
- cream cheese
- mel

grão-de-bico germinado
(broto)
- café colombiano
- pão branco para torrar
- molho de carne bovina cozida
- espelta cozida
- queijo cottage
- maruca braseada
- óleo de canola
- truta arco-íris
- pimenta-rocoto
- huacatay

Molho de soja

O perfil aromático complexo do molho de soja é uma expressão tanto da qualidade dos ingredientes quanto do seu longo processo de produção. Este condimento é essencial na culinária asiática – em qualquer restaurante ou cozinha caseira bem-abastecida, você encontra múltiplas garrafas desse líquido escuro e salgado.

Acredita-se que o molho de soja tenha se originado na China há mais de dois mil anos e que de lá ele tenha se espalhado pela Ásia. Embora os processos tradicionais de preparo levem várias semanas, no mínimo, alguns molhos modernos produzidos em fábricas ficam prontos em apenas alguns dias, pois são feitos usando uma proteína vegetal hidrolisada em ácido em vez das culturas de bactérias. No entanto, esse processo mais rápido reduz bastante a complexidade dos aromas do molho.

Existem centenas de versões de molho de soja, cujas diferenças resultam dos ingredientes utilizados, do processo de fermentação e da região de manufatura. Cada tipo de molho tem um perfil de sabor único, sendo alguns mais salgados que outros.

Na cozinha chinesa, os tipos mais comuns de molho de soja são o claro e o escuro – uma versão mais espessa e adoçada com melaços ou caramelo. Na culinária japonesa, também temos o saishikomi shoyu (um produto refermentado em que a salmoura é substituída pelo molho escuro de soja nos ingredientes), o shiro shoyu (um molho de soja muito pálido feito com uma alta proporção de trigo) e o tamari (um molho para petiscos normalmente feito apenas com grãos de soja, água e sal; a ausência do trigo torna algumas marcas apropriadas para pessoas com dietas sem glúten).

Como o molho de soja tradicional é feito

Os molhos de soja tradicionais são feitos de uma mistura de quatro ingredientes básicos: grãos de soja, trigo, água e sal. A soja amassada e o trigo torrado são misturados com a água e cozidos até que os grãos amoleçam. A pasta é resfriada até a temperatura de 27 °C antes de ser inoculada com *Aspergillus oryzae* ou *Aspergillus sojae* e deixada para descansar por três dias para que ocorra o crescimento das bactérias. A mistura resultante de soja, trigo e mofo é conhecida como shoyu koji, ou malte de molho de soja.

O koji é transferido para grandes tonéis de fermentação, em que água salgada e lactobacilos, que decompõem os açúcares em ácido lático, são adicionados para produzir o moromi, a papa da fermentação principal. O moromi é deixado para fermentar por alguns meses ou até mesmo alguns anos, como é o caso de marcas artesanais especiais. Durante o período da fermentação, os amidos do moromi são convertidos em álcool conforme os ácidos láticos e as proteínas se decompõem em peptídeos e aminoácidos.

A papa marrom-avermelhada resultante é coada e deixada descansando para clarificar por vários dias. O molho de soja cru é então pasteurizado e engarrafado. A pasteurização detém a atividade enzimática no molho de soja ao mesmo tempo que estabiliza a cor, o sabor e o aroma.

saishikomi (molho de soja de fermentação dupla)

- cereja rainier
- queijo de cabra
- aipo-rábano cozido
- pétalas de rosas frescas comestíveis
- café colombiano
- chocolate amargo 70%
- salame
- abóbora cozida
- batatas fritas
- pimenta ají amarillo

ganjang (molho de soja coreano)

- ostra
- truta pochê
- trufa de verão
- folha de feno-grego
- carneiro cozido
- manga alphonso
- pasta de praliné de avelã
- brioche
- lichia
- framboesa

Molho de soja japonês

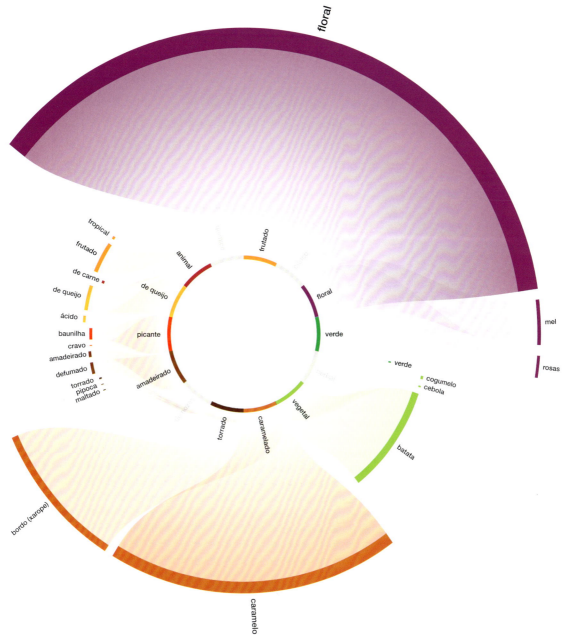

Perfil aromático do molho de soja japonês
O complexo perfil aromático do sabor de um molho de soja específico é determinado por aspectos que vão além de seus ingredientes crus. O aquecimento do mosto de soja e trigo durante o primeiro estágio do processo forma furanos novos com aroma de caramelo e bordo. A fermentação leva à formação de outras notas florais e ésteres com aroma de frutas, enquanto os açúcares de lignina no trigo se degradam, resultando no desenvolvimento de fenóis que dão ao molho de soja seu caráter amadeirado e levemente defumado. As pirazinas (notas torradas) também são voláteis importantes no molho de soja.

Essas moléculas aromáticas aumentam quando você cozinha com molho de soja: a reação de Maillard desencadeia uma alta concentração de moléculas como 2-acetil-1-pirrolina, sotolon e 2-etil-3,5-dimetilpirazina, além de alguns ácidos com aroma de queijo.

Combinação clássica: molho de soja e mel

Na culinária asiática, o molho de soja costuma ser equilibrado com um adoçante, geralmente o açúcar, mas o mel também funciona bem, pois partilha moléculas de aroma com o molho de soja. Para uma marinada simples para frango ou peru, misture molho de soja e mel com azeite de oliva e suco de limão para cobrir todos os sabores principais: umami, sal, doce, gordura e ácido.

Combinação em potencial: molho de soja e queijo roncal

O roncal é um queijo da região basca da Espanha, onde é fabricado com leite cru de ovelha entre dezembro e julho, de acordo com sua distinção de alimento com Denominação de Origem Controlada (DOC). Firme e ligeiramente granulado, o roncal é doce e ácido, com sabor amanteigado e algumas notas aromáticas picantes.

Combinações de ingredientes com molho de soja

mel
- sardinha
- cream cheese
- asa de arraia assada
- banana-passa
- bacon frito na frigideira
- amêndoa torrada com óleo
- foie gras de pato frito na frigideira
- couve-rábano assada
- molho de soja japonês
- abóbora cozida

queijo roncal
- champignon
- cordeiro assado
- coco seco
- vinagre de xerez
- carne bovina wagyu
- pasta de pimentão frita
- lingonberry
- rabanete
- orégano
- pistache torrado

feijão-preto cozido
- madeira Boal 10 anos
- fumet de mariscos
- fundo escuro de galinha
- saishikomi (molho de soja de fermentação dupla)
- presunto cozido
- muçarela de búfala
- purê de maracujá
- pimenta ají amarillo
- champignon
- microverdes de shissô

licor Izarra verde
- groselha-negra
- pregado pochê
- aspargos brancos cozidos
- koikuchi (molho de soja escuro)
- lagostim
- manjericão
- pimenta ají amarillo
- canela
- salchichón
- trufa negra

carne de veado frita na frigideira
- salsifi-negro cozido
- cogumelo-ostra seco
- pera
- pétalas de rosas frescas comestíveis
- chá de rooibos
- broto de humulus (broto de lúpulo)
- mel de trigo sarraceno
- saishikomi (molho de soja de fermentação dupla)
- camarão graúdo frito na frigideira
- pimenta-rocoto

bebida de aveia
- pasta de soja
- bérberis seco
- menta
- hambúrguer assado no forno
- shortbread (biscoito amanteigado)
- morango
- batata cozida
- pimenta ají amarillo
- lebre assada
- pera conference

Combinação em potencial: molho de soja e chocolate amargo
A combinação de molho de soja e chocolate pode parecer estranha, mas funciona. Sempre adicionamos uma pitada de sal ao bolo de chocolate, à mousse ou ao praliné, pois isso realça a doçura do chocolate amargo e reduz o amargor. Em vez disso, experimente adicionar algumas gotas de molho de soja.

Combinação clássica: molho de soja e repolho
O repolho cru deve seu sabor pungente de raiz-forte ao composto isotiocianato de alila, que também está presente no wasabi e no óleo de semente de mostarda. O molho de soja e o repolho têm em comum notas vegetais de batata e cogumelo. Dê ao repolho refogado um toque picante e de limão adicionando pimenta e gengibre junto com molho de soja.

melão
- açaí
- cheddar
- açafrão
- salsifi-negro cozido
- chocolate amargo
- baunilha-do-taiti
- mostarda
- maçã
- pêssego
- molho de soja escuro

couve-lombarda
- purê de alcachofra
- alho-poró
- berinjela
- beterraba assada
- cranberry
- pimenta habanero vermelha
- azeite de oliva arbequina
- maçã java
- filé de peito de frango assado
- edamame

mezcal
- gergelim torrado
- linguado-limão braseado
- molho de soja japonês
- manga
- manjericão
- canela
- chocolate amargo
- uvas
- bulbo de funcho
- filé de cordeiro assado

azeitona preta hojiblanca
- filé de costela grelhado
- usukuchi (molho de soja light)
- vieira seca
- aipo-rábano cozido
- truta pochê
- açaí
- salmão do atlântico defumado
- pomelo
- ovas de bacalhau
- gruyère

queijo provolone
- maracujá
- ameixa-japonesa (umê)
- laranja-vermelha tarocco
- folha de feno-grego
- casca de tangerina
- pimenta chipotle seca
- folhas de mostarda cozidas no vapor
- cogumelo cep
- chocolate ao leite
- molho de soja japonês

sardinha
- pão de grãos integrais
- kentucky straight bourbon
- pimenta ají panca
- molho de soja japonês
- mexilhões cozidos
- ostra
- tomate em lata
- abóbora cozida
- leite de cabra pasteurizado
- bacon frito na frigideira

Kimchi

O sabor do kimchi pode variar significativamente conforme a marca, o tipo e até mesmo de um lote para outro, dependendo dos diferentes ingredientes usados e de fatores como a temperatura, a umidade e o ambiente ao redor.

O kimchi é um elemento essencial na dieta coreana há milhares de anos. Consumido com outros pequenos acompanhamentos, chamados de banchan, faz parte das refeições. Existem centenas de variedades de kimchi, feitos de ingredientes diversos, como pepino, daikon, alho-poró e até caranguejo cru, dependendo da região e da sazonalidade. Hoje em dia, não é incomum encontrar kimchi e outros alimentos fermentados em cardápios ocidentais.

O baechu kimchi é o tipo mais popular de kimchi. As receitas mudam de cozinha para cozinha, mas a versão mais básica usa o repolho-chinês (também conhecido como alface-chinesa), um pó de pimenta coreano chamado gochugaru, daikon em conserva, alho, cebolinha e sal. Entre outros ingredientes ricos em sabor usados como tempero estão o saeujeot (camarão salgado), gengibre, cenouras, cebolas, buchu (uma cebolinha asiática), minari, arroz cozido e molho de peixe ou de enguia para dar ao baechu kimchi mais pungência.

Todos os ingredientes contribuem para a complexidade do perfil aromático de um kimchi. No caso do baechu kimchi, o repolho-chinês contém principalmente moléculas com cheiro vegetal de repolho e cebola. Há uma queda brusca na concentração dessas moléculas aromáticas após a fermentação, embora o odor acebolado ainda seja proeminente no sabor do kimchi. Os lactobacilos convertem os açúcares (carboidratos) do repolho em ácidos láticos e ácidos acéticos, etanol e manitol, que intensificam o complexo sabor do kimchi. Também é produzido dióxido de carbono, que dá ao kimchi seu toque gasoso. Conforme o kimchi amadurece, os lactobacilos continuam o processo de fermentação; isso explica por que o kimchi maturado tem um sabor tão intenso e acre.

A chave para produzir um bom kimchi é acertar no delicado equilíbrio de sal e lactobacilos. Uma concentração de 2 a 3% de sal impede efetivamente o crescimento de bactérias indesejadas, criando assim um ambiente mais ácido que permite aos lactobacilos produzirem mais ácidos láticos conforme ocorre a fermentação.

A temperatura também afeta o ritmo da fermentação. Quanto mais quente e/ou úmido o ambiente, mais rápida a fermentação do kimchi. Antes da invenção da refrigeração, o kimchi era tradicionalmente armazenado debaixo da terra em frascos chamados onggi, o que ajudava a manter a temperatura relativamente fria e estável. Hoje em dia, refrigeradores especiais de kimchi são usados para manter uma temperatura constante durante a fermentação. Manter o kimchi em uma temperatura na faixa dos 10 aos 21 °C garante tempo suficiente para os lactobacilos fazerem sua mágica.

Foie gras curado no doenjang com kimchi

Mingoo Kang, do Mingles, em Seul, Coreia do Sul

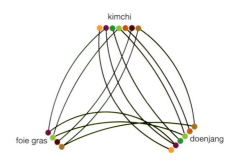

Localizado no burburinho do distrito Cheongdam-dong de Seul, o Mingles atrai clientes locais e visitantes de todo o mundo desde que abriu em 2014. Impregnada de influências japonesas, espanholas e francesas, a interpretação inovadora do chef Mingoo Kang da hansik (a culinária tradicional coreana) rendeu ao Mingles a distinção de restaurante mais bem avaliado na lista dos 50 Melhores Restaurantes da Ásia em 2015. O restaurante recebeu sua primeira estrela Michelin em 2016 e ganhou uma segunda em 2019.

Como o nome de seu restaurante sugere, o chef Kang procura misturar (um dos significados para "mingle", em inglês) a comida tradicional coreana com elementos contrastantes de outros lugares do mundo. Essa abordagem é perfeitamente ilustrada neste prato de foie gras curado no doenjang e enrolado em baek kimchi, um tipo de kimchi branco de tempero mais suave.

Baechu kimchi

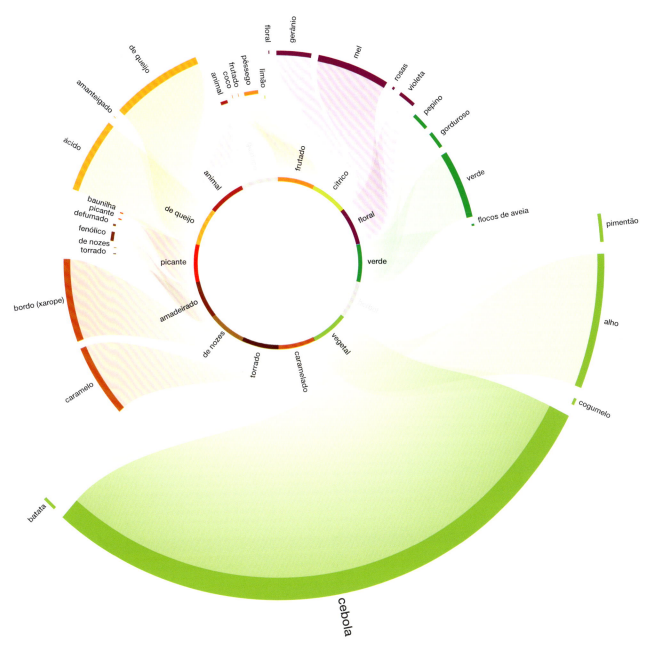

Perfil aromático do baechu kimchi

Enquanto o odor de cebola do repolho se destaca no kimchi, a pasta picante de gochugaru acrescenta calor e uma nuance semelhante à da pimenta vermelha. O gengibre dá um toque cítrico e floral, e o camarão salgado, uma dimensão torrada. A fermentação altera a concentração dessas moléculas aromáticas: algumas são substituídas por novas, como o metianal, com seu cheiro vegetal, semelhante ao da batata; o ácido butanoico, que tem cheiro de queijo; e o diacetil, com seu aroma amanteigado.

Com muitos aminoácidos, o camarão salgado e o molho de peixe ajudam na formação dos lactobacilos e, consequentemente, na produção de ácido láctico. Os açúcares e os amidos dos diversos ingredientes impulsionam o processo de fermentação e ajudam a equilibrar a acidez e o sabor picante do kimchi, além de atenuar o forte odor de alho.

Combinação em potencial: kimchi e presunto de parma
O kimchi e o presunto de parma têm em comum notas torradas. A molécula responsável por esse aroma de carne tem um cheiro mais verde e vegetal no repolho fermentado do que na carne de porco curada.

Combinação clássica: kimchi e pera-asiática
Dependendo da receita, a pera-asiática ralada é usada no kimchi. Como não é um ingrediente fácil de encontrar, você pode usar outros tipos de pera. Frite ou cozinhe no vapor um pedaço de peixe ou frango e sirva-o com kimchi e algumas fatias de uma pera suculenta e madura. O sabor agridoce da fruta é um ótimo contraste para o sabor picante do kimchi.

Como fazer baechu kimchi
Para fazer baechu kimchi, corte o repolho-chinês ao meio, lave-o e salgue generosamente cada camada de folhas; isso ajudará a tirar o excesso de umidade (use mais sal nas extremidades, onde as folhas são mais grossas). Deixe o repolho curar por 2 horas, rotacionando as metades a cada 30 minutos.

Enquanto isso, prepare a mistura picante do baechu kimchi. Em uma cumbuca grande, misture o mingau frio de arroz ou o arroz cozido com alho picado, gengibre, cebola, camarão fermentado salgado, pimenta gochugaru em pó e óleo de peixe ou enguia. Mexa bem até que os ingredientes formem uma pasta. Em seguida, acrescente daikon, cenoura, cebolinha, minari e buchu fatiados.

Quando o repolho tiver terminado de curar, enxágue as metades e remova o excesso de sal. Corte as metades em quartos e remova os núcleos. Chacoalhe bastante para remover o máximo de água possível.

Usando luvas de plástico para proteger as mãos, esfregue a pasta picante de baechu kimchi em todas as folhas do repolho, certificando-se de colocá-la em todas as camadas, depois enrole cada quarto em volta de si próprio e transfira os rolinhos para frascos de vidro ou vasilhas plásticas com tampa. Guarde em temperatura ambiente (ver página 302). Dependendo da temperatura e da umidade, o kimchi deve começar a fermentar em cerca de dois dias. Quando a fermentação começar, transfira-o para a geladeira para desacelerar o processo. Os ácidos orgânicos e os aminoácidos livres gerados durante a fermentação conferem ao kimchi seu sabor único. Embora camarão e enguia sejam muito usados para fermentar o kimchi, ostras também podem acelerar o processo de fermentação.

- Samgyeopsal e baechu kimchi são uma combinação coreana clássica. As finas fatias de barriga de porco são grelhadas na mesa com cebolas e cogumelos e depois envoltas em alface ou folhas frescas de perilla com baechu kimchi e daikon em conserva.

- O kimchi jjigae é um ensopado picante feito com kimchi extremamente maturado, joelho de porco, pimenta gochugaru em pó, gochujang (pasta de pimenta vermelha coreana), caldo de anchovas, óleo de gergelim, tofu e cebolinha.

Combinações de ingredientes com baechu kimchi

presunto de parma	frutado	cítrico	floral	verde	herbal	vegetal	caramelado	torrado	de nozes	amadeirado	picante	de queijo	animal	químico
aipo cozido														
matcha														
baechu kimchi														
mamão papaia														
leite de cabra pasteurizado														
kentucky straight bourbon														
avestruz frito na frigideira														
bife grelhado														
amendoim torrado														
baguete														

pera-asiática	frutado	cítrico	floral	verde	herbal	vegetal	caramelado	torrado	de nozes	amadeirado	picante	de queijo	animal	químico
vermute doce														
chouriço espanhol														
physalis														
nectarina														
cranberry														
leite de cabra														
morango-silvestre														
uvas														
mirtilo														
vinagre de xerez reserva														

Combinação do chef: kimchi e foie gras
Em seu restaurante Mingles, em Seul (ver página 302), o chef Mingoo Kang combina ingredientes tradicionais coreanos, como kimchi e doenjang, com ingredientes de outros países, como foie gras.

Combinação clássica: kimchi e gergelim
Além das notas cítricas e de limão, o kimchi e o gergelim (ver página 306) não têm muitas moléculas aromáticas em comum, mas torrar o gergelim fortalece a ligação entre esses dois ingredientes, acrescentando uma série de moléculas semelhantes às encontradas no kimchi, desde odores amadeirados e de fumaça até aromas vegetais, verdes, de nozes e florais de mel.

Combinações de ingredientes com baechu kimchi

foie gras de pato frito na frigideira
- melão
- crisps de batata-doce
- beterraba assada
- toranja
- chocolate amargo
- macadâmia torrada
- pasta de soja
- amêndoa
- couve-rábano assada
- chá verde

repolho verde cozido
- anis-hissopo
- alcaçuz
- pipoca
- douchi (grãos de soja preta fermentados)
- halvah de gergelim
- sementes de papoula
- melão
- banha de porco
- mirtilo
- farinha de rosca panko

rabanete
- baechu kimchi
- queijo provolone
- frango assado
- pistache torrado
- presunto de bayonne
- salmão pochê
- ostra
- couve-flor
- rúcula
- goiaba

cação-da-índia braseado
- raiz de cálamo
- molho de pimenta
- banana-nanica
- iogurte de leite de vaca
- carne bovina
- morango
- manjericão
- alga *Codium*
- lagostim cozido
- baechu kimchi

carneiro cozido
- alga *Gracilaria carnosa*
- biscoito crocante
- maracujá
- camarão cinza cozido
- baechu kimchi
- champignon frito na frigideira
- favas cozidas
- siri-azul cozido
- banana-da-terra
- páprica doce em pó

azedinha vermelha
- pato selvagem frito na frigideira
- vermute doce
- suco de toranja
- wasabi
- chocolate branco
- edamame
- baechu kimchi
- purê de alho negro
- salsa-japonesa
- solha assada

Gergelim

O gergelim cru tem um perfil aromático amadeirado, herbal e cítrico. No entanto, o gergelim costuma ser tostado ou usado na panificação, o que altera seu sabor e faz com que ele obtenha notas mais amendoadas, torradas e carameladas.

O gergelim está entre as oleaginosas mais antigas cultivadas ainda hoje. A minúscula semente nativa da África foi usada nos tempos antigos em toda a Ásia e Oriente Médio antes de ser domesticada na Índia. O gergelim vem de plantas do gênero *Sesamum*, que são ervas arbustivas com flores tubulares brancas, amarelas ou cor-de-rosa. A planta é muito resistente à seca e pode ser encontrada em várias regiões tropicais, mesmo em áreas onde é difícil cultivar outros tipos de plantas. Embora existam várias espécies silvestres relacionadas, somente as variedades do *Sesamum indicum* são cultivadas comercialmente.

O fruto do gergelim é uma vagem verde que lembra o quiabo. Essa vagem se abre quando as sementes enfileiradas dentro dela amadurecem totalmente. O gergelim vem em muitas cores, dependendo da variedade – dourado, bronze, marrom, avermelhado, cinza –, mas o branco e o preto são os mais comuns.

A semente vinda diretamente da planta do gergelim tem uma fina casca marrom. A maior parte do gergelim vendido já vem descascada, mas também é possível comprá-lo com casca, às vezes rotulado como "natural" ou "integral". A semente com casca tem um sabor levemente mais amargo e complexo e uma textura mais dura e crocante. É muito usada em receitas japonesas.

- O gergelim pode ser usado como uma guarnição para adicionar mais sabor a pães e biscoitos.

- As sementes e o óleo de gergelim são muito usados nas culinárias japonesa, chinesa e coreana, não apenas em pratos salgados, mas também na confeitaria.

Na culinária do Oriente Médio, o gergelim tostado é descascado e moído até formar uma pasta cremosa conhecida como tahine, um ingrediente fundamental do homus, do baba ghanoush e da halvah. O tahine também é servido como pasta ou molho.

Halvah de gergelim
A halvah é um confeito de tahine original do leste do Mediterrâneo e dos Bálcãs, mas outras versões são encontradas por todo o mundo. Para fazer halvah, aqueça açúcar e mel a 118 °C, temperatura na qual a mistura se torna macia e maleável. Adicione tahine à mistura e a transfira para uma forma para descansar. Dependendo da proporção de tahine e açúcar, a textura do bloco de halvah resultante pode ser macia e pastosa ou áspera e quebradiça. Outros ingredientes como pistache, cacau em pó, chocolate, baunilha ou suco de laranja também são muito usados na base do doce.

Perfil aromático relacionado: halvah de gergelim
Por ser feita com tahine, a halvah compartilha muitas das notas aromáticas encontradas no gergelim torrado. A adição de mel proporciona notas florais e de malte extra-assado, e a alta concentração de notas de caramelo, maçã e baunilha confere doçura.

	frutado	cítrico	floral	verde	herbal	vegetal	caramelado	torrado	de nozes	amadeirado	picante	de queijo	animal	químico
halvah de gergelim	·	·	●	●	·	·	●	●	●	●	●	·	·	·
melão japonês (melão miyabi)	●	·	●	●	·	●	●	●	·	·	·	·	·	·
framboesa-do-ártico	●	●	·	·	·	·	●	●	●	●	●	·	·	·
Campari	●	·	●	●	·	●	●	·	·	●	●	·	·	·
chá verde sencha chinês	·	·	●	●	●	●	●	●	·	·	●	·	·	·
tomate-cereja	●	·	·	●	·	●	●	●	·	·	●	·	·	·
licor de cereja	●	·	●	·	·	·	●	·	·	·	●	·	·	·
lula frita na frigideira	·	·	·	●	·	●	●	●	●	·	●	·	·	·
tamarindo	●	●	●	●	·	●	●	·	·	·	●	·	·	·
castanha assada	·	·	·	●	·	·	●	●	●	·	·	·	·	·
menta	·	·	●	●	●	·	●	●	●	●	●	·	·	·

Gergelim torrado

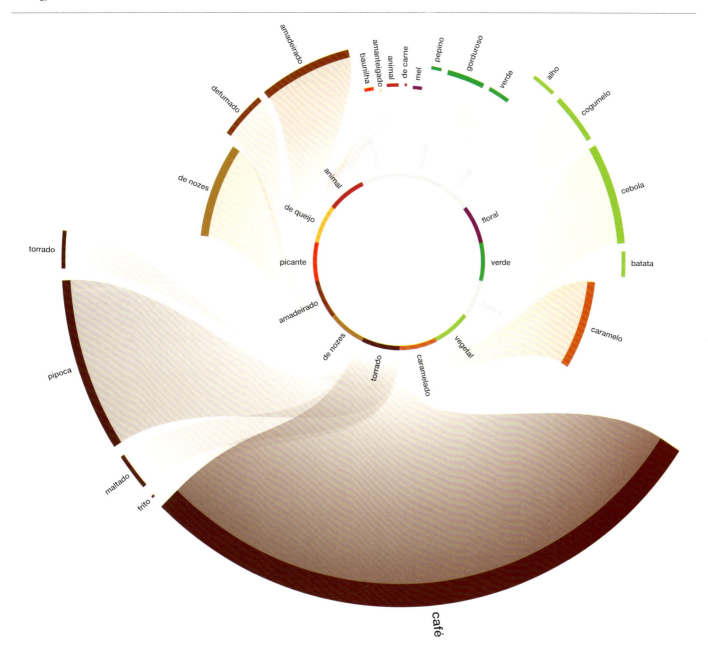

Perfil aromático do gergelim torrado

O gergelim cru tem sabor amadeirado, herbal e cítrico, mas torrá-lo muda completamente o perfil do aroma, dando-lhe um sabor mais torrado e de nozes. Além de criar novas moléculas com aroma de nozes, madeira e cogumelo, a reação de Maillard é responsável por notas torradas e maltadas que lembram café, batatas fritas e até pipoca. A caramelização produz notas doces, enquanto a reação de Strecker produz odores de batata, cebola e alho.

Prato clássico: baba ganoush
Esta pasta levantina defumada combina a polpa de berinjelas tostadas com tahine, suco de limão, azeite de oliva e alho. Finalize com uma pitada de gergelim torrado para dar um toque crocante extra – assar ou grelhar as berinjelas até ficarem chamuscadas e macias cria muitas notas vegetais novas, semelhantes às encontradas no gergelim torrado.

Combinação clássica: couve e gergelim
A couve, o gergelim e o molho de soja escuro compartilham um aroma floral e de mel. Para aproveitar ao máximo essa combinação, experimente servir folhas de couve picadas com um molho vinagrete feito com molho de soja, vinagre de arroz, alho, óleo vegetal e óleo de gergelim. Polvilhe com gergelim para finalizar.

Combinações de ingredientes com gergelim, halvah e tahine

berinjela
- salame italiano
- cereja rainier
- ouriço-do-mar
- peru assado
- beterraba descascada cozida
- costeleta de lombo de porco
- açaí
- pimenta longa javanesa seca
- salmão pochê
- laranja

couve
- vinho shiraz rosé
- pastinaca cozida
- mandioca cozida
- tamarindo
- queijo ragusano
- gergelim torrado
- lombo de porco frito na frigideira
- cereja-doce
- folhas de coentro
- salmão pochê

salame italiano
- halvah de gergelim
- alface-lisa
- sementes de papoula
- rabanete
- acelga
- nabo
- maçã boskoop
- manteiga de amendoim
- salsa-japonesa
- pera conference

espelta cozida
- mel de canola
- abóbora cozida
- pasta tikka masala
- guacamole
- badejo faneca braseado
- queijo cottage
- raiz de salsa cozida
- gergelim torrado
- azedinha vermelha
- peito de pato frito na frigideira

brócolis cozidos
- figo seco
- açúcar de palma
- robalo europeu assado
- tahine
- gochujang (pasta coreana de pimenta vermelha)
- jus de vitela reduzido
- leite
- flor de hibisco
- salmão do atlântico defumado
- pimenta-rocoto

menta
- tahine
- robalo europeu assado
- pimenta ají mirasol
- chocolate branco
- ervilha
- anis-estrelado
- goiaba
- cordeiro grelhado
- chá verde
- framboesa

Combinação em potencial: gergelim torrado e folha de shissô
Membro da família da menta, o shissô pode ter folhas verdes ou roxas. No Japão, a variedade roxa é usada para dar cor ao umeboshi, um tipo de picles de frutas. As folhas de shissô também são adicionadas a saladas e sopas ou usadas em sushi. Como a folha tem um sabor mentolado, com um toque de anis, por que não experimentá-la em uma variação de mojito com inspiração asiática?

Combinação clássica: gergelim e manga
O gergelim torrado e a manga (ver página 310) compartilham notas florais e de mel, bem como vínculos amadeirados e caramelados. Essa combinação aparece em uma grande variedade de pratos, desde o clássico arroz tailandês com manga, enfeitado com gergelim torrado, até o frango crocante com gergelim e chutney de manga.

Ingrediente Gergelim 309

folha de shissô
molho de peixe taiwanês
hortelã-pimenta
óleo de canola
minikiwi
croissant
uvas vermelhas
cheddar
filé de peito de frango
arak (destilado de uva)
chocolate ao leite

purê de manga
gergelim
flor de bergamota-selvagem
raspas de limão-meyer
soja
tâmara
flor de hibisco
folhas de lavanda frescas
folha de curry
filé de salmão do atlântico pochê
barriga de porco assada

maruca braseada
óleo de gergelim
tamarindo
brotos de bambu cozidos
damasco
crisps de batata
melão
vinho de laranja (vinho de frutas)
café colombiano
fumaça de cerejeira
creme azedo

amora black diamond
maracujá
pêssego
chá preto
folhas de coentro
cenoura
estragão
halvah de gergelim
galinha-d'angola frita na frigideira
codorna frita na frigideira
beterraba

cerveja Westmalle tripel
tahine
freekeh cozido
lagostim
sambuca
coulis de pimentão amarelo
castanha-de-caju torrada
gergelim preto torrado
café arábica torrado em grãos
alho-poró
orégano

Manga

Existem centenas de variedades de manga, seja a kent, com sua casca verde, a haden, com sua casca de cor solar – ambas cultivadas inicialmente na Flórida no começo do século XX –, ou a alaranjada alphonso, que está entre as mais doces e saborosas das variedades indianas.

Ao redor do mundo, cultivam-se algumas centenas de tipos de manga em noventa países diferentes, o que dificulta a generalização do perfil de sabor dessa fruta tropical popular. Cada tipo tem um perfil aromático próprio: dependendo da variedade, o sabor da manga varia do frutado e cítrico ao sabor de coco ou pêssego, ou ao floral e de pinho. As mangas alphonso e haden têm uma forte fragrância floral e violeta, enquanto outras variedades podem conter notas mais cítricas.

A manga é um membro da família das anacardiáceas, que inclui também a hera venenosa, o caju e o pistache. Espécies silvestres da *Mangifera indica* foram domesticadas inicialmente na região da Indo-Burma há cerca de quatro mil anos. Hoje, existem cerca de cinquenta espécies conhecidas só do gênero *Mangifera*, com uma gama de cores que vai do esverdeado e amarelado ao avermelhado, muitas vezes tingidos de roxo, rosa, laranja-amarelado ou vermelho.

A polpa amarela, doce e suculenta da manga é muito usada em smoothies, sorbets e outras sobremesas. Mangas verdes e azedas são usadas em conservas e chutneys.

Para avaliar a madurez de uma manga, pressione a ponta mais estreita da fruta. Se a polpa ceder levemente, a manga está pronta para o consumo. Se quiser um sabor mais intenso de manga (em conservas, por exemplo), considere usar pedaços de manga desidratada encharcados em vez de pedaços da fruta fresca.

- O amchoor é feito de mangas verdes descascadas que foram secas e moídas até virarem um pó. Usado como um tempero cítrico, seu principal trunfo é o sabor frutado azedo, mas ele também pode ser usado como um amaciante de carne no lugar de suco de limão. O amchoor também é comumente usado junto com cominho, gengibre e menta no jal jeera, uma refrescante bebida indiana de verão.

- Na Índia e no Paquistão, bate-se manga fresca com leitelho e açúcar para fazer o lassi de manga.

- Na culinária tailandesa, mangas verdes são cortadas em fatias finas e servidas cruas como salada, temperadas com sal, molho de peixe, suco de limão e pimentas frescas.

Sorbet de manga com curry madras e mousse de batata-doce
Receita do Foodpairing

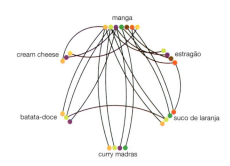

A pasta de curry madras é uma potente mistura de cominho, curry em pó, pimentas frescas, alho, cúrcuma, gengibre e outras especiarias aromáticas, mais notoriamente a folha de louro, que adiciona um toque pungente com sabor de limão. Inventado nas casas de curry britânicas, o tempero remete a algumas das notas cítricas e amadeiradas presentes nas mangas. Neste prato, o suco natural de laranja arremata o sorvete de manga com curry madras, já que para alguns esses dois ingredientes sozinhos podem ser intensos demais.

A batata-doce também combina bem com o curry madras e com a manga, pois todos compartilham notas florais e com aroma de violeta. Faça um purê com os tubérculos e o cream cheese até atingir uma consistência macia e aveludada. Incorpore ao purê creme de leite duplo batido (uma espécie de chantilly mais encorpado) e depois deixe a mousse descansar. Sirva o sorbet de manga com curry madras com a mousse de batata-doce e finalize o prato com um xarope com infusão de maçã granny smith e estragão para obter um toque apimentado e com aroma de anis.

Manga

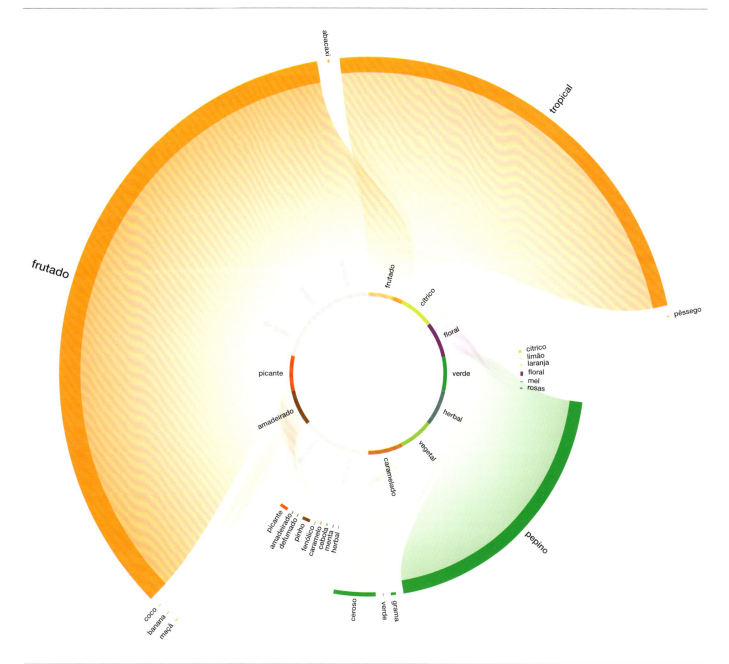

Perfil aromático da manga

Alguns compostos aromáticos compartilhados pelas diferentes variedades de manga estão presentes em concentrações variáveis em cada tipo. Os ésteres das mangas podem variar em aroma – desde frutados e parecidos com maçã até mais tropicais com notas de abacaxi ou banana. O alfapineno também está presente – o sabor de pinho desse composto é particularmente perceptível na polpa fibrosa que envolve o caroço. Em comum há ainda as lactonas: elas tendem a ter mais cheiro de coco em uma alphonso e mais cheiro de pêssego em uma haden.

Combinação de receitas: manga e curry madras

A manga combina bem com o sabor frutado da pasta de curry madras fresca. Para um curry de manga simples, frite levemente um pouco de cebola e alho, misture a pasta de curry e cozinhe por uns minutos. Adicione água, creme de coco e pedaços de manga. Tempere com suco de limão e, talvez, pimenta-malagueta e cozinhe em fogo brando. Sirva esse prato doce, picante e cremoso com arroz.

Combinação em potencial: manga e tomates em lata

Para obter o mais fácil dos molhos de tomate, comece amolecendo o alho e a cebola no azeite de oliva, depois acrescente os tomates em lata e cozinhe em fogo brando por 45 minutos para reduzir. Tempere com sal e pimenta. Acrescente manga picada para dar um toque frutado e sirva com frango ou salmão frito, ou use-o na pizza.

Combinações de ingredientes com manga

Ingrediente	frutado	cítrico	floral	verde	herbal	vegetal	caramelado	torrado	de nozes	amadeirado	picante	de queijo	animal	químico
pasta de curry madras	·	·	●	●	·	●	●	●	·	●	●	●	·	·
emmental	·	·	·	●	·	●	●	·	·	●	·	●	·	●
canela	·	·	·	·	·	·	●	●	·	●	●	●	·	·
codorna frita na frigideira	·	·	●	●	·	●	●	●	·	●	·	●	·	·
murta-limão seca	·	●	·	●	●	·	·	·	·	●	·	●	·	·
alcachofra cozida	·	·	●	●	·	●	·	●	·	●	·	●	·	·
peixe-lobo do atlântico braseado	·	·	●	●	·	●	●	●	·	●	·	●	·	·
pomelo	·	●	●	●	·	●	·	·	·	·	·	·	·	·
barriga de porco assada	·	·	●	●	·	●	●	●	·	●	●	●	·	·
framboesa	●	●	●	●	·	●	●	●	·	●	●	●	·	·
carne de caranguejo cozida	·	●	●	●	●	●	●	●	·	●	●	●	·	·

Ingrediente	frutado	cítrico	floral	verde	herbal	vegetal	caramelado	torrado	de nozes	amadeirado	picante	de queijo	animal	químico
tomate em lata	·	●	●	●	·	●	·	●	·	●	●	·	·	·
ameixa seca em lata	·	·	●	·	·	·	·	·	·	●	·	●	·	·
folha de cássia	·	·	●	·	●	·	·	·	·	●	·	●	·	·
alcaparras em conserva	·	·	·	·	·	·	·	·	·	·	·	·	·	·
nêspera	●	●	●	●	·	·	·	·	·	●	·	·	·	·
pombo assado	·	·	●	·	·	·	·	·	·	●	·	·	·	·
figo	·	·	●	·	·	·	·	●	·	●	·	·	·	·
flor de sakura em conserva	·	·	●	·	·	·	·	·	·	·	·	·	·	·
coco seco	·	·	·	·	·	·	·	·	·	·	·	·	·	·
truta pochê	·	·	●	·	·	●	·	·	·	·	·	●	·	·
framboesa	●	●	●	●	·	●	●	●	·	●	●	●	·	·

Ingrediente	frutado	cítrico	floral	verde	herbal	vegetal	caramelado	torrado	de nozes	amadeirado	picante	de queijo	animal	químico
cordeiro assado	·	·	·	●	·	●	●	●	·	·	●	·	·	·
melão	·	·	●	●	·	●	·	·	·	·	·	·	·	·
alga *Codium*	·	·	●	●	·	●	·	●	·	●	●	·	·	·
pimenta ají mirasol	●	●	·	·	·	●	●	●	·	●	●	·	·	·
xerez Pedro Ximénez	●	●	●	●	·	●	●	●	·	●	·	·	·	·
cloudberry	·	●	●	●	·	·	·	·	·	·	·	·	·	·
manga alphonso	●	●	●	●	·	●	●	●	·	●	●	·	·	·
maçã	●	·	●	●	·	·	·	·	·	·	·	·	·	·
gergelim preto torrado	·	·	·	●	·	·	●	●	●	·	·	·	·	·
folha de shissô	·	·	●	●	●	·	·	●	·	●	●	·	·	·
cravo-da-índia	·	·	●	·	·	·	·	·	·	●	●	·	·	·

Ingrediente	frutado	cítrico	floral	verde	herbal	vegetal	caramelado	torrado	de nozes	amadeirado	picante	de queijo	animal	químico
honeybush *(Cyclopia)*	·	·	●	·	·	●	·	·	·	·	●	·	·	·
kombu (alga marinha seca)	·	●	·	●	·	●	·	·	·	·	·	·	·	·
caldo de carne	·	·	●	·	·	·	·	·	·	·	·	·	·	·
abobrinha	·	·	●	·	·	·	·	·	·	·	·	·	·	·
carne de caranguejo cozida	·	●	●	·	·	·	·	●	·	·	·	·	·	·
aspargos verdes	·	·	●	·	·	·	·	·	·	·	·	·	·	·
chicória (endívia-belga)	·	·	●	●	·	·	·	·	·	·	·	·	·	·
quinoa cozida	·	·	·	·	·	·	·	·	·	·	·	·	·	·
chá darjeeling	·	●	●	·	·	·	·	·	·	·	·	·	·	·
manga alphonso	●	●	●	·	·	·	·	·	·	·	·	·	·	·
tomate em lata	·	●	●	●	·	●	·	●	·	●	●	·	·	·

Ingrediente	frutado	cítrico	floral	verde	herbal	vegetal	caramelado	torrado	de nozes	amadeirado	picante	de queijo	animal	químico
funcho-do-mar	·	●	·	●	●	·	·	·	·	·	●	·	·	·
sementes de girassol torradas	·	·	·	●	·	·	·	●	·	·	·	·	·	·
pinhão	●	·	·	·	·	·	●	●	·	·	●	·	·	·
amêijoas cozidas	·	·	·	●	·	·	·	●	·	·	·	·	·	·
cordeiro grelhado	·	·	●	●	·	●	·	●	·	·	●	·	·	·
alcachofra-de-jerusalém cozida	·	·	·	·	·	●	·	●	·	·	·	·	·	·
filé de salmão do atlântico	·	·	●	·	·	●	·	·	·	·	·	·	·	·
carne maturada a seco (dry-aged)	·	·	●	●	·	●	●	●	·	·	●	·	·	·
manga haden	●	·	●	●	·	●	·	●	·	●	●	·	·	·
gruyère	·	·	●	●	·	·	●	●	●	·	·	·	·	·
moleja de vitela assadas	·	·	●	●	·	●	●	●	·	·	●	·	·	·

Ingrediente	frutado	cítrico	floral	verde	herbal	vegetal	caramelado	torrado	de nozes	amadeirado	picante	de queijo	animal	químico
queijo romano (queijo tipo pecorino romano)	·	·	·	●	·	·	·	·	·	●	●	·	·	·
manga-tailandesa	●	●	●	·	·	·	·	●	·	·	·	·	●	·
creme de leite duplo	·	·	●	·	·	·	·	·	·	·	·	·	●	·
framboesa	·	·	●	●	·	·	●	●	·	●	·	·	·	·
café arábica torrado em grãos	·	·	●	·	·	·	·	●	·	·	·	·	●	·
vieira	·	·	●	·	·	·	·	·	·	·	●	·	·	·
salmão do atlântico defumado	·	·	●	●	·	·	·	·	·	·	·	·	·	·
casca de laranja-amarga	·	●	●	●	·	·	·	·	·	·	·	·	·	·
batatas fritas	·	·	·	·	·	·	·	·	·	·	·	·	·	·
cloudberry	·	·	●	●	·	·	·	·	·	·	·	·	●	·
mel de trigo sarraceno	●	·	●	·	·	·	·	·	·	·	·	·	●	·

Combinação em potencial: manga e açafrão
Experimente acrescentar alguns fios de açafrão ao lassi de manga para dar sabor e cor.

Combinação em potencial: manga e vinagre balsâmico
Faça uma salada rápida combinando fatias de manga, cebola roxa e alface-de-cordeiro (também conhecida como mâche) e finalize com um fio de azeite de oliva e vinagre balsâmico (ver página 314). Tanto o vinagre balsâmico tradicional de Modena quanto as versões comerciais mais baratas partilham com a manga fresca notas florais e de mel.

açafrão	frutado	cítrico	floral	verde	herbal	vegetal	caramelado	torrado	de nozes	amadeirado	picante	de queijo	animal	químico
pimenta ají panca														
páprica doce em pó														
café recém-moído														
bacon assado no forno														
estragão														
maracujá														
batata assada no forno														
lentilhas verdes cozidas														
pregado grelhado														
laranja-vermelha moro														

vinagre de xerez	frutado	cítrico	floral	verde	herbal	vegetal	caramelado	torrado	de nozes	amadeirado	picante	de queijo	animal	químico
manga														
quinoa cozida														
cordeiro grelhado														
croissant														
azeitona preta picual														
abóbora cozida														
leite de cabra pasteurizado														
baga de sabugueiro														
banana-da-terra														
maçã														

licor St-Germain	frutado	cítrico	floral	verde	herbal	vegetal	caramelado	torrado	de nozes	amadeirado	picante	de queijo	animal	químico
salsa-japonesa														
filé de salmão do atlântico														
presunto de parma														
uvas														
caqui														
filé-mignon														
manga alphonso														
queijo de cabra semiduro														
carne de veado frita na frigideira														
pimenta ají amarillo														

sementes de salsa	frutado	cítrico	floral	verde	herbal	vegetal	caramelado	torrado	de nozes	amadeirado	picante	de queijo	animal	químico
manga alphonso														
uva-do-monte														
sálvia-roxa														
infusão de folhas de eucalipto														
hortelã-pimenta														
abacate														
beterraba														
tangerina														
mamão papaia														
gengibre fresco														

licor de damasco	frutado	cítrico	floral	verde	herbal	vegetal	caramelado	torrado	de nozes	amadeirado	picante	de queijo	animal	químico
repolho verde														
mel de acácia														
batata-doce cozida														
castanha-de-caju														
pato assado à pequim														
missô de soja														
filé de bacalhau														
manga														
muçarela de búfala														
pregado grelhado														

manteiga de amendoim	frutado	cítrico	floral	verde	herbal	vegetal	caramelado	torrado	de nozes	amadeirado	picante	de queijo	animal	químico
repolho verde														
perca-gigante														
carne bovina wagyu														
uísque bourbon														
manga alphonso														
Guinness draught (cerveja escura)														
ciabatta														
cogumelo cep														
pound cake														
sementes de linhaça														

Vinagre balsâmico

Há muito tempo a produção do vinagre balsâmico tradicional é motivo de orgulho dos italianos. Os produtores da Reggio Emilia e de Modena seguem rigorosas regulamentações para receber o selo de Denominação de Origem Controlada (DOC).

Somente as uvas locais de fim de temporada lambrusco e trebbiano são usadas para fazer o mosto, que é cozido e fermentado por três semanas antes de ser transferido para a *batteria* de barris de madeira – carvalho, castanheira, amoreira, cerejeira, freixo e zimbro – para envelhecer por um mínimo de doze anos. Cada barril do conjunto é sucessivamente menor do que o anterior e contém um vinagre progressivamente mais velho. Uma vez por ano, uma porção do vinagre mais envelhecido, o do menor barril, é engarrafado; e então, um por um, cada barril vai sendo completado com o vinagre mais jovem do barril anterior. Esse processo continua sucessivamente até que o maior barril de todos é recarregado com o novo mosto.

De forma similar ao processo de *solera* usado para envelhecer xerez e vinho do porto, o vinagre se torna mais concentrado conforme a umidade evapora pelas aduelas de madeira dos barris. O perfil de sabor desenvolve camadas de complexidade à medida que o vinagre é transferido de barril em barril, absorvendo os aromas de todas as madeiras diferentes. Quando ele finalmente fica pronto, um *consorzio* de especialistas em degustação designam a idade do vinagre: tampa vermelha para o *affinato* (refinado), que corresponde a um vinagre balsâmico de 12 anos; tampa prateada para o *vecchio* (velho), que abrange vinagres entre 15 e 20 anos; e tampa dourada para o *extra vecchio* (extravelho), o vinagre balsâmico envelhecido por 25 anos. É claro que essas idades são aproximadas, já que o contínuo processo de produção do vinagre balsâmico torna impossível determinar a idade real do produto.

- Algumas gotas do tradicional vinagre balsâmico sobre finas fatias de parmigiano reggiano é uma combinação clássica.

- Os italianos têm uma tradição de apreciar os vinagres balsâmicos extra vecchio (envelhecidos por 25 anos ou mais) como aperitivos e digestivos.

- O vinagre balsâmico não artesanal de Modena, de produção em massa, pode não ter o mesmo preço dos tradicionais vinagres balsâmicos da Reggio Emilia e de Modena, mas também funciona bem em molhos de salada e em outros pratos.

Perfil aromático relacionado: vinagre balsâmico comercial
Normalmente uma mistura de vinagre de vinho, mosto de uva cozido e corante caramelo, o vinagre balsâmico comercial tem uma concentração maior de notas carameladas, ácidas de queijo e florais do que o tipo tradicional.

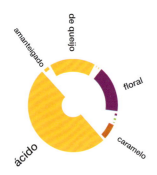

Vinagre balsâmico tradicional

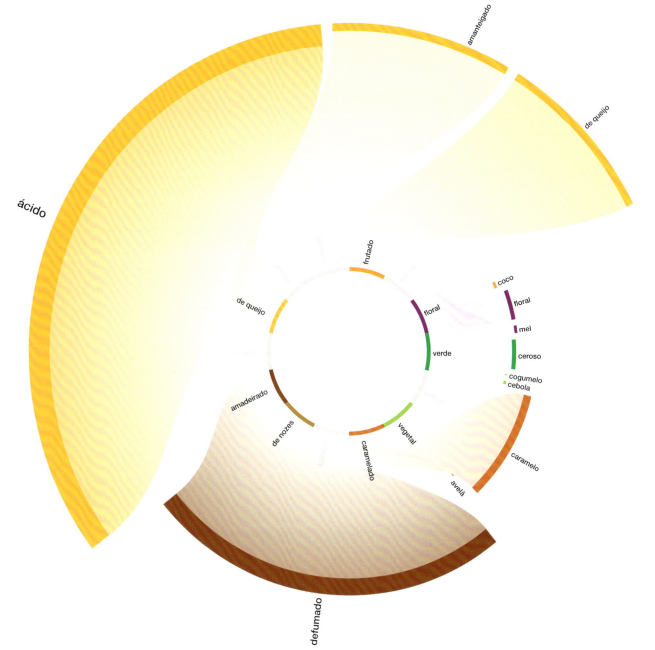

Perfil aromático do vinagre balsâmico tradicional
Uma análise do vinagre balsâmico tradicional revela principalmente moléculas de ácido acético com cheiro de vinagre, além de outras moléculas formadas durante o processo de fermentação que têm o cheiro típico do vinagre balsâmico e algumas notas claramente ácidas e de queijo. O cozimento do mosto de uva produz notas carameladas – trata-se de outro composto aromático importante e que se desenvolve antes do processo de fermentação, o qual produz as notas ácidas e de queijo. O perfil aromático do vinagre balsâmico torna-se cada vez mais complexo à medida que ele envelhece em um barril após o outro, absorvendo aromas de fumaça das diferentes madeiras. O processo de envelhecimento dá ao vinagre um toque defumado, estabelecendo ligações aromáticas com ingredientes como aspargos, beterraba, chocolate amargo e parmigiano reggiano.

Combinação clássica: vinagre balsâmico e morango
Algumas gotas de vinagre balsâmico extra vecchio sobre morangos frescos é a combinação perfeita de sabores. As notas doces, azedas e fortemente picantes do vinagre balsâmico contrastam com a doçura da fruta e realçam as notas cítricas e florais presentes nos morangos.

Combinação clássica: vinagre balsâmico, azeite de oliva e pão
Algumas pessoas afirmam que mergulhar o pão em um pratinho de azeite de oliva e vinagre balsâmico é tipicamente italiano, outras dizem que é coisa de americano, mas, seja como for, é uma deliciosa combinação de ingredientes.

Combinações de ingredientes com vinagre balsâmico

morango gariguette
- vinagre de xerez reserva
- licor maraschino
- azeitona preta picual
- quinoa cozida
- leitelho
- ervilhas cozidas
- cheddar suave
- suco de tomate fresco
- kiwi
- chocolate branco

croûtons de pão de trigo
- vinagre balsâmico tradicional
- pimenta habanero verde
- beterraba assada
- mostarda
- batata-doce assada
- casca de laranja
- tangerina
- morango
- sementes de cardamomo
- feijão-fradinho cozido

armanhaque
- chocolate ao leite
- cheddar maturado
- gochujang (pasta coreana de pimenta vermelha)
- pasta de praliné de amêndoas e avelãs
- baguete
- ameixa-japonesa (umê)
- quinoa cozida
- água de coco
- vinagre balsâmico
- banana

massa folhada
- caranguejo-voador assado (*Liocarcinus holsatus*)
- pimenta-rocoto
- tahine
- vinagre balsâmico
- molho de soja escuro
- lagosta cozida
- chá darjeeling
- queijo provolone
- folha de feno-grego
- porcini seco

ameixa
- páprica doce em pó
- vinagre de xerez reserva
- batata-doce assada
- castanha-de-caju torrada
- bife assado no forno
- caviar
- gruyère
- chicória (endívia-belga)
- pepino
- tainha-olhalvo pochê

queijo maroilles
- morango
- granadilha
- licor de melão
- vinagre balsâmico
- lebre assada
- abacaxi
- pétalas de rosas frescas comestíveis
- presunto ibérico (jamón 100% ibérico de bellota)
- pregado grelhado
- amêijoas cozidas

Combinação em potencial: vinagre balsâmico e acerola
A acerola é uma fruta suculenta, parecida com a cereja, com casca vermelha e polpa amarela, nativa das Américas Central e do Sul. Rica em vitamina C e com alta capacidade antioxidante, é considerada um superalimento. É consumida mais frequentemente na forma de suco.

Combinação clássica: vinagre balsâmico e vagem
Experimente finalizar legumes recém-salteados ou fritos na frigideira com algumas gotas de vinagre balsâmico – ele dá um toque refrescante. A vagem (ver página 318) e o vinagre balsâmico compartilham alguns aromas vegetais e de cogumelos, além de notas ácidas e de queijo.

acerola
- mascarpone
- capim-limão
- macadâmia torrada
- melão
- bacon frito na frigideira
- beterraba frita na frigideira
- cordeiro grelhado
- azeitona preta picual
- vinagre balsâmico
- chocolate ao leite

cerveja belgian white
- pasta de curry madras
- suco de morango
- almond thins (biscoitos de amêndoa belgas)
- pão multigrãos
- chouriço espanhol
- vinagre balsâmico
- linguado-limão braseado
- abóbora cozida
- solha europeia assada
- vagem cozida

mangaba
- carne de veado
- casca de cássia (canela-da-china)
- pimenta-do-reino em pó
- morango
- vinagre balsâmico
- chocolate amargo
- uva-passa
- alcaçuz
- pombo selvagem frito na frigideira
- muçarela de búfala

folhas do topo do repolho (cabbage tops)
- queijo majorero semicurado
- filé de bacalhau pochê
- vinagre balsâmico
- vieira assada
- salsicha bávara frita
- pimenta ají panca
- café arábica recém-preparado
- champignon frito na frigideira
- gema de ovo cozido
- baunilha-do-taiti

Ingrediente · Vinagre balsâmico

Vagem

As pirazinas conferem à vagem crua seu aroma terroso e verde, que é alterado por qualquer forma de processamento térmico.

Conhecida por diferentes nomes ao redor do mundo, a vagem é um feijão verde envolto em uma capa fibrosa. As variedades cultivadas comercialmente hoje em dia foram selecionadas para que a capa não precise ser removida antes do consumo.

Esse legume está disponível em uma gama de cores, formatos e tamanhos, variando entre os macios e verdes *haricot verts* – o favorito dos chefs –, a larga e achatada vagem italiana da variedade romano e os pálidos e amarelos wax beans e outros tipos de feijão-trepadeira, como os yardlongs vermelhos ou a vagem roxa, rica em antocianina.

A vagem é descendente do feijão-comum, *Phaseolus vulgaris*, uma trepadeira nativa do México e do Peru que ainda existe na natureza. Há evidências de que milhares de anos atrás povos nômades já a cultivavam, espalhando-a pelas Américas Central e do Norte. Os colonizadores portugueses levaram a vagem à África e à Europa no século XVI, e hoje ela é um importante alimento cultivado em boa parte do mundo.

Quando pensamos na vagem, o que visualizamos na verdade é a leguminosa ainda verde. Se ela for deixada para amadurecer, as sementes internas incham e a casca externa seca e deixa de ser comestível. Os feijões maduros são surpreendentemente variados quanto a sabor, cor e tamanho, dependendo do tipo: o feijão-vermelho, o feijão flageolet (feijão-branco francês) e o pinto beans, por exemplo, são todos variedades do feijão-comum, assim como o feijão-preto, o feijão-fradinho e o feijão-branco.

No entanto, existem outros feijões comumente encontrados que, embora sejam visualmente parecidos com os feijões da vagem, não são relacionados a ela – aí se incluem o feijão-da-espanha (*Phaseolus coccineus*) e o feijão-chato (*Vicia faba*), mais conhecido como fava, que, supõe-se, é originário da Ásia.

Assim como outros legumes, a vagem contém substâncias químicas chamadas lectinas (especificamente a fitoemaglutinina), que são produzidas pela planta para tornar suas folhas e favas impalatáveis para as pragas. Infelizmente, isso também pode causar problemas para nós, humanos, se a vagem não tiver sido suficientemente cozida (é necessária uma temperatura de 100 °C para eliminar a substância). A quantidade de fitoemaglutinina muda de acordo com a variedade do feijão: por exemplo, o feijão-vermelho contém níveis muito altos e deve ser deixado de molho e fervido antes do consumo; já a vagem tem a toxicidade bem mais baixa. Muitos comem a vagem crua sem sofrer efeitos adversos, mas há muitos registros de indivíduos hipersensíveis. Para estes, uma porção de vagens cruas pode causar uma grave intoxicação alimentar em poucas horas.

- Teste a qualidade da vagem dobrando algumas das favas. Se estiverem frescas e macias, elas irão partir facilmente.

- Para muitos americanos, o Dia de Ação de Graças não seria o mesmo sem a caçarola de vagem, um prato de vagens assadas em um creme de sopa de cogumelos e coberto com cebolas fritas crocantes.

- Experimente empanar a vagem com a massa de tempurá japonesa, servida com um pouco de curry em pó e sal e um pouco de suco de limão-siciliano.

- Na Bélgica, a clássica salada liégeoise é feita com vagem cozida, batata assada, bacon frito, um ovo cozido com gema mole e chalotas misturadas com um molho vinagrete francês.

Vagens cozidas

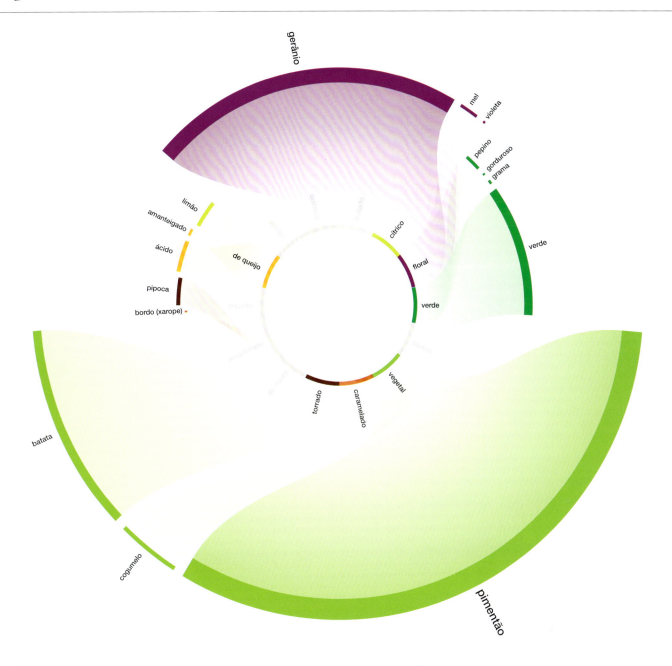

Perfil aromático das vagens cozidas

O sabor verde e terroso da vagem é determinado pelas pirazinas. O aroma é complementado por moléculas verdes, com cheiro semelhante ao de cogumelos e gerânio. A diferença de sabor entre a vagem crua e a cozida é pequena. O processamento térmico causa uma redução na concentração do (Z)-3-hexenal, verde com aroma de grama, e do (E,Z)-2,6-nonadienal, com aroma de pepino, bem como da 1-penten-3-ona, o que confere pungência à vagem crua.
A perda de frescor decorrente do cozimento leva a um aumento do aroma de batata cozida, que vem do aumento dos metionais.

Combinação clássica: vagem cozida e azeite de oliva
A vagem cozida e o azeite de oliva contêm muitas notas de aroma verde e, portanto, têm várias moléculas verdes em comum – gordurosas, de pepino e de grama. Como esses dois ingredientes também foram processados de alguma forma, eles compartilham algumas moléculas vegetais com aroma semelhante ao de cogumelos e batatas.

Combinação em potencial: vagem cozida e folha de manto-de-dama
As folhas verdes jovens de manto-de-dama (*Alchemilla vulgaris*) podem ser usadas cruas em saladas, como uma alface, ou cozidas, como espinafre, enquanto as folhas secas são usadas para fazer infusões de ervas. O manto-de-dama é anti-inflamatório e adstringente e há muito tempo é usado por herbalistas para estimular o sistema digestivo, regular a menstruação e aliviar cólicas estomacais.

Combinações de ingredientes com vagens

azeite de oliva extravirgem picual
- couve-flor
- beterraba assada
- queijo manchego
- coulis de pimentão vermelho
- raspas de limão-siciliano
- leite de coco industrializado
- ginja
- robalo europeu assado
- carne maturada a seco (dry-aged)
- favas cozidas

folhas de manto-de-dama
- daikon
- laranja vermelha tarocco
- melão
- sumagre
- cenoura
- grana padano
- vagem cozida
- filé de bacalhau pochê
- bacon assado no forno
- menta

vermute doce
- amora
- noz-pecã
- vagem
- chá de jasmim
- folha de videira em conserva
- melão japonês (melão miyabi)
- faisão frito na frigideira
- queijo vacherin
- manjericão
- chocolate amargo

jus de vitela reduzido
- batata-doce roxa cozida
- favas cozidas
- casca de cássia (canela-da-china)
- morango victory
- cogumelo matsutake cozido
- maracujá
- arroz integral cozido
- manga alphonso
- purê de alho negro
- carne de veado frita na frigideira

folhas de mostarda cozidas no vapor
- lentilhas verdes
- alga *Gracilaria carnosa*
- maçã golden delicious
- presunto curado a seco
- cogumelo-ostra seco
- mel de lavanda
- creme de leite
- alcachofra cozida
- vagem cozida
- abobrinha grelhada

berinjela cozida
- sépia braseada
- filé de costela suína assado no forno
- camarão cinza
- vagem cozida
- tamarindo
- sementes de cardamomo
- favas cozidas
- frango assado
- folha-de-ostra
- cheddar maturado

Combinação em potencial: vagem cozida e pão de fermentação natural de São Francisco

Na Califórnia, o pão de fermentação natural tem suas raízes na Corrida do Ouro do final da década de 1840. Os mineiros dependiam tanto de leveduras naturais para fazer pão que chegavam a ponto de abraçá-las à noite para mantê-las vivas no frio. Um padeiro de São Francisco combinou a levedura da massa fermentada local com um pão de estilo francês, e o pão resultante deve seu sabor às bactérias específicas encontradas na cidade.

Prato clássico: macarrão com vagens, batata e pesto

Uma das maneiras mais tradicionais de comer pesto de manjericão na Ligúria, a terra natal do pesto alla genovese, é servi-lo com massa (ver página 322), batatas e vagens. O ideal é utilizar o trofie, um tipo de massa da região em forma de espiral.

pão de fermentação natural de São Francisco
- banana-da-terra
- gengibre fresco
- salmão do atlântico defumado
- alface-lisa
- anis
- pimenta-do-reino em grãos
- pistache
- tainha-vermelha pochê
- orégano
- ostra

crisps de batata
- vieira
- sépia braseada
- maçã redlove
- broto de humulus (broto de lúpulo)
- gruyère
- azeite de oliva extravirgem picual
- queijo fourme d'ambert
- filé de peito de frango frito
- repolho roxo
- vagem cozida

flor de canola
- edamame
- molho de soja escuro
- creme de leite duplo
- queijo de cabra
- mel de eucalipto
- baunilha-do-taiti
- favas cozidas
- salmão do atlântico defumado
- faisão frito na frigideira
- pimenta-rocoto

sardinha salgada
- trufa de verão
- freekeh cozido
- queijo de cabra
- geleia de cupuaçu
- abóbora cozida
- vagem cozida
- abobrinha grelhada
- morango
- salsifi-negro cozido
- folhas de cominho secas

koshian (pasta de feijão-vermelho)
- queijo manchego
- pistache torrado
- manga keitt
- vagem
- groselha-negra
- porcini seco
- carne maturada a seco (dry-aged)
- cacau em pó
- chá darjeeling
- vinagre de xerez reserva

Massas de grano duro

Tipicamente, as massas italianas são feitas misturando a farinha de trigo durum ou de semolina com água e/ou ovos para formar uma massa não fermentada, que é então extrudada em formatos específicos. Quando a massa é cozida, muitas das notas frutadas encontradas no trigo durum são substituídas por aldeídos verdes e gramíneos.

Durum, em latim, significa "duro" e designa a espécie mais dura do trigo. A consistência delicada e a grande quantidade de proteína dessa farinha fina e amarelada dão elasticidade aos tipos maleáveis de massa, como a lasanha e o espaguete. A farinha de semolina, por sua vez, tem uma textura mais grossa e é usada para fazer massas duras, que aguentam cozimentos longos sem perder o formato. Dependendo do tipo de massa que uma receita use, você também pode combinar o trigo durum com uma farinha mais mole, como a farinha de trigo, para chegar a uma massa mais elástica. Ao fazer ravioli, por exemplo, você poderia usar três partes de trigo durum para uma parte de farinha de trigo.

Há massas em uma gama aparentemente incontável de formatos e tamanhos: algumas fontes citam ao menos trezentas variedades específicas de massa fresca ou seca, das longas tiras do fettuccine, espaguete e capellini a tipos mais curtos, como rigatoni, penne, fusilli e maccheroni (de onde vem o termo coloquial "macarrão") e os diminutos formatos *pastina*, como a fregola, o orzo e a acini di pepe. Há também as massas frescas, como a pappardelle ou a sedosa mandilli di seta, para nomear apenas duas, que parecem um lenço. Existem ainda muitas outras variedades regionais menos conhecidas.

Existem três tipos básicos de massa: *pasta corta* (massa curta), que inclui todos os formatos menores; *pasta lunga* (massa longa), que pode vir em fios ou em folhas; e *pasta ripiena* (massa recheada). Qualquer formato descrito como *rigate* tem sulcos, enquanto as *lisce* são lisas.

Cada formato foi desenvolvido para complementar determinado tipo de molho, muitos dos quais são especialidades regionais italianas. Enquanto muitas massas vêm de tradições passadas de geração em geração, alguns formatos só se tornaram possíveis por técnicas industriais de produção. Por exemplo, os métodos modernos de extrusão permitiram o desenvolvimento de complexas formas tridimensionais que são excelentes para conter o molho, como o fusilli (espirais) e o radiatori (assim chamado por se parecer com um radiador antigo). Nos anos 1980, houve até um formato complexo criado pelo designer do carro DeLorean, Giorgetto Giugiaro. Semelhante à forma das ondas do mar, o formato foi pensado para maximizar a capacidade da massa de segurar o molho. Chamada de marille, ela infelizmente se provou complicada demais para cozinhar de forma uniforme e não agradou ao público.

Quando se trata de fazer massas, a escolha da farinha faz toda a diferença. Independentemente de a farinha ser de trigo durum ou de semolina, a chave é usar uma de boa qualidade, pois sua composição de voláteis tem papel fundamental no sabor da massa.

- Muitos pratos italianos clássicos de massa não pedem mais do que um punhado de ingredientes. Normalmente servido com penne, um molho arrabbiata consiste em tomate, azeite de oliva, alho e pimenta calabresa. Um molho pesto básico se faz com manjericão fresco, alho, nozes variadas, azeite de oliva e parmigiano reggiano ou pecorino romano.

- Cozinhar uma massa demanda muita água porque os álcoois da farinha são altamente solúveis em água. Uma boa proporção para começar é de 1 litro de água para cada 100 g de massa.

Perfil aromático relacionado: trigo durum
O trigo durum tem um perfil de sabor distintamente frutado com nuances cítricas, herbais e de cogumelo. Algumas variedades também podem apresentar notas cremosas ou de nozes.

Pane di Altamura – pão artesanal feito com trigo duro
Na região de Puglia, na Itália, algumas padarias artesanais usam farinha de trigo durum cultivada localmente, fermento, sal marinho e água da região para produzir o pane di Altamura, um pão de sabor único, exterior crocante e espesso e textura interna úmida e mastigável que o tornaram o único pão a receber a Denominação de Origem Controlada (DOC), uma distinção compartilhada com outros produtos italianos como a muçarela de búfala, o parmigiano reggiano e o azeite de oliva.

Massa de grano duro cozida

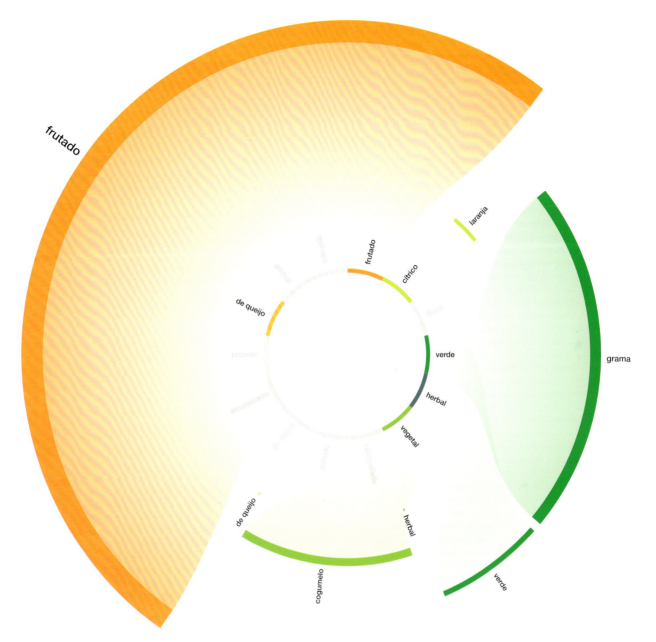

Perfil aromático da massa de grano duro cozida

A degradação e a oxidação dos ácidos graxos ocorridas durante a fabricação da massa e seu cozimento provocam a produção de novos compostos voláteis. A massa cozida contém mais aldeídos verdes com aroma de grama do que o trigo durum; à medida que os álcoois da massa se dissipam na água de cozimento, o número de ésteres frutados e notas torradas começa a diminuir. Notas florais e de especiarias também são encontradas na massa cozida (conforme indicado na tabela de combinações).

Prato clássico: espaguete à carbonara

Esse clássico italiano rápido e simples pede pancetta, gemas de ovos, pecorino romano e pimenta-do-reino moída na hora.

Combinação em potencial: massa e linguado-limão

O linguado-limão pochê e a massa cozida estão ligados por notas de aroma verdes gramíneas e vegetais de cogumelo. Para uma receita rápida e fácil, combine pedaços de linguado-limão pochê, caldo de peixe, raspas de limão-siciliano e salsa picada com uma massa cozida e regue com azeite de oliva para servir.

Combinações de ingredientes com massa

Ingrediente: Massas de grano duro

ovo mexido — frutado, cítrico, floral, verde, herbal, vegetal, caramelado, torrado, de nozes, amadeirado, picante, de queijo, animal, químico
- lagostim cozido
- couve-flor cozida
- cebola
- molho de pimenta
- emmental
- maçã cox's orange pippin
- croûtons de pão de centeio
- pão de trigo
- microverdes de shissô
- folhas de coentro

linguado-limão pochê
- plumcot
- couve-flor
- tâmara
- folhas de coentro
- yuzu
- salada mesclun
- suco de caju
- presunto serrano
- tomate em lata
- abóbora cozida

salsa-japonesa
- massa cozida
- carne de veado frita na frigideira
- peito de pato frito na frigideira
- ervilhas cozidas
- folhas de aipo
- amêndoa assada
- folhas de limão-makrut
- melão
- alga *Codium*
- molho de maçã

fruta-do-conde (pinha)
- pastinaca cozida
- amora
- folhas de nabo ao vapor (cime di rapa)
- filé de bacalhau pochê
- manjericão
- folhas de coentro
- pimenta-da-jamaica
- bacon frito na frigideira
- raiz de salsa
- massa cozida

raspas de satsuma
- romã
- folhas de limão-makrut
- folhas de aipo
- pão de centeio de fermentação natural
- água tônica
- avelã
- goiaba
- massa cozida
- chá verde
- folhas de coentro

alcaçuz
- morango
- manteiga
- bleu d'auvergne
- cordeiro grelhado
- suco de baga de sabugueiro
- mezcal
- amêndoa torrada com óleo
- pera conference
- massa cozida
- endro

Prato clássico: spaghetti alle vongole
O spaghetti alle vongole é feito com amêijoas, alho, pimenta-do-reino e salsa fresca – ou manjericão e tomate no sul da Itália.

Combinação clássica: massa e alcachofra
Massas e alcachofras (ver página 326) são ligadas por notas aromáticas frutadas e verdes – complemente com raspas de limão-siciliano e salsa picada ou com outros vegetais, como espinafre, aspargos verdes ou cogumelos; para dar mais sabor, use alcaparras ou azeitonas pretas ou verdes.

amêijoas cozidas
- folhas de aipo
- batata-doce assada
- pimenta-rocoto
- castanha-de-caju torrada
- amora
- cacau em pó
- chá verde
- frango assado
- goiaba
- pak choi

cogumelo cep
- canela
- suco de romã
- loganberry
- caranguejo-peludo-chinês cozido
- macadâmia torrada
- carne maturada a seco (dry-aged)
- berinjela grelhada
- lichia
- alho-poró cozido no vapor
- peito de pato frito na frigideira

mel de eucalipto
- peru assado
- massa cozida
- pato assado à pequim
- cereja rainier
- couve-flor cozida
- cenoura
- pak choi frito
- pistache torrado
- lagostim
- lagosta cozida

cravo-da-índia
- pregado pochê
- ossobuco assado
- folhas de limão-makrut
- figo
- gorgonzola
- banana
- massa cozida
- alcachofra cozida
- cordeiro grelhado
- acerola

Ingrediente · Massas de grano duro · 325

Alcachofra

A alcachofra crua tem um perfil aromático surpreendentemente complexo, formado por notas verdes, herbais, amadeiradas de cogumelo e até frutadas e florais de rosas com toques picantes de cravo. Cozinhá-la traz à tona notas torradas e carameladas adicionais.

A alcachofra provavelmente originou-se na Sicília, e há indícios de sua presença desde a Antiguidade clássica, quando uma variedade mais silvestre e espinhosa da alcachofra-globo (ou francesa) de hoje era cultivada por gregos e romanos, no século VIII a.C. Na Idade Média, o botão da flor comestível da alcachofra – seu núcleo, também chamado de coração, e suas folhas, também chamadas de brácteas – fez sucesso entre os árabes, que levaram a planta até o sul da Espanha, onde seu nome árabe *al-karsufa* virou *alcachofa*, em espanhol. Daí, a popularidade da flor se espalhou pelo restante da Península Ibérica e por toda a Europa ocidental. Supõe-se que Catarina de Médici apresentou o *articiocco* italiano à corte francesa no século XVI, e a partir da França a alcachofra chegou até as costas americanas no século XVIII.

Há muito tempo a alcachofra tem a reputação de ser um afrodisíaco, crença que se origina de uma lenda grega. O deus Zeus estava tão apaixonado por Cynara, uma bela jovem, que a transformou em deusa, mas um dia ela voltou à Terra para visitar a mãe. Quando Zeus soube disso, a puniu enviando-a de volta ao mundo dos mortais na forma de um cardo espinhoso – o que explica o nome da alcachofra em latim: *Cynara scolymus*. Pode ser que a história de Cynara tenha completado seu ciclo em 1948, quando outra bela jovem, Norma Jeane Baker (conhecida depois como Marilyn Monroe), foi a primeira a ser coroada a Rainha da Alcachofra em um festival agrícola na Califórnia.

Existem duas plantas sem parentesco com a *Cynara scolymus* que também são conhecidas como alcachofra devido à semelhança entre seus perfis de sabor — a alcachofra-de-jerusalém (*Helianthus tuberosus*) e a alcachofra-chinesa (*Stachys affinis*), às vezes chamada de crosne. Em ambas as plantas, a parte comestível é o tubérculo da raiz da planta.

- O Cynar é um licor italiano agridoce feito com folhas de alcachofra e outros ingredientes botânicos. Ele fornece uma agradável complexidade quando combinado com outros ingredientes, como o uísque de centeio e o vermute doce no amargo cin-cyn, uma versão do negroni.

Sopa de alcachofra com cogumelo chantarela

Receita do Foodpairing

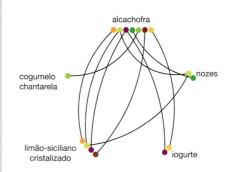

Esta sopa se inspira no *artichauts à la barigoule* provençal, um clássico prato de primavera com corações de alcachofra assados no azeite de oliva, vinho branco, água, verduras e ervas. A textura oleosa do azeite de oliva, assim como a doçura das cenouras e das cebolas, ajuda a amenizar o sabor amargo da alcachofra.

Em uma panela grande, salteie cebola, alho, cenoura, aipo e alho-poró com tomilho e uma folha de louro. Adicione os corações de alcachofra, o vinho branco e o caldo de legumes e cozinhe em fogo baixo até que as verduras estejam macias, então acrescente o azeite de oliva e as anchovas no lugar do sal. Bata a mistura até ficar uniforme. Sirva a sopa de alcachofra com uma colherada de iogurte, nozes picadas e casca de limão-siciliano cristalizada para adicionar um toque de doçura cítrica. Finalize com os cogumelos chantarela salteados.

Alcachofra

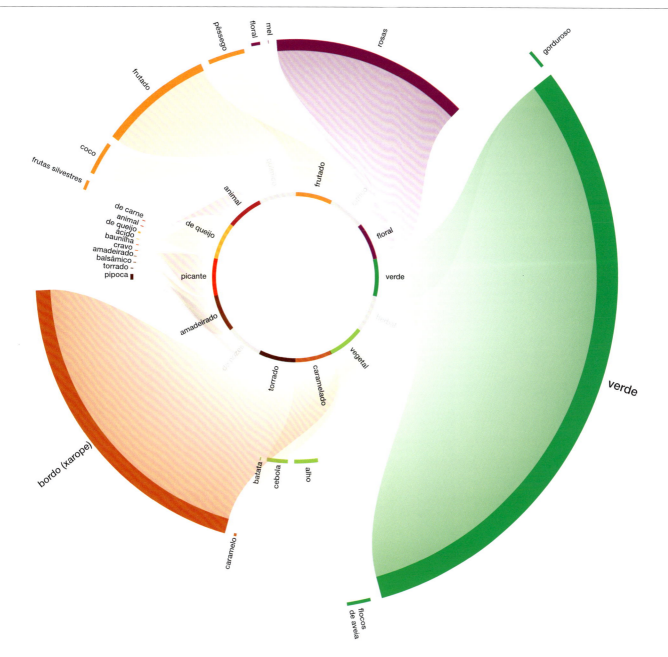

Perfil aromático da alcachofra

As notas florais das alcachofras cozidas têm uma nuance frutada e cítrica, o que as torna deliciosas quando servidas com um pouco de limão-siciliano fresco ou com um fiozinho de vinagre de vinho. Os compostos frutados da alcachofra também são normalmente encontrados em cervejas e em certos peixes e frutos do mar, como bacalhau, linguado, camarão, caranguejo e mexilhões. As moléculas aromáticas torradas e caramelizadas formadas pelo cozimento da alcachofra permitem combiná-la com outros ingredientes fritos ou torrados, como chá preto, café, baguetes, ciabatta, bacon frito e até mesmo bife de filé-mignon.

Combinação de receitas: alcachofra, casca de limão-siciliano cristalizada e chantarela

A casca de limão cristalizada dá à sopa de alcachofra (ver página 326) uma nota cítrica brilhante e um toque de doçura. Finalize esse prato com chantarelas salteadas e nozes picadas para acrescentar interesse: as notas de nozes e terrosas proporcionam uma dimensão adicional de sabor.

Prato clássico: carciofi alla trapanese

Carciofi alla trapanese é um prato tradicional siciliano de alcachofras braseadas recheadas com uma mistura de farinha de rosca, parmigiano reggiano ou pecorino romano, alho, salsa, azeite de oliva e vinho branco.

Combinações de ingredientes com alcachofra

casca de limão-siciliano cristalizada
- pimenta habanero verde
- suco de romã
- couve
- salsifi-negro cozido
- couve-flor cozida
- parmigiano reggiano
- lentilhas verdes cozidas
- tainha-vermelha pochê
- casca de cássia (canela-da-china)
- manjericão

pão de grãos integral
- sardinha
- mezcal
- mexilhões cozidos
- caviar
- melão
- solha europeia assada
- peru assado
- chocolate branco
- café recém-coado
- salchichón

chantarela
- amora
- batata yacón
- funcho-do-mar
- tangerina
- folhas de coentro
- alecrim
- beterraba descascada cozida
- camarão cinza assado
- aspargos verdes grelhados
- galanga-grande

amora marion
- manga alphonso
- pasta tikka masala
- chá darjeeling
- lebre assada
- suco de romã
- licor maraschino
- bebida de aveia
- champignon frito na frigideira
- gochujang (pasta coreana de pimenta vermelha)
- pimenta ají mirasol

creme azedo
- aipo cozido
- tomate italiano
- repolho verde
- alcachofra cozida
- bacon defumado
- gruyère
- mexilhões cozidos
- pepino
- manga
- salmão pochê

amaretto
- chocolate branco
- folhas de mostarda cozidas no vapor
- mel de lavanda
- castanha assada
- ostra
- presunto curado a seco
- batata yacón
- ameixas secas de agen
- alcachofra cozida
- barriga de porco assada

Combinação clássica: alcachofra e carne grelhada
A tagliata de carne bovina consiste em fatias de carne grelhada servidas com folhas de salada mistas, geralmente uma salada de rúcula e parmigiano reggiano temperada com suco de limão-siciliano e azeite de oliva. Para dar um toque especial a esse clássico, adicione alcachofras fritas e grelhe a carne em madeira de cerejeira.

Combinação em potencial: alcachofra, asa de arraia e avelã
A alcachofra cozida contém algumas notas torradas que também estão presentes nas avelãs torradas (ver página 330). E as moléculas aromáticas que cheiram a pipoca encontradas na alcachofra também aparecem na asa de arraia pochê. Para aproveitar ao máximo essas ligações aromáticas, cozinhe o peixe com crosta de avelã no forno e sirva com alcachofras salteadas.

filé de costela grelhado
- abobrinha grelhada
- tomilho
- pétalas de rosas frescas comestíveis
- morango gariguette
- páprica doce em pó
- flor de borragem
- fumaça de cerejeira
- pepino
- alcachofra cozida
- estragão

asa de arraia pochê
- açafrão
- marmelo cozido
- malte
- licor de cereja
- café robusta torrado em grãos
- damasco
- alcachofra cozida
- caranguejola cozida
- avelã torrada
- favas cozidas

cidra
- coco
- queijo flor de guía
- biscoito speculoos
- orégano
- quiabo frito na frigideira
- pimenta ají panca
- pato assado à pequim
- alcachofra cozida
- flor de hibisco seca
- salmão do atlântico defumado

bebida de amêndoa
- nectarina
- carne de caranguejo cozida
- carne maturada a seco (dry-aged)
- solha assada
- banana-da-terra
- alcachofra cozida
- chocolate branco
- pasta tikka masala
- barriga de porco assada
- arroz basmati cozido

Avelã

As avelãs cruas têm um aroma verde semelhante ao do pimentão. Elas recebem seu sabor de nozes e seu cheiro característico de avelã de moléculas aromáticas conhecidas como cetonas.

As avelãs podem ser consumidas cruas, torradas ou como uma pasta batida. Hoje em dia, são incorporadas a uma variedade de pratos doces e salgados ou como aromatizante para o café.

Como a maioria das nozes, as avelãs têm um alto teor de gordura e, portanto, ficam rançosas rapidamente se não forem refrigeradas ou congeladas. Mas elas podem ser facilmente renovadas se levadas ao forno por alguns minutos, para que qualquer traço de umidade evapore.

A avelã é o fruto de árvores do gênero *Corylus*. Em geral, as variedades disponíveis comercialmente são de uma espécie nativa da Eurásia, a *Corylus avellana*, que se diferencia por uma capa verde com textura de papel que cobre parte da casca. A casca torna-se marrom conforme amadurece. A variedade *Corylus maxima* é a menos encontrada. Sua casca se estende de forma a cobri-la completamente, e a noz é menor e menos esférica.

Quando consumidas frescas, as avelãs têm uma textura suculenta e crocante, além de um sabor doce e suave. Uma variedade chamada kentish cob é vendida quase que exclusivamente dessa forma.

Ao amadurecer, a textura da avelã se torna mais firme e o sabor se desenvolve. A torrefação altera os compostos aromáticos, dando às avelãs um sabor mais robusto e característico de nozes.

A pele da avelã sem casca pode ser bastante amarga, mas é simples removê-la. Encha uma panela com água até a metade e leve para ferver. Adicione de 2 a 3 colheres de sopa de bicarbonato de sódio e as avelãs cruas e sem casca. Escalde-as por 4 minutos, depois escorra a água e deixe as avelãs de molho em água fria. As peles devem ficar mais fáceis de retirar.

- A gianduia foi inventada no norte da Itália no início do século XIX para compensar a escassez de cacau durante as guerras napoleônicas. Os chocolateiros em Turim começaram a misturar chocolate com avelãs moídas que eram cultivadas localmente, na região do Piemonte, para ampliar os suprimentos. Na década de 1860, a mistura doce de pasta de avelã torrada e cacau era conhecida como *cioccolato di Gianduja*, em homenagem a uma figura da *commedia dell'arte* que representava Turim e o Piemonte.

- No final da Segunda Guerra Mundial, o cacau estava novamente em falta. O chocolateiro italiano Pietro Ferrero começou a produzir blocos de pasta gianduia que podiam ser fatiados e consumidos com pão. Ele passou a desenvolver uma versão mais macia e cremosa, chamada "Supercrema Gianduja", que mais tarde foi rebatizada de Nutella.

Perfil aromático relacionado: avelã torrada
Torrar avelãs provoca um aumento na concentração de cetonas e a formação de outras moléculas aromáticas, como pirazinas, furanos, bases e aldeídos, o que dá a essas nozes seu distinto e característico aroma de avelã.

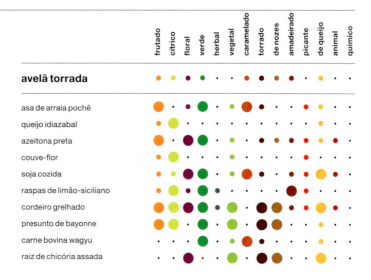

Avelã

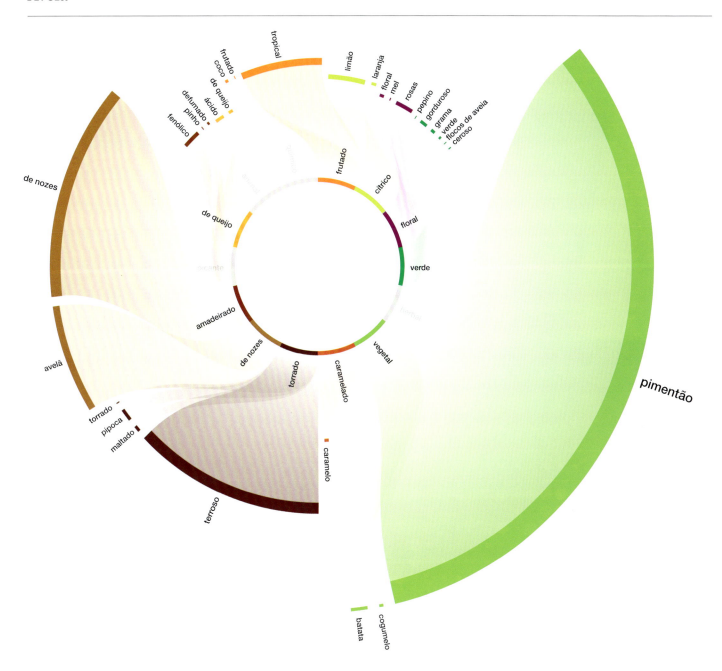

Perfil aromático da avelã

As avelãs contêm o composto de caráter filbertona, também conhecida como cetona da avelã. Como mencionado, as avelãs cruas têm um aroma vegetal semelhante ao do pimentão. Nas avelãs torradas, moléculas aromáticas como as pirazinas também são encontradas, em baixas quantidades.

Combinação em potencial: avelã e raiz de chicória torradas
Preparada em água quente como um café, a raiz de chicória torrada e moída tem um gosto semelhante ao do próprio café, mas com um sabor mais amadeirado e de nozes. No início do século XIX, os franceses começaram a misturar café com chicória para fazer com que os suprimentos caros durassem mais. O sabor da avelã combina bem com o do café – e também com o da chicória.

Combinação em potencial: avelã e abobrinha
Você pode fazer molhos no estilo pesto com todos os tipos de ingredientes: é possível complementar ou até mesmo substituir o manjericão por uma mistura de abobrinha e ervilhas (ou usar uma erva diferente), por exemplo, e substituir o pinoli por avelãs. Sirva esse pesto de avelã e abobrinha com macarrão, abobrinhas fritas na frigideira e parmesão ou pecorino ralado.

Combinações de ingredientes com avelã

raiz de chicória torrada
- pregado pochê
- chicharro
- muçarela de leite de vaca
- lichia
- matcha
- batata-doce roxa cozida
- pétalas de rosas frescas comestíveis
- presunto ganda
- carne maturada a seco (dry-aged)
- pak choi frito

abobrinha cozida
- avelã torrada
- uva-passa
- kiwi
- galinha-d'angola frita na frigideira
- chá preto
- erva-cidreira
- molho de peixe coreano
- foie gras de pato frito na frigideira
- mexilhões cozidos
- laranja

baguete
- pasta de praliné de avelã
- bergamota
- chá sencha
- folha de pandan
- sardinha salgada
- folha de shissô
- filé de salmão do atlântico
- vagem cozida
- lagostim
- óleo de semente de abóbora

xarope de bordo
- framboesa
- purê de avelã torrada
- batatas fritas
- carne maturada a seco (dry-aged)
- manga alphonso
- abóbora cozida
- molho de soja escuro
- cream cheese fresco
- pato selvagem frito na frigideira
- páprica em pó

uísque turfado
- água de coco
- avelã torrada
- aspargos verdes grelhados
- linguado assado
- presunto de bayonne
- peito de pato frito na frigideira
- tomate laranja
- cranberry
- uvas
- salmão pochê

limão-caviar
- avelã
- filé de bacalhau pochê
- beterraba frita na frigideira
- suco de baga de sabugueiro
- vodca de limão
- chocolate amargo
- muçarela de búfala
- couve
- pimenta-da-jamaica
- noz-moscada

Combinação em potencial: avelã e absinto (erva)
O absinto é uma planta com flores de cheiro doce nativa da região do Mediterrâneo. No norte da África, suas folhas aromáticas prateadas são adicionadas ao chá de menta, mas essa planta também é usada há muito tempo como erva medicinal.

Combinação em potencial: avelã e queijo
Nozes e queijo são uma combinação clássica – esses ingredientes têm em comum notas aromáticas vegetais e de queijo, e as avelãs crocantes (ou amêndoas) oferecem um contraste agradável para queijos macios e cremosos, como o brie (ver página 334).

absinto (erva)
- purê de gengibre
- flor de lavanda fresca
- avelã
- beterraba
- salame milano
- raiz de angélica seca
- casca de toranja
- abacate
- lichia
- nectarina

queijo majorero semicurado
- morango gariguette
- melão japonês (melão miyabi)
- marmelo cozido
- cogumelo morel
- ganso selvagem assado
- codorna frita na frigideira
- ameixa-japonesa (umê)
- carne de caranguejo cozida
- banana
- avelã torrada

cebola assada
- croûtons de pão de centeio
- espumante cava brut
- mel
- canela
- uva-passa
- beterraba
- bebida de soja
- saishikomi (molho de soja de fermentação dupla)
- pound cake
- avelã torrada

bebida de soja
- carne de veado frita na frigideira
- chá sencha
- chá de rooibos
- bacamarte assado
- faisão frito na frigideira
- maracujá
- berinjela grelhada
- favas cozidas
- chocolate amargo
- pasta de praliné de avelã

inhame cozido
- pasta de praliné de avelã
- baga de sabugueiro
- banana cavendish
- ganso selvagem assado
- pimenta ají amarillo
- chocolate amargo
- javali assado
- caranguejo-voador assado (*Liocarcinus holsatus*)
- aspargos brancos
- solha assada

Queijo brie

O brie amadurece de fora para dentro. À medida que as manchas de mofo começam a despontar na superfície do queijo, elas vão formando uma pele, ou casca. Essa casca viva quebra as gorduras e as proteínas internas, dando aos sólidos uma textura cada vez mais cremosa e fluida conforme o queijo amadurece.

O brie de meaux e o brie de melun são dois tipos artesanais de brie feitos com leite cru que o governo francês reconheceu oficialmente com a distinção Denominação de Origem Controlada (DOC). Muitas variedades de brie com maturação suave são produzidas e vendidas em todo o mundo. A maioria é feita com leite de vaca integral ou semidesnatado brevemente pasteurizado a cerca de 37 °C. O coalho e algum tipo de bactéria iniciadora são adicionados ao leite após esfriar. As bactérias fazem a lactose fermentar, formando ácidos láticos que reduzem o pH da mistura. Conforme as enzimas coagulam, as proteínas do leite formam a coalhada, que é transferida para moldes estéreis para drenar e assentar por cerca de um dia. Depois de suficientemente firmes, os queijos são salgados, inoculados com *Penicillium camemberti* e envelhecidos em um ambiente climatizado por, no mínimo, quatro semanas.

Os queijos em geral compartilham alguns ácidos de cadeia curta, como o ácido 3-metilbutanoico, além do ácido hexanoico e outros ácidos graxos de cadeia média, responsáveis pelo sabor que lhes é característico. Os queijos curados e macios feitos de leite de vaca são definidos pelos compostos de caráter 1-octen-3-ol (com seu odor de cogumelo), 2-feniletanol e acetato de 2-feniletila.

A aparência branca e mofada do brie é semelhante à de vários outros queijos macios franceses. A semelhança mais óbvia é com o camembert, um queijo feito com leite cru de vacas que pastam nos ricos campos da Normandia. Ao contrário do brie, o camembert geralmente é vendido como uma peça inteira – o camembert tem um diâmetro médio de apenas 10 cm; já uma roda de brie é muito maior – e, quando maduro, tem um sabor mais robusto e menos refinado. Saint-marcellin é um queijo pequeno semelhante ao brie da região francesa de Isère, com um sabor de nozes e fermentado e uma textura encorpada e derretida.

O brillat-savarin, por sua vez, foi desenvolvido no final do século XIX como um queijo de sobremesa superior. Na década de 1930, foi batizado em homenagem ao renomado gastrônomo francês Jean-Anthelme Brillat-Savarin. Com um teor de gordura de cerca de 40%, uma textura sedosa e aromas de trufas equilibrados por um sabor levemente ácido, é fácil entender a razão por trás do nome original, "délice des gourmets".

- O brie aux truffes é uma combinação clássica na qual uma roda inteira do queijo é cortada ao meio para fazer um sanduíche com uma mistura de crème fraîche batido com mascarpone e trufas negras picadas.

- Na Normandia, o gratin de pommes de terre au brie é semelhante ao clássico gratin dauphinois, mas combina batatas, alho, creme de leite duplo e noz-moscada com fatias de brie no lugar dos habituais queijos emmental e gruyère.

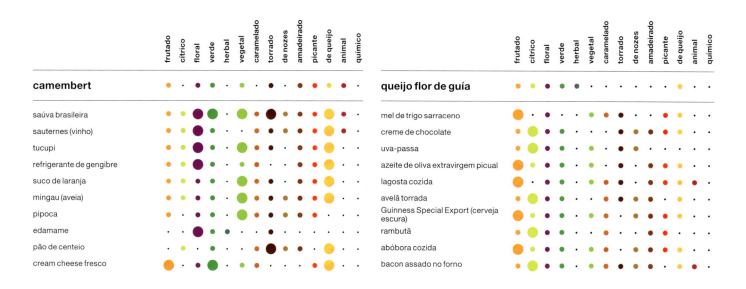

Queijo brie

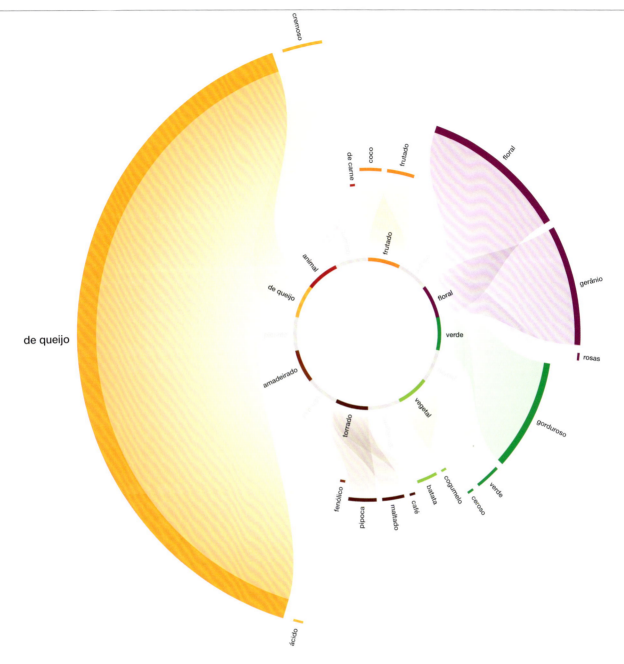

Perfil aromático do brie

A decomposição da lactose, os lipídios (ácidos graxos) na gordura do leite e a proteína caseína caracterizam os principais odores encontrados no brie. Outros fatores, como o tipo de leite usado e as variações no processo de maturação, também podem determinar o perfil aromático do queijo.

As notas com cheiro de cogumelo desenvolvem-se durante o processo de maturação do brie, à medida que o *Penicillium camemberti* se espalha para formar uma casca e os ácidos láticos começam a se decompor. Alguns dos principais descritores encontrados no brie são: queijo, cogumelo, batata cozida e maltado.

Combinação em potencial: brie e naranjilla
Também conhecida como lulo, a naranjilla é um tipo de fruta do noroeste da América do Sul. Tem um perfil de sabor tropical de abacaxi, com algumas nuances de aroma amadeirado, fenólico e herbal, semelhante à menta. Além de ser usada em bebidas (suco da fruta misturado com água e açúcar), a naranjilla é ótima para fazer geleias, sorvetes e xaropes ou ser transformada em vinho.

Combinação em potencial: camembert e ameixas secas de agen
O sorvete de camembert pode ser uma proposta incomum, mas que definitivamente vale a pena experimentar, em especial se combinado com ameixas secas de agen. Deixe as ameixas de molho em armanhaque (uma combinação divina), depois corte-as em pedaços pequenos e misture-as ao sorvete de camembert imediatamente antes de servir.

Combinações de ingredientes com brie e camembert

naranjilla
- pasta de soja
- brie
- caqui
- alho-selvagem
- molho de pimenta
- marmelo cozido
- alface-lisa
- avestruz frito na frigideira
- sépia braseada
- mexilhões cozidos

ameixas secas de agen
- folhas de nori
- camembert
- coelho assado
- raspas de limão-siciliano
- matcha
- toranja
- caldo de galinha
- repolho roxo
- avelã torrada
- ciabatta

creme de leite
- coco
- uva-passa
- manga haden
- cacau em pó
- camembert
- bacon frito na frigideira
- amêndoa
- brioche
- framboesa
- mel de trigo sarraceno

arroz jasmim cozido
- manga
- lichia
- truta arco-íris
- avelã torrada
- bacamarte assado
- brie
- sementes de papoula branca
- siri-azul
- amora
- presunto cozido

raiz de cálamo
- queijo de cabra
- iogurte de leite de vaca
- morango
- cheddar
- brie
- água de coco
- salsa-lisa
- suco de framboesa
- cogumelo cep
- flor de lavanda fresca

robalo europeu
- pimenta-rocoto
- fumaça de videira
- brie
- manga kent
- flor de borragem
- caldo de anchova
- leitelho
- saishikomi (molho de soja de fermentação dupla)
- queijo de cabra
- pão de trigo

Combinação em potencial: brie e folha de muña

A folha de muña é uma erva parecida com a menta que cresce nas terras altas e frias do Peru, onde é usada principalmente para temperar pratos como o chupe (um tipo de ensopado), sopas ou molhos. Ela também tem propriedades medicinais e é usada para fazer chás e tinturas.

Combinação em potencial: brie e framboesa

O brie e a framboesa (ver página 338) compartilham vários vínculos aromáticos – notas florais, de cereja, mel e caramelo. Esse queijo cremoso e gorduroso também funciona particularmente bem como um contraste à acidez doce da fruta.

Framboesa

Membro da família da rosa (as rosáceas), a framboesa tem um aroma azedo e frutado e fornece um agradável toque floral a drinques e sobremesas, assim como a receitas salgadas.

Cultivada inicialmente na Europa na Idade Média, a framboesa prospera em climas mais frios. Ela cresce abundantemente em arbustos nos jardins ou ocorre naturalmente nas florestas em partes do Pacífico Noroeste americano, do Canadá e da Europa. Embora conheçamos a framboesa mais como um cultivo agrícola, ela figura, ao lado de morangos, amoras e groselhas, no rol das "frutas da floresta".

A fruta silvestre é menor e menos carnuda do que as variedades de cultivo, porém tem um sabor intensamente doce. Caules de framboesa encontrados em cavernas pré-históricas revelam que ela vem sendo apreciada pelos humanos há milhares de anos. Começamos a cultivá-la em cerca de 1600, embora o cultivo mais abrangente só tenha começado no século XX. A fruta costuma ser vermelha, mas existem variedades amarelas, douradas, roxas ou mesmo pretas. A framboesa amarela costuma ser a mais doce de todas. Há também a amora-negra (*Rubus occidentalis*), nativa da América do Norte. Embora haja parentesco com a framboesa vermelha europeia, ela tem um sabor próprio e pode ser diferenciada da amora pela forma como o núcleo dentro da baga se solta da polpa.

O nome em latim da framboesa europeia, *Rubus idaeus*, provém de um mito grego. Diz-se que originalmente ela era branca e que sua cor vermelha se deve à vez em que a ninfa Ida, uma das amas do jovem deus Zeus, furou o dedo enquanto colhia a fruta, manchando-a de vermelho com seu sangue.

A framboesa deve ser colhida sempre madura, pois a fruta verde não amadurece depois de colhida. Por ser frágil, ela deve ser manuseada com cuidado e usada o quanto antes.

Embora associada a pratos doces, usar a framboesa em ketchups, relishes e saladas pode conferir a carnes e peixes uma dimensão inesperada. O suco funciona bem tanto para dar sabor quanto como uma bebida, que pode ser preparada primeiro lavando, depois aquecendo gentilmente a fruta até a fervura e então coando o líquido com um voal.

Framboesas congeladas são uma alternativa interessante aos cubos de gelo em drinques ou coquetéis gelados. O congelamento deve ser feito espalhando as frutas inteiras em bandejas para impedir que congelem grudadas; as que forem danificadas podem ser amassadas e peneiradas antes do uso.

- A loganberry é um híbrido de framboesa e amora. Ela é grande e suculenta, porém um pouco azeda. Uma versão mais doce, a tayberry, foi desenvolvida em 1979. Embora seu sabor seja excelente, ela não é cultivada comercialmente, pois sua colheita é muito difícil. Existe ainda a boysenberry, um cruzamento entre a framboesa, a amora e a loganberry. Diferentemente do que ocorre na framboesa, o núcleo se mantém na fruta em todos esses híbridos.

- O cheesecake de framboesa é a prova da afinidade natural da fruta com laticínios. Ela também dá um toque especial a brownies e outras sobremesas de chocolate.

- O Chambord é um licor feito com framboesas e conhaque aromatizado com baunilha, cascas de cítricos e mel.

- Existem fortes vínculos aromáticos entre a framboesa e a banana (ver página 340) – elas compartilham notas frutadas, cítricas, verdes, picantes e de queijo. Experimente servir panquecas de banana com calda de framboesa em vez de xarope de bordo.

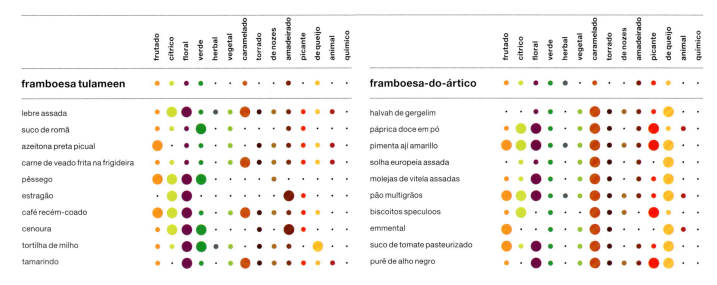

Framboesa

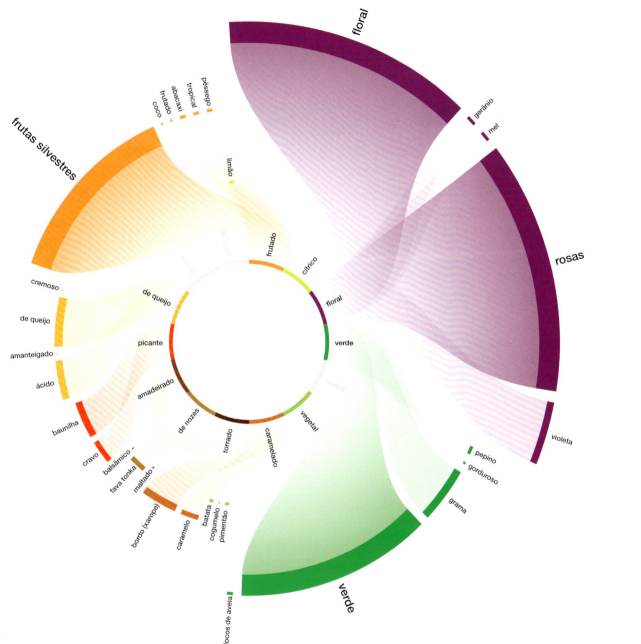

Perfil aromático da framboesa

As framboesas contêm uma grande quantidade de moléculas aromáticas florais (floral, rosa e violeta) que também são encontradas em mirtilos, amoras, melancias, cenouras, aspargos verdes, amêndoas e chás pretos e verdes. As cetonas dão a essas pequenas bagas vermelhas o aroma de framboesa madura; as amoras e os cranberries também contêm cetonas que lhe conferem um aroma de framboesa. As framboesas têm um aroma frutado de coco e pêssego em comum com outras frutas de caroço, queijo, leitelho, conhaque e rum, e seu aroma cítrico também está presente no maracujá, no coentro fresco, no capim-limão, na verbena-limão, na folha de limão-makrut, na huacatay (menta negra peruana) e no gengibre, bem como em frutas cítricas como laranja, limão e yuzu. Notas picantes de cravo indicam que as framboesas combinam bem com manjericão fresco, folhas de louro, pimenta ají mirasol, canela, sambuca e conhaque. Suas notas verdes e gramíneas estabelecem ligação aromática com damasco, maçã, abacate, alcachofra e berinjela.

Banana

Das 42 moléculas aromáticas que determinam a fragrância da banana, o composto acetato de isoamila é o que tem o cheiro mais próximo ao da fruta, embora seja um aroma mais frutado, de uma banana muito madura. Seu uso como aromatizante para produzir alimentos com sabor de banana é bastante comum.

Os humanos aprenderam a cultivar a banana na Papua-Nova Guiné há 5.000 a.C. Hoje, existem mais de mil variedades diferentes da fruta, mas impressionantes 44% de toda a banana consumida no mundo é de bananas cavendish, descendentes de uma planta propagada inicialmente na Inglaterra, em 1834, pelo jardineiro-chefe da Casa Chatsworth, a mansão de William Cavendish, o 6º duque de Devonshire, em Derbyshire. Mas foi somente em 1950, quando uma praga eliminou a variedade gros michel, que a cavendish a superou e se tornou a fruta mais popular do mundo. Hoje, a popular banana cavendish está em quarto lugar entre os cultivos mais valiosos do mundo, atrás do arroz, do trigo e do leite.

Com suas safras abundantes e sua "embalagem" natural e conveniente, não é de surpreender que a cavendish seja a fruta mais comercializada do mundo. Mais do que apenas um alimento do café da manhã, um lanche da tarde saudável ou uma sobremesa, a banana é uma fonte de energia importante e rica em nutrientes para muitas populações do mundo em estado de insegurança alimentar.

Infelizmente, o suprimento global de bananas cavendish pode estar sob ameaça. Uma nova cepa da doença do Panamá – o fungo que eliminou a variedade gros michel – foi descoberta, e há risco de que se espalhe rapidamente pelas plantações de banana. Existe um trabalho em andamento para desenvolver novas variedades resistentes à doença.

- O banana split americano consiste em três bolas de sorvete – baunilha, chocolate e morango – servidas entre duas metades de uma banana, regadas com calda quente de chocolate e morango e xarope de abacaxi. Essa variação extravagante do sundae é finalizada com chantilly, castanhas picadas e cerejas em conserva.

- O prato malasiano otak-otak é composto de pequenas porções de mousse de peixe e caranguejo misturadas com leite de coco e temperadas com pimenta, capim-limão, folhas de combava e cúrcuma, enroladas em folhas de bananeira.

- As folhas da bananeira também são usadas para envolver os tamales salvadorenhos, feitos com harina de maíz (farinha de milho) e recheados com frango desfiado, ovos cozidos, grão-de-bico, batata, alcaparras e a picante salsa roja.

Bolo de banana com gelato de doce de leite

Receita do Foodpairing

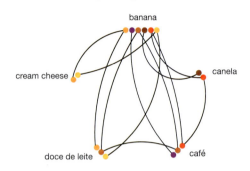

As notas quentes de gengibre e canela deste bolo de banana combinam bem com um gelato de caramelo de doce de leite. Para equilibrar a doçura e aprofundar o sabor, fizemos uma infusão de café colombiano na base do sorvete.

Sirva o bolo de banana com o sorvete de doce de leite e acrescente um fio de caramelo de café. Um crumble feito com café recém-moído adiciona uma textura crocante. Em seguida, acrescentamos alguns pontos de uma mousse de cream cheese para ajudar a completar os sabores e dar a essa sobremesa uma textura satisfatória e encorpada. Algumas fatias de banana fresca são um contraponto refrescante para os sabores torrados e caramelados desse preparo.

Banana

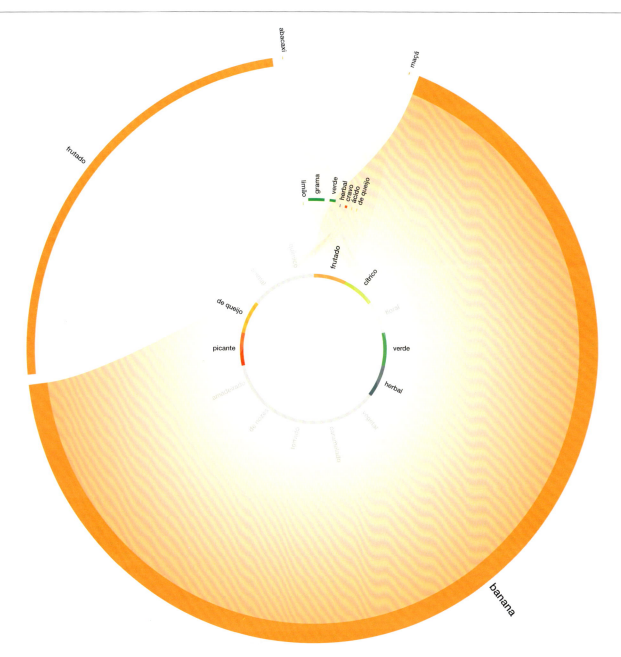

Perfil aromático da banana

O acetato de isoamila (também conhecido como acetato de isopentila) tem um aroma frutado e de banana excessivamente madura. Outros compostos, como o eugenol, que tem um aroma de cravo, completam o perfil geral de aroma frutado, verde, picante e até mesmo de queijo das bananas frescas. As notas de queijo ácido da banana têm uma qualidade suculenta, semelhante à de produtos fermentados como iogurte, massa de fermentação natural, kimchi, presunto ibérico e doenjang. A concentração de compostos voláteis em uma banana aumenta à medida que a casca começa a ficar marrom.

	frutado	cítrico	floral	verde	herbal	vegetal	caramelado	torrado	de nozes	amadeirado	picante	de queijo	animal	químico
banana (genérica)	·	·	·	●	·	·	·	·	·	·	●	●	·	·
mel de eucalipto	·	·	·	●	·	·	·	·	·	·	●	·	·	·
porcini seco	·	·	·	●	·	·	·	·	·	·	●	●	·	·
folhas de coentro	·	·	·	●	●	·	·	·	·	·	·	·	·	·
caranguejo-voador assado (*Liocarcinus holsatus*)	·	·	·	●	·	·	·	·	·	·	●	●	·	·
solha assada	·	·	·	●	·	·	·	·	·	·	·	·	·	·
gorgonzola	●	●	·	●	·	·	·	·	·	·	·	●	·	·
sálvia-roxa	·	·	·	●	·	·	·	·	·	·	●	·	·	·
lombo de porco frito na frigideira	●	·	·	●	●	·	·	·	·	·	●	●	·	·
codorna frita na frigideira	·	·	·	●	·	·	·	·	·	·	●	●	·	·
tomatillo cozido	·	·	·	●	●	·	·	·	·	·	●	·	·	·

Combinação em potencial: banana e queijo

A banana cavendish e o queijo sainte-maure compartilham os compostos aromáticos 2-heptanol (frutado, cítrico, floral) e 3-metil-1-butanol (frutado com nuance de banana). Experimente fazer um cheesecake de queijo de cabra e banana caramelizada ou cubra uma baguete com cream cheese e banana, regue com mel e finalize com uma pitada de pimenta ou coentro fresco.

Banana-passa

As bananas secas inteiras, também chamadas de bananas-passa, têm uma textura semelhante à das passas e podem ser consumidas como os outros tipos conhecidos de frutas secas: como lanche, picadas e misturadas ao iogurte, misturadas à granola caseira ou adicionadas a saladas.

Combinações de ingredientes com banana

banana cavendish
- alcachofra cozida
- solha assada
- folhas de coentro
- pimentão vermelho assado
- filé de peito de frango pochê
- vinagre de xerez
- queijo sainte-maure envelhecido
- salsifi-negro cozido
- ossobuco assado
- mirin (vinho doce de arroz japonês)

banana-passa
- sálvia-roxa
- bebida de amêndoa
- champignon
- salmão do atlântico defumado
- galinha-d'angola frita na frigideira
- pasta tikka masala
- espumante cava brut
- vinagre de xerez reserva
- baunilha bourbon
- tomatillo cozido

queijo pont l'evêque
- saishikomi (molho de soja de fermentação dupla)
- robalo europeu assado
- banana-nanica
- pimenta chipotle seca
- chá de rooibos
- cacau em pó
- azeitona preta picual
- menta
- bacon frito na frigideira
- cravo-da-índia

sálvia-roxa
- ameixa-brasileira
- pimenta-da-guiné
- sementes de abóbora assadas
- pepino
- mexilhões cozidos
- sumagre
- maçã golden delicious
- araçá-rosa
- purê de banana
- pregado

bacalhau seco salgado
- wasabi
- chips de banana
- chocolate branco
- lagosta cozida
- chá verde
- funcho-do-mar
- baechu kimchi
- capim-limão
- goiaba
- queijo fourme d'ambert

amora
- banana
- gorgonzola
- manga
- filé de peito de frango frito
- presunto de bayonne
- cauda de lagosta cozida
- pão multigrãos
- maracujá
- baechu kimchi
- azeitona verde

Combinação em potencial: banana e pétalas de rosa de damasco secas

As pétalas de rosa são comumente associadas a alimentos do Oriente Médio, como a delícia turca, ou usadas como ingrediente da harissa de rosas ou ras-el-hanout, a mistura de especiarias do Marrocos. A água de rosas acrescenta uma nota floral a bolos, pudins e sorvetes e é frequentemente adicionada ao chá de hibisco.

Combinação em potencial: banana e amêndoas

Muitas receitas de pão de banana contêm amêndoas moídas, mas, para uma versão mais luxuosa, experimente acrescentar cerejas frescas picadas – cerejas e amêndoas (ver página 344) têm em comum o composto benzaldeído, portanto funcionam bem juntas.

pétalas de rosa de damasco secas	frutado	cítrico	floral	verde	herbal	vegetal	caramelado	torrado	de nozes	amadeirado	picante	de queijo	animal	químico
banana-nanica														
koikuchi (molho de soja escuro)														
pistache torrado														
melão														
arroz integral cozido														
carne de veado frita na frigideira														
pomelo														
lichia														
chá preto														
solha assada														

cereja lapins	frutado	cítrico	floral	verde	herbal	vegetal	caramelado	torrado	de nozes	amadeirado	picante	de queijo	animal	químico
pimenta-de-sichuan														
segurelha-de-verão														
pimenta-da-jamaica														
anis														
purê de banana														
salmão pochê														
frango assado														
amêndoa														
bulbo de funcho														
manga														

solha assada	frutado	cítrico	floral	verde	herbal	vegetal	caramelado	torrado	de nozes	amadeirado	picante	de queijo	animal	químico
couve-galega cozida no vapor														
alface little gem														
banana cavendish														
pimenta-caiena														
folhas de cominho secas														
vinagre de vinho tinto														
nozes														
creme de leite														
abobrinha														
iogurte de leite de ovelha														

azeite de oliva coratina	frutado	cítrico	floral	verde	herbal	vegetal	caramelado	torrado	de nozes	amadeirado	picante	de queijo	animal	químico
salsa-lisa														
framboesa														
uvas (genérico)														
couve-galega cozida no vapor														
codorna frita na frigideira														
amêndoa														
salmão pochê														
pimenta ají amarillo														
banana (genérico)														
bottarga														

missô de soja	frutado	cítrico	floral	verde	herbal	vegetal	caramelado	torrado	de nozes	amadeirado	picante	de queijo	animal	químico
cheddar artesanal														
maçã granny smith														
beterraba assada														
purê de abóbora														
alcachofra cozida														
mel														
cordeiro grelhado														
purê de avelã torrada														
banana-nanica														
cranberry														

Amêndoa

A amêndoa é repleta de antioxidantes, polifenóis, proteínas, gorduras monoinsaturadas e fibras. Certifique-se apenas de consumir a variedade doce (*Prunus dulcis*), e não a amarga (*Prunus dulcis* var. *amara*), que é usada para fazer o extrato puro de amêndoa.

Tecnicamente consideradas sementes, e não nozes, as amêndoas são o núcleo de um fruto verde sedoso parente dos pêssegos e dos damascos. A polpa verde, chamada de casca, é removida durante o processamento e o caroço é aberto para revelar a amêndoa do interior.

Assim que a amêndoa é colhida, seu perfil aromático sofre transformações. Chacoalhadas das árvores até que caiam no chão, elas secam naturalmente e depois são levadas para uma esteira onde são removidos casca, caroço e qualquer detrito do pomar, como pedras e gravetos. Então, as sementes são separadas por tamanho. Para produzir amêndoas descascadas, a capa marrom da semente também é removida, normalmente por um tratamento com água quente para primeiro amolecê-la. Esse processo provoca certas reações químicas, dando às amêndoas algumas notas vegetais com cheiro de cogumelos e de batatas cozidas, além de algumas notas torradas com cheiro de pipoca e mais notas carameladas.

A maioria dos compostos aromáticos encontrados nas amêndoas se forma durante a biossíntese e as degradações enzimáticas. A colheita desencadeia a oxidação dos lipídios, fazendo com que novas moléculas aromáticas se desenvolvam. As amêndoas são ricas em gorduras insaturadas, o que as torna especialmente vulneráveis à oxidação; isso explica por que os subprodutos da oxidação são os principais responsáveis pelo sabor das amêndoas cruas.

Perfil aromático relacionado: amêndoa torrada a seco
Na torrefação, os compostos de benzaldeído diminuem e novos voláteis são criados, como as pirazinas, que dão aroma de nozes às amêndoas torradas. Furanos com aroma de caramelo e pirróis com sabor de pipoca também se desenvolvem com o aumento da temperatura.

	frutado	cítrico	floral	verde	herbal	vegetal	caramelado	torrado	de nozes	amadeirado	picante	de queijo	animal	químico
amêndoa torrada a seco	·	·	·	·	·	·	·	·	·		·		·	
gruyère	·	·	·	·	·	·	·	·	·	·	·	·	·	·
carne de veado frita na frigideira	·	·	·	·	·	·	·	·	·	·	·	·	·	·
cacau em pó sem açúcar	·	·	·	·	·	·	·	·	·	·	·	·	·	·
café recém-coado	·	·	·	·	·	·	·	·	·	·	·	·	·	·
aspargos verdes	·	·	·	·	·	·	·	·	·	·	·	·	·	·
pregado grelhado	·	·	·	·	·	·	·	·	·	·	·	·	·	·
grãos de teff cozidos	·	·	·	·	·	·	·	·	·	·	·	·	·	·
damasco	·	·	·	·	·	·	·	·	·	·	·	·	·	·
endro	·	·	·	·	·	·	·	·	·	·	·	·	·	·
framboesa	·	·	·	·	·	·	·	·	·	·	·	·	·	·

Perfil aromático relacionado: amêndoa torrada com óleo
Quando as amêndoas são torradas com óleo, moléculas extras são formadas: a temperatura mais alta do óleo faz com que os açúcares se degradem ainda mais (levando a notas mais carameladas) e ocorrem mais reações de Maillard (notas mais torradas e de nozes).

	frutado	cítrico	floral	verde	herbal	vegetal	caramelado	torrado	de nozes	amadeirado	picante	de queijo	animal	químico
amêndoa torrada com óleo	·	·	·	·	·	·	·	·	·		·		·	
coxão mole	·	·	·	·	·	·	·	·	·	·	·	·	·	·
badejo faneca braseado	·	·	·	·	·	·	·	·	·	·	·	·	·	·
pato selvagem frito na frigideira	·	·	·	·	·	·	·	·	·	·	·	·	·	·
amendoim torrado	·	·	·	·	·	·	·	·	·	·	·	·	·	·
água de coco	·	·	·	·	·	·	·	·	·	·	·	·	·	·
parmigiano reggiano	·	·	·	·	·	·	·	·	·	·	·	·	·	·
lichia	·	·	·	·	·	·	·	·	·	·	·	·	·	·
cereja-doce	·	·	·	·	·	·	·	·	·	·	·	·	·	·
banana cavendish	·	·	·	·	·	·	·	·	·	·	·	·	·	·
aspargos brancos	·	·	·	·	·	·	·	·	·	·	·	·	·	·

Amêndoa

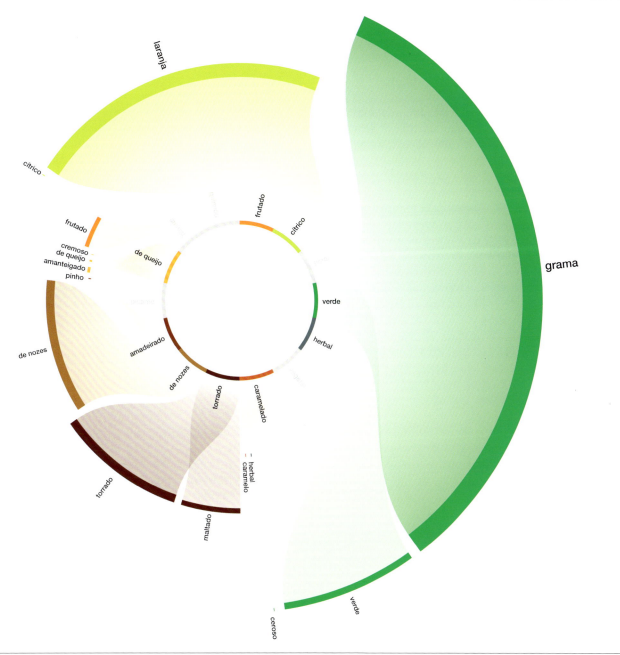

Perfil aromático da amêndoa

O benzaldeído é o principal odorante associado às amêndoas cruas. Dependendo da concentração, ele pode ter cheiro de cereja ou amêndoa. Em pratos salgados, esse composto de impacto característico tem um aroma intenso de amêndoa, mas em sobremesas doces e confeitos, tem mais cheiro de cereja. As mesmas moléculas de benzaldeído com aroma de amêndoa também são encontradas no chocolate e no pêssego. Outros aldeídos, como o hexanal, que tem um aroma mais verde gramíneo com uma nuance gordurosa, também contribuem para o aroma geral ceroso e de noz torrada das amêndoas cruas.

Combinação em potencial: amêndoas e sementes de nigela
Comumente usadas como tempero na culinária indiana e do Oriente Médio, as sementes de nigela têm um sabor pungente e amargo. Seu sabor herbal e picante funciona bem em curries, com leguminosas e em pratos de vegetais, mas essas sementes pretas e brilhantes também são usadas para dar sabor a pães, como o naan indiano.

Combinação em potencial: amêndoas e pato
Ao fritar peito de pato, a reação de Maillard cria novas moléculas aromáticas torradas, algumas delas também encontradas em amêndoas torradas.

A oxidação dos lipídios da amêndoa ocorre em temperatura ambiente, então o melhor é embalar a vácuo ou congelar as amêndoas e outras nozes em sacos herméticos para evitar que fiquem rançosas.

As amêndoas doces vêm em dois tipos diferentes: as de casca mole, como as da Califórnia, e as de casca dura, como muitas das que são produzidas no sul da Europa. Há uma notória variação de tamanho, formato e sabor em amêndoas de diferentes variedades, sendo a pizzuta, da Itália, e a mamra, do Oriente Médio, algumas das mais apreciadas.

Além da popularidade como petisco, consumida crua ou torrada, essas drupas de baixa caloria têm várias aplicações culinárias diferentes. Elas trazem uma textura de nozes crocante aos pratos salgados e podem ser encontradas em doces como o nougat de amêndoa ou o turrón (também chamado de torrone), o dragée italiano ou a nough iraniana (amêndoas revestidas de açúcar), os avendish franceses, entre outros. Um dos usos mais populares da amêndoa é no preparo do marzipã, uma pasta doce feita com xarope ou açúcar e amêndoas moídas.

- O blancmange originou-se na Pérsia, a princípio um mingau de frango, amêndoas e arroz cozido lentamente. Ao longo do tempo, o leite de amêndoas, a água de rosas e o açúcar foram adicionados e ele acabou se transformando em uma sobremesa fria e firme, feita em um molde. Continua popular até hoje no Caribe.

- O amaretto, um licor de amêndoa escuro e doce da Itália, é muito usado em sobremesas e coquetéis. Dependendo da marca, é aromatizado com ingredientes como essência de amêndoa, óleo de semente de damasco, ervas e outros produtos botânicos.

Extrato de amêndoa

É um equívoco comum pensar que o extrato puro de amêndoas provém da amêndoa doce, quando na verdade ele é destilado dos óleos essenciais de sua variedade amarga. As amêndoas amargas contêm altas concentrações de benzaldeído – um odorante que também pode ser extraído de sementes de damasco e caroços de cereja, às vezes usados como substitutos. Entre outras fontes estão maçãs, ameixas, pêssegos, casca de cássia e até folhas de louro.

Benzaldeído
Este composto orgânico tem um cheiro similar ao da amêndoa.

A amêndoa amarga contém um componente amargo chamado amidalina (encontrado também nas sementes da maçã e nos caroços de pêssego e de ameixa). A exposição à água faz com que as enzimas da amêndoa amarga decomponham a amidalina e a prunasina, transformando-as em benzaldeído, glicose e cianeto de hidrogênio – é daí que vem a toxicidade da amêndoa amarga (a amêndoa doce não contém as enzimas necessárias para essa transformação, o que faz delas fontes pobres de benzaldeído). O extrato puro de amêndoa é destilado para retirar o cianeto e depois combinado com água e álcool. A maioria dos extratos "naturais" de amêndoa também contém os óleos de damasco ou de outros caroços de frutas, pois o verdadeiro extrato de amêndoa amarga é muito caro de se produzir.

sementes de nigela	frutado	cítrico	floral	verde	herbal	vegetal	caramelado	torrado	de nozes	amadeirado	picante	de queijo	animal	químico
alcaçuz														
bacon frito na frigideira														
mastruz														
romã														
manjerona														
aspargos brancos														
amêndoa														
chantarela														
chouriço espanhol														
pinto beans														

pato selvagem frito na frigideira	frutado	cítrico	floral	verde	herbal	vegetal	caramelado	torrado	de nozes	amadeirado	picante	de queijo	animal	químico
amêndoa torrada escura														
camomila seca														
uvas (genérico)														
arroz integral cozido														
cauda de lagosta cozida														
capim-limão														
camarão cinza assado														
goiaba														
fumaça de pear wood														
pepino em conserva														

Combinação clássica: amêndoas e amora

As notas torradas e amadeiradas compartilhadas são a razão pela qual amêndoas torradas e amoras funcionam tão bem juntas. Ao fazer panquecas, experimente substituir parte da farinha por amêndoas moídas e sirva com geleia de amora.

Combinação clássica: amêndoa e pera

Na culinária francesa, amêndoa e pera (ver página 348) é uma combinação clássica – basta pensar na torta de pera e frangipane, ou na poire belle Hélène. Criada em 1864, essa sobremesa consiste em peras cozidas servidas com sorvete de baunilha e calda de chocolate, finalizadas com lascas de amêndoas torradas.

Combinações de ingredientes com amêndoas

amora
- gruyère
- goiaba
- lombo de porco frito na frigideira
- amêndoa torrada
- melão
- flor de lavanda fresca
- nêspera
- sementes de ajowan
- panqueca
- ouriço-do-mar

pera williams (pera bartlett)
- amora
- pomelo
- triple sec
- arak (destilado de uva)
- queijo flor de guía
- morango
- cerveja lambic
- couve
- damasco cristalizado
- almond thins (biscoitos de amêndoa belgas)

licor de espinheiro-marítimo
- cogumelo-ostra
- figo-do-mar
- truta pochê
- pasta de soja
- melão honeydew
- rabanete
- galinha-d'angola frita na frigideira
- amêndoa
- laranja vermelha tarocco
- pepino

madeira Boal 10 anos
- orégano
- arroz basmati cozido
- tangerina
- repolho verde
- salame
- amêndoa escura torrada
- queijo de cabra
- azeitona preta picual
- cordeiro grelhado
- goiaba

camomila seca
- banana
- lichia
- pera
- manteiga
- noz-moscada
- morango
- goiaba
- acerola
- amêndoa torrada com óleo
- bacon frito na frigideira

Pera

A maioria das variedades de pera tem alguma combinação de moléculas aromáticas frutadas, florais, verdes, picantes e mesmo de queijo. O decadienoato de etila é conhecido como o "éster da pera", pois surge com destaque no perfil de sabor da fruta, tornando-se ainda mais evidente conforme ela amadurece. Os tipos e descritores específicos de aroma diferem de acordo com a variedade e suas respectivas concentrações de moléculas aromáticas.

Antes do século XVIII, a maioria das peras era crocante e firme, com uma textura granulada, não muito diferente das peras asiáticas atuais. Graças à reprodução seletiva, as variedades europeias de hoje têm uma textura macia e suculenta.

Pode ser difícil saber quando essas frutas delicadas estão prontas para o consumo, além de ser decepcionante quando a pera que você esperou pacientemente amadurecer se transforma em uma papa farinhenta. As peras produzem o gás etileno, que acelera o processo de amadurecimento do núcleo para fora, portanto, quando a casca muda de cor e elas estão macias ao toque, provavelmente já passaram do ponto ideal.

Ao contrário das maçãs, as peras amadurecem somente depois de serem colhidas da árvore. Como parte do processo de cura pós-colheita, elas são resfriadas a cerca de -1 °C para iniciarem o processo de amadurecimento. O ideal é deixar as frutas firmes e verdosas para amadurecerem em temperatura ambiente. Basta aplicar uma leve pressão na área ao redor do caule para verificar se a fruta está pronta para consumo. Caso a pera ceda um pouco, significa que está madura.

Elas atingem o auge nos meses de outono e inverno, sendo servidas como guarnição, sobremesa ou com carnes de caça.

• Peras cozidas lentamente em vinho tinto com casca de limão-siciliano e especiarias intensas, como canela, cravo e baunilha, são uma clássica combinação de sobremesa.

Perfil aromático da pera durondeau
Das três variedades de pera comuns na Europa que analisamos, a durondeau foi a menos distinta, caracterizada por seu aroma de caramelo, de maçã, cítrico e de cogumelo.

Perfil aromático da pera alexandre lucas
Comparada às variedades conference e durondeau, a pera alexandre lucas tem o perfil de sabor mais frutado, com um forte aroma cítrico de maçã e notas gordurosas, florais, picantes e caramelizadas de xarope de bordo.

Pera conference

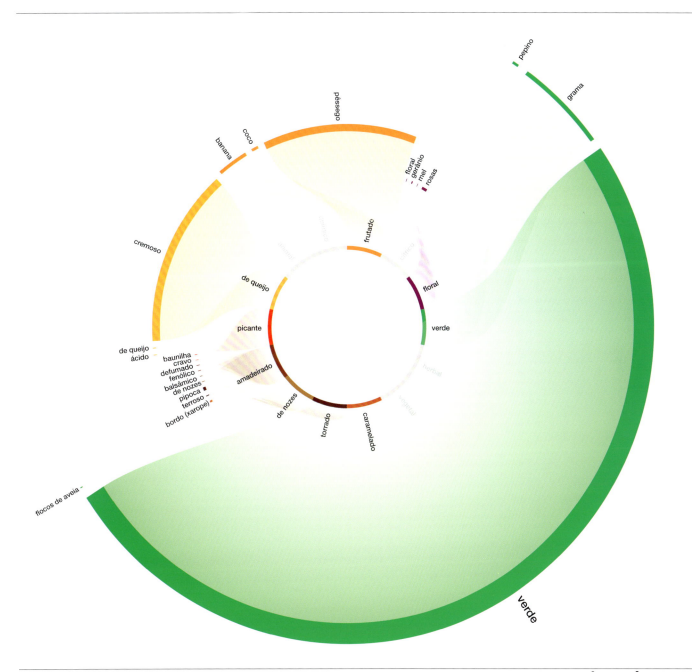

Perfil aromático da pera conference
A pera conference tem um sabor mais tropical do que as variedades alexandre lucas ou durondeau. Seu perfil aromático inclui outras notas de mel, rosa e grama verde, além de notas fenólicas torradas, de nozes e defumadas.

Combinação clássica: pera durondeau e biscoito speculoos
O speculoos é um biscoito temperado de massa quebradiça que também está disponível na forma de pasta e é particularmente popular na Bélgica, em Luxemburgo e nos Países Baixos. A pera durondeau e o speculoos têm em comum o eugenol, um composto aromático semelhante ao cravo também presente na canela, na noz-moscada e no gengibre, que, por sua vez, fazem parte da mistura de especiarias do speculoos.

Combinação em potencial: pera e huitlacoche (trufa-mexicana)
O huitlacoche é, na verdade, uma doença que afeta o milho, causada por um fungo patogênico. As galhas que aparecem nas espigas de milho infectadas são consideradas uma iguaria no México. Quando calor é aplicado, o fungo cinza fica preto, por isso também é conhecido como trufa-mexicana.

Combinações de ingredientes com pera

biscoito speculoos		huitlacoche (trufa-mexicana)	
robalo europeu assado		javali assado	
páprica doce em pó		uva-passa	
minifolhas de borragem		gruyère	
caldo de pombo		castanha-de-caju torrada	
cereja stella		molejas de vitela assadas	
pimenta isot (flocos de pimenta urfa)		cenoura	
pato assado à pequim		pera conference	
conhaque Rémy Martin XO Fine Champagne		ostra	
manga alphonso		abóbora cozida	
purê de gengibre		solha assada	

pomelo		gorgonzola	
anis-hissopo azul		caldo de legumes	
sementes de aipo secas		filé-mignon	
lentilhas verdes cozidas		morango mara des bois	
ouriço-do-mar		sementes de cardamomo	
baga de sabugueiro-selvagem		picanha	
folha de levístico		kamut cozido (trigo khorasan)	
camarão cinza		chouriço espanhol	
funcho-do-mar		lentilhas verdes	
pera williams (pera bartlett)		trufa negra	
salsifi-negro cozido		pera conference	

mel de canola		matcha	
segurelha-de-verão		vinagre de xerez	
marmelo cozido		morango-silvestre	
açafrão		pera	
funcho		bacon frito na frigideira	
toranja		muçarela de búfala	
pera		pregado pochê	
folhas de nori		pimenta-malagueta verde	
orégano		salsifi-negro cozido	
fumet de mariscos		amêndoa	
carne maturada a seco (dry-aged)		mirtilo	

Combinação em potencial: pera e babaco

O babaco é um tipo de fruta subtropical semelhante ao mamão e que pode ser consumido cru ou em forma de suco. A fruta não tem sementes e apenas a casca é comestível; seu aroma inclui notas de morango, kiwi, abacaxi e mamão. O babaco é cultivado principalmente no Equador, mas também pode ser encontrado na Nova Zelândia, no norte da Califórnia e até em algumas partes da Europa.

Combinação em potencial: pera e abacate

O hexanal, que tem um aroma gramíneo com tons frutados de maçã e pera, pode ser encontrado tanto na pera quanto no abacate (ver página 352). Experimente combinar esses dois ingredientes em um smoothie, dar um toque frutado à guacamole ou adicioná-los a uma salada de frango, folhas jovens de espinafre e nozes.

babaco	frutado	cítrico	floral	verde	herbal	vegetal	caramelado	torrado	de nozes	amadeirado	picante	de queijo	animal	químico
pregado grelhado														
cheddar														
pera														
nectarina														
lebre assada														
chouriço espanhol														
castanha-de-caju														
vinagre de mirtilo														
mirin (vinho doce de arroz japonês)														
filé de bacalhau pochê														

repolho roxo	frutado	cítrico	floral	verde	herbal	vegetal	caramelado	torrado	de nozes	amadeirado	picante	de queijo	animal	químico
robalo europeu assado														
vinagre de vinho tinto														
suco de laranja														
carne de veado														
pera conference														
alface little gem														
solha europeia assada														
queijo macio														
banana nanica														
pimenta-caiena														

sambuca	frutado	cítrico	floral	verde	herbal	vegetal	caramelado	torrado	de nozes	amadeirado	picante	de queijo	animal	químico
purê de abóbora														
lebre assada														
cranberry														
amora														
lichia														
flor de sakura em conserva														
pera conference														
pimenta habanero vermelha														
gochujang (pasta coreana de pimenta vermelha)														
freekeh cozido														

lagostim assado	frutado	cítrico	floral	verde	herbal	vegetal	caramelado	torrado	de nozes	amadeirado	picante	de queijo	animal	químico
pimenta-caiena														
pera alexandre lucas														
favas cozidas														
nibs de cacau														
filé de salmão do atlântico														
coelho assado														
pimentão vermelho assado														
azeite de oliva extravirgem picual														
chantarela														
couve-galega cozida no vapor														

azeite de oliva manzanilla	frutado	cítrico	floral	verde	herbal	vegetal	caramelado	torrado	de nozes	amadeirado	picante	de queijo	animal	químico
segurelha-de-verão														
marmelo cozido														
açafrão														
champignon frito na frigideira														
toranja														
pera														
folhas de nori														
orégano														
fumet de mariscos														
carne maturada a seco (dry-aged)														

Abacate

O perfil de sabor de um abacate pode mudar consideravelmente dependendo da estação e da variedade. O teor de óleo também desempenha um papel significativo na determinação do sabor geral de um abacate, uma vez que os lipídios resultantes da oxidação, assim como os aldeídos, são um composto aromático importante encontrado na fruta.

Nativos do México, os abacates remontam a 7.000 a.C. Eles começaram a ser cultivados comercialmente na Califórnia no final do século XIX. E, nos últimos anos, seu consumo disparou, em parte devido à popularidade da torrada com abacate, ou avocado toast.

Duas das variedades mais comuns de abacate são o fuerte, verde e de casca lisa, e o hass, escuro e ligeiramente rugoso. A textura da casca deste último explica por que em alguns lugares ele recebe o nome de "pera-jacaré". A título de novidade, existe também um abacate baby, bem pequeno, o cocktail fuerte, que não tem caroço.

Os abacates geralmente são consumidos em pratos frios, mas também podem ser assados ou grelhados. O aroma é delicado, mas pode haver um retrogosto, especialmente conforme eles amadurecem. Portanto, em pratos doces, os abacates costumam funcionar melhor se combinados com sabores fortes.

Eles têm um alto teor de óleo, o que lhes confere uma textura amanteigada quando maduros. Entretanto, alguns podem ser fibrosos. As fibras não são prejudiciais, mas podem ser desagradáveis e um problema em pratos em que eles precisam ser fatiados ou amassados, como o guacamole. A tendência a ser fibroso pode estar relacionada à variedade (por exemplo, a stuart) ou à época do ano. Os abacates hass costumam ser mais fibrosos no início da temporada – no caso dos hass californianos, isso seria em janeiro; já a temporada dos hass cultivados no Peru começa em abril.

A polpa do abacate geralmente fica marrom quando exposta ao ar, portanto é necessário um molho ácido para manter a cor verde-clara atraente. Atualmente existem algumas variedades que não descolorem ao ar (por exemplo, a shepard, uma das mais comuns na Austrália), o que faz delas uma boa opção para pratos pré-preparados.

- No Vietnã, na Indonésia, no Brasil e nas Filipinas, o abacate é usado em batidas de sobremesas feitas com leite, açúcar e, às vezes, calda de chocolate. No Marrocos, a água de flor de laranjeira também é adicionada à mistura.

Abacate com pimenta e camu-camu

Virgilio Martínez, do Central, em Lima, Peru

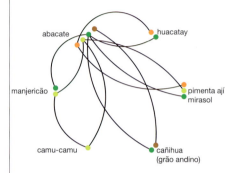

No Peru, uma nova geração de chefs está adotando uma abordagem modernista para cozinhar com ingredientes tradicionais e nativos. Na vanguarda desse movimento culinário está o chef Virgilio Martínez, do Restaurante Central, em Lima.

Em sua busca por catalogar a amplitude das espécies comestíveis do Peru, Martínez fundou a Mater Iniciativa, o braço cultural e de pesquisa de seus empreendimentos culinários. Trabalhando com uma equipe de pesquisadores para explorar as ecorregiões do país em busca de ingredientes desconhecidos, Martínez projeta seus menus-degustação em torno desses tesouros culturais recém-descobertos. Um complexo no bairro de Barranco, em Lima, abriga o Restaurante Central, a Mater Iniciativa e uma horta funcional, com projetos futuros já em andamento.

No Central, Martínez rega abacates amazônicos com uma pasta brilhante de ají mirasol antes de assá-los no forno. O abacate cremoso é servido com um molho saboroso feito de pimentas-rocoto e camu-camu, uma fruta azeda e rica em antioxidantes que também prospera na floresta tropical. Uma coroa de folhas de amaranto-roxo-escuro, além do amargo huacatay – também conhecido como menta negra peruana – e de flores de manjericão-doce são dispostos em cima, junto com sementes de cañihua para dar uma textura crocante.

Abacate

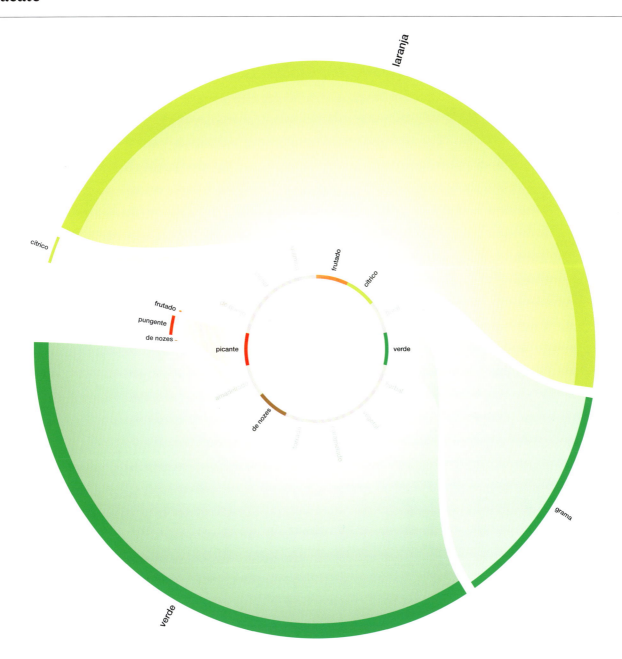

Perfil aromático do abacate
Os abacates verdes, não maduros, têm um aroma verde gramíneo. À medida que amadurecem, a concentração de aldeídos é substituída por ésteres frutados: um abacate maduro contém uma alta concentração de moléculas aromáticas de banana. O aroma de nozes do abacate explica a ligação aromática entre chocolate – como na mousse de chocolate vegana, em que o abacate substitui ovos e laticínios – carne bovina frita e baguetes.

	frutado	cítrico	floral	verde	herbal	vegetal	caramelado	torrado	de nozes	amadeirado	picante	de queijo	animal	químico
abacate	•	•	·	•	·	·	·	·	•	·	•	·	·	·
sobrasada	•	•	•	•	·	•	·	•	•	•	•	•	·	·
cogumelo-palha cozido	·	•	·	•	·	·	·	·	·	·	·	·	·	·
couve-flor	·	•	·	·	·	·	·	·	·	·	·	·	·	·
porcini seco	·	•	·	•	·	·	·	·	·	·	·	·	•	·
filé de bacalhau	·	•	·	•	·	·	·	·	·	·	·	•	·	·
folha de limão-makrut	•	•	•	•	•	•	·	•	•	•	•	•	·	·
banana	•	•	·	•	·	•	·	·	·	·	·	·	·	·
trufa de verão	·	·	•	•	·	·	·	·	·	·	·	·	·	·
cereja-doce	•	•	•	•	·	•	·	·	•	·	•	·	·	·
presunto ibérico (jamón 100% ibérico de bellota)	•	•	•	•	·	•	•	•	•	•	•	•	•	·

Prato clássico: guacamole
O guacamole mexicano é uma pasta para tortilhas tradicionalmente preparada esmagando abacates maduros em um pilão com cebola, tomate, suco de limão, coentro e pimentas frescas.

Combinação em potencial: abacate e caviar de caracol
Também conhecidas como caviar branco, as ovas de caracol podem ser usadas da mesma forma que o caviar de beluga ou as ovas de salmão. Um caracol gros gris (*Helix aspersa maxima*) produz apenas cerca de 4 g de ovas por ano, daí o preço de cerca de € 2.000 por quilo. Depois de colhidas, as ovas são colocadas em salmoura com flor de sal e, às vezes, pasteurizadas.

Combinações de ingredientes com abacate

guacamole
- crisps de batata
- salsa-lisa
- banana cavendish
- baguete
- camarão cinza cozido
- manjericão
- calamansi (laranja calamondin)
- molho de peixe vietnamita
- cheddar artesanal
- hambúrguer assado no forno

caviar de caracol
- goji berry seco
- ameixa-japonesa (umê)
- ovo mexido
- groselha-negra
- grana padano
- abóbora
- hortelã
- beterraba frita na frigideira
- filé de bacalhau pochê
- abacate

carne moída
- cheddar artesanal
- tortilha de milho
- abacate hass
- feijão-mungo cozido
- rúcula
- gengibre fresco
- coentro fresco
- kimchi
- melaço de romã
- semente de chia

bagas de espinheiro
- filé de peito de frango frito
- ameixas secas de agen
- mezcal
- amaretto
- tomate-cereja
- batata-doce assada
- flor de cerejeira seca
- licor St-Germain
- abacate
- baunilha-do-taiti

salada mesclun
- xerez Pedro Ximénez
- tomate italiano
- rodovalho assado
- cheddar suave
- physalis
- queijo manchego
- abacate
- carne bovina cozida
- beterraba descascada cozida
- iogurte de leite de vaca

pisco
- vermute de chambéry
- abóbora cozida
- carne de veado
- pimenta-do-reino em grãos
- gruyère
- banana-nanica
- abacate
- suco de maçã
- flor de sabugueiro
- canela

Combinação em potencial: abacate e feijoa

Também conhecida como goiaba-serrana, a feijoa é nativa da América do Sul, mas é particularmente popular na Nova Zelândia, onde é possível encontrar todos os tipos de produtos de feijoa, desde iogurtes e sorvetes até chutney e vodca. Essa pequena fruta verde tem um sabor doce e aromático característico que lembra o abacaxi, a maçã e a menta – experimente adicioná-la a smoothies.

Combinação clássica: abacate e frutas cítricas

Adicionar suco de limão ao abacate evita que ele perca a coloração, mas não só: a acidez fresca e frutada dos cítricos também diminui a sensação de gordura na boca. Para uma variação do clássico coquetel de camarão belga, sirva carne de caranguejo sobre alface, cubra com um molho de coquetel cremoso (feito com maionese e ketchup) e decore com fatias de abacate e toranja (ver página 356), que compartilham notas verdes, picantes, amadeiradas e cítricas.

feijoa
- sálvia-roxa
- casca de limão-siciliano cristalizada
- ruibarbo
- maçã braeburn
- carne de caranguejo cozida
- morango-silvestre
- roquefort
- ostra
- abacate
- filé de cordeiro assado

suco de laranja
- kefir
- raiz de salsa
- abacate hass
- manjericão-selvagem (*Clinopodium vulgare*)
- folha de curry
- porcini seco
- toranja
- peito de pato frito na frigideira
- lombo de porco frito na frigideira
- solha assada

melão honeydew
- camarão cinza cozido
- flor de sakura em conserva
- muçarela de leite de vaca
- banana-da-terra
- rodovalho assado
- abacate
- cordeiro grelhado
- brioche
- coco
- menta

panqueca
- pimenta chipotle seca
- pêssego
- cenoura
- repolho verde
- gergelim preto torrado
- maracujá
- anis
- mexilhões bouchot cozidos
- bulbo de funcho
- abacate

melão-andino
- bacon frito na frigideira
- maçã fuji
- abacate
- homus
- chá preto
- gorgonzola
- raspas de limão-siciliano
- cordeiro grelhado
- cranberry
- anchovas salgadas

Toranja

Dependendo da variedade, a cor da polpa da toranja pode variar entre branco, amarelo, rosa e vermelho, cada uma com um gosto diferente, que pode ser azedo, amargo ou doce.

As primeiras menções à toranja datam do século XVIII, em Barbados, onde se originou o híbrido do pomelo com a laranja-doce antes de se espalhar pelo resto do Caribe e posteriormente pelos Estados Unidos. A toranja era considerada tão deliciosa que ficou conhecida como "fruto proibido" – essa alusão ao Jardim do Éden se reflete em seu nome botânico, *Citrus x paradisi*.

Não é muito claro como a hibridização da laranja e do pomelo se deu, embora a explicação mais provável seja que ela ocorreu naturalmente por conta de cultivos de laranjas e pomelos próximos um ao outro. Barbados tem o clima subtropical perfeito para cítricos, e a laranja vem sendo cultivada nesse território há centenas de anos. O pomelo, fruta nativa do Sudeste Asiático, supostamente chegou a Barbados nos anos 1600 na forma de sementes, graças a um navegador chamado capitão Chaddock. O fruto resultante ficou conhecido como "shaddock" na região.

No século XIX, a toranja foi levada à Flórida, onde um grande percentual da safra mundial continua a ser cultivado. No entanto, a produção da toranja americana é minúscula em relação à da China.

A toranja é chamada de *grapefruit* em inglês em razão da forma como pende das árvores, em cachos, como a uva (*grape*, em inglês) – o número de frutas por cacho pode chegar a vinte.

Embora a casca externa seja amarela ou dourada, a polpa interna varia do amarelo-pálido ao vermelho-rosado-escuro, dependendo da quantidade do antioxidante licopeno. Mais doce e mais amarga que o limão e o limão-siciliano, a toranja também tem uma acidez que muda bastante entre suas variedades. Em geral, quanto mais vermelha for a polpa, mais doce ela é. A fruta tem ainda um alto nível de pectina em sua casca, o que faz dela um bom agente gelificante.

O sabor característico da toranja deve-se a uma molécula chamada mercaptano da toranja. Por sua vez, uma substância química que provém de sua casca interna (a naringina) é usada para adicionar um sabor amargo a chocolates, tônicas e ices. A enzima naringinase é usada comercialmente para retirar o amargor do suco.

- Na província de Alajuela, na Costa Rica, retira-se a polpa da toranja para cozinhar a fruta oca em fogo baixo com bicarbonato de sódio, que neutraliza a acidez da casca. Depois, a toranja oca é afervantada em um xarope doce com infusão de cravo e canela e recheada com doce de leite ou *cajeta* (uma calda de caramelo mexicana feita com leite de cabra) engrossada com leite em pó evaporado.

- A confiture de chadèque haitiana é uma geleia de toranja com especiarias, infusionada com canela, anis e às vezes gengibre ou extrato de amêndoa.

Perfil aromático relacionado: casca de toranja
A casca tem um aroma mais intenso do que a polpa em virtude da maior proporção de moléculas aromáticas de toranja e de frutas cítricas. Também tem um aroma menos picante: é mais amadeirado e de pinho, com algumas notas refrescantes de ervas e de menta.

Toranja

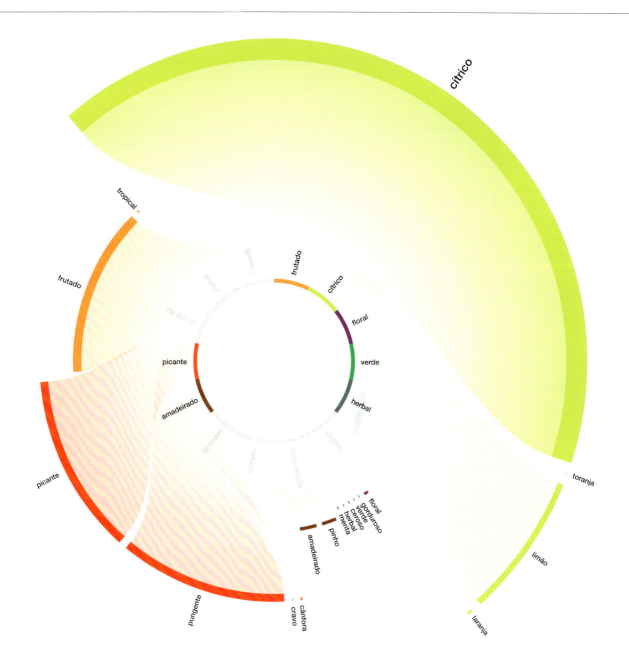

Perfil aromático da toranja

As toranjas contêm traços de dois compostos de impacto: as moléculas aromáticas nootkatone e 1-p-menteno-8-tiol, um monoterpenoide mais conhecido como mercaptano da toranja. Ambas têm um odor característico de toranja que compõe grande parte do sabor geral dessa fruta cítrica, apesar da presença de outras moléculas aromáticas cítricas, como o limoneno e o linalol. Com dez partes por trilhão, o mercaptano de toranja tem um limiar de detecção de odor extremamente baixo e dá ao suco de toranja seu sabor refrescante.

Combinação clássica: toranja e cereja
Para uma variação do coquetel paloma clássico, substitua o xarope de agave por licor de cereja e agite com gelo, tequila, suco de limão e suco de toranja. Complete com água com gás e decore com uma fatia de toranja, uma cereja fresca e um ramo de alecrim.

Combinação em potencial: toranja e noni
Nativo do Sudeste Asiático e da Australásia, o noni, uma fruta amarga e pungente, pode ser consumido cru ou cozido, mas geralmente é consumido em forma de suco. Experimente-o em smoothies, no molho de amendoim para dar um toque frutado, ou em infusão em um vinagre de cidra simples para fazer vinagre de noni.

Combinações de ingredientes com toranja

cereja rainier
- bottarga
- rodovalho assado
- alho-poró
- camarão cinza assado
- raiz de chicória assada
- filé-mignon
- castanha assada
- goiaba
- toranja
- menta

noni
- emmental
- manga
- maracujá
- uvas
- grappa
- mamão papaia
- salchichón
- suco de toranja
- filé de cordeiro assado
- xerez amontillado

pimenta ají mirasol
- peito de pato frito na frigideira
- sobrasada
- açúcar de palma
- porcini seco
- geleia de morango
- caranguejo-voador assado (*Liocarcinus holsatus*)
- muçarela de búfala
- alcachofra cozida
- toranja
- casca de tangerina

bouton de culotte
(queijo de cabras mâconnais)
- peito de pato frito na frigideira
- toranja
- pão de grãos integral
- galinha-d'angola frita na frigideira
- naranjilla
- aspargos brancos
- trufa de verão
- folha-de-ostra
- cerefólio-tuberoso
- siri-azul cozido

uísque bourbon
- toranja
- flor de hibisco seca
- açafrão
- anchovas salgadas
- aipo-rábano cozido
- romã
- estragão
- tangerina
- filé de cordeiro assado
- figo seco

açafrão-da-terra
- manjericão
- alecrim
- orégano seco
- verbena-limão
- sementes de cardamomo
- folhas de coentro
- vermute seco
- suco de beterraba
- casca de toranja
- pimenta-da-jamaica

Combinação em potencial: toranja e mangostão
Também conhecido como a "rainha das frutas", o mangostão é uma fruta tropical pequena, com casca roxa grossa e polpa branca suculenta e perfumada. Seu aroma doce e frutado lembra a lichia e o pêssego.

Combinação em potencial: toranja e chá preto
Toranja e chá preto (ver página 360) são uma combinação perfeita: para cada tipo de aroma presente na toranja, há um equivalente no chá preto. Para aproveitar ao máximo seus vínculos frutados, florais, cítricos, verdes, herbais, amadeirados e picantes, combine esses ingredientes em um copo de chá gelado ou adicione algumas fatias de toranja secas a uma xícara de chá preto quente.

mangostão
nectarina
banana
salsa-lisa
morango-silvestre
azeite de oliva manzanilla
cerveja lambic
uva-passa
ameixa-japonesa (umê)
melão
ostra

óleo de casca de tangerina
koikuchi (molho de soja escuro)
melão
pistache
cordeiro grelhado
folhas de coentro
chá preto
bacon frito na frigideira
manga
folhas de coentro
toranja

nabo
hambúrguer assado no forno
groselha-negra
folhas de coentro
frango pochê
maçã fuji
toranja
pregado
kiwi
pimenta-malagueta verde
pepino

amaranto
folhas de coentro
champignon
cenoura
feijão-azuki cozido
lagosta cozida
peru assado
trufa branca
suco de toranja
molho de carne bovina cozida
amêndoa torrada com óleo

cajá
abóbora cozida
flor de cerejeira seca
pasta tikka masala
carne de caranguejo cozida
toranja
grana padano
suco de maçã granny smith
lombo de porco frito na frigideira
limão
ouriço-do-mar

calêndula
sálvia
funcho-do-mar
folhas de lavanda frescas
sementes de cardamomo
noz-moscada
folha de louro seca
toranja
mamão papaia
amora
chantarela

Chá

Folhas de chá contêm glicosídeos, carotenoides e lipídios, que são precursores das moléculas aromáticas responsáveis pelo sabor característico de cada um dos tipos de chá, junto com outros voláteis formados pela oxidação e pela reação de Maillard ocorrida quando as folhas são processadas. A teanina é um aminoácido que estimula nossos receptores de paladar para o umami. A exposição à luz do sol causa a conversão da teanina em polifenóis de gosto amargo; portanto, chás cultivados à sombra têm um paladar mais saboroso e umami.

Dos matcha lattes aos chás verdes gelados, os consumidores mais preocupados com a saúde fizeram o mercado do chá crescer nos últimos anos. No entanto, para ser considerado um chá de verdade, a bebida deve conter folhas que foram colhidas da planta *Camellia sinensis* (uma arbustiva perene nativa da China) ou de sua variedade *assamica*. No mundo do chá, os chás de ervas sem cafeína ou as infusões feitas com outras misturas de ingredientes botânicos ou frutas que não contenham folhas de *C. sinensis* ou de *C. sinensis* var. *assamica* são chamadas de tisanas.

Apenas seis tipos são considerados chás legítimos: o chá branco, o chá verde, o chá amarelo, o oolong, o chá escuro e o chá preto. Os métodos específicos de processamento e os variados níveis de oxidação determinam as principais distinções entre eles. Diz-se que cada gole do chá é uma expressão do terroir e também das mãos habilidosas que o processam, que sabem não só quando colher as folhas, mas o que procurar nelas, realizando o processamento de forma a obter os sabores desejados.

A oxidação começa no momento em que as folhas de chá são removidas da planta. As moléculas aromáticas são formadas ou pela atividade enzimática ou pela degradação não enzimática dos carotenoides, que acontece pela exposição à luz do sol, pela oxidação térmica ou espontaneamente. A degradação dos carotenoides só ocorre se os flavonoides oxidativos estiverem presentes durante a etapa de murcha, produzindo novas moléculas aromáticas como a betaionona e a betadamascenona.

Os glicosídeos são feitos de açúcares simples que são associados a diferentes moléculas aromáticas. Uma vez colhidas, as folhas são deixadas para murchar e então enroladas ou prensadas. As folhas danificadas liberam enzimas que causam a ruptura dos açúcares. Isso libera as moléculas disponíveis para formar novos compostos aromáticos, como o linalol e o álcool fenetílico. Compostos fenólicos amargos são transformados e passam a apresentar os sabores complexos e encorpados que associamos a nossos chás favoritos.

Os ácidos graxos insaturados, como o ácido linoleico, são precursores dos aldeídos (hexanal) e dos álcoois (hexanol). A formação das moléculas aromáticas a partir dos lipídios pode ocorrer da mesma forma que ocorre a partir dos carotenoides.

Para deter a atividade enzimática, as folhas de chá são expostas ao vapor ou gentilmente torradas na chapa. Conforme as temperaturas sobem e a reação de Maillard ocorre, emergem novas moléculas aromáticas torradas e de nozes, como furanos, pirazinas, piridinas e pirróis. A conversão de aminoácidos cria os aldeídos de Strecker e outros compostos sulfurosos. Os melhores chás dragon well chineses, ou longjing, são tradicionalmente torrados à mão em um wok quente até que as folhas novas pareçam secas o suficiente. Essa torra na panela faz com que a maioria das moléculas aromáticas verdes e gramíneas típicas do sencha sejam substituídas pelos aldeídos de Strecker, com aroma torrado, e pela cumarina, com aroma de nozes. À medida que o mestre de torra passa as folhas de chá frescas sobre a superfície do wok, pressionando-as gentilmente contra as laterais, elas perdem sua umidade e começam a se achatar. Chás de qualidade mais baixa são secos usando tambores giratórios, em razão da produção elevada.

O shincha, chá verde japonês da mais alta qualidade, é colhido dos botões jovens da primeira alvorada da primavera. Disponível apenas em algumas poucas semanas do ano, esse chá de edição limitada pode ser difícil de encontrar. Para o sencha, os talos de *C. sinensis* são podados logo abaixo dos botões e das primeiras duas ou três folhas recém-abertas. As folhas são ventiladas com ar úmido para manter o frescor e desacelerar o processo de oxidação. Em seguida, são expostas brevemente ao vapor, entre 30 segundos e 2 minutos, para deter o processo de oxidação e ao mesmo tempo para preservar sua cor e sabor.

Cultivadas principalmente na China, na Índia e no Sri Lanka, as folhas de chá preto passam por horas de murcha, laminação e fermentação para que haja uma extensa oxidação, fazendo com que essas infusões avermelhadas desenvolvam um sabor muito mais intenso do que o dos chás de cores mais claras. Embora a oxidação seja responsável pela maior parte dos sabores intensos, os chás pretos retêm uma quantidade surpreendente das mesmas moléculas aromáticas verdes encontradas nas folhas de chá frescas. As notas cítricas encontradas nesse chá explicam por que ele vai tão bem com limão.

O chá darjeeling preto tem um sabor subjacente verde, gorduroso e similar ao do pepino, além de um aroma que lembra flocos de aveia, um defumado delicado e algumas notas carameladas e torradas. Esses chás sutis trazem ainda notas de mel, notas florais de violeta e notas cítricas de laranja. O darjeeling também está disponível nas variedades verde e oolong.

Os chás oolong transitam entre os chás verdes e os chás pretos. Esses chás parcialmente oxidados são levados para murchar levemente e então torcidos ou laminados para machucar um pouco as folhas antes da fermentação. Dependendo do processo, a cor de uma xícara de oolong pode variar de um dourado pálido a um vermelho-âmbar forte, rendendo perfis aromáticos muito diferentes entre as marcas e os tipos.

Chá verde sencha chinês

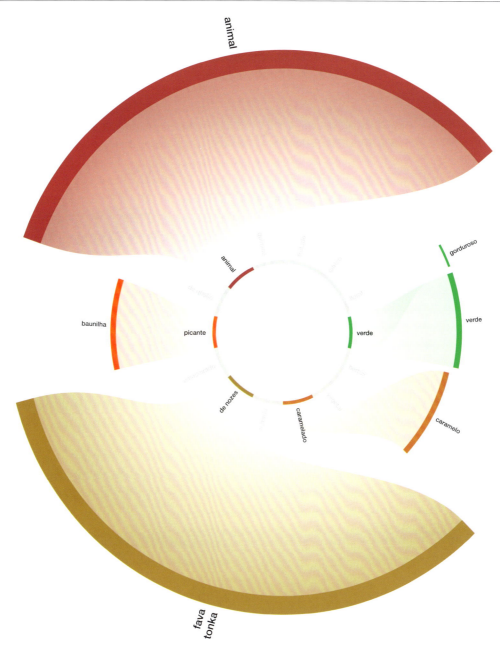

Perfil aromático do chá verde sencha chinês
Um bom sencha deve ter um sabor verde fresco, complementado por notas caramelizadas e doces – neste exemplo, a fava tonka tem, mais do que um aroma de nozes, um aroma mais verde e parecido com o de feno. Esses chás chineses também contêm uma pequena porção de moléculas de indol em seu perfil aromático, o que lhes confere uma fragrância floral duradoura. Em concentrações mais elevadas, o indol tem um aroma mais carnudo que também está presente na lula, em camarões, em camarões fritos e mariscos cozidos. Então, em vez de combinar frutos do mar com um copo de vinho, experimente servi-los com um sencha de alta qualidade.

Combinação clássica: chá darjeeling e bacon
Bacon e chá combinam muito bem, como pode ser confirmado por qualquer pessoa que tenha comido um clássico café da manhã inglês completo, que inclui bacon, salsichas, tomates grelhados, cogumelos fritos e ovos, servidos com torradas amanteigadas e acompanhados por chá preto com leite.

Tipos de chá darjeeling
O termo "darjeeling" não se refere a um estilo específico de chá, mas às exuberantes plantações de *C. sinensis* que prosperam no distrito montanhoso de Golden Valley, em Bengala Ocidental. Embora o chá darjeeling preto seja o mais comum, também existem variedades verdes ou oolong.

Perfil aromático do chá preto seaside honey (dah-yeh oolong)
Chás pretos incluem uma variedade de novas notas cítricas, frutadas e até mesmo florais com aromas de rosa e violeta na forma de moléculas de betadamascenona e betaionona, junto com algumas notas torradas, de nozes e caramelo.

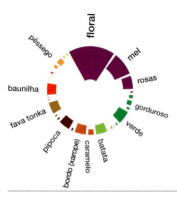

chá preto seaside honey (dah-yeh oolong)	frutado	cítrico	floral	verde	herbal	vegetal	caramelado	torrado	de nozes	amadeirado	picante	de queijo	animal	químico
figo-do-mar														
carambola														
repolho verde cozido														
ovo cozido														
porcini seco														
pimenta-da-jamaica														
macadâmia														
pasta tikka masala														
carne de caranguejo cozida														
peito de pato frito na frigideira														

Perfil aromático do chá longjing (chá dragon well)
Além das notas tostadas e do aroma de nozes e capim seco semelhante ao da cumarina, possui mais notas florais, de mel e fenólicas que o chá verde, além de uns compostos maltados e com aroma de batata.

chá longjing (chá dragon well)	frutado	cítrico	floral	verde	herbal	vegetal	caramelado	torrado	de nozes	amadeirado	picante	de queijo	animal	químico
huacatay (menta negra peruana)														
vieira														
espinafre cozido														
ganso selvagem assado														
pimenta ají mirasol														
queijo tipo parmesão														
filé de peito de frango pochê														
goiaba														
peixe-lobo do atlântico braseado														
abóbora cozida														

Perfil aromático do chá darjeeling
O darjeeling que analisamos é um chá preto perfumado com notas florais, de mel e cítricas. Suas lactonas frutadas com aroma de pêssego e coco combinam bem com peras conference, amoras e melões.

chá darjeeling	frutado	cítrico	floral	verde	herbal	vegetal	caramelado	torrado	de nozes	amadeirado	picante	de queijo	animal	químico
pimenta habanero vermelha														
shissô														
ameixa-japonesa (umê)														
planta do curry														
ruibarbo														
uvas														
cacau em pó														
fumet de mariscos														
faisão frito na frigideira														
bacon assado no forno														

Combinação em potencial: chá oolong e figo-do-mar

Também conhecido como planta-gelo, o figo-do-mar é uma espécie de suculenta provavelmente nativa do sul da África. Pode ser encontrado ainda na América do Sul, na Nova Zelândia e na Espanha, crescendo em dunas costeiras e ao longo de estuários e estradas. O fruto pode ser consumido em conserva ou transformado em chutney, e as folhas carnudas também são comestíveis.

Receita de combinação: chá preto e goiaba

A cor da polpa da goiaba pode variar de esbranquiçada a um rosa intenso, e seu sabor é agridoce. Na América Latina, ela é usada para fazer a água fresca, uma bebida não alcoólica que mistura frutas com água e açúcar, além de flores ou sementes. Os altos níveis de pectina da goiaba indicam que a fruta funciona bem em conservas, compotas e geleias, mas ela também é frequentemente consumida crua com uma pitada de sal e pimenta, pimenta-caiena em pó ou uma mistura de temperos.

Macarons de chá preto e goiaba

Receita do Foodpairing

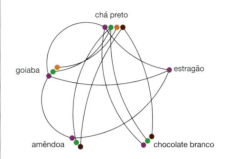

Como as claras são feitas 90% de água, você pode criar um merengue para macarons misturando água aromatizada a claras de ovo em pó. Prepare um merengue usando clara de ovo em pó, amêndoas moídas e chá preto forte. Para o recheio dos macarons, misture um purê de goiaba com uma ganache de chocolate branco e adicione estragão fatiado – as notas picantes e canforadas de anis dão um caráter refrescante.

Combinação em potencial: chá preto e baga de murta
O sabor da baga de murta é como um cruzamento entre o zimbro e o alecrim, com algumas notas de pinho e eucalipto. Esse fruto preto-azulado tem um retrogosto amargo e tânico e pode ser usado para substituir o zimbro nas receitas.

Combinação clássica: chá e cookies
As notas torradas, maltadas, amanteigadas e de queijo encontradas no chá darjeeling preto evocam o aroma de bolo ou cookies. Essa nota maltada no chá, do 3-metilbutanal, é também um dos aromas fundamentais do chocolate, o que faz das gotas de chocolate uma adição óbvia à massa de cookie.

Combinações de ingredientes com chá

Ingrediente	frutado	cítrico	floral	verde	herbal	vegetal	caramelado	torrado	de nozes	amadeirado	picante	de queijo	animal	químico
murta	·	·	●	●	·	·	·	●	·	●	·	·	·	·
funcho-do-mar	·	●	●	●	·	·	·	●	·	●	●	·	·	·
hortelã-japonesa	·	●	●	·	●	·	·	●	·	●	·	·	·	·
chá preto	·	●	●	●	·	·	·	●	·	●	·	·	·	·
nozes	·	●	●	●	·	·	·	●	·	●	●	·	·	·
sementes de cominho	·	●	●	●	●	·	·	●	·	●	●	·	·	·
presunto ibérico (jamón 100% ibérico de bellota)	·	●	●	●	·	·	·	●	·	●	·	·	·	·
baechu kimchi	·	·	●	●	·	·	·	·	·	●	·	·	·	·
pêssego	·	·	●	●	·	·	·	·	·	·	·	·	·	·
faisão frito na frigideira	·	●	●	●	·	·	·	●	·	●	●	·	·	·
ouriço-do-mar	·	●	·	●	·	·	·	●	·	●	●	·	·	·

Ingrediente	frutado	cítrico	floral	verde	herbal	vegetal	caramelado	torrado	de nozes	amadeirado	picante	de queijo	animal	químico
leitelho	·	·	·	●	·	·	·	·	·	·	·	●	·	·
ruibarbo	·	·	●	●	·	·	·	·	·	·	·	·	·	·
pimenta ají panca	·	·	·	●	·	·	·	·	·	·	●	·	●	·
grana padano	●	·	·	·	·	·	·	·	·	·	●	●	·	·
vinagre de xerez	·	·	●	●	·	·	·	·	·	·	·	●	·	·
cereja rainier	·	·	·	●	·	·	·	·	·	·	·	·	·	·
croissant	·	·	●	·	·	·	·	·	·	·	·	·	·	·
flor de jasmim	·	·	●	●	·	·	·	·	·	·	·	●	●	·
damasco	·	●	●	●	·	·	·	·	·	·	·	·	·	·
flor de sakura em conserva	·	·	·	●	·	·	·	●	·	·	·	·	·	·
chá verde	·	·	·	●	·	·	·	·	·	·	·	●	·	·

Ingrediente	frutado	cítrico	floral	verde	herbal	vegetal	caramelado	torrado	de nozes	amadeirado	picante	de queijo	animal	químico
fond brun (caldo escuro de vitela)	·	·	·	·	·	·	·	●	·	·	●	·	·	·
lombo de porco frito na frigideira	●	●	●	●	●	●	·	●	·	·	·	·	·	·
goiaba	●	●	●	●	·	·	·	●	·	●	·	·	·	·
manga	●	·	●	●	●	·	·	●	·	●	·	·	·	·
minikiwi	●	●	●	●	·	·	·	●	·	●	·	·	·	·
chá de jasmim	·	●	●	●	·	·	·	●	·	●	·	·	·	·
amora black diamond	●	·	●	●	·	·	·	●	·	●	·	·	·	·
faisão frito na frigideira	●	●	●	●	·	·	·	●	·	●	●	·	·	·
solha assada	●	●	●	●	·	·	·	●	·	●	●	·	·	·
bergamota	·	●	●	·	●	·	·	·	·	·	●	·	·	·
alcachofra cozida	●	·	●	●	·	●	·	●	·	·	●	·	·	·

Ingrediente	frutado	cítrico	floral	verde	herbal	vegetal	caramelado	torrado	de nozes	amadeirado	picante	de queijo	animal	químico
cebola	·	·	·	●	●	·	·	·	·	·	●	·	·	·
uísque bourbon	·	·	·	·	·	●	·	●	·	●	·	·	·	·
chá preto	·	·	·	●	·	·	·	●	·	●	·	·	·	·
foie gras de pato frito na frigideira	·	·	·	·	·	●	·	●	·	●	·	·	·	·
presunto de bayonne	·	·	·	·	·	●	·	●	·	●	·	·	·	·
couve-rábano assada	·	·	·	●	·	●	·	·	·	·	·	·	·	·
trufa de verão	·	·	·	·	·	●	·	·	·	·	·	·	·	·
folha de muña	·	·	·	·	·	●	·	●	·	·	·	·	·	·
abóbora cozida	·	·	·	·	·	●	·	●	·	·	·	·	·	·
pipoca	·	·	·	·	·	●	·	·	·	·	·	·	·	·
pregado grelhado	·	·	·	·	·	●	·	●	·	·	·	·	·	·

Ingrediente	frutado	cítrico	floral	verde	herbal	vegetal	caramelado	torrado	de nozes	amadeirado	picante	de queijo	animal	químico
creme de cassis	·	●	●	●	·	●	·	·	·	·	●	·	·	·
flor de sakura em conserva	·	·	●	●	·	·	·	●	·	●	·	·	·	·
lebre assada	●	●	●	●	·	·	·	●	·	●	·	·	·	·
aspargos brancos	●	●	●	●	●	·	·	●	·	●	●	·	·	·
pregado grelhado	●	●	●	●	·	·	·	●	·	●	·	·	·	·
pétalas de rosas frescas comestíveis	●	●	●	●	·	·	·	●	·	●	·	·	·	·
chá darjeeling	●	●	●	●	·	·	·	●	·	●	·	·	·	·
capim-limão	●	●	●	●	·	·	·	●	·	●	●	·	·	·
cheddar maturado	●	●	●	●	·	·	·	●	·	●	●	·	·	·
maracujá	●	●	●	●	·	·	·	●	·	●	●	·	·	·
damasco	●	●	●	●	·	·	·	●	·	●	●	·	·	·

Ingrediente	frutado	cítrico	floral	verde	herbal	vegetal	caramelado	torrado	de nozes	amadeirado	picante	de queijo	animal	químico
bleu d'auvergne	·	·	·	·	·	·	·	·	·	·	·	●	·	·
ganjang (molho de soja coreano)	●	·	●	●	·	·	·	●	·	●	·	·	●	·
cordeiro grelhado	●	●	●	●	·	·	·	●	·	●	●	·	●	●
beterraba frita na frigideira	●	●	●	●	·	·	·	●	·	●	·	·	·	·
filé de bacalhau pochê	●	●	●	●	·	·	·	●	·	●	·	·	·	·
chá darjeeling	●	·	●	●	·	·	·	●	·	●	·	·	·	·
broto de humulus (broto de lúpulo)	●	●	●	●	·	·	·	●	·	●	·	·	·	·
amêijoas cozidas	●	·	·	●	·	·	·	●	·	●	·	·	·	·
pepino	·	·	·	●	·	·	·	·	·	·	·	·	·	·
bergamota	·	●	●	·	●	·	·	·	·	·	·	·	·	·
coulis de pimentão amarelo	·	·	●	●	·	·	·	·	·	·	●	·	·	·

Combinação em potencial: chá lapsang souchong e chocolate caramelizado

O chocolate caramelizado é uma variante do chocolate branco que foi criada por acaso por um chocolateiro francês durante uma aula de confeitaria: um lote de chocolate branco foi acidentalmente deixado em banho-maria por muito tempo, o que fez com que alguns dos açúcares do chocolate caramelizassem. Isso resultou em um produto um pouco mais escuro, com um perfil de sabor mais complexo.

Combinação em potencial: chá lapsang souchong e flor de sabugueiro

Por volta de maio ou junho, quando o sabugueiro estiver florescendo, colha algumas flores e seque-as. Você pode misturar a flor de sabugueiro seca (ver página 366) com o lapsang souchong para fazer um chá aromatizado.

cookies com gotas de chocolate
- chá darjeeling
- purê de abóbora
- geleia de mirtilo-selvagem
- Guinness Draught (cerveja escura)
- baunilha-do-taiti
- purê de gengibre
- lombo de porco frito na frigideira
- presunto de bayonne
- açaí
- homus

lapsang souchong tea
- amora marion
- manjericão
- flor de sabugueiro
- mel de urze
- sementes de cardamomo
- pêssego
- chocolate caramelizado
- capim-limão
- ganso selvagem assado
- cheesecake

pombo-torcaz frito
- fumaça de cerejeira
- flor de gerânio com aroma de rosas
- folha de curry
- fava tonka
- bérberis seco
- chá sencha
- bergamota
- pasta de curry madras
- alcachofra cozida
- manga

suco de tomate pasteurizado
- molho de peixe taiwanês
- filé de bacalhau
- tangerina
- groselha-negra
- mandioca cozida
- beterraba
- casca de laranja
- carne maturada a seco (dry-aged)
- aipo-rábano cru ralado
- chá preto

vodca de limão
- goiaba
- chá preto
- presunto de bayonne
- pera conference
- pétalas de rosas frescas comestíveis
- carne de caranguejo cozida
- pimenta isot (flocos de pimenta urfa)
- batata cozida
- pomelo
- muçarela de búfala

vermute seco
- chá darjeeling
- pesto de tomate
- queijo tipo parmesão
- solha assada
- kiwi
- presunto ibérico (jamón 100% ibérico de bellota)
- café colombiano
- filé de bacalhau pochê
- pato selvagem frito na frigideira
- amora

Flor de sabugueiro

No fim da primavera e início do verão, os campos da Europa ficam cobertos pela flor de sabugueiro. A minúscula e delicada flor branca deve ser cuidadosamente colhida à mão para evitar a perda do pólen, que contém muito do aroma doce característico da flor. O pólen também é o que dá aos cordiais de flor de sabugueiro e ao popular licor St-Germain sua bela cor dourada.

Uma vez que os sabugueiros perdem suas flores ao fim do verão, centenas de pequenas bagas preto-arroxeadas podem ser vistas pendendo de seus galhos. Essas potentes frutas silvestres compartilham do mesmo perfil aromático básico da flor de sabugueiro e são usadas para fazer remédios naturais para gripes e resfriados.

Os aromas delicados de limão e de rosa da flor de sabugueiro indicam que ela combina bem com vinhos brancos, especialmente os espumantes. Para um coquetel de verão refrescante, basta misturar duas medidas de St-Germain ou de cordial de flor de sabugueiro com três medidas de champanhe e uma medida de água com gás.

Os primeiros cordiais de flor de sabugueiro datam do Império Romano. As receitas de hoje não mudaram muito desde então e pedem que as flores recém-colhidas sejam embebidas em um xarope simples com a adição de um toque de suco de limão, fatias de limão e/ou ácido cítrico. O ácido ajuda a preservar a bebida, ao mesmo tempo que equilibra seu gosto doce com um leve toque azedo. O cordial é deixado em infusão por semanas ou até meses para depois ser coado e diluído em água, água com gás, água tônica, soda ou gim para fazer drinques de verão.

No Reino Unido, há também uma bebida levemente alcoólica conhecida como champanhe de flor de sabugueiro. Deixe seis cabeças frescas de flor de sabugueiro e dois limões-sicilianos fatiados de molho em 4,5 litros de água por alguns dias, depois coe com um pano de musselina e adicione 750 g de açúcar granulado e 2 colheres (chá) de vinagre de vinho branco. Quando o açúcar tiver se dissolvido, coloque o líquido em garrafas plásticas. Tampe gentilmente – sem atarraxar as tampas, pois os levedos naturais fermentarão os açúcares e a mistura começará a borbulhar. Depois de cerca de duas semanas, a formação de bolhas diminuirá e você já poderá apertar as tampas. Espere mais dois dias. O resultado será uma bebida levemente gasosa que funciona como um aperitivo perfeito.

- St-Germain é o licor à base de flor de sabugueiro mais conhecido. Semelhantemente à própria flor, o licor tem um aroma floral e de rosa e uma alta concentração de aromas frutados e tropicais. Sua *eau de vie* é feita de uma mistura de uvas chardonnay e gamay, que conferem ao St-Germain seu sabor frutado.

- Para fazer bolinhos de flor de sabugueiro fritos, mergulhe ramos da flor em uma massa leve de tempurá antes de imergi-los em óleo. Polvilhe os bolinhos com uma leve camada de açúcar de confeiteiro e sirva com salada de frutas ou sorvete de creme.

- A flor de sabugueiro normalmente é associada a pratos doces e a cordiais. No entanto, seu perfil de sabor faz dela uma excelente candidata para combinações com ostras (ver página 368), pois esses dois ingredientes compartilham notas verdes e cítricas, motivo de ambos funcionarem especialmente bem com limão.

Combinações de ingredientes com flor de sabugueiro

champanhe	frutado	cítrico	floral	verde	herbal	vegetal	caramelado	torrado	de nozes	amadeirado	picante	de queijo	animal	químico
flor de sabugueiro	•	•	•	•	•	•	•	•	•	•	•	•	•	•
pera williams (pera bartlett)	•	•	•	•	•	•	•	•	•	•	•	•	•	•
grana padano	•	•	•	•	•	•	•	•	•	•	•	•	•	•
manga	•	•	•	•	•	•	•	•	•	•	•	•	•	•
pistache	•	•	•	•	•	•	•	•	•	•	•	•	•	•
mirin (vinho doce de arroz japonês)	•	•	•	•	•	•	•	•	•	•	•	•	•	•
figo	•	•	•	•	•	•	•	•	•	•	•	•	•	•
pimenta ají amarillo	•	•	•	•	•	•	•	•	•	•	•	•	•	•
bacon frito na frigideira	•	•	•	•	•	•	•	•	•	•	•	•	•	•
kiwi	•	•	•	•	•	•	•	•	•	•	•	•	•	•

casca de tangerina	frutado	cítrico	floral	verde	herbal	vegetal	caramelado	torrado	de nozes	amadeirado	picante	de queijo	animal	químico
pastinaca cozida	•	•	•	•	•	•	•	•	•	•	•	•	•	•
arroz longo cozido	•	•	•	•	•	•	•	•	•	•	•	•	•	•
filé de bacalhau pochê	•	•	•	•	•	•	•	•	•	•	•	•	•	•
tomatillo	•	•	•	•	•	•	•	•	•	•	•	•	•	•
pargo	•	•	•	•	•	•	•	•	•	•	•	•	•	•
uva-passa	•	•	•	•	•	•	•	•	•	•	•	•	•	•
crisps de beterraba	•	•	•	•	•	•	•	•	•	•	•	•	•	•
flor de hibisco seca	•	•	•	•	•	•	•	•	•	•	•	•	•	•
avelã torrada	•	•	•	•	•	•	•	•	•	•	•	•	•	•
doenjang (pasta de soja fermentada coreana)	•	•	•	•	•	•	•	•	•	•	•	•	•	•

Flor de sabugueiro

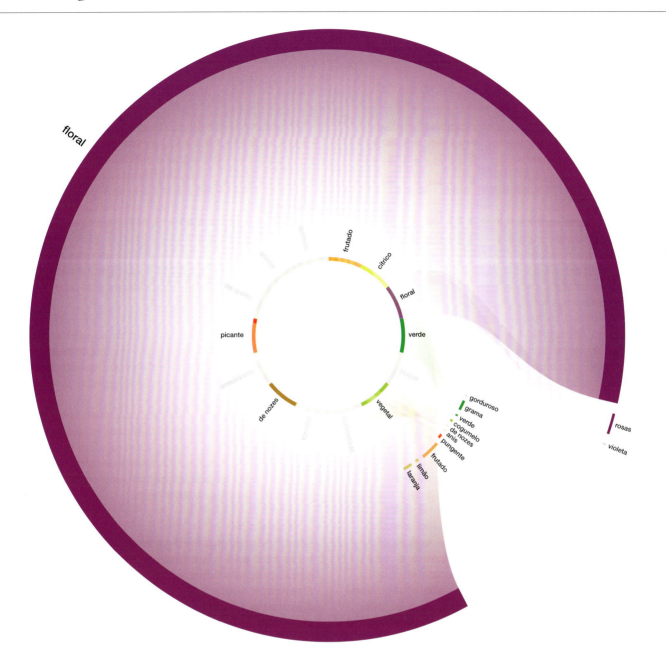

Perfil aromático da flor de sabugueiro
A flor de sabugueiro tem um aroma doce e inebriante, com uma fragrância floral frutada e notas gramíneas e de limão. Ela deve seu aroma floral dominante a dois compostos específicos: óxido de rosa (cis), que tem um cheiro floral distinto com um toque de rosa; e betadamascenona, que tem um aroma floral de rosa com notas frutadas e de maçã. A presença do 3-metil-1-butanol intensifica o sabor frutado.

Ostra

Temperaturas mais frias fazem com que as ostras armazenem glicogênio, o que torna seu sabor mais doce durante o outono e o inverno.

As ostras vêm sendo consumidas em áreas costeiras há milhares de anos e são encontradas em todo o mundo. No norte da Europa, dizia-se que elas só deveriam ser comidas nos meses com a letra "r" (ou seja: de setembro até o fim de abril). Considerando que esses são os meses mais frios do ano no hemisfério norte, esse era um conselho sensato em uma época anterior à refrigeração moderna. Hoje em dia, as ostras podem ser apreciadas o ano inteiro. Basta procurar por espécimes vivos com as conchas bem fechadas e intactas. Quando batucadas de leve, elas devem soar sólidas.

No passado, costumava-se comer apenas as espécies locais, mas hoje é possível ter uma preferência não apenas por ostras de uma espécie em particular, mas também por locais de origem, pela forma como elas foram cultivadas e pela época em que o cultivo foi realizado. Todos esses aspectos combinados afetam o tamanho, a cor e o sabor da ostra, e os verdadeiros especialistas têm tanto conhecimento quanto o melhor dos sommeliers. Quase todas as ostras comercialmente disponíveis pertencem a uma das cinco espécies existentes, sendo todas as outras diferenças puramente ambientais: a ostra chata ou belon europeia (*Ostrea edulis*); a ostra do pacífico (*Crassostrea gigas*), nativa da costa do Pacífico do Japão, mas hoje amplamente cultivada em todo o mundo; a ostra kumamoto (*Crassostrea sikamea*), nativa do sudoeste do Japão; a ostra oriental (*Crassostrea virginica*), nativa da costa atlântica da América do Norte e do Golfo do México; e a ostra olímpia (*Ostrea lurida*), nativa da costa do Pacífico da América do Norte.

Ostras frescas são a entrada perfeita para qualquer jantar festivo ou coquetel, particularmente na temporada de férias de inverno no hemisfério norte.

- O molho de ostra é um condimento asiático comum. Uma base de ostras ensopadas (ou com sabor artificial de ostra, no caso de marcas mais baratas) é batida com amido e açúcar para criar um molho espesso e cheio de sabor que funciona bem como uma marinada ou um condimento. Embora tenha aromas complexos de peixe, ele não apresenta nenhuma das notas marinhas ou de vegetais frescos presentes na ostra fresca.

- Ostras aferventadas com espinafre e servidas com um mousseline cremoso ou um molho de champanhe trazem à tona os vínculos aromáticos frutados e vegetais de cebola existentes entre esses ingredientes.

- Ostras rockefeller são um clássico de New Orleans que consiste em ostras assadas na meia concha com uma mistura de espinafre infusionado em Herbsaint ou Pernod, engrossada com biscoitos triturados ou farinha de rosca.

- Ô á chian é um clássico da comida de rua dos mercados noturnos de Taiwan. Feito de batata-doce e amido de tapioca, apresenta uma textura elástica e é cravejado com ostras, ovos, alface-aspargo e cebolinha. O omelete de ostras é coberto com um molho doce e pegajoso feito com ketchup, molho sweet chilli e, às vezes, manteiga de amendoim.

Folha-de-ostra

A *Mertensia maritima* cresce em solos argilosos ao longo das costas rochosas do Canadá, da Escócia, da Noruega e da Islândia, onde suas folhas verde-prateadas são colhidas da primavera até o outono. São cobiçadas pelos chefs pelo sabor salgado e marinho que dá origem a seu nome e também por suas notas florais, que justificam o fato de às vezes encontrarmos tartares de carne com folhas-de-ostra em menus.

Perfil aromático relacionado: folha-de-ostra
As delicadas folhas-de-ostra são verdes com moléculas aromáticas de cogumelo e gerânio. Experimente combinar suas notas florais com maçãs, alcachofras, favas, gengibre e até mesmo carne crua.

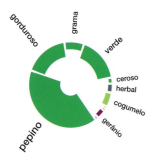

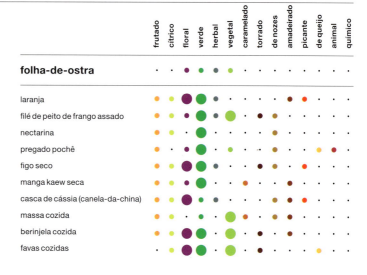

Ostra

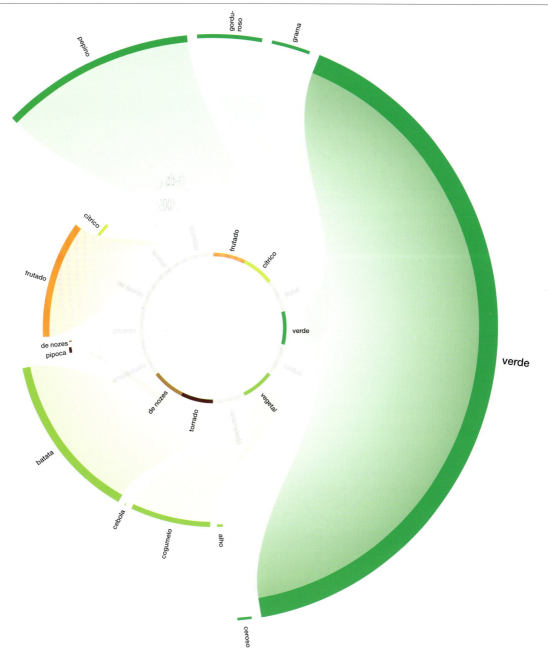

Perfil aromático da ostra

A maioria das ostras da costa da França é criada a partir de larvas de ostras japonesas (*Crassostrea gigas*). Uma análise do aroma dessas ostras cultivadas no Pacífico revela uma alta concentração de moléculas aromáticas de grama verde fresca e de pepino verde, além do óbvio aroma marinho. Mas isso não é tudo: as ostras têm um perfil aromático complexo que também inclui notas frutadas, cítricas e até mesmo algumas moléculas com aroma de pipoca torrada. Também encontramos notas vegetais com aroma de batata e cogumelo, que são fundamentais para a experiência de sabor ao comer ostras cruas.

Combinação clássica: ostras e suco de limão-siciliano

Na França, esses bivalves salgados são tradicionalmente servidos na meia concha com um toque de limão-siciliano ou uma clássica mignonette, um molho simples feito com vinagre, chalotas em cubos pequenos e pimenta-do-reino.

Combinação em potencial: ostra, cereja-doce e pétalas de rosa

As notas verdes, cítricas e de nozes da ostra proporcionam um vínculo com as cerejas-doces. Algumas das notas florais semelhantes a rosas nas cerejas estão presentes nas pétalas de rosa, e essa ligação aromática é ainda mais realçada por algumas notas verdes e gramíneas que esses dois ingredientes compartilham. Experimente servir ostras com uma geleia de cereja com aroma de rosas.

Combinações de ingredientes com ostra e folha-de-ostra

suco de limão-siciliano
- chocolate branco
- melão
- abacaxi
- folha-de-ostra
- tomilho
- cenoura
- beterraba descascada cozida
- ostra
- bacon frito na frigideira
- cordeiro grelhado

cereja-doce
- pimenta-rocoto
- pétalas de rosas frescas comestíveis
- caranguejo-voador assado (*Liocarcinus holsatus*)
- cerefólio-tuberoso
- purê de alho assado
- lombo de porco frito na frigideira
- cranberry
- casca de cássia (canela-da-china)
- presunto ibérico (jamón 100% ibérico de bellota)
- ostra

goji berry seco
- chá sencha
- licor Mandarine Napoléon
- kamut cozido (trigo khorasan)
- fava tonka
- feno
- cogumelo morel
- favas cozidas
- folha-de-ostra
- caranguejo-peludo-chinês cozido
- berinjela grelhada

caranguejo-peludo-chinês cozido
- café colombiano
- favas cozidas
- champignon
- bife assado no forno
- folha-de-ostra
- batata assada no forno
- arroz basmati cozido
- filé de peito de frango assado
- manjericão
- gorgonzola

limoncello
- shiro (molho de soja branco)
- mel de urze
- cloudberry
- melão
- gorgonzola
- chocolate amargo
- pasta tikka masala
- carne de caranguejo cozida
- ostra
- presunto curado a seco jinhua

ovas de bacalhau
- grana padano
- camarão cinza assado
- berinjela grelhada
- favas cozidas
- ostra
- batata cozida
- coelho assado
- lichia
- presunto de bayonne
- aveia em flocos

Combinação em potencial: ostra e kombu

Em vez de consumir ostras cruas, experimente servi-las fritas na manteiga. Para um sabor marinho extra, utilize manteiga com sabor de kombu – o kombu e a ostra compartilham muitas notas aromáticas verdes. Moa o kombu seco com um pilão e depois peneire. Misture o pó de kombu com manteiga derretida sem sal e guarde os flocos maiores para fritar peixe ou talvez carne.

Combinação em potencial: ostra e nectarina

As ostras e as pérolas são indissociáveis. Para fazer pérolas comestíveis, misture suco de fruta (nectarina, por exemplo) com ágar em pó, usando 1,5 g de ágar para cada 100 mL de suco. Ferva a mistura e depois deixe esfriar. Coloque uma tigela com óleo vegetal no freezer para gelar. Usando uma seringa, coloque pequenas quantidades da mistura de suco no óleo frio. Retire as pérolas de nectarina do óleo e enxágue. Sirva-as em cima de uma ostra ou de uma folha-de-ostra.

peito de frango frito na frigideira

- alface little gem
- amora
- pera
- doenjang (pasta de soja fermentada coreana)
- tomatillo cozido
- nozes
- kombu (alga marinha seca)
- ostra
- amêijoas cozidas
- couve no vapor

nectarina

- vinagre de xerez
- chá verde
- pato selvagem frito na frigideira
- rodovalho assado
- mirin (vinho doce de arroz japonês)
- wasabi
- framboesa
- cenoura
- pasta de curry madras
- folhas de coentro

alho-poró cozido no vapor

- pargo
- filé de peito de frango frito
- feijão-preto
- nozes
- ostra
- bacon frito na frigideira
- cogumelo cep
- banana-da-terra
- pistache torrado
- hambúrguer assado no forno

figo seco

- freekeh cozido
- caldo de pombo
- salsifi-negro cozido
- uísque bourbon
- ervilha
- gordura de porco ibérico
- coco
- funcho-do-mar
- azeitona preta picual
- cenoura cozida

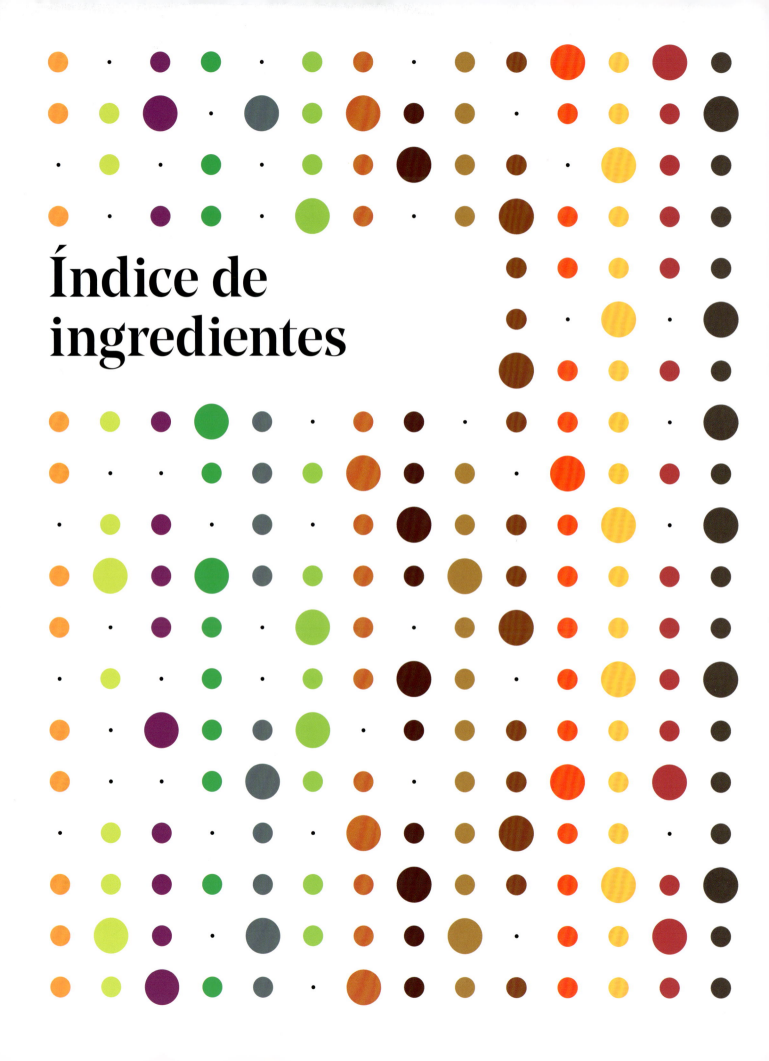

Índice de ingredientes

Os números de página em negrito indicam a combinação primária do ingrediente em questão. Os números de página seguidos da menção "(ingrediente)" indicam a seção de cada um dos 85 ingredientes fundamentais descritos neste livro.

abacate 42, 49, 51, 62, 78, 87, 130, 158, 169, 202, 205, 257, 260, 273, 278, 283, 313, 333, 352 (ingrediente), **353**, 354, 355
   hass 175, **176**, 196, 239, 355
abacaxi 46, 70, 79, 123, 126, 144, 146, 147, 153, 162, 192, 236, 240 (ingrediente), **241**, 242, 243, 266, 267, 288, 316, 370
   purê **240**
   suco 47, 94, **240**
abóbora 57, 71, 83, 98, 104, **131**, 177, 228, 267, 279, 354
   cozida 40, 48, 54, 56, 67, 88, 91, 92, 94, 95, 105, 113, 114, 129, 130, 135, 142, 146, 147, 153, 165, 173, 176, 177, 182, 192, 193, 196, 200, 205, 210, 232, 238, 243, 254, 261, 279, 281, 283, 284, 288, 289, 297, 298, 300, 301, 308, 313, 317, 321, 324, 332, 334, 343, 350, 354, 359, 362, 364
   purê 88, **153**, 202, 225, 242, 278, 351, 365
   semente de abóbora
      óleo 127, 151, 164, **177**, 332
      torrada 105, 186, **257**, 279, 337, 342
abóbora-cheirosa 54, 56, 60, 67, 88, 91, 166 (ingrediente), **167**
abóbora-d'água (cabaça de cera) 119, **260**
   cozida 83, 150, 277
abobrinha 62, **70**, 78, 87, 134, 143, 312, 343
   cozida 109, 131, 246, 331, **332**
   grelhada 53, 57, 66, 67, 182, 204, 320, 321, 329
absinto 87, 89, 197, 237, 260, 292
absinto (erva) **237**, **333**
açafrão 43, 70, 114, 121, 127, 143, 151, 155, 215, 218, 246, 301, 311, **313**, 329, 350, 351, 358
açafrão-da-terra 52, 71, 113, 119, 201, 236, 273, **358**
açaí 48, 60, 98, 130, 142, 146, 193, 224, 301, 308, 365
acelga 47, 49, **71**, 119, 175, 177, 308
acerola 134, 236, **317**, 325, 347
açúcar de palma **252**, 308, 358
agrião **75**, 127, 152, 186
água de coco 62, 69, 131, **135**, 164, 193, 292, 316, 332, 336, 344
água de rosas 226, 254, 343, 346
água tônica **256**, 324
agulha-de-pinheiro **261**
aioli 189, 287
aipo 91, 102, 154, 161, **261**
   cozido 143, 146, 167, **196**, 224, 237, 304
   folhas 79, 102, 146, 241, 243, 247, 256, **275**, 324, 325, 328
   sementes **83**
      secas 350
aipo-rábano 50 (ingrediente), **85**, 119, 197, 202, 225, 229, 270, 274, 279
   cozido 49, **51**, 52, 53, 63, 104, 109, 124, 143, 147, 152, 235, 256, 278, 283, 298, 301, 358
   cru ralado **52**, 165, 261, 365
alcachofra 102, 326 (ingrediente)
   cozida 43, 47, 56, 57, 66, 75, 77, 78, 83, 86, 88, 94, 118, 136, 143, 151, 157, 161, 197, 205, 237, 250, 264, 273, 278, 283, 312, 320, 325, **327**, 328, 329, 342, 343, 358, 363, 364, 365 368
   purê 301
alcachofra-de-jerusalém cozida 98, 114, 123, **256**, 312
alcaçuz 42, 82, 131, 135, 152, 165, 166, 185, 198, 210, 211, 225, 233, 247, 288, 289, 291, 305, 317, **324**, 346
alcaparras em conserva **95**, 109, 200, 312, 357
alecrim 56, 63, 74, 99, **113**, 141, 142, 189, 214, 236, 242, 255, 256, 278, 328, 356, 358
alface
   lisa 210, 279, **283**, 289, 308, 321, 336
      cozida **279**, 288
   little gem 103, 143, 167, 186, 199, 246, **288**, 343, 351, 371
alface chinesa *ver* repolho-chinês
alface-de-cordeiro (mâche) 60, 98, **187**, 207, 266
alga marinha 264 (ingrediente)
   algas *Gracilaria carnosa* 53, 82, 127, 167, 218, 224, 232, 241, 243, **266**, 267, 283, 305, 320, 337
   algas verdes 114, 173, 186, 225, 227, 260, **265**, 348
   Codium 53, 56, 71, 78, 113, 114, 129, 130, 186, 215, 223, **266**, 267, 290, 305, 312, 324, 331
   kombu (alga marinha seca) 70, 75, 83, 102, **126**, 142, 156, 164, 185, 189, 225, 267, 312, 363, 369, 371
   pepper dulse **266**, 267
   wakame 47, 108, 200, 211, 250, 260, **264**, 267, 327
      seca 236
alho 110 (ingrediente), 114, 124, 126, 202
   frito **161**, 288
   picado **111**, 114
   purê 109, 114, 176, 246
   purê de alho assado **110**, 115, 370
   purê de alho negro 40, 66, 77, 106, **112**, 113, 114, 115, 131, 188, 199, 241, 242, 278, 289, 305, 320, 337, 338, 361
   ver também alho-selvagem
alho-poró 75, 108, **109**, 224, 301, 309, 358
   ao vapor 82, 123, 203, 325, **371**
alho-selvagem 52, 67, 93, 114, **123**, 201, 336
amaranto **359**
   cozido 220
amaretto 206, 260, **328**, 346, 354
amchoor (pó de manga) 147, 310
amêijoas cozidas 70, 108, 114, 153, 224, 256, 257, 312, 316, **325**, 331, 361, 364, 371
ameixa 98, 112, 152, 201, 222, 231, 235, 283, **316**
   em lata **52**, 143, 233
   suco **143**
   suco fermentado **146**
ameixa-brasileira 146, 147, **165**, 342

ameixa-japonesa (umê) 71, 83, 88, 104, 134, 135, 145, 150, 173, **189**, 205, 211, 232, 301, 316, 333, 354, 359, 362
   umeboshi (ameixa japonesa em conserva) **95**
   umeshu (licor de ameixa japonesa) **130**, 187, 204
ameixa seca
   de agen 62, 75, 135, 168, 186, 193, 196, 206, 242, 247, 260, 328, **336**, 354
   em lata 94, **246**, 275, 312
amêndoa 71, 75, 79, 159, 172, 202, 227, 242, 247, 257, 261, 282, 297, 305, 336, 343, 344 (ingrediente), **345**, 346, 347, 350
   de torra escura 88, 94, 95, 99, 105, 128, 135, 246, 279, 314, 346, 347
   moída 223, 363
   torrada 75, 99, 118, 210, 255, 279, 324, 347
      a óleo 79, 82, 105, 123, 127, 134, 187, 253, 281, 300, 324, **344**, 347, 359
      a seco **344**
      e laminada 83, 91, 155, 193, 226, 260, 294
amendoim **62**
   manteiga de amendoim 51, 60, 69, 114, 186, 279, 308, **313**
   óleo *ver* óleo de amendoim
   torrado 43, 51, 57, 83, 89, 93, 98, 104, 113, 114, 117, 119, 126, 142, 165, 172, 184, 187, 193, 223, 224, 246, 252, **278**, 304, 344
amora 42, 53, 56, 63, 87, 89, 117, 131, 153, 157, 187, 192, 198, 211, 215, 216, 222, 232, 233, 237, 242, 258, 260, 267, 273, 290, 320, 324, 325, 327, 328, **347**, 351, 359, 365
   black diamond 246, **309**, 364
   marion 43, 224, 282, **328**, 365
   mulberry 161, 214, 247, 273, 293, 336, **342**, 371
   vinho **200**
anchovas
   caldo 102, 109, **126**, 130, 197, 336
   salgadas 43, 56, 62, 77, **78**, 99, 113, 152, 189, 198, 200, 222, 235, 236, 246, 355, 358, 363
angélica 212, 213
   cristalizada **88**, 215
   raiz seca 41, 107, 119, **274**, 333
   sementes 109, 218
anis 49, **52**, 75, 131, 135, 165, 214, 250, 266, 321, 343, 355
anis-estrelado 49, **109**, 112, 137, 214, 236, 260, 296, 308, 339
anis-hissopo 73, 189, 287, **288**, 305
   azul 305
araçá-rosa 52, 93, 169, **215**, 235, 342
arak **88**, 101, 161, 177, 271, 309, 347
armanhaque 142, **316**, 336
arroz 171
   basmati cozido 43, 52, 87, **119**, 131, 143, 178, 219, 260, 261, 274, 278, 329, 347, 370
   cozido 189, 225
   de grão longo cozido 52, **173**, 366

integral cozido 55, 67, 88, 105, 106, **108**, 122, 127, 152, 197, 211, 258, 266, 282, 320, 327, 343, 346
jasmim cozido 99, 135, **336**
negro cozido 49, 67, 126, 134, **152**, 273, 279
silvestre cozido 52, 70, 78, 104, 109, 114, 127, 137, 148, **224**, 232
asa de arraia
　assada **83**, 157, 193, 210, 300
　pochê 52, 53, 57, 70, 147, 170, 201, 224, 247, **329**, 330
aspargos brancos 61, 78, 106, 152, 188, 189, 210, 222, 233, 244, 251, **282**, 288, 333, 344, 346, 358, 364
　cozidos **56**, 88, 105, 114, 146, 164, 282, 300
aspargos verdes 71, 74, 163, 193, 222, 223, 227, 242, 246, 258, **267**, 283, 292, 293, 312, 315, 344
　assados 64
　grelhados 42, 48, 60, 149, 187, 215, 224, 233, 238, 246, **247**, 250, 251, 253, 256, 266, 296, 328, 332
aveia
　bebida de aveia 53, 111, **300**, 328
　em flocos **47**, 89, 173, 223, 370
　integral 65, **147**, 200
　mingau *ver* mingau (aveia)
avelã 40, 63, 94, 119, 130, 177, 185, 196, 219, 222, 229, 252, 266, 280, 324, 330 (ingrediente), **331**, 332, 333
　moída 172
　óleo 78, **152**, 296
　pasta de praliné 83, 187, 298, 332, 333
　torrada 52, 56, 94, 131, 164, 196, 201, 204, 206, 217, 232, 237, 291, 329, **330**, 332, 333, 334, 336, 366
　torrada em purê 47, 63, 77, 78, 105, 108, 122, 125, 177, 178, 186, **200**, 225, 247, 332, 343
　ver também pasta de praliné de amêndoa e avelã
avestruz 46, 95, 142, 165, 173, 187, 240, 242, 260, **260**, 304, 336, 339
azedinha vermelha 46, 67, 83, 108, 134, 303, **305**, 308, 339
azeite de oliva 68, 103, 105, 168 (ingrediente), **169**, 171, 172, 173, 202, 212, 293
　arbequina 62, 102, 130, 172, **260**, 297, 301
　arbequina virgem **170**, 189, 192, 250, 292
　coratina **343**
　cornicabra **43**, 70
　extravirgem arbequina 41, 62, 101, 173, 244, 279, 286
　extravirgem picual 47, 48, 109, 123, 225, 245, 259, 319, **320**, 321, 334, 351
　halhali **168**, 240
　manzanilla 359
　picual 70, 113, **161**, 173, 266
　virgem frantoio **170**, 172, 187
　virgem italiano 173, 218
　virgem manzanilla 52

virgem marroquino 77, 177
virgem picholine 70, 75, **170**, 283
virgem tanche 215
azeitona preta 55, 57, 95, 113, 144, 147, 176, 188, 216 (ingrediente), 232, 255, 258, 266, 283, 330
　hojiblanca **301**
　manzanilla **351**
　picual 48, 52, 62, 67, 83, 94, 104, 135, 139, 182, 201, 210, **217**, 224, 233, 259, 273, 313, 317, 337, 338, 342, 347, 371
azeitona verde 136, 142, 186, 210, **216**, 232, 236, 261, 274, 342

bacalhau
　filé 61, 87, 99, 134, 152, 173, **193**, 215, 232, 260, 279, 313, 353, 365
　pochê 74, 87, 88, 104, 119, **130**, 134, 152, 165, 189, 227, 243, 268, 269, 290, 317, 320, 324, 332, 337, 351, 354, 364, 365, 366
　ovas 301, **370**
　seco salgado 62, 211, 234, **342**
bacamarte assado 61, 63, 77, **102** (ingrediente), 152, 164, 187, 197, 260, 275, 286, 333, 336, 339
bacon 184
　cozido no forno 43, 49, 67, 74, 82, 103, 109, 123, 146, 214, 216, 223, 233, 246, 260, 268, 270, 274, **275**, 289, 313, 320, 334, 362
　refogado 57, 79, 86, 87, 113, 119, 127, 131, 147, 156, 161, 164, 165, 172, **184**, 186, 188, 201, 205, 215, 220, 224, 243, 247, 253, 255, 259, 261, 275, 278, 284, 288, 290, 294, 300, 301, 317, 324, 336, 342, 346, 347, 350, 355, 359, 363, 366, 370, 371
　defumado 60, **78**, 130, 131, 189, 205, 328
bacuri **274**
badejo faneca braseado 63, **99**, 114, 152, 173, 283, 308, 344
baechu kimchi *ver em* kimchi
baga de espinheiro **354**
baga de espinheiro-marítimo 46, **47**, 147, 200, 243, 250, 279
baga de omija **218**, 279
baga de sabugueiro 60, 63, 74, 88, **123**, 135, 147, 156, 163, 172, 179, 205, 231, 242, 266, 283, 313, 333
　selvagem **95**, 151, 350
　suco 63, **71**, 123, 135, 165, 192, 232, 324, 332
baga de zimbro 212, **214**
　seca 56, 82, 127, 228
bagel *ver em* pão
baguete *ver em* pão
banana 46, 62, 66, 70, 82, 85, 86, 97, 99, 131, 135, 153, 165, 187, 192, 224, 233, 236, 258, 278, 282, 288, 289, 290, 316, 325, 333, 340 (ingrediente), **341**, 342, 343, 347, 353, 359
banana-passa 300, 337, **342**

cavendish 57, 61, 71, 333, **342**, 343, 344, 354
chips 49, 104, 147, 152, 193, **205**, 243, 342
folha de bananeira **340**
nanica 63, 86, 91, 153, 164, 178, 186, 201, **211**, 223, 224, 275, 305, 342, 343, 351, 354
purê 70, 127, **172**, 342, 343
seca ao sol 216
banana-da-terra 116, 126, 153, 187, 188, 193, 197, 223, 244, 247, 251, 252 (ingrediente), **253**, 279, 286, 305, 313, 321, 329, 355, 371
batata **79**, 135
　assada **48**, 49, 55, 62, 74, 78, 88, 89, 107, 109, 177, 187, 190, 198, 201, 206, 207, 209, 210, 217, 244, 250, 251, 266, 300, 323, 365, 370
　assada ao forno 74, 89, 104, 109, 172, 177, **186**, 204, 211, 225, 273, 313, 367, 370
　crisps 273, 309, **321**, 354
　gourmandine cozida 251
　ver também batatas fritas
batata-doce 116 (ingrediente), **117**, 310, 315
　assada 43, 51, 79, 96, 115, **118**, 119, 218, 228, 235, 241, 316, 325, 349, 354
　cozida 43, **118**, 119, 146, 152, 161, 163, 172, 277, 313
　crisps 94, 143, **201**, 213, 257, 305
　roxa cozida 43, 52, **187**, 251, 274, 320, 332
　vermelha **98**
batata yacón 42, 83, 153, 256, 295, 328
batatas fritas 67, 129, 142, 182, 194 (ingrediente), **195**, 196, 197, 244, 266, 294, 298, 312, 332
baunilha 54 (ingrediente)
　bourbon 43, 53, 54, **55**, 56, 57, 60, 139, 153, 210, 280, 289, 342
　do-taiti 48, **54**, 56, 57, 60, 61, 67, 70, 79, 83, 88, 109, 114, 131, 170, 177, 185, 188, 197, 261, 267, 283, 290, 297, 301, 314, 317, 321, 354, 365
bebida de amêndoa 297, **329**, 342
bérberis seco 82, 83, 118, **119**, 123, 222, 300, 365
bergamota 46, 49, 75, 82, 99, 102, 107, 119, 130, 142, 147, 156, 160, 161, 178, 182, 188, 197, 210, 215, 218 (ingrediente), **219**, 236, 247, 260, 261, 264, 267, 271, 289, 319, 332, 348, 364, 365
berinjela 186, 275, 301, **308**
　cozida 74, 87, 99, 102, 104, 119, 123, 126, 165, 172, 186, 215, 229, 252, 256, 307, **320**, 368, 369
　grelhada 49, 104, 113, 144, 145, 153, 177, 189, 200, 233, 251, 255, 288, 289, 325, 333, 370
beterraba 42, 51, 60, 67, 71, 78, 79, 102, 113, 142, 161, 189, 192, 203, 211, 218, 220 (ingrediente), **221**, 252, 273, 284, 309, 313, 315, 333, 365
　assada 43, 56, 57, 62, 82, 143, 165, **222**, 223, 225, 237, 301, 305, 316, 320, 343
　chips 86

cozida 56, 94, 114, 170, 201, **222**, 224, 274, 279, 282
crisps 71, 109, 157, 172, 220, **222**, 225, 247, 265, 366
descascada cozida 52, 66, 81, 113, 114, 119, 129, 184, 223, 224, 225, 272, 282, 283, 308, 328, 345, 370
folhas de beterraba 48, 63, 123, **220**
refogada 42, 63, 104, 114, 135, 143, 152, 176, 177, 188, 202, 224, 228, 232, 247, 257, 297, 317, 332, 345, 354, 363, 364
suco 63, 185, 218, 220, 223, 358
bicho-da-farinha **146**
biscoito amanteigado 197, 215, **224**, 300
biscoito crocante 305
biscoito speculoos 71, 329, 338, 348, **350**
bleu d'auvergne *ver em* queijos azuis
bleu des causses *ver em* queijos azuis
bolinho de arroz 247
bolo inglês 171, **172**, 313, 333
borragem 67, 69, 105, 142, 159, **196**, 205
flor 43, **95**, 173, 329, 336
minifolhas 350
botões-de-sichuan *ver* jambu
bottarga 93, 94, 142, **165**, 186, 190, 244, 247, 254, 257, 263, 282, 303, 343, 358
boysenberry **74**
brandy
de ameixa 57, **113**
Metaxa 5 Stars **289**
St-Rémy VSOP **192**
ver também armanhaque; conhaque; Mariacron Weinbrand
brie *ver em* queijos macios
brillat-savarin *ver em* queijos macios
brioche *ver em* pão
brócolis
cozidos 60, 91, 103, 114, 121, 142, 143, 146, 189, 203, 205, 214, 215, 230, 237, 242, 260, 282, 287, **308**
brócolis-ramoso (broccolini) **283**
broto de bambu, cozido 78, **153**, 246, 309
broto de lúpulo 43, 67, 78, 83, 123, 146, **204**, 263, 265, 278, 300, 321, 364
ver também lúpulo
brotos de alfafa **78**
bulbo de lírio assado **127**
bulgogi (carne marinada grelhada) *ver em* carne
bulgur siyez cozido 43, 111, 133, 211, 213, 214, 237, 257, 289, 356
butter crisps (biscoitos amanteigados belgas) **57**, 123

cabaça de cera *ver* abóbora-d'água
cabernet sauvignon 105, 284 (ingrediente), **285**
cabra 215
leite de cabra 86, 164, **198**, 233, 279, 304

iogurte de 152, 154, 262
pasteurizado 78, 109, 123, **198**, 200, 265, 267, 279, 301, 304, 313
queijo de 51, 71, 88, 130, 152, 157, 160, 177, 192, 198 (ingrediente), **199**, 200, 201, 221, 248, 263, 298, 321, 336, 347
bouton de culotte (maconnais) 200, 201, **358**
crottin de chavignol 155
meia-cura 79, 97, 114, 176, **197**, 211, 268, 282, 313
queijo sainte-maure 88, **135**, 188, 192
envelhecido 57, 82, 135, 200, 207, 342
cação-da-índia braseado 47, 122, **305**
cacau em pó **57**, 61, 82, 119, 125, 126, 130, 144, 146, 147, 152, 164, 178, 188, 192, 193, 195, 232, 242, 299, 315, 321, 325, 336, 342, 362
sem açúcar 49, 344
cachaça 49, 57, 87, 151
café 294 (ingrediente), 296, 340
arábica 83
arábica recém-preparado 247, 285, 297, 317
arábica torrado em grãos 47, 136, 274, **295**, 297, 309, 312
colombiano 62, 94, 101, 108, 122, 142, 151, 176, 177, 187, 242, **250**, 254, 297, 298, 303, 309, 365, 370
recém-coado 56, 112, 119, 130, 146, 178, 185, 196, 203, 225, 266, 267, 278, 289, **296**, 328, 338, 344
recém-moído 56, 95, **151**, 172, 201, 297, 313
robusta torrado em grãos 113, 143, **294**, 297, 329
turco **89**, 147, 193, 211
cajá 53, 93, 99, 237, 256, 260, 288, **359**
calamansi (laranja calamondin) 83, 108, **142**, 232, 354
caldo de legumes 82, 89, 99, 126, 136, 141, 161, 184, 187, 200, **201**, 204, 214, 232, 254, 256, 350
calêndula 49, 205, 256, **359**
calêndula francesa *ver* pétalas de tagetes
calvados 44, 226, **292**, 293
camarão (grande) 90
assado 57, 63, 221, 241, 263
ver também camarão (pequeno)
camarão cinza 83, 106, 109, 114, 160, 172, 177, 188, 254, 288, 320, 350
assado 52, 62, 113, 186, 187, 225, 252, 328, 346, 358, 370
cozido 55, 97, **98**, 123, 147, 178, 205, 209, 225, 274, 305, 354, 355
ver também camarão
camarão graúdo 182, 222, 242, 257, **267**, 314, 367
frito na frigideira 52, 62, 66, 71, 95, 99, 109, 146, 152, 153, 173, 188, **192**, 197, 247, 282, 300, 303
pochê 152, 189
camembert *ver em* queijos macios

camomila **71**, 84, 283
seca 74, 99, 165, 189, 216, 260, 346, **347**
camomila-silvestre (*Matricaria discoida*) 87, 123
Campari 306
camu-camu **273**, 352
canela 62, 67, 75, 89, 91, 98, 109, 112, 113, 115, 118, 119, 127, 128 (ingrediente), **129**, 130, 131, 146, 153, 171, 178, 188, 197, 198, 212, 233, 242, 257, 273, 300, 301, 312, 325, 333, 337, 340
canela-da-china *ver* casca de cássia
capim-limão 53, 63, 87, 91, 94, 104, 113, 114, 133, 143, 144 (ingrediente), **145**, 146, 147, 177, 182, 203, 212, 214, 216, 219, 232, 246, 255, 266, 282, 317, 335, 342, 346, 364, 365
licor **257**
purê **146**
caqui 123, 159, **160**, 268, 313, 336
carambola 48, 147, 173, **297**, 337, 362
caramelo **152**
caramelo amanteigado **48**, 57
caranguejo
caranguejo-peludo-chinês cozido 73, 204, 325, **370**
caranguejo-real 68
carne de caranguejo cozida 42, 48, 55, 63, 73, 79, 89, 91, 109, 115, 123, 130, 143, 146, 148 (ingrediente), **148**, 157, 161, 186, 188, 189, 191, 196, 197, 200, 202, 204, 210, 217, 233, 245, 246, 250, 251, 259, 261, 267, 275, 282, 283, 286, 288, 312, 327, 329, 333, 355, 359, 362, 365, 370
voador (*Liocarcinus holsatus*) assado 49, 52, 63, 75, 95, 109, 128, **142**, 153, 176, 189, 196, 211, 218, 278, 316, 333, 341, 358, 370
cardamomo 254 (ingrediente)
folha 88, 170, 201, **254**, 311
preto 42, 119, 136, 166, 187, 212, 216, **254**, 256
seco 216
sementes 42, 71, 73, 75, 82, 86, 94, 95, 118, 123, 126, 142, 161, 185, 190, 196, 201, 215, 218, 232, 233, 243, 247, **255**, 256, 257, 274, 275, 283, 316, 320, 345, 350, 358, 359, 365
tostado 104, 147, 234, 257, 274
carne 180 (ingrediente), 183, 184
ver também bacon; bife; frango; pato; bode; cordeiro; ovelha; porco; coelho; peru; vitela; veado
carne de veado 156, 280, 294, 317, 351, 354, 369
frita na frigideira 54, 70, 71, 74, 79, 87, 103, 109, 113, 153, 157, 177, 189, 200, 226, 251, 256, 271, 278, 284, 290, **300**, 313, 320, 324, 333, 338, 343, 344
carneiro cozido 155, 176, 205, 298, **305**, 337
carpa pochê 89

casca de cássia (canela-da-china) 55, 57, 60,
  63, 78, 108, 115, 123, **128**, 130, 131, 185, 247,
  249, 278, 317, 320, 328, 349, 354
castanha torrada 87, 152, 177, 192, 193, 202,
  206, 211, **225**, 234, 245, 306, 328, 337, 358
castanha-de-caju 48, 161, 166, 200, 242, **243**,
  250, 278, 313, 351
  torrada 46, 49, 52, 62, 67, **79**, 87, 99, 104, 157,
    161, 223, 240, 250, 268, 286, 297, 309, 316,
    325, 350, 368, 370
castanha-do-pará 196, **283**
  torrada **236**
cavalinha 88, 91, 160, 161, 187, 247, 331, 339
  filé 42, 49, 67, 82, 142, 186, 237, 260, 279
  ver também chicharro
caviar 48, **61**, 76, 91, 105, 170, 173, 182, 186,
  190, 206, 223, 257, 273, 316, 328
caviar de caracol **354**
cebola 279, 324, **364**
  assada **333**
cebolinha **114**, 163, 182, 261, 278
cenoura 43, 48, 52, 97, 123, 150, 153, 164, 201,
  204, 214, 225, 228, 230 (ingrediente), 232,
  233, 251, 255, 257, 270, 273, 274, 296, 307,
  309, 320, 325, 338, 350, 355, 359, 370, 371
  cozida 82, 87, 95, 98, 143, **231**, 232, 233, 242,
    278, 297, 371
  crua **230**
  roxa **237**
cerefólio **131**, 215
  cerefólio-tuberoso 42, 55, 56, 63, 75, 83, 86,
    131, 164, 176, 189, 204, 209, 210, **211**, 242,
    253, 297, 358, 370
cereja
  burlat **205**, 287
  geleia 122, 232
  ginja **74**, 83, 104, 320
  griotte **105**, 189
  griottines (cerejas morello no álcool) 115, **337**
  lapins 49, 63, 89, 108, 130, **343**
  morello 49, 82, 91, 182, 183, 196, 267
  rainier 136, 230, 298, 308, 325, **358**, 364
  schaarbeek 178
  stella 115, 152, 153, **172**, 189, 350
cereja-doce 71, 78, 82, 83, 88, 95, 107, 119,
  142, 160, 161, 164, 172, 193, 197, 204, 205,
  210, 233, 236, 243, 246, 250, 251, 260, 261,
  266, 268, 269, 297, 308, 344, 353, **370**
ceriman **283**
cerveja 162, 187
  belgian white **317**
  Chimay Blue (belgian strong ale) **187**
  Duvel **109**, 172, 200
  Guinness Draught 286, 313, 365
  Guinness Special Export 250, 334
  kriek 178
  lambic 46, 87, 178 (ingrediente), **179**, 192,
    280, 347, 359
  pilsner 47, 75, 95, 138 (ingrediente), **139**

Westmalle dubbel **196**, 246, 247, 264
Westmalle tripel 275, **309**
chá 360 (ingrediente)
  darjeeling 49, 54, 67, 77, 102, 113, 135, 143,
    147, 182, 190, 198, 210, 267, 312, 316, 319,
    321, 328, 360, **362**, 364, 365
  earl grey 218
  flores 175, **193**
  jasmim 63, **82**, 113, 126, 130, 146, 173, 177,
    208, 211, 255, 274, 320, 364
  lapsang souchong 283, **365**
  longjing (dragon well) 196, 360, **362**
  oolong 360, 363
  oriental beauty 288
  preto 46, 47, 67, 71, 108, 123, 126, 136, 146,
    147, 160, 164, 168, 172, 184, 185, 196, 204,
    206, 210, 246, 250, 251, 256, 278, 281, 284,
    290, 309, 311, 314, 332, 343, 345, 348, 355,
    359, 360, 363, 364, 369
  preto defumado 177, 186, 197
  preto seaside honey (dah-yeh oolong) **362**
  sencha 47, 48, 98, 106, 115, 127, 130, 142,
    149, 153, 157, 163, 212, 233, 256, 282, 285,
    286, 306, 327, 332, 333, 360, 365, 370
    chinês **361**
  verde 47, 78, 88, 104, 108, 113, 121, 132, 146,
    177, 192, 212, 222, 289, 305, 308, 324, 325,
    331, 342, 360, 364, 371
  ver também matcha
chá de rooibos 53, 224, 246, **278**, 300, 333, 342
chalota **196**
  assada **142**
  costeira (chalotiña de costa) 65, **67**, 78, 207,
    295
champanhe **366**
champedaque **247**
champignon *ver em* cogumelo
chantarela *ver em* cogumelo
chartreuse
  amarelo **42**
  verde **49**, 156, 292
cheddar 50, 87, 98, 105, 170, 188, 246, 301,
  309, 336, 351
  artesanal 57, 78, 204, 265, 343, 354
  maturado 47, 48, 54, 79, 95, 123, **142**, 143,
    155, 157, 167, 189, 246, 268, 278, 315, 316,
    320, 364
  suave **52**, 56, 130, 177, 191, 196, 258, 278,
    289, 316, 354
cheesecake 219, 292, 365
chicharro 47, 54, 89, 99, **102** (ingrediente), 103,
  104, 210, 226, 252, 260, 279, 332, 361
  ver também cavala
chicória (endívia-belga) 70, 85, 87, 88, 113, 121,
  127, 177, **205**, 246, 261, 312, 316
  raiz assada 56, 115, 193, 223, 330, 358
  raiz torrada **332**
Chimay Blue (belgian strong ale) *ver em* cerveja
chimichurri **187**

chirimoia 48, 49, **164**, 165, 172, 232, 256, 282
chocolate 58 (ingrediente), 61, 113, 128, 171,
  187, 296
  amargo 56, **60**, 62, 63, 69, 74, 91, 95, 98,
    104, 112, 115, 126, 131, 152, 157, 161, 172,
    177, 184, 197, 204, 219, 222, 236, 246, 260,
    262, 269, 273, 274, 278, 286, 290, 294, 297,
    298, 301, 305, 315, 317, 320, 332, 333, 361,
    370
  ao leite 43, 49, **60**, 62, 63, 88, 89, 98, 105,
    109, 115, 152, 160, 161, 163, 165, 167, 172,
    176, 188, 189, 193, 211, 214, 222, 227, 242,
    243, 246, 251, 256, 257, 263, 278, 284, 288,
    301, 309, 316, 317
  branco **60**, 61, 62, 63, 78, 79, 94, 116, 132,
    135, 205, 228, 266, 268, 295, 297, 305, 308,
    316, 328, 329, 342, 363, 369, 370
  caramelizado 164, 282, 365
chouriço 286 (ingrediente)
  espanhol 53, 73, 83, 105, 114, 135, 152, 158,
    177, 196, 200, 232, 242, 252, 256, 282, 284,
    287, 288, 289, 297, 304, 317, 346, 350, 351
  mexicano 286
  ver também sobrasada (chouriço em pasta)
chuchu 42, 48, 69, 87, 123, 275, 287
chucrute *ver em* repolho
ciabatta *ver em* pão
cidra **329**
  ver também cidra de maçã
cidra-mão-de-buda **232**, 237, 285
cime di rapa *ver* folhas de nabo ao vapor
cloudberry 98, 146, 160, **192**, 312, 370
coco 78, 116, 132 (ingrediente), **133**, 135, 137,
  172, 185, 210, 224, 225, 242, 258, 278, 288,
  289, 329, 336, 355, 371
  água *ver* água de coco
  bebida 71, 147
  creme 40, 241, 312
  desidratado 132
  gordura 98
  leite 109, 132, 134, 248, 251
    industrializado 48, **134**, 135, 210, 231, 320
  seco 125, 126, 135, 192, 215, 300, 312
codorna frita na frigideira 40, **43**, 62, 89, 95,
  105, 115, 130, 147, 166, 178, 204, 211, 217,
  228, 266, 297, 309, 312, 333, 337, 341, 343
coelho 234
  assado 42, 43, 46, 56, 61, 104, **109**, 126, 127,
    134, 136, 137, 157, 193, 211, 227, 237, 240,
    243, 251, 282, 287, 336, 337, 351, 370
  ver também lebre
coentro 90, 94, 96 (ingrediente)
  folhas 43, 52, 75, 81, 82, 95, **97**, 98, 131, 135,
    142, 143, 161, 186, 201, 204, 212, 224, 232,
    233, 253, 256, 260, 277, 308, 309, 324, 328,
    341, 342, 354, 358, 359, 371
  sementes 82, **96**, 98, 99, 131, 164, 213, 225,
    274, 275, 324, 357, 359
cogumelo

cep 48, 82, 83, 135, 170, 172, 186, 188, 189, 215, 220, 256, 257, 263, 278, 288, 301, 313, 323, **325**, 336, 371
champignon 41, 49, 60, 70, 129, 160, 173, 178, 182, 204, 206, **242**, 257, 282, 300, 342, 359, 370
   frito na frigideira 54, 82, 152, 179, **189**, 197, 266, 305, 317, 328, 351
chanterelle 123, 196, 201, 234, 237, 267, 326, **328**, 346, 351, 359
cogumelo-ostra 170, **172**, 193, 252, 347, 367
   seco 82, 93, 119, 126, 152, **210**, 211, 232, 237, 247, 261, 300, 320
cogumelo-palha cozido 166, 353
enoki 131
matsutake 222
   cozido 104, 109, 146, 241, 288, 320
   frito na frigideira 224
morel 78, 97, **98**, 104, 109, 135, 198, 200, 234, 333, 370
porcini seco 46, 48, 52, 78, 79, 82, 105, 113, 126, 130, 131, 139, 151, 152, 157, 196, 200, 202, 230, **237**, 242, 252, 260, 268, 282, 288, 294, 316, 321, 337, 341, 353, 355, 358, 362
shiitake 112, 124 (ingrediente), **125**, 126, 127, 195, 337
   seco **124**
Cointreau 63, **71**, 142, 348
colza
   flor **321**, 348
   mel *ver em* mel
   óleo 67, 98, 161, 273, 297, 309
cominho 215, 228 (ingrediente), 264
   folhas de cominho secas 41, 52, 70, 99, 113, 165, 177, 178, 204, 214, 228, 237, 245, 261, 274, 288, 321, 343
   raiz de cominho seca 83, 275
   seco 215
   sementes 74, 87, **98**, 106, 142, 145, 216, 224, 228, **229**, 274, 289, 364
     secas 142
   sementes de cominho-preto 137, **236**, 275
     secas 261
congro (enguia) europeu cozido 114
conhaque 120 (ingrediente)
   Hennessy VS 60, **121**
   Hennessy XO **122**, 123
   Rémy Martin VSOP **47**, 123
   Rémy Martin XO Fine Champagne Cognac 123, **216**, 350
cookies com gotas de chocolate **365**
cordeiro 273
   assado 55, 63, 79, 224, 233, 300, **312**
   cru **185**
   filé assado 43, 73, 82, 170, 187, 192, 200, 250, 280, 301, 355, 358
   grelhado 47, 62, 69, 74, 83, **104**, 108, 113, 114, 126, 131, 134, 135, 136, 152, 153, 159, 160, 161, 172, 176, 186, 187, 188, 189, 192, 196,
200, 205, 210, 217, 221, 224, 225, 232, 233, 246, 247, 249, 256, 260, 271, 278, 282, 283, 294, 308, 312, 313, 317, 324, 325, 330, 343, 347, 355, 359, 363, 364, 370
couve 42, 78, 126, 130, 142, 173, 201, 218, 224, 272, 279, 288, **308**, 328, 332, 347
   ao vapor 49, 127, 130, **176**, 260, 371
couve-de-bruxelas 42, **114**, 125, 337
couve-flor 64 (ingrediente), 66, 67, 108, 189, **211**, 224, 305, 320, 324, 330, 353
   cozida **65**, 67, 113, 124, 170, 297, 324, 325, 328, 337
couve-galega cozida no vapor 62, 82, 143, 186, 275, 279, **288**, 343, 351
couve-nabo 65, 108, **186**
cranberry 41, 48, **62**, 95, 99, 105, 130,131, 136, 170, 176, 182, 185, 210, 232, 238, 243, 251, 257, 268, 278, 281, 301, 304, 331, 332, 343, 351, 355, 370
   suco 74, 119, 246, **256**
cravo 45, 54, 74, 88, 133, 142, 173, 224, 233, 243, 279, 289, 312, **325**, 335, 342, 348
cream cheese 69, 164, 297, 300, 310, 314, 340
   fresco **53**, 332, 334
creme azedo 61, 67, 98, 108, 114, 126, 215, 267, 273, 309, **328**
creme de banana **88**
creme de cacau **187**
   amargo 105
creme de cassis 87, 143, 292, **364**
creme de leite 75, 245, 288, 320, **336**, 343
   duplo **57**, 106, 112, 195, 312, 321
creme de menta verde **98**
croissant **135**, 160, 288, 309, 313, 364
crottin de chavignol *ver em* queijo de cabra
crowberry **204**
crustáceos 148 (ingrediente)
   ver também caranguejo; lagostim; lagosta; camarão
cupuaçu **279**
   geleia 111, 157, **193**, 206, 321
curaçau 165
   branco **237**
curry (planta) 43, 79, 283, 362
   folha 53, 66, 99, 118, 142, 147, 213, 215, **224**, 236, 237, 247, 254, 278, 309, 355, 365
curry verde tailandês 144
Cynar 326

daikon 52, 53, 105, 113, 145, 188, 215, 228, 236, 249, 256, 258, 282, 320
   brotos 262
damasco 48, 49, 78, 106, 146, 161, 173, 185, 188, 196, 200, 205, 206 (ingrediente), **207**, 216, 223, 228, 229, 236, 246, 247, 249, 278, 289, 309, 329, 344, 364, 367
   cristalizado 47, 104, 108, 179, 224, **247**, 256
   licor 204, 206, 260, **313**
   suco 348

doce de leite 155, 156, **157**, 226, 340
doenjang (pasta de soja fermentada coreana) 79, 112, 119, 147, 164, 167, 170, 181, 188, 193, 201, 210, 243, 244 (ingrediente), **245**, 246, 247, 250, 252, 253, 261, 296, 302, 366, 371
douchi (grãos de soja preta fermentados) **297**, 305
durião 292 (ingrediente)
   mon thong 87, 292, **293**
Dushi® buttons **113**

eau-de-vie de mirabelle **206**
edamame 97, 102, 121, 189, 199, 204, 207, 266, 301, 305, 321, 334
emmental 71, 87, 98, 108, 112, 113, 115, 123, 126, 135, 139, 157, 170, 173, **186**, 187, 201, 205, 278, 312, 324, 338, 358, 361
endívia-belga *ver* chicória
endívia-crespa *ver* frisée
endro 47, 74, 78, 87, 154, **156**, 176, 181, 185, 187, 201, 205, 214, 259, 261, 268, 279, 283, 288, 303, 324, 344, 363, 369
   sementes **42**, 235, 268, 357
     secas 86
erva-cidreira 52, 57, 60, 62, 70, 87, 95, 115, 131, 135, 153, 176, 189, 193, 197, 202, 205, 210, 236, 249,
erva-mate **147**, 254
ervilha 43, 82, 93, 114, 132, 172, 187, 188, 232, 236, 308, 371
   cozida 63, 6671, 79, 87, 172, 176, 197, 241, 252, **273**, 274, 282, 316, 324
espelta cozida 261, 297, **308**
espinafre cozido 65, 82, **201**, 240, 362
espumante **134**
espumante cava brut **143**, 147, 200, 283, 294, 333, 342
espumante *ver também* cava brut; champanhe
estragão 41, 48, 52, 70, 72, 95, 105, 109, 134, 136, 141, 143, 148, 151, 158, 166, 172, 187, 197, 214, 215, 216, 236, 237, 242, 256, 258, 259, 260, 309, 310, 313, 329, 337, 338, 358, **363**
eucalipto 189, 289
   folhas secas 52, 56, 71, 89, 94, 99, 126, 145, **204**, 215
   infusão de folhas 313
   mel de eucalipto *ver em* mel
extrato de amêndoa 346

faisão
   frito na frigideira 49, 56, 61, 63, 70, 88, 106, 108, **153**, 164, 184, 195, 197, 200, 214, 237, 286, 320, 321, 333, 362, 364
farinha panko *ver em* pão
fava 56, 70, 88, 107, 122, 143, 153, 156, 172, 182, 184, 195, 226, 264, 273, 285, 288, 320, 333, 368, 370

cozida 48, 94, 124, 145, 153, 161, 172, 261, 273, 288, 305, 320, 321, 329, 351
fava tonka 46, 47, **188**, 242, 296, 365, 370
feijão azuki cozido 73, 87, **193**, 200, 359
feijão-fradinho **75**
  cozido 115, **204**, 316
feijão-mungo cozido 45, **63**, 130, 354
feijão-preto 95, 104, 201, 274, 367, 371
  cozido **300**
feijão-vermelho 87, 123, 346
feijoa 109, **355**
feno **47**, 370
Fernet-Branca **210**
figo 82, 88, 99, 115, 131, 185, 191, **224**, 249, 312, 325, 366
  seco 52, 63, 96, 105, 119, 159, 186, 204, 236, 308, 358, 368, **371**
figo-do-mar 170, **337**, 347, 362, 363
flocos de bonito desidratados *ver* katsuobushi
flocos de pimenta urfa *ver* pimenta isot
flor de agastache 151, 232, 234, **236**
flor de bergamota-selvagem (*Monarda*) 48, 309
flor de calêndula *ver* calêndula
flor de cerejeira seca 48, 126, 181, 221, 242, 260, 354, 359
  ver também flor de sakura em conserva
flor de *Fernaldia pandurata* (loroco) **188**
flor de gerânio com aroma de rosas **75**, 99, 127, 225, 365
flor de hibisco 52, 56, 79, 81, **82**, 160, 168, 182, 223, 308, 309
  seca 45, 63, 67, 88, 109, 117, 125, **127**, 142, 161, 210, 252, 292, 329, 348, 358, 366
flor de jasmim 49, 56, 80, 83, 91, 102, 157, 161, 172, 208 (ingrediente), **209**, 210, 211, 253, 363, 364
flor de laranjeira **257**
  água de flor de laranjeira 267, 352
flor de limoeiro **87**, 164
flor de madressilva **130**
flor de sabugueiro 47, 57, 62, 67, 79, 86, 87, 105, 130, 135, 143, 196, 210, 233, 258, 260, 285, 354, 365, 366 (ingrediente), **367**
flor de sakura em conserva 49, **57**, 67, 102, 165, 200, 222, 312, 351, 355, 364
  ver também flor de cerejeira seca
foie gras *ver em* pato
folha de cacto grelhada **115**
folha de capuchinha de jardim 91, **160**, 161
folha de cássia 312
folha de feno-grego 43, 56, 67, 88, 91, 152, 153, 158, 166, 172, 210, 225, 239, 251, 260, 285, 288, 298, 301, 316
folha de gerânio com aroma de limão 71, 153, 196
folha de muña 177, 232, 242, 250, 284, **337**, 364
folha de pandan 52, 109, 186, 242, 292, 332
folha de pé-de-leão (*Alchemilla vulgaris*) **320**

folha de shissô 57, 60, 62, 88, 92, 94, 115, 119, 143, 160, 172, 187, 193, 200, 201, 224, 260, 267, 273, 277, 279, 292, 307, **309**, 312, 314, 319, 332
folha de videira em conserva 41, **43**, 74, 104, 320, 348
folha de sakura em conserva 47, 60, 101, 118, **204**, 287
folha seca de lemon tea tree **225**
folha-de-ostra 43, 48, 62, 75, 105, 123, 146, 165, 198, 320, 358, **368**, 370
folhas de cedro chinês (*Toona sinensis*) 176
folhas de mostarda ao vapor 42, 108, 114, 188, 257, 264, 268, 301, 311, **320**, 328
folhas de nori 56, 79, 88, 94, **104**, 107, 113, 148, 153, 160, 185, 210, 234, 243, 336, 350, 351
  ver também alga marinha
fond brun (caldo escuro de vitela) 111, 123, 142, 266, **364**
framboesa 71, 82, 88, 98, 102, 130, 135, 147, 157, 158, 186, 187, 193, 201, 224, 236, 243, 244, 247, 261, 284, 285, 288, 298, 308, 312, 332, 336, 337, 338 (ingrediente), **339**, 343, 344, 371
framboesa-do-ártico 155, 296, 306, **338**
geleia 142
meeker 71, 89, 136, **165**, 170, 236, 256, 269
purê 104, 265
suco 336
tulameen **338**
frango 180
  caldo **206**, 336
  filé de peito 135, 210, 309
  filé de peito de frango assado 78, 87, 119, 147, **204**, 219, 273, 301, 368, 370
  filé de peito de frango cru **185**
  filé de peito de frango frito 42, 48, 49, 70, 94, 95, 109, 126, 135, 189, 224, 225, 246, 247, 256, 257, 260, 278, 321, 342, 354
  filé de peito de frango pochê 77, 78, 79, 105, 113, 131, 170, 172, 176, **185**, 187, 224, 247, 251, 284, 323, 342, 362
  frango assado 96, 187, 196, 273, 281, 288, 303, 305, 320, 325, 343
  frango pochê 172, 204, 223, 239, 242, 253, 359
  fundo escuro de galinha 70, **130**, 161, 177, 192, 300
  peito de frango defumado 184
  peito de frango frito na frigideira **371**
  pele de frango de bresse assada 148, 150, **152**, 161, 235, 267
  refogado 114
freekeh cozido 78, 89, 102, 109, 115, 126, 143, 177, 225, 274, 297, 309, 321, 351, 371
frisée (endívia-crespa) **88**, 92, 117, 121, 156, 173, 177, 215
fruta-de-bael **233**
fruta-do-conde (pinha) 83, 89, 136, 251, **324**

fumaça de cerejeira 98, **243**, 309, 329, 365
fumaça de pereira 43, **94**, 182, 278, 346
fumaça de videira 47, 57, 89, **109**, 184, 336
fumet de mariscos 47, 99, 108, 143, 147, **151**, 164, 188, 193, 237, 266, 271, 300, 350, 351, 362
funcho 51, **142**, 166, 234, 236, 255, 274, 350
  bulbo 87, 89, 100, **105**, 154, 160, 162, 230, 257, 264, 271, 273, 274, 301, 343, 355
  chá 123, **257**
  sementes 189
funcho-do-mar 62, 63, 71, 104, 198, 215, **312**, 328, 342, 350, 359, 364, 371

galangal **87**, 193, 254, 357, 367
  graúdo 165, 207, 211, 328
  miúdo 103, 237, 291
  seco 135, 234, 236
galinha d'angola frita na frigideira 51, 56, 63, 74, 114, 144, 147, 186, 231, 247, **257**, 297, 309, 332, 342, 347, 358
ganjang (molho de soja coreano) 74, 153, 240, 243, 244, **298**, 364
ganso
  assado 75, 166, 257
  selvagem assado 47, **49**, 52, 63, 95, 105, 143, 157, 164, 209, 243, 333, 362, 365
gema de ovo 164
  cozida 52, 74, 96, 131, 142, 148, 152, 182, 191, **201**, 317
  crua 53, 266
gengibre 103, 132, 140 (ingrediente), 212, 271, 310, 340
  biscoito 115, 142, 218
  bolachas 88
  cerveja **105**, 143, 163, 264
  purê 49, 75, 83, 94, 99, 108, 142, 143, 149, 189, 254, 258, 274, 333, 350, 365
  raiz fresca 70, 94, 123, 126, 133, **141**, 142, 143, 147, 152, 157, 161, 164, 181, 192, 197, 201, 215, 230, 313, 321, 354
gergelim 146, **233**, 306 (ingrediente), 309
  óleo 109, 150, **237**, 309
  preto torrado 48, **63**, 289, 309, 312, 355
  torrado 60, 301, **307**, 308
  ver também tahine
ghee 63, 182, 233, 289
gim 203, 212 (ingrediente), 214
  Bombay Sapphire **218**
  Bombay Sapphire East **211**, 273
  Botanist Islay **75**
  de mahón 74, 212, **215**, 270, 274, 286
  london dry 141, 147, 212, **213**, 272
  Mare **205**, 250
  Monkey 47 **104**, 243
  Plymouth 197, **212**, 214, 215, 356
  ver também jenever

gochujang (pasta coreana de pimenta vermelha) 67, 78, 98, 105, 108, 115, 146, 161, 173, 178, 219, 233, 236, **244**, 246, 247, 267, 283, 308, 316, 328, 339, 351
goiaba 42, 51, 52, 55, 74, 82, 83, 104, 110, 114, 123, 125, 126, 131, 134, 156, 159, 160, 165, 173, 185, 187, 192, 196, 197, 201, 205, 210, 226, 236, 237, 250, 258, 264, 278, 286, 288, 299, 305, 308, 324, 325, 342, 346, 347, 358, 362, **363**, 364, 365, 367
   suco 216
   vinho **242**
   ver também feijoa
goji berry 74
   seca 47, 127, 331, 354, **370**
gouda 210, 238, 243, 278, 363
Gracilaria carnosa ver em alga marinha
graham crackers (biscoito digestivo) 157, **178**, 179
grama de trigo **61**, 173
grana padano 48, 62, **74**, 95, 114, 129, 156, 170, 176, 242, 274, 280, 282, 289, 320, 354, 359, 364, 366, 370
   ver também queijo tipo parmesão
granadilha 42, 94, 95, **103**, 119, 127, 142, 153, 156, 178, 193, 196, 210, 236, 243, 316
grão-de-bico 83, 119, 136, 223, 236, 282
   cozido 67
   germinado (broto) **297**
grãos de fônio cozidos 104, 161, **246**
grãos de selim 42, 78, 83, 104, 130, 212, 237, 274
grãos de soja preta fermentados *ver* douchi
grãos de teff cozidos 88, 135, 344
grappa **147**, 358
griottines *ver em* cereja
groselha 47, 88, 139, **173**, **275**
groselha-negra 49, 67, 74, 87, 96, 104, 109, 113, 124, 134, 164, 215, 224, 243, 257, 273, 279, 282, **283**, 300, 321, 354, 359, 365
   folha **214**, 256
   suco 200
gruyère 42, 43, 47, 48, 57, 62, 70, 81, **82**, 87, 89, 94, 108, 111, 119, 123, 126, 143, 146, 151, 152, 172, 187, 192, 193, 196, 223, 227, 232, 236, 239, 246, 257, 260, 271, 273, 284, 291, 301, 311, 312, 316, 321, 328, 344, 347, 350, 354
guacamole 308, **354**
Guinness *ver em* cerveja

hadoque 240, 243, 273
   refogado 53, 195, 261, 263
halvah de gergelim 60, 173, 186, 196, 305, **306**, 308, 309, 338
hambúrguer *ver em* carne
honeybush (*Cyclopia*) **312**
hortelã *ver em* menta
hortelã-pimenta *ver em* menta

huacatay (menta negra peruana) 49, 70, **103**, 161, 163, 164, 203, 204, 225, 239, 243, 255, 257, 267, 273, 274, 283, 297, 352, 356, 362
huitlacoche (trufa-mexicana) 47, **350**
hummus 202, **268**, 355, 365
hyuganatsu **89**

inhame cozido 184, **333**
inhame-roxo (ube) 82, 114, **236**
iogurte 261, 262 (ingrediente), 326
   de leite de cabra 152, 154, 262
   de leite de ovelha **105**, 152, 177, 243, 297, 343
   de leite de vaca 51, 112, 161, 170, 185, **263**, 273, 283, 305, 336, 354
   de soja 57, 86, 127, 165, 177

jabuticaba **114**
jaca mole 135, **192**
jambu **275**
javali assado 52, 65, 75, 98, 105, 131, 178, 211, 225, 241, **242**, 274, 284, 288, 303, 333, 350
jenever 77, **214**, 218

kabosu (fruta cítrica) **177**, 182
kamut (trigo khorasan) cozido 47, 52, 57, 109, 110, 131, 145, 156, 157, 273, **289**, 350, 370
katsuobushi (flocos de bonito desidratado) **200**
kecap manis (molho de soja doce) **42**, 150
kefir 98, **205**, 232, 261, 262, 291, 355
ketchup de tomate 47, 75, **197**, 277, 292
kimchi 112, 140, 302 (ingrediente), 304, 354
   baechu 114, 124, 142, 178, 187, 242, 289, 302, **303**, 304, 305, 342, 364
kiwi 40 (ingrediente), **41**, 42, 43, 51, 74, 102, 115, 165, 204, 214, 236, 240, 255, 257, 264, 297, 316, 332, 351, 359, 365, 366
   mini kiwi **40**, 42, 43, 108, 275, 292, 309, 361, 364
   suco 369
kohlrabi 62, **108**
   assado 43, 57, 87, 105, 114, **126**, 146, 147, 164, 172, 187, 210, 211, 215, 227, 257, 261, 279, 282, 288, 293, 300, 305, 364
koikuchi (molho de soja escuro) **126**, 226, 243, 291, 300, 343, 359
kombu (alga seca) *ver em* alga marinha
komejochu *ver* shochu
koshian (pasta de feijão vermelho) 152, 200, **321**
kriek *ver em* cerveja

labneh 262
lagosta 148
   cauda cozida 88, 110, 134, 135, **149**, 152, 153, 210, 278, 295, 342, 346

cozida 57, 60, 62, 79, 83, 89, 113, **114**, 131, 146, 147, 153, 172, 177, 178, 209, 239, 243, 257, 288, 296, 316, 325, 334, 342, 359
lagostim 67, 74, 79, 102, 124, 129, 151, 153, 187, **197**, 202, 300, 309, 325, 332, 337
   assado 67, 71, 152, 193, 205, 339, **351**
   cozido 67, 106, 109, **150**, 152, 173, 196, 206, 286, 305, 324
laranja 51, 70, 100, 105, 182, 186, 205, 234 (ingrediente), **235**, 236, 237, 268, 279, 283, 284, 308, 332, 349, 368
   casca 53, 109, 112, 185, 195, 217, 223, **234**, 236, 237, 242, 279, 292, 316, 365
   casca cristalizada 119, **267**
   casca de laranja-amarga 47, 70, 168, **233**, 312
   suco 74, 111, 127, 136, 142, 171, 187, 232, 310, 319, 334, 351, **355**
laranja navelina **250**
laranja ponkan 277
   suco 254
   moro 67, 83, 105, 127, 165, 204, 242, 274, 313,
      suco 179
   tarocco 42, 66, 74, 104, 105, 200, 205, 214, 218, 221, 236, 237, 258, 264, **292**, 301
laranja-vermelha 234, 236
   moro **67**, 83, 105, 127, 131, 165, 179, 204, 242, 274, 313
   suco 254
   tarocco 42, 66, 74, 104, 105, 200, 205, 214, 218, 221, 236, 237, 258, 264, **292**, 301, 320, 347
   ver também laranja
lavanda
   flores frescas 87, **104**, 141, 206, 213, 218, 270, 333, 336, 347
   folhas frescas 48, **53**, 98, 110, 164, 172, 230, 309, 359
   mel de lavanda *ver em* mel
lebre assada 56, 98, 128, 152, 153, 165, 244, **267**, 278, 300, 316, 328, 338, 351, 363, 364
   ver também coelho
leite 47, 66, **246**, 266, 308
   leite condensado 349
   ver também leite de cabra; leite de búfala
leite achocolatado 94
leite de arroz **147**
leite de búfala 151
leite de coco *ver* coco
leitelho 94, 142, 165, 262, 274, 288, 316, 336, **364**
lentilhas verdes 184, 215, 320, 350
   cozidas 73, 254, 313, 328, 350
levístico
   folha **197**, 275, 348, 350, 357
   raiz seca 127
   sementes **49**

lichia 43, 63, 70, 82, 98, 105, 107, 123, 136, 158, 160, 164, 182, 187, 188, 196, 203, 208, **210**, 211, 214, 242, 257, 260, 274, 278, 284, 288, 298, 325, 332, 333, 336, 343, 344, 347, 351, 367, 370
  licor **215**
  suco 147
licor de café 236
licor de caramelo **260**
licor de cereja 49, **188**, 306, 329
licor de espinheiro-marítimo 243, **347**
licor de melão 136, **153**, 225, 316
licor de pêssego **258**
licor D.O.M. Bénédictine **196**
licor Izarra verde **300**
licor Mandarine Napoléon 89, **123**, 243, 370
licor maraschino 192, 316, 328, **337**
licor Passoã **282**
licor St-Germain **313**, 354, 366
limão 43, 84 (ingrediente), 88, 89, 123, 128, 135, 288, 359
  mel de limão ver em mel
  raspas **86**, 87, 277, 280
  suco **87**, 108
limão de sorrento 275
limão-caviar **332**
limão-makrut 66, 78, **136** (ingrediente), 257
  folha 47, 62, 63, 122, 130, 135, **137**, 152, 205, 258, 274, 324, 325, 353
  folha (seca) **136**, 209, 215, 247, 356
  raspas 103, **136**
limão-meyer
  rapas **63**, 99, 309
limão-siciliano 82, 84 (ingrediente), **85**, 88, 89, 142, 219, 237, 282, 366
  casca cristalizada 91, 98, 326, **328**, 355
  casca semicristalizada 279
  raspas 52, **86**, 87, 89, 91, 214, 272, 324, 325, 330, 336, 355
  suco 141, **370**
limoncello 74, 84, 86, **370**
lingonberry **177**, 183, 300
linguado 100 (ingrediente), 104, 335
  assado 42, 52, 54, 70, 75, **101**, 105, 170, 186, 188, 190, 192, 200, 224, 258, 265, 280, 286, 288, 290, 332, 361
  frito na frigideira 83
  pochê 163
linguado-limão
  braseado 48, 94, 109, **177**, 197, 211, 301, 317
  pochê 67, 126, 188, 211, 283, 323, **324**
linguiça 286, 288
loganberry 119, 186, 200, 204, 325, 338
  seca 79
longana **74**, 256
loroco ver flor da *Fernaldia pandurata*
lula
  cozida 48, 56, 60, 91, 155, **157**, 199, 200
  salteada 306

lúpulo 87, 138, 179
  ver também broto de lúpulo

maçã 42, **44**, 48, 49, 71, 99, 128, 131, 154, 162, 164, 224, 282, 301, 312, 313, 345
  boskoop 43, **46**, 47, 136, 193, 197, 294, 308
  braeburn 46, 47, 48, 53, 339, 355
  cidra 44, 157, 192, 201
    ver também cidra
  cox's orange pippin **45**, 85, 324
  elstar **46**
  flor 94
  fuji 167, 202, 232, 247, 355, 359
  fumaça de macieira 126, **188**
  gala 48, 114, 119, 170
  golden delicious 43, 115, 199, 236, 289, 291, 320, 342
  granny smith 165, 184, 233, 258, 289, 290, 343
    suco **156**, 188, 359
  java **108**, 128, 193, 239, 275, 301
  jonagold **46**, 47, 220, 295
  malaia **146**
  McIntosh 267
  molho 48, 49, 82, 118, 324
  pink lady **49**, 52, 56, 70, 102, 106, 130, 142, 203, 214, 243, 256, 361
  red delicious 103, 255
  redlove 321
  royal gala 240
  suco 60, 123, 212, 354
  vinagre de maçã 88, 201, **282**
  wellant 57
macadâmia 160, **188**, 247, 362
  torrada 42, 56, 70, 83, 107, 126, 137, 142, 147, 188, 213, **215**, 224, 279, 282, 305, 317, 325
mâche ver alface-de-cordeiro
madeira
  Boal 10 anos 142, 151, 192, 242, 286, 300, **347**
  Malvasia 10 anos **119**, 205, 214
maionese 151, 197
makgeolli (vinho de arroz coreano) ver em vinho de arroz
malte **57**, 161, 179, 329 ver também malte de cevada
mamão 42, 57, 75, 78, 82, 95, 143, 161, 176, 186, 196, 200, **201**, 225, 237, 260, 275, 282, 289, 304, 313, 335, 349, 358, 359
mandioca 247, 248 (ingrediente), 250, 251
  chips **251**
  cozida 95, **249**, 251, 308, 365
manga 46, 47, 49, 74, 79, 87, 89, 105, 113, 118, 135, 146, 147, 161, 164, 189, 210, 215, 216, 227, 229, 243, 268, 278, 279, 286, 289, 292, 301, 310 (ingrediente), **311**, 313, 328, 336, 342, 343, 356, 358, 359, 364, 365, 366

alphonso 51, 70, 78, **87**, 89, 105, 113, 130, 134, 143, 147, 168, 188, 197, 205, 251, 257, 258, 267, 275, 288, 298, 310, 312, 313, 320, 328, 332, 348, 350
haden **95**, 108, 209, 218, 242, 251, 268, 281, 289, 310, 312, 336
kaew (seca) 42, 104, 247, 283, 368
keitt 98, **228**, 236, 321
kent 75, 117, **119**, 205, 237, 336
purê 309
semente torrada 200
thai 82, 312
ver também amchoor (manga em pó)
manga tailandesa 82, 312
mangaba 317
mangostim 52, 357, **359**
manjericão 40, 49, 51, 55, 72 (ingrediente), **73**, 74, 75, 87, 89, 94, 99, 105, 106, 118, 119, 126, 131, 134, 177, 185, 197, 201, 202, 206, 256, 257, 272, 274, 279, 286, 300, 301, 305, 320, 234, 328, 352, 354, 358, 365, 370
manjericão-selvagem (*Clinopodium vulgare*) 131, 166, 236, 355
manjerona 203, **232**, 346
manteiga 69, 71, 99, 104, 115, 177, 187, 246, 257, 324, 347
  derretida 42, 62, 67, 191, 205, 243
maracujá 43, 63, 70, 82, 95, 97, 99, 116, 127, 130, 132, **134**, 135, 143, 145, 188, 196, 198, 200, 215, 216, 221, 231, 246, 247, 250, 252, 274, 275, 279, 290, 301, 305, 309, 313, 320, 333, 342, 355, 364
  purê 119, 300
  suco **115**, 348, 358, 363
Mariacron Weinbrand (brandy alemão) **135**
mariscos **157**
marmelo pochê 48, 114, 151, 207, 216, **243**, 329, 333, 336, 350, 351
maruca (peixe), refogado 48, 52, 105, 106, 152, 153, 157, 173, 188, 189, 205, 207, 282, 297, **309**
mascarpone 84, 235, **246**, 247, 252, 273, 278, 317
massa
  cozida 261, 263, 274, **279**, 321, 324, 325, 368
  durum 322 (ingrediente)
  grano duro cozida 165, **323**
massa folhada 186, 191, **316**
massa soba cozida **53**, 119, 160, 193, 222, 295
mastruz 119, 346
matcha 57, 62, 113, 127, 186, 240, 275, 304, 332, 336, **350**
matsutake ver em cogumelo
mel 188, 193, 200, 243, 251, 281, 297, **300**, 333, 343
  de acácia 60, 108, 160, 164, 165, 181, 197, 225, 295, **297**, 313
  de alecrim 42, 101, 198
  de castanha **164**
  de cítrico espanhol 165

de colza 95, 130, 161, 177, 196, 206, 308, **350**
de eucalipto 83, 119, 127, 321, **325**, 341
de lavanda 71, 104, **188**, 257, 267, 320, 328
de limão 105
de limoeiro 131
de tomilho 206, **210**, 291
de trigo sarraceno 80, **82**, 88, 157, 187, 224, 243, 278, 282, 289, 300, 312, 334, 336
de urze **242**, 365, 370
melancia 76 (ingrediente), **77**, 78, 79, 102, 185
melão 41, **42**, 46, 47, 53, **70**, 71, 83, 85, 95, 98, 100, 101, 112, 113, 114, 117, 123, 128, 141, 153, 165, 170, 173, 191, 197, 200, 209, 217, 236, 237, 242, 247, 260, 261, 269, 282, 283, 284, 289, **301**, 303, 305, 309, 312, 317, 320, 324, 328, 337, 343, 347, 359, 370,
   honeydew 48, 83, 95, 105, 129, 131, 147, 165, 205, 210, 261, 290, 347, **355**
   japonês (melão miyabi) 43, 47, 48, 74, 91, 113, 119, 153, 172, 195, 196, 200, 238, 243, 246, 256, **279**, 283, 306, 320, 333
   ver também abóbora-d'água; melancia
melão-andino 99, 293, **355**
menta 52, 53, 91, 98, 105, 108, 130, 134, 135, 147, 161, 185, 187, 204, 217, 224, 238, 246, 251, 279, 283, 290, 300, 306, **308**, 315, 320, 337, 342, 345, 355, 358
   hortelã 52, 119, 131, 257, **273**, 354
   hortelã-japonesa 118, 130, 131, 289, 364,
   hortelã-pimenta 60, 61, **89**, 102, 105, 233, 289, 309, 313
   menta negra peruana *ver* huacatay
   óleo **278**
   poejo **279**
mexilhões cozidos 48, 53, 57, 61, 63, 67, 82, 92, 94, 99, 105, 109, 130, 165, 170, 188, 189, 193, 204, 211, 215, 222, 238, **243**, 282, 299, 301, 307, 328, 332, 336, 342
   bouchot 104, 159, 166, 177, **196**, 225, 263, 355
mezcal 80, 142, 179, **301**, 324, 328, 337, 354
microverdes de shissô 135, 161, 200, 300, 324
milho-doce cozido 43, 186
mingau (aveia) 113, 218, 264, 334
mirin (vinho doce de arroz japonês) 43, 56, 57, 63, 168, 181, 200, 210, 215, 222, 224, 237, 283, 297, 342, 351, 366, 371
mirtilo 53, 62, 75, 91, 115, 123, 130, 136, 177, 188, 202 (ingrediente), **203**, 204, 205, 225, 242, 275, 278, 283, 304, 305, 350
   bluecrop 204, 205, 211, 245, **246**, 257
   geleia de mirtilo-selvagem 193, 365
   rabbiteye 45, **202**, 205, 251
   vinagre de mirtilo 52, 94, 109, 136, 146, **202**, 204, 218, 349, 351
missô
   branco 50, 52
   de peixe 49, 60, **164**
   de soja 53, 56, 62, 82, 98, 106, 143, 189, 195, 242, 282, 313, **343**

molho de cogumelo 78
molho de peixe
   chinês 256
   coreano 42, 105, 118, 130, 135, 196, 297, 332
   japonês 49, **67**, 164, 282
   nam pla **136**
   taiwanês 81, 192, 259, 309, 365
   vietnamita 114, 354
molho de ostra 56, 193, **273**
molho de pimenta 65, 103, 123, 143, **161**, 186, 196, 285, 305, 324, 336
molho de soja 271, 296, 298 (ingrediente)
   branco *ver em* shiro
   coreano *ver em* ganjang
   doce *ver em* kecap manis
   escuro (koikuchi) 99, 146, 151, 176, 217, 224, 264, 301, 316, 321, 332, 337
   fermentação dupla *ver em* saishikomi
   ganjang (molho de soja coreano) 74, 153, 240, 243, **298**, 364
   japonês 56, 61, 62, 63, 65, 147, 177, 181, 202, 233, 273, **299**, 300, 301
   kecap manis (molho de soja doce) 42, 150
   koikuchi (molho de soja escuro) **126**, 226, 243, 291, 300, 301, 315, 343, 359
   light *ver em* usukuchi
   saishikomi (molho de soja de fermentação dupla) 108, 143, 188, **298**, 300, 333, 336, 342
   shiro (molho de soja branco) 56, 370
   usukuchi (molho de soja light) 40, 108, 115, 147, 158, 200, 238, 242, 246, 256, 301
morango 42, 48, 54, 56, 67, 68 (ingrediente), **69**, 70, 71, 94, 112, 113, 118, 126, 147, 153, 156, 165, 166, 176, 188, 189, 196, 210, 214, 225, 233, 242, 247, 251, 263, 271, 281, 290, 297, 300, 305, 314, 316, 317, 321, 324, 336, 347
   calinda 48, 157, 195, 222, 229, 237
   darselect 98, 152, 250, 254, 257
   elsanta **70**, 89, 289
   gariguette 103, 110, 131, 153, 188, 189, 242, **316**, 329, 333
   geleia **164**, 297, 358
   mara des bois 60, 102, 197, 232, **273**, 350
   suco 317
   toyonoka 240
   victory 49, 320
morango-silvestre 70, **71**, 83, 95, 176, 210, 222, 275, 287, 304, 350, 355, 359
morcilla (linguiça de sangue) 288
moscato di noto 203
mostarda 56, 74, **88**, 101, 146, 192, 211, 242, 243, 289, 301, 316, 345
   sementes de mostarda-branca torradas 251
muçarela
   de búfala 62, 63, 75, 83, 88, 89, 96, 98, 105, 115, 123, 134, 146, **161**, 164, 186, 190, 233, 247, 257, 288, 289, 297, 300, 313, 317, 327, 332, 345, 349, 350, 358, 365

de leite de vaca 87, 94, **192**, 217, 242, 261, 283, 332, 355
murta 236, 289, **364**
murta-limão seca **161**, 312

nabo 70, 308, 357, **359**
nabos cozidos no vapor (cime di rapa) **48**, 126, 175, 177, 236, 275, 324
nam pla *ver em* molho de peixe
naranjilla (lulo) 147, 167, 192, 225, **336**, 358
natsumikan 108, 129, 201, 212, **214**, 270, 274
nectarina 70, 99, 146, 150, 172, 187, 189, 202, 243, 257, 260, 273, 277, 304, 329, 333, 351, 359, 368, **371**
nêspera 94, 196, **260**, 312, 347
nibs de cacau 113, 351
noni **358**
nougat italiano *ver* torrone
noz de baru seca 89, **127**, 323b
nozes 33, 57, 82, **98**, 119, 130, 226, 267, 273, 274, 282, 288, 289, 326, 343, 364, 371
   moídas 136, 226
noz-moscada 48, 57, **66**, 71, 85, 87, **99**, 105, 131, 152, 204, 214, 215, 216, 225, 233, 256, 260, 270, 274, 286, 291, 332, 347, 359
noz-pecã 74, 126, 136, 161, 164, 182, 214, 218, 224, 257, 320
   torrada **153**, 245, 256
Nutella 330

óleo de amendoim 114, **131**
óleo de casca de tangerina 89, **359**
orégano 71, **95**, 135, 202, 300, 309, 321, 329, 347, 350, 351
   seco 86, **87**, 104, 185, 236, 358
ossobuco assado 52, 83, 87, 98, 105, 115, **193**, 224, 254, 325, 342
ostra 40, 43, 45, 49, 75, 76, 82, 83, 85, 88, 104, 113, 114, 121, 131, 133, 143, 156, 160, 187, 201, 210, 215, 225, 231, 273, 279, 298, 301, 305, 321, 328, 337, 348, 350, 355, 359, 363, 368 (ingrediente), **369**, 370, 371
ouriço-do-mar 52, 85, 90, **94**, 98, 101, 103, 119, 141, 160, 166, 170, 215, 216, 221, 267, 308, 347, 350, 359, 364
   ver também folhas de nori
ovo
   cozido **164**, 222, 362
   mexido 67, 88, 172, 176, 201, 224, 261, 273, 278, 279, 283, **324**, 354

pak choi 62, 70, **126**, 246, 323
   frito 67, 95, 119, 143, 273, 325, 332
panqueca 53, 81, 146, 255, 337, 347, **355**
pão 202

bagel 105, 142, 165, **173**, 192, 210, 251, 261
baguete 78, 102, 232, 246, 304, 316, **332**, 354
borodinsky 98
branco para torrar 67, 95, 111, **114**, 164, 165, 191, 210, 254, 261, 327, 335
branco para tostar **130**, 273
brioche 94, 106, **108**, 109, 135, 157, 169, 188, 190, 204, 247, 257, 260, 298, 336, 355
ciabatta 47, 67, 78, 108, 112, 114, 193, 196, **200**, 203, 267, 286, 313, 336
croûtons de pão de centeio **43**, 114, 177, 201, 225, 324, 333, 339
croûtons de pão de trigo 52, **316**
de centeio 56, 102, 131, 187, 199, 216, 334
de centeio de fermentação natural 174 (ingrediente), **175**, 176, 177, 273, 324
de fermentação natural 288
de fermentação natural de São Francisco 103, 108, 126, 130, 146, 176, 177, 266, 283, 319, **321**
de grãos, integral 78, 89, 301, **328**, 358
de trigo 157, 265, **282**, 324, 336
    duro de fermentação natural 61
    sarraceno **297**
do campo 94
farinha de rosca 102
farinha de rosca panko 94, 95, 164, 192, 305
multigrãos 95, 152, 232, 264, 317, 327, 338, 342
Pane di Altamura 322
páprica em pó 106, 198, 332
    defumada (pimentón) 286, 287
    doce 49, 52, 88, 104, 109, 152, 172, 232, 241, 247, 284, 295, 297, 299, 305, 313, 316, 329, 337, 338, 350
pargo 56, 62, 104, 127, 186, 366, 371
    cozido 168, 232
parmigiano reggiano 136, 193, 254, 279, 280 (ingrediente), **281**, 282, 283, 315, 322, 328, 344
pasta de chocolate **57**, 119, 232, 330, 334
pasta de curry madras 53, 62, 95, 119, 147, 152, 161, 182, 188, 189, 192, 215, 220, 250, 257, 279, 282, 297, 310, **312**, 317, 365, 371
pasta de curry verde tailandês 144
pasta de curry vermelho tailandês **43**, 104, 142, 288
pasta de feijão-vermelho ver em koshian
pasta de pimenta
    frita 130, 148, **297**, 300
    gochujang (coreana vermelha) 67, 78, 98, 105, 108, 115, 146, 161, 173, 178, 219, 233, 236, **244**, 246, 247, 267, 283, 308, 316, 328, 339, 351
pasta de praliné de amêndoas e avelãs 113, 275, 316
pasta de pimentão
    frita 130, 148, **297**, 300
pasta de soja 103, 119, 169, **172**, 189, 249, 288, 300, 305, 336, 347

pasta de soja fermentada coreana ver doenjang
pasta de soja fermentada ver doenjang; missô de soja
pasta tikka masala 47, 71, 75, **89**, 94, 95, 98, 99, 105, 114, 119, 143, 161, 168, 177, 178, 179, 185, 193, 204, 211, 250, 256, 266, 267, 269, 279, 285, 308, 319, 328, 329, 337, 342, 359, 362, 370
pastinaca 66, 113, 221, 224, **260**, 272, 274
    cozida 42, 47, 87, 114, 143, 204, 210, 219, 223, 246, **247**, 273, 275, 278, 282, 289, 308, 311, 324, 366
pato 51, 166, 234
    assado à pequim 52, 53, 66, 114, 117, 125, **127**, 172, 176, 204, 232, 313, 314, 325, 329, 335, 345, 350
    foie gras de pato frito na frigideira 57, 91, 126, 130, 170, 172, 188, 192, 204, 222, 273, 279, 300, 302, **305**, 332, 345, 357, 364
    peito de pato frito na frigideira 42, 46, 47, 71, 74, 104, 106, **113**, 115, 130, 133, 147, 160, 173, 178, 188, 207, 222, 223, 251, 257, 261, 266, 269, 297, 308, 319, 324, 325, 332, 337, 346, 355, 358, 362
    selvagem frito na frigideira 42, 56, 81, 106, 123, 153, 165, 196, 201, 236, 240, 305, 332, 344, **346**, 365, 371
pawpaw (*Asimina triloba*) **48**, 293
pecorino romano 210, 242, **280**, 322, 324
    ver também queijo tipo parmesão; queijo romano
peixe 100 (ingrediente)
    ver também bacalhau; bacamarte; badejo faneca; carpa; cavalinha; chicharro; hadoque (arinca); linguado; linguado-limão; pargo; pregado; peixe-lobo do atlântico; perca--gigante; robalo europeu; rodovalho; salmão; solha; solha europeia; tainha-olhalvo; tainha--vermelha; truta
peixe-lobo do atlântico braseado 67, 78, **161**, 179, 199, 278, 295, 312, 362
pepino 56, 68, 98, 103, 108, 117, 119, 127, 142, 148, 152, 165, 170, 176, 205, 251, 257, 266, 268 (ingrediente), **269**, 316, 319, 328, 329, 337, 342, 347, 359, 364
picles 82, 108, 196, 210, **268**, 289, 346
pepper dulse (*Osmundea pinnatifida*) ver em alga marinha
pepperoni 66, 87, 113, 134, **147**, 165, 220, 229, 236, 289
pera 48, 71, 91, 98, 108, 208, 239, 284, 300, 303, 337, 348 (ingrediente), 350, 351, 371
    alexandre lucas 251, **348**, 351
    conference 57, 88, 94, 114, 126, 128, 130, 137, 146, 186, 204, 205, 283, 300, 308, 324, **349**, 350, 351, 365
    durondeau **348**, 350
    seca 356

    suco 66, 123, 131, **135**
    williams (bartlett) 97, 210, **347**, 350, 366
pera-asiática 175, 288, **304**
pera-espinhosa **49**, 175, 277
perca-gigante **74**, 117, 211, 281, 313
perilla 51, 63, 98, 130, **146**, 165, 250, 337, 362
peru
    assado 57, 67, 87, 108, 114, 115, **119**, 130, 131, 135, 249, 254, 261, 273, 289, 308, 325, 328, 359
    pochê **113**, 187, 240
pêssego 62, 71, 94, 95, 98, 103, 126, 134, 142, 143, 144, 153, 156, 172, 232, 246, 258 (ingrediente), **259**, 260, 261, 267, 301, 307, 309, 338, 355, 364, 365
    suco 192, **258**
pesto 99, 192, 197, 214, 272, 289, 321, 322
    de tomate 365
pétalas de rosa
    de damasco 226
    secas 202, 256, **343**
    frescas 53, 57, 63, 66, 68, **70**, 113, 118, 131, 136, 151, 153, 164, 170, 192, 205, 242, 243, 297, 298, 300, 316, 329, 332, 364, 365, 370
pétalas de tagetes 256
physalis 43, 61, 70, 74, 88, 89, 95, 109, 139, 157, **166**, 211, 215, 225, 243, 274, 304, 354
pilsner ver em cerveja
pimenta 90 (ingrediente), 103
    ají amarillo 48, 51, 71, 77, 89, 90, **91**, 94, 95, 115, 134, 137, 144, 152, 172, 173, 182, 185, 202, 204, 214, 216, 233, 237, 250, 256, 267, 278, 286, 298, 300, 313, 333, 338, 343, 361, 366
    ají mirasol 40, 67, 70, 88, 90, 94, 95, 105, 126, 130, 131, 133, 153, 218, 240, 243, 251, 273, 308, 312, 328, 339, **358**, 362, 363
    ají panca 42, 56, 74, 90, **91**, 95, 119, 123, 130, 135, 152, 169, 187, 196, 210, 225, 231, 232, 233, 242, 252, 266, 274, 279, 280, 301, 313, 317, 329, 337, 345, 364
    branca **272**, 275
    em pó 74, 215
    chipotle seca **63**, 130, 153, 177, 193, 205, 238, 247, 273, 301, 342, 355
    cubeba seca 99, 233
    habanero verde 82, 89, **92**, 94, 127, 186, 193, 275, 316, 328, 359
    habanero vermelha 61, **93**, 95, 106, 186, 192, 202, 232, 277, 301, 351, 362
    preta 136, 213, 215, 270 (ingrediente), **271**, 273, 274, 275, 321, 354, 356
        ground 60, 228, 256
        em pó 232, 317
    rocoto 54, 61, 78, 90, **91**, 95, 152, 173, 176, 179, 210, 211, 260, 268, 283, 297, 300, 308, 316, 321, 325, 336, 352, 370
    rosa 89, 172, 215, 237, 247, 273, 289

sichuan 49, 104, 146, 161, 187, 204, 206, 215, 232, 260, 289, 335, 337, 343
  verde 53, 214, 256, 258, **270**, 273, 274, 275
  verde tailandesa 78, 185
pimenta-caiena 103, 222, 240, 251, 262, 343, 351
pimenta isot (flocos de pimenta urfa) 48, 83, 98, 176, 196, 197, 215, 220, 233, 237, 260, 266, 283, 297, 350, 365
pimenta longa
  indiana (pipli) 212
  javanesa seca 114, 308
pimenta-da-guiné 342
pimenta-da-jamaica 52, 99, 105, 143, 152, 153, 158, 160, 161, 165, 232, 242, **274**, 278, 289, 299, 324, 332, 343, 358, 362
pimenta-de-sichuan *ver em* pimenta
pimenta-malagueta verde **49**, 151, 256, 257, 289, 350
pimenta-selim *ver* grãos de selim
pimentão amarelo 151
  coulis **106**, 113, 153, 164, 209, 210, 242, 309, 364
pimentão vermelho 47, 79, 105, 106 (ingrediente), **107**, 109, 126, 148, 188, 205, 225, 262, 288, 363
  assado 47, 55, 56, 102, 105, **106**, 108, 111, 122, 153, 165, 226, 250, 342, 351
  coulis 82, 136, 189, 273
  purê 57, 86, 109, 267, 289
  purê assado **63**, 70, 74, 94, 144
pinha *ver* fruta-do-conde
pinhão 46, 88, 100, 103, **104**, 118, 156, 175, 215, 254, 260, 312, 367
pipli *ver em* pimenta longa
pipoca 79, 95, 143, 153, **232**, 237, 305, 334, 364
  branca 336
pisco 60, 95, 287, **354**
pistache 48, 66, 71, 74, **99**, 112, 141, 156, 172, 200, 212, 218, 237, 254, 260, 272, 292, 321, 359, 366
  pasta de praliné 279
  torrado 53, 56, 74, 151, 152, 186, 187, 202, 214, 216, 225, 236, 263, **289**, 300, 305, 321, 325, 337, 343, 371
pitaia 46, **56**, 105, 223, 275
plumcot 42, 92, 109, 127, 187, 193, 206, 211, **274**, 283, 324
pó de tarhana 234
poejo 279
pombo
  assado 225, 312
  caldo 78, 165, 266, 350, 371
  ver também pombo-torcaz
pombo selvagem frito na frigideira 49, 52, 57, 89, 91, 103, 128, 143, 152, 188, 204, 210, 243, 246, 252, 317, 361
pombo-torcaz frito **365**

pomelo 67, 92, 94, 103, 109, 115, 143, 153, 225, 228, 251, 255, 266, 273, 279, 301, 312, 343, 347, **350**, 356, 365
  casca 42, **131**
porcini seco *ver em* cogumelo
porco 83, 304
  barriga de porco assada 52, 75, 91, 94, 95, 96, 115, 117, 134, 142, **143**, 144, 158, 186, 188, 189, 214, 224, 237, 246, 274, 288, 292, 309, 312, 328, 329
  costeleta de lombo 135, 192, 222
    crua **181**
  duroc d'olives 180
  fígado de porco assado 42, 98, 136, 164, 282, 283
  filé de costela de lombo assada ao forno 55, **56**, 75, 143, 236, 320
  gordura de porco ibérico 98, 214, 371
  jus 65, 67, 127, **146**, 173
  lombo refogado 42, 57, 62, 63, 66, 75, 82, 88, 89, 94, 99, 131, 133, 141, 145, 153, 160, 173, 188, 210, 231, 236, 246, 247, 252, 256, 257, 269, 273, 279, 282, 290, 308, 341, 347, 355, 359, 364, 365, 370
  molho de carne de porco cozida 283, 297
  ver também bacon; chouriço; presunto; pepperoni; morcilla; linguiça; salame; salchichón; sobrasada
pregado 41, 86, 94, 104, 109, 125, 159, 160, 198, 201, **225**, 236, 243, 246, 249, 342, 359
  grelhado 47, 48, 65, 66, **67**, 71, 83, 98, 104, 113, 121, 131, 157, 164, 200, 204, 247, 279, 284, 297, 313, 316, 344, 351, 364
  pochê 45, 57, 109, 118, 133, 167, 202, 246, 256, **261**, 300, 311, 325, 332, 348, 350, 368
presunto
  country cozido 118
  cozido 56, 109, 146, 150, 201, 206, **232**, 300, 336, 337
  curado a seco 81, 148, 193, 198, 320, 328
    jinhua 65, 199, 370
  de bayonne 47, 62, 74, 78, 82, 93, 95, 136, 170, 188, 189, 192, 196, 204, **210**, 227, 242, 261, 281, 283, 297, 305, 330, 332, 342, 364, 365, 370
  de parma 43, 48, 205, 211, **304**, 313
  ganda 89, 92, 110, 332, 363
  ibérico (jamón 100% ibérico de bellota) 42, 46, 197, 214, 221, 225, 228, 236, 247, 273, 276 (ingrediente), **277**, 278, 279, 282, 297, 307, 316, 353, 356, 364, 365, 370
  san daniele 67, 204, **261**
  serrano **192**, 198, 206, 245, 279, 324
priprioca seca 274
pulque (bebida fermentada de agave) 82

queijo
  cottage 182, 211, **224**, 297, 308

feta 57, 201, **225**, 289
idiazabal 113, 127, 165, 188, 237, **243**, 330
majorero semicurado 224, 317, **333**
manchego 104, 134, 200, 232, 261, 287, **289**, 320, 321, 354
ragusano 56, **94**, 216, 308
tipo parmesão 45, 61, 70, 114, 142, 144, **147**, 177, 196, 250, 258, 259, 275, 278, 282, 283, 297, 362, 365
queijo carré de l'est *ver em* queijos macios
queijo de cabra 51, 71, 88, 130, 152, 157, 160, 177, 192, 198 (ingrediente), **199**, 200, 201, 221, 248, 263, 298, 321, 336, 347
  semiduro 79, 97, 114, 176, **197**, 211, 268, 282, 313
  bouton de culotte (maconnais) 200, 201, **358**
  crottin de chavignol 155
  queijo sainte-maure 88, **135**, 188, 192
    envelhecido 57, 82, 135, 200, 207, 342
queijo pont l'evêque *ver em* queijos macios
queijo provolone 105, **301**, 305, 316
queijo romano (queijo tipo pecorino romano) 312
  ver também pecorino romano
queijo roncal 42, 119, 299, **300**
queijo sainte-maure 88, **135**, 188, 192
  envelhecido 57, 82, 135, 200, 207, 342
queijo vacherin *ver em* queijos macios
queijos azuis 62, 86, 134, 161, 162 (ingrediente), **163**, 164, 165
  bleu d'auvergne 73, 162, 164, 177, 192, 200, 206, 221, 324, **364**
  bleu des causses 78, 284
  fourme d'ambert 109, **165**, 321, 342
  gorgonzola 41, 48, 61, 82, 98, 135, 152, 153, 155, 162, 220, 243, 245, 252, 260, 266, 297, 325, 341, 342, **350**, 355, 370
  polonês 124, 165, 204, **236**
  roquefort 83, **157**, 162, 164, 165, 240, 242, 355
  stilton 94, 108, 114, 161, 162, 164, 192, 215, **247**, 253, 279, 296
queijos macios
  brie 43, 46, 56, 74, 86, 89, 99, 108, 125, 134, 173, 176, 192, 196, 221, 225, 244, 269, 290, 334 (ingrediente), **335**, 336, 337
  brillat-savarin 334
  camembert 55, 62, 86, 102, 133, 152, 161, 164, 172, 192, 201, 205, 266, 297, **334**, 336, 337
  carré de l'est 114
  flor de guía 146, 256, 329, **334**, 347
  livarot 173, **210**
  maroilles 69, 83, 87, 160, 184, 256, 288, 289, 293, **316**, 331
  muenster americano **63**, 83
  munster 49, **67**, 151
  pont l'evêque 226, **342**
  saint-marcellin 334
  vacherin 320
quiabo **56**, 267, 329

quincã 113, **215**, 219
  casca 104, 186, 187, 213, 237, 270, 288
quinoa 46, **47**, 56, 70, 71, 74, 78, 94, 131, 196, 197, 236, 267, 312, 313, 316, 331

rabanete 42, 49, 70, 97, 108, 127, 160, 169, 176, 300, **305**, 308, 347, 357
  branco cozido 115, 283
  ver também daikon
radicchio 70, 82, 94, 95, 153, 192, **242**, 261
raiz de cálamo 305, **336**
raiz forte 224
  purê 52, 60, **83**, 192, 314
  raiz 186
raki **48**
rambutan 42, 57, 106, **143**, 149, 254, 280, 334
raspas de satsuma 130, **324**
refrigerante de gengibre **48**, 292, 334
refrigerante de limão 89
repolho
  broto 91
  chucrute **186**, 200
  couve-lombarda 177, 299, **301**
  folhas do topo (cabbage tops) **317**
  roxo 109, 175, 176, 188, 261, 321, 336, **351**
  verde 78, 161, 164, 246, 257, 288, **305**, 313, 323, 328, 347, 355
    cozido **52**, 168, 362
repolho-chinês 302, 304
robalo europeu 89, 105, 107, 143, 274, 282, 320, **336**
  assado 47, 158, 161, 225, 240, 251, **279**, 283, 308, 323, 342, 350, 351
romã 47, 53, 71, 74, 95, 152, 176, 188, 201, 214, 225, 226 (ingrediente), 236, 237, 243, 261, 299, 324, 358
  melaço 57, 139, 181, **226**, 288, 354
  suco 46, 70, 113, 201, **227**, 297, 325, 328, 338, 346
roquefort *ver em* queijos azuis
rosa-mosqueta seca 43, 70, 83, 159, 161, **173**, 198
rúcula 62, 93, 108, 169, **176**, 305, 354
ruibarbo 60, 62, 70, 71, 98, **160**, 177, 186, 199, 215, 231, 355, 362, 364
rum 86, 238 (ingrediente), 241
  7 anos Havana Club **79**
  branco **239**
  envelhecido **238**
  escuro 142
  Mount Gay Eclipse **62**
  Zacapa 23 **99**
  Zacapa XO **165**

saint-marcellin *ver em* queijo macio
saishikomi (molho de soja de fermentação dupla) 108, 143, 188, **298**, 300, 333, 336, 342

salada de folhas burnet 45, 127
salada mesclun 187, 324, **354**
salak 94
salame 46, 88, 95, 196, 203, 222, 223, 290, 293, 298, 347
  italiano 47, 57, 98, 121, 147, 172, 187, 197, 283, **308**
  milano 42, 119, 215, 230, 261, 333
  ver também chouriço; pepperoni; salchichón; sobrasada
salchichón 48, 88, 98, 104, 113, 142, 165, 173, 177, 191, 192, 197, 202, 224, 237, 273, 275, **286**, 300, 328, 358
salicórnia seca (aspargo-do-mar) 95, 107, 109, 119, 178, 182, 278
salmão 264
  do atlântico (filé) 56, 88, 91, **173**, 241, 289, 312, 313, 332, 351
    defumado 45, 56, 57, 61, 78, 82, 94, 98, 113, 118, 152, **177**, 200, 204, 221, 223, 224, 225, 236, 256, 274, 283, 285, 297, 301, 307, 308, 312, 315, 321, 329, 342, 348
    pochê 46, **142**, 148, 232, 309
  pochê 78, 82, 83, 114, 119, 125, 126, 160, 164, 184, 188, 192, 204, 205, 220, 224, 256, 268, 269, 279, 305, 308, 314, 328, 332, 343
  sockeye em lata 135
salsicha
  alemã assada ao forno **200**
  bávara frita 317
  frankfurt cozida 53, **108**, 142, 213, 237, 292
salsifi-negro, cozido 105, 113, **115**, 124, 128, 135, 139, 142, 160, 169, 176, 185, 186, 187, 193, 197, 204, 243, 246, 260, 300, 301, 315, 321, 328, 342, 350, 371
salsinha
  crespa 67, 99, **153**, 335
  lisa 53, **88**, 89, 119, 131, 150, 164, 173, 175, 224, 236, 273, 297, 336, 343, 354, 359
  raiz 225, 324, 355
    cozida 49, 189, 246, 254, 308
  sementes 313
salsinha japonesa 45, 57, 160, 279, 305, 308, 313, **324**
sálvia 66, 212, 236, **278**, 283, 335, 359
  roxa 40, 42, 49, 62, 105, 110, 119, 146, 165, 172, 187, 230, 313, 341, **342**, 342, 355
sambuca 309, **351**
sancerre **155**
sapoti 94
saquê 62, 78, 164
sardinha 49, 108, 122, 186, 214, 257, 283, 299, 300, **301**, 328
  salgada 103, 177, 240, 288, **321**, 332
sauternes (vinho) 61, **79**, 246, 247, 334
saúva brasileira 92, 130, 135, 136, **144**, 147, 161, 164, 170, 200, 282, 289, 315, 334
sauvignon blanc 154 (ingrediente), 156, 157

segurelha-de-verão **119**, 177, 228, 274, 343, 350, 351
semente de cânhamo **123**
sementes de cañihua 86, 149, **152**, 352
semente de chia 354
semente de papoula **224**, 305, 308
sementes de ajowan 98, 347
sementes de girassol torradas 49, 69, 123, 203, 254, **288**, 312
sementes de linhaça 123, **186**, 257, 282, 313
sementes de nigela 119, 232, 235, **346**, 356
sépia braseada **130**, 196, 242, 320, 321, 336, 363
shiitake *ver em* cogumelo
shiro (molho de soja branco) **56**, 370
shochu (komejōchū) **278**
siri-azul 336
  cozido 63, 83, 109, 135, 142, 153, 155, 172, 196, 222, 233, 256, 261, 273, 278, 305, 358, 369
skyr 262
sobrasada (chouriço em pasta) 60, 102, 109, 126, 163, 168, 215, **286**, 288, 289, 315, 353, 358
  ver também chouriço
soja 309
  bebida 47, 113, 156, 173, 221, **333**
  cozida 330
  creme 52, 157, 201, 247
  iogurte 57, 86, 127, 165, 177
solha assada 49, 51, 52, 53, 56, 70, 82, 95, 103, 104, **105**, 106, 110, 115, 131, 153, 169, 186, 192, 193, 201, 222, 228, 236, 239, 240, 243, 246, 247, 265, 284, 288, 205, 307, 317, 328, 329, 333, 338, **341**, 342, **343**, 351, 354, 355, 358, 364, 365, 369, 371
stilton *ver em* queijos azuis
suco de caju **261**, 324
sudachi 78, 164, 203
sumagre 83, 85, **89**, 215, 223, 256, 265, 267, 273, 282, 320, 342

tahine 51, 102, 192, 266, 274, 283, 306, 308, 309, 311, 316
tainha-olhalvo 43, **70**, 78, 79, 87, 92, 104, 114, 119, 126, 128, 131, 134, 135, 137, 143, 151, 176, 219, 224, 232, 237, 247, 252, 297, 316
tainha-vermelha
  assada 63, 88, 94, 98, 119, 193, **242**
  no vapor 87
  pochê 48, 146, 156, 251, 255, 288, 321, 328
tâmara 42, 81, **82**, 189, 223, 309, 324, 349
tamarindo 77, 86, **114**, 130, 136, 147, 177, 306, 308, 309, 320, 338
tangerina 49, 53, 188, 214, 215, 260, 272, **273**, 313
  casca 74, 79, 96, 113, 185, 186, 204, 225, 235, 289, 301, 358, **366**, 367

óleo **359**
raspas 108, **228**
purê 94
tempeh frito 193
tequila 80 (ingrediente), 82, 83, 222
  blanco Don Julio **81**
  Jose Cuervo Tradicional Silver **83**
tofu **143**, 157
  fermentado 83
tomate 47, 49, 55, 68, **70**, 74, 99, 115, 123, 147, 157, 158 (ingrediente), 160, 161, 181, 197, 212, 223, 224, 251, 255, 296, 297, 325, 348
  cereja 62, 87, 108, 149, **159**, 160, 161, 176, 204, 260, 266, 296, 306, 354, 357
  em lata 42, 88, 97, 114, 173, 204, 259, 279, 301, 311, **312**, 324
  italiano 42, 63, 71, 82, 126, 146, 161, 164, 173, 186, 228, 328, 354
  laranja 152, 193, 332
  purê **158**, 161, 273
  suco (fresco) 95, 123, 186, 316
  suco (pasteurizado) 67, 70, 83, 87, 95, 101, 108, 111, 112, 151, 161, 196, 200, 210, 232, 284, 319, 327, 338, 349, **365**
tomatillo 52, 82, **135**, 151, 176, 251, 366
  cozido 95, 96, 98, 131, 143, 146, 200, 205, 219, 223, 224, 236, 246, **247**, 256, 260, 292, 297, 341, 342, 369, 371
tomilho 74, 83, 87, 98, 104, **109**, 114, 119, 131, 136, 145, 215, 229, 231, 233, 275, 289, 329, 370
  comum 119
toranja 46, 51, 66, 75, 79, 98, 131, 148, 153, 161, 164, 205, 212, 215, 237, 274, 275, 278, 305, 336, 350, 351, 355, 356 (ingrediente), **357**, 358, 359
  casca 99, 230, 333, **356**
  suco 83, 101, 156, 157, 232, 305, 358, 359
torrone (nougat italiano) 49, 296
torta de limão 73, 74, 88, 89
tortilha 89, 104, 150, 182, 251
  de milho 75, 105, **187**, 236, 338, 354
trigo khorasan *ver* kamuttrigo sarraceno 67, 126, **186**
  cozido 182
triple sec **83**, 161, 204, 347
trufa 190 (ingrediente)
  branca 47, 74, 126, 130, 172, 182, **190**, 192, 193, 242, 247, 266, 290, 359
  de verão 165, **189**, 192, 196, 221, 225, 298, 321, 353, 358, 364
  negra 79, 114, 123, 152, **191**, 192, 193, 198, 200, 201, 242, 245, 251, 278, 280, 282, 296, 300, 337, 350
truta
  arco-íris 83, 297, 336
  pochê 56, 193, 200, 298, 301, 312, 347
tucupi 71, 94, 210, 225, 242, **250**, 334
tzatziki **152**, 262

ube *ver* inhame-roxo
uísque bourbon 47, 74, 139, 165, 187, 193, 289, 290 (ingrediente), 313, 348, **358**, 364, 371
  kentucky straight bourbon 70, 187, **291**, 301, 304
  puro 173, 232
  Wild Turkey **290**
uísque escocês **290**
uísque turfado **332**
umê *ver* ameixa-japonesa (umê)
umeboshi/umeshu *ver em* ameixa-japonesa em conserva
usukuchi (molho de soja light) 40, 108, **115**, 147, 158, 200, 238, 242, 246, 256, 301
uva **66**, 92, 113, 136, 176, 186, 201, 214, 224, 225, 243, 272, 279, 282, 301, 304, 313, 332, 343, 346, 358, 362
  vermelha 60, 119, 198, 309, 315
uva-do-monte 47, 63, 79, 165, 187, 237, 313
uva-passa 70, 96, 98, 135, 159, 170, 178, 219, 224, 225, 230, **232**, 246, 249, 261, 267, 317, 332, 333, 334, 336, 350, 359, 366

vagem 52, 56, 61, 119, 170, 318 (ingrediente)
  cozida 41, 74, 82, 110, 115, 126, 165, 190, 197, 243, 261, 270, 282, 307, 317, **319**, 320, 321, 332
verbena (*Verbena officinalis*) 78, 172
verbena-limão 79, 93, 109, 113, 228, **236**, 247, 358
vermute
  de chambéry 111, **189**, 214, 354
  doce 57, 136, 192, 286, 304, 305, **320**
  seco 192, 358, **365**
vieira 56, 108, 165, **223**, 243, 284, 312, 321, 362
  assada 40, 47, 56, 71, 78, 88, 104, 121, 142, 158, 172, 225, 237, 267, **283**, 317, 363
  cozida 91, 153, 164, 177, 189, 209, **251**, 288
  seca **78**, 189, 301
vinagre balsâmico 118, 135, 173, 185, 313, **314**
  (ingrediente), 316, 317
  tradicional **315**, 316
vinagre de vinho de arroz 288
vinagre de vinho tinto 62, 222, **284**, 343, 351
vinagre de xerez 143, 253, 267, 288, 300, **313**, 342, 350, 364, 371
  reserva 43, 47, 143, **172**, 177, 185, 192, 228, 261, 304, 316, 321, 342
vinho 156
  ver também Cabernet Sauvignon; Moscato di Noto; Sancerre; Sauternes; Sauvignon Blanc; shiraz rosé
vinho de arroz 147, 149, 200, **225**
  makgeolli (coreano) 74, **104**
  mirin 43, 56, 57, 63, 90, 126, 168, 181, 200, 210, 215, 222, 224, 237, 283, 297, 342, 351, **366**, **371**

vinho de laranja (vinho de frutas) **189**, 309
vinho do porto 62, 162, **164**
  branco extra-seco **256**
vinho shiraz rosé **284**, 308
violeta (flor) 70, 87, 134, **143**
vitela
  assada **108**, 135, 153, 243, 250, 289, 339, 349, 363
  caldo 42, 104, **256**, 270, 288
  jus reduzido 308, **320**
  molejas assadas 46, 56, 63, 70, 83, 94, 98, 130, 142, 146, 160, 173, 187, **193**, 197, 205, 220, 247, 266, 268, 297, 312, 338, 350
vodca
  100% cereais **223**, 228
  Belvedere **232**
  Belvedere não filtrada **282**
  de limão 267, 332, **365**

wakame *ver em* alga marinha
wasabi 57, **62**, 126, 173, 290, 305, 342, 371
  folha **42**

xarope de bordo 57, 295, **332**
xarope de cana 99, **200**
xerez 157
  amontillado **289**, 358
  fino 152, **278**
  Pedro Ximénez 91, 175, **177**, 312, 354

yuzu 81, **99**, 149, 185, 219, 229, 246, 274, 275, 289, 324, 335
  purê 256

Notas

Introdução, p. 7-37

1. ROZIN, P. The selection of foods by rats, humans and other animals. *In*: ROSENBLATT, J. S. *et al*. (ed.). *Advances in the Study of Behavior*, v. 6, p. 21-76, 1976.
2. BUSHDID, C. *et al*.; Humans can discriminate more than 1 trillion olfactory stimuli. *Science*, p. 1370-1372, 21 mar. 2014.
3. PENG, Y. *et al*. Sweet and bitter taste in the brain of awake behaving animals. *Nature*, p. 512-515, 26 nov. 2015.
4. UNIVERSIDADE DA COLÚMBIA BRITÂNICA. Stressed out? Try smelling our partner's shirt. *Science Daily*, 4 jan. 2018. Disponível em: https://www.sciencedaily.com/releases/2018/01/180104120247.htm. Acesso em: 10 maio 2024.
5. McGANN, J. P. Poor human olfaction is a 19th-century myth. *Science*, 12 maio 2017.
6. HANDWERK, B. In some ways, your sense of smell is actually better than a dog's. *Smithsonian.com*, 22 maio 2017.
7. GAS CHROMATOGRAPHY or the human nose – which smells better? *Chromatography Today*, 27 out. 2014.
8. SECUNDO, L. *et al*. Individual olfactory perception reveals meaningful nonolfactory genetic information. *Proceedings of the National Academy of Sciences of the United States*, 22 jun. 2015.
9. THOMAS-DANGUIN, T. *et al*. The perception of odor objects in everyday life: a review on the processing of odor mixtures. *Frontiers in Psychology*, 2 jun. 2014.
10. MEISTER, M. On the dimensionality of odor space. *eLife*, 7 jul. 2015.
11. BERLAYNE, D. Novelty, complexity and hedonic value. *Attention, Perception, & Psychophysics*, v. 8, n. 5, p. 279-286, set. 1970.
12. POST, R. The beauty of unity-in-variety: Studies on the multisensory aesthetic appreciation of product designs, *TU Delft*, 2016.

Agradecimentos da Mitchell Beazley

A Mitchell Beazley, uma divisão do Octopus Publishing Group, gostaria de agradecer a Susanna Booth, Laura Gladwin, David Hawkins, Ella Mclean, Jo Murray e Gillian Northcott Liles pelas contribuições a este livro.

Agradecimentos dos autores

Os autores gostariam de agradecer

– A Camellia Tse, por editar nossos textos com um olhar crítico e torná-los compreensíveis para todos.

– A Kris Vlegels, responsável por nossas fotos e que registrou nossas criações com tanto bom gosto.

– A Garmt Dijksterhuis, por suas contribuições substanciais a este livro: "Combinar alimentos: uma saída para o dilema do onívoro" (p. 12) e "Associações: aprendendo a gostar dos alimentos" (p. 24).

– À equipe do Foodpairing, sem a qual não estaríamos onde estamos hoje.

Créditos das imagens

Andre Baranowski 50
Alisa Connan 11
Jean-Pierre Gabriel 8, 40
Kris Vlegels 68, 84, 103, 112, 151, 154, 160, 166, 184, 202, 212, 223, 262, 264, 310, 326, 340, 363
As demais fotografias foram cedidas como cortesia pelos chefs e/ou restaurantes.

Sobre o Foodpairing

Guiados pela ideia de que ingredientes complementares compartilham compostos aromáticos fundamentais, Bernard Lahousse, Peter Coucquyt e Johan Langenbick lançaram o Foodpairing como uma empresa de tecnologia de alimentos em 2009. Hoje, mais de meio milhão de chefs, bartenders, baristas, produtores e marcas de 140 países ao redor do mundo utilizam a tecnologia aromática do Foodpairing para desenvolver suas próprias combinações de sabores.

Atualmente o Foodpairing opera a maior base de dados de sabores do mundo, com mais de 3 mil ingredientes provenientes dos mais diversos lugares. Uma equipe interna de cientistas de alimentos se dedica ao emprego da cromatografia a gás e espectrometria de massa (CG-EM) para analisar e determinar os perfis aromáticos únicos dos mais diversos alimentos, das maçãs às saúvas brasileiras; e os algoritmos patenteados são capazes de calcular as melhores combinações de ingredientes – as possibilidades são infinitas.

www.foodpairing.com

Sobre os autores

Bernard Lahousse
Cofundador, diretor de pesquisa e desenvolvimento e de parcerias estratégicas

Com um mestrado em bioengenharia e outro em direitos de propriedade intelectual, Bernard Larousse iniciou sua carreira de supervisor de pesquisa e desenvolvimento para diversas empresas de alimentos antes de promover processos de inovação como consultor de empresas internacionais. A abordagem científica de Bernard à inovação levou-o a seu atual cargo de diretor de pesquisa e desenvolvimento no Foodpairing. Ele também supervisiona parcerias estratégicas.

Peter Coucquyt
Cofundador e diretor culinário

Peter Coucquyt ampliou seu domínio da culinária clássica como sous-chef do renomado chef Peter Goossens no Hof van Cleve, com três estrelas Michelin, em Kruishoutem, na Bélgica. Enquanto isso, estudava gastronomia molecular e se certificava como mestre sommelier. Em seguida, foi chef no Kasteel Withof, um hotel-restaurante na Antuérpia, premiado com sua própria estrela Michelin. Em 2005, Coucquyt foi considerado o chef mais promissor da Bélgica. Hoje, ele amplia sua expertise culinária com a ciência do Foodpairing, transformando ingredientes básicos em irresistíveis combinações que equilibram aroma, sabor e textura.

Johan Langenbick
Cofundador e diretor de desenvolvimento de negócios

O empresário Johan Langenbick sempre atuou no ponto de convergência entre a tecnologia de alimentos, a inovação e a sustentabilidade. Com sua experiência em tecnologia e design industrial, Johan emprega seu conhecimento em desenvolvimento de produtos e administração de empresas para criar startups de ponta, como o Foodpairing.